国家级教学成果二等奖系
亚非语言文学国家级特色专业建设点

جدید اردو ادب پارے

乌尔都语现当代文学作品选读

李俊璇◎编著

世界图书出版公司
广州 · 上海 · 西安 · 北京

图书在版编目（CIP）数据

乌尔都语现当代文学作品选读 / 李俊璇编著. —广
州：世界图书出版广东有限公司, 2017.5
ISBN 978-7-5192-3037-1

Ⅰ. ①乌… Ⅱ. ①李… Ⅲ. ①乌尔都语—阅读教学—
高等学校—教材 Ⅳ. ①H713.94

中国版本图书馆CIP数据核字（2017）第120789号

书　　名	乌尔都语现当代文学作品选读	
	WUERDUYU XIANDANGDAI WENXUE ZUOPIN XUANDU	
编 著 者	李俊璇	
策划编辑	刘正武	
责任编辑	张梦婕	
装帧设计	余坤泽	
出版发行	世界图书出版广东有限公司	
地　　址	广州市新港西路大江冲25号	
邮　　编	510300	
电　　话	020-84451969　84453623　84184026　84459579	
网　　址	http://www.gdst.com.cn	
邮　　箱	wpc_gdst@163.com	
经　　销	各地新华书店	
印　　刷	广州市德佳彩色印刷有限公司	
开　　本	787mm×1092mm　1/16	
印　　张	20.25	
字　　数	380千	
版　　次	2017年6月第1版　2017年6月第1次印刷	
国际书号	ISBN 978-7-5192-3037-1	
定　　价	48.00元	

编者的话

　　《乌尔都语现当代文学作品选读》为解放军外国语学院亚非语系主任、博士生导师钟智翔教授主持的国家级教学成果二等奖系列教材之一，也是国家外语非通用语种本科人才培养基地暨印度语言文学国家级特色专业建设点建设教材。

　　本教材是解放军外国语学院乌尔都语专业自2003年建立以来，在使用多年的文学课教材的基础上根据教学需要精心修订而成的。该教材以现当代乌尔都语文学发展及巴基斯坦、印度等国的乌尔都语文学思潮为主线索，选入了富有代表性的26位作家的54篇作品。在体裁的选择上兼顾到了小说、诗歌、戏剧、散文、自传等多种类型，同时也考虑到了文章的语言特点、文字难度、篇幅容量等因素。同时，本教材的编写还兼顾了选文的代表性、诗歌在乌尔都语文学中的重要性以及当代乌尔都语文学发展的趋势性三个方面因素。

　　《乌尔都语现当代文学作品选读》以乌尔都语现代文学为起点，并考虑到乌尔都语文学发展的脉络性。包括了体现印度独立斗争的进步文学运动作家及作品，反映印巴分治伤痕的现代主义作家及作品，反映巴基斯坦建国初期社会面貌的当代小说，当代著名的幽默散文，反映城镇家庭及乡村生活的象征派小说等。该教材选文体裁的广泛性和选文作品的顺序性都是为了让读者更全面客观地了解现当代乌尔都语文学的丰富面貌及发展情况。

　　同时该教材对诗歌给予了充分的重视，选择了现当代乌尔都语诗坛上公认的优秀诗人及其作品，包括现代诗歌的奠基人迦利布、伊克巴尔、革命诗人菲兹、最杰出的现代主义诗人法拉兹、女性诗歌第一人阿妲·捷菲丽、女权主义诗人吉什沃尔·娜希德、巴诺贝尔文学奖提名者沃齐尔·阿迦等，以及近年来斩获顶级文学奖的印度诗人贾维德·艾赫德尔及巴基斯坦诗人哈里斯·胡里格等。鉴于诗歌的篇幅，为了让学习者接触更多的诗人及其作品，有的课文采取一课收入两位作家作品的方式，根据其经历的关联度或者作品的联系性选取。目的是有效增加学习者知识量及开阔眼界，并引导学生更好地阅读、比较、分析其作品。

　　该教材还选入了近年来印巴最具影响力的乌尔都语文学作品，包括了2010年以后的最新获奖作品。这些作品体现着当代印度及巴基斯坦乌尔都语文学界最新动向，有利于国内学习者了解其文学发展的趋势。

该教材每课内容由导读、原文（节选）、注释、作家介绍及练习五个部分组成。附录部分收入了近现代文学史上部分具有开创性意义的作品，这部分作品是现代小说及诗歌的起点，带有韵文痕迹，稍有难度，可供学有余力者及爱好者阅读学习。

本教材作为乌尔都语专业本科教材，适合本科三、四年级"乌尔都语文学"课程使用，计划课时为72学时。教师在教学中可以根据实际情况进行调整。

《乌尔都语现当代文学作品选读》一书在编选过程中，得到了解放军外国语学院亚非语系教材建设委员会、解放军外国语学院亚非语言文学二级学科博士学位授权点以及中国出版集团世界图书出版广东有限公司的大力支持，钟智翔教授在教材编写过程中给予了多方面指导与支持，在此表示诚挚的谢意。

由于编者水平有限，篇目选择未必适当，有挂一漏万及谬误之处在所难免，恳请学界专家、同仁和广大读者不吝批评指正。

编　者
2017年4月1日
于解放军外国语学院

پہلا سبق　امراؤ جان ادا

作品导读

《乌姆拉奥・江・阿妲》的出版轰动印度，被一致公认为是乌尔都语小说史上第一部重要的现实主义作品。该书以 1857 年民族大起义为背景，批判了贵族阶层的奢靡生活和对民族命运的漠不关心，是现代乌尔都语小说史上的重要作品。作家米尔扎・鲁斯瓦原名米尔扎・穆罕默德・哈迪，是印度著名乌尔都语作家。他的小说大多是对现实的深刻批判，他的创作理念是人生而平等，作家都应该“关注他们，了解他们的思想，反映他们的愿望”。

小说描写了勒克瑙一位艺妓乌姆拉奥・江・阿妲的不幸经历。女主人公出身于一个殷实的家庭，天性活泼热情，不幸遭父亲仇人报复而沦落为艺妓。虽然身处风尘，但是她在教养、谈吐及才学方面却颇具才情，在人品和道德方面更是保持着坦率、诚恳和朴实，并渴望着自由平等。她一心想跳出火坑，经过多次努力与尝试。虽然最终离开了妓院，却无法过上正常人的生活，最后孤独终老。节选内容为乌姆拉奥回忆天真无忧的童年时光，以及遭受劫持被卖入妓院的过程。语言简练明快，尤其是对话部分，既与情节贴合，又恰到好处地勾勒出人物性格。在内容上对性格独立、真实率性的女性给予了充分肯定和褒扬。小说中有部分诗歌穿插，同时每一节都以两行诗歌开始作为下文提要。

امراؤ جان ادا

مرزا محمد پاوہ رسوا

(ا)

لطف ہے کون سی کہانی میں
آپ بیتی کہوں کہ جگ بیتی

سنئے مرزا رسوا صاحب! آپ مجھ سے کیا چھیڑ چھیڑ کے پوچھتے ہیں۔ مجھ کم نصیب کی سرگزشت میں ایسا کیا مزا ہے۔ جس کے آپ مشتاق ہیں۔ ایک ناشاد

نامراد آوارہ وطن، خانما برباد، ننگ خاندان، عار دوجہاں کے حالات سن کے مجھے ہرگز امید نہیں کہ آپ خوش ہوں۔

اچھا سنئے اور اچھی طرح سنئے:

باپ داد کا نام لے کے اپنی سر خروئی جتانے سے فائدہ کیا اور سچ تو یہ ہے کہ مجھے یاد بھی نہیں۔ ہاں اتنا جانتی ہوں کہ فیض آباد میں شہر کے کنارے کسی محلہ میں میرا گھر تھا۔ میرا مکان پختہ تھا۔ آس پاس کچھ کچے مکان کچھ جھوپڑے کچھ کھپریلیں۔ رہنے والے بھی ایسے ہی ویسے لوگ ہوں گے۔ کچھ بہشتی کچھ نائی۔ دھوبی، کہار، میرے مکان کے سوا ایک اونچا گھر اس محلہ میں اور بھی تھا۔ اس مکان کے مالک کا نام دلاور خاں تھا۔

میرے ابا بہو بیگم صاحبہ کے مقبرے پر نوکر تھے۔ معلوم نہیں کاہے میں اسم تھا۔ کیا تنخواہ تھی۔ اتنا یاد ہے کہ لوگ ان کو جمعدار کہتے تھے۔

دن بھر میں اپنے بھائی کو کھلایا کرتی تھی۔ اور مجھ سے اس قدر ہلا ہوا تھا کہ دم بھر کے لئے نہ چھوڑتا تھا۔

ابا جب شام کو نوکری پر سے آتے تھے۔ اس وقت کی خوشی ہم بھائی بہنوں کی کچھ نہ پوچھئے۔ میں کمر سے لپٹ گئی۔ بھائی ابا ابا کر کے دوڑا، دامن سے چمٹ گیا ابا کی باچھیں مارے خوشی کے کھلی جاتی ہیں۔ مجھ کو چمکار، پیٹھ پر ہاتھ پھیرا۔ بھیا کو گود میں اٹھا لیا۔ پیار کرنے لگے۔ مجھے خوب یاد ہے کہ کبھی خالی ہاتھ گھر نہ آتے تھے۔ کبھی دو کتارے ہاتھ میں ہیں۔ کبھی بتاشوں اور تل کے لڈوؤں کا دونا ہاتھ میں ہے اب اس کے حصے لگائے جا رہے ہیں۔ اس وقت بھائی بہوں میں کس مزے کی لڑائیاں ہوتی تھیں۔ وہ کتار اچھینے لئے جاتا ہے۔ میں مٹھائی کا دونا ہتھیائے لیتی ہوں۔ اماں سامنے کھپریل میں بیٹھی کھانا پکا رہی ہیں۔ ابا ادھر آکے بیٹھے نہیں ادھر میرے تقاضے شروع ہوگئے۔ "ابا اللہ گڑیاں نہیں لائے۔ دیکھو میرے پاؤں کی جوتی کیسی ٹوٹ گئی ہے۔ تم کو تو خیال ہی نہیں رہتا۔ لو ابھی تک میرا طوق سنار کے ہاں سے بن کے نہیں آیا۔ چھوٹی خالہ کی لڑکی کی دودھ بڑھائی ہے۔ بھئی میں کیا پہن کے جاؤں گی؟ چاہے کچھ ہو۔ عید کے دن تو میں نیا جوڑا پہنوں گی، ہاں میں تو نیا پہنوں گی۔ جب اماں کھانا پکا چکیں۔ مجھے آواز دی۔ میں گئی روٹی کی ٹوکری اور سالن کی پتیلی اٹھا لائی۔ دستر خوان بچھا اماں نے کھانا نکالا سب نے سر جوڑ کر کھانا کھایا۔ خدا کا شکر کیا۔ ابا نے عشاء کی نماز پڑھی، سو رہے۔ صبح کو تڑکے ابا اٹھے۔ نماز پڑھی اسی وقت میں کھڑک سے اٹھ بیٹھی۔ پھر فرمائشیں شروع ہوئیں۔

"میرے ابا آج نہ بھولنا گڑیاں ضرور لیتے آنا۔ شام کو بہت سارے امرود اور نارنگیاں لانا......"

ابا صبح کی نماز پڑھ کے وظیفہ پڑھتے ہوئے کوٹھے پر چڑھ جاتے تھے کبوتروں کو کھول کے دانہ دیتے تھے۔ ایک دو ہوائیں اڑاتے تھے اتنے میں اماں جھاڑو بہارو سے فراغت کر کے کھانا تیار کر لیتی تھیں۔ کیونکہ ابا پہر دن چڑھے سے پہلے ہی نوکری پر چلے جاتے تھے۔ اماں سینے پرونے بیٹھ جاتی تھیں۔ میں بھیا کو لے کے کہیں محلے میں نکل گئی۔ یا دروازہ پر املی کا درخت تھا۔ وہاں چلی گئی۔ ہمجولی لڑکیاں لڑکے جمع ہوئے بھیا کو بٹھا دیا۔ خود کھیل میں مصروف ہوگئی۔ ہائے کیا دن تھے۔ کسی بات کی فکر ہی نہ تھی۔ اچھے سے اچھا کھاتی تھی اور بہتر سے بہتر پہنتی تھی۔ کیونکہ ہمجولی لڑکے لڑکیوں میں کوئی مجھے اپنے سے بہتر نظر نہ آتا تھا۔ دل کھلا ہوا نہ تھا۔ نگاہیں پھٹی ہوئی نہ تھیں جہاں میں رہتی تھی۔ وہاں کوئی مکان میرے مکان سے اونچا نہ تھا۔ اور سب ایک کھپریل میں رہتے تھے میرے مکان میں آمنے سامنے دو دالان تھے۔ صدر کے دالان کے آگے کھپریل پڑی ہوئی دو کوٹھریاں تھیں۔ سامنے دالان کے ایک باورچی خانہ تھا۔ دوسری طرف کوٹھے کا زینہ۔ کوٹھے پر ایک کھپریل دو کوٹھریاں کھانے پکانے کے برتن ضرورت سے زیادہ تھے۔ دو چار دریاں، چاندنیاں بھی تھیں۔ ایسی چیزیں محلے کے لوگ ہمارے گھر سے مانگنے آتے تھے۔ ہمارے گھر میں بہشتی پانی بھرتا تھا۔ محلے کی عورتیں خود ہی کنوئیں سے پانی بھر لاتی تھیں۔ ہمارے ابا جب گھر سے وردی پہن کر نکلتے تھے تو لوگ انہیں

جھک جھک کر سلام کرتے تھے۔ میری اماں ڈولی پر سوار ہو کے مہمان جاتی تھیں۔ ہمسائیاں پاؤں پیدل ماری ماری پھرتی تھیں۔

صورت شکل میں بھی اپنی ہمجولیوں سے اچھی تھی۔ اگرچہ درحقیقت خوبصورتوں میں میرا شمار نہیں ہو سکتا۔ مگر ایسی بھی نہ تھی۔ جیسی اب ہوں۔ کھلتی ہوئی چمپئی رنگت تھی۔

ناک نقشہ بھی خیر کچھ ایسا برا نہ تھا۔ ماتھا کسی قدر اونچا تھا۔ آنکھیں بڑی بڑی تھیں۔ بچپنے کے پھولے پھولے گال تھے۔ ناک اگرچہ ستواں نہ تھی۔ مگر پچپی اور پہنیہ پھری بھی نہ تھی۔ ڈیل ڈول بھی سن کے موافق اچھا تھا۔ اگرچہ اب ویسی نہیں رہی۔ نازکوں میں میرا شمار نہ جب تھا نہ اب ہے۔ اس قطع پر پاؤں میں لال گل بدن کا پائینچامہ سجامہ چھوٹے چھوٹے پائچوں کا ٹول کا نیفہ، نینوکی کرتی، تنزیب کی اوڑھنی ہاتھوں میں چاندی کی تین تین چوڑیاں گلے میں طوق، ناک میں سونے کی نتھنی اور سب لڑکیوں کی نتھنیاں چاندی کی تھیں۔ کان ابھی ابھی تازے تازے چھدے تھے۔ ان میں صرف نیلے ڈورے پڑے تھے۔ سونے کی بالیاں بننے کو گئی تھیں۔

میری شادی میری پھوپھی کے لڑکے کیساتھ ٹھہری ہوئی تھی۔ منگنی نو برس کے سن میں ہوگئی تھی۔ اب ادھر سے شادی کا تقاضا تھا۔ میری پھوپھی نواب گنج میں بیاہی ہوئی تھیں۔ پھوپا ہمارے زمیندار تھے۔ پھوپھی کا گھر ہمارے گھر سے زیادہ بھرا پرا تھا۔ منگنی ہونے سے پہلے میں کئی مرتبہ اپنی ماں کے ساتھ وہاں جا چکی تھی۔ وہاں کے کارخانے ہی اور تھے۔ مکان تو کچا تھا۔ مگر بہت وسیع، دروازے پر چھپر پڑے تھے۔ گائے، بیل، بھینسیں بندھی تھیں، گھی، دودھ کی افراط تھی۔ اناج کی کثرت بھٹوں کی فصل میں ٹوکروں بھٹے چلے آتے ہیں۔ کتاروں کی پھاندیاں پڑی ہوئی ہیں۔ ادکھ کے ڈھیر لگے ہوئے۔ کوئی کہاں تک کھائے۔

میں نے اپنے دولہا (یعنی جس کے ساتھ میری نسبت ٹھہری ہوئی تھی) کو بھی دیکھا تھا۔ بلکہ ساتھ کھیل تھی۔ ابا پورا جہیز کا سامان کر چکے تھے۔ کچھ روپے کی اور فکر تھی۔ رجب کے مہینے میں شادی کا تقرر ہو گیا تھا۔

رات کو ابا میں جب میری شادی کی باتیں ہوتی تھیں۔ میں چپکے چپکے سنا کرتی تھی اور دل ہی دل میں خوش ہوتی تھی۔ واہ میرے دولہا کی صورت کریمن (ایک دھینے کی لڑکی کا نام تھا) جو میرے دوست تھی کہ دولہا سے اچھی ہے۔ وہ تو کالا کالا ہے۔ میرا دولہا گورا گورا ہے۔ کریمن کے دولہا کے منہ پر کیا بڑی سی داڑھی ہے میرے دالہا کے ابھی مونچھیں بھی اچھی طرح نہیں نکلیں۔

غرضکہ میں اپنی حالت میں خوش تھی اور کیوں نہ خوش ہوتی۔ کیونکہ اس سے بہتر اور کوئی حالت میرے خیال میں نہ آسکتی تھی۔ مجھے اپنی تمام آرزوئیں بہت ہی جلد پوری ہوتی معلوم ہوتی تھیں۔

مجھے یاد نہیں کہ جب تک میں اپنے ماں باپ کے گھر میں رہی مجھے کوئی صدمہ پہنچا ہو۔ مگر ایک مرتبہ جب میری انگلی کا ایک چھلا چنداڈھیری کھیلنے میں جاتا رہا۔ موا چاندی کا تھا شاید ایک آنہ سے زیادہ کا نہ ہو گا۔ یہ اب کہتی ہوں اس وقت اتنی تمیز کہاں تھی کہ قیمت کسی چیز کی مجھے معلوم ہی نہ تھی۔ اس چھلے کے لئے اتنا روئی کہ آنکھیں سوج گئیں۔ اماں سے دن بھر چھپایا۔ آخر جب رات کو انہوں نے انگلی خالی دیکھی مجھ سے حال پوچھا۔ اب کہنا ہی پڑا۔ اماں نے ایک طانچہ میرے منہ پر مارا۔ میں چیخیں مار مار کے رونے لگی۔ ہچکیاں بندھ گئیں۔ اتنے میں ابا آگئے۔ انہوں نے مجھے چمکارا۔ اماں پر خفا ہوئے۔ اس وقت مجھے تسکین ہوئی۔

بے شک ابا مجھے اماں سے زیادہ چاہتے تھے۔ ابا نے کبھی پھول کی چھڑی نہیں چھوائی۔ اماں ذرا ذرا سی بات پر مار بیٹھتی تھیں۔ اماں چھوٹے بھیا کو بہت

چاہتی تھیں ۔ چھوٹے بھیاکیلئے میں نے بہت مار کھائی ۔ مگر پھر بھی مجھے اس سے انتہائی محبت تھی ۔ اماں کی ضد سے تو کبھی کبھی دو دو پہر میں نے گود میں نہیں لیا۔ مگر جب ان کی آنکھ او جھل ہوئی فوراً گلے سے لگا لیا۔ گود میں اٹھا لیا۔ پیار کر لیا جب دیکھا اماں آتی ہیں جلدی سے اتار دیا۔ اب وہ رونے لگا۔ اس پر اماں سمجھتی تھیں کہ میں نے رلا دیا۔ لگیں گھڑکیاں دینے۔

یہ سب کچھ تھا۔ مگر جہاں میری انگلی دکھی اور اماں بے قرار ہوگئیں ۔ کھانےپینے کا ہوش نہیں ۔ راتوں کی نیند حرام۔ کسی سے دوا پوچھتی ہیں ۔ کسی سے تعویذ مانگتی ہیں ۔

میرے جہیز کے لئے اپنے گلے کا گہنا اتار کے ابا کے حوالے کیا۔"اس میں تھوڑی چاندی ملوا کے پھر سے بنوا دو۔ دوایک عدد جوبنے ہوئے ہیں ان کو اجلوا دو۔"گھر بھر کے برتنوں میں سے دو چار رکھ لئے ۔ باقی نکال کے الگ کر دیئے کہ ان پر قلعی کرا دو۔ ابا نے کہا بھی کہ اپنے آئندہ کا بھی خیال رکھو۔ اماں نے کہا اوہ جی ہوگا۔ تمہاری بہن زمیندار کی بیوی ہیں ۔ وہ بھی تو جانیں کہ بھائی نے لڑکی کو کچھ دیا۔ لاکھ تمہاری بہن ہیں ۔ سسرال کا نام برا ہوتا ہے ۔ میری لڑکی ننگی بوچی جائے گی تو لوگ طعنے دیں گے ۔

مرزا رسوا صاحب! میں نے اپنے ماں باپ کے گھر اور بچپن کی حالت کا پورا نقشہ آپ کے سامنے کھینچ دیا ہے ۔ اب آپ سمجھ سکتے ہیں کہ اگر میں اس عالم میں رہتی تو خوش رہتی یا ناخوش اسے آپ خود قیاس کر سکتے ہیں ۔ میری ناقص عقل میں تو یہ آتا ہے کہ میں اسی حالت میں اچھی رہتی ۔

ابتدا آوادگی کی جوش وحشت کا سبب
ہم تو سمجھے ہیں مگر ناصح کو سمجھائیں گے کیا

میں نے اکثر لوگوں کو کہتے سنا ہے کہ جو ذات کی رنڈیاں ہیں ان کا تو ذکر ہی کیا۔ جو کچھ نہ کریں کم ہے ۔ کیوں نکہ وہ ایسے گھر اور ایسی حالت میں پرورش پاتی ہیں جہاں سوائے بدکاری کے اور کسی چیز کا مذکور ہی نہیں ۔ ماں بہن جس کو دیکھتی ہیں اسی حالت میں ہے ۔ مگر یہ ماں باپ کی بیٹیاں جو اپنے گھروں سے نکل کر خراب ہو جاتی ہیں ان کو وہاں مارے جہاں پانی نہ ملے ۔

میرا حال جتنا میں بیان کر چکی ہوں اتنا ہی کہہ کے چھوڑ دوں اور اس کے بعد یہ کہہ دوں کہ پس اس کے بعد میں آوارہ ہوگئی ۔ اس سے یہ خیال پیدا ہو گا کہ کمبخت اودماتی تھی ۔ شادی ہونے میں دیر ہوئی ۔ کسی سے آنکھ لگا کے نکل آئی اس نے چھوڑ دیا۔ کسی اور سے آشنائی کی ۔ اس سے بھی نہ بنی ۔ آخر رفتہ رفتہ یہی پیشہ ہوگیا۔ واقع اکثر ایسا ہی ہوتا ہے ۔ میں نے اپنی زندگی میں بہت سی بہو بیٹیوں کو خراب ہوتے دیکھا اور سنا۔ اس کے سبب بھی کئی ہوتے ہیں ۔ ایک تو یہ کہ جوان ہوگئیں ۔ ماں باپ شادی نہیں کرتے ۔ دوسرے یہ کہ شادی اپنی پسند سے نہیں ہوتی ۔ ماں باپ نے جہاں چاہا جھونک دیا۔ نہ سن کا لحاظ کیا نہ صورت شکل دیکھی ۔ نہ مزاج کا حال دریافت کیا۔ میاں سے نہ بنی نکل کھڑی ہوئیں یا جوانی میں سر پر آسمان ٹوٹا رانڈ ہوگئیں ۔ صبر نہ ہو سکا دوسرا کر لیا۔ یا صحبت ملی آوارہ ہوگئیں ۔ مگر مجھ بدنصیب نا شدنی کو بخت واتفاق نے مجبور کر ایسے جنگل میں چھوڑا۔ جہاں سوائے گمراہی کوئی راستہ نہ تھا۔

دلاور خاں جس کا مکان ہمارے مکان سے تھوڑی دور پر تھا۔ موا ڈکیتوں سے ملا ہوا تھا۔ لکھنو میں برسوں قید رہا۔ اسی زمانے میں نہیں معلوم کس کی سفارش سے چھوٹ آیا تھا۔ ابا سے سخت عداوت رکھتا تھا۔ وجہ یہ تھی کہ جب فیض آباد سے گرفتار ہوا تو محلے سے اس کے چال چلن کی تحقیقات کے لئے لوگ طلب ہوئے ۔ ان میں ابا بھی تھے ۔ آہ بچارے یوں بھی دل کے سادے اور زبان کے سچے تھے ۔ اس پر طرہ یہ رانی والے صاحب نے ان کے ہاتھ میں قرآن دے

کے پوچھا۔ "دل جمعدار! تم سچ سچ کہو یہ کیسا آدمی ہے؟" ابا نے صاف صاف جو اس کا حال تھا کہہ دیا۔ وہی کینہ اس کے دل میں چلا آتا تھا اب کی جب قید سے چھوٹ کر آیا تو اس نے ابا کی ضد پر کبوتر پالے۔ ایک دن اس نے ابا کا کبوتر مار لینے گئے، نہ دیا۔ ابا چار آنے دیتے تھے وہ آٹھ آنے مانگتا تھا۔ ابا تو نوکری پر چلے گئے۔ جھٹ پٹے وقت خدا جانے میں کیوں نکلی تھی۔ دیکھی کیا ہوں۔ املی کے نیچے کھڑا ہوا ہے کہنے لگا۔ "چلو بیٹا تمہارے ابا پیسے دے گئے تھے۔ کبوتر لے لو۔" میں اس کے دام میں آگئی۔ ساتھ چلی گئی۔ جا کے دیکھتی ہوں۔ گھر میں کانی چڑیا نہیں۔ اکیلا مکان پڑا ہے۔ ادھر میں مکان میں داخل ہوئی۔ ادھر اس نے اندر سے کنڈی بند کر لی۔ چاہتی ہوں کہ چیخوں اس نے منہ میں گودڑ ٹھونس دیا۔ میرے دونوں ہاتھ رومال سے کس دیئے۔ اس کان کا ایک دروازہ دوسری طرف تھا۔ مجھے زمین پر بٹھا کے آپ گیا۔ وہ دروازہ کھولا اور پیر بخش کہہ کے آواز دی۔ پیر بخش اندر آیا۔ دونوں نے مل کر مجھے بیل گاڑی پر سوار کیا کہ گاڑی چل نکلی۔ میں دم بخود رہ گئی تلے کی سانس تلے اوپر کی اوپر۔ کروں کیا کوئی بس نہیں۔ موذی کے چنگل میں ہوں۔ دلاور خاں بہلی کے اندر مجھے گھٹنوں میں دبائے بیٹھا ہے۔ ہاتھ میں چھری ہے۔ موئے کی آنکھوں سے خون ٹپک رہا ہے۔ پیر بخش گاڑی ہانک رہا ہے۔ بیل ہیں کہ اڑے چلے جا رہے ہیں۔ تھوڑی دیر میں شام ہو گئی۔ چاروں طرف اندھرا چھا گیا۔ جاڑے کے دن تھے۔ سناٹے کی ہوا چل رہی تھی۔ سردی کے مارے میری بوٹی بوٹی کانپ رہی تھی۔ دم نکلا جاتا تھا۔ آنکھوں سے باراں جاری تھا۔ دل میں یہ خیال آتا ہے ہائے کس آفت میں پھنسی۔ ابا نوکری پر سے آئے ہوں گے مجھے ڈھونڈتے ہوں گے۔ اماں پیٹ رہی ہوں گی۔ چھوٹا بھائی کھیل رہا ہو گا۔ اسے کیا معلوم بہن کس آفت میں ہے۔ ماں باپ، بھائی، مکان کا دالان، انگنائی، باورچی خانہ، سب کچھ میری آنکھوں کے سامنے تھا۔ یہ سب خیالات ایک طرف تھے اور جان کا خوف ایک طرف دلاور خاں گھڑی گھڑی چھری دکھاتا تھا۔ مجھ ایسا معلوم ہوتا تھا کہ اب کوئی دم میں یہ چھری میرے کلیجے کے پار ہو گی۔ گودڑ اب میرے منہ میں نہ تھا۔ مگر مارے ڈر کے آواز نہ نکلتی تھی۔ ادھر میرا تو یہ حال تھا ادھر دلاور خاں اور پیر بخش میں ہنس ہنس کے باتیں ہو رہی تھیں۔ میرے ماں باپ پر اور مجھ پر بات بات گالیاں پڑتی جاتی تھیں۔

دلاور خاں: "دیکھا بھائی پیر بخش! سپاہی کا پوت بارہ برس کے بعد اپنا بدلہ لیتے ہیں۔ اب کیسا...... تلملاتا پھرتا ہو گا۔"

پیر بخش: بھئی تم نے بے شک اس مثل کو اصل کر دکھایا۔ بارہ برس تو ہوئے ہوں گے تمہیں قید ہوئے۔

دلاور خاں: پورے بارہ برس ہوئے بھائی۔ لکھنو میں کیا کیا مصیبتیں اٹھائی ہیں۔ خیر وہ بھی تو کوئی دن یاد کرے گا۔ یہ تو میرا پہلا وار تھا۔ میں تو اس کو جان سے ماروں گا۔

پیر بخش: کیا یہ بھی ارادہ ہے؟

دلاو خاں: تم سمجھتے کیا ہو۔ جان سے مارا تو پٹھان کا تخم نہیں۔

پیر بخش: بھئی تم قول کے سچے ہو۔ جو کہو۔

دلادور خاں: دیکھنا

پیر بخش: اور اسے کیا کرو گے؟

دلاور خاں: کریں گے کیا۔ یہیں کہیں مار کے نالے میں ٹوپ دو۔ راتو رات گھر چلے چلو۔

یہ بات سن کر مجھے اپنی موت کا یقین ہو گیا۔ آنکھوں میں آنسو تھم گئے دل میں ایک دھچکا سا لگا۔ منکا ڈھل گیا۔ ہاتھ پاؤں ڈال دئے۔ یہ حال دیکھ کر بھی

م وئے کٹر کو ترس نہ آیا اور ایک گھونسہ زور سے میرے کلیجے پر مارا کہ میں بلبلا گئی۔ قریب تھا کہ میں گر پڑوں۔

پیر بخش : اسے تو مار ڈالوگے اور ہمارا روپیہ ؟

دلاور خاں : گلے گلے پانی

پیر بخش : کہاں سے دوگے ؟ ہم کچھ اور ہی سمجھے تھے۔

دلاور خاں : گھر چلو۔ کہیں نہ سے ہوسکے گا تو کبوتر بیچ کے دے دوں گا۔

پیر بخش : تم بے عقل ہو۔ کبوتر کیوں بیچو۔ ہم نہ ایک بات بتائیں۔

دلاور خاں : کہو!

پیر بخش : اماں لکھنو میں چل کے اسی چھوکری کوڑے کر لو۔

جب سے اپنے مرنے کا یقین ہو گیا تھا مجھے ان دونوں موذیوں کی باتیں کانوں سے اچھی طرح سنائی نہ دیتی تھیں۔ یہ معلوم ہوتا تھا۔ جیسے کوئی خواب میں باتیں کر رہا ہے۔

پیر بخش کی باتیں سن کر میرے دل کو پھر اپنی زندگی کا کچھ آسرا بندھا۔ دل ہی دل میں پیر بخش کو دعائیں دینے لگی۔ مگر اب یہ انتظار ہے کہ دیکھوں یہ موذی کہتا ہے۔

دلاور خاں : اچھا دیکھا جائے گا۔ ابھی چلے چلو۔

پیر بخش : یہاں ذرا ٹھہر نہ جائیں۔ وہ سامنے درخت کے نیچے آگ جل رہی ہے۔ تھوڑی دیر آگ لے آئیں تو حقہ بھر لیں۔

پیر بخش تو آگ لینے گیا مجھے یہ خیال پیدا ہوا کہ کہیں پیر بخش کے آتے آتے یہ میرا کام نہ تمام کر دے۔ جان کا خوف برا ہوتا ہے۔ اکبارگی زور سے چیخ ماری۔ چیخ کا مارنا تھا کہ دلاور خاں نے دو تین طمانچے میرے منہ پر کس کس کے لگائے۔ "حرامزادی چپ نہیں رہتی۔ ابھی چھری بھونک دوں گا... فیل کرتی ہے..."

پیر بخش : (ابھی تھوڑی ہی دور گیا ہوگا) نہیں بھئی ایسا کام نہ کرنا تمہیں ہمارے سر کی قسم اماں ہمیں تو آلینے دو۔

دلاور خاں : اچھا جاؤ آگ تو لے آؤ۔

پیر بخش گیا اور تھوڑی دیر کے بعد آگ لے کے آیا۔ حقہ بھرا۔ دلاور خاں کو دیا۔

دلاور خاں : (ایک کش حقہ کا پی کے) تو یہ کتنے بک جائے گی؟ اور بیچے گا کون؟ ایسا نہ ہو کہ کہیں پکڑے جائیں تو اور مشکل ہو۔

پیر بخش : اس کا ہمارا ذمہ۔ ہم تو بیچ دیں گے۔ ارے میاں تمہاری باتیں، بکڑے گا کون؟ لکھنو میں ایسے معاملے دن رات ہوا کرتے ہیں۔ ہمارے سالے کو جانتے ہو۔"

دلاور خاں : کریم!

پیر بخش : ہاں۔ اس کی روٹی اسی پر ہے۔ بیسیوں لڑکے لڑکیاں پکڑ لے گیا لکھنو میں جا کے دام کھرے کر لئے۔

دلاور خاں : آج کل کہاں ہے؟

پیر بخش : کہاں ہے ؟ لکھنو میں گومتی اس پار اس کی سسرال ہے وہیں ہو گا۔

دلاور خاں : بھلا لڑکا لڑکی کتنے کو بکتے ہیں ؟

پیر بخش : جیسی صورت ہوئی۔

دلاور خاں : بھلا یہ کتنے کو بک جائے گی۔

پیر بخش : سو ڈیڑھ سو۔ جیسی تمہاری تقدیر ہوئی۔

دلاور خاں : بھائی کی باتیں۔ سو ڈیڑھ سو۔ اس کی صورت ہی کیا ہے ؟ سو بھی تو بہت ہے۔

پیر بخش : اچھا اس سے کیا۔ لے تو چلو۔ مار ڈالنے سے کیا فائدہ ؟

اس کے بعد دلاور خاں نے پیر بخش کے کان میں کچھ جھک کے کہا۔ جس کو میں نے نہیں سنا۔ پیر بخش نے خواب دیا۔"وہ تو ہم سمجھے ہی تھے۔ تم کیا ایسے بیوقوف ہو۔

رات بھر گاڑی چلا کی۔ میری جان سانسے میں تھی۔ موت آنکھوں کے سامنے پھر رہی تھی۔ طاقت سلب ہوگئی تھی۔ بدن سن ہوگیا تھا۔ آپ نے سنا ہو گا کہ نیند سولی پر بھی آتی ہے۔ تھوڑی دیر میں آنکھ لگ گئی۔ ترس خدا کر کے پیر بخش نے بلیوں کا کمل اڑھا دیا۔ رات کو کئی مرتبہ چونک چونک پڑی۔ آنکھ کھل جاتی تھی۔ مگر ڈر کے مارے چپکی پڑی تھی۔ آخر ایک مرتبہ ڈرتے ڈرتے منہ پر سے کملی سر کا کے جو دیکھا معلوم ہوا میں گاڑی میں اکیلی ہوں۔ پردے سے جھانک کر دیکھا سامنے کچھ کچے مکان ہیں۔ ایک بنئے کی دکان ہے دلاور خاں اور پیر بخش کچھ خرید رہے ہیں۔ بیل سامنے برگد کے درخت کے نیچے بھوسہ کھا رہے ہیں۔ دو تین گنوار الاؤ کے پاس بیٹھے تاپ رہے ہیں۔ ایک چلم پی رہا ہے اتنی دیر میں پیر بخش نے گاڑی کے پاس آکے تھوڑی سے بھنے ہوئے چنے دئے میں رات بھر کی بھوکی تھی۔ کھانے لگی۔ تھوڑی دیر کے بعد ایک لوٹا پانی لا کے دیا میں نے تھوڑا سا پیا۔ پھر چپکی ہو کے پڑ رہی۔

بڑی دیر تک گاڑی یہاں رکی رہی۔ پیر بخش نے بیل جوتے۔ دلاور خاں حقہ بھر کے میرے پاس آبیٹھا۔ گاڑی روانہ ہوئی۔ آج دن کو مجھ پر زیادہ سختی نہیں ہوئی۔ نہ دلاور خاں کی چھری نکلی۔ نہ مجھ پر گھونسے پڑے نہ گھڑکیاں۔ دلاور خاں اور پیر بخش جگہ جگہ پر حقہ بھر بھر کے پیتے تھے۔ باتیں ہوتی جاتی تھیں جب باتیں کرتے کرتے تھک گئے۔ کچھ گانے لگے۔ ایک گاتا ہے دوسرا چپکا سن رہا ہے سن کیا رہا ہے سوچ رہا ہے۔ کہ اب کیا بات نکالوں۔ پھر کوئی بات نکل آئی اس گفتگو میں اکثر ایسا بھی ہوا کہ آپس میں گالی گلوچ ہونے لگی۔ آستینیں چڑھ گئیں۔ کمریں کسی جانے لگیں۔ ایک گاڑی پر سے کود پڑتا ہے۔ دوسرا وہیں گلا گھوٹنے کو تیار ہے۔ پھر کسی بات پر دونوں ڈھیلے پڑگئے۔ بات رفت گزشت ہوئی۔ پھر ملاپ ہوا۔ دوستی کی باتیں ہونے لگیں۔ گویا کبھی لڑے ہی نہ تھے۔

ایک : ہمارے تمہارے لڑائی کی ہی کیا بات تھی۔

دوسرا : بات ہی کیا تھی۔

پہلا : اچھا تو پھر اس بات کو جانے دو

دوسرا : جانے دو۔

(۲)

دے پھڑکنے کی اجازت صیاد

شب اول ہے گرفتاری کی

گرفتاری کی شب اول کا حال تو آپ سن چکے۔ ہائے وہ بے بسی مرتے دم تک نہ بھولوں گی۔ مجھے خود حیرت ہے کہ میں کیونکر زندہ بچی۔ ہے ہے کیا سخت جان تھی کہ دم نہ نکلا۔ دلاور خاں بندے! دنیا میں تو خیر اپنی سزا کو پہنچا۔ مگر کیا اس سے میرے دل کو تسکین ہوئی۔ موئے کی بوٹیاں کاٹ کاٹ کے چیل کوؤں کو کھلاتی تو بھی مجھے آہ نہ آتی۔ یقین ہے کہ قبر میں تجھ پر صبح شام جہنم کے کندے پڑتے ہوں گے اور قیامت کے دن خدا چاہے تو اس سے بدتر درجہ ہوگا۔

ہائے میرے ماں باپ کا کیا حال ہوا ہوگا۔ کیسے تیری جان کو کلپتے ہوں گے۔

بس مرزا صاحب! اتنی آج کہی باقی کل کہوں گی۔ اب میرا دل ہے کہ امڈا چلا آتا ہے۔ جی چاہتا ہے خوف چیخیں مار مار کے رودوں...

آپ میری آوارگی کی سرگزشت سن کے کیا کیجئے گا۔ بہتر ہے کہ یہیں تک رہنے دیجئے۔ میں تو یہ کہتی ہوں کاش دلاور خاں مجھ کو مار ہی ڈالتا تو اچھا تھا۔ مٹھی بھر خاک سے میری آبرو ڈھک جاتی۔ میرے ماں باپ کی عزت کو دھبہ نہ لگتا یہ دین و دنیا کی روسیاہی تو نہ ہوتی۔

ہاں میں نے اپنی ماں کو ایک بار پھر دیکھا تھا۔ کب اس کو دیکھا تھا۔ اس کو ایک زمانہ ہوا۔

اب خدا جانے جیتی ہیں یا مر گئیں سنا ہے کہ چھوٹے بھائی کے ایک لڑکا ہے۔ ماشاء اللہ چودہ پندرہ برس کا۔ دو لڑکیاں ہیں۔ میرا بے اختیار جی چاہتا ہے کہ ان سب کو دیکھوں۔ کچھ ایسا دور بھی نہیں۔ موئے ایک روپے میں تو آدمی فیض آباد پہنچ سکتا ہے۔ مگر کیا کروں مجبور ہوں۔ اس زمانے میں جب ریل نہ تھی فیض آباد سے لکھنو چار دن کا رستہ تھا۔ مگر دلاور خاں اس خوف سے کہ کہیں میرا باپ پیچھا نہ کرے نہ معلوم کن بیہڑا راستوں سے لایا کوئی آٹھ دن میں لکھنو پہنچی۔ مجھ نگوڑی کو کیا خبر تھی کہ لکھنو کہاں ہے۔ مگر دلاور خاں اور پیر بخش کی باتوں سے میں اتنا سمجھ گئی تھی۔ کہ یہ لوگ مجھے وہیں لئے جاتے ہیں۔ لکھنو کا میں نام گھر میں سنا کرتی تھی۔ کیونکہ میرے نانا یہیں کسی محل کی ڈیوڑھی پر سپاہیوں میں نوکر تھے۔ گھر میں ان کا ذکر ہوتا ہی رہتا تھا۔ ایک مرتبہ وہ فیض آباد بھی گئے تھے۔ میرے لئے بہت سی مٹھائی اور کھلونے لے گئے تھے۔ میں انہیں اچھی طرح پہنچانتی تھی۔

لکھنو میں گومتی اس پار کریم کی سسرال میں مجھے لاکر اتارا۔ چھوٹا سا مکان کریم کی ساس موئی مردے شونی سی معلوم ہوتی تھی۔ مجھے گھر میں لے گئی ایک کوٹھری میں بند کر دیا۔ صبح ہوتے لکھنو پہنچی تھی۔ دوپہر تک بند رہی۔ پھر کوٹھری کا دروازہ کھلا۔ ایک جوان سی عورت (کریم کی جورو) تین چپاتیاں اور ایک مٹی کے پیالے میں چمچہ بھر ماش کی دال اور بدھنی پانی کی میرے آگے رکھ کے چلی گئی، مجھے اس وقت وہ بھی نعمت ہوگئی۔ آٹھ دن ہوگئے تھے گھر کا پکا کھانا نصیب نہ ہوا تھا۔ راستے میں چنے اور ستوؤں کے سوا کچھ ملا ہی نہ تھا۔ کوئی آدھی بدھنی بھر پانی پی گئی۔ اس کے بعد زمین پر پاؤں پھیلا کر سو رہی۔ خدا جانے کتنی دیر سوئی کیونکہ اس اندھیری کوٹھری میں دن رات کی تمیز نہ ہو سکتی تھی اس درمیان میں کئی مرتبہ آنکھ کھلی۔ چاروں طرف اندھیرا کوئی آس نہ پاس۔ پھر اوڑھنی سے منہ ڈھانپ کے پڑ رہی۔ پھر نیند آگئی۔ تیسری چوتھی مرتبہ جو آنکھ کھلی تو پھر نیند نہ آئی۔ پڑی جاگتی رہی اتنے میں کریم کی ساس ڈائن کی شکل بکتی بڑبڑاتی اندر آئی۔ میں اٹھ بیٹھی۔

"لونڈیا کتنی سوتی ہے۔ رات کو چیختے چیختے گلا پڑ گیا۔ جھنجھوڑ کے اٹھایا۔ سانس ہی نہ لی۔ میں تو سمجھی سانپ سونگھ گیا۔ اے لو وہ تو اٹھ بیٹھی۔"

میں چپکے سنا کی۔ جب خوب بک چکی تو پوچھنے لگی...

8 乌尔都语现当代文学作品选读

"پیالہ کہاں ہے؟" میں نے اٹھا دیا۔ وہ باہر لے کر نکلی۔ کوٹھری کا دروازہ بند ہو گیا۔ تھوڑی دیر کے بعد کریم کی جورو آئی۔ اسی کوٹھری میں ایک کھڑکی لگی تھی اسے کھول دیا۔ مجھ کو باہر نکالا۔ ایک ٹوٹا سا کھنڈر پڑا تھا۔ یہاں آ کے آسمان دیکھنا نصیب ہوا۔ تھوڑی دیر کے بعد پھر اسی کال کوٹھری میں بند کر دی گئی۔ آج ارہر کی دال جوار کا دلیہ کھانے کو ملا۔

اسی طرح دو دن گزرے تیسرے دن ایک اور لڑکی مجھ سے سن میں دو ایک برس بڑی اسی کوٹھری میں لا کے بند کی گئی۔ کریم خدا جانے کہاں سے پھسلا کے لے آیا تھا۔ بیچاری کیسی چلکو پھلکو روتی تھی۔ مجھ کو اس کا آنا غنیمت ہو گیا۔ جب وہ رو دھو چکی تو چپکے چپکے باتیں ہوائیں۔

کسی بنیئے کی لڑکی تھی۔ رام دیئی نام تھا۔ سیتا پور کے پاس کوئی گاؤں تھا۔ وہاں کی رہنے والی تھی۔ اندھرے میں تو اس کی شکل دکھائی نہ دی۔ حسب معمول دوسرے دن کھڑکی کھولی گئی تو اس نے مجھ کو دیکھا۔ میں نے اسے دیکھا گوری گوری تھی۔ بہت گوری گوری تھی۔ بہت خوبصورت ناک نقشہ، ڈیل ذرا چھریرا تھا۔

چوتھے دن اس کال کوٹھری سے اس کی رہائی ہوئی۔ میں وہیں رہی۔ پھر تنہائی نصیب ہوئی۔ دو پہر دن اکیلی وہیں رہی۔ تیسرے دن رات کے وقت دلاور خاں اور پیر بخش نے آ کے مجھے نکالا۔ اپنے ساتھ لے کے چلے۔ چاندنی رات تھی۔ پہلے ایک میدان۔ پھر ایک بازار میں سے ہو کر گزری۔ پھر ایک پل پر آئے۔ دریا لہریں مار رہا تھا۔ ٹھنڈی ہوا چل رہی تھی۔ میں کلپتی جا رہی تھی۔ اور تھوڑی دور کے بعد ایک بازار پھر ملا۔ اس سے نکل کے ایک تنگ گلی میں دور تک چلنا پڑا۔ پاؤں تھک گئے۔ اس کے بعد ایک اور بازار میں آئے۔ یہاں بڑی بھیڑ تھی۔ راستہ مشکل سے ملتا تھا۔ اب ایک مکان کے دروازے پر پہنچی۔

مرزا رسوا صاحب! آپ سمجھے یہ کونسا بازار تھا؟ یہ وہ بازار تھا۔ جہاں میری عزت فروشی کی دکان تھی یعنی چوک، اور یہ وہ مکان تھا جہاں سے ذلت عزت، بدنامی نیک نامی، زردروئی، سرخروئی جو کچھ دنیا میں ملنا تھا ملا۔ یعنی خانم جان کے مکان کا دروازہ کھلا ہوا تھا۔ تھوڑی دور پر زینہ تھا۔ زینہ پر سے چڑھ کر اوپر گئی۔ مکان کے صحن میں سے ہو کے صدر دلان کے داہنی طرف ایک دلان وسیع میں خانم جان کے پاس گئی۔

خانم کو آپ نے دیکھا ہو گا۔ اس زمانے میں ان کا سن قریب پچاس برس کے تھا۔ کیا شاندار بڑھیا تھی۔ رنگ تو سانولا تھا۔ مگر ایسی بھاری بھرکم جامہ زیب عورت دیکھی نہ سنی۔ بالوں کے آگے لٹیں بالکل سفید تھیں۔ ان کے چہرے پر بھلی معلوم ہوتی تھیں۔ ململ کا دوپٹہ کیسا باریک چنا ہوا کہ شاید و باید اودے مشروع کا پائجامہ بڑے بڑے پائنچے۔ ہاتھوں میں موٹے موٹے سونے کے کڑے کلائیوں میں پھنسے ہوئے۔ کانوں میں سادی دو انتیاں لاکھ لاکھ بناؤ دیتی تھیں بسم اللہ کی رنگت ناک نقشہ ہو بہو انہی کا سا تھا۔ مگر وہ نمک کہاں۔ اس دن کی صورت خانم کی مجھے آج تک یاد ہے۔ پلنگڑی سے لگی ہوئی قالین پر بیٹھی ہیں۔

کنول روشن ہے، بڑا سا نقشی پاندان آگے کھلا ہوا رکھا ہے۔ پیچوان پی رہی ہیں۔ سامنے ایک سانولی سی لڑکی (بسم اللہ جان) ناچ رہی ہے۔ ہمارے جانے کے بعد ناچ موقوف ہوا۔ سب لوگ کمرے میں چلے گئے۔ معاملہ تو پہلے ہی طے ہو چکا تھا۔

خانم جان: یہی چھوکری ہے؟

دلاور: جی ہاں

مجھے پاس بلایا، چمکار کے بٹھایا۔ ماتھا اٹھا کے صورت دیکھی

خانم جان: اچھا! پھر جو ہم نے کہہ دیا ہے وہ موجود ہے۔ اور دوسری چھوکری کیا ہوئی۔

پیر بخش : اس کا تو معاملہ ہو گیا

خانم بکتنے میں ؟

پیر بخش : دو سو پر

خانم : اچھا خیر۔ کہاں ہوا؟

پیر بخش : ایک بیگم نے اپنے صاجزادے کے واسطے مول لیا ہے۔

خانم : صورت شکل اچھی ہے اس قدر ہم بھی دے نکلتے مگر تم نے جلدی کی۔

پیر بخش : میں کیا کروں۔ میں نے تو بہت سمجھایا میرے سالے نے نہ مانا۔

دلاور خاں : صورت تو اس کی اچھی ہے۔ آگے آپ کی پسند

خانم : خیر آدمی کا بچہ ہے۔

دلاور خاں : اچھا جو کچھ ہے آپ سامنے حاضر ہے۔

خانم : اچھا تمہاری ہی ضد سہی۔

یہ کہہ کر حسینی کو آواز دی۔ حسینی گدبدی سی سانولی ادھیڑ عورت سامنے آ کھڑی ہوئی۔

خانم : حسینی!

حسینی : خانم صاحب

حانم : صندوقچہ لاؤ۔

حسینی گئی۔ صندوقچہ لے آئی۔ خانم صاحب نے صندوقچہ کھولا۔ بہت سے روپے دلاور خاں کے سامنے رکھ دئے۔ بعد ازاں معلوم ہوا کہ سوا سو روپے دئے تھے۔

اس میں سے کچھ روپے پیر بخش نے گن کے اپنے رومال میں بندھے (سنا ہے کہ پچاس روپے) باقی دلاور خاں مردے نے اپنے ڈب میں رکھے۔ دونوں سلام کر کے رخصت ہوئے۔ اب کمرے میں خانم صاحب ہیں اور بوا حسینی اور میں ہوں۔

خانم صاحب : (حسینی سے) حسینی! یہ چھوکری اتنے داموں کچھ مہنگی تو نہیں معلوم ہوتی۔

حسینی : مہنگی! میں کہتی ہوں سستی۔

خانم : سستی بھی نہیں ہے۔ خیر ہو گا۔ صورت تو بھولی بھالی ہے۔ خدا جانے کس کی لڑکی ہے۔ ہائے ماں باپ کا کیا حال ہوا ہو گا۔ خدا جانے کہاں سے موئے پکڑ لاتے ہیں۔ ذرا بھی خوف خدا نہیں۔

بوا حسینی! ہم لوگ بالکل بے قصور ہیں۔ عذاب ثواب انہی موؤں کی گردن پر ہوتا ہے۔ ہم سے کیا۔ آخر یہاں نہ بکتی کہیں اور بکتی۔

حسینی : خانم صاحب! یہاں پھر اچھی رہے گی۔ آپ نے سنا نہیں۔ نیویوں میں لونڈیوں کی کیا گتیں ہوتی ہیں۔

خانم : سنا کیوں نہیں ۔ اے ابھی ، اس دن کا ذکر ہے سنا تھا۔ سلطان جہاں بیگم نے اپنی لونڈی کو کہیں میاں سے بات کرتے دیکھ لیا تھا ۔ چمچوں سے داغ کے ہ مار ڈلا

حسینی : دنیا میں ،جو چاہیں کہ کرلیں ۔ قیامت کے دن ایسی بیویوں کا منہ کالا ہو گا۔

خانم : منہ کالا ہو گا !جہنم کے کندے پڑیں گے ۔

حسینی : خوف ہو گا۔ موؤں کی یہی سزا ہے ۔

اس کے بعد بوا حسینی نے بڑی منت سے کہا۔

"بیوی یہ چھوکری تومجھے دے دیجئے ۔ میں پالوں گی ۔ مال آپ کا ہے ۔ خدمت میں کروں گی ۔"

خانم : تمہیں پالو۔

اب تک بوا حسینی کھڑی ہوئی تھیں ۔ اس گفتگو کے بعد میرے پاس بیٹھ گئیں ۔ مجھ سے باتیں کرنے لگیں ۔

حسینی : بچی! توکہاں سے آئی ہے؟

میں : (رو کے) بنگلے سے ۔

حسینی : (خانم سے) بنگلہ کہاں ہے؟

خانم : اے ہے کیا نِنھی ہو؟ فیض آباد کو بنگلہ بھی کہتے ہیں ۔

حسینی : (مجھ سے) تمہارے ابا کیا نام ہے؟

میں : جمعدار

خانم : تم بھی غضب کرتی ہو۔ بھلا وہ نام کیا جانے ابھی بچہ ہے ۔

حسینی : اچھا تمہارا نام کیا ہے؟

میں : امیران

خانم : بھئی یہ نام تو ہمیں پسند نہین ۔ ہم تو امراؤ کہہ کے پکاریں گے ۔

حسینی : سنا بچی ! امراؤ کے نام پر تم بولنا ۔ جب بیوی کہیں گی "امراؤ"تم کہنا"جی" ۔

اس دن سے امراؤ میرا نام ہو گیا۔ تھوڑے دنوں کے بعد جب میں رنڈیوں کے شمار میں آئی لوگ امراؤ جان کہنے لگے ۔

خانم صاحبہ مرتے دم تک امراؤ کہا کیں ۔ بوا حسینی امراؤ صاحب کہتی تھیں ۔ اس کے بعد بوا حسینی مجھے اپنی کوٹھری میں لے گئیں ۔ اچھا کھانا کھلایا مٹھائیاں کھلائیں منہ ہاتھ دھلایا اپنے پاس سلا رکھا۔

آج رات کو میں نے ماں باپ کو خواب میں دکھا۔ جیسے ابا نوکری پر سے آئے ہیں مٹھائی کا دونا ہاتھ میں ہے ۔ چھوٹا بھائی سامنے کھیل رہا ہے ۔ اس کو مٹھائی کی ڈالیاں نکال کے دیں ۔ مجھے پوچھ رہے ہیں جیسے میں دوسرے دالان میں ہوں اماں باورچی خانے میں ہیں اتنے میں ابا کو جو دیکھا دوڑ کے لپیٹ گئی ۔

رو رو کے اپنا حال کہہ رہی ہوں۔

خواب میں اتنا روئی کہ ہچکیاں بندھ گئیں۔ بوا حسینی نے بیدار کیا۔ آنکھ جو کھل گیا دیکھتی ہوں نہ وہ گھر ہے نہ دالان، ابا ہیں نہ اماں، بوا حسینی کی گود میں پڑی رو رہی ہوں۔ بوا حسینی آنسو پونچھ رہی ہیں۔ چراغ روشن تھا۔ میں نے دیکھا کہ بوا حسینی کے آنسو برابر جاری ہیں۔

واقعی بوا حسینی بڑی نیک ذات عورت تھی۔ اس نے مجھ پر وہ شفقت کی چند ہی روز میں میں اپنے ماں باپ کو بھول گئی اور بھولتی نہ تو کرتی کیا۔ اول تو مجبوری دوسرے نئے ڈھنگ نئے رنگ۔ اچھے سے اچھا کھانے کو۔ کھانے وہ جن کے ذائقے سے بھی آگاہ نہ تھی۔ کپڑے وہ جو میں نے کبھی خواب میں بھی نہ دیکھے تھے تین لڑکیاں۔ بسم اللہ جان، خورشید جان، امیر جان ساتھ کھیلنے کو، دن رات ناچ گانا، جلسے تماشے، میلے، باغوں کی سیر، وہ کون سا ایسا عیش کا سامان تھا جو مہیا نہ تھا۔

مرزا صاحب! آپ کہیں گے میں بڑے کٹر دل کی تھی کہ بہت جلد اپنے ماں باپ کو بھول کر کھیل کود میں پڑ گئی۔ اگرچہ میرا سن بہت کم تھا۔ مگر خانم کے کان میں آنے کے ساتھ ہی میرے دل کو آگاہی سی ہو گئی کہ اب مجھے عمر بھر یہیں بسر کرنا ہے جیسے نئی دلہن اپنی سسرال جا کے سمجھ لیتی ہے کہ میں یہاں ایک دو دن کے لئے نہیں بلکہ مرنے اور بھرنے کیلئے آئی ہوں۔ ٹھیک وہی میرا حال تھا۔ راستے میں موئے ڈکیتوں کے ساتھ سے وہ ایذا اٹھائی تھی کہ خانم کا مکان میرے لئے بہشت تھا۔ ماں باپ کے ملنے کو میں بالکل ناممکن سمجھ چکی تھی۔ اور جو چیز ناممکن سمجھ لی جاتی ہے۔ اس کی آرزو باقی نہیں رہتی۔ اگرچہ فیض آباد لکھنو سے صرف ۴۰ کوس ہے مگر اس زمانے میں مجھے بے انتہا دور معلوم ہوتا تھا۔ بچپن میں اور اب میں بڑا فرق معلوم ہوتا ہے۔

مصنف: مرزا محمد پاوہ رسوا

مرزا محمد ہادی رسوا (1857ء تا 12 اکتوبر، 1931ء) ایک اردو شاعر اور فکشن کے مصنف (بنیادی طور پر مذہب، فلسفہ، اور فلکیات کے موضوعات پر) گرفت رکھتے تھے۔ انہیں اردو، فارسی، عربی، عبرانی، انگریزی، لاطینی، اور یونانی زبانوں میں مہارت تھی۔ ان کا مشہور زمانہ ناول امراؤ جان ادا 1905ء میں شائع ہوا جو ان کا سب سے پہلا ناول مانا جاتا ہے۔ یہ ناول لکھنؤ کی ایک معروف طوائف اور شاعرہ امراؤ جان ادا کی زندگی کے گرد گھومتا ہے بعد ازاں ایک پاکستانی فلم امراؤ جان ادا (1972ء)، اور دو بھارتی فلموں، امراؤ جان (1981ء) اور امراؤ جان (2006ء) کے لیے بنیاد بنا۔ 2003ء میں نشر کئے جانے والے ایک پاکستانی ٹی وی سیریل کی بھی بنیاد یہی ناول تھا۔

مرزا محمد ہادی رسوا کی زندگی کی درست تفصیلات دستیاب نہیں ہیں اور ان کے ہم عصروں کی طرف سے دی گئیں معلومات میں تضادات موجود ہیں البتہ رسوا نے خود تذکرہ کیا ہے کہ ان کے آباء و اجداد فارس سے ہندوستان میں آئے اور ان کے پردادا سلطنت اودھ کے نواب کی فوج میں ایک ایڈجوٹنٹ تھے۔ جس گلی میں رسوا کا گھر تھا اسے ایڈجوٹنٹ کی گلی کے طور پر جانا جاتا ہے۔ انہوں نے اپنے والد اور دادا کے بارے میں اس سے زیادہ کچھ نہیں بتایا کہ وہ دونوں ریاضی اور فلکیات میں خاصی دلچسپی رکھتے تھے۔ مرزا محمد ہادی رسوا 1857ء کو، ایک گھڑسوار، فوجی افسر، مرزا محمد تقی کے گھر لکھنؤ، اتر پردیش میں پیدا ہوئے۔ انہوں نے گھر میں ابتدائی تعلیم حاصل کی۔ وہ سولہ سال کے تھے جب ان کے والدین دنیا سے کوچ کر گئے۔ نوجوانی میں وفات پانے والیان کے بڑے بھائی مرزا محمد ذکی، ایک علمی شخصیت کے مالک تھے۔ اس دور کے ایک مشہور خطاط حیدر بخش نے رسوا صاحب کو خوش خطی سکھائی اور انہیں کام کرنے کے لئے کچھ رقم ادھار بھی دی۔ لیکن

حیدر بخش کی آمدنی ڈاک کی جعلی ٹکٹ سازی سے آتی تھی لہذا اُسے گرفتار کر لیا گیا اور ایک طویل مدت کے لئے قید کی سزا سنائی گئی۔ رُسوا کے لکھنے کے کیریئر میں اُن کی مدد کرنے والے بہت سے لوگوں میں سے ایک اردو شاعر، دبیر بھی تھے۔ رسوا نے گھر میں تعلیم حاصل کی اور میٹرک پاس کیا۔ اس کے بعد انہوں نے منشی فاضل کے کورس کا امتحان دیا اور منشی فاضل ہوگئے۔ 1931ء میں وفات پائی۔

مرزا محمد ہادی رسوا صاحب کا وصال یہیں حیدرآباد دکن میں 1931ء میں ہوا اور تدفین معظم جاہی مارکیٹ کے قریب واقع قبرستان مرلی دھر باغ میں انجام پائی۔

نئے الفاظ

传说，故事（阴）	jag bītī	جگ بیتی	经历过的事（阴）	bītī	بیتی
渴望的，爱好的（形）	mushtāq	مشتاق	触摸；提到（阴）	chhēr	چھیڑ
房产，家中的房产物件（阳）	ḳḥānamā	خانما	失败的；不幸的（形）	nā murā	نامراد
赤贫的，一贫如洗的（形）	naṇg	ننگ	毁灭的，荒芜的（形）	barbād	برباد
成功；尊贵（阴）	surḳḥrō'ī	سرخروئی	耻辱，羞愧（阴）	‘ār	عار
坚固的（形）	puḳḥtah	پختہ	送水工，运水人（阳）	bihishtī	بہشتی
工头；班长（阳）	jama‘dār	جمعدار	轿夫（阳）	kahār	کہار
白色的脆糖饼（阳）	batāshā	بتاشا	嘴角（阴）	bāchhēn	باچھیں
金匠（阳）	sunār	سنار	布娃娃（阴）	guṛyā	گڑیا
番石榴（阳）	amrūd	امرود	深平底小铜锅（阴）	patīlī	پتیلی
每天诵读的祷告词（阳）	vazīfah	وظیفہ	小橙子（阴）	nāraṇgī	نارنگی
同龄的（形）	ham jōlī	ہمجولی	罗望子（阴）	imlī	املی
女人乘坐的小轿子（阴）	ḍōlī	ڈولی	瓦房（阴）	khaprail	کھپریل
脸色；外貌（阴）	raṇgat	رنگت	金香木色的，浅黄色的（形）	champa' ī	چمپئی
车轮；轱辘（阳）	pahayyah	پہیہ	钉子（阴）	pachchī	پچی
			风格（阴）	qat‘	قطع

裤腰带(阳)	nēfah	نیفہ
小胸巾，小披肩(阴)	ōṛhnī	اوڑھنی
打耳光(阳)	tamāṇchah	طمانچہ
生气的(形)	ḳḥafā	خفا
娘家；丈人家(阴)	susrāl	سسرال
有缺点的；劣的(形)	nāqis	ناقص
惊恐；胆战心惊(阴)	vahshat	وحشت
教导者；正派人(阳)	nāsih	ناصح
养育；培养(阴)	parvarish	پرورش
不幸的，苦命的(形)	kam baḳḥt	کمبخت
强盗；贼寇(阳)	ḍakait	ڈکیت
怨恨，敌意(阳)	kīnah	کینہ
肢体抖动(阴)	bōṭī bōṭī	بوٹی بوٹی
庭院，院落(阴)	angnā'ī	انگنائی
种子；后代	tuḳḥm	تخم
铁石心肠的(形)	kaṭṭar	کٹر
印巴次大陆人用的水烟袋(阳)	huqqah	حقہ
绞刑架(阴)	sūlī	سولی
对骂；互骂(阴)	gālī galūch	گالی گلوچ
抚慰；减轻(阴)	taskīn	تسکین
层(阳)	darajah	درجہ
耻辱，坏名声(阴)	rū siyūhī	روسیاہی
巫婆，女妖；丑陋的老太婆(阴)	ḍā'in	ڈائن
兵豆(阳)	arhar	ارہر
卑贱；屈辱(阴)	zard rū'ī	زردروئی
衣服(阳)	jāmah	جامہ

有亮片的花布(阳)	nainū	نینو
无生命的(形)	mu' ā	موا
打嗝；抽噎(阴)	hichkī	ہچکی
护身符(阳)	ta'vīz	تعویذ
责备；嘲笑；奚落(阳)	ta'nah	طعنہ
堕落(阴)	āvāragī	آوارگی
原因(阳)	asbab	سبب
妓女(阴)	raṇḍī	رنڈی
谈论(阳)	mazkūr	مذکور
寡妇(阴)	rāṇḍ	رانڈ
轶闻，奇事(阳)	turrah	طرہ
拉货的小牛车(阴)	bahlī	بہلی
下雨(阳)	bārān	باران
儿子；孩子(阳)	pūt	پوت
临死时脖子歪向一边(不及)	mankā ḍhal jān	منکاڈھل جانا
小女孩，小丫头(阴)	chhōkrī	چھوکری
捣蛋；执拗(阳)	fail	فیل
榕树(阳)	bargad	برگد
猎人(阳)	sayyād	صیاد
坟墓(阴)	qabr	قبر
痛苦，受折磨(不及)	kalapnā	کلپنا
晦气的；无依无靠的(形)	nigōṛī	نگوڑی
废墟，断壁残垣(阳)	khaṇḍar	کھنڈر
稀饭，粥(阳)	dalyah	دلیہ
皮肤微黑的，棕色皮肤的(形)	sāṇvlā	سانولا

一绺头发（阴）	laṭ	لٹ
披肩，围巾（阳）	dōpaṭṭah	دوپٹہ
丝绵混纺布（阳）	mashr ū‘	مشروع
韵味；气度（阳）	namak	نمک
一种吸管很长的水烟（阳）	pēchvān	پیچوان
丫鬟，使女（阴）	launḍī	لونڈی
炉钎（阳）	sīḳhchah	سیخچہ
善良，仁慈（阴）	shafqat	شفقت

修饰，美容（阴）	zēb	زیب
薄棉布，薄纱（阴）	malmal	ململ
紫色的（形）	ūdā	اودا
耳环（阴）	anṭī	انٹی
莲花，荷花（阳）	kanval	کنول
恶报与善报；报应（阳）	‘azāb savāb	عذاب ثواب
殴打，痛打（阴）	gat	گت
烙上印记，烧烙（阳）	dāgh	داغ
预知；了解（阴）	āgāhī	آگاہی

وضاحت

甫落风尘魂惊断， 难与君子诉衷肠。	ابتدا آوادگی کی جوش وحشت کا سبب ہم تو سمجھے ہیں مگر ناصح کو سمجھائیں گے کیا
君子报仇，十年不晚。	سپاہی کا پوت بارہ برس کے بعد اپنا بدلہ لیتے ہیں۔
不要了他的命我就不是帕坦人养的。	جان سے مارا تو پٹھان کا تخم نہیں۔
他就是吃这碗饭的/他就是靠这个谋生的。	اس کی روٹی اسی پر ہے۔

مشق

۱۔ امراؤجان ادا کیسے خاندان میں پیدا ہوئی ؟

۲۔ امراؤجان ادا کو اغوا کرنے کے بعد دلاور خاں اور پیر بخش نے کیا کیا باتیں کئیں ؟ اور ان باتوں سے ان کی شخصیت تجزیہ کیجئے۔

۳۔ خانم جان کس طرح کی ایک عورت ہے ؟

۴۔ امراؤجان ادا کے سامنے خانم نے حسینی سے مکالمہ کیا تھا، ان کے الفاظ سے امراؤجان ادا پر کیا اثر پیدا ہوا ؟

دوسرا سبق　انارکلی

作品导读

《阿娜尔·格莉》是现代乌尔都语话剧历史上里程碑式的杰出作品。作者伊姆迪亚兹·阿里·达吉是著名的乌尔都语戏剧作家，曾获得希达尔·艾·伊姆迪亚兹奖和巴基斯坦戏剧总统奖。

伊姆迪亚兹·阿里·达吉（1900—1970）出生于印度拉合尔，其父母均为知名作家。环境熏陶使得他从小就爱好文学，尤其是戏剧文学。大学毕业后他为舞台剧、电影、广播都曾撰写过剧本，还翻译过一些英国戏剧，后来成为很多著名电视剧的编剧。

《阿娜尔·格莉》（1932）分为“爱情”、“歌舞”、“死亡”三场。讲述了莫卧尔王朝阿克巴大帝的儿子萨利姆王子与宫女阿娜尔的爱情故事。一天，阿克巴看见身后的宫女对萨利姆王子微笑，就怀疑其有阴谋，于是下令将阿娜尔·格莉以站立的姿势砌进石墙处死。

而戏剧就是以这一故事为线索进行艺术加工，讲述了阿娜尔与萨利姆王子相爱，因遭到其他宫女妒忌而被诬告处死。经作家考证该故事并非正史，然而这并不影响这个凄美爱情故事的传唱。节选部分为《阿娜尔·格莉》的第三幕，讲述的是皇后请求皇帝阿克巴宽恕王子萨利姆和阿娜尔·格莉。阿克巴询问宫女迪拉腊姆，迪拉腊姆因妒忌而诬告阿娜尔指使王子篡位。萨利姆去牢里劫走了阿娜尔，并表示对王位不屑一顾。阿克巴被彻底激怒，下令处死阿娜尔。戏剧情节紧凑，语言流畅优美，具有很强的艺术感染力。

انارکلی

امتیاز علی تاج

منظر سوم

اکبر کی خواب گاہ۔ اسی رات میں اور تقریباً اسی وقت ایک مختصر مگر تکلف سے آراستہ حجرہ جس کی چھت ماہی پشت اندازکی ہے۔ دیواروں کا بیشتر

حصہ قرمزی مخمل کے بھاری بھاری پردوں سے جن پر سیاہ ریشم سے بڑے بڑے نقش بنے ہیں، چھپا ہوا ہے۔ صرف سامنے کی دیوار کے درمیانی حصے پر سے پردے سرکے ہوئے ہیں۔ جہاں ایک خوش وضع جالی دار محراب ہے۔ محراب کے جھروکے میں سے نیلے آسمان پر چند تارے ٹمٹماتے نظر آ رہے ہیں۔

ایرانی قالینوں کے فرش پر دائیں کونے میں سونے کے بھاری بھاری جڑاؤ پایوں کا ایک پلنگ بچھا ہے جس پر تانبے کے رنگ کا پلنگ پوش پڑا ہے۔ سرھانے ایک ہشت پہلو میز پر تلوار اور دو شاخہ رکھا ہے۔ بائیں طرف ایک بیش قیمت تخت پر زری کے کام کی مسند بچھی ہے اور اس پر تکیے لگے ہیں۔ دائیں بائیں دیوار کے ساتھ نیچی چوکیوں پر زریں پھولدانوں میں رتن مالا اور کرن پھول کی رنگینیوں میں سے پاڈل، نواری اور نرگس کے پھول ابھر ابھر کر عطر بیز ہیں۔

کمرے کے درمیان میں اکبر ایک کشمیری فرغل پہنے ہاتھ ایک ہشت پہلو میز پر ٹکائے کھڑا سامنے گھور رہا ہے۔ پیچھے تخت پر رانی بیٹھی ہے۔

رانی: مہاراج رحم کیجئے۔ پہلے میری التجا تھی اس کو چھوڑ دیجئے۔ اب میری فرمائش ہے انار کلی کو سلیم کے لئے چھوڑ دیجئے۔

اکبر: انار کلی کو سلیم کے لئے۔ یہ تم کہ رہی ہو رانی؟

رانی: سب کچھ سوچ کر۔ سب کچھ سمجھ کر۔ سب پہلوؤں پر غور کر کے ......

اکبر: تمہارا مشورہ ہے کہ میں اپنی زندگی کے تمام خواب چکنا چور کر ڈالوں۔ وہ خواب جو میرے دنوں کا پسینہ، میری راتوں کی نیند، میری رگوں کا لہو، میری ہڈیوں کا مغز ہیں۔ تمہارا مشورہ ہے کہ میں ان سب کو چکنا چور کر ڈالوں۔

رانی: (کچھ کہنا چاہتی ہے۔ مگر نہیں کہتی۔ سر جھکا لیتی ہے۔) اولاد کے لئے کیا کچھ نہیں کیا جاتا۔

اکبر: (دبے ہوئے جوش سے) کیا کچھ نہ کیا گیا۔

رانی: (سر جھکائے ہوئے) پھر اب بھی ہم کیوں نہ صرف ماں اور باپ کا حق ادا کریں؟

اکبر: اوراس سے کب تک اولاد کے فرض کی امید نہ رکھیں؟

رانی: (سر اٹھا کر) کیوں امید رکھیں۔ ہم ہی تو تھے، جو اولاد کی آرزو میں سائے کی طرح اداس پھرتے تھے۔ ہم ہی تو تھے، جو اولاد پا کر دونوں جہان حاصل کر بیٹھے تھے اور ہمارے ہی لئے تو اس کا ایک تبسم زندگی کے تمام زخموں پر مرہم تھا۔ ہم تو صرف اس لئے اس کی تمنا کرتے تھے کہ اس سے ہمارا ویران دل آباد ہو اور ہم اپنی موت کے بعد بھی اس میں زندہ رہ سکیں۔ پھر اس سے توقع کیسی؟

اکبر: تم ماں ہو۔ صرف ماں۔

رانی: (جل کر کھڑی ہو جاتی ہے۔ ضبط کی کوشش کرتی ہے۔ مگر نہیں رہا جاتا۔ پھٹ پڑتی ہے) میں خوش ہوں کہ میں صرف ماں ہوں اور مجھ کو رنج ہے کہ آپ شہنشاہ ہیں۔ صرف شہنشاہ۔

اکبر: (منہ موڑتے ہوئے) ہم اسے محبت کی غیرضروری نرمی سے بگاڑنا نہیں چاہتے۔

رانی: (چڑ کر) سختی ایک نوجوان اور جوشیلی طبیعت کو سنوار نہیں سکتی۔

اکبر: (سر ہلاتا ہوا میز کے دوسری طرف چلا جاتا ہے) لیکن اسے سنورنا ہی ہوگا۔ سنورے بغیر اس کا قدم ہندوستان کے تخت کو نہیں چھو سکتا

رانی: وہ آپ کے ہندوستان کے تخت کو جہنم سمجھتا ہے، جہاں انار کلی ہو، وہ جگہ اس کی جنت ہے۔

اکبر: (مڑکر رانی کو دیکھتا ہے) یہاں تک؟

رانی: اس کی رگوں میں خون جوانی کے گیت گا رہا ہے اور جوانی کی نظروں میں ہندوستان ایک عورت سے زیادہ قیمت نہیں رکھتا۔

اکبر: (رانی کو تکتے ہوئے) ہندوستان ایک عورت سے ستا ہے؟

رانی: وہ یہی کہتا ہے۔

اکبر: خود سلیم؟

رانی: خود سلیم۔

اکبر: (سامنے مڑکر ہاتھ پیشانی پر رکھ لیتا ہے) آہ میرے خواب! وہ ایک عورت کے عشووں سے بھی ارزاں تھے۔

فاتح ہند کی قسمت میں ایک کنیز سے شکست کھانا لکھا تھا۔

رانی: (سر جھکا کر خاموش ہو جاتی ہے۔ ذرا دیر بعد سر اٹھا کر) جو ہو چکا بدل نہیں سکتا۔ جو آنے والا ہے اسے

سدھاریئے۔

اکبر: (مایوسی کے قلق اور غصے سے) اور کیا آئیگا؟ میرے دل کو اجاڑدینے کے بعد وہ میرے جسم کو بھی ویران کر ڈالنے کا آرزو مند ہے؟

رانی: کیاکہتے ہیں مہاراج۔ یہ سوچنے سے پہلے وہ اپنی جان گنوا ڈالیگا۔

اکبر: (غم سے سر جھکا کر) اس کے وہی معنی ہیں۔ ہم۔ ہماری آرزوئیں۔ ہماری راحت۔ ہماری زیست۔ سب

اس کےلئے بیمعنی لفظ ہیں۔ اس کا سب کچھ انار کلی ہے۔ اس کے دل میں ماں باپ کی یہ قدر ہے۔

رانی: اس کے دل میں اپنی محبت کا اندازہ اس کی موجودہ حالت سے نہ لگایئے۔ یہ جنون آرام سے گزر جانے

دیجئے اور پھر دیکھئے سلیم کیا بن جاتا ہے۔

اکبر: (رانی کو تکتے ہوئے) اور یہ جنون کس طرح گزریگا؟

رانی: چڑھا ہوا دریا بند لگانے سے نہ رکیگا۔ اسے انار کلی کو لے لینے دیجئے۔ وہ اسے اپنی بیگم بنا لے۔ انار کلی کا ہوکر وہ ہمارا سلیم بن جائیگا۔

اکبر: (کچھ دیر سامنے دیکھتا رہتا ہے) اسے اپنا بنانے کےلئے میں ایک کنیز کا ممنون احسان نہیں بننا چاہتا

(توقف کے بعد) جو کچھ وہ چاہتا ہے اسے کرنے دو اور جو کچھ میں چاہوں گا میں کروں گا۔

رانی: (مایوس ہو کر چلتی اور پلنگ کے قریب پہنچ کر رک جاتی ہے) میں پھر کہوں گی۔ آپ شہنشاہ ہیں۔

صرف شہنشاہ۔

اکبر: (خاموش کرنے کو ہاتھ اٹھا کر) ہم اور کچھ نہیں سننا چاہتے۔ ہم سوچیں گے اور کل صبح انار کلی کا فیصلہ ......

(انار کلی کی ماں دیوانہ وار اندر گھس آتی ہے۔)

ماں: انار کلی کا فیصلہ! میری غریب بچی کا فیصلہ! اسے بخش دے ظل الٰہی! اے شہنشاہ! اے غریبوں کی قسمت کے والی!

اکبر: (حیرت اور غصے سے) بغیر اجازت یہاں آنے کی جرات!

ماں: (دو زانو ہو کر) بندے خدا کے حضور میں بغیر اجازت جا سکتے ہیں اور تو خدا کا سایہ ہے۔ مہربان شہنشاہ ہے۔

اور وہ میری بچی ہے۔ میری زندگی کی آس ہے۔ خطاوار ہے۔ مگر تو کریم ہے۔ گنہگار ہے مگر تو رحیم ہے۔ بخش دے اللہ اس کو بخش دے۔

اکبر: جاؤ اور فیصلے کا انتظار کرو۔

ماں: میں کہاں جاؤں۔ شہنشاہ مجھے کہیں قرار نہیں۔ رانی تم عورت ہو (اٹھ کر رانی کے پاؤں پکڑ لیتی ہے) بچے کی ماں ہو۔ ان ٹیسوں کو جانتی ہو۔ میں تمہارے پیروں کو چومتی ہوں۔ کہہ دو۔ مجھے مار ڈالیں۔ میں دنیا سے سیر ہو چکی۔ میرے ٹکڑے ٹکڑے کر ڈالیں۔ مگر اس ناشاد نے دنیا کا کچھ نہیں دیکھا ۔ اسے بخش دیں۔

اکبر: (دروازے کی طرف رخ کر کے) اسے لے جاؤ۔

(خواجہ سرا داخل ہو کر اسے اٹھاتے ہیں۔)

ماں: میں یہیں جم کر رہ جاؤں گی۔ یہیں ہوش و حواس کھو بیٹھوں گی۔ مجھے ہاتھ پھیلا لینے دو۔ خون کو خون کے لئے التجا کر لینے دو۔ شاید وہ بچ جائے۔ میری جان ۔ میرے جگر کا ٹکڑا۔ میری نادرہ! (خواجہ سرا لے جانے کو کھینچتے

ہیں) رانی تم بولو، شہنشاہ ایک رحم کی نظر ڈالو ۔ یہ بڑھیا جی اٹھے گی۔

(اکبر سر جھکائے خاموش کھڑا رہتا ہے۔)

ماں: ظالمو نہ کھینچو۔ رحم! رحم! الٰہی تو ہی سن۔ ظل الٰہی نہیں سنتا۔ اے آسمان پھر تو ہی مدد دے۔ رانی مدد نہیں کرتی۔ ان کے دلوں کو نرم بنا کہ انہیں میرا دکھ معلوم ہو سکے۔

(اکبر بیقراری سے سر ہلاتا ہے۔ خواجہ سرا انار کلی کی ماں کو زور سے کھینچتے ہیں۔)

ماں: ہائے مجھے یوں نامراد نہ لے جاؤ۔ میں یہاں سے نکلتے ہی دم توڑ دوں گی۔ یہ منصف آسمان گر پڑے گا۔ اس ظلم کا ، اس قہر کا انتقام لیگا۔

(خواجہ سرا چیختی چلاتی کو زبردستی لے جاتے ہیں۔ پیچھے پیچھے رانی آنسو پونچھتی ہوئی خاموش چلی جاتی ہے۔)

اکبر: (توقف کے بعد سر آسمان کی طرف اٹھا کر) نامراد باپ اور مایوس شہنشاہ۔ یوں تیرے خواب تمام ہوئے

(آنکھیں بند کر کے سر جھکا لیتا ہے) دنیا سے ۔ واقعات سے اور تقدیر تک سے لڑنے کے بعد کون جانتا تھا۔ تجھ کو یہ درد انگیز مرحلہ طے کرنا پڑیگا (گہری

آہ بھر کر) جس کے لئے خود سب کچھ کیا تھا۔ اس سے اپنی اولاد سے،اپنے شیخو سے الجھنا ہوگا۔ (توقف کے بعد بیقراری سے) یاس یاس! ہندوستان کیوں اور جہانبانی کی آرزو کیوں (سوچتے ہوئے ملول نظروں سے) اس کے لئے جس نے ایک حسینہ کی آنکھوں پر باپ کو فروخت کر ڈالا! اس کو باپ نہیں چاہیئے۔ باپ کی محبت نہیں چاہیئے۔ باپ کا ہندوستان نہیں چاہیئے۔ وہ صرف انار کلی کو لیگا۔ ایک کنیز کو جو اسے انداز دکھائے۔ اس کے سامنے ناچے اور اس سے اشارے کنائے کرے۔ (ہاتھ پیشانی پر

رکھ لیتا ہے) آہ میرے خواب! میرے خواب! انتہائی مایوسی کے عالم میں مڑکر تخت تک پہنچتا ہے اور اس کے قریب خاموش کھڑا ہو جاتا ہے) کل رات وہ اپنی جنت میں تھا۔ اگر دلا رام نہ دکھاتی ...... کہاں ہے وہ؟ وہ ضرور کچھ زیادہ جانتی ہوگی (مڑکر تالی بجاتا ہے)۔

(خواجہ سرا داخل ہوتا ہے۔)

اکبر: دلا رام!

(خواجہ سرا الٹے پاؤں واپس جاتا ہے۔)

اکبر: (تخت پر بیٹھ کر) میرے ہی بیٹے کی محبت اگر ایک کنیز چاہے تو مجھ کو بخش سکتی ہے آہ شیخو! تم اکبر کی کنیز کو اکبر ہی کے سینے پر نچانا چاہتے ہو۔ (انتہائی صدمہ کے مارے سر جھکا لیتا ہے۔)

(دلا رام داخل ہوکر مجرا بجا لاتی ہے۔)

اکبر: (کچھ دیر چپکا اسے دیکھتا رہتا ہے) لڑکی بتجھے شیخو اور انار کلی کے کیا تعلقات معلوم ہیں؟

دلا رام: (سراسیگی سے) ظل الہی کچھ نہیں۔

اکبر: جواب دینے سے پہلے سوچ۔

دلا رام: میں نے سچ کہہ دیا۔

اکبر: (پر معنی انداز میں) تو نے سچ نہ کہا تو تجھ سے سچ کہلوایا جائے گا۔

دلا رام: (سہم کر) ظل الہیٰ! ظل الہیٰ!

اکبر: ایک لفظ نہیں۔ جو کچھ ہم دریافت کرنا چاہتے ہیں، اس کے سوا ایک لفظ نہیں۔

دلا رام: (بڑھ کر دو زانو ہو جاتی ہے۔ لجاجت سے) میں کچھ نہیں جانتی۔

اکبر: (دلا رام کی گردن دونوں ہاتھ سے پکڑ کر) کمینی جھوٹ! تو نے دکھایا۔ صرف تو دیکھ سکی۔ تمام جشن میں سے صرف تو جو اس وقت ہمارے حضور میں موجود تھی، جو سب سے زیادہ مصروف تھی۔ تو جانتی تھی۔ تجھے اس کی توقع تھی۔ کہنا ہوگا دلا رام۔ سب کچھ۔ جو تو جانتی ہے۔ ورنہ کہلوایا جائیگا۔

دلا رام: مجھے بخش دیجئے! مجھے بخش دیجئے!

اکبر: تیرا دوسرا غیر ضروری لفظ پوچھنے کے ذرائع تبدیل کر دیگا۔

دلا رام: (سہمی ہوئی آوار میں) وہ مجھے برباد کر ڈالیں گے۔ ظل الہی کے عتاب میں لے آئیں گے۔

اکبر: کون؟

دلارام: (ادھر ادھر دیکھ کر) صاحب عالم۔

اکبر: شیخو؟ وہ جرات نہیں کر سکتا۔ (دلارام کی گردن چھوڑ دیتا ہے)

دلارام: (اکبر کے پیروں کو ہاتھ لگاکر) ان کی دھمکی خوفناک تھی۔ افشائے راز کی سزا موت سے بھی زیادہ ہولناک تھی۔

اکبر: کیا؟

دلارام: مجھ پر وہ جھوٹا الزام لگایا جائے گا جو واقعات نے انار کلی پر لگایا۔

اکبر: کہ تو سلیم کو چاہتی ہے؟

دلارام: اور محبت کی مایوسی نے مجھے یوں انتقام لینے پر آمادہ کیا۔

اکبر: تو ہمارے سایہء عاطفت میں ہے۔ بول!

دلارام: (کھڑی ہو کر ادھر ادھر دیکھتی ہے) وہ رات کو باغ میں ملتے تھے اور ان کی ملاقاتیں خطرناک ارادوں سے بھری ہوتی تھیں۔

اکبر: (دلارام کو تکتے ہوئے) وہ ارادے؟

دلارام: (لجاجت سے) مجھے جرات نہیں پڑتی۔

اکبر: (کڑک کر) کہے جا!

دلارام: (تامل کے بعد) وہ ظل الٰہی کے دشمنوں پر آنچ لانے اور ہندوستان کے تخت پر قبضہ پانے کی تجویزیں کرتے تھے۔

اکبر: (دلارام پر یوں نظریں گاڑ کر گویا سب کچھ اس کے جواب پر منحصر ہے) شیخو بھی؟

دلارام: انار کلی صاحب عالم کو اس پر آمادہ کرتی تھی۔

اکبر: (گرج کر) تو جھوٹ بول رہی ہے۔ جھوٹ۔

دلارام (پیروں میں گر کر) ظل الٰہی کے حضور میں زبان سے جھوٹ نہیں نکل سکتا۔

اکبر: اس سے انار کلی نے کہا؟

دلارام: ایک طرف باپ ہے اور دوسری طرف محبوب۔ دونوں میں سے جو پسند ہو چن لو۔

اکبر: (بالوں سے پکڑ کر دلارام کا منہ اوپر کرتا ہے) اور شیخو نے دونوں میں سے محبوب کو پسند کیا؟

دلارام: وہ کھوئے سے گئے۔ مگر انار کلی رو پڑی۔ وہ اٹھے اور ان کا ہاتھ تلوار پر گیا۔ انہوں نے انار کلی کے کان میں کچھ کہا اور وہ مسکرانے لگی۔

(اکبر دلارام کو چھوڑ کر کھڑا ہو جاتا ہے۔ ایذا کے احساس سے آنکھیں بند کر لیتا ہے۔ اس کا بدن آگے پیچھے یوں

جھوم رہا ہے، گویا پیروں میں جسم کو سنبھالنے کی تاب نہیں رہی۔ آخر لڑکھڑا کر تخت پر بیٹھ جاتا ہے۔)

دلارام: میں چھپ کر سن رہی تھی۔ تو صاحب عالم کی نظر مجھ پر پڑ گئی۔ یہ سمجھ کر کہ میں یہ گفتگو بارگاہ عالی تک پہنچا دوں گی۔ انہوں نے مجھ کو دھمکی دی کہ انار کلی کا نام زبان سے نکالنے پر تجھ کو پچھتانا ہوگا۔ مہابلی کے سامنے

جھوٹی شہادت پیش کی جائیگی کہ تو خود ہم کو چاہتی ہے اور جب ہم نے تجھ کو مایوس کر دیا تو تو نے اپنی

ناکامی کا انتقام لینے کو یہ ڈھنگ نکالا۔ میں سہم گئی۔ میری زبان بند ہو گئی۔ مجھے جہاں پناہ کے حضور میں ایک لفظ زبان سے نکالنے کی جرات نہ ہوئی۔ لیکن میں اس فکر میں گھلتی رہی۔ ایسے موقع کی تاک میں رہی جہاں میری زبان بند رہے اور شہنشاہ کی نظریں دیکھ سکیں۔

اکبر: (صدمے کے مارے سن سایوں بیٹھا ہوا ہے گویا اس دنیا میں اکیلا اور تہی دست رہ گیا ہے۔ آہستہ سے) بس کر۔ بس کر۔

دلارام: (ملال سے) صاحب عالم بے قصور ہیں، معصوم ہیں۔ وہ پھسلائے گئے۔ بہکائے گئے۔

(خواجہ سرا آتا ہے۔)

خواجہ سرا: مہابلی داروغہ زنداں شرف باریابی چاہتا ہے۔

اکبر: کون؟

خواجہ سرا: داروغہ جو زنداں میں انار کلی کا محافظ ہے۔

اکبر: (منہ دوسری طرف کرکے) ہر زبان پر یہی نام میری تضحیک کر رہا ہے (توقف کے بعد خواج سرا سے)

اس وقت کیا چاہتا ہے؟

خواجہ سرا: اسے کچھ بے حد ضروری کام ہے۔

اکبر: (ذرا دیر خاموش رہ کر) بلاؤ۔

(خواجہ سرا الٹے پاؤں واپس جاتا ہے۔)

(توقف)

دلارام: (لجاجت سے) مہابلی۔ لونڈی کو معاف کرنا۔ میرے الفاظ نے سماعت عالی کو صدمہ پہنچایا۔ مگر پھر میں کیا کرتی۔ کس طرح ظل الٰہی کی جان کو خطرے میں دیکھتی اور چپ رہتی۔

اکبر: (یکایک بیتاب ہو کر) کمینی دور ہو جا!

(دلارام مجرا بجا لا کر چلی جاتی ہے۔ اکبر خاموش اور ساکت بیٹھا رہتا ہے۔ مگر اس کی آنکھوں سے چنگاریاں نکل رہی ہیں)

اکبر: میرے دماغ میں شعلے بھڑک رہے ہیں۔ میں نہیں جانتا میں کیا کر بیٹھوں گا۔ مگر وہ اس صدمے طرح مہیب

ہو گا ۔

(داروغہ زنداں داخل ہو کر مجرا بجا لاتا ہے ۔ اس کا سانس پھول رہا ہے ۔ اور وہ منتظر ہے کہ اکبر اس سے سوال کرے ۔)

اکبر: رات کو کیوں آیا؟

داروغہ: (ہاتھ جوڑ کر) ایک المناک داستان سنانے کو۔

اکبر: (اسے سر سے پاؤں تک دیکھ کر) بیان کر ۔

داروغہ: (ہانپتے ہوئے) صاحب عالم نے اس وقت بزور شمشیر انار کلی کو زنداں سے نکال لے جانا چاہا۔

اکبر: (پاگلوں کی طرح داروغہ کا منہ تکتے ہوئے) کیا؟

داروغہ: وہ تلوار سونت کر میرے سرہانے پہنچے۔ شمشیر کی نوک میرے سینے پر رکھ کر مجھ سے کنجیاں چھین لیں اور زنداں میں داخل ہوگئے۔

اکبر: (کھڑا ہو جاتا ہے) شیخو، بزور شمشیر؟ (تحیر کے عالم میں ماتھے پر بل پڑ جاتے ہیں) باپ کو برباد کرچکنے کے بعد اب وہ شہنشاہ سے بھی باغی ہے ۔ (توقف کے بعد کوشش کر کے سکون سے) اور کیا ہوا؟

داروغہ: میں صاحب عالم سے مقابلہ کی جرات نہ کر سکتا تھا۔ دروازے کے پاس کھڑا ہو کر ان کی گفتگو سننے لگا۔

اکبر: (دوسری طرف منہ کر کے) وہ کیا باتیں کر رہے تھے؟

داروغہ: (تھوڑے سے توقف کے بعد ڈرتے ہوئے) انہیں سن کر شہنشاہ کی سماعت کو صدمہ پہنچیگا۔

اکبر: (گرج کر) بول!

داروغہ: شہزادہ چاہتا تھا انار کلی کو لے کر بھاگ جائے ۔ لیکن انار کلی ہندوستان چاہتی تھی۔ وہ بولی یہ زنجیریں نہ کاٹو اور رنجیریں پڑ جائیں گی۔ میرے اور تمہارے درمیان جو دیوار کھڑی ہے، اس کو ڈھاؤ۔

اکبر: (سامنے گھورتے ہوئے) دیوار! (ذرا دیر بعد اس کا سر یوں جھک جاتا ہے، گو یا گردن پر ڈھیلا ڈھیلا ہے ۔)

داروغہ: (اکبر کو متاثر دیکھ کر) صاحب عالم نے انکار کر دیا اور بھاگ چلنے پر زور دیا۔

اکبر: (یک لخت داروغہ کا گریبان پکڑ کر) تو جھوٹ بولتا ہے ۔ اس نے انار کلی کی آرزو پوری کرنے کا وعدہ کیا۔

داروغہ: (ذرا دیر سمجھ نہیں سکتا کیاکہے۔ آخر سراسیگی سے) نہیں۔ ہاں ۔ وہ مجبور کر دئے گئے تھے ۔

اکبر: (داروغہ کا گریبان چھوڑ کر قہرآلود نگاہیں اس پر گاڑ دیتا ہے) اور پھر؟

داروغہ: دونوں نے وہاں نکلنا چاہا۔

اکبر: اور تو؟

داروغہ : میں نے مقابلہ کر کے صاحب عالم کو روکنا محال جانا۔ میں نہ تلوار نکال سکتا تھا، نہ انہیں زنداں میں بند کر دینے کی جرات کر سکتا تھا۔ میں دوڑا ہوا اندر گیا اور میں نے کہا۔ ظل الٰہی ادھر تشریف لا رہے ہیں۔

اکبر: اور وہ کیا بولے ؟

داروغہ: انار کلی بولی، صاحب عالم تلوار کھینچو اور صاحب عالم نے کہا ۔ شہنشاہ کو آنے دو ۔

(اکبر اپنے آپ کو سنبھالنے کی بہت کوشش کرتا ہے مگر نہیں سنبھل سکتا۔ اوندھا گرنے لگتا ہے۔ داروغہ بڑھ کر اسے تھام لیتا اور تخت پر بٹھا دیتا ہے۔ اکبر ذرا دیر بعد نظر اس کی طرف اٹھاتا ہے۔)

داروغہ: (توقف کے بعد) میں نے انہیں اس کوشش کے انجام سے ڈرایا۔ اور وعدہ کیا کہ مہابلی کے چلے جانے کے بعد میں خود انار کلی کے فرار میں امداد دوں گا۔ شہزادے کو یقین نہ آتا تھا۔ لیکن جب میں نے اس کام کے لئے رشوت طلب کی تو انہوں نے مان لیا۔ مگر ساتھ ہی دھمکی دی کہ وعدہ خلافی کی صورت میں ظل الٰہی کے حضور میں جھوٹی شہادت پہنچائی جائے گی کہ تو نے رشوت لی ہے ۔

اکبر: (کمزور آواز میں) وہی دھمکی جو دلارام کو دی گئی تھی۔

داورغہ: اس کے بعد میں انہیں اپنے حجرے میں لے گیا اور وہاں ان کو بند کر کے اطلاع دینے کے لئے بارگاہ عالی میں حاضر ہوا۔

اکبر: (منہ ہی منہ میں) یوں ہی ہونا تھا۔ یوں ہی ہونا تھا۔

داروغہ: (لجاجت سے) صاحب عالم معصوم ہیں۔ ترغیب خوفناک تھی۔

اکبر: (سوچتے ہوئے پر معنی انداز میں) ہاں ترغیب خوفناک ہے۔

داروغہ :مجھے اندیشہ ہے صاحب عالم کل کوئی اور فتنہ نہ کھڑا کریں (اکبر کچھ جواب نہیں دیتا۔ ساکت و جامد بیٹھا ہوا ہے۔ توقف غیر محدود معلوم ہوتا ہے۔) میں ظل الٰہی کے فرمان کا منتظر ہوں۔

اکبر: (کچھ دیر بعد سکون سے) موت!

داروغہ (آہستہ سے) کس کی؟

اکبر: (بڑھتے ہوئے جوش سے) جس کے رقص نے ہندوستان کے تخت سلطنت کو لرزا دیا۔ جس کے نغمے نے ایوان شاہی میں شعلے بھڑکا دئے۔ جس کے حسن نے جگر گوشہ ءِ مغلیہ کے حواس چھین لئے۔ جس کی نظروں نے ہندوستان کے شہنشاہ کو، شیخو کے باپ کو، جلال الدین کو لوٹ لیا۔ جس کی ترغیب نے خون میں خون کے خلاف زہر ملایا ۔ جس کی سرگوشیوں نے قوانین فطرت کو توڑنا چاہا۔ لٹا ہوا باپ، تھکا ہوا شہنشاہ، ہارا ہوا فاتح اسے فنا کریگا، ماریگا، مٹائے گا۔ جس طرح اس نیمیری اولاد کو مجھ سے جدا کیا، یوں ہی وہ اپنی ماں سے جدا ہوگی۔ جس طرح اس نے مجھے عذاب میں ڈالا، یوں ہی وہ عذاب میں مبتلا کی جائے گی۔ جس طرح اس نے میرے ارمانوں اور خوابوں کو کچلا، یوں ہی اس کا جسم کچلا جائیگا۔ لے جاؤ۔ اکبر کا حکم ہے، سلیم کے باپ کا، ہندوستان کے شہنشاہ کا۔ لے جاؤ۔ اس حسین فتنے کو، اس دلفریب قیامت کو

لے جاؤ۔ گاڑ دو۔ زندہ دیوار میں گاڑ دو۔ زندہ دیوار میں گاڑ دو۔

(داروغہ رخصت ہو جاتا ہے۔ اکبر بولتا بولتا کھڑا ہو گیا تھا اور اس کا جوش جیسے اس کے قابو سے نکل گیا تھا۔ تھک کر نیم بے ہوش کی حالت میں مسند پر گر پڑتا ہے۔)

(پردہ)

مصنف: مرزا محمد پاوہ رسوا

امتیاز علی تاج پاکستان سے تعلق رکھنے والے اردو زبان کے معروف مصنف اور ڈرامہ نگار تھے۔ 13 اکتوبر 1900ء میں لاہور میں پیدا ہوئے۔ آپ کے والد سید ممتاز علی دیوبند ضلع سہارنپور کے رہنے والے تھے جو خود بھی ایک بلند پایہ مصنف تھے۔ تاج کی والدہ بھی مضمون نگار تھیں۔

تاج نے ابتدائی تعلیم لاہور میں حاصل کی۔ سنٹرل ماڈل سکول سے میٹرک پاس کیا اور گورنمنٹ کالج لاہور سے بی۔ اے کی سند حاصل کی۔ انہیں بچپن ہی سے علم و ادب اور ڈرامہ سے دلچسپی تھی درصل یہ ان کا خاندانی روثہ تھا۔ ابھی تعلیم مکمل بھی نہیں کر پائے تھے کہ ایک ادبی رسالہ (کہکشاں) نکالنا شروع کر دیا۔ ڈرامہ نگاری کا شوق کالج میں پیدا ہوا۔ گورنمنٹ کالج کی ڈرامیٹک کلب کے سرگرم رکن تھے۔

ڈرامہ کے فن میں اتنی ترقی کی کہ بائیس برس کی عمر میں ڈرامہ (انار کلی) لکھا جو اردو ڈرامہ کی تاریخ میں سنگ میل کی حیثیت رکھتا ہے اس کے بعد بچوں کے لیے کئی کتابیں لکھیں۔ کئی ڈرامے سٹیج، فلم اور ریڈیو کے لیے تحریر کیے۔ انہوں نے بہت سے انگریزی اور فرانسیسی زبان کے ڈراموں کا ترجمہ کیا اور یہاں کے ماحول کے مطابق ڈھال لیا۔ (قرطبہ کا قاضی) انگریز ڈرامہ نویس لارنس ہاؤس مین کے ڈرامے کا ترجمہ ہے اور (خوشی) پیٹروبیر فرانسیسی ڈرامہ نگار سے لیا گیا ہے۔ (چچا چھکن) ان کی مزاح نگاری کی عمدہ کتاب ہے۔ اس کے علاوہ محاصرہ غرناطہ (ناول) اور ہیبت ناک افسانے بھی مشہور ہوئے۔

تاج کو حکومت پاکستان نے ستارہ امتیاز اور ڈرامے کے صدارتی اعزاز سے نوازا۔

امتیاز علی تاج آخری عمر میں مجلس ترقی ادب لاہور سے وابستہ رہے۔ آپ کی زیر نگرانی مجلس نے بیسیوں کتابیں نہایت خوب صورت انداز میں شائع کیں۔ آپ نے متعدد اردو ڈراموں کو بھی ترتیب دیا۔ 19 اپریل 1970ء میں رات کے وقت دو سنگدل نقاب پوشوں نے قتل کر دیا۔

نئے الفاظ

آراستہ	ārāstah	布置得井井有条的（形）	حجرہ	hujarah	小房间；清真寺内的小室（阳）
ماہی	māhī	鱼，鱼类（阴）	پشت	pusht	背，脊背，后腰；后面（阴）

黑色的；不好的（形）	siyāh	سیاہ
壁画；雕花，绣花（阳）	naqsh	نقش
拱门；清真寺内阿訇带领祷告的地方（阴）	mihrāb	محراب
宝石镶嵌的（形）	jaṛā'ō	جڑاؤ
包裹的层，罩	pōsh	پوش
八面的，八角的（形）	hasht pahlū	ہشت پہلو
靠枕（阴）	masnad	مسند
耳环；花形的金银耳环（阳）	karan pūl	کرن پھول
装饰；华丽（阴）	raṇgīnī	رنگینی
香气，芬芳（阳）	'itr	عطر
希望；恳求（阴）	iltijā	التجا
红色的，深红的（形）	qirmiz	قرمزی
丝绸（阳）	rēsham	ریشم
木头，长木料（阴）	dār	دار
窗户，天窗（阳）	jharōkhā	جھروکا
铜（阳）	tāṇbā	تانبا
枕头；放枕头的地方（阳）	sirhānā	سرہانا
金银丝线；织锦缎（阴）	zarī	زری
花名（阴）	rattan mālā	رتن مالا
金银丝花边、花穗（阴）	kiran	کرن
水仙花（阴）	nargis	نرگس
棉斗篷（阴）	farġhul	فرغل
皇帝；王中之王（阳）	shahanshāh	شہنشاہ

مشق

۱۔ انار کلی کی موت کی اصل وجہ کیا ہے ؟

۲۔ کسی مقامات سے سننے والے داستان کے مطابق ایک ڈرامہ لکھئے جو آپ سفر کیے تھے ۔

۳۔ اس سبق پڑھنے کے بعد ڈرامے کے عناصر بتائے ۔

۴۔ ترجمہ کیجئے اور بتائیے کہ اس کہانی کی نشوونما پانے میں یہ حصہ کیا کردار ادا کیا؟

اکبر کی خواب گاہ۔ اسی رات میں اور تقریباً اسی وقت ایک مختصر مگر تکلف سے آراستہ حجرہ جس کی چھت ماہی پشت انداز کی ہے ۔ دیواروں کا بیشتر حصہ قرمزی مخمل کے بھاری بھاری پردوں سے جن پر سیاہ ریشم سے بڑے بڑے نقش بنے ہیں، چھپا ہوا ہے۔ صرف سامنے کی دیوار کے درمیانی حصے پر سے

پردے سرکے ہوئے ہیں۔ جہاں ایک خوش وضع جالی دار محراب ہے۔ محراب کے جھروکے میں سے نیلے آسمان پر چند تارے ٹمٹماتے نظر آ رہے ہیں۔

ایرانی قالینوں کے فرش پر دائیں کونے میں سونے کے بھاری بھاری جڑاؤ پایوں کا ایک پلنگ بچھا ہے جس پر تانبے کے رنگ کا پلنگ پوش پڑا ہے۔ سرھانے ایک ہشت پہلو میز پر تلوار اور دو شاخہ رکھا ہے۔ بائیں طرف ایک بیش قیمت تخت پر زری کے کام کی مسند بچھی ہے اور اس پر تکیے رکھے ہیں۔ دائیں بائیں دیوار کے ساتھ نیچی چوکیوں پر زریں پھولدانوں میں رتن مالا اور کرن پھول کی رنگینیوں میں سے پاڈل، نواری اور نرگس کے پھول ابھر ابھر کر عطر بیز ہیں۔

کمرے کے درمیان میں اکبر ایک کشمیری فرغل پہنے ہاتھ ایک ہشت پہلو میز پر ٹکائے کھڑا سامنے گھور رہا ہے۔ پیچھے تخت پر رانی بیٹھی ہے۔

تیسرا سبق   ہمالہ

作品导读

伊克巴尔（1877—1938）是南亚的著名诗人、哲学家和政治家。他出生于印度旁遮普省锡亚尔科特的一个穆斯林家庭，1908 年“全印穆斯林联盟”英国委员会成立，他被选为执行委员会委员。1926 年伊克巴尔被选为旁遮普省议会议员，1930 年他被推选为穆盟年会大会主席，并且在这次大会上首次正式提出建立独立的穆斯林国家的理论。

《喜马拉雅山》是伊克巴尔第一首在出版物上正式发表的诗歌，1901 年发表于文学月刊《墨丛》。青年时代的伊克巴尔在诗歌方面已经显示出天赋，他在拉合尔求学期间，常常参加各种诗会，并发表多首打动人心的诗作。《喜马拉雅山》充分展示了伊克巴尔的诗歌才华。诗歌气势磅礴，构想宏伟，想象力丰富多彩，语言生动，韵律优美，为读者勾勒出喜马拉雅岿然屹立、长谷深涧变幻无穷的壮阔景象。

《诉怨》则是 1911 年所创作的诗歌。1905 年伊克巴尔到欧洲留学，主攻哲学。这一研究经历使得他对世界及民族的思考不仅有着民族的激情，更有着哲学的高度。他将伊斯兰教义和欧洲哲学以及东方和西方的民族、制度与文化进行了比较与深入思考，这些思考在他以后的一系列诗歌中得以体现，如《自我的秘密》、《非我的奥秘》、《东方信息》、《驼队的铃声》等。《诉怨》在抒发印度穆斯林心声的同时也对东西方不同宗教、历史、信仰的民族进行比较与思考。全诗引经据典、韵律优美，以一种充满痛苦而又催人奋起的基调，表达出对穆斯林过去辉煌的怀念，对现状的忧虑以及对美好未来的希冀与憧憬。

ہمالہ

علامہ محمد اقبال

اے ہمالہ! اے فصیلِ کشورِ ہندوستاں   چومتا ہے تیری پیشانی کو جھک کر آسماں

تجھ میں کچھ پیدا نہیں دیرینہ روزی کے نشاں   تو جواں ہے گردش شام و سحر کے درمیاں

ایک جلوہ تھا کلیم طورِ سینا کے لیے
تو تجلی ہے سراپا چشمِ بینا کے لیے

امتحانِ دیدہ ظاہر میں کوہستاں ہے تو
پاسباں اپنا ہے تو، دیوارِ ہندستاں ہے تو
مطلع اول فلک جس کا ہو وہ دیواں ہے تو
سوئے خلوت گاہِ دل دامن کشِ انساں ہے تو

برف نے باندھی ہے دستارِ فضیلت تیرے سر
خندہ زن ہے جو کلاہِ مہرِ عالم تاب پر

تیری عمرِ رفتہ کی اک آن ہے عہدِ کہن
وادیوں میں ہیں تری کالی گھٹائیں خیمہ زن
چوٹیاں تیری ثریا سے ہیں سرگرمِ سخن
تو زمیں پر اور پہنائے فلک تیرا وطن

چشمۂ دامن ترا آئینۂ سیال ہے
دامنِ موجِ ہوا جس کے لیے رومال ہے

ابر کے ہاتھوں میں رہوارِ ہوا کے واسطے
تازیانہ دے دیا برقِ سرِ کوہسار نے
اے ہمالہ کوئی بازی گاہ ہے تو بھی جسے
دستِ قدرت نے بنایا ہے عناصر کے لیے

ہائے کیا فرطِ طرب میں جھومتا جاتا ہے ابر
فیلِ بے زنجیر کی صورت اڑا جاتا ہے ابر

جنبشِ موجِ نسیمِ صبح گہوارہ بنی
جھومتی ہے نشۂ ہستی میں ہر گل کی کلی
یوں زبانِ برگ سے گویا ہے اس کی خامشی
دستِ گلچیں کی جھٹک میں نے نہیں دیکھی کبھی

کہہ رہی ہے میری خاموشی ہی افسانہ مرا
کنجِ خلوت خانۂ قدرت ہے کاشانہ مرا

آتی ہے ندی فرازِ کوہ سے گاتی ہوئی
کوثر و تسنیم کی موجوں کو شرماتی ہوئی
آئنہ سا شاہدِ قدرت کو دکھلاتی ہوئی
سنگِ رہ سے گاہ بچتی، گاہ ٹکراتی ہوئی

چھیڑتی جا اس عراقِ دل نشیں کے ساز کو
اے مسافر! دل سمجھتا ہے تری آواز کو

لیلیٰ شب کھولتی ہے آ کے جب زلفِ رسا
دامنِ دل کھینچتی ہے آبشاروں کی صدا
وہ خموشی شام کی جس پر تکلم ہو فدا
وہ درختوں پر تفکر کا سماں چھایا ہوا

کانپتا پھرتا ہے کیا رنگِ شفق کہسار پر

خوشنما لگتا ہے یہ غازہ ترے رخسار پر

اے ہمالہ! داستاں اس وقت کی کوئی سنا　　مسکنِ آبائے انساں جب بنا دامن ترا
کچھ بتا اس سیدھی سادی زندگی کا ماجرا　　داغ جس پہ غازہ رنگِ تکلف کا نہ تھا

ہاں دکھا دے اے تصور! پھر وہ صبح و شام تو
دوڑ پیچھے کی طرف اے گردشِ ایام تو

شکوہ

کیوں زیاں کار بنوں سود فراموش رہوں　　فکرِ فردا نہ کروں، محوِ غمِ دوش رہوں
نالے بلبل کے سنوں اور ہمہ تن گوش رہوں　　ہمنوا! میں بھی کوئی گل ہوں کہ خاموش رہوں

جرات آموز مری تابِ سخن ہے مجھ کو
شکوہ الد سے خاکم بدہن مجھ کو

ہے بجا شیوہ تسلیم میں مشہور ہیں ہم　　قصہ درد سناتے ہیں کہ مجبور ہیں ہم
سازِ خاموش ہیں، فریاد سے معمور ہیں ہم　　نالہ آتا ہے اگر لب پہ، تو معذور ہیں ہم

اے خدا! شکوہ اربابِ وفا بھی سن لے
خوگرِ حمد سے تھوڑا سا گلا بھی سن لے

تھی تو موجودا شل سے ہی تری ذاتِ قدیم　　پھول تھا زیبِ چمن، پر نہ پریشاں تھی شمیم
شرط انصاف ہے اے صحبِ الطافِ عمیم　　برئے گل پھیلتی کس طرح جو ہوتی نہ نسیم

ہم کو جمعیتِ خاطر یہ پریشانی تھی!
ورنہ امت ترے محبوب کی دیوانی تھی

ہم سے پہلے تھا عجب تیرے جہاں کا منظر　　کہیں مسجود تھے پتھر، کہیں معبود شجر
خوگرِ پیکرِ محسوس تھی انساں کی نظر　　مانتا پھر کوئی ان دیکھے خدا کو کیونکر،

تجھ کو معلوم ہے لیتا تھا کوئی نام ترا
قوتِ بازوئے مسلم نے کیا کام ترا

بس رہے تھے یہیں سلجوق بھی تورانی بھی　　اہلِ چیں چین میں، ایران میں ساسانی بھی
اسی معمورے میں آباد تھے یونانی بھی　　اسی دنیا میں یہودی بھی تھے نہصرانی بھی

پر ترے نام پہ تلوار اٹھائی کس نے
بات جو بگڑی ہوئی تھی، وہ بنائی کس نے

تھے ہمیں ایک ترے معرکہ آراؤں میں — خشکیوں میں کبھی لڑتے، کبھی دریاؤں میں
دین اوائیں کبھی یورپ کے کلیساؤں میں — کبھی افریقہ کے تپتے ہوئے صحراؤں میں
شان آنکھوں میں نہ جچتی تھی جہانداروں کی
کلمہ پڑھتے تھے ہم چھاؤں میں تلواروں کی

ہم جو جیتے تھے، تو جنگوں کی مصیبت لیے — اور مرتے تھے ترے نام کی عظمت کے لیے
تھی نہ کچھ تیغ زنی اپنی حکومت کے لیے — سر بکف پھرتے تھے کیا دہر میں کولت کے لیے
قوم اپنی جو زر و مالِ جہاں پر مرتی
بت فروشی کے عوض بت شکنی کیوں کرتی

ٹل نہ سکتے تھے، اگر جنگ میں اڑ جاتے تھے — پاؤں شیروں کے بھی میداں سے اکھڑ جاتے تھے
تجھ سے سرکش ہوا کوئی، تو بگڑ جاتے تھے — تیغ کیا چیز ہے؟ ہم توپ سے لڑ جاتے تھے
نقش توحید کا ہر دل پہ بٹھایا ہم نے
زیرِ خنجر بھی یہ پیغام سنایا ہم نے

تو ہی کہہ دے کہ اکھاڑا درِ خیبر کس نے — شہر قیصر کا جو تھا اس کو کیا سر کس نے
توڑے مخلوق خداوندوں کے پیکر کس نے — کاٹ کر رکھ دیے کفار کے لشکر کس نے
کس نے ٹھنڈا کیا آتشکدہ ایراں کو
کس نے پھر زندہ کیا تذکرہ یزداں کو

کون سی قوم فقط تیری طلب گار ہوئی — اور تیرے لیے زحمت کشِ پیکار ہوئی؟
کس کی شمشیر جہانگیر، جہاں دار ہوئی — کس کی تکبیر سے دنیا تری بیدار ہوئی
کس کی ہیبت سے صنم سہمے ہوئے رہتے تھے
منہ کے بل گر کے ھو اللہ احد کہتے تھے

آ گیا عین لڑائی میں اگر وقتِ نماز — قبلہ رو ہو کے زمیں بوس ہوئی قومِ حجاز
ایک ہی صف میں کھڑے ہوگئے محمود و ایاز — نہ کوئی بندہ رہا اور نہ کوئی بندہ نواز
بندہ وصاحب ومحتاج وغنی ایک ہوئے

تیری کار میں پہنچے تو بھی ایک ہوئے

مفلِ کون ومکاں میں سحر و شام پھرے　　مے تو حکد کو لے کر صفتِ جام پھرے

کوہ میں، دشت میں لے کر ترا پیغام پھرے　　اور معلوم ہے تجکو کبھی نا کام پھرے

دشت تو دشت ہیں، دریا بھی نہ چھوڑے ہم نے

بحر ظلمات میں دوڑ ادیے گھوڑے ہم نے

صفحہ دہر سے باکل کو مٹایا ہم نے　　نوع انساں کو غلامی سے چھڑایا ہم نے

تیرے کعبے کو جبینوں سے بسایا ہم نے　　تیرے قرآن کو سینوں سے لگایا ہم نے

پھر بھی ہم سے یہ گلا ہے کہ وفادار نہیں

ہم وفادار نہیں ، تو بھی تو دلدار نہیں

امتیں اور بھی ہیں ان میں گنہ گار بھی ہیں　　عجزوالے بھی ہیں ، مستِ مے پندار بھی ہیں

ان میں، ہل بھی ہیں ، غافل بھی ہیں ہشیار بھی ہیں　　سیکڑوں ہیں کہ ترے نام سے بیزار بھی ہیں

رحمتیں ہیں تری اغیار کے کاشانوں پر

برق گرتی ہے تو بے چارے مسلمانوں پر

بت صنم خانوں میں کہتے ہیں مسلمان گئے　　ہے خوشی ان کو کہ کعبے کے نگہبان گئے

منزلِ دہر سے اونٹوں کے حدی خوان گئے　　اپنی بغلوں میں دبائے ہوئے قرآن گئے

خندہ زن کفر ہے احساس تجھے ہے کہ نہیں

اپنی توحید کا کچھ پاس تجھے ہے کہ نہیں

یہ شکایت نہیں ، ان کے خزانے معور　　نہیں محفل میں جنھیں بات بھی کرنے کا شعور

قہر تو یہ ہے کہ کافہ کو حور و قصور　　اور بے چارے مسلماں کو فقط دعدہ حور

اب وہ الطاف نہیں، ہم پہ عنایات نہیں

بات یہ کیا ہے کہ پہلی سی مدارات نہیں

کیوں مسلمانوں میں ہے دولتِ دنیا نایاب　　تیری قدرت تو ہے وہ جس کی نہ حد ہے نہ حساب

تو جو چاہے تو اٹھے سینہ صحرا سے حباب　　رہروِ دشت ہو سیلی زدہ موجِ سراب

طعنِ اغیار ہے، رسوائی ہے ناداری ہے

کیا ترے نام پہ مرنے کا عوض خواری ہے

بنی اغیار کی اب چاہنے والی دنیا — رہ گئی اپنے لیے ایک خیالی دنیا
ہم تو رخصت ہوئے اوروں نے سنبھالی دنیا — پھر نہ کہنا ہوئی توحید سے خالی دنیا

ہم تو جیتے ہیں کہ دنیا میں ترا نام رہے
کہیں ممکن ہے کہ ساقی نہ رہے، جام رہے

تیری مفل بھی گئی چاہنے والے بھی گئے — شب کی آہیں بھی گئیں، صبح کے نالے بھی گئے
دل تجھے دے بھی گئے، اپنا صلہ لے بھی گئے — آ کے بیٹھے بھی نہ تھے اور نکالے بھی گئے

آئے عشاق گئے دعدہ فردا لیکر
اب انھیں ڈھونڈ چراغِ زیبا لے کر

دردِ لیلی بھی وہی، قیس کا پہلو بھی وہی — نجد کے دشت وجبل میں رمِ آہو بھی وہی
عشق کا دل بھی وہی، حن کا جادو بھی وہی — امتِ احمدم سل بھی وہی، تو بھی وہی

پھر یہ آزردگی غیر سبب کیا معنی؟
اپنے شیداوں پہ یہ چشمِ غضب کیا معنی

تجھ کو چوڑا کہ رسولِ عربی کو چوڑا — بت گری پیشہ کیا؟ بت شکنی کو چھوڑا
عشق کو، عشق کی آشفتہ سری کو چھوڑا — رسمِ سمان وادیسِ قرانی کو چھوڑا

آگ تکبیر کی سینوں میں دبی رکھتے ہیں
زندگی مثلِ بلالِ جشی رکھتے ہیں

عشق کی خیر، وہ پہلی سی ادا بھی نہ سہی — جادہ پیمائی تسلیم ورضا بھی نہ سہی
مضطرب دل صفتِ قبلہ نما بھی نہ سہی — اور پابندی آئینِ وفا بھی نہ سہی

کبھی ہم سے کبھی غیروں سے شناسائی ہے
بات کہنے کہ نہیں تو بھی تو پر جائی ہے

سرِفاراں پہ کیا دین کو کامل تو نے — اِک اشارے میں پزاروں کے لیے دل تو نے
آتش اندوز کیا عشق کا حصل تو نے — پھونک دی گرمی رخسار سے مفل تو نے

آج کھوں سینے ہمارے شرر آباد نہیں
ہم وہی سوختہ ساناں ہیں، تجھے یاد نہیں

وادی نجد میں وہ شورِ سلاسل نہ رہا — قیس دیوانہ نظارہ محل نہ رہا

حوصلے وہ نہ رہے، ہم نہ رہے، دل نہ رہا
گھر یہ اجڑا ہے کہ تو رونقِ محفل نہ رہا
اے ہوش آن روز کہ آئی وبصد ناز آئی
بے حجابانہ سوئے محفلِ ما باز آئی

بادہ کش غیر ہیں گلشن میں لبِ جو بیٹھے
سنتے ہیں جام بکف نغمۂ کو کو بیٹھے
دور ہنگامہ گلزار سے یک سو بیٹھے
تیرے دیوانے بھی ہیں منتظرِ ہو بیٹھے
اپنے پروانوں کو پھر ذوقِ خود افروزی دے
برقِ دیرینہ کو فرمانِ جگر سوزی دے

قومِ آوارہ عناں تاب ہے پھر سوئے حجاز
لے اڑا بلبلِ بے پر کو مذاقِ پرواز
مضطرب باغ کے ہر غنچے میں ہے بوئے نیاز
تو ذرا چھیڑ تو دے، تشنہ مضراب ہے ساز
نغمے بیتاب ہیں تاروں سے نکلنے کے لیے
طور مضطر ہے اسی آگ میں جلنے کے لیے!

مشکلیں امتِ مرحوم کی آساں کر دے
مورِ بے مایہ کو ہمدوشِ سلیماں کر دے
جنس نایابِ محبت کو پھر ارزاں کر دے
ہند کے دیر نشینوں کو مسلماں کر دے
جوئے خوں می چکد از حسرتِ دیرینۂ ما
می تپد نالہ بہ نشترکدہ سینۂ ما

بوئے گل لے گئی بیرونِ چمن، رازِ چمن
کیا قیامت ہے کہ خود پھول ہیں غمازِ چمن
عہدِ گل ختم ہوا، ٹوٹ گیا سازِ چمن
اڑ گئے ڈالیوں سے زمزمہ پردازِ چمن
ایک بلبل ہے کہ ہے محوِ ترنم اب تک
اس کے سینے میں ہے نغموں کا تلاطم اب تک

قمریاں شاخِ صنوبر سے گریزاں بھی ہوئیں
پتیاں پھول کی جھڑ جھڑ کے پریشاں بھی ہوئیں
وہ پرانی روشیں باغ کی ویراں بھی ہوئیں
ڈالیاں پیرہنِ برگ سے عریاں بھی ہوئیں
قید موسم سے طبیعت رہی آزاد اس کی
کاش گلشن میں سمجھتا کوئی فریاد اس کی

لطف مرنے میں ہے باقی، نہ مزا جینے میں
کچھ مزا ہے تو یہی خونِ جگر پینے میں
کتنے بیتاب ہیں جوہر مرے آئینے میں
کس قدر جلوے تڑپتے ہیں مرے سینے میں

اس گلستاں میں مگر دیکھنے والے ہی نہیں
داغ جو سینے میں رکھتے ہوں وہ لالے ہی نہیں

چاک اس بلبلِ تنہا کی نوا سے دل ہوں — جاگنے والے اسی بانگِ درا سے دل ہوں
یعنی پھر زندہ سے عہدِ وفا سے دل ہوں — پھر اسی بادہ دیرینہ کے پیاسے دل ہوں

عجمی خم ہے تو کیا، مے تو حجازی ہے مری
نغمہ ہندی ہے تو کیا، لے تو حجازی ہے مری

مصنف : مرزا محمد پاوہ رسوا

ڈاکٹر سر علامہ محمد اقبال (9 نومبر 1877ء تا 21 اپریل 1938ء) بیسویں صدی کے ایک معروف شاعر، مصنف، قانون دان، سیاستدان، مسلم صوفی اور تحریک پاکستان کی اہم ترین شخصیات میں سے ایک تھے۔ اردو اور فارسی میں شاعری کرتے تھے اور یہی ان کی بنیادی وجۂ شہرت ہے۔ شاعری میں بنیادی رجحان تصوف اور احیائے امت اسلام کی طرف تھا۔ "دا ریکنسٹرکشن آف ریلیجس تھاٹ ان اسلام" کے نام سے انگریزی میں ایک نثری کتاب بھی تحریر کی۔ علامہ اقبال کو دور جدید کا صوفی سمجھا جاتا ہے۔ بحیثیت سیاستدان ان کا سب سے نمایاں کارنامہ نظریۂ پاکستان کی تشکیل ہے، جو انہوں نے 1930ء میں الہ آباد میں مسلم لیگ کے اجلاس کی صدارت کرتے ہوئے پیش کیا تھا۔ یہی نظریہ بعد میں پاکستان کے قیام کی بنیاد بنا۔ اسی وجہ سے علامہ اقبال کو پاکستان کا نظریاتی باپ سمجھا جاتا ہے۔ گو کہ انہوں نے اس نئے ملک کے قیام کو اپنی آنکھوں سے نہیں دیکھا لیکن انہیں پاکستان کے قومی شاعر کی حیثیت حاصل ہے۔

جنوبی ایشیا کے اردو اور ہندی بولنے والے لوگ محمد اقبال کو شاعر مشرق کے طور پہ جانتے ہیں۔ محمد اقبال حساس دل و دماغ کے مالک تھے آپ کی شاعری زندہ شاعری ہے جو ہمیشہ برصغیر کے مسلمانوں کے لیے مشعل راہ بنی رہے گی۔ یہی وجہ ہے کہ کلام اقبال دنیا کے ہر حصے میں پڑھا جاتا ہے اور مسلمانان برصغیر اسے بڑی عقیدت کے ساتھ زیر مطالعہ رکھتے اور ان کے فلسفے کو سمجھتے ہیں۔ اقبال نے نئی نسل میں انقلابی روح پھونکی اور اسلامی عظمت کو اجاگر کیا۔ ان کے کئی کتب کے انگریزی، جرمنی، فرانسیسی، چینی، جاپانی اور دوسری زبانوں میں ترجمے ہو چکے ہیں۔ جس سے بیرون ملک بھی لوگ آپ کے متعرف ہیں۔ بلامبالغہ علامہ اقبال ایک عظیم مفکر مانے جاتے ہیں۔

نئے الفاظ

فصیل	fasīl	城墙，围墙（阴）	پیشانی	pēshānī	前额（阴）
جلوہ	jalvah	展示自己，(真主)显现	سراپا	sarāpā	完全地，彻头彻尾地（副）

诗歌（阳）	dīvān	دیوان
（毕业时缠的）德行头巾（阴）	dastār-e-fazīlat	دستارِ فضیلت
无我的，流逝的	raftah	رفتہ
星团，星辰（阳）	surayyā	ثریا
过度，过量（阴）	fart	فرط
晃动，摆动（阴）	jumbish	جنبش
角落（阳）	kuṇj	کنج
天堂之河，伊甸园的酒池（阳）	kausar	کوثر
奏乐；唱歌（及）	chhēṛnā	چھیڑنا
长发（阴）	zulf-e-rasā	زلفِ رسا
胭脂（阳）	g̣ḥāzah	غازہ
住所（阳）	maskan	مسکن
擦除的；遗忘的（形）	mahv	محو
昨夜（阳）	dōsh	دوش
力量，能量（阴）	tāb	تاب
哭诉，恳求	faryād	فریاد
无能为力的，找到借口的（形）	ma‘zūr	معذور
无感觉的（形）	shall	شل
无始无终的；久远的（形）	qadīm	قدیم
仁慈，恩赐（阳复）	altāf	الطاف
被崇拜的，被叩拜的（形）	masjūd	مسجود

勇气（阳）	dīdah	دیدہ
隐居之地，冷僻的地方（阴）	ḳḥalvat	خلوت گاہ
快乐，调皮，开朗（阳）	ḳḥaṇdah	خندہ
瞬间，片刻（阴）	ān	آن
成分，组成世界的要素（阳）	‘anāsir	عناصر
脚镣，锁链，枷锁（阴）	zaṇjīr	زنجیر
清晨的徐徐凉风、清香（阴）	nasīm	نسیم
窝，鸟巢（阳）	kāshānah	کاشانہ
天堂的一条河流名（阴）	tasnīm	تسنیم
美人（阴）	lailā	لیلیٰ
彩霞，日出日落时分染红的天边，夕照（阴）	shafaq	شفق
脸，面孔（阳）	ruḳḥsār	رخسار
明天，未来（阳）	fardā	فردا
抱怨，诉苦（阳）	shikvah	شکوہ
全力以赴地，全身心地（副）	hamah tan	ہمہ تن
讲述，诉说（阳）	qissah	قصہ
抱怨；呻吟，哀号（阳）	nālah	نالہ
虔诚者们（阳复）	arbāb vafā	اربابِ وفا
本性，灵魂；本我（阴）	zāt	ذات
香味，芬芳（阴）	shamīm	شمیم

（土耳其的）塞尔柱王朝	saljūq	سلجوق
剑，刀（阴）	talvār	تلوار
受伤；精疲力竭（阴）	ḳḥastagī	خستگی
沙漠，荒漠；撒哈拉大沙漠（阳）	sahrā	صحرا
宝剑（阴）	tēg̣ḥ	تیغ
打碎；破坏（阴）	shikanī	شکنی
匕首，短剑（阳）	ḳḥanjar	خنجر
制造的，人造的（形）	maḳḥlūq	مخلوق
军队（阳）	lashkar	لشکر
提及，说起（阳）	tazkirah	تذکرہ
时代；命运（阳）	dahr	دہر
针叶树；松柏（阳）	sanaubar	صنوبر
一种被称为希贾兹的曲调的（形）	hijāzī	حجازی
人群；穆斯林社团（阴）	ummat	امت
被朝拜的，被崇拜的（形）	ma ‘būd	معبود
萨珊人（阳）	sāsānī	ساسانی
战场；战争（阳）	ma‘rikah	معرکہ
基督教的教堂（阳）	kalīsā	کلیسا
伊斯兰教信念；真主唯一（阳）	kalimah	کلمہ
生死置之度外的（形）	sar	سربکف
雕刻，留下印记（阳）	naqsh	نقش
凯撒大帝（阳）	qaisar	قیصر
异教徒（阳复）	kuffār	کفار
拜火教的圣庙（阳）	ātish kadah	آتشکدہ
（创造真善美的）真主（阳）	yazdān	یزدان
斑鸠；雉鸠（阴）	qumrī	قمری
波斯的	‘ajamī	عجمی

وضاحت

在西奈山一度显圣（与世人）对话	ایک جلوہ تھا کلیمِ طورِ سینا کے لیے
触动人们内心深处的空灵之境	سوئے خلوت گاہِ دل دامن کشِ انساں ہے تو
莱拉。 （阿拉伯民间故事里的人物，是马吉努的情人。是"美人"和"情人"的代称。谚语"用马吉努的眼神看莱拉"即意为"情人眼里出西施"。）	لیلیٰ
全身心地，全力以赴地，全神贯注地	ہمہ تن

久远的灵魂；古老的神性	ذاتِ قدیم
为何要承认看不见的真主	مانتا پھر کوئی ان دیکھے خدا کو کیونکر،
马哈穆德和艾雅兹站在同一列。 （马哈穆德是伽色尼王朝的统治者，而艾雅兹是其仆人。这里用于说明在真主面前人们不分高低贵贱。）	ایک ہی صف میں کھڑے ہوگئے محمود و ایاز
我们曾经策马跃入大西洋。 （据说征服摩洛哥的穆斯林军队达到海边后，将战马驱入大海，长叹征服已到尽头。）	بحر ظلمات میں دوڑ ادیے گھوڑے ہم نے
莱拉一往情深，盖斯此情依旧。 （盖斯即莱拉的情人马吉努，又被称为疯子。）	دردِ لیلی بھی وہی، قیس کا پہلو بھی وہی
难道我们放弃了塞尔曼和乌维斯的传统？ （塞尔曼与乌维斯同为伊斯兰教历史人物。塞尔曼早先为祆教教徒，后来信奉基督教，最后皈依了伊斯兰教，深得穆罕默德信任，知识渊博，精通教义；乌维斯，也门人，穆罕默德的再传弟子。）	رسمِ سمان وادیسِ قرانی کو چھوڑا
不畏磨难的比拉勒是我的楷模。 （比拉勒曾是奴隶，也是最早的穆斯林成员之一，穆罕默德任命的第一位宣礼员。）	زندگی مثلِ بلالِ حبشی رکھتے ہیں

مشق

١۔ "ہمالہ" کا ترجمہ کیجئے۔

٢۔ تاریخی پس منظر کے متابق وضاحت کیجئے کہ کیوں اقبال نے "شکوہ" لکھا تھا اور کس طرح کے جذبات کا اظہار کرنا چاہا؟

٣۔ تال میل رکھ کر سبق پڑھیئے اور "ہمالہ" یاد کیجئے۔

چوتھا سبق　دیباچہ برائے بانگ درا

作品导读

该作品是为伊克巴尔的诗集《驼队的铃声》所作的序。作者谢赫·阿卜杜拉·卡迪尔（1874—1951）在乌尔都语和英语文学方面均有很高造诣，其创作的散文文字优美，行文流畅。1901 年他在拉合尔创办了文学月刊《墨丛》并曾经长期担任主编。很多著名诗人都在该刊物上发表作品，伊克巴尔的第一篇诗歌《喜马拉雅》就发表于该刊物。

该序言不仅详细地介绍了伊克巴尔的生平、著作和写作背景，而且将伊克巴尔的生活和求学经历融入其创作的心路历程，同时还较为详细地解释了伊克巴尔使用波斯语进行创作的原因和背景。在简短的篇幅内浓缩了大量的信息，淋漓尽致地展现了伊克巴尔的创作天赋及其诗歌在民众中的影响力。该序言语言自然流畅，用词质朴清新，叙事完整，逻辑清晰，将高度凝练的陈述性内容寓于优美诗性的语言中，是一篇不可多得的优秀散文。

دیباچہ برائے بانگ درا

از شیخ عبدالقادر بیرسٹرایٹ لا سابق مدیر مخزن

کسے خبر تھی کہ غالب مرحوم کے بعد ہندہستان میں پھر کوئی ایسا شخص پیدا ہو گا، جو اردو شاعری کے جسم میں ایک نئی روح پھونک دے گا اور جس کی بدولت غالب کا بینظیر تخیل اور نرالا انداز بیان پھر وجود میں آئیں گے اور ادب اردو کے فروغ کا باعث ہوں گے، مگر زبان اردو کی خوش اقبالی دیکھئے، کہ اس زمانے میں اقبال سا شاعر اسے نصیب ہوا، جس کے کلام کا سکہ ہندوستان بھر کی اردوداں دنیا کے دلوں پر بیٹھا ہوا ہے اور جس کی شہرت روم وایران بلکہ فرنگستان تک پہنچ گئی ہے۔

غالب اور اقبال میں بہت سی باتیں مشترک ہیں۔ اگر میں تناسخ کا قائل ہوتا تو ضرور کہتا کہ مرزا اسداللہ خاں غالب کو اردو اور فارسی کی شاعری سے جو عشق تھا، اس نے ان کی روح کو عدم میں جا کر بھی چین نہ لینے دیا اور مجبور کیا کہ وہ پھر کسی جسد خاکی میں جلوہ افروز ہو کر شاعری کے چمن کی آبیاری کرے اور اس نے پنجاب

کے ایک گوشہ میں جسے سیالکوٹ کہتے ہیں دوبارہ جنم لیا اور محمد اقبال نام پایا۔

جب شیخ محمد اقبال کے والد بزرگوار اور ان کی پیاری ماں، ان کا نام تجویز کر رہے ہوں گے تو قبول دعا کا وقت ہو گا کہ ان کا دیا ہوا نام اپنے پورے معنوں میں صحیح ثابت ہوا اور ان کا اقبالمند بیٹا ہندوستان میں تحصیل علم سے فارغ ہو کر انگلستان پہنچا۔ وہاں کیمبرج میں کامیابی سے وقت ختم کر کے جرمنی گیا اور علمی دنیا کے اعلیٰ مدارج طے کر کے واپس آیا۔ شیخ محمد اقبال نے یورپ کے قیام کے زمانہ میں بہت سی فارسی کتابوں کا مطالعہ کیا اور اس مطالعہ کا خلاصہ ایک محققانہ کتاب کی صورت میں شائع کیا جسے فلسفۂ ایران کی مختصر تاریخ کہنا چاہیئے ۔ اسی کتاب کو دیکھ کر جرمنی والوں نے محمد اقبال کو ڈاکٹر کا علمی درجہ دیا۔ سرکار انگریزی کو جس کے پاس مشرقی زبانوں اور علوم کی نسبت براہ راست اطلاع کے ذرائع کافی نہیں، جب ایک عرصہ کے بعد معلوم ہوا کہ ڈاکٹر صاحب کی شاعری نے عالمگیر شہرت پیدا کر لی ہے، تو اس نے بھی از راہ قدردانی سر کا ممتاز خطاب انہیں عطا کیا۔ اب وہ ڈاکٹر سر محمد اقبال کے نام سے مشہور ہیں ۔ لیکن ان کا نام جس میں یہ لطف خداداد ہے کہ نام کا نام ہے اور تخلص کا تخلص ان کی ڈاکٹری اور سری سے زیادہ مشہور اور مقبول ہے ۔

سیالکوٹ میں ایک کالج ہے جس میں علمائے سلف کی یادگار اور ان کے نقش قدم پر چلنے والے ایک بزرگ مولوی سید میر حسن صاحب علوم مشرقی کا درس دیتے ہیں ۔ حال میں انہیں گورنمنٹ سے خطاب شمس العلما بھی ملا ہے ۔ ان کی تعلیم کا یہ خاصہ ہے کہ جو کوئی ان سے فارسی یا عربی سیکھے، اس کی طبعیت میں اس زبان کا صحیح مذاق پیدا کر دیتے ہیں ۔ اقبال کو بھی اپنی ابتدائی عمر میں مولوی سیّد میر حسن سا استاد ملا۔ طبعیت میں علم ادب سے مناسبت قدرتی طور پر موجود تھی ۔ فارسی اور عربی کی تحصیل مولوی صاحب موصوف سے کی سونے پر سہاگا ہو گیا۔ ابھی اسکول میں ہی پڑھتے تھے کہ کلام موزوں زبان سے نکلنے لگا۔ پنجاب میں اردو کا رواج اس قدر ہو گیا تھا کہ ہر شہر میں زبان دانی اور شعر و شاعری کا چرچا کم و بیش موجود تھا۔ سیالکوٹ میں بھی شیخ محمد اقبال کی طالب علمی کے دنوں میں ایک چھوٹا سا مشاعرہ ہوتا تھا۔ اس کے لئے اقبال نے کبھی کبھی غزل لکھنی شروع کر دی ۔ شعرائے اردو میں ان دنوں نواب مرزا خان صاحب داغ دہلوی کا بہت شہرہ تھا اور نظام دکن کے استاد ہونے سے ان کی شہرت اور بھی بڑھ گئی تھی ۔ لوگ جو ان کے پاس جا نہیں سکتے تھے،

خط و کتابت کے ذریعہ دور ہی سے ان سے شاگردی کی نسبت پیدا کرتے تھے ۔ غزلیں ڈاک میں ان کے پاس جاتی تھیں اور وہ اصلاح کے بعد واپس بھیجتے تھے ۔ پچھلے زمانہ میں جب ڈاک کا یہ انتظام نہ تھا کسی شاعر کو اتنے شاگرد کیسے میسر آسکتے تھے ۔ اب اس سہولت کی وجہ سے یہ حال تھا کہ سیکڑوں آدمی ان سے غائبانہ تلمذ رکھتے تھے اور انہیں اس کام کے لئے ایک عملہ اور محکمہ رکھنا پڑتا تھا۔ شیخ محمد اقبال نے بھی انہیں خط لکھا اور چند غزلیں اصلاح کے لئے بھیجیں ۔ اس طرح اقبال کو اردو زبان دانی کے لئے بھی ایسے استاد سے نسبت پیدا ہوئی جو اپنے وقت میں زبان کی خوبی کے لحاظ سے فن غزل میں یکتا سمجھا جاتا تھا۔ گو اس ابتدائی غزل گوئی میں وہ باتیں تو موجود نہ تھیں جن سے بعد ازاں کلام اقبال نے شہرت پائی مگر جناب داغ پہچان گئے کہ پنجاب کے ایک دور افتادہ ضلع کا یہ طالب علم کوئی معمولی غزل گو نہیں ۔ انہوں نے جلد کہہ دیا کہ کلام میں اصلاح کی گنجائش بہت کم ہے اور یہ سلسلہ تلمذ کا بہت دیر قائم نہیں رہا ۔ البتہ اس کی یاد دونوں طرف رہ گئی ۔ داغ کا نام اردو شاعری میں ایسا پایہ رکھتا ہے کہ اقبال کے دل میں داغ سے اس مختصر اور غائبانہ تعلق کی بھی قدر ہے اور اقبال نے داغ کی زندگی ہی میں قبول عام کا وہ درجہ حاصل کر لیا تھا کہ داغ مرحوم اس بات پر فخر کرتے تھے کہ اقبال بھی ان لوگوں میں شامل ہے، جن کے کلام کی انہوں نے اصلاح کی۔ مجھے خود دکن میں ان سے ملنے کا اتفاق ہوا اور میں نے خود ایسے فخریہ کلمات ان کی زبان سے سنے۔

سیالکوٹ کے کالج میں ایف اے کے درجہ تک تعلیم تھی ۔ بی اے کے لئے شیخ محمد اقبال کو لاہور آنا پڑا۔ انہیں علم فلسفہ کی تحصیل کا شوق تھا اور انہیں

لاہور کے اساتذہ میں ایک نہایت شفیق استاد ملا۔ جس نے فلسفہ کے ساتھ ان کی مناسبت دیکھ کر انہیں خاص توجہ سے پڑھانا شروع کیا۔ پروفیسر آرنلڈ صاحب جو اب سر ٹامس آرنلڈ ہو گئے ہیں اور انگلستان میں مقیم ہیں، غیر معمولی قابلیت کے شخص ہیں۔ قوتِ تحریر ان کی بہت اچھی ہے، اور وہ علمی جستجو اور تلاش کے طریقِ جدید سے خوب واقف ہیں۔ انہوں نے چاہا کہ اپنے شاگرد کو اپنے مذاق اور اپنے طرزِ عمل سے حصہ دیں اور اس ارادہ میں بہت کچھ کامیاب ہوئے۔ پہلے انہوں نے علی گڑھ کالج کی پروفیسری کے زمانہ میں اپنے دوست مولانا شبلی مرحوم کے مذاقِ علمی کے پختہ کرنے میں کامیابی حاصل کی تھی۔ اب انہیں یہاں ایک اور جوہرِ قابل نظر آیا۔ جس کے چمکانے کی آرزو ان کے دل میں پیدا ہوئی اور جو دوستی اور محبت استاد اور شاگرد میں پہلے دن سے پیدا ہوئی وہ آخر ش شاگرد کو استاد کے پیچھے پیچھے انگلستان لے گئی اور وہاں یہ رشتہ اور بھی مضبوط ہو گیا اور آج تک قائم ہے۔ آرنلڈ خوش ہے کہ میری محنت ٹھکانے لگی اور میرا شاگرد علمی دنیا میں میرے لئے بھی باعثِ شہرت افزائی ہوا اور اقبال معترف ہے کہ جس مذاق کی بنیاد سید میر حسن نے ڈالی تھی اور جسے درمیان میں داغ کے غائبانہ تعارف نے بڑھایا تھا اس کے آخری مرحلے آرنلڈ کی شفیقانہ رہبری سے طے ہوئے۔

اقبال کو اپنی منازل طے کرنے میں اچھے اچھے رہبر ملے اور بڑے بڑے علما سے سابقہ پڑا۔ ان لوگوں میں کیمبرج یونیورسٹی کے ڈاکٹر میک ٹیگرٹ، براؤن، نکلسن اور سارلی قابلِ ذکر ہیں۔ پروفیسر نکلسن تو ہمارے شکریہ کے خاص طور پر مستحق ہیں، کیونکہ انہوں نے اقبال کی مشہور فارسی نظم "اسرارِ خودی" کا انگریزی ترجمہ کر کے اور اس پر دیباچہ اور حواشی لکھ کر یورپ اور امریکہ کو اقبال سے روشناس کیا۔ اسی طرح ہندستان کی علمی دنیا میں جتنے نامور اس زمانہ میں موجود تھے مثلاً مولانا شبلی مرحوم، مولانا حالی مرحوم، اکبر مرحوم، سب سے اقبال کی ملاقات اور خط و کتابت رہی۔ اور ان کے اثرات اقبال کے کلام پر اور اقبال کا اثر ان کی طبائع پر پڑتا رہا۔ مولانا شبلی نے بہت سے خطوط میں اور حضرتِ اکبر نے نہ صرف خطوں میں بلکہ بہت سے اشعار میں اقبال کے کمال کا اعتراف کیا ہے اور اقبال نے اپنی نظم میں ان باکمالوں کی جا بجا تعریف کی ہے۔

ابتدائی مشق کے دنوں کو چھوڑ کر اقبال کا اردو کلام بیسویں صدی کے آغاز سے کچھ پہلے شروع ہوتا ہے۔ ۱۹۰۱ء سے غالباً دو تین سال پہلے میں نے انہیں پہلی مرتبہ لاہور کے ایک مشاعرہ میں دیکھا۔ اس بزم میں ان کو ان کے چند ہم جماعت کھینچ کر لے آئے اور انہوں نے کہہ سن کر ایک غزل بھی پڑھوائی۔ اس وقت تک لاہور میں لوگ اقبال سے واقف نہ تھے۔ چھوٹی سی غزل تھی۔ سادہ سے الفاظ۔ زمین بھی مشکل نہ تھی۔ مگر کلام میں شوخی اور بیساختہ پن موجود تھا۔ بہت پسند کی گئی۔ اس کے بعد دو تین مرتبہ پھر اسی مشاعرہ میں انہوں نے غزلیں پڑھیں اور لوگوں کو معلوم ہوا کہ ایک ہونہار شاعر میدان میں آیا ہے۔ مگر یہ شہرت پہلے پہلے لاہور کے کالجوں کے طلبہ اور بعض ایسے لوگوں تک محدود رہی جو تعلیمی مشاغل سے تعلق رکھتے تھے۔ اتنے میں ایک ادبی مجلس قائم ہوئی۔ جس میں مشاہیر شریک ہونے لگے۔ اور نظم و نثر کے مضامین کی اس میں مانگ ہوئی۔ شیخ محمد اقبال نے اس کے ایک جلسہ میں اپنی وہ نظم جس میں "کوہ ہمالہ" سے خطاب ہے پڑھ کر سنائی۔ اس میں انگریزی خیالات تھے اور فارسی بندشیں۔ اس پر خوبی یہ کہ وطن پرستی کی چاشنی اس میں موجود تھی۔ مذاقِ زمانہ اور ضرورتِ وقت کے موافق ہونے کے سبب بہت مقبول ہوئی اور کئی طرف سے فرمائشیں ہونے لگیں کہ اسے شائع کیا جائے۔ مگر شیخ صاحب یہ عذر کر کے کہ ابھی نظر ثانی کی ضرورت ہے اسے اپنے ساتھ لے گئے اور وہ اس وقت چھپنے نہ پائی۔ اس بات کو تھوڑا ہی عرصہ گزرا تھا کہ میں نے ادبِ اردو کی ترقی کے لئے رسالہ مخزن جاری کرنے کا ارادہ کیا۔ اس اثنا میں شیخ محمد اقبال سے میری دوستانہ ملاقات پیدا ہو چکی تھی۔ میں نے ان سے وعدہ لیا کہ اس رسالہ کے حصۂ نظم کے لئے وہ نئے رنگ کی نظمیں مجھے دیا کریں گے۔ پہلا رسالہ شائع ہونے کو تھا کہ میں ان کے پاس گیا اور میں نے ان سے کوئی نظم مانگی۔ انہوں نے کہا ابھی کوئی نظم تیار نہیں۔ میں نے کہا۔ "ہمالہ" والی نظم

دے دیجئے اور دوسرے مہینے کے لئے کوئی اور لکھیے۔ انہوں نے اس نظم کے دینے میں پس وپیش کی۔ کیونکہ انہیں یہ خیال تھا کہ اس میں کچھ خامیاں ہیں۔ مگر میں دیکھ چکا تھا کہ وہ بہت مقبول ہوئی۔ اس لئے میں نے زبردستی وہ نظم ان سے لے لی۔ اور مخزن کی پہلی جلد کے پہلے نمبر میں جو اپریل ۱۰۹۱ء میں نکلا، شائع کر دی۔ یہاں سے گویا اقبال کی اردو شاعری کا پبلک طور پر آغاز ہوا اور ۵۰۹۱ء تک جب وہ ولایت گئے یہ سلسلہ جاری رہا۔ اس عرصہ میں وہ عموماً مخزن کے ہر نمبر کے لئے کوئی نہ کوئی نظم لکھتے تھے اور جوں جوں لوگوں کو ان کی شاعری کا حال معلوم ہوتا گیا، جابجا مختلف رسالوں اور اخباروں سے فرمائشیں آنے لگیں اور انجمنیں اور مجالس درخواستیں کرنے لگیں کہ ان کے سالانہ جلسوں میں لوگوں کو وہ اپنے کلام سے محظوظ کریں۔ شیخ صاحب اس وقت طالب علمی سے فارغ ہو کر گورنمنٹ کالج میں پروفیسر ہو گئے تھے اور دن رات علمی صحبتوں اور مشاغل میں بسر کرتے تھے طبیعت زوروں پر تھی۔ شعر کہنے کی طرف جس وقت مائل ہوتے تو غضب کی آمد ہوتی تھی۔ ایک ایک نشست میں بیشمار شعر ہو جاتے تھے۔ ان کے دوست اور بعض طالب علم جو پاس ہوتے، پنسل کاغذ لے کر لکھتے جاتے اور وہ اپنی دھن میں کہتے جاتے۔ میں نے اس زمانہ میں انہیں کبھی کاغذ قلم لے کر فکرِ سخن کرتے نہیں دیکھا۔ موزوں الفاظ کا ایک دریا بہتا یا ایک چشمہ ابلتا معلوم ہوتا تھا۔ ایک خاص کیفیت رقت کی عموماً ان پر طاری ہوتی تھی۔ اپنے اشعار سریلی آواز میں ترنم سے پڑھتے تھے۔ خود وجد کرتے اور دوسروں کو وجد میں لاتے تھے۔ یہ عجیب خصوصیت ہے کہ حافظہ ایسا پایا ہے کہ جتنے شعر اس طرح زبان سے نکلیں اگر وہ ایک مسلسل نظم کے ہوں تو سب کے سب دوسرے وقت اور دوسرے دن اسی ترتیب سے حافظہ میں محفوظ ہوتے ہیں، جس ترتیب سے وہ کہے گئے تھے۔ اور درمیان میں خود وہ انہیں قلمبند بھی نہیں کرتے۔ مجھے بہت سے شعرا کی ہم نشینی کا موقع ملا ہے اور بعض کو میں نے شعر کہتے بھی دیکھا اور سنا ہے۔ مگر یہ رنگ کسی اور میں نہیں دیکھا۔ اقبال کی ایک اور خصوصیت یہ ہے کہ بایں ہمہ موزونیِ طبع وہ حسبِ فرمائش شعر کہنے سے قاصر ہے۔ جب طبیعت خود مائل نظم ہو تو جتنے شعر چاہے کہہ دے۔ مگر یہ کہ ہر وقت اور ہر موقع پر حسب فرمائش وہ کچھ لکھ سکے، یہ قریب قریب ناممکن ہے۔ اسی لئے جب ان کا نام نکلا اور فرمائشوں کی بھرمار ہوئی تو انہیں اکثر فرمائشوں کی تعمیل سے انکار ہی کرنا پڑا، اسی طرح انجمنوں اور مجالس کو بھی وہ عموماً جواب ہی دیتے رہے۔ فقط لاہور کی انجمن حمایت اسلام کو بعض وجوہ کے سبب یہ موقع ملا کہ اس کے سالانہ جلسوں میں کئی سال متواتر اقبال نے اپنی نظم سنائی جو خاص اسی جلسہ کے لئے لکھی جاتی تھی اور جس کی فکر وہ پہلے سے کرتے رہتے تھے۔

اول اول جو نظمیں جلسۂ عام میں پڑھی جاتی تھیں۔ تحت اللفظ پڑھی جاتی تھیں اور اس طرز میں بھی ایک لطف تھا۔ مگر بعض دوستوں نے ایک مرتبہ جلسۂ عام میں شیخ محمد اقبال سے بہ اصرار کہا کہ وہ نظم ترنم سے پڑھیں۔ ان کی آواز قدرتاً بلند اور خوش آیند ہے۔ طرزِ ترنم سے بھی خاصے واقف ہیں۔ ایسا سماں بندھا کہ سکوت کا عالم چھا گیا اور لوگ جھومنے لگے۔ اس کے دو نتیجے ہوئے۔ ایک تو یہ کہ ان کے لئے تحت اللفظ پڑھنا مشکل ہو گیا۔ جب بھی پڑھیں لوگ اصرار کرتے ہیں کہ لے سے پڑھا جائے اور دوسرا یہ کہ پہلے تو خواص ہی ان کے کلام کے قدردان تھے اور اس کو سمجھ سکتے تھے۔ اس کشش کے سبب عوام بھی کھنچ آئے۔ لاہور میں جلسۂ حمایت اسلام میں جب اقبال کی نظم پڑھی جاتی ہے تو دس دس ہزار آدمی ایک وقت میں جمع ہوتے ہیں اور جب تک نظم پڑھی جائے لوگ دم بخود بیٹھے رہتے ہیں۔ جو سمجھتے ہیں وہ بھی محو اور جو نہیں سمجھتے وہ بھی محو ہوتے ہیں۔

۵۰۹۱ء سے ۸۰۹۱ء تک اقبال کی شاعری کا ایک دوسرا دور شروع ہوا۔ یہ وہ زمانہ ہے، جو انہوں نے یورپ میں بسر کیا۔ گو وہاں انہیں شاعری کے لئے نسبتاً کم وقت ملا اور ان نظموں کی تعداد جو وہاں کے قیام میں لکھی گئیں تھوڑی ہے۔ مگر ان میں ایک خاص رنگ وہاں کے مشاہدات کا نظر آتا ہے۔ اس زمانے میں دو بڑے تغیر ان کے خیالات میں آئے۔ ان تین سالوں میں سے دو سال ایسے تھے جن میں میرا بھی وہیں قیام تھا اور اکثر ملاقات کے موقعے ملتے تھے۔ ایک دن شیخ

محمد اقبال نیچھ سے کہا کہ ان کا ارادہ مصمم ہو گیا ہے کہ وہ شاعری ترک کر دیں ۔ اور قسم کھا لیں کہ شعر نہیں کہیں گے اور جو وقت شاعری میں صرف ہوتا ہے اسے کسی اور مفید کام میں صرف کریں گے ۔ میں نے ان سے کہا کہ ان کی شاعری ایسی شاعری نہیں ہے جسے ترک کرنا چاہئے ۔ بلکہ ان کے کلام میں وہ تاثیر ہے جس سے ممکن ہے کہ ہماری درماندہ قوم اور ہمارے کم نصیب ملک کے امراض کا علاج ہو سکے، اس لئے ایسی مفید خداداد طاقت کو بیکار کرنا درست نہ ہو گا۔ شیخ صاحب کچھ قائل ہوئے کچھ نہ ہوئے اور یہ قرار پایا کہ آرنلڈ صاحب کی رائے پر آخری فیصلہ چھوڑا جائے ۔ اگر وہ مجھ سے اتفاق کریں تو شیخ صاحب اپنے ارادۂ ترک شعر کو بدل دیں اور اگر وہ شیخ صاحب سے اتفاق کریں تو ترکِ شعر اختیار کیا جائے ۔ میں سمجھتا ہوں کہ علمی دینا کی خوش قسمتی تھی کہ آرنلڈ صاحب نے مجھ سے اتفاقِ رائے کیا اور فیصلہ یہی ہوا کہ اقبال کے لئے شاعری کو چھوڑنا جائز نہیں اور جو وقت وہ اس شغل کی نذر کرتے ہیں وہ ان کے لئے بھی مفید ہے اور ان کے ملک و قوم کے لئے بھی مفید ہے ۔ ایک تغیر جو ہمارے شاعر کی طبیعت میں آیا تھا اس کا تو یوں خاتمہ ہوا۔ مگر دوسرا تغیر ایک چھوٹے سے آغاز سے ایک بڑے انجام تک پہنچا۔ یعنی اقبال کی شاعری نے فارسی زبان کو اردو زبان کی جگہ اپنا ذریعۂ اظہار خیال بنا لیا۔

فارسی میں شعر کہنے کی رغبت اقبال کی طبیعت میں کئی اسباب سے پیدا ہوئی ہو گی اور میں سمجھتا ہوں کہ انہوں نے اپنی کتاب حالاتِ تصوف کے متعلق لکھنے کے لئے جو کتب بینی کی اس کو بھی ضرور اس تغیرِ مذاق میں دخل ہو گا ۔ اس کے علاوہ جوں جوں ان کا مطالعہ علمِ فلسفہ کے متعلق گہرا ہوتا گیا اور دقیق خیالات کے اظہار کو جی چاہا تو انہوں نے دیکھا کہ فارسی کے مقابلہ میں اردو کا سرمایہ بہت کم ہے اور فارسی میں کئی فقرے اور جملے سانچے میں ڈھلے ہوئے ایسے ملتے ہیں جن کے مطابق اردو میں فقرے ڈھالنے آسان نہیں، اس لئے وہ فارسی کی طرف مائل ہو گئے ۔ مگر بظاہر جس چھوٹے سے واقعہ سے ان کی فارسی گوئی کی ابتدا ہوئی ہے، وہ یہ ہے کہ ایک مرتبہ وہ ایک دوست کے ہاں مدعو تھے جہاں ان سے فارسی اشعار سنانے کی فرمائش ہوئی اور پوچھا گیا کہ وہ فارسی شعر بھی کہتے ہیں یا نہیں ۔ انہیں اعتراف کرنا پڑا کہ انہوں نے سوائے ایک آدھ شعر کبھی کہنے کے فارسی لکھنے کی کوشش نہیں کی مگر کچھ ایسا وقت تھا اور اس فرمائش نے ایسی تحریک ان کے دل میں پیدا کی کہ دعوت سے واپس آکر بستر پر لیٹے ہوئے باقی وقت وہ شاید فارسی اشعار کہتے رہے اور صبح اٹھتے ہی جو مجھ سے ملے تو دو تازہ غزلیں فارسی میں تیار تھیں جو انہوں نے زبانی مجھے سنائیں ۔ ان غزلوں کے کہنے سے انہیں اپنی فارسی گوئی کی قوت کا حال معلوم ہوا۔ جس کا پہلے انہوں نے اس طرح امتحان نہیں کیا تھا۔ اس کے بعد ولایت سے واپس آنے پر گو کبھی کبھی اردو کی نظمیں بھی کہتے تھے ۔ مگر طبیعت کا رخ فارسی کی طرف ہو گیا۔ یہ ان کی شاعری کا تیسرا دور ہے جو ۱۹۰۸ء کے بعد سے شروع ہوا اور جو اب تک چل رہا ہے ۔ اس عرصہ میں اردو نظمیں بھی بہت سی ہوئیں اور اچھی اچھی، جن کی دھوم مچ گئی ۔ مگر اصل کام جس کی طرف وہ متوجہ ہو گئے وہ ان کی فارسی مثنوی "اسرار خودی" تھی ۔ اس کا خیال دیر تک ان کے دماغ میں رہا اور رفتہ رفتہ دماغ سے صفحۂ قرطاس پر اترنے لگا اور آخر ایک مستقل کتاب کی صورت میں ظہور پذیر ہوا، جس سے اقبال کا نام ہندستان سے باہر بھی مشہور ہو گیا۔

فارسی میں اقبال کے قلم سے تین کتابیں اس وقت تک نکلی ہیں، "اسرار خودی"، "رموز بے خودی" اور "پیامِ مشرق" ۔ ایک سے ایک بہتر۔ پہلی کتاب سے دوسری میں زبان زیادہ سادہ اور عام فہم ہو گئی ہے ۔ اور تیسری دوسری سے زیادہ سلیس ہے ۔ جو لوگ اقبال کے اردو کلام کے دلدادہ ہیں، وہ فارسی نظموں کو دیکھ کر مایوس ہوئے ہوں گے ۔ مگر انہیں یاد رکھنا چاہئیے کہ فارسی نے وہ کام کیا جو اردو سے نہیں ہو سکتا تھا۔ تمام اسلامی دنیا میں جہاں فارسی کم و بیش متداول ہے، اقبال کا کلام اس ذریعہ سے پہنچ گیا اور اس میں ایسے خیالات تھے جن کی ایسی وسیع اشاعت ضروری تھی اور اسی وسیلے سے یورپ اور امریکہ والوں کو ہمارے ایسے قابل قدر مصنف کا حال معلوم ہوا۔ "پیامِ مشرق" میں ہمارے مصنف نے یورپ کے ایک نہایت بلند پایہ شاعر گوئٹے کے "سلامِ مغرب" کا جواب لکھا ہے اور اس میں

نہایت حکیمانہ خیالات کا اظہار بہت خوبصورتی سے کیا گیا ہے۔ اس کے اشعار میں بعض بڑے بڑے عقدے حل ہوئے ہیں، جو پہلے آسان طریق سے بیان نہیں ہوئے تھے۔ مدت سے بعض رسائل اور اخبارات میں ڈاکٹر محمد اقبال کو"ترجمان حقیقت" کے لقب سے یاد کیا جاتا ہے اور ان کتابوں کے خاص خاص اشعار سے یہ ثابت ہے کہ وہ اس لقب سے ملقب ہونے کے مستحق ہیں اور جس کسی نے یہ لقب ان کے لئے پہلے وضع کیا ہے اس نے کوئی مبالغہ نہیں کیا۔

فارسی گوئی کا ایک اثر اقبال کے اردو کلام پر یہ ہوا ہے کہ جو نظمیں اردو میں دو رسوم میں لکھی گئی ہیں ان میں سے اکثر میں فارسی ترکیبیں اور فارسی بندشیں پہلے سے بھی زیادہ ہیں اور بعض جگہ فارسی اشعار پر تضمین کی گئی ہے۔ گویا یہ معلوم ہوتا ہے کہ اشہب قلم جو فارسی کے میدان میں گامزن ہے اس کی باگ کسی قدر تکلف کے ساتھ اردو کی طرف موڑی جا رہی ہے۔

اقبال کا اردو کلام جو وقتاً فوقتاً ۱۰۹۱ء سے لیکر آج تک رسالوں اور اخباروں میں شائع ہوا اور انجمنوں میں پڑھا گیا اس کے مجموعے کی اشاعت کے بہت لوگ خواہاں تھے۔ ڈاکٹر صاحب کے احباب بارہا تقاضا کرتے تھے کہ اردو کلام کا مجموعہ شائع کیا جائے۔ مگر کئی وجوہات سے آج تک مجموعہ اردو شائع نہیں ہو سکا تھا۔ خدا کا شکر ہے کہ آخر اب شائقین کلام اردو کی یہ دیرینہ آرزو برآئی۔ اور اقبال کی اردو نظموں کا مجموعہ شائع ہوتا ہے۔ جو دو سو بانوے صفحوں پر مشتمل ہے اور تین حصوں پر منقسم ہے۔ حصہ اول میں ۵۰۹۱ء تک کی نظمیں ہیں اور حصہ دوم میں ۵۰۹۱ء سے ۸۰۹۱ء تک کی اور حصۂ سوم ۸۰۹۱ء سے لیکر آج تک کا اردو کلام ہے۔ یہ دعویٰ سے کہا جا سکتا ہے کہ اردو میں آج تک کوئی ایسی کتاب اشعار کی موجود نہیں ہے، جس میں خیالات کی یہ فراوانی ہو اور اس قدر مطالب ومعانی یکجا ہوں اور کیوں نہ ہو، ایک صدی کے چہارم حصے کے مطالعے اور تجربے اور مشاہدے کا نچوڑ اور سیر وسیاحت کا نتیجہ ہے۔ بعض نظموں میں ایک ایک شعر اور ایک ایک مصرعہ ایسا ہے کہ اس پر ایک مستقل مضمون لکھا جا سکتا ہے۔ یہ مختصر سا مضمون جو بطور دیباچہ لکھا گیا ہے اس میں مختلف نظموں کی تنقید یا مختلف اوقات کی نظموں کے باہم مقابلہ کی گنجائش نہیں۔ اس کے لئے اگر ہو سکا تو میں کوئی اور موقع تلاش کروں گا۔ سر دست میں صاحبان ذوق کو مبارک باد دیتا ہوں کہ اردو کلیات اقبال ان کے سامنے رسالوں اور گلدستوں کے اوراق پریشاں سے نکل کر ایک مجموعۂ دلپذیر کی شکل میں جلوہ گر ہے اور امید ہے کہ جو لوگ مدت سے اس کلام کو یکجا دیکھنے کے مشتاق تھے، وہ اس مجموعہ کو شوق کی نگاہوں سے دیکھیں گے اور دل سے اس کی قدر کریں گے۔

آخر میں اردو شاعری کی طرف سے میں یہ درخواست قابل مصنف سے کرتا ہوں کہ وہ اپنے دل و دماغ سے اردو کو وہ حصہ دیں جس کی وہ مستحق اور محتاج ہے۔ خود انہوں نے غالب کی تعریف میں چند بند لکھے ہیں جن میں ایک شعر میں اردو کی حالت کا صحیح نقشہ کھینچا ہے۔۔

گیسوئے اردو ابھی منت پذیر شانہ ہے

شمع یہ سودائی دل سوزئ پروانہ ہے

ہم ان کا یہ شعر پڑھ کر ان سے یہ کہتے ہیں کہ جس احساس نے یہ شعر ان سے نکلوایا تھا، اس سے کام لے کر اب وہ پھر کچھ عرصہ کے لئے گیسوئے اردو کے سنوارنے کی طرف متوجہ ہوں اور ہمیں موقع دیں کہ ہم اسی مجموعۂ اردو کو، جو اس قدر دیر کے بعد چھپا ہے، ایک دوسرے کلیات اردو کا پیش خیمہ سمجھیں۔

نئے الفاظ

与众不同的；少有的（形）	nirālā	نرالا
有序言的；书前献给……的（形）	mu‘anvan	معنون
在学术上；从研究角度的（副）	muhaqqiqānah	محققانہ
联系（阴）	nisbat	نسبت
征服世界的；全球的（形）	‘ālmī kīr	عالمگیر
高度评价（阴）	qadr dānī	قدردانی
（诗人的）笔名（阳）	takhallus	تخلص
政府（阴）	government	گورنمنٹ
关系，联系（阴）	munāsabat	مناسبت
获得；学习（阴）	tahsīl	تحصیل
诗体，韵文；著作（阳）	kalām	کلام
学生；门徒；追随者（阳）	shāgird	شاگرد
缺席的；间接的（形）	ghā’ibānah	غائبانہ
想象力；思想（阳）	takhayyul	تخیل
僻静处（阳）	gōshah	گوشہ
阶层；职位（阳）	madārij	مدارج
ع ل م 的复数形式（阳）	‘ulūm	علوم
直接的；真实的（形）	rāst	راست
名气，声望（阴）	shuhrat	شہرت
优秀的，卓越的，尊敬的（形）	mumtāz	ممتاز
德高望重者（阳）	buzurg	بزرگ
对话；头衔，称号，尊称（阳）	khitāb	خطاب
自然的，天然的（形）	gudratī	قدرتی
锦上添花（不及）	sōnē par suhāgā hōnā	سونے پر سہاگا ہونا
相称的；押韵的，和谐的（形）	mauzūn	موزوں
易得的；得到的（形）	muyassar	میسر
学徒；拜师；学艺（阳）	talammuz	تلمذ

وضاحت

他的诗篇留在全印度乌尔都语使用者的心间	جس کے کلام کا سکہ ہندوستان بھر کی اردو داں دنیا کے دلوں پر بیٹھا ہوا ہے
如果相信灵魂转世、生死轮回的说法	تناسخ کا قائل ہوتا

（这种热爱）使得他的灵魂去往天堂也不得安宁	اس نے ان کی روح کو عدم میں جاکر بھی چین نہ لینے دیا
东方学	علومِ مشرقی
学术泰斗	خطابِ شمس العلما
诗歌立意新颖，不落俗套。	مگر کلام میں شوخی اور بیساختہ پن موجود تھا۔
当他诗兴喷薄时多少联诗都一气呵成。	جب طبیعت خود مائلِ نظم ہو تو جتنے شعر چاہے کہہ دے۔
波斯语中一些语句已是千锤百炼，而相应的乌尔都语语句却很难造出。	فارسی میں کئی فقرے اور جملے سانچے میں ڈھلے ہوئے ایسے ملتے ہیں جن کے مطابق اردو میں فقرے ڈھالنے آسان نہیں
逐步从脑海中跃然纸上	رفتہ رفتہ دماغ سے صفحۂ قرطاس پر اترنے لگا

مشق

۱۔ سبق پڑھنے کے بعد اقبال کے "ہمالہ" لکھنے کا پس منظر بتایئے ۔

۲۔ "بانگِ درا" میں ایک ایسا شعر ہے جس کا نام ہے "عبد القادر کے نام " ۔ ترجمہ کیجئے اور بتایئے کہ عبد القادر ایک کیسا شخص تھا۔

عبد القادر کے نام

اٹھ کہ ظلمت ہوئی پیدا افق خاور پر
بزم میں شعلہ نوائی سے اجالا کر دیں
ایک فریاد ہے مانند سپند اپنی بساط
اسی ہنگامے سے محفل تہ و بالا کر دیں
اہل محفل کو دکھا دیں اثر صیقل عشق
سنگ امروز کو آئینہ فردا کر دیں
جلوہ یوسف گم گشتہ دکھا کر ان کو
تپش آمادہ تر از خون زلیخا کر دیں
اس چمن کو سبق آئین نمو کا دے کر

قطرہ شبنم بے مایہ کو دریا کر دیں

رخت جاں بت کدہ چیں سے اٹھالیں اپنا

سب کو محو رخ سعدی و سلیمی کر دیں

دیکھ! یثرب میں ہوا ناقہ لیلی بیکار

قیس کو آرزوئے نو سے شناسا کر دیں

بادہ دیرینہ ہو اور گرم ہو ایسا کہ گداز

جگر شیشہ و پیمانہ و مینا کر دیں

گرم رکھتا تھا ہمیں سردی مغرب میں جو داغ

چیر کر سینہ اسے وقف تماشا کر دیں

شمع کی طرح جییں بزم گہ عالم میں

خود جلیں ، دیدہ اغیار کو بینا کر دیں

"ہر چہ در دل گذرد وقف زباں دارد شمع

سوختن نیست خیالے کہ نہاں دارد شمع"

۳۔ ترجمہ کیجئے :

غالب اور اقبال میں بہت سی باتیں مشترک ہیں۔ اگر میں تناسخ کا قائل ہوتا تو ضرور کہتا کہ مرزا اسداللہ خاں غالب کو اردو اور فارسی کی شاعری سے جو عشق تھا، اس نے ان کی روح کو عدم میں جا کر بھی چین نہ لینے دیا اور مجبور کیا کہ وہ پھر کسی جسد خاکی میں جلوہ افروز ہو کر شاعری کے چمن کی آبیاری کرے اور اس نے پنجاب کے ایک گوشہ میں جسے سیالکوٹ کہتے ہیں دوبارہ جنم لیا اور محمد اقبال نام پایا۔

۴۔ غالب اور اقبال کے شعروں کے طرز تحریروں میں کیا فرق ہے ؟

پانچواں سبق　بڑے آدمی

作品导读

本课包括《大人物》和《进步作家宣言》两篇作品。

《大人物》作者为著名小说家克里山·钱达尔（1914—1977），他是英印时期乌尔都语文学界的杰出人物，也是进步作家协会的核心人物之一。《大人物》是一篇思想深刻的杂文，深刻地揭示了那些大人物，特别是那些发动第二次世界大战的所谓“领袖”是如何运用手中的权力来增加自身在民众中的影响力，如何以此来进行统治、塑造崇拜、并以此进行新的剥削和奴役的。文章思想深刻，语言铿锵有力，结合运用各种修辞手段，用森林中的各种动物来比喻现实中不同身份的人们，语言诙谐，分析缜密，是一篇反抗压迫、唤醒大众的檄文。

《进步作家宣言》是印度进步作家协会第一次全国性会议上通过的纲领性文件。1935 年一批留学英国的印度学生在著名作家高尔基和罗曼·罗兰的号召下，在印度成立了“印度进步作家协会”。1936 年印度各地进步作家在勒克瑙举行了第一次全国代表会议。普列姆昌德被选为大会主席。会议上正式通过了《进步作家宣言》。该《宣言》提出印度作家的责任是运用文学来阻止关于家庭、宗教、性、战争和社会的反动意识及复古观念，并阻止分裂主义、种族歧视和人类剥削，将文学和艺术从反动阶级的控制下拯救出来，使文学贴近人民，成为反映生活和建设未来的有效手段。

《大人物》是对反动统治进行分析和解构，破除反动者在民众心目中所树立的盲目崇拜；而《进步作家宣言》明确地指出印度进步文学的责任与导向。两篇文章一起阅读可以有助于读者更好地理解进步作家如何运用文学来消除蒙昧、唤醒民众，进而推动社会变革。

بڑے آدمی

کرشن چندر

بڑے آدمیوں کی پرستش عرصۂ دراز سے جاری ہے اور اس کے پس پردہ خوف کا وہ جذبہ مستور ہے جو کمزور کو قوی سے اور قوی کو قوی تر سے ممیز کرتا ہے

ابھی تک آدمی آدمی سے ڈرتا ہے محبت نہیں کرتا۔ پرستش کرتا ہے لیکن محبت نہیں کرتا۔ پرستش اور محبت میں بہت فرق ہے ۔

جب انسان جنگل میں تھا، تو جنگل کے دوسرے جانوروں کی طرح اس کا کل بھی شیر کی گرج سن کر دہل جاتا تھا ۔ شاید اس خوف نے شیر کے دل میں دوسرے جانوروں کے متعلق ایک جذبہ ء تحقیر پیدا کر دیا ۔ پھر ادھر ڈرپوک جانوروں کے دل میں خوف وہراس کے جذبے نے عمل معکوس کی صورت اختیار کر لی ۔ شیر اب جنگل کی قوت کا مظہر بن گیا اور انسان اس کی ہوجا کرنے لگا ۔ اور ابھی تک اس کی ہوجا کر رہا ہے ۔

شیر بنگال اور شیرِ پنجاب ہر روز اخباروں کے کالموں میں دندناتے نظر آتے ہیں ۔ ۔ ۔ ۔ ہر بڑا آدمی کسی ایک انسانی گروہ کا شیر ہوتا ہے ۔ لوگ اس کی پرستش کرتے ہیں اور وہ اپنے دل میں انہیں حقیر سمجھتا ہے ۔ اور اکثر اس امر کا مظاہرہ کیا کرتا ہے ۔ لیکن سب سے مضحکہ خیز صورت وہ ہے ۔ جب شیر جنگل کے جانوروں سے ووٹ طلب کرتا ہے ۔ اور کہتا ہے

"میں تمہارا خادم ہوں ۔"

اور جانور اس قدر بیوقوف ہوتے ہیں کہ خود خادم ہوتے ہوئے اسے اپنا خادم سمجھنے لگتے ہیں ۔ اور تالیاں بجا بجا کر اسے ووٹ دیتے ہیں اور پہلے سے بھی زیادہ شیر کی پرستش کرنے لگتے ہیں ۔

جنگل کا شیر اور انسانوں کی بستی کے شیر اپنی صفات میں ایک دوسرے سے بہت ملتے جلتے ہیں ۔ دونوں شدید قسم کے انفرادیت پسند ہوتے ہیں ۔ جنگل کا شیر اپن علاقے میں کسی دوسرے شیر کو گھسنے نہیں دیتا ۔ اور یہی حال انسانوں کی بستی کے شیر کا ہے ۔ چنانچہ مشہور ہے کہ ایک میان میں دو شیر نہیں رہ سکتے ۔

گاندھی جی ہندوؤں کے شیر ہیں ۔ جناح صاحب مسلمانوں کے ۔ اول تو اپنے جنگل میں کوئی ان کا حریف پیدا ہو تو سختی سے دبا دیا جاتا ہے ۔ دوسرے جنگل سے آئے ہوئے شیر کا تو معاملہ ہی اور ہے ۔ اس مرحلے پر جغرافیائی وطنیت کار فرما ہوتی ہے ۔ اور ایک جنگل کے جانور دوسرے جنگل کے جانوروں پر پل پڑتے ہیں اس لئے نہیں کہ خدانخواستہ انہیں جنگل کے دوسرے جانوروں سے بیر ہے ۔ ہرگز نہیں یہ تو صرف اس لئے ہوتا ہے کہ اپنے جنگل کے شیر کی عزت خطرہ میں ہوتی ہے ۔ یعنی جب ہم ڈر اور خوف کے احساس سے مغلوب ہو کر پوجتے ہیں ۔ اس کی عزت خطرے میں ہوتی ہے ۔ جب یہ لڑائی شروع ہوتی ہے تو اسے بالعموم "حق وانصاف کی لڑائی" کہا جاتا ہے ۔

جنگل کا شیر اپنی رعایا کے کون پر گزارا کرتا ہے ۔ انسانوں کی بستی کا شیر بھی اسی طرح پلتا اور پروان چڑھتا ہے دونوں اپنی رعایا کا شکار کرتے ہیں اور اس کے عوض میں رعایا دن رات ان کی پرستش کرتی ہے ۔ وہ کہانی تو آپ نے سنی ہی ۔ جب انسانوں کی ایک بہت بڑی بستی پر ایک دیو نازل ہوا اور شہر سے گھوہ میں رہنے لگا تھا ۔ پھر شہر کے رجہ چھوٹے شیر سے اس نے معاہدہ کر لیا تھا کہ انسانوں کی بستی سے پر روز ایک آدمی اس کی خوراک کے لئے کھوہ میں بھیج دیا جائیگا ۔ عرصہ ء دراز تک انسانوں کی بستی پر دیو کا ظلم مسلط رہا اور عرصہ ء دراز تک اس بستی کے گلی کوچوں سے آہ و بکا کی صدائیں بلند ہوتی رہیں ۔ آخر ایک دن وہ آیا ۔ "وہ" یعنی نجات دہندہ ۔ شہزادہ ء عالم ۔ اور اس نے دیو سے لڑ کر اسے مار ڈالا اور اس طرح اس شہر کو دیو کے جنگل سے رہائی دلائی ۔ لیکن یہ پرستان کی کہانی ہے ۔ انسانوں کی بستی میں ابھی وہ نجات دہندہ نہیں آیا ۔

※ ※ ※ ※ ※ ※ ※ ※ ※

جب انسان نے جنگل سے ناطہ توڑا ۔ اور وادیوں میں دریا کے کنارے کنارے اپنی بستیاں بسائیں ۔ اور اپنے تمدن کو ترقی کی راہ پر چلایا ۔ اس وقت بھی وہ شیر

کے خیال سے غافل نہیں رہا۔ شیر کا خوف ابھی تک اس کی روح پر مسلط ہے ۔ اتنا ضرور ہوا کہ جنگل کا شیر، شہر کا شیر بن گیا۔ پرستش وہی رہی ۔ خوف وہراس وہی رہے ۔ لہو کی ارزانی وہی رہی ۔ انسان ازمنہ قدیم سے قرونِ وسطے اور قرونِ وسطے سے ۔ زمانہ ء جدید میں پہنچا۔ لیکن بڑے آدمی سے اسے نجات نہ ملی۔ وہ قبیلے داری سے سرمایہ داری اور سرماہی داری سے جمہوریت کے آغاز کی طرف بڑھا۔ لیکن پیر تسمہ پا کی طرح یہ بڑا آدمی ہر وقت اس پر سوار ہی رہا۔ میں تمہاری قیادت کروں گا۔ میں تمہاری رہ نمائی کروں گا۔ میرے بغیر تم کچھ نہیں کر سکتے ۔ تم طفل مکتب ہو۔ تم جاہل ہو، نالائق ہو۔ میں تمہارا لیڈر ہوں ۔ میرے مشورے پر عمل کرو۔۔۔

اور جب جمہوریت آئی اور انسان کے ذہن میں اجتماعی شعور انگڑائیاں لینے لگا تو شیر نے فوراً اس خطرے کو بھانپا۔ میں تمہارا شیر ہوں کیوں کہ تم نے مجھے شیر بنایا ہے ۔ تمہارا فیصلہ میرا فیصلہ ہے ۔ میں وہی کرتا ہوں جو تم کہتے ہو۔ دراصل شیر میں نہیں ہوں۔ شیر تم ہو۔ میں تو تمہارا مظہر ہوں ۔ تم جب چاہو۔ مجھے ہٹا سکتے ہو۔

لیکن شیر کو کس نے ہٹایا؟ اگر کسی نے ہٹایا بھی تو وہ خود ایک شیر تھا۔ دوسرا شیر، پہلے سے قوی تو ! اور انسانوں نے کہا

"یہ بہت بڑا آدمی ہے ۔"

ابھی تک صحیح وسلامت ہے ۔ شعور اور اک کی ترقی اور سائنسی کارناموں کے باوجود بڑا آدمی ۔۔۔ ایک آدمی ۔۔۔ انفرادیت پسند۔۔۔ اقلیت پسند حاکم زندہ ہے اور ہم پر حکومت کر رہا ہے ۔ زندگی کے ہر شعبے میں حکومت کر رہا ہے اور مخلوق اپنی اجتماعیت پسندی کے باوجود اس سے دبی جا رہی ہے ۔ لپسی جا رہی ہے ۔ اپنے لہو کا خراج ادا کر رہی ہے ۔ کیوں کہ جنگل کا خوف ابھی تک اس کے ذہن کا احاطہ کئے ہوئے ہے ۔

اگر یہ خوف انسان کے دل سے نکل جائے اگر وہ یہ سمجھ لے کہ بڑا آدمی درحقیقت بڑا انسان نہیں ہے ۔ اگر جنگل کے سارے جانور اتحاد کر لیں تو بڑے سے بڑا شیر جھک جائے گا اور بھیگی بلی بن کر اتحادیوں کے اشارے پر چلے گا اور اگر وہ ایسا نہ کر سکے تو خود ہی یہ جنگل چھوڑ دے گا۔۔۔۔ لیکن اجتماعیت پسندی ابھی اس منزل پر نہیں پہنچی ۔ ابھی یہ احساس عام نہیں ہوا کہ جب ایک آدمی "بڑا" ہوتا ہے تو ہزاروں چھوٹے چھوٹے آدمیوں سے بڑائی چھن جاتی ہے ۔ ورنہ بڑا آدمی جمہوریت پسندوں کا بڑا آدمی بھی یہ کہنے کی جرات نہ کرتا۔ تمہیں اس موقعہ پر یہ کرنا چاہیئے ۔ یہ نہیں کرنا چاہیئے ۔ اسے فوراً جواب مل جاتا تم کون ہو مجھے بتانے والے ۔ میں خود جانتا ہوں مجھے کیا کرنا ہے ۔ اس قوم کا بچہ بچہ جانتا ہے اسے کیا کرنا ہے اس ملک کا ہر فرد اپنا فرض خوب پہچانتا ہے ۔ تم بھی ہماری طرح ایک آدمی ہو۔ بڑا آدمی بننے کی کوشش نہ کرو۔

لیکن ابھی تک کہیں بھی، کسی ملک میں، کسی قوم میں، یہ رد عمل نہیں منظر آتا۔ ہندوستان بے چارے کی تو بات ہی اور ہے ۔ ترقی یافتہ ملکوں میں بھی جہاں انسانی آبادی نوے فیصدی تعلیم یافتہ ہے ۔ بڑے آدمی پائے جاتے ہیں ۔ ان کی تقاریر ریڈیو پر سنی جاتی ہیں ۔ ان کے پیغام اخباروں میں جلی حروف میں شائع کئے جاتے ہیں ۔ لاکھوں آدنی ان کے اشارے پر کٹ مرنے کو تیار رہتے ہیں ۔ ان کے سگار کا ایک کش، ان کی مونچھ کا ایک بال، ان کے جوتے کی ایک کیا، لاکھوں انسانوں کی زندگی سے زیادہ قیمتی سمجھی جاتی ہے ۔۔۔ جنگل!

ابھی تک زندگی کے ہر شعبے مین اکثریت پر اقلیت کی حکومت سمجھی جاتی ہے ۔ جمہوریت پسند بھی پر بار یہی کہتے ہیں ۔

" آؤ عوام میں کام کریں۔ عوام کو اپنا ہم خیال بنائیں ۔"

ایک بنیادی سوال یہ ہے ۔ کیوں عوام میں کام کریں ۔ عوام ؟ گویا تم خواص میں سے ہو۔ ایک تفریق تو اسی وقت پیدا ہو گئی ۔ جب تم نے دوسروں

کو "عوام" کہہ کر خود کو بانس پر چڑھا لیا۔ اوہ ۔ ۔ ۔ ۔ بڑے دیوتا ہیں آپ ۔ ۔ ۔ مونٹ ایورسٹ پر بیٹھے ہوئے نیچے "عوام" کو دیکھ رہے ہیں ۔ عوام میں کام کریں ! گویا عوام اپنا برا بھلا نہیں جانتے ۔ ہم نے تو یہی سنا تھا کہ جاہل سے جاہل انسانی گروہ کا فیصلہ فرد کے فیصلہ سے بہتر ہوتا ہے ۔ پھر تم اپنی رائے ان پر کیوں ٹھونستے ہو۔ اقلیت کی رائے اکثریت پر، انہیں اپنا ہم خیال بنانے کی کوشش کیوں کرتے ہو؟ تم کیوں نہیں عوام کے ہم خیال ہو جاتے ۔

"یہ خیال شروع میں اقلیت ہی اپناتی ہے ۔"

اس طرح تو پھر انسان کو شیروں سے کبھی نجات نہیں مل سکیگی ۔ دنیا کو ہمیشہ بڑے آدمیوں کی ضرورت رہے گی ۔ یہی نطشے کہتا تھا ۔ پھر وہ تمہارا عمومی فلسفہ کہاں گیا؟

حقیقت یہ ہے کہ آج تک بڑے آدمیوں نے دنیا کے لئے کچھ نہیں کیا ۔ برائی کے سوا، اپنی بڑھائی کو بڑھانے کے لئے ان سے کسی دوسرے کام کی توقع رکھنا بے سود ہے ۔ بشریت کی فلاح و بہبودی بڑے ادمیوں کے دارناموں میں نہیں ۔ چھوٹے چھوٹے آدمیوں کی مشترکہ مساعی سے ہے ۔ ہلاکو سے ہٹلر تک کسی ایک "فاتح اعظم" کی ذاتی خصوصیات غور کیجئے ۔ ان کی سرشت میں خود پرستی، خود ستائی زندگی کی تحقیر کو اتنا دخل ہے کہ حیرت ہوتی ہے ۔ لاکھوں انسان ان کی کیوں پرستش کرتے ہیں ۔ یہ لوگ اگر ان کی پرستش کرنے اور وران کے لئے لڑنے مرنے کی بجائے الگ ہوکر ایک طرف بیٹھ جائیں اور ان بڑے لوگوں کو میدان کارزار میں اکیلا چھوڑ دیں تو انسان کی صعوبیتں ایک ہی دن میں ختم ہو جائیں ۔

کہا جاتا ہے کہ ہلاکو اور ہٹلر کے علاوہ دنیا میں ایسے بڑے آدمی بھی ہیں جنہوں نے انسانی برتری اور بہبودی کے لئے واقعی کام کیا ہے شلا "مفکر" فلسفی، مصلح ، ادیب، سائنس دان ۔

لیکن میں تو انہیں بھی بڑا آدمی سمجھنے سے انکار کرتی ہوں ۔ ان میں بہت سے ایسے بڑے آدمی ہیں ۔ جنہوں نے اپنے فلسفے میں، ادب میں، سائنس کی ایبادات میں انسانی تخریب کے پہلوؤں کو اجاگر کرنے کو امکانی کوشش کی ہے ۔ جنہوں نے "شیروں" کے فلسفے کو سراہا ہے اور سای قسم کے ادب کی تخلیق کی ہے ۔ اور اسی قسم کے ہتھیار بنائے ہیں ۔ جو شیروں کی حکومت کو انسانی آبادی پر زیادہ اسے زیادہ عرصے تک قائم رکھ سکیں ۔ جو چند ایسے بڑے آدمی باقی رہ گئے ہیں ۔ جو اس فہرست سے خارج ہیں ۔ ان کے تعمیری کارناموں میں بھی ان ہزاروں چھوٹے چھوٹے آدمیوں کی علمی، ادبی، سائنسی تجربات کو دخل ہے ۔ کہ جن کی مشترکہ کاوشوں سے انسانی علم و فن کے خزینے بھرے گئے ہیں پھر ہم تاج محل پر آخری اینٹ لگانے والے کو تاج محل کا خالق کیوں سمجھیں ہیلٹ کے کردار کے لئے شیکسپیئر کو کیوں سراہیں ۔ کشش ثقل کے اصولوں کا خدا نیوٹن کو کیوں ٹھہرائیں ؟

اگر گاندھی جی نہ ہوتے تو کیا ہندوستان میں آزادی کی تحریک نمودار نہ ہوتی؟ اگر جناح صاحب نہ ہوتے تو کیا مسلمان پاکستان کا مطالبہ نہ کرتے ؟ اور پھر جہاں ایک لیڈر کا پسینہ گرتا ہے، وہاں ایک سو رضا کاروں کا لہو نہیں بہتا ہے ؟ جب تک ریلوے انجن بنتا ہے تو کیا لوہے کو پگھلانے سے لے کر لوہے پر رنگ کرنے تک تمام سائنسی عملے حرکت میں نہیں آتے ؟ جب ایک افسانہ لکھا ہے ہے تو حروفِ ابجد سے لے کر ان تمام نرم و نازک خیالات کے تانے بانے سامنے نہیں ہوتے ۔ جن کے رنگین نقوش ان سینکڑوں بل کہ ہزاروں مصنفین کے موقلم نے اگلے ہیں کہ جن کے نام سے بھی کوئی آگاہ نہیں ؟ جب ایک نیا فلسفہ مرتب کیا جاتا ہے تو اس کی ترتیب و تواتر میں وہ وہ ان گنت جزویات اور کڑیاں نہیں ہوتیں جو ایک نہیں سینکڑوں فلسفیوں نے شب و روز کی جانکاہ کاوشوں کے بعد تعمیر کی ہیں ؟ پھر ان تمام چیزوں کا خالق ایک آدمی کیسے ہو سکتا ہے ۔ اور خاص طور پر وہ "بڑا آدمی" جو اپنے آپ کو یوں منتشر کرتا پھرتا ہے ۔ کہ میں خالق ہوں اس فلسفے کا، اس

ادب کا، اس سائنس کا، اس ایجاد کا، میں شیر ہوں۔ میں بڑا آدمی ہوں۔ کیوں ہم اس آدمی کی پرستش کریں۔ اسے جوتے کیوں نہ لگائیں؟

اگر آپ کسی عام آدمی، کسی انگریز، جرمن، ہندوستانی، فرانسیسی، چینی، امریکن، جشی، کسی ملک یا کسی قوم کے ایک آدمی سے بات کریں۔ مگر شرط یہ ہے کہ وہ کتنا اچھا آدمی ہے۔ اس کا دل مہر و محبت کا سرچشمہ ہے۔ وہ اپنے ہمسایوں سے محبت کرتا ہے اس سے زیادہ اور کچھ نہیں چاہتا کہ اسے اس کے گھر میں اس کے چھوٹے سے باغیچے میں اس کے کھیتوں میں کام کرنے کا موقعہ دیا جائے۔ وہ اپنے دوستوں اور اپنے کام کرنے والے ساتھیوں کے درمیان ہنستے کھیلتے اپنی زندگی بسر کرنی چاہتا ہے۔ وہ برا انسان نہیں ہے کیوں کہ وہ بڑا انسان نہیں۔ وہ دوسروں کے حقوق غصب کرنا نہیں چاہتا۔ دوسروں کی آزادی چھیننا نہیں چاہتا۔ صرف اپنے حقوق، اپنی آزادی چاہتا ہے، یہ فتنہ تو صرف بڑے آدمیوں اور ان کی جماعتوں نے جگا رکھا ہے۔ یہ لوگ اقلیت میں ہیں اور انسانوں کے حقوق پر چھاپہ مارے بیٹھے ہیں۔ جب تک یہ لوگ موجود رہیں گے۔ نہیں کبھی چین سے بیٹھنے نہیں دیں گے۔ اور ہر بیسویں سال نئی انسانی نسل کو ذبح کرتے رہیں گے۔ ان سے کسی بہتری کی توقع ہی نہیں کی جا سکتی۔ ہماری ترقی بڑے آدمیوں کی حد سے بڑھی ہوئی خود پرستی، ہوس اور پندار جاہ وحشم سے نہ ہوگی۔ بلکہ چھوٹے چھوٹے آدمیوں کی مشترکہ مساعی سے ہوگی۔ نئی دنیا بڑے آدمیوں کی ضرورت نہیں۔ بلکہ اچھے آدمیوں کی ضرورت ہے۔

دیکھئے، دیکھئے۔ وہ رہا ایک "بڑا آدمی" ۔۔۔۔۔ شیر آیا، شیر آیا، دوڑنا ۔۔۔۔۔

ترقی پسند مصنفین کا اعلان نامہ

اس وقت ہندستانی سماج میں انقلابی تبدیلیاں رونما ہو رہی ہیں اور جاں بلب رجعت پرستی جس کی موت لازمی اور یقینی ہے اپنی زندگی کی مدت بڑھانے کے لئے دیوانہ وار ہاتھ پاؤں مار رہی ہے۔ پرانے تہذیبی ڈھانچوں کی شکست و ریخت کے بعد سے اب تک ہمارا ادب ایک گونہ فراریت کا شکار رہا ہے اور زندگی کے حقائق سے گریز کر کے کھوکھلی روحانیت اور بے بنیاد تصور پرستی میں پناہ ڈھونڈھ رہا ہے، جس کے باعث اس کی رگوں میں نیا خون آنا بند ہو گیا ہے اور ادب شدید قسم کی ہیت پرستی اور گمراہ کن منفی رجحانات کا شکار ہو گیا ہے۔

ہندستانی ادیبوں کا فرض ہے کہ وہ ہندستانی زندگی میں رونما ہونے والی تبدیلیوں کا بھرپور اظہار کریں اور ادب میں سائنسی عقلیت پسندی کو فروغ دیتے ہوئے ترقی پسند تحریکوں کی حمایت کریں۔ ان کا فرض ہے کہ وہ اس قسم کے انداز تنقید کو رواج دیں جس سے خاندان، مذہب، جنس، جنگ اور سماج کے بارے میں رجعت پسندی اور ماضی پرستی کے خیالات کی روک تھام کی جا سکے۔ ان کا فرض ہے کہ وہ ایسے ادبی رجحانات کو نشو و نما پانے سے روکیں جو فرقہ پرستی، نسلی تعصب اور انسانی استحصال کی حمایت کرتے ہیں۔

ہماری انجمن کا مقصد ادب اور آرٹ کو ان رجعت پرست طبقوں کے چنگل سے نجات دلانا ہے جو اپنے ساتھ ادب اور فن کو بھی انحطاط کے گڑھوں میں ڈھکیل دینا چاہتے ہیں۔ ہم ادب کو عوام کے قریب لانا چاہتے ہیں اور اسے زندگی کی عکاسی اور مستقبل کی تعمیر کا موثر ذریعہ بنانا چاہتے ہیں۔

ہم اپنے آپ کو ہندستانی تہذیب کی بہترین روایات کا وارث سمجھتے ہیں اور ان روایات کو اپناتے ہوئے ہم اپنے ملک میں ہر طرح کی رجعت پسندی کے خلاف جدوجہد کریں گے اور ہر ایسے جذبے کی ترجمانی کریں گے جو ہمارے وطن کو ایک نئی اور بہتر زندگی کی راہ دکھائے۔ اس کام میں ہم اپنے اور غیر ملکوں کے

تہذیب و تمدن سے فائدہ اٹھائیں گے ۔ ہم چاہتے ہیں کہ ہندستان کا نیا ادب ہماری زندگی کے بنیادی مسائل کو اپنا موضوع بنائے ۔ یہ بھوک ، افلاس ، سماجی پستی اور غلامی کے مسائل ہیں ۔ ہم ان تمام آثار کی مخالفت کریں گے جو ہمیں لاچاری ، سستی اور توہم پرستی کی طرف لے جاتے ہیں ۔ ہم ان تمام باتوں کو جو ہماری قوت تنقید کو ابھارتی ہیں اور رسموں اور اداروں کو عقل کی کسوٹی پر پرکھتی ہیں ، تغیر اور ترقی کا ذریعہ سمجھ کر قبول کرتے ہیں ۔

(انجمن ترقی پسند مصنفین کی پہلی کانفرنس منعقدہ لکھنو اپریل ۱۹۳۶ء میں منظور ہوا ۔ صدر منشی پریم چند)

مصنف : مرزا محمد پاوہ رسوا

کرشن چندر اردو کے نامور افسانہ نگار تھے ۔ ان کی پیدائش 23 نومبر 1914ء کو وزیر آباد ، ضلع گجرانوالہ ، پنجاب (موجودہ پاکستان) میں ہوئی تھی ۔ ان کے والد گوری شنکر چوپڑا میڈیکل افسر تھے ۔ کرشن چندر کی تعلیم کا آغاز اردو اور فارسی سے ہوا تھا ۔ اس وجہ سے اردو پر ان کی گرفت کافی اچھی تھی ۔ انہوں نے 1929ء میں ہائی اسکول کی تعلیم مکمل کی ۔ اس کیبعد 1935ء میں انگریزی سے ایم ۔ اے ۔ کیا ۔ بعد ازاں انہوں نے قانون کی پڑھائی بھی کی تھی ۔

کرشن چندر کے معاصرین میں سعادت حسن منٹو اور راجندر سنگھ بیدی تھے ۔ خامہ فرسائی کے زریں دور کی بات کریں تو پتہ چلتا ہے کہ کرشن چندر 1955ء سے لے کر 1960ء تک اپنا بہترین ادب تخلیق کر چکے تھے ۔ ان کی کئی تصنیفات ، مثلاً ' کالو بھنگی ' ، ' مہا لکشمی ' اور ' ایک گدھے کی سرگزشت ' کافی مقبول ہوئے تھے ۔

کرشن چندر نے کئی فلموں کی کہانیاں ، منظر نامے اور مکالمے لکھے ۔ ' دھرتی کے لال ' ، ' دل کی آواز ' ، ' دو چور ' ، ' دو پھول ' ، ' من چلی ' ، ' شرافت ' وغیرہ ایسی فلمیں ہیں جنہوں نے کرشن چندر کی صلاحیتوں کو پردہ سیمیں پر پیش کیا ۔

نئے الفاظ

پرستش	parastish	崇拜，顶礼膜拜；尊敬，敬仰（阴）
تحقیق	tahqīq	调查；弄清（阴）
معکوس	ma‘kūs	反向的，颠倒的，相反的（形）
حقیر	haqīr	渺小的，微不足道的，卑贱的（形）
مضحکہ	mazhakah	滑稽；嘲弄（阳）
انفرادیت	infirādīyat	个性，自我（阴）
ممیز	mumayyiz	能分辨是非的，能识别好坏的（形）
ڈرپوک	ḍarpōk	懦弱的，胆小的（形）
کالم	column	支柱（阳）
مظاہرہ	muzāharah	游行，示威；展示（阳）
طلب	talab	需要，要求（阴）
رعایا	ra‘āyā	仆人，佣人（阴）
یافتہ	yāftah	取得的，得到的（形）

人类；人性（阴）	basharīyat	بشریت
细节，小事情；次要部分（阳）	juzvīyāt	جزویات
暴乱；争执；叛乱（阳）	fitnah	فتنہ
回归，返回（阴）	raj‘at	رجعت
破碎，分裂；挫折（阴）	shikast ō，rēkht	شکست و ریخت
理性主义（阴）	‘aqliyat	عقلیت
集体意识（阳）	ijtimā‘ī shu‘ūr	اجتماعی شعور
演讲；辩论（阴）	taqārīr	تقاریر
善意；拯救（阴）	falāh	فلاح
分散的，混乱的（形）	muntashir	منتشر
革命的，带来巨大变化的（形）	inqilābī	انقلابی
反动的，保守的，落后的（形）	raj‘at pasand	رجعت پسند
趋势，倾向（阳）	rujhānāt	رجحانات

وضاحت

旧的文明结构崩溃后，我们的文学迄今为止陷入了某种逃跑主义，回避生活现实，企图在虚无的灵性和毫无根据的想象中寻找庇护。	پرانے تہذیبی ڈھانچوں کی شکست و ریخت کے بعد سے اب تک ہمارا ادب ایک گونہ فراریت کا شکار رہا ہے اور زندگی کے حقائق سے گریز کر کے کھوکھلی روحانیت اور بے بنیاد تصور پرستی میں پناہ ڈھونڈھ رہا ہے
文学陷入了严重的空想主义，迷途的诗歌走上了相反的方向。	ادب شدید قسم کی ہیت پرستی اور گمراہ سخن منفی رجحانات کا شکار ہو گیا ہے ۔
我们要反对一切将我们导向无为、懒惰和迷信的事物。	ہم ان تمام آثار کی مخالفت کریں گے جو ہمیں لاچاری ، سستی اور توہم پرستی کی طرف لے جاتے ہیں ۔
我们要接受所有能够激起我们批判力、理性辨别各种规则的事物，并将其视为改革和进步的途径。	ہم ان تمام باتوں کو جو ہماری قوت تنقید کو ابھارتی ہیں اور رسموں اور اداروں کو عقل کی کسوٹی پر پرکھتی ہیں ، تغیر اور ترقی کا ذریعہ سمجھ کر قبول کرتے ہیں ۔

مشق

۱۔ کرشن چندر کے "بڑے آدمی" میں "شیر" کا کیا معنی ہے ؟ اور "شیر" تو کس قسم کے آدمیوں کی اشارت ہے ؟

جنگل کا شیر اپنی رعایا کے کون پر گزارا کرتا ہے ۔ انسانوں کی بستی کا شیر بھی اسی طرح پلتا اور پروان چڑھتا ہے دونوں اپنی رعایا کا شکار کرتے ہیں اور اس کے عوض میں رعایا دن رات ان کی پرستش کرتی ہے ۔ وہ کہانی توآپ نے سنی ہی ۔ جب انسانوں کی ایک بہت بڑی بستی پر ایک دیو نازل ہوا اور شہر سے گھوہ میں رہنے لگا تھا ۔ پھر شہر کے رجہ چھوٹے شیر سے اس نے معاہدہ کر لیا تھا کہ انسانوں کی بستی سے ہر روز ایک آدمی اس کی خوداک کے لئے کھوہ میں بھیج دیا جائیگا ۔ عرصہ ء دراز تک انسانوں کی بستی پر دیو کا ظلم مسلط رہا اور عرصہ ء دراز تک اس بستی کے گلی کوچوں سے آہ و بکا کی صدایں بلند ہوتی رہیں ۔ آخر ایک دن وہ آیا ۔ "وہ" یعنی نجات دہندہ ۔ شہزادہ ء عالم ۔ اور اس نے دیو سے لڑکر اسے مار ڈالا اور اس طرح اس شہر کو دیو کے جنگل سے رہائی دلائی ۔ لیکن یہ پرستان کی کہانی ہے ۔ انسانوں کی بستی میں ابھی وہ نجات دہندہ نہیں آیا ۔

۲۔ بڑے آدمی کی پرستش کرنا کا حال ہمارے زمانے میں بھی موجود ہے یا نہیں ؟

۳۔ سبق "ترقی پسند مصنفین کا اعلان نامہ" یاد کیجئے ۔

چھٹا سبق کفن

作品导读

普列姆昌德（1880—1936），在印度文学中有着极高的地位，被誉为“印度小说之王”。他出生于北方邦贝拿勒斯，曾在公立和私立学校中任教，后专门从事文学创作，担任过《时代》、《荣誉》、《天鹅》、《觉醒》等多家杂志的主编，创办了智慧之神出版社。1936年“印度进步作家协会”第一次代表会议上，普列姆昌德被推选为大会主席。因此，普列姆昌德也被认为是印度进步作家运动的领导人物之一。

普列姆昌德早期使用乌尔都语进行创作，1915 年前后改用印地语创作。他一生创作了大量小说，有十余部中篇和长篇小说，如《戈丹》、《博爱新村》、《妮摩拉》、《舞台》等著名小说；约 300 篇短篇小说，如《裹尸布》、《开斋节会礼地》、《棋友》、《老婶娘》等名篇，其他还有文论、电影剧本、儿童文学及翻译作品等。

《裹尸布》是普列姆昌德短篇小说代表作品之一。讲述了村中最贫穷最无赖的两父子克苏和马托两人在马托妻子难产当天夜里的对话。他们不顾难产女人的死活，只顾自己吃饱。女人死后村里人捐助的买裹尸布的钱，他们最后也用于满足自己的口腹。小说以一种写实的笔触入木三分地刻画出印度农村中下层人民面临的残酷现实，对极度贫困、宗教压迫以及那些在重压下麻木不仁甚至良知泯灭的黑暗人性进行了深刻批判。小说的人物对话非常经典，通过人物语言体现出印度农村的现实问题与症结所在。同时，在描写人物对话时使用了大量发音不准的口语化语言，鲜明地表现出人物的身份、背景与性格，这也是小说的一大亮点。

کفن

پریم چند

جھونپڑے کے دروازے پر باپ اور بیٹا دونوں ایک بجھے ہوئے الاؤ کے سامنے خاموش بیٹھے ہوئے تھے، اور اندر بیٹے کی نوجوان بیوی بدھیا دردزہ سے پچھاڑیں

کھا رہی تھی اور رہ رہ کر اس کے منھ سے ایسی دل خراش صدا نکلتی تھی کہ دونوں کلیجہ تھام لیتے تھے۔ جاڑوں کی رات تھی فضا سناٹے میں غرق، سارا گاؤں تاریکی میں جذب ہو گیا تھا۔

گھیسو نے کہا۔ "معلوم ہوتا ہے بچے گی نہیں۔ سارا دن تڑپتے ہو گیا جا دیکھ تو آ۔"

مادھو دردناک لہجے میں بولا۔ "مرنا ہے تو جلدی مر کیوں نہیں جاتی۔ دیکھ کر کیا آؤں۔"

"تو بڑا بے درد ہے بے، سال بھر جس کے ساتھ جند گانی کا سکھ بھوگا اسی کے ساتھ اتنی بے وپھائی۔"

"تو مجھ سے اس کا تڑپنا اور ہاتھ پاؤں پٹکنا نہیں دیکھا جاتا۔"

چماروں کا کنبہ تھا اور سارے گاؤں میں بدنام، گھیسو ایک دن کام کرتا تو تین دن آرام مادھو اتنا کام چور تھا کہ گھنٹہ بھر کام کرتا تو گھنٹہ بھر چلم پیتا۔ اس لیے انہیں کوئی رکھتا ہی نہ تھا گھر میں مٹھی بھر اناج ہو تو ان کے لیے کام کرنے کی قسم تھی۔ جب دو ایک فاقے ہو جاتے تو گھیسو درختوں پر چڑھ کر لکڑیاں توڑ لاتا اور مادھو بازار میں بیچ آتا جب تک وہ پیسے رہتے دونوں ادھر ادھر مارے مارے پھرتے۔ جب فاقے کی نوبت آجاتی تو پھر لکڑیاں توڑتے یا کوئی مزدوری تلاش کرتے۔ گاؤں میں کام کی کمی نہ تھی کاشتکاروں کا گاؤں تھا۔ محنتی آدمی کے لیے پچاس کام تھے۔ مگر ان دونوں کو لوگ اسی وقت بلاتے جب دو آدمیوں سے ایک کا کام پا کر بھی قناعت کر لینے کے سوا اور کوئی چارہ نہ ہوتا۔ کاش دونوں سادھو ہوتے تو انہیں قناعت اور توکل کے لیے ضبط نفس کی مطلق ضرورت نہ ہوتی۔ یہ ان کی خلقی صفت تھی۔ عجیب زندگی تھی ان لوگوں کے گھر میں مٹی کے دو چار برتنوں کے سوا کوئی اثاثہ نہیں۔ پھٹے چیتھڑوں سے اپنی عریانی ڈھانکے ہوئے، دنیا کے مکروں سے آزاد، قرض سے لدے ہوئے، گالیاں بھی کھاتے تھے۔ مگر کوئی غم نہیں۔ مسکین اتنے کہ وصولی کی مطلق امید نہ ہونے پر بھی لوگ انہیں کچھ نہ کچھ قرض دے دیتے تھے۔ مٹر یا آلو کی فصل میں کھیتوں سے مٹر یا آلو اکھاڑ لاتے اور بھون بھون کر کھاتے یا دس پانچ اونکھ توڑ لاتے اور راتوں کو چوستے۔ گھیسو نے اسی زاہدانہ سے ساٹھ سال کی عمر کاٹ دی اور مادھو بھی سعادت مند بیٹے کی طرح باپ کے نقش قدم پر چل رہا تھا بلکہ اس کا نام اور بھی روشن کر رہا تھا۔ اس وقت بھی دونوں الاؤ کے سامنے بیٹھے آلو بھون رہے تھے جو کسی کے کھیت سے کھود کر لائے تھے۔ گھیسو کی بیوی کا تو مدت ہوئی انتقال ہو گیا تھا۔ مادھو کی شادی پچھلے سال ہوئی تھی۔ جب سے یہ عورت آئی تھی اس نے اس خاندان میں تمدن کی بنیاد ڈالی تھی پیسائی کر کے، گھاس چھیل کر وہ سیر بھر آٹے کا بھی انتظام کر لیتی اور ان دونوں بے غیرتوں کا دوزخ بھرتی رہتی تھی جب سے وہ آئی یہ دونوں اور بھی آرام طلب اور آلسی ہو گئے تھے بلکہ کچھ اکڑنے بھی لگے تھے۔ کوئی کام کرنے کو بلاتا تو بے نیازی شان سے دوگنی مزدوری مانگتے۔ وہی عورت آج صبح سے دردزہ سے مر رہی تھی اور یہ دونوں شاید اسی انتظار میں تھے کہ یہ مر جائے تو آرام سے سوئیں۔

گھیسو نے آلو نکال کر چھیلتے ہوئے کہا۔ "جا کر دیکھ تو کیا حالت ہے اس کی چڑیل کا پھنساؤ ہو گا اور کیا۔ یہاں تو اوجھا بھی ایک روپیہ مانگتا ہے۔ کس کے گھر سے آئے؟"

مادھو کو اندیشہ تھا کہ وہ کوٹھری میں گیا تو گھیسو آلوؤں کا بڑا حصہ صاف کر دے گا۔ بولا۔ "مجھے وہاں ڈر لگتا ہے۔"

"ڈر کس بات کا ہے؟ میں تو یہاں ہوں ہی۔"

"تو تم ہی جا کر دیکھو نا۔"

"میری عورت جب مری تھی تو میں تین دن اس کے پاس سے ہلا بھی نہیں اور پھر مجھ سے لجائے گی کہ نہیں۔ کبھی اس کا منہ نہیں دیکھا، آج اس

کا اگھرا ہوا بدن دیکھوں اسے تن کی سدھ بھی تو نہ ہوگی۔ مجھے دیکھ لے گی تو کھل کر ہاتھ پاؤں بھی نہ پٹک سکے گی۔"

"میں سوچتا ہوں کوئی بال بچہ ہوگیا تو کیا ہوگا۔ سونٹھ، گڑ، تیل کچھ تو نہیں ہے گھر میں۔"

"سب کچھ آئے گا۔ بھگوان بچہ دیں تو، جو لوگ ابھی بیسہ نہیں دے رہے ہیں وہی تب بلا کر دیں گے۔ میرے نو لڑکے ہوئے، گھر میں کبھی کچھ نہ تھا مگر اسی طرح ہر بار کام چل گیا۔"

جس سماج میں رات دن کام کرنے والوں کی حالت ان کی حالت سے کچھ بہت اچھی نہ تھی اور کسانوں کے مقابلے میں وہ لوگ جو کسانوں کی کمزوریوں سے فائدہ اٹھانا جانتے تھے کہیں زیادہ فارغ البال تھے وہاں اس قسم کی ذہنیت کا پیدا ہو جانا کوئی تعجب کی بات نہ تھی۔ ہم تو کہیں گے کہ گھیسو کسانوں کے مقابلے میں زیادہ باریک بین تھا اور کسانوں کی تہی دماغ جمعیت میں شامل ہونے کے بدلے شاطروں کی فتنہ پرداز جماعت میں شامل ہوگیا تھا۔ ہاں اس میں یہ صلاحیت نہ تھی کہ شاطروں کے آئین و ادب کی پابندی بھی کرتا۔ اس لیے جہاں اس کی جماعت کے اور لوگ گاؤں کے سرغنہ اور مکھیا بنے ہوئے تھے۔ اس پر سارا گاؤں انگشت نمائی کرتا تھا۔ پھر بھی اسے یہ تسکین تو تھی ہی کہ اگر وہ خستہ حال ہے کم از کم کسانوں کی سی جگر توڑ محنت تو نہیں کرنی پڑتی اور اس کی سادگی اور بے زبانی سے دوسرے بے جا فائدہ تو نہیں اٹھاتے۔

دونوں آلو نکال کر جلتے جلتے کھانے لگے۔ کل سے کچھ نہیں کھایا تھا اتنا صبر نہ تھا کہ انہیں کچھ ٹھنڈا ہو جانے دیں۔ کئی بار دونوں کی زبانیں جل گئیں۔ چھل جانے پر آلو کا بیرونی حصہ تو بہت زیادہ گرم نہ معلوم ہوتا تھا لیکن دانتوں کے تلے پڑتے ہی اندر کا حصہ زبان اور تالو اور حلق کو جلا دیتا تھا۔ اور اس انگارے کو منہ میں رکھنے سے زیادہ خیریت اسی میں تھی کہ وہ اندر پہنچ جائے۔ وہاں اسے ٹھنڈا کرنے کے لیے کافی سامان تھا اسی لیے دونوں جلدی جلدی نگل جاتے۔ حالانکہ اس کوشش میں ان کی آنکھوں سے آنسو نکل آتے۔

گھیسو کو اس وقت ٹھاکر کی بارات یاد آئی۔ جس میں بیس سال پہلے وہ گیا تھا۔ اس دعوت میں اسے جو سیری نصیب ہوئی تھی وہ اس کی زندگی میں ایک یادگار واقعہ تھی اور آج بھی اس کی یاد تازہ تھی۔ بولا "وہ بھوج نہیں بھولتا۔ تب سے پھر اس طرح کا کھانا اور بھر پیٹ نہیں ملا۔ لڑکی والوں نے سب کو پوڑیاں کھلائی تھیں۔ چھوٹے بڑے سب نے پوڑیاں کھائیں اور اصلی گھی کی چٹنی، رائتہ، تین طرح کے سوکھے ساگ، ایک رسے دار ترکاری، دہی، چٹنی، مٹھائی اب کیا بتاؤں کہ اس بھوج میں کتنا سواد ملا۔ کوئی روک نہیں تھی۔ جو چیز چاہو مانگو اور جتنا چاہو کھاؤ۔ لوگوں نے تو ایسا کھایا ایسا کھایا کہ کسی سے پانی نہ پیا گیا۔ مگر پروسنے والے ہیں کہ سامنے گرم گرم گول گول مہکتی کچوریاں ڈالے دیتے ہیں۔ منع کرتے ہیں کہ نہیں چاہیے پتل کو ہاتھ سے روکے ہوئے تھے مگر وہ ہیں کہ دیئے جاتے ہیں اور جب سب نے منہ دھو لیا تو ایک ایک بیڑا پان بھی ملا۔ مگر مجھے پان لینے کی کہاں سدھ تھی۔ کھڑا نہ ہوا جاتا تھا۔ چٹ پٹ جا کر اپنے کمبل پر لیٹ گیا۔ ایسا دریا دل تھا وہ ٹھاکر۔

مادھو نے ان تکلفات کا مزہ لیتے ہوئے کہا۔ کہ "اب ہمیں کوئی ایسا بھوج کھلاتا۔"

"اب کوئی کیا کھلائے گا۔ وہ جمانا دوسرا تھا۔ اب تو سب کو کفایت سوجھتی ہے سادی بیاہ میں مت کھرچ کرو کریا کرم میں مت کھرچ کرو۔ پوچھو گریبوں کا مال بٹور بٹور کر کہاں رکھو گے مگر بٹورنے میں تو کمی نہیں ہے۔ ہاں کھرچ میں کفایت سوجھتی ہے۔"

"تم نے ایک بیس پوڑیاں کھائی ہوں گی۔"

"بیس سے جیادہ کھائی تھیں۔"

"میں پچاس کھا جاتا۔"

"پچاس سے کم میں نے بھی نہ کھائی ہوں گی۔ اچھا پٹھا تھا۔ تو اس کا آدھا بھی نہیں ہے۔

آلو کھا کر دونوں نے پانی پیا اور وہیں الاؤ کے سامنے اپنی دھوتیاں اوڑھ کر پاؤں پیٹ میں ڈالے سو رہے تھے۔ جیسے دو بڑے اژدر کنڈلیاں مارے پڑے ہوں اور بدھیا ابھی تک کراہ رہی تھی۔

صبح کو مادھو نے کوٹھری میں جا کر دیکھا تو اس کی بیوی ٹھنڈی ہو گئی تھی اس کے منھ پر مکھیاں بھنک رہی تھیں پتھرائی ہوئی آنکھیں اوپر ٹنگی ہوئی تھیں سارا جسم خاک میں لت پت ہو رہا تھا اس کے پیٹ میں بچہ مر گیا تھا۔

مادھو بھاگا ہوا گھیسو کے پاس گیا پھر دونوں زور زور سے ہائے ہائے کرنے اور چھاتی پیٹنے لگے پڑوس والوں نے یہ آہ وزاری سنی تو دوڑے ہوئے آئے اور رسم قدیم کے مطابق غم زدوں کی تشفی کرنے لگے۔

مگر زیادہ رونے دھونے کا موقعہ نہ تھا۔ کفن کی اور لکڑی کی فکر کرنی تھی گھر میں تو پیسہ اس طرح غائب تھا جیسے چیل کے گھونسلے میں مانس۔

باپ بیٹے روتے ہوئے گاؤں کے زمینداروں کے پاس گئے وہ ان دونوں کی صورت سے نفرت کرتے تھے۔ کئی بار انھیں اپنے ہاتھوں سے پیٹ چکے تھے۔۔۔چوری کی علت میں وعدہ پر کام پر نہ آنے کی علت میں۔ پوچھا کیا ہے بے گھیسوا۔ روتا کیوں ہے؟ اب تو تیری صورت ہی نظر نہیں آتی۔ اب معلوم ہوتا ہے کی تم اس گاؤں میں رہنا نہیں چاہتے۔"

گھیسوا نے زمین پر سر رکھ کر آنکھوں میں آنسو بھرتے ہوے کہا۔ "سرکار بڑی بپت میں ہوں۔ مادھو کی گھروالی رات گجر گئی۔ دن بھر تڑپتی رہی۔ آدھی رات تک ہم دونوں اس کے سرہانے بیٹھے رہے۔ دوا دارو جو کچھ ہو سکا سب کیا۔ مگر وہ ہمیں دگا دے گی۔ اب کوئی ایک روٹی دینے والا نہیں رہا۔ مالک تباہ ہو گئے۔ گھر اجڑ گیا۔ آپ کا گلام ہوں۔ اب آپ کے سوا اس کی مٹی کون پار لگائے گا۔ ہمارے ہاتھ میں تو جو کچھ تھا سب دوا دارو میں اٹھ گیا۔ سرکار ہی کی دیا ہو گی تو اس کی مٹی اٹھے گی۔ آپ کے سوا اور کس کے دوار پر جاؤں؟"

زمیندار صاحب رحم دل آدمی تھے مگر گھیسو پر رحم کرنا کالے کمبل پر رنگ چڑھانا تھا۔ جی میں تو آیا کہہ دیں "چل دور ہو یہاں سے لاش گھر میں رکھ سڑا۔ یوں تو بلانے سے بھی نہیں آتا۔ آج جب غرض پڑی تو آکر خوشامد کر رہا ہے حرام خور کہیں کا۔ بدمعاش۔" مگر یہ غصہ یا انتقام کا موقعہ نہیں تھا۔ طوعاً و کرہاً دو روپے نکال کر پھینک دیئے۔ مگر تشفی کا ایک کلمہ بھی منھ سے نہ نکالا۔ اس کی طرف تاکا تک نہیں گویا سر کا بوجھ اتارا ہو۔"

جب زمیندار صاحب نے دو روپے دیئے تو گاؤں کے بنیئے مہاجنوں کو انکار کی جرأت کیوں کر ہوتی۔ گھیسو زمیندار کے نام سے ڈھنڈورا پیٹتا جاتا تھا۔ کسی نے دو آنے دیئے کسی نے چار آنے۔ ایک گھنٹے میں گھیسو کے پاس پانچ روپے کی معقول رقم جمع ہو گئی۔ کسی نے غلہ دیا اور کسی نے لکڑی، اور دوپہر کو گھیسو اور مادھو بازار سے کفن لانے چلے۔ ادھر لوگ بانس واس کاٹنے لگے۔

گاؤں کی رقیق القلب عورتیں لاش آ آ کر دیکھتی تھیں اور اس کی بے بسی پر دو بوند آنسو گرا کر چلی جاتی تھیں۔

بازار میں پہنچ کر گھیسو بولا ۔ "لکڑی تو اسے جلانے بھر کو مل گئی ہے کیوں مادھو؟"

مادھو بولا "ہاں لکڑی تو بہت ہے اب کپھن چاہیے ۔"

"تو کوئی ہلکا سا کپھن لے لیں ۔"

"ہاں اور کیا لاش اٹھتے اٹھتے رات ہو جائے گی ۔ رات کو کپھن کون دیکھتا ہے ۔"

"کیسا برا رواج ہے کہ جسے جیتے جی تن ڈھانکنے کو چیتھڑا بھی نہ ملے اسے مرنے پر نیا کپھن چاہیے ۔"

"کپھن لاس کے ساتھ جل تو جاتا ہے ۔"

"اور کیا رکھا ہے یہی پانچ روپیہ ملتے تو کچھ دوا دارو کرتے ۔"

دونوں ایک دوسرے کے دل کا ماجرا معنوی طور پر سمجھ رہے تھے ۔ بازار میں ادھر ادھر گھومتے رہے ۔ یہاں تک کہ شام ہو گئی ۔ دونوں اتفاق سے یا عمدا ایک شراب خانے کے سامنے آپہنچے اور گویا کسی طے شدہ فیصلے کے مطابق اندگئے اور ذرا دیر تک دونوں تذبذب کی حالت میں کھڑے رہے پھر گھیسو نے ایک بوتل شراب کی لی ۔ کچھ گزک اور دونوں برآمدے میں بیٹھ کر پینے لگے ۔

کئی کجیاں پیہم پینے کے بعد دونوں سرور میں آگئے ۔

گھیسو بولا ۔ "کپھن لگانے سے کیا ملتا جل ہی تو جاتا کچھ بہو کے ساتھ تو نہ جاتا ۔"

مادھو آسمان کی طرف دیکھ کر بولا ۔ گویا فرشتوں کو اپنی معصومیت کا یقین دلا رہا ہو ۔

"دنیا کا دستور ہے ۔ یہی لوگ بامنوں کو ہجاروں کیوں دیتے ہیں ۔ کون دیکھتا ہے پر لوک میں ملتا ہے کہ نہیں ۔

"بڑے آدمیوں کے پاس دھن ہے پھونکیں ہمارے پاس پھونکنے کو کیا ہے ۔"

"لیکن لوگوں کو جواب کیا دیں گے؟ لوگ پوچھیں گے نہیں کپھن کہاں ہے ۔"؟

گھیسو ہنسا "کہہ دیں گے کہ روپے کمر سے کھسک گئے ۔ بہت ڈھونڈا ملے نہیں ۔"

مادھو بھی ہنسا ۔ اس غیر متوقع خوش نصیبی پر قدرت کو اس طرح شکست دینے پر بولا ۔

"بڑی اچھی تھی بچاری ۔ مری بھی تو خوب کھلا پلا کر ۔"

آدھی بوتل سے زیادہ ختم ہو گئی گھیسو نے دو سیر پوڑیاں منگوائیں ۔ گوشت اور سالن اور چٹ پٹ کلیجیاں اور تلی ہوئی مچھلیاں ۔ شراب خانے کے سامنے ہی دوکان تھی ۔ مادھو لپک کر دو پتلوں میں ساری چیزیں لے آیا ۔ پورے ڈیڑھ روپے خرچ ہو گئے ۔ صرف تھوڑے سے پیسے بچ رہے تھے ۔

دونوں اس وقت اس شان سے بیٹھے ہوئے پوریاں کھا رہے تھے جیسے جنگل میں کوئی شیر اپنا شکار اڑا رہا ہو ۔ نہ جواب دہی کا خوف تھا ۔ نہ بدنامی کی فکر ۔ ضعف کے ان مراحل کو انہوں نے بہت پہلے طے کر لیا تھا ۔ گھیسو فلسفیانہ انداز سے بولا ۔ "ہماری آتما پر سن ہو رہی ہے تو کیا اسے پن نہ ہو گا ۔"

مادھو نے فرط عقیدت سے سر جھکا کر تصدیق کی "جرور سے جرور ہو گا ۔ بھگوان تم انتر جامی (علیم) ہو ۔ اسے بیکنٹھ لے جانا ۔ ہم دونوں ہردے سے اسے دعا دے رہے ہیں ۔ آج جو بھوجن ملا وہ کبھی عمر بھر نہ ملا تھا ۔"

ایک لمحہ کے بعد مادھو کے دل میں ایک تشویش پیدا ہوئی۔

"کیوں دادا ہم لوگ بھی تو ایک نہ ایک دن وہاں جائیں گے ہی۔"

گھیسو نے اس طفلانہ سوال کا جواب نہ دیا۔ مادھو کی طرف پر ملامت انداز سے دیکھا۔

"جو وہاں ہم لوگوں سے وہ پوچھے گی کہ تم ن ے ہمیں کپھن کیوں نہیں دیا تو کیا کہو گے؟"

"کہیں گے تمہارے سر۔"

"پوچھے گی تو جرور۔"

"تو کیسے جانتا ہے کہ اسے کفن نہ ملیگا تو مجھے ایسا گدھا سمجھتا ہے۔ میں ساٹھ سال کیا دنیا میں گھاس کھودتا رہا ہوں۔ اس کو کفن ملے گا اور اس سے بہت اچھا ملے گا جو ہم دیتے۔"

مادھو کو یقین نہ آیا بولا۔ "کون دے گا؟ روپے تو تم نے چٹ کر دیئے۔"

گھیسو تیز ہو گیا۔ "میں کہتا ہوں اسے کپھن ملے گا تو مانتا کیوں نہیں۔"

"کون دا گا۔ بتاتے کیوں نہیں۔"

"وہی لوگ دیں گے جنھوں نے اب کی دیا ہاں وہ روپے ہمارے ہاتھ نہ آئیں گے اور اگر کسی طرح آجائیں تو پھر ہم اسی طرح یہاں بیٹھے پیئیں گے اور کپھن تی سری بار ملے گا۔"

جوں جوں اندھیرا بڑھتا تھا اور ستاروں کی چمک تیز ہوتی تھی مے خانے کی رونق بھی بڑھتی جاتی تھی۔ کوئی گاتا تھا، کوئی لپٹا جاتا تھا، کوئی اپنے رفیق کے گلے لپٹا جاتا تھا۔ کوئی اپنے دوست کے منھ سے ساغر لگائے دیتا تھا۔ وہاں کی فضا میں سرور تھا ہوا میں نشہ۔ کتنے تو چلو میں الو ہو جاتے ہیں۔ یہاں آئے تھے صرف خود فراموشی کا مزہ لینے کے لیے شراب سے زیادہ یہاں کی ہوا سے مسرور ہوتے تھے۔ زیست کی بلا یہاں کھینچ لاتی تھی اور کچھ دیر کے لیے وہ بھول جاتے تھے کہ وہ زندہ ہیں یا مردہ ہیں یا زندہ درگور۔

اور یہ دنوں باپ بیٹے اب بھی مزالے لے کر چسکیاں لے رہے تھے۔ سب کی نگاہیں ان کی طرف جمی ہوئی تھیں۔ کتنے خوش نصیب ہیں دونوں پوری بوتل بیچ میں ہے۔

کھانے سے فارغ ہو کر مادھو نے بچی ہوئی پوریوں کا پتل اٹھا کر ایک بھکاری کو دے دیا جو کھڑا ان کی طرف گرسنہ نگاہوں سے دیکھ رہا تھا اور "دینے" کے غرور، ولولہ اور مسرت کا اپنی زندگی میں پہلی بار احساس کیا۔

گھیسو نے کہا۔ "لے جا کھوب کھا اور اسیر باد دے جس کی کمائی تھی وہ تو مر گئی مگر تیرا اسیر باد اسے جرور پہنچ جائے گا۔ روئیں روئیں سے اسیر باد دے۔ بڑی گاڑھی کمائی کے پیسے ہیں۔"

مادھو نے پھر آسمان کی طرف دیکھ کر کہا۔ "بیکنٹھ میں جائے گی دادا۔ بیکنٹھ کی رانی بنے گی۔"

گھیسو کھڑا ہو گیا اور جیسے مسرت کی لہروں مین تیرتا ہوا بولا۔ "ہاں بیٹا بیکنٹھ میں جائے گی کسی کو ستایا نہیں کسی کو دبایا نہیں۔ مرتے وقت ہماری جندگی کی

سب سے بڑی لاسا پوری کر گئی۔ وہ نہ بیکنٹھ میں جائے گی تو کیا یہ موٹے موٹے لوگ جائیں گے جو گریبوں کو دونوں ہاتھ سے لوٹتے ہیں اوراپنے پاپ کو دھونے کے لیے گنگا میں جاتے ہیں اور مندر میں جل چڑھاتے ہیں۔"

یہ خوش اعتقادی کا رنگ بدلا۔ تلون نشے کی خاصیت ہے یاس اور غم کا دورہ ہوا۔

مادھو بولا۔ "مگر دادا بچاری نے جندگی میں بڑا دکھ بھوگا مری بھی تو کتنا دکھ جھیل کر۔ وہ آنکھوں پر ہاتھ رکھ کر رونے لگا۔

گھیسو نے سمجھایا۔ "کیوں رویا ہے بیٹا کھس ہو کہ وہ مایا جال سے مکت ہو گئی جنجال سے چھوٹ گئی۔ بڑی بھاگوان تھی جو اتنی جلدی مایا موہ کے بندھن توڑ دیئے۔"

اور دونوں وہیں کھڑے ہو کر گانے لگے۔

ٹھگنی کیوں نیناں جھمکاوے ٹھگنی

سارا مے خانہ محو تماشا تھا اور یہ دونوں مے کش محویت کے عالم میں گائے جاتے تھے۔ پھر دونوں ناچنے لگے۔ اچھلے بھی، کودے بھی، گرے بھی، بھاؤ بھی بتائے اور آخر نشہ سے بدمست ہو کر وہیں گر پڑے۔

مصنف: مرزا محمد پاوہ رسوا

نام دھنپت رائے لیکن ادبی دنیا میں پریم چند مشہور ہیں 1885ء میں منشی عجائب لال کے ہاں موضع پانڈے پور ضلع بنارس میں پیدا ہوئے۔ آپ کے والد ایک ڈاک خانے میں کلرک تھے۔ پریم چند ایک غریب گھرانے سے تعلق رکھتے تھے۔ آپ نے تقریباً سات آٹھ برس فارسی پڑھنے کے بعد انگریزی تعلیم شروع کی۔ پندرہ سال کی عمر میں شادی ہو گئی۔ ایک سال بعد والد کا انتقال ہو گیا۔ اس وقت آٹھویں جماعت میں پڑھتے تھے۔ پورے گھر بار کا بوجھ آپ پر ہی پڑ گیا۔ فکر معاش نے زیادہ پریشان کیا تو لڑکوں کو بطور ٹیوٹر پڑھانے لگے اور میٹرک پاس کرنے کے بعد محکمہ تعلیم میں ملازم ہو گئے۔ اسی دوران میں بی۔ اے کی ڈگری حاصل کی۔

پریم چند کو ابتدا سے ہی کہانیاں پڑھنے اور سننے کا شوق تھا اور یہی شوق چھوٹے چھوٹے افسانے لکھنے کا باعث بنا۔ ان کی باقاعدہ ادبی زندگی کا آغاز 1901ء سے ہوا۔ جب آپ نے رسالہ (زمانہ) کانپور میں مضامین لکھنے شروع کیے۔ اول اول مختصر افسانے لکھے اور پھر ناول لیکن مختصر افسانہ نویسی کی طرح ناول نگاری میں بھی ان کے قلم نے چار چاند لگا دیئے۔ انہوں نے ناول اور افسانے کے علاوہ چند ایک ڈرامے بھی یادگار چھوڑے ہیں۔

پریم چند مہاتما گاندھی کی تحریک سے متاثر ہوئے اور ملازمت سے استعفیٰ دے دیا تھا۔ وہ دل و جان سے ملک کی آزادی کے لیے لڑنا چاہتے تھے۔ لیکن اپنی مجبوریوں کی بنا پر کسی تحریک میں عملی حصہ نہ لے سکے۔ پریم چند کو اردو ہندی دونوں زبانوں پر عبور حاصل تھا۔ 1936ء میں بنارس میں انتقال ہوا۔

نئے الفاظ

令人伤心的，折磨人的（形）	dil ḳhrāsh	دل خراش
静谧；针落可闻的寂静（阳）	sannāṭā	سناٹا
皮匠种姓；制革种姓（阳）		چمار
农民，耕种者（阴）	kāsht kār	کاشت کار
出家人，苦行僧（阳）	sādhū	سادھو
积存；财产；家当（阳）	asāsah	اثاثہ
苦修的，禁欲的（形）	zāhidānah	زاہدانہ
磨粉；磨面（阴）	pīsā'ī	پیسائی
摆架子；得意（不及）	akaṛnā	اکڑنا
女鬼（印度教认为怀孕期间死去的妇女会变成凶恶的女鬼）（阴）	chuṛail	چڑیل
敏锐的，精明的（形）	bārīk bīn	باریک بین
饭菜；筵席（阳）	bhōj	بھوج
荤菜，肉（阴）	tarkārī	ترکاری
设宴；上菜（及）	parōsnā	پروسنا
节省，缩减（阴）	kifāyat	کفایت
摔跤手，壮小伙（阳）	paṭhṭhā	پٹھا
古老的习俗	rasme qadīm	رسم قدیم
地主，柴明达（阳）	zamīndār	زمیندار
被毁，被践踏；遭难（不及）	ujaṛnā	اجڑنا

阵痛，分娩之痛（阳）	dardizā	دردزہ
回音，巨大的声响；动静（阴）	sadā	صدا
黑暗（阴）	tārīkī	تاریکی
饥饿，挨饿（阳）	fāqah	فاقہ
知足，满意；耐性（阴）	qanā'at	قناعت
内在的，生来的（形）	ḳḥilqī	خلقی
穷困潦倒的（形）	miskīn	مسکین
去世，死亡（阳）	intiqāl	انتقال
懒惰的；磨蹭的（形）	ālsī	آلسی
谦虚，谦恭（阴）	niyāz	نیازی
纠缠，卷入；陷害（阳）	phansā'ō	پھنساؤ
丢脸，名誉扫地（阴）	aṇgusht numā'ī	انگشت نمائی
茄子、南瓜等烤熟后加入酸奶做成的一道菜（阳）	rā'itah	رائتہ
酱；一种将香菜、石榴籽、薄荷、辣椒和盐磨碎制成的酱（阴）	chaṭnī	چٹنی
馅饼（阴）	kachaurī	کچوری
收集；搜刮；骗取财物（及）	baṭōrnā	بٹورنا
蛇盘成圈卧着（阴）	kunḍlī	کنڈلی
安慰，劝慰（阴）	tashaffī	تشفی

腐烂，发臭（不及）	saṛnā	سڑنا
卖杂货的小老板（阳）	banyā	بنیا
合理的；足够的（形）	ma ‘qūl	معقول
柔软的（形）	raqīq	رقیق
怀疑，犹豫（阳）	tazabzub	تذبذب
连续不断地（副）	paiham	پیہم
酱菜（阳）	sālan	سالن
施舍；慈善（阳）	pun	پن
信仰；虔诚；崇敬（阴）	‘aqīdat	عقیدت
同伴，伙伴（阳）	rafīq	رفیق
微醺，陶醉；快乐（阳）	surūr	سرور
奄奄一息的，快要死去的（形）	dar gōr	درگور
热情，兴奋（阳）	valvalah	ولولہ
目光（阳，复）	nainnāṇ	نیناں
摇动，扭腰（不及）	maṭaknā	مٹکنا
欺骗（阴）	daghā	دغا
涂上、染上（颜色）（及）	chaṛhānā	چڑھانا
惩罚（阳）	intiqām	انتقام
商人，富人（阳）	mahā jinn	مہاجن
粮食（阳）	g̣hallah	غلہ
真实的，内在的（形）	ma‘navī	معنوی
下酒菜（阴）	gazak	گزک
烧成灰；挥霍（及）	phūnknā	پھونکیں
肝（阳）	kalējā	کلیجی
过多，过量（阴）	fart	فرط
幼稚的，孩子气的（形）	tiflānah	طفلانہ
酒杯，酒碗（阳）	sāg̣har	ساغر
傻傻的（形）	ullū	الو
喝一口	chuskī	چسکی
小骗子，女骗子（阴）	ṭhagnī	ٹھگنی
沉湎；着迷（阴）	mahvīyat	محویت

وضاحت

克苏干一天活要休息三天，而马托偷懒则更甚，干一个小时的活就要抽一小时的烟。	گھیسو ایک دن کام کرتا تو تین دن آرام، مادھو اتنا کام چور تھا کہ گھنٹہ بھر کام کرتا تو گھنٹہ بھر چلم پیتا۔
家中只要还有一把米就发誓不会去干活。	گھر میں مٹھی بھر اناج ہو تو ان کے لیے کام کرنے کی قسم تھی۔
如果两个人要出家修行，那么不需要清规戒律来磨练他们的知足心和耐性，因为这是他们的天性。	کاش دونوں سادھو ہوتے تو انہیں قناعت اور توکل کے لیے ضبط نفس کی مطلق ضرورت نہ ہوتی۔ یہ ان کی خلقی صفت تھی۔

当然，他没有能耐用卑鄙者的手段和策略。	ہاں اس میں یہ صلاحیت نہ تھی کہ شاطروں کے آئین وادب کی پابندی بھی کرتا۔
今天摊上事儿了，就来说奉承话了，哪来儿的这么个忘恩负义的东西。	آج جب غرض پڑی تو آ کر خوشامد کر رہا ہے حرام خور کہیں کا۔

مشق

۱۔ افسانے میں گھیسو اور مادھو نے بہت باتیں کیں، جس میں کھیسو ہمیشہ مادھو کو گائیڈ کرتا تھا۔ یہ باتیں پڑھیے اور کھیسو و مادھو کی شخصیت کا تجزیہ کیجئے۔

۲۔ان جملوں کا ترجمہ کیجئے ، اور اردو میں وضاحت کرنے کی کوشش کیجئے۔

① گاؤں میں کام کی کمی نہ تھی کاشتکاروں کا گاؤں تھا۔ محنتی آدمی کے لیے پچاس کام تھے۔ مگر ان دونوں کو لوگ اسی وقت بلاتے جب دو آدمیوں سے ایک کا کام پا کر بھی قناعت کر لینے کے سوا اور کوئی چارہ نہ ہوتا۔ کاش دونوں سادھو ہوتے تو انہیں قناعت اور توکل کے لیے ضبط نفس کی مطلق ضرورت نہ ہوتی۔ یہ ان کی خلقی صفت تھی۔ عجیب زندگی تھی ان لوگوں کے گھر میں مٹی کے دو چار برتنوں کے سوا کوئی اثاثہ نہیں۔ پھٹے چیتھڑوں سے اپنی عریانی ڈھانکے ہوئے، دنیا کے مکروں سے آزاد، قرض سے لدے ہوئے، گالیاں بھی کھاتے تھے۔ مگر کوئی غم نہیں۔

② جس سماج میں رات دن کام کرنے والوں کی حالت ان کی حالت سے کچھ بہت اچھی نہ تھی اور کسانوں کے مقابلے میں وہ لوگ جو کسانوں کی کمزوریوں سے فائدہ اٹھانا جانتے تھے کہیں زیادہ فارغ البال تھے وہاں اس قسم کی ذہنیت کا پیدا ہو جانا کوئی تعجب کی بات نہ تھی۔ ہم تو کہیں گے کہ گھیسو کسانوں کے مقابلے میں زیادہ باریک بین تھا اور کسانوں کی تہی دماغ جمعیت میں شامل ہونے کے بدلے شاطروں کی فتنہ پرداز جماعت میں شامل ہو گیا تھا۔ ہاں اس میں یہ صلاحیت نہ تھی کہ شاطروں کے آئین وادب کی پابندی بھی کرتا۔ اس لیے جہاں اس کی جماعت کے اور لوگ گاؤں کے سرغنہ اور مکھیا بنے ہوئے تھے۔ اس پر سارا گاؤں انگشت نمائی کرتا تھا۔ پھر بھی اسے یہ تسکین تو تھی ہی کہ اگر وہ خستہ حال ہے کم از کم کسانوں کی سی جگر توڑ محنت تو نہیں کرنی پڑتی اور اس کی سادگی اور بے زبانی سے دوسرے بے جا فائدہ تو نہیں اٹھاتے۔

ساتواں سبق ملاقات

作品导读

1. 菲兹·阿赫默德·菲兹（1911—1984）

菲兹是20世纪乌尔都语文学史上最具影响力的人物之一。著名的左翼作家，革命诗人，是乌尔都语最受尊敬的诗人之一，创作了大量脍炙人口的乌尔都语诗歌，曾获得列宁奖章，4次获得诺贝尔文学奖提名。

菲兹一生经历丰富，学生时代就加入了共产党，1936年加入进步文学运动，1938年成为乌尔都语杂志《雅文》的首席主编。他与英国共产党员爱丽丝·菲兹结婚，担任过巴基斯坦文艺委员会秘书及副主席，二战后进入军队，巴基斯坦建国后任巴联合工会副主席，担任过学院校长，还曾经因政见不同入狱。同时，他也获得过众多的奖项。1946年获得英帝国勋章；1953年获得尼格尔奖；1962年获得了由苏联颁发的列宁和平奖章；1990年鉴于他对巴基斯坦文学与艺术巨大的影响力，巴基斯坦政府公开追授他最高公民奖（نشانِ امتیاز）；2006年则获得了联合国教科文组织颁发的阿维森纳奖。

菲兹的诗歌有很大一部分是革命诗歌，在其中表现出他对军事独裁、暴政和压迫的深入思考。他有着自己的原则，倡导和平与非暴力，面对来自巴基斯坦右翼势力的威胁决不妥协。其部分诗歌还体现着他对于在巴基斯坦发展社会主义的思考与探索。所选诗歌《会》和《心的颜色》中都有一个反复吟诵的主题，即信仰和流血。诗歌节奏铿锵，意象丰富，表现出一个共产主义革命者对生活的热爱、对信仰的追求以及为革命献身的觉悟。

2. 艾哈迈德·法拉兹（1931—2008）

法拉兹被誉为“20世纪最具现代主义的乌尔都语诗人”，也被认为是“后菲兹时代”最优秀的诗人之一。死后获得巴基斯坦政府追授的希拉尔·艾·伊姆迪亚兹奖。

在大学期间，进步诗人菲兹·阿赫默德·菲兹和阿里·萨达尔·杰弗里是他的好友，鼓励他并成为他的榜样。在齐亚·哈克时期，他曾经因为撰写了批评军政府领导人的诗歌而被捕。此后被流放欧洲6年。他还被巴基斯坦国家文学院提名为主席，此后还担任过国家图书基金会主席。在流放期间，他写下了很多关于革命者菲兹·阿赫默德·菲兹的优秀诗歌。

作为当代最杰出的诗人，法拉兹的诗歌独树一帜，总是被人们用来和菲兹·阿赫默德·菲兹相提并论。他的诗歌优美而质朴，即使是普通人也可以读懂。而诗歌手法纯熟，用词与表现的内容都深深根植于古典传统，字里行间展现出一个反抗压迫与迫害的叛逆灵魂。他写的很多加扎尔被广为传唱。

《孑然而立》是一首寓意深刻的诗歌，诗歌似一组画面，首先用“我孑然而立”呈现了遭受石刑的惨痛画面，然后呈现了先知为人类订下真理的激动人心的画面，之后依次呈现那些为了私利而玩弄权术与法律规则的上位者，并且提醒人们，那些上位者交易的都是人们的血汗。最后是“我”为了对抗暴政孑然而立，独自战斗的画面。《睡觉》则是一首为失眠而写的小诗，用细腻的语言和丰富的联想写出了失眠的痛苦。

ملاقات

یہ رات اس درد کا شجر ہے
جو مجھ سے، تجھ سے عظیم تر ہے
عظیم تر ہے کہ اس کی شاخوں
میں لاکھ مشعل بکف ستاروں
کے کارواں گھر کے کھوگئے ہیں
ہزار مہتاب، اس کے سائے
میں اپنا سب نور، روگئے ہیں

یہ رات اس درد کا شجر ہے
جو مجھ سے، تجھ سے عظیم تر ہے
مگر اسی رات کے شجر سے
یہ چند لمحوں کے زرد پتے

گرے ہیں، اور تیرے گیسوؤں میں
الجھ کے گلنار ہوگئے ہیں
اسی کی شبنم سے خامشی کے
یہ چند قطرے، تری جبیں پر
برس کے، ہیرے پروگئے ہیں

۲

بہت سیہ ہے یہ رات لیکن
اسی سیاہی میں رونما ہے
وہ نہرِ خوں جو مری صدا ہے
اسی کے سائے میں نور گر ہے
وہ موجِ زر جو تری نظر ہے

وہ غم جو اس وقت تیری باہوں
کے گلستاں میں سلگ رہا ہے
(وہ غم، جو اس رات کا ثمر ہے)
کچھ اور تپ جائے اپنی آہوں

کی آنچ میں تو یہی شرر ہے

ہر اک سیہ شاخ کی کماں سے
جگر میں ٹوٹے ہیں تیر جتنے
جگر سے نوچے ہیں ، اور ہراک
کا ہم نے تیشہ بنا لیا ہے

۳

الم نصیبوں ، جگر فگاروں
کی صبح ، افلاک پر نہیں ہے
جہاں پہ ہم تم کھڑے ہیں دونوں
سحر کا روشن افق یہیں ہے
یہیں پہ غم کے شرار کھل کر
شفق کا گلزار بن گئے ہیں
یہیں پہ قاتل دکھوں کے تیشے
قطار اندر قطار کرنوں
کے آتشیں ہار بن گئے ہیں
یہ غم جو اس رات نے دیا ہے
یہ غم سحر کا یقین بنا ہے
یقیں جو غم سے کریم تر ہے
سحر جو شب سے عظیم تر ہے

رنگ ہے دل کا مرے

تم نہ آئے تھے تو ہر چیز وہی تھی کہ جو ہے
آسماں حدِ نظر ، راہگزر راہگزر ، شیشۂ مے شیشۂ مے
اور اب شیشۂ مے ، راہگزر ، رنگِ فلک ،
رنگ ہے دل کا مرے ،"خونِ جگر ہونے تک"
چمپئی رنگ کبھی راحتِ دیدار کا رنگ
سرمئی رنگ کہ ہے ساعتِ بیزار کا رنگ
زرد پتوں کا ، خس وخار کا رنگ
سرخ پھولوں کا دہکتے ہوئے گلزار کا رنگ
زہر کا رنگ ، لہو رنگ ، شبِ تار کا رنگ
آسماں ، راہگزر ، شیشۂ مے ،
کوئی بھیگا ہوا دامن ، کوئی دکھتی ہوئی رگ
کوئی ہر لحظہ بدلتا ہوا آئینہ ہے

اب جو آئے ہو تو ٹھہرو کہ کوئی رنگ، کوئی رت، کوئی شے
ایک جگہ پر ٹھہرے ،
پھر سے اک بار ہراک چیز وہی ہو کہ جو ہے
آسماں حدِ نظر ، راہگزر راہگز ، شیشۂ مے شیشۂ مے

مصنف : مرزا محمد پاوہ رسوا

۱۔ فیض احمد فیض

اردوادب کے بہت سے ناقدین کے نزدیک فیض احمد فیض (1911ء تا1984ء) غالب اور اقبال کے بعد اردو کے سب سے عظیم شاعر ہیں ۔آپ تقسیم

ہند سے پہلے 1911ء میں سیالکوٹ میں پیدا ہوئے ۔ انجمن ترقی پسند تحریک کے فعال رکن اور ایک ممتاز کمیونسٹ تھے ۔

فیض 13 فروری 1911ء کو سیالکوٹ کے ایک معزز گھرانے میں پیدا ہوئے ۔ آپ کے والد ایک علم پسند آدمی تھے ۔ آپ کی والدہ کا نام سلطان فاطمہ تھا ۔

آپ نے ابتدائی مذہبی تعلیم مولوی محمد ابراہیم میر سیالکوٹی سے حاصل کی ۔ بعد ازاں 1921ء میں آپ نے سکاچ مشن اسکول سیالکوٹ میں داخلہ لیا ۔ آپ نے میٹرک کا امتحان اسکاچ مشن اسکول سیالکوٹ اور پھر ایف اے کا امتحان مرے کالج سیالکوٹ سے پاس کیا ۔ آپ کے اساتذہ میں میر مولوی شمس الحق (جو علامہ اقبال کے بھی استاد تھے) بھی شامل تھے ۔ آپ نے اسکول میں فارسی اور عربی زبان سیکھی ۔

1941ء میں آپ نے ایم اے او کالج امرتسر میں لیکچرر کی حیثیت سے ملازمت کی ۔ اور پھر ہیلے کالج لاہور میں ۔ 1942ء میں آپ فوج میں کیپٹن کی حیثیت سے شامل ہوگئے ۔ اور محکمہ تعلقات عامہ میں کام کیا ۔ 1943ء میں آپ میجر اور پھر 1944ء میں لیفٹیننٹ کرنل کے عہدے پر ترقی پا گئے ۔ 1947ء میں آپ فوج سے مستعفی ہوکر واپس لاہور آ گئے اور 1959ء میں پاکستان آرٹس کونسل میں سیکرٹری کی تعینات ہوئے اور 1962ء تک وہیں پر کام کیا ۔ 1964ء میں لندن سے واپسی پر آپ عبداللہ ہارون کالج کراچی میں پرنسپل کے عہدے پر فائز ہوئے ۔

میں اکیلا کھڑا ہوں
پیمبر !
تری بار گاہِ معلی میں
عصیاں کے ابنار سے سرنگوں
اک گنہگار انساں کھڑا ہے
نہ اس کے بدن پر عباوقبا ہے
نہ ہاتھوں میں تسبیح کا سلسلہ ہے
نہ ماتھے پہ محرابِ داغِ ریا ہے
یہ وہ بدمقدر ہے
جس کا بدن بارشِ سنگِ خلقت سے
غربال ہے
جس کی گردن میں طوقِ ملامت پڑا ہے
یہ زندہ گڑا ہے
یہ مجرم ہے

ان دائمی اور سفاک سچائیوں کا
کہ جو تو نے کاذب جہاں کو عطا کیں
یہ مجرم ہے
ان بے غرض جراتوں کا
جوتو نے ہر اک ناتواں کو عبا کیں
یہ کہتا ہے
اے دائمی حکمتوں کے پیمبر
کہ انسان سارے برابر ہیں
ان میں کوئی کم نسب کوئی برتر نہیں ہے
یہ کہتا ہے
الفاظ سب سے مقدس ہیں
اور حرف کی روشنی سے
کوئی نور بڑھ کر نہیں ہے
یہ سرکش
مقدر کو انساں کا رہوار کہتا ہے

آدم کو نقاشِ ہستی کا شہکار کہتا ہے
کیا کچھ یہ ظالم گنہگار کہتا ہے
اے روشنی کے پیمبر
یہ شوریدہ سر
حرف زن ہے
کہ محراب ومنبر سے
فتوی گروفتنہ پرداز دیں
حرفِ حق بیچتے ہیں
فقیہانِ مسند نشیں
حرصِ دینا رودرہم میں
تیرے صحیفے کا اک اک ورق بیچتے ہیں
یہ خلقت کا خوں
اور اپنی جبیں کا عرق بیچتے ہیں
پیمبر!
مجھے حوصلہ دے
کہ میں ظلم کی قوتوں سے
اکیلا لڑا ہوں
کہ میں اس جہاں کے جہنم کدے میں
اکیلا کھڑا ہوں

نیند

سرد پلکوں کی صلیبوں سے اتارے ہوئے خواب
ریزہ ریزہ ہیں مرے سامنے شیشوں کی طرح
جن کے ٹکڑوں کی چبھن، جن کی خراشوں کی جلن
عمر بھر جاگتے رہنے کی سزا دیتی ہے
شدت کرب سے دیوانہ بنا دیتی ہے

آج اس قرب کے ہنگام وہ احساس کہاں
دل میں وہ درد نہ آنکھوں میں چراغوں کا دھواں
اور صلیبوں سے اتارے ہوئے خوابوں کی مثال
جسم گرتی ہوئی دیوار کی مانند نڈھال
تو مرے پاس سہی اے مرے آزردہ جمال

۲۔ احمد فراز

احمد فراز (یوم پیدائش 12 جنوری، 1931ء - یوم وفات 25 اگست، 2008ء) میں کوہاٹ پاکستان میں پیدا ہوئے۔ ان کا اصل نام سید احمد شاہ علی تھا۔ اردو اور فارسی میں ایم اے کیا۔ ایڈورڈ کالج (پشاور) میں تعلیم کے دوران ریڈیو پاکستان کے لیے فیچر لکھنے شروع کیے۔ جب ان کا پہلا شعری مجموعہ ""تنہا تنہا"" شائع ہوا تو وہ بی اے میں تھے۔ تعلیم کی تکمیل کے بعد ریڈیو سے علیحدہ ہوگئے اور یونیورسٹی میں لیکچر شپ اختیار کرلی۔ اسی ملازمت کے دوران ان کا دوسرا مجموعہ ""درد آشوب"" چھپا جس کو پاکستان رائٹرز گلڈ کی جانب سے "آدم جی ادبی ایوارڈ"" عطا کیا گیا۔ یونیورسٹی کی ملازمت کے بعد پاکستان نیشنل سینٹر (پشاور) کے ڈائریکٹر مقرر ہوئے۔ انہیں 1976ء میں اکادمی ادبیات پاکستان کا پہلا سربراہ بنایا گیا۔ بعد ازاں جنرل ضیاء کے دور میں انہیں مجبوراً جلاوطنی اختیار کرنی پڑی۔

آپ 2006ء تک ""نیشنل بک فاؤنڈیشن"" کے سربراہ رہے۔ ان کا کہنا تھا کہ ٹی وی انٹرویو کی پاداش میں انہیں ""نیشنل بک فاؤنڈیشن"" کی ملازمت سے فارغ کر دیا گیا۔ احمد فراز نے 1988ء میں ""آدم جی ادبی ایوارڈ"" اور 1990ء میں ""اباسین ایوارڈ"" حاصل کیا۔ 1988ء میں انہیں بھارت میں ""فراق گورکھ

پوری ایوارڈ"" سے نوازا گیا۔ اکیڈمی آف اردو لٹریچر (کینیڈا) نے بھی انہیں 1991ء میں ایوارڈ دیا، جب کہ بھارت میں انہیں 1992ء میں ""ٹاٹا ایوارڈ"" ملا۔

انہوں نے متعدد ممالک کے دورے کیے۔ ان کا کلام علی گڑھ یونیورسٹی اور پشاور یونیورسٹی کے نصاب میں شامل ہے۔ جامعہ ملیہ (بھارت) میں ان پر پی ایچ ڈی کا مقالہ لکھا گیا جس کا موضوع ""احمد فراز کی غزل"" ہے۔ بہاولپور میں بھی ""احمد فراز۔ فن اور شخصیت"" کے عنوان سے پی ایچ ڈی کا مقالہ تحریر کیا گیا۔

ان کی شاعری کے انگریزی، فرانسیسی، ہندی، یوگوسلاوی، روسی، جرمن اور پنجابی میں تراجم ہو چکے ہیں۔

احمد فراز جنہوں نے ایک زمانے میں فوج میں ملازمت کی کوشش کی تھی، اپنی شاعری کے زمانۂ عروج میں فوج میں آمرانہ روش اور اس کے سیاسی کردار کے خلاف شعر کہنے کے سبب کافی شہرت پائی۔ انہوں نے ضیاالحق کے مارشل لا کے دور کے خلاف نظمیں لکھیں جنہیں بہت شہرت ملی۔ مشاعروں میں کلام پڑھنے پر انہیں ملٹری حکومت نے حراست میں لیے جس کے بعد احمد فراز کو خود ساختہ جلاوطنی بھی برداشت کرنی پڑی۔

سنہ دو ہزار چار میں جنرل ریٹائرڈ پرویز مشرف کے دورِ صدارت میں انہیں ہلالِ امتیاز سے نوازا گیا لیکن دو برس بعد انہوں نے یہ تمغا سرکاری پالیسیوں پر احتجاج کرتے ہوئے واپس کر دیا۔ احمد فراز نے کئی نظمیں لکھیں جنہیں عالمی سطح پر سراہا گیا۔ ان کی غزلیات کو بھی بہت شہرت ملی۔

نئے الفاظ

شجر	shajar	树木，树(阳)
مہتاب	mahtāb	月亮；月光(阳)
ہیرا	hīrā	钻石，宝石，金刚石(阳)
رونما	rūnmā	显示出来的(形)
سلگنا	sulagnā	火着起来(不及)
نوچنا	nōchanā	用手扯，用牙咬(及)
فگار	figār	受伤的，受害的(形)
افق	ufug	地平线，天边，天际(阳)
آتش	ātish	火焰；灼(阴)
راحت	rāhat	安宁，和平，宽心；欢乐(阴)
رگ	rag	神经；血管，脉搏(阴)
پیمبر	payambar	(传递真主旨意的)使者，先知(阳)
مشعل	mash‘al	火炬；灯塔
جبین	jabīn	额头，前额(阴)
سیہ	siyāh	黑暗的(形)
گلستان	gulstān	花园(阳)
آنچ	āṇch	火焰；热气(阴)
تیشہ	tēshah	斧头
افلاک	aflāk	天空，苍穹(阳)
گلزار	gul zār	花园；热闹，繁华(阳)
راہگزر	rāhguzar	道路，马路(阴)
دیدار	dīdār	现实，展示(阳)
لحظہ	lahzah	刹那，霎时间，眨眼间，瞬间(阳)
تسبیح	tasbīh	赞颂真主，崇奉真主(阴)

伊斯兰教法的裁决，判决（阳） fatvā فتویٰ

战斗的地方（阴） muhrāb محراب

وضاحت

将每一枝箭都拧成一个斧头 这里用“斧头”来代表诗人的共产主义理想，镰刀斧头为共产主义的标志。	اور ہراک کا ہم نے تیشہ بنا لیا ہے
今夜所有的痛苦，造就了黎明的信仰。 “夜”是黑暗和痛苦的象征；而“黎明”则是希望与新生的象征。	یہ غم جو اس رات نے دیا ہے یہ غم سحر کا یقین بنا ہے
语言是最神圣的。 الفاظ在这里非“词汇”之义，也非与身体行为相对的口头行为，而是使用语言界定事物、制订规则，有着语言作为一种社会存在参与社会实践的“话语”之义。	الفاظ سب سے مقدس ہیں

مشق

۱۔ فیض احمد فیض کی شاعریوں کا ترجما کیجئے ۔

۲۔ فیض احمد فیض کی شاعریوں میں "یقیں" کا کئی بار ذکر کیا جاتا ہے ۔ بتایئے کہ یہ کس طرح کا یقیں ہے اور اس یقیں کے لئے وہ کس طرح کی تیاری کر رہے تھے ؟

۳۔ ترجما کیجئے اور بتایئے کہ اس حصے میں کیا خیال کا اظہار کیا گیا؟

یہ مجرم ہے
ان دائمی اور سفاک سچائیوں کا
کہ جو تو نے کاذب جہاں کو عطا کیں
یہ مجرم ہے
ان بے غرض جراتوں کا

جوتو نے ہراک ناتواں کو عبا کیں
یہ کہتا ہے
اے دائمی حکمتوں کے پیمبر
کہ انسان سارے برابر ہیں
ان میں کوئی کم نسب کوئی برتر نہیں ہے

یہ کہتا ہے
الفاظ سب سے مقدس ہیں
اور حرف کی روشنی سے
کوئی نور بڑھ کر نہیں ہے
یہ سرکش
مقدر کو انساں کا رہوار کہتا ہے
آدم کو نقاشِ ہستی کا شہکار کہتا ہے
کیا کچھ یہ ظالم گنہگار کہتا ہے
اے روشنی کے پیمبر
یہ شوریدہ سر
حرف زن ہے
کہ محراب و منبر سے
فتویٰ گروفتنہ پر دازِ دیں
حرفِ حق بیچتے ہیں
فقیہانِ مسند نشیں
حرصِ دینا رودرہم میں
تیرے صحیفے کا اک اک ورق بیچتے ہیں
یہ خلقت کا خوں
اور اپنی جبیں کا عرق بیچتے ہیں

۴۔ان شاعریوں کو یاد کیجئے۔

آٹھواں سبق　نعرہ

作品导读

萨达特·哈桑·明都（1912—1955）是优秀的乌尔都语小说家，也是著名的进步文学运动作家。他的作品以擅长表现底层民众的生活而著称，大多体现出对社会问题根源的深入思考，并且对社会的旧道德体系进行抨击。《口号》是其短篇小说中较为经典的作品，也基本上体现出明都式风格，即用细腻的心理描写反映出底层市民无法排遣的苦闷与挣扎。

《口号》讲述了一个挣扎在贫困线上的市民，因交不起房租而祈求房东宽限，结果遭到了拒绝及侮辱。小说通篇描述了饱受打击的主人公内心的挣扎与煎熬，从遭到辱骂的难堪到内心与房东的交锋，对自己悲惨经历的伤痛，对各种反击的设想，各种扭曲的报复方式的假设，最后到自我安慰并以吼叫发泄。

表现手法上作者采用了意识流写法，很多段落的开端续接着上一段落的结束，并且多处使用重复叙述，表现出主人公内心各种想法重叠反复，此念未消彼念又起。并且用大量省略号表示思绪的断断续续及纷繁复杂。同时，通篇对内心想法的描述也体现出一种苦闷压抑、懦弱无为的心态。表现出一个走投无路、饱受屈辱的底层市民愤懑难遣的内心经历。

نعرہ

سعادت حسن منٹو

اسے یوں محسوس ہوا کہ اس سنگین عمارت کی ساتوں منزلیں اس کے کاندھوں پر دھر دی گئی ہیں۔

وہ ساتویں منزل سے ایک ایک سیڑھی کر کے نیچے اترا اور ان تمام منزلوں کا بوجھ اس کے چوڑے مگر دبلے کاندھوں پر سوار ہوتا گیا۔ وہ مکان کے مالک سے ملنے کے لئے اوپر چڑھ رہا تھا تو اسے یوں محسوس ہوا تھا کہ اس کا کچھ بوجھ ہلکا ہو گیا ہے اور کچھ ہلکا ہو جائے گا، اس لئے کہ اس نے اپنے دل میں سوچا تھا۔ مالک مکان جسے سب سیٹھ کے نام سے پکارتے ہیں۔ اس کی بپتا ضرور سنے گا اور کرایہ چکانے کے لئے اسے ایک مہینے کی اور مہلت بخش دے گا...... بخش دے گا!...... یہ سوچتے ہوئے اس کے غرور کو ٹھیس لگی تھی، لیکن فوراً ہی اس کو اصلیت بھی معلوم ہو گئی تھی...... وہ بھیک مانگنے ہی تو جا رہا تھا اور بھیک ہاتھ پھیلا کر، آنکھوں

میں آنسو بھر کر، اپنے دکھ درد سنا کر اور اپنے گھاؤ دکھا کر ہی مانگی جاتی ہے......!

اس نے یہی کچھ کیا۔ جب وہ اس سنگین عمارت کے بڑے دروازے میں داخل ہونے لگا تو اس نے اپنے غرور کو، اس چیز کو، جو بھیک مانگنے میں عام طور پر رکاوٹ پیدا کیا کرتی ہے، نکال کر فٹ پاتھ پر ڈال دیا تھا۔

وہ اپنا دیا بجھا کر اور اپنے آپ کو اندھیرے میں لپیٹ کر مالک مکان کے اس روشن کمرے میں داخل ہوا جہاں وہ اپنی دو بلڈنگوں کا کرایہ وصول کرتا تھا اور ہاتھ جوڑ کر ایک طرف کھڑا ہو گیا۔ سیٹھ کے تلک لگے ماتھے پر کئی سلوٹیں پڑ گئیں۔ اس کا بالوں بھرا ہاتھ ایک موٹی سی کاپی کی طرف بڑھا۔ دو بڑی بڑی آنکھوں نے اس کاپی پر کچھ حروف پڑھے اور ایک بھدّی سی آواز گونجی۔

"کیشو لال...... کھولی پانچویں، دوسرا مالا...... دو مہینوں کا کرایہ ..... لے آئے ہو گیا؟"

یہ سن کر اس نے اپنا دل، جس کے سارے پرانے اور نئے گھاؤ، وہ سیڑھیاں چڑھتے ہوئے کرید کرید ہرے کر چکا تھا، سیٹھ کو دکھانا چاہا۔ اسے پورا پورا یقین تھا کہ اسے دیکھ کر اس کے دل میں ضرور ہمدردی پیدا ہو جائے گی۔ پر...... سیٹھ جی نے کچھ سننا نہ چاہا اور اس کے سینے میں ایک ہلڑ سا مچ گیا۔

سیٹھ کے دل میں ہمدردی پیدا کرنے کے لئے اس نے اپنے وہ تمام دکھ جو بیت چکے تھے، گئے گزرے دنوں کی گہری کھائی سے نکال کر اس نے اپنے دل میں بھر لئے تھے اور ان تمام زخموں کی جلن جو مدت ہوئی مٹ چکے تھے، اس نے بڑی مشکل سے اکٹھی کر کے اپنی چھاتی میں جمع کی تھی۔ اب اس کی سمجھ میں نہیں آتا تھا کہ اتنی چیزوں کو کیسے سنبھالے؟

اس کے گھر میں بن بلائے مہمان آ گئے ہوتے تو وہ ان سے بڑے روکھے پن سے کہہ سکتا تھا۔ "جاؤ بھی جاؤ، میرے پاس اتنی جگہ نہیں ہے کہ تمہیں بٹھا سکوں اور نہ میرے پاس اتنا روپیہ ہے کہ تم سب کی خاطر مدارات کر سکوں۔" لیکن یہاں تو قصہ ہی دوسرا تھا۔ اس نے تو اپنے بھولے بھٹکے دکھوں کو اِدھر اُدھر سے پکڑ کر اپنے سینے میں جمع کیا تھا۔ اب بھلا وہ باہر نکل سکتے تھے؟

افراتفری میں اسے کچھ پتہ نہ چلا تھا کہ اس کے سینے میں کتنی چیزیں بھر گئی ہیں۔ پر جوں جوں اس نے سوچنا شروع کیا، وہ پہچاننے لگا کہ فلاں دکھ فلاں وقت کا ہے اور فلاں درد اسے فلاں وقت پر ہوا تھا اور جب یہ سوچ بچار شروع ہوئی تو حافظے نے بڑھ کر وہ دھند ہٹا دی جو ان پر لپٹی ہوئی تھی اور کل کے تمام درد آج کی تکلیفیں بن گئے اور اس نے اپنی زندگی کی باسی روٹیاں پھر انگاروں پر سینکنا شروع کر دیں۔

اس نے سوچا، تھوڑے سے وقت میں اس نے بہت کچھ سوچا۔ اس کے گھر کا اندھا لیمپ کئی بار اس کے پیوند لگے کپڑے ان کھونٹیوں پر لٹک کر پھر اس کے میلے بدن سے چمٹ گئے جو دیوار میں گڑی چمک رہی تھیں۔ کئی بار اسے ان داتا بھگوان کا خیال آیا جو بہت دور نہ جانے کہاں بیٹھا اپنے بندوں کا خیال رکھتا ہے مگر اپنے سامنے سیٹھ کو کرسی پر بیٹھا دیکھ کر جس کے قلم کی ایک جنبش کچھ کا کچھ کر سکتی تھی۔ وہ اس بارے میں کچھ بھی نہ سوچ سکا۔ کئی بار اسے خیال آیا اور وہ سوچنے لگا کہ اسے کیا خیال آیا تھا مگر وہ اس کے پیچھے بھاگ دوڑ نہ کر سکا۔ وہ سخت گھبرا گیا تھا۔ اس نے آج تک اپنے سینے میں اتنی کھلبلی نہیں دیکھی تھی۔

وہ اس کھلبلی پر ابھی تعجب ہی کر رہا تھا کہ لک مکان نے غصے میں آ کر اسے گالی دی۔ گالی......یوں سمجھئے کہ کانوں کے راستے پگھلا ہوا سیسہ شائیں شائیں کرتا اس کے دل میں اتر گیا اور اس کے سینے کے اندر، جو ہلڑ مچ گیا۔ اس کا تو کچھ ٹھکانہ ہی نہ تھا۔ جس طرح کسی گرما گرم جلسے میں کسی شرارت سے بھگدڑ مچ جایا کرتی ہے۔ ٹھیک اسی طرح اس کے دل میں ہلچل پیدا ہو گی۔ اس نے بہت جتن کئے کہ اس کے وہ دکھ درد جو اس نے سیٹھ کو دکھانے کے لئے اکٹھے کئے تھے، چپ

چاپ رہیں۔ پر کچھ نہ ہو سکا۔ گالی کا سیٹھ کے منہ سے نکلنا تھا کہ تمام بے چین ہوگئے اور اندھا دھند ایک دوسرے کے ساتھ ٹکرانے لگے۔ اب تو وہ یہ نئی تکلیف بالکل نہ سہہ سکا اور اس کی آنکھوں میں جو پہلے ہی سے تپ رہی تھیں، آنسو آگئے جس سے ان کی گرمی اور بھی بڑھ گئی اور ان سے دھواں نکلنے لگا۔

اس کے جی میں آئی کہ اس گالی کو جسے وہ بڑی حد تک نگل چکا تھا، سیٹھ کے جھریاں پڑے چہرے پر قے کر دے مگر وہ اس خیال سے باز آ گیا کہ اس کا غرور تو باہر فٹ پاتھ پر پڑا ہے۔ اپولو بندر پر نمک لگی مونگ پھلی بیچنے والے کا غرور...... اس کی آنکھیں ہنس رہی تھیں اور ان کے سامنے نمک لگی مونگ پھلی کے وہ تمام دانے جو اس کے گھر میں ایک تھیلے کے اندر رکھے کے باعث گیلے ہو رہے تھے، ناچنے لگے۔

اس کی آنکھیں ہنسیں، اس کا دل بھی ہنسا، یہ سب کچھ ہوا۔ پر وہ کڑواہٹ دور نہ ہوئی جو اس کے گلے میں سیٹھ کی گالی نے پیدا کر دی تھی۔ یہ کڑواہٹ اگر صرف زبان پر ہوتی تو وہ اسے تھوک دیتا مگر وہ تو بہت بری طرح اس کے گلے میں اٹک گئی تھی اور نکالے نہ نکلتی تھی اور پھر ایک عجیب قسم کا دکھ جو اس گالی نے پیدا کر دیا تھا، اس کی گھبراہٹ کو اور بھی بڑھا رہا تھا۔ اسے یوں محسوس ہوتا تھا کہ اس کی آنکھیں جو سیٹھ کے سامنے رونا فضول سمجھتی تھیں، اس کے سینے کے اندر اتر کر آنسو بہا رہی ہیں، جہاں ہر چیز پہلے ہی سیوگ میں تھی۔

سیٹھ نے اسے پھر گالی دی۔ اتنی ہی موٹی جتنی اس کی چربی بھری گردن تھی اور اسے یوں لگا کہ کسی نے اوپر سے اس پر کوڑا کرکٹ پھینک دیا ہے۔ چنانچہ اس کا ایک ہاتھ اپنے آپ چہرے کی طرف حفاظت کے لئے بڑھا، پر اس گالی کی ساری گرد اس پر پھیل چکی تھی...... اسے کچھ خبر نہ تھی...... وہ صرف اتنا جانتا تھا کہ ایسی حالتوں میں کسی بات کی سدھ بدھ نہیں رہا کرتی۔

وہ جب نیچے اترا تو اسے ایسا محسوس ہوا کہ اس سنگین عمارت کی ساتوں منزلیں اس کے کاندھوں پر دھر دی گئی ہیں۔

ایک نہیں، دو گالیاں...... بار بار دو گالیاں جو سیٹھ نے بالکل پان کی پیک کے مانند اپنے منہ سے اگل دی تھیں۔ اس کے کانوں کے پاس زہریلی بھڑوں کی طرح بھنبھنانا شروع کر دیتی تھیں اور وہ سخت بے چین ہو جاتا تھا۔ وہ کیسے اس...... اس...... اس کی سمجھ میں نہیں آتا تھا کہ اس گڑبڑ کا نام کیا رکھے جو اس کے دل میں اور دماغ میں ان گالیوں نے مچا رکھی تھی۔ وہ کیسے اس تپ کو دور کر سکتا تھا جس میں وہ پھنکا جا رہا تھا۔ کیسے؟------ پر وہ سوچ بچار کے قابل بھی تو نہیں رہا تھا۔ اس کا دماغ تو اس وقت ایک ایسا اکھاڑا بنا ہوا تھا جس میں بہت سے پہلوان کشتی لڑ رہے ہوں۔ جو خیال بھی وہاں پیدا ہوتا، کسی دوسرے خیال سے جو پہلے ہی سے وہاں موجود ہوتا بھڑ جاتا اور وہ کچھ سوچ نہ سکتا۔

چلتے چلتے جب ایکا ایکی اس کے دکھ قے کی صورت میں باہر نکلنے کو تھے، اس کے جی میں آئی۔ جی میں کیا آئی۔ مجبوری کی حالت میں وہ اس آدمی کو روک کر جو لمبے لمبے ڈگ بھرتا اس کے پاس گزر رہا تھا، یہ کہنے ہی والا تھا۔ "بھیا میں روگی ہوں۔" مگر جب اس نے اس راہ چلتے آدمی کی شکل دیکھی تو بجلی کا وہ کھمبا جو اس کے پاس ہی زمین گڑا تھا، اسے اس آدمی سے کہیں زیادہ حساس دکھائی دیا اور جو کچھ وہ اپنے اندر سے باہر نکلنے والا تھا، ایک ایک گھونٹ کر کے پھر نگل گیا۔

فٹ پاتھ میں چوکور پتھر ایک ترتیب کے ساتھ جڑے ہوئے تھے۔ وہ ان پتھروں پر چل رہا تھا۔ آج تک کبھی اس نے ان کی سختی محسوس نہ کی تھی مگر آج ان کی سختی اس کے دل تک پہنچ رہی تھی۔ فٹ پاتھ کا ہر ایک پتھر جس پر اس کے قدم پڑ رہے تھے، اس کے دل ساتھ ٹکرا رہا تھا...... سیٹھ کے پتھر کے مکان سے نکل کر ابھی وہ تھوڑی ہی دور گیا ہو گا کہ اس کا بند بند ڈھیلا ہو گیا۔

چلتے چلتے اس کی ایک لڑکی سے ٹکر ہوئی اور اسے یوں محسوس ہوا کہ وہ ٹوٹ گیا ہے۔ چنانچہ اس نے جھٹ اس آدمی کی طرح جس کی جھولی سے بیر گر رہے

ہوں، اِدھر اُدھر اپنے ہاتھ پھیلائے اور اپنے آپ کو اکٹھا کر کے ہولے ہولے سے چلنا شروع کیا۔

اس کا دماغ اس کی ٹانگوں کے مقابلے میں زیادہ تیزی کے ساتھ چل رہا تھا۔ چنانچہ کبھی کبھی چلتے چلتے اسے یہ محسوس ہوتا تھا کہ اس کا نچلا دھڑ سارے کا سارا بہت پیچھے رہ گیا ہے اور دماغ بہت آگے نکل گیا۔ کئی بار اسے اس خیال سے ٹھہرنا پڑا کہ دونوں چیزیں ایک دوسرے کے ساتھ ساتھ ہو جائیں۔

وہ فٹ پاتھ پر چل رہا تھا، جس کے اس طرف سڑک پر پوں پوں کرتی موٹروں کا تانتا بندھا ہوا تھا۔ گھوڑے، گاڑیاں، ٹرامیں، بھاری بھرکم ٹرک، لاریاں یہ سب سڑک کی کالی چھاتی پر دندناتی ہوئی چل رہی تھیں۔ ایک شور مچا ہوا تھا، پر اس کے کانوں کو کچھ سنائی نہ دیتا تھا۔ وہ تو پہلے ہی سیٹئیں شائیں کر رہے تھے جیسے ریل گاڑی کا انجن زائد بھاپ باہر نکل رہا ہے۔

چلتے چلتے ایک لنگڑے کتے سے اس کی ٹکر ہوئی کتے نے اس خیال سے کہ شاید اس کا زخمی پیر کچل دیا گیا ہے "چاؤں" کیا اور پرے ہٹ گیا اور وہ سمجھا کہ سیٹھ نے اسے پھر گالی دی ہے...... گالی...... گالی ٹھیک اسی طرح اس سے الجھ کر رہ گئی تھی جیسے جھاڑی کے کانٹوں میں کوئی کپڑا۔ وہ جتنی کوشش اپنے آپ کو چھڑانے کی کرتا تھا، اتنی ہی زیادہ اس کی روح زخمی ہوتی جارہی تھی۔

اسے اس نمک لگی مونگ پھلی کا خیال نہیں تھا جو اس کے گھر میں برکھا کے باعث گیلی ہو رہی تھی اور نہ اسے روٹی کپڑے کا خیال تھا۔ اس کی عمر تیس برس کے قریب تھی اور ان تیس برسوں میں جن کے پرماتما جانے کتنے دن ہوتے ہیں، وہ کبھی بھوکا نہ سویا تھا اور نہ کبھی ننگا ہی پھرا تھا۔ اسے صرف اس بات کا دکھ تھا کہ اسے ہر مہینے کرایہ دینا پڑتا تھا۔ وہ اپنا اور اپنے بال بچوں کا پیٹ بھرے۔ اس بکرے جیسی داڑھی والے حکیم کی دوائیوں کے دام دے۔ شام کو تاڑی کی ایک بوتل کے لئے دونی پیدا کرے یا اس گنجے کے مکان کے ایک کمرے کا کرایہ ادا کرے۔ مکان اور کرایوں کا فلسفہ اس کی سمجھ سے سدا اونچا رہا تھا۔ وہ جب بھی دس روپے گن کر سیٹھ یا اس کے منیم کی ہتھیلی پر رکھتا تو سمجھتا کہ زبردستی اس سے یہ رقم چھین لی گئی ہے اور اب اگر وہ پانچ برس تک برابر کرایہ دینے رہنے کے بعد صرف دو مہینے کا حساب چکتا نہ کر سکا تو کیا سیٹھ کو اس بات کا اختیار ہو گیا کہ وہ اسے گالی دے؟ سب سے بڑی بات تو یہی تھی جو اسے کھائے جا رہی تھی۔ اسے ان بیس روپوں کی پروا نہ تھی جو اسے آج نہیں تو کل ادا کر دینے تھے۔ وہ ان دو گالیوں کی بات سوچ رہا تھا، جو ان بیس روپوں کے بیچ میں سے نکلی تھیں۔ نہ وہ بیس روپے کا مقروض ہوتا اور نہ سیٹھ کے کٹھالی جیسے منہ سے یہ گندگی باہر نکلتی۔

مان لیا وہ دھوان تھا۔ اس کے پاس دو بلڈنگیں تھیں، جن کے ایک سو چوبیس کمروں کا کرایہ اس کے پاس آتا تھا۔ پر ان ایک سو چوبیس کمروں میں جتنے لوگ رہتے ہیں اس کے غلام تو نہیں اور اگر غلام بھی ہیں تو وہ انہیں گالی کیسے دے سکتا ہے؟

ٹھیک ہے، اسے کرایہ چاہئے، پر میں کہاں سے لاؤں۔ پانچ برس تک اس کو دیتا ہی رہا ہوں۔ جب ہو گا، دے دوں گا۔ پچھلے برس برسات کا سارا پانی ہم پر ٹپکتا رہا۔ پر میں نے اسے کبھی گالی نہ دی، حالانکہ مجھے اس سے کہیں زیادہ ہولناک گالیاں یاد ہیں۔ میں نے سیٹھ سے ہزار بار کہا کہ سیڑھی کا ڈنڈا ٹوٹ گیا ہے۔ اسے بنوا دیجئے۔ پر میری ایک نہ سنی گئی، میری پھول سی بچی گری۔ اس کا داہنا ہاتھ ہمیشہ کے لئے بے کار ہو گیا۔ میں گالیوں کے بجائے اسے بددعا دے سکتا تھا۔ پر مجھے اس کا دھیان ہی نہیں آیا...... دو مہینے کا کرایہ چکانے پر میں گالیوں کے قابو ہو گیا۔ اس کو یہ خیال تک نہ آیا کہ اس کے بچے اپولو بندر پر میرے تھلے سے مٹھیاں بھر بھر کر مونگ پھلی کھاتے ہیں۔

اس میں بھی کوئی شک نہیں کہ اس کے پاس اتنی دولت نہیں تھی۔ جتنی کہ اس دو بلڈنگوں والے سیٹھ کے پاس تھی اور ایسے لوگ بھی ہوں گے جن کے

پاس اس سے بھی زیادہ دولت ہوگی، پر وہ غریب کیسے ہوگیا؟......اسے غریب سمجھ کر ہی تو گالی دی گئی تھی۔ ورنہ اس گنجے سیٹھ کی کیا مجال تھی کہ کرسی پر بڑے اطمینان سے بیٹھ کر اسے دو گالیاں سنا دیتا۔ گویا کسی کے پاس دھن دولت کا نہ ہونا بہت بری بات ہے۔ اب یہ اس کا تصور نہیں تھا۔ اس کے پاس دولت کی کمی تھی۔ سچ پوچھئے تو اس نے کبھی دھن دولت کے خواب دیکھے ہی نہ تھے۔ وہ اپنے حال میں مست تھا۔ اس کی زندگی بڑے مزے میں

گزر رہی تھی۔ پر پچھلے مہینے ایکا ایکی اس کی بیوی بیمار پڑ گئی اور اس کے دوا دار پر وہ تمام روپے خرچ ہوگئے جو کرائے میں جانے والے تھے۔ اگر وہ خود بیمار ہوتا تو ممکن تھا کہ وہ دواؤں پر روپیہ خرچ نہ کرتا۔ لیکن یہاں تو اس کے ہونے والے بچے کی بات تھی جو ابھی اپنی ماں کے پیٹ ہی میں تھا۔ اس کو اولاد بہت پیاری تھی جو پیدا ہوچکی تھی اور جو پیدا ہونے والی تھی، سب کی سب عزیز تھی۔ وہ کیسے اپنی بیوی کا علاج نہ کراتا؟......کیا وہ اس بچے کا باپ نہ تھا؟......باپ پتا......وہ تو صرف دو مہینے کے کرائے کی بات تھی۔ اگر اسے اپنے بچے کے لئے چوری بھی کرنا پڑتی تو وہ کبھی نہ چوکتا......

چوری، نہیں نہیں وہ چوری کبھی نہ کرتا......یوں سمجھئے کہ وہ اپنے بچے کے لئے بڑی سے بڑی قربانی کرنے کے لئے تیار تھا۔ مگر وہ چور کبھی نہ بنتا......وہ اپنی چھینی ہوئی چیز واپس لینے کے لئے لڑنے مرنے کو تیار تھا۔ پر وہ چوری نہیں کر سکتا تھا۔

اگر وہ چاہتا تو اس وقت جب سیٹھ نی اسے گالی دی تھی، آگے بڑھ کر اس کا ٹینٹوا دبا دیتا اور اس تجوری میں سے وہ تمام نیلے اور سبز نوٹ نکال کر بھاگ جاتا۔ جن کو وہ آج تک لاجونتی پتے سمجھا کرتا تھا...... نہیں نہیں وہ ایسا کبھی نہ کرتا۔ لیکن پھر سیٹھ نے اسے گالی کیوں دی؟......پچھلے برس چوپاٹی پر ایک گاہک نے اسے گالی دی تھی، اس لئے کہ دو پیسے کی مونگ پھلی میں چار دانے کڑوے چلے گئے تھے اور اس کے جواب میں اس کی گردن پر ایسی دھول جمائی تھی کہ دور بنچ پر بیٹھے آدمیوں نے بھی اس کی آواز سن لی تھی۔ مگر سیٹھ نے اسے دو گالیاں دیں اور وہ چپ رہا......کیشولال کھاری سینگ والا جس کی بابت یہ مشہور تھا کہ وہ ناک پر مکھی بھی نہیں بیٹھنے دیتا...... سیٹھ نے ایک گالی دی اور وہ کچھ نہ بولا......دوسری گالی دی تو بھی وہ خاموش رہا جیسے وہ مٹی کا پتلا ہے......پر مٹی کا پتلا کیسے ہوا؟ اس نے ان دو گالیوں کو سیٹھ کے تھوک بھرے منہ سے نکلتے دیکھا جیسے دو بڑے بڑے چوہے موریوں سے باہر نکلتے ہیں۔ وہ جان بوجھ کر خاموش رہا، اس لئے کہ وہ اپنا غرور نیچے چھوڑ آیا تھا......مگر اس نے اپنا غرور اپنے سے کیوں الگ کیا؟ سیٹھ سے گالیاں لینے کے لئے؟ یہ سوچتے ہوئے ایکا ایکی خیال آیا کہ شاید سیٹھ نے اسے نہیں کسی اور کو گالیاں دی تھیں...... نہیں، نہیں، گالیاں اسے ہی دی گئی تھیں، تو اس سوچ بچار کی ضرورت ہی کیا تھی اور یہ جو اس کے سینے میں ہلڑ سا مچ رہا تھا، کیا بغیر کسی وجہ کے اسے دکھ دے رہا تھا؟ اسی کو دو گالیاں دی گئی تھیں۔

جب اس کے سامنے ایک موڑ نے اپنے ماتھے کی بتیاں روشن کیں تو اسے ایسا معلوم ہوا کہ وہ دو گالیاں پگھل کر اس کی آنکھوں میں دھنس گئی ہیں...... گالیاں......گالیاں...... وہ جھنجھلا گیا......وہ جتنی کوشش کرتا تھا کہ ان گالیوں کی بابت نہ سوچے، اتنی ہی شدت سے اسے ان کے متعلق سوچنا پڑتا تھا اور یہ مجبوری اسے بہت چڑچڑا بنا رہی تھی۔ چنانچہ اس چڑچڑے پن میں اس نے خواہ مخواہ دو تین آدمیوں کو جو اس کے پاس سے گزر رہے تھے، دل ہی دل میں گالیاں دیں۔ "یوں اکڑ کے چل رہے ہیں جیسے ان کے باوا کا راج ہے۔"

اگر اس کا راج ہوتا تو سیٹھ کو مزا چکھا دیتا جو اسے اوپر تلے دو گالیاں سنا کر اپنے گھر میں یوں آرام سے بیٹھا تھا جیسے اس نے اپنی گدیدار کرسی میں سے دو کھٹمل نکال کر باہر پھینک دیئے ہیں......سچ مچ اگر اس کا اپنا راج ہوتا تو وہ چوک میں بہت سے لوگوں کو اکٹھا کر کے سیٹھ کو بیچ میں کھڑا کر دیتا اور اس کی گنجی چندیا پر اس زور سے دھپا مارتا کہ بلبلا اٹھتا......پھر وہ سب لوگوں سے کہتا کہ ہنسو، جی بھر کر ہنس اور خود اتنا ہنستا کہ ہنستے ہنستے اس کا پیٹ دکھنے لگتا......پر اس وقت اسے بالکل

ہنسی نہیں آئی تھی......کیوں؟......وہ اپنے راج کے بغیر بھی تو سیٹھ کے گنجے سر پر دھپا مار سکتا تھا، اسے کس بات کی رکاوٹ تھی؟......رکاوٹ تھی...... رکاوٹ تھی تو وہ گالیاں سن کر خاموش ہو رہا۔

اس کے قدم رک گئے۔اس کا دماغ بھی ایک دوپل کے لئے ستایا اور اس نے سوچا کہ ابھی اس جھنجھٹ کا فیصلہ ہی کر دوں......بھاگا ہوا جاؤں اور ایک ہی جھٹکے میں سیٹھ کی گردن مروڑ کر اس تجوری پر رکھ دوں جس کا ڈھکنا مگر مچھ کے منہ کی طرح کھلتا ہے......لیکن وہ کھمبے کی طرح زمین میں کیوں گڑ گیا تھا؟ سیٹھ کے گھر کی طرف پلٹا کیوں نہیں تھا؟......کیا اس میں جرات نہ تھی؟

اس میں جرات نہ تھی......کتنے دکھ کی بات ہے کہ اس کی ساری طاقت سرد پڑ گئی تھی......یہ گالیاں......وہ ان گالیوں کو کیا کہتا......ان گالیوں نے اس کی چوڑی چھاتی پر رولسا پھیر دیا تھا......صرف دو گالیوں نے......حالانکہ پچھلے ہندو مسلم فساد میں ایک ہندو نے اسے مسلمان سمجھ کر لاٹھیوں سے بہت پیٹا تھا اور ادھ مؤا کر دیا تھا اور اسے اتنی تکلیف محسوس نہ ہوئی تھی جتنی کہ اب ہو رہی تھی......کیشولال کھاری سینگ والا جو اپنے دوستوں سے بڑے فخر کے ساتھ کہا کرتا تھا کہ وہ کبھی بیمار نہیں پڑا۔آج یوں چل رہا تھا جیسے برسوں کا روگی ہے......اور یہ روگ کس نے پیدا کیا تھا؟......دو گالیوں نے !

گالیوں......گالیوں......کہاں تھیں وہ دو گالیاں؟ اس کے جی میں آئی کہ اپنے سینے کے اندر ہاتھ ڈال کر وہ ان دو پتھروں کو، جو کسی حیلے گلتے ہی نہ تھے، باہر نکال لے اور جو کوئی بھی اس کے سامنے آئے اس کے سر پر دے مارے، پر یہ کیسے ہو سکتا تھا......اس کا سینہ مربے کا مرتبان تھوڑی تھا۔

ٹھیک ہے، لیکن پھر کوئی اور ترکیب بھی تو سمجھ میں آئے، جس سے یہ گالیاں دور دفع ہوں......کیوں نہیں کوئی شخص بڑھ کر اسے دکھ سے نجات دلانے کی کوشش کرتا؟ کیا وہ ہمدردی کے قابل نہ تھا؟ ہوگا، پر کسی کو اس کے دل کے حال کا کیا پتہ تھا۔وہ کھلی کتاب تھوڑی تھی اور نہ اس نے دل باہر لٹکا رکھا تھا۔اندر کی بات کسی کو کیا معلوم؟

نہ معلوم !......پر ماتما کرے کسی کو معلوم نہ ہو......اگر کسی کو اندر کی بات کا پتہ چل گیا تو کیشولال کھاری سینگ والے کے لئے ڈوب مرنے کی بات تھی......گالیاں سن کر خاموش رہنا معمولی بات تھی کیا؟

مع مولی بات نہیں بہت بڑی بات ہے......ہمالیہ پہاڑ جتنی بات ہے۔اس سے بھی بڑی بات ہے۔اس کا غرور مٹی میں مل گیا ہے۔اس کی ذالت ہوئی ہے۔......اس کی ناک کٹ گئی ہے......اس کا سب کچھ لٹ گیا ہے۔چلو بھئی چھٹی ہوئی۔اب تو یہ گالیاں اس کا پیچھا چھوڑ دیں......وہ کمینہ تھا۔رذیل تھا، نیچ تھا۔گندگی صاف کرنے والا بھنگی تھا۔کتا تھا......اس کو گالیاں ملنا ہی چاہے تھیں......نہیں نہیں۔کسی کی کیا مجال تھی کہ اسے گالیاں دے اور پھر بغیر کسی قصور کے وہ اسے کچا نہ چبا جاتا......اماں ہٹاؤ، یہ سب کہنے کی باتیں ہیں......تم نے تو سیٹھ سے یوں گالیاں سنیں جیسے میٹھی میٹھی بولیاں تھیں۔

میٹھی میٹھی بولیاں تھیں، بڑے مزیدار گھونٹ تھے، چلو یہی سہی......اب تو میرا پیچھا چھوڑ دو، ورنہ سچ کہتا ہوں، دیوانہ ہو جاؤں گا۔یہ لوگ جو بڑے آرام سے اِدھر سے اُدھر چل رہے ہیں، میں ان میں سے ہر ایک کا سر پھوڑ دوں گا۔بھگوان کی قسم مجھے اب زیادہ تاب نہیں رہی۔میں ضرور دیوانے کتے کی طرح سب کو کاٹنا شروع کر دوں گا۔لوگ مجھے پاگل خانے میں بند کر دیں گے اور میں دیواروں کے ساتھ اپنا سر ٹکرا ٹکرا کر مر جاؤں گا......مر جاؤں گا، سچ کہتا ہوں، مر جاؤں گا اور میری رادھا و دھوا اور میرے بچے اناتھ ہو جائیں گے......یہ سب کچھ اس لئے ہوگا کہ میں نے سیٹھ سے دو گالیاں سنیں اور خاموش رہا جیسے میرے منہ میں تالا لگا ہوا

تھا۔ میں لولا، لنگڑا، اپاہج تھا...... پرماتما کرے میری ٹانگیں اس موٹر کے نیچے آکر ٹوٹ جائیں، میرے ہاتھ کٹ جائیں۔ میں مرجاؤں تاکہ یہ بک بک تو ختم ہو...... توبہ......کوئی ٹھکانہ ہے اس دکھ کا۔ کپڑے پھاڑ کر ننگا ناچنا شروع کر دوں......اس ٹرام کے نیچے سر دے دوں، زور زور سے چلانا شروع کر دوں......کیا کروں کیا نہ کروں؟

یہ سوچتے ہوئے اسے ایکا ایکی خیال آیا کہ بازار کے بیچ کھڑا ہو جائے اور سب ٹریفک کو روک کر جو اس کی زبان پر آئے، بکتا چلا جائے۔ حتیٰ کہ اس کا سینہ سارے کا سارا خالی ہو جائے یا پھر اس کے جی میں آئی کہ کھڑے کھڑے یہیں سے چلانا شروع کر دے۔"مجھے بچاؤ......مجھے بچاؤ!"

اتنے میں ایک آگ بجھانیوالا انجن سڑک پر ٹن ٹن کرتا آیا اور ادھر اس موڑ میں گم ہوگیا۔ اس کو دیکھ کر وہ اونچی آواز میں کہنے ہی والا تھا۔"ٹھہرو......میری آگ بجھاتے جاؤ۔" مگر نہ جانے کیوں رک گیا۔

ایکا ایکی اس نے اپنے قدم تیز کر دیئے۔ اسے ایسا محسوس ہوا تھا کہ اس کی سانس رکنے لگی ہے اور اگر وہ تیز نہ چلے گا تو بہت ممکن ہے کہ وہ پھٹ جائے۔ لیکن جوں ہی اس کی رفتار بڑھی، اس کا دماغ آگ کا ایک چکر سا بن گیا۔ اس چکر میں اس کے سارے پرانے اور نئے خیال ایک ہار کی صورت میں گندھ گئے......دو مہینے کا کرایہ، اس کا پتھر کی بلڈنگ میں درخواست لے کر جانا......سات منزلوں کے ایک سو بارہ زینے، سیٹھ کی بھدی آواز، اس کے گنجے سر پر مسکراتا ہوا بجلی کا لیمپ اور...... یہ موٹی گالی......پھر دوسری......اور اس کی خاموشی......یہاں پہنچ کر آگ کے اس چکر میں سے تڑ تڑ گولیاں سی نکلنا شروع ہو جاتیں اور اسے ایسا محسوس ہوتا کہ اس کا سینہ چھلنی ہوگیا ہے۔

اس نے اپنے قدم اور تیز کئے اور آگ کا یہ چکر اتنی تیزی سے گھومنا شروع ہوا کہ شعلوں کی ایک بہت بڑی گیند سی بن گئی جو اس کے آگے آگے زمین پر اچھلنے کودنے لگی۔ وہ اب دوڑنے لگا۔ لیکن فوراً ہی خیالوں کی بھیڑ بھاڑ میں ایک نیا خیال بلند آواز میں چلایا۔"تم کیوں بھاگ رہے ہو؟ کس سے بھاگ رہے ہو؟ تم بزدل ہو؟"

اس کے قدم آہستہ آہستہ اٹھنے لگے۔ بریک سی لگ گئی اور وہ ہولے ہولے چلنے لگا......وہ سچ مچ بزدل تھا۔ بھاگ کیوں رہا تھا؟......اسے انتقام لینا تھا......انتقام......یہ سوچتے ہوئے اسے اپنی زبان پر لہو کا نمکین ذائقہ محسوس ہوا اور اس کے بدن میں جھرجھری سی پیدا ہوئی......لہو......لہو۔ اسے آسمان وزمین سب لہو ہی میں رنگے ہوئے نظر آنے لگے......لہو......اس وقت اس میں اتنی قوت تھی کہ پتھر کی رگوں میں سے بھی لہو نچوڑ سکتا تھا۔

اس کی آنکھوں میں لال ڈورے ابھر آئے۔ مٹھیاں بھنچ گئیں اور قدموں میں مضبوطی پیدا ہو گئی......اب وہ انتقام پر تل گیا تھا۔

وہ بڑھا۔

آنے جانے والے لوگوں میں سے تیر کے مانند اپنا راستہ بناتا آگے بڑھتا رہا۔ آگے......آگے۔

جس طرح تیز چلنے والی ریل گاڑی چھوٹے چھوٹے اسٹیشنوں کو چھوڑ جایا کرتی ہے، اسی طرح وہ بجلی کے کھمبوں، دوکانوں اور لمبے لمبے بازاروں کو اپنے پیچھے چھوڑتا آگے بڑھ رہا تھا۔ آگے......آگے......بہت آگے !

راستے میں ایک سینما کی رنگین بلڈنگ آئی۔ اس نے اس کی طرف آنکھ اٹھا کر بھی نہ دیکھا اور اس کے پاس سے بے پروا، ہوا کی مانند بڑھ گیا۔

وہ بڑھتا گیا۔

اند رہی اندر اس نے اپنے ہر ذرے کو ایک بم بنا لیا تھا تاکہ وقت پر کام آئے۔ مختلف بازاروں سے زہریلے سانپ کی مانند پھنکارتا ہوا وہ اپولو بندر پہنچا......
اپولو......گیٹ وے آف انڈیا کے سامنے بے شمار موٹریں قطار اندر قطار کھڑی تھیں۔ ان کو دیکھ کر اس نے یہ سمجھا کہ بہت سے گدھ پر جوڑے کسی کی لاش کے اردگرد بیٹھے ہیں۔ جب اس نے خاموش سمندر کی طرف دیکھا تو اسے یہ ایک لمبی چوڑی لاش معلوم ہوئی......اس سمندر کے اس طرف ایک کونے میں لال لال روشنی کی لکیریں ہولے ہولے بل کھا رہی تھیں۔ یہ ایک عالی شان ہوٹل کی پیشانی کا برقی نام تھا، جس کی لال روشنی سمندر کے پانی میں گدگدی پیدا کر رہی تھی۔

کیشو لال کھاری سینگ والا اس عالی شان ہوٹل کے نیچے کھڑا ہو گیا۔ اس برقی بورڈ کے عین نیچے قدم گاڑ کر اس نے اوپر دیکھا......سنگین عمارت کی طرف جس کے روشن کمرے چمک رہے تھے اور......اس کے حلق سے ایک نعرہ......کان کے پردے پھاڑ دینے والا نعرہ، پگھلے ہوئے گرم گرم لاوے کے مانند نکلا۔ "ہٹ تیری......!"

جتنے کبوتر ہوٹل کی منڈیروں پر اونگھ رہے تھے، ڈر گئے اور پھڑپھڑانے لگے۔ نعرہ مار کر جب اس نے اپنے قدم زمین سے بڑی مشکل کے ساتھ علیحدہ کئے اور واپس مڑا تو اسے اس بات کا پورا یقین تھا کہ ہوٹل کی سنگین عمارت اڑا اڑا دھم نیچے گر گئی ہے۔

اور یہ نعرہ سن کر ایک شخص نے اپنی بیوی سے جو یہ شور سن کر ڈر گئی تھی، کہا "پگلا ہے !"

مصنف : مرزا محمد پاوہ رسوا

سعادت حسن منٹو (11 مئی 1912 - 18 جنوری، 1955) اردو لکھت دے جانے پچھانے لکھاری سن۔ منٹو دا تعلق اک کشمیری خاندان نال سی۔ اوناں دے پیو داناں غلام حسن منٹو سی۔ منٹو اپنی نکی کہانیاں بارے مشہور اے۔ اوہدیاں مشہور لکھتاں اچ "بو"، "کھول دو"، "ٹھنڈا گوشت" تے "ٹوبہ ٹیک سنگھ" شامل نے۔

منٹو وی تے ریڈیو دا سکرپٹ لکھاری تے اک صحافی وی سی۔ اوہدے کماں اچ نکی کہانیاں دے 22 مجموعے، اک ناول، ریڈیو ڈرامے دے پنج مجموعے، مضموناں دے تن مجموعے تے اپنے خود دے بنائے ہوئے خاکیاں دے دو مجموعے شامل نے۔

منٹو دے خلاف چھے واری فحاشی دا الزام لگایا گیا پر اوہ ثابت نہ ہو سکا۔ منٹو دے کم دا ہور زباناں اچ وی وٹاندرا ہویا اے۔

منٹو نوں ہند دی ونڈ نال بہت تکلیف ہوئی سی۔ اوہنے 1947 اچ تے اوہدوں بعد دے لوکاں دے خراب حالات بارے کہانیاں لکھیاں۔ منٹو نے اپنی لکھتاں دا آغاز وکٹر ہیوگو، انتون چیخوف، میکسم گورکی تے آسکر وائلڈ جئے وڈے لکھاریاں دے کم دا وٹاندرا کر کے کیتا۔ ایہناں لکھتاں نے منٹو نو بہت متاثر کیتا، تے نوی سوچ دتی۔ ایس سوچ دے نال منٹو نے پہلی کہانی "تماشہ" لکھی، جو 1919 اچ جلیانوالہ باغ، امرتسر وچ برطانوی راج دے ہتھوں لوکاں دے برطانوی راج دے ہتھوں لوکاں دے قتل عام بارے چ سی۔ منٹو دی کہانیاں اچ انسانی نفسیات بارے دسیا گیا کہ کنج ہند دی ونڈ نال انسانیت متاثر ہوئی۔ اوہنے اپنی لکھتاں دی مدد توں معاشرے دا کالا رخ وکھان دی کوشش کیتی۔ معاشرے دی اوکوڑی سچائیاں جناں بارے گل کرنا برا سمجھیا جاندا سی، اوہناں نو منٹو نے سب دے سامنے لایا۔

نئے الفاظ

富豪(阳)	sīṭh	سیٹھ
给时间;放假，假日(阴)	muhlat	مہلت
印度妇女在额前两眉之间点的吉祥痣(阳)	tilak	تلک
喧哗，嘈杂；混乱(阳)	hullar	ہلڑ
陌生的(形)	fulāṇ	فلاں
巡逻(阴)	sēṇknā	سینکنا
真主，上帝(阳)	dātā	داتا
骚动，混乱(阴)	khalbalī	کھلبلی
铅(阳)	sīsah	سیسہ
逃窜(阴)	bhagdar	بھگدڑ
呕吐		قے
雨，雨季(阴)	barkhā	برکھا
混乱，乱七八糟，糟糕(阴)	gaṛbaṛ	گڑبڑ
惊慌(阴)	ghabrāhaṭ	گھبراہٹ
理智(阴)	sudh budh	سدھ بدھ
竞技场，演唱队(阳)	akhāṛa	اکھاڑا
突然，一下子(副)	ēkā ēkī	ایکا ایکی
聚集，收集(及)	juṛnā	جڑنا
躯干(阳)	dhaṛ	دھڑ
最大的神，最高的灵魂，宇宙之灵(阳)	parmātamā	پرماتما
一瓶(阴)	bōtal	بوتل
肮脏，污秽，恶臭(阴)	gaṇdakī	گندگی

肩膀(阳)	kāṇdhā	کاندھا
灾难；痛苦，艰难的事(阴)	bipatā	بپتا
礼物，奖励(阳)	baḥsh	بخش
扒出，细查(及)	kurēdnā	کریدنا
混乱，惊慌(阴)	afrātafrī	افراتفری
记忆力，记住(阳)	hāfizah	حافظہ
打结，连接(阳)	paivaṇd	پیوند
活动，摇晃(阴)	jumbish	جنبش
惊叹(阳)	ta‘ajjub	تعجب
为非作歹(阴)	shar rat	شرارت
皱纹(阴)	jhurrī	جھری
花生(阴)	mūṇg phalī	مونگ پھلی
急躁，苦涩(阴)	kaṛvāhaṭ	کڑواہٹ
阻塞(阳)	aṭak	اٹک
多余的(形)	fuzūl	فضول
呕吐，斥责(及)	ugal dēna	اگل دینا
大力士(阳)	pahlnan	پہلوان
柱子，支柱(阳)	khambā	کھمبا
低的(形)	nichlā	نچلا
压碎(及)	kuchalnā	کچلنا
棕榈酒(阴)	tāṛī	تاڑی
负债的人(阳，形)	maqrūz	مقروض
骇人的(形)	haul nāk	ہولناک

木楼梯踏板（阳）	dandā	ڈنڈا	考虑（阳）	bichār	بچار
喉咙，咽喉，气管（阳）	tēntvā	ٹینٹوا	钱柜，首饰盒（阴）	tijōrī	تجوری
暴脾气（阳，形）	chrchrā	چڑچڑا	臭虫（阳）	khatmal	کھٹمل
蘑菇（阳）	khambā	کھمبا	卑贱的，下贱的（形）	kamīnah	کمینہ
卑劣的，可悲的，无聊的，平庸的（形）	razīl	رذیل	跛脚的人，残疾的人（阳）	apāhaj	اپاہج
胆小鬼，懦夫（阳）	buz dil	بزدل	疯子（阳）	paglā	پگلا
滚一边去！去你的！（口）	hat	ہت			

مشق

۱۔ جاگیردار کی گالیاں کھانے کے بعد "میں" نے کیا کیا جوابی کارروائی کرنا چاہا تھا؟

۲۔ آخر "میں" نے کس طرح کا انتقام لیا؟ اور راہگیر نے اس طرح کے انتقام پر کیا کہا؟

۳۔ اس افسانے میں "میرے" خاندان کا کیا حال ہے؟ اور "میں" ایک کیسا شخص ہے؟

۴۔ ان حصوں میں کیوں اتنے زیادہ عنیفے ہیں؟ اور بتائیے کہ ان کے درمیاں کیا فرق ہے؟

① "کیشو لال.....کھولی پانچویں، دوسرا مالا......دو مہینوں کا کرایہ.....لیے آئے ہوگیا؟"

② ان.....اس میں جرأت نہ تھی.....کتنے دکھ کی بات ہے کہ اس کی ساری طاقت سرد پڑ گئی تھی.....یہ گالیاں.....وہ ان گالیوں کو کیا کہتا.....ان گالیوں نے اس کی چوڑی چھاتی پر رولسا پھیر دیا تھا.....صرف دو گالیوں نے.....حالانکہ پچھلے ہندو مسلم فساد میں ایک ہندو نے اسے مسلمان سمجھ کر لاٹھیوں سے بہت پیٹا تھا اور ادھ منواکر دیا تھا اور اسے اتنی تکلیف محوس نہ ہوئی تھی جتنی کہ اب ہو رہی تھی.....کیشو لال کھاری سینگ والا جو اپنے دوستوں سے بڑے قہر کے ساتھ کماکرتا تھا کہ وہ کبھی بیمار نہیں پڑا۔ آج یوں چل رہا تھا جیسے برسوں کا روگی ہے.....اور یہ روگ کس نے پیدا کیا تھا؟.....دو گالیوں نے !

نواں سبق وہ لمحہ جو میرا تھا

作品导读

1. 阿妲·捷菲丽（1924—2015）

阿妲·捷菲丽是巴基斯坦乌尔都语诗人中的第一位出版诗集的女诗人，被称为“乌尔都语诗歌第一女士”，同时也是乌尔都语文坛著名作家。

阿妲·捷菲丽出生于英印时期，巴基斯坦独立后移居巴基斯坦。她 12 岁就开始写诗，擅长写作加扎尔、自由诗、散文等。1955 年新德里的哈达姆基金会评定她为“世纪杰出女诗人”。1967 年她的第二部诗集《痛苦之城》获得阿达姆吉文学奖。1981 年获得杰出贡献奖章，1994 年获得“乌尔都语之父穆尔维·阿卜杜·哈克博士”奖，1997 年获得奎艾德·阿萨姆奖，并获得巴基斯坦的哈达姆基金。2002 年她获得巴基斯坦政府授予的文学杰出成就奖，2003 年获得巴基斯坦文学院颁发的卡麦勒·范终身成就奖，也是巴基斯坦文学院设立这一奖项后的第一位女性获奖者。

诗歌《我的时刻》是一个庞大的意象系统，以时间为经，记忆为纬，用烈日、时间之箭、狂风、干涸的河床、死去的鸟儿等一系列事物构筑出一个残酷的外部世界，而用七彩花朵、芬芳、月光、花枝、露珠等美好的事物映射出属于“我”的美好时刻，编织出一个寂寞女子月夜下思念爱人的感触。《请听我说》也是一首以爱情为主题的小诗，诉说了现实的阴暗灰冷，而爱情则是女性跨越世间艰难的虹桥。诗中主人公以藤蔓自喻，用柔弱的身躯勇敢地追求幸福。

2. 吉什沃尔·娜希德（1940—）

吉什沃尔·娜希德是巴基斯坦著名的女权主义诗人。她作为巴基斯坦国民议会的艺术总干事在国家的不同机构中工作过。她还主编了一份文学杂志，并成立了“夏娃组织”，旨在帮助没有独立收入的女性，通过家庭手工业及手工制品销售向其提供经济来源和就业机会。

1968年至1990年间，她共出版了6部诗集。她还为孩子们以及巴基斯坦的第一大报《战斗日报》撰稿。她的一些诗集被译成英语及西班牙语。她多次获得各类奖项，第一部诗集《舌灿莲花》（لبِ گویا）出版于1968年，她凭该诗集获得了阿达姆吉文学奖；《家乡故事》（دیس دیس کی کہانیاں）获得联合国教科文组织颁发的儿童文学奖；哥伦比亚大学的最佳翻译奖；1997年获得曼德拉奖，2000年获得希达尔·艾·伊姆迪亚兹奖。

她的诗歌具有强烈的女权主义色彩，在其创作早期诗风自然清新，而后期作品则明显地从顺从屈服逐渐生发出进取意志和抗争意识。

《逆时针》是一首非常优秀的诗歌，诗人从“我的眼睛都位于你的鞋底之下”切入，从视觉、嗅觉、说话、行走多个方面切入，表明尽管男权从视野、感觉、话语、行为进行全方位限制与压抑，女性仍然可以冲破重重阻力获得自由。《口舌之快》则是一首对话式的小诗，将黑夜视为一个提供灵感、有着精神交流并且在口头上相互较劲的挚友。诗歌表达出诗人对于婚姻关系的解剖，以及对更高层次爱情婚姻的追求；同时，也描写了诗人的创作过程。诗歌构思精妙，意象灵活，语言优美。

وہ لمحہ جو میرا تھا

ادا جعفری

اک دن
تم نے مجھ سے کہا تھا
دھوپ کڑی ہے
اپنا سایہ ساتھ ہی رکھنا
وقت کے ترکش میں جو تیر تھے کھل کر برسے ہیں
زرد ہوا کے پتھریلے جھونکوں سے
جسم کا پنچھی گھائل ہے
دھوپ کا جنگل، پیاس کا دریا
ایسے میں آنسو کی اک اک بوند کو
انساں ترسے ہیں

تم نے مجھ سے کہا تھا
سمے کی بہتی ندی میں
لمحے کی پہچان بھی رکھنا
میرے دل میں جھانک کے دیکھو
دیکھو ساتوں رنگ کا پھول کھلا ہے
وہ لمحہ جو میرا تھا وہ میرا ہے
وقت کے پیکاں بے شک تن پر آن لگے
دیکھو اس لمحے سے کتنا گہرا رشتہ ہے
خوشبو بند دریچے کھول رہی ہے
چاندنی راتوں سا موسم بھی
کلیاں بھی ہیں، شبنم بھی
یہ سب میرے آئینے ہیں
اور ہر آئینے میں تم ہو......!

سنو

جان!
تم کو خبر تک نہیں
لوگ اکثر برا مانتے ہیں

85 نواں سبق وہ لمحہ جو میرا تھا

کہ میری کہانی کسی موڑ پر بھی
اندھیری گلی سے گزرتی نہیں
کہ تم نے شعاعوں سے ہر رنگ لے کر
مرے ہر نشانِ قدم کو دھنک سونپ دی
نہ گم گشتہ خوابوں کی پرچھائیاں ہیں
نہ بے آس لمحوں کی سرگوشیاں ہیں

کہ نازک ہری بیل کو
اک توانا شجر ان گنت اپنے ہاتھوں میں
تھامے ہوئے ہے
کوئی نارسائی کا آسیب اس رہ گزر میں نہیں
یہ کیسا سفر ہے کہ روداد جس کی
غبارِ سفر میں نہیں!

مصنف : مرزا محمد پاوہ رسوا

۱۔ ادا جعفری

ادا جعفری 22 اگست 1924ء کو بدایوں میں پیدا ہوئیں۔ آپ کا خاندانی نام عزیز جہاں ہے۔ آپ تین سال کی تھیں کہ والد مولی بدرالحسن کا انتقال ہوگیا۔ جس کے بعد پرورش ننھیال میں ہوئی۔ ادا جعفری نے تیرہ برس کی عمر میں ہی شاعری شروع کر دی تھی۔ وہ ادا بدایونی کے نام سے شعر کہتی تھیں۔ اس وقت ادبی رسالوں میں ان کا کلام شائع ہونا شروع ہوگیا تھا۔ آپ کی شادی 7491ء میں نورالحسن جعفری سے انجام پائی شادی کے بعد ادا جعفری کے نام سے لکھنے لگیں۔ ادا جعفری عموماً اختر شیرانی اور اثر لکھنوی سے اصلاح لیتی رہی۔ ان کے شعری مجموعہ شہر درد کو 1968ء میں آدم جی ایوارڈ ملا۔ شاعری کے بہت سے مجموعہ جات کے علاوہ ''جو رہی سو بے خبری رہی'' کے نام سے اپنی خودنوشت سوانح عمری بھی 1995ء میں لکھی۔ 1991ء میں حکومت پاکستان نے ادبی خدمات کے اعتراف میں تمغا امتیاز سے نوازا۔ وہ کراچی میں رہائش تھیں۔

ادا جعفری موجودہ دور کی وہ شاعرہ ہیں جن کا شمار بہ اعتبار طویل مشق سخن اور ریاضت فن کے صف اول کی معتبر شاعرات میں ہوتا ہے۔ وہ کم و بیش پچاس سال سے شعر کہہ رہی ہیں۔ گاہے گاہے یا بطرز تفریح طبع نہیں بلکہ تواتر و کمال احتیاط کے ساتھ کہہ رہی ہیں۔ اور جو کچھ کہہ رہی ہیں شعور حیات اور دل آویزی فن کے سائے میں کہہ رہی ہیں۔ حرف و صورت کی شگفتگی اور فکر و خیال کی تازگی کے ساتھ کہہ رہی ہیں۔ فکر و جذبے کے اس ارتعاش کے ساتھ کہہ رہی ہیں جس کی بدولت آج سے تیس چالیس سال پہلے ان کا شعر پہچان لیا جاتا تھا۔

اینٹی کلاک وائز

کشور ناہید

میری آنکھیں، تمہارے تلوے بھی نب جائیں
تو بھی تمہیں یہ خوف نہیں چھوڑیگا

کہ میں دیکھ تو نہیں سکتی
جسموں اور فقروں کو
خوشبو کی طرح محسوس تو کر سکتی ہوں

میری ناک ،اپنے تحفظ کی خاطر
تمہارے سامنے رگڑ رگڑ کر
بے نشان بھی ہو جائے
تو بھی تمہیں یہ خوف نہیں چھوڑے گا
کہ میں سونگھ تو نہیں سکتی
مگر کچھ بول تو سکتی ہوں

میرے ہونٹ، تمہاری مجازیت کے گن
گا گا کر
خشک اور بے روح ہو بھی جائیں
تو بھی تمہیں یہ خوف نہیں چھوڑیگا
کہ میں بول تو نہیں سکتی
مگر چل تو سکتی ہوں
میرے پیروں میں زوجیت
اور شرم و حیا کی بیڑیاں ڈال کر
مجھے مفلوج کر کے بھی
تمہیں یہ خوف نہیں چھوڑیگا
کہ میں چل تو نہیں سکتی
مگر سوچ تو سکتی ہوں

آزاد رہنے، زندہ رہنے
اور میرے سوچنے کا خوف
تمہیں کن کن بلاؤں میں گرفتار کریگا

زبان پہ رکھی مرچ

کبھی کبھی رات عمر میں مجھ سے بڑی ہو جاتی ہے
میری دوست بن کر میرے ساتھ بیٹھ جاتی ہے
میرے بستر میں سلوٹیں ڈالتی ہے
میری ہتھیلی پہ نامانوس سرسراہٹ جگاتی ہے
اور میرے ہاتھ میں قلم پکڑا کر پھر غائب ہو جاتی ہے ۔
میں کورے کاغذ سے رشتہ باندھنے کی جستجو میں
اپنی ہتھیلی پہ ٹھہری نامانوس سرسراہٹ کو
وجود دینے کے لئے
میز کی دوسری جانب ایک اور کرسی لاکر رکھتی ہوں
خالی کرسی پہ رات پھر آکر بیٹھ جاتی ہے
قہقہہ مار کر ہنستی ہے
اب بولنے بھی لگتی ہے
تم عورتیں بھی ایک اور شخص کے بغیر خود کو نامکمل سمجھتی ہو
وہ شخص لکڑی کا ہو یا کہ پتھر کا
تم اسے قریب دیکھنے کے لیے ساری عمر گنوا دیتی ہو،
تم اس کے لئے سنورتی ہو، کھانے پکاتی ہو
اس کے لیے اپنا نام تک قربان کر دیتی ہو
اب رات پھر غائب ہو جاتی ہے ۔
رات کی ہر بات کو فراموش کرنے کے لیے
میں اب سونے کے لیے لیٹ جاتی ہوں ۔
اندھیرے کمرے میں لگی تصویروں کی تصویر بنانے لگتی ہوں
دروازے تک جانے کے راستے کو نظر میں بھرتی ہوں

تکیے کے نیچے ہاتھ لے جاتی ہوں سکہ اٹھانے کو
میرے پکڑنے سے پہلے رات وہ سکہ اٹھا کر
ہوا میں اچھالتی ہے ۔
"دیکھا جیت میری ہوئی"
یہ کہہ کر ہنستی ہوئی باہر چلی جاتی ہے ۔

اس وقت باہر سے اخبار والے کی آواز آتی ہے
اخبار میں اس مرد کی تصویر ہے
جو کبھی اس گھر میں آتا تھا
مجھے رات کی جیت یاد آ جاتی ہے
میں ہنستی ہوئی کچن میں چائے بنانے چلی جاتی ہوں ۔

۲۔ کشور ناہید

کشور ناہید پاکستان کی ادبی حلقوں میں ایک نمایاں مقام رکھتی ہیں ۔ وہ ایک حساس دل کی ملک ہیں ملک کے سیاسی اور سماجی حالات پر اُنکی گہری نظر ہے ۔ ایک عرصے سے وہ روزنامہ جنگ میں کالم لکھ رہی ہیں ۔ کشور پاکستان نیشنل کونسل آف آرٹس کی ڈائریکٹر جنرل کے عہدے پر کام کرتی رہی ہیں ۔ اس کے علاوہ وہ کئی سال تک ادبی جریدے ماہِ نو کی ادارت کے فرائض بخوبی انجام دیتی رہی ہیں ۔ آجکل وہ اسلام آباد میں سکونت پذیر ہیں ۔

کشور ناہید 1940 میں بلند شہر (ہندوستان) میں ایک قدامت پسند سید گھرانے میں پیدا ہوئیں ۔ اُن کے والد آٹھویں جماعت میں تعلیم کو خیرباد کہہ دیا تھا ۔ وہ راج گھاٹ نرودا کے مینجر تھے ۔ کشور کے نانا فضل الرحمان وکالت کرتے تھے مگر لڑکیوں کی تعلیم کے قائل نہ تھے ۔ کشور کی والدہ صرف قرآن ناظرہ اور بہشتی زیور پڑھ سکیں تھیں ۔ مگر انہوں نے اپنی اولاد کو تعلیم دلانے کے لئے ہر ممکن کوشش کی ۔ کشور کے گھرانے میں عورتیں پردے کی پابند تھیں سات سال کی عمر میں کشور کو بھی برقع پہنا دیا گیا تھا ۔

ایک قدامت پسند گھٹے ہوئے ماحول میں پرورش پانے والی کشور نے اپنی زندگی کے تمام فیصلے روایت سے ہٹ کر کئے ۔ نویں جماعت سے انہوں نے اخبار میں لکھنا شروع کیا ۔ میٹرک کے بعد اپنی ضد منوا کر کالج میں داخلہ لیا ۔ فرسٹ ایر سے ہی شعر کہنے کا سلسلہ شروع ہوا ۔ گھر والوں کی شدید مخالفت کے باوجود اُن کا علمی ادبی سفر جاری رہا ۔ تعلیمی دور تقریری مقابلوں اور مشاعروں میں حصہ لیتی رہیں اور ان کا کلام ادبی رسائل میں چھپتا رہا ۔ پنجاب یونیورسٹی میں معاشیات میں ایم اے کے دوسرے سال میں تھیں جب گھر والوں کو یوسف کامران کے ساتھ اُن کی دوستی کا علم ہوا ۔ ایک ایسے گھرانے میں جہاں رشتے کے بھائیوں سے بات کرنا بھی ممنوع تھا وہاں یہ خبر قیامت سے کم نہیں تھی ۔ اس جرم کی پاداش میں کشور اور یوسف کا نکاح پڑھوا دیا گیا ۔ کشور کی شادی گو کہ پسند کی شادی تھی مگر اُن کے ازدواجی حالات کچھ ایسے خوشگوار نہ تھے ۔ کشور اور یوسف کے دو صاحبزادے ہیں ۔ یوسف کامران 1984 میں انتقال کر گئے ۔

ایوارڈ

1۔ آدم جی ایوارڈ (لب گویا) 1969

2۔ یونیسکو ادب برائے اطفال ایوارڈ (دیس دیس کی کہانیاں)

3۔ کولمبیا یونی ورسٹی (بہترین مترجمہ)

4۔ منڈیلا ایوارڈ 1997

5۔ ستارۂ امتیاز 2000

اپنی شاعری میں ایسے نسوانی جذبات اور مسائل کا برملا اظہار کیا ہے جنہیں بیان کرنا معیوب سمجھا جاتا تھا۔ وہ اپنے آپ کو ایک حقیقت پسند خاتون قرار دیتی ہیں جو حالات یا معاشرے کے جبر کا شکار بننے سے منکر رہی ہیں۔ وہ عورت کے ساتھ روا رکھی جانے والی معاشرتی ناانصافیوں کو لگی لپٹی رکھے بغیر تلخ و ترش سچے الفاظ میں بیان کر دیتی ہیں۔ایسے میں اکثر ناقدین اُن کی شاعری کو سپاٹ، کھردری اور غنائیت سے محروم قرار دیتے ہیں۔ اُن کی شاعری میں عورت کا وجود اس کا احساس اور اسی کی آواز گونجتی ہے۔

کشور کے کلام کا انگریزی اور ہسپانوی زبانوں میں ترجمہ ہو چکا ہے۔ کشور نے خود بھی کئی کتابوں کا اُردو میں ترجمہ کیا ہے اس کے علاوہ بچوں کے لئے بھی لکھتی رہی ہیں۔ باقی ماندہ خواب ، عورت زبانِ خلق سے زبانِ حال تک ، عورت خواب اور خاک کے درمیان ، خواتین افسانہ نگار 1930 سے 1990 تک ، زیتون ، آ جاؤ افریقہ ، بری عورت کی کتھا ، بری عورت کے خطوط: نازائیدہ بیٹی کے نام ، سیاہ حاشیے میں گلابی رنگ ، بے نام مسافت ، لبِ گویا ، خیالی شخص سے مقابلہ ، میں پہلے جنم میں رات تھی ، سوختہ سامانیء دل ، کلیات دشتِ قیس میں لیلی ، لیلی خالد ، ورق ورق آئینہ ، شناسائیاں رسوائیاں ، وحشت اور بارود میں لپٹی ، ہوئی شاعری (زیر طبع) ۔

نئے الفاظ

گھونٹ	ghūṭ	一口（水烟）
ترکش	tarkash	箭袋（阳）
جھونک	jhōṇk	弯曲；摇晃（阴）
سمے	samē	时间（阴）
پرآن	parāṇ	灵魂；爱人，情人（阳）
بے آس	bē ās	苦恼的，忧郁不欢的，失望的（形）
آسیب	āsēb	恶魔，幽灵
فقر	faqr	苦行僧修行的一种方式，脱离尘世，安贫乐道（阳）
گھپ	ghup	漆黑的，伸手不见五指的（形）
تیر	tīr	箭头，箭（阳）
ترسا	tarsā	害怕的，恐惧的（形）
پیکاں	paikān	矛枪尖，枪头（阳）
دھنک	dhanak	彩虹（阴）
رسائی	rasā'ī	接近（阴）
غبار	ghubār	尘埃；烟雾（阳）
مجازیت	majāziyat	有权力，权力艺术（阴）

مشق

۱۔ ادا جعفری اور کشور ناہید کی شاعریوں کا ترجمہ کیجئے۔

۲۔ "سنو" پڑھئے اور بتائیے کہ ادا جعفری کے خیال میں عورتوں کی بد قسمت کی وجہ کیا ہے اور اس پر مرد کا کردار کیا ہے؟ مرد تو درد سے بچانے والا ہے یا ظلم دھانے والا؟

۳۔ اور بتائیے کہ کشور ناہید کے "اینٹی کلاک وائز" میں عورتوں کی بد قسمت پر مرد تو کیا کردار ادا کرتے ہے؟

۴۔ "سنو" اور "اینٹی کلاک وائز" میں عورتوں کی خوشی کو حاصل کرنے کے مختلف طریقوں میں کیا فرق ہے؟

دسواں سبق　اوور کوٹ

作品导读

胡拉姆·阿巴斯（1909—1982）是巴基斯坦著名小说家，曾经担任儿童杂志《花》和妇女杂志《妇女文化》的副总编辑。在巴基斯坦文学界，他的创作被归入“当代小说”一类，主要表现巴基斯坦社会生活的各个方面，尤其对底层民众有着深切的关注。

《大衣》是胡拉姆·阿巴斯的代表作品之一，讲述了一个穿着入时、打扮得体的青年绅士市中心逛街享受周末的过程。在途经公园、乐器店、电影院所发生的一系列事情表现出青年良好的西式教养和新潮做派。后来他对一对情侣间的隐私产生了兴趣进而尾随，最后导致了车祸发生。被送往医院后，青年死在了手术台上。

小说情节设计匠心独运，结局出人意料。运用了大量细节描写，通过衣着、装扮、语言、肢体动作等各个方面的描写，刻画出一个上流社会的青年形象，让人对其身份有着直观的判断。最后发生车祸，在护士剪开他光鲜的大衣后，其生活境况暴露无遗。小说表现手法纯熟，语言凝练，言简意赅。开始让读者通过外表猜想青年身份，最后利用强烈反差烘托主题，即对青年人价值观完全西化、盲目崇拜所谓的上流社会生活方式的社会现象提出了质疑。

اوور کوٹ

غلام عباس

جنوری کی ایک شام خوش پوش نوجوان ڈیوس روڈ سے گزر کر مال روڈ پر پہنچا اور چیرنگ کراس کا رخ کر کے خراماں خراماں پٹڑی پر چلنے لگا۔ یہ نوجوان اپنی تراش خراش سے خاصا فیشن ایبل معلوم ہوتا تھا۔ لمبی لمبی قلمیں چمکتے ہوئے بال، باریک باریک مونچھیں گویا سرمے کی سلائی سے بنائی گئی ہوں بادامی رنگ کا گرم اوورکوٹ پہنے ہوئے جس کے کاج میں شربتی رنگ کے گلاب کا ادھ کھلا پھول اٹکا ہوا، سر پر فلیٹ ہیٹ ایک خاص انداز سے ٹیڑھی رکھی ہوئی سفید سلک کا گلو بند گلے کے گرد لپٹا ہوا ایک ہاتھ کوٹ کی جیب میں دوسرے میں بید کی ایک چھوٹی چھڑی پکڑے ہوئے جسے کبھی کبھی وہ مزے میں آکر کے گھمانے لگتا تھا۔

یہ ہفتے کی شام تھی۔ بھرپور جاڑے کا زمانہ۔ سرد اور تند ہوا کسی تیز دھات کی طرح جسم پر آآ کے لگتی تھی۔ مگر اس نوجوان پر اس پر کچھ اثر نہیں معلوم ہوتا تھا۔

اور لوگ تو خود کو گرم کرنے کے لیے تیز تیز قدم اٹھا رہے تھے مگر اسے اس کی ضرورت نہ تھی۔ جیسے اس کڑکڑاتے جاڑے میں اسے ٹہلنے میں بڑا مزہ آرہا ہو۔

اس کی چار ڈھال سے ایسا بانکپن ٹپکتا تھا کہ تانگے والے دور ہی سے دیکھ کے سرپٹ گھوڑا دوڑاتے ہوئے اس کی طرف لپکتے۔ مگر وہ چھڑی کے اشارے سے نہیں کر دیتا۔ ایک خالی ٹیکسی بھی اسے دیکھ کر رکی مگر اس نے "نو تھینک یو" کہہ کر اسے بھی ٹال دیا۔

جیسے جیسے وہ مال کے زیادہ بارونق حصے کی طرف پہنچتا جاتا تھا۔ اس کی چونچالی بڑھتی ہی جاتی تھی۔ وہ منہ سے سیٹی بجا کر رقص کی ایک انگریزی دھن نکالنے لگا۔ اس کے ساتھ ہی اس کے پاؤں بھی تھرکتے ہوئے اٹھنے لگے۔ ایک دفعہ جب آس پاس کوئی نہیں تھا تو یکبارگی کچھ ایسا جوش آیا کہ اس نے دوڑ کر جھوٹ موٹ بال دینے کی کوشش کی، گویا کرکٹ کھیل ہو رہا ہے۔

راستے میں وہ سڑک آئی جو لارنس گارڈن کی طرف جاتی تھی۔ مگر اس وقت شام کے دھندلکے اور سخت کہرے میں اس باغ پر کچھ ایسی اداسی برس رہی تھی کہ اس نے ادھر کا رخ نہ کیا اور سیدھا چیرنگ کراس کی طرف چلتا رہا۔

ملکہ کے بت کے قریب پہنچ کر اس کی حرکات وسکنات میں کسی قدر متانت پیدا ہو گئی۔ اس نے اپنا رومال نکالا جسے جیب میں رکھنے کے بجائے اس نے کوٹ کی بائیں آستین میں اڑس رکھا تھا اور ہلکے ہلکے چہرے پھیرا۔ تاکہ کچھ گرد جم گئی ہو تو اتر جائے۔ بت کے آس پاس لان کے ایک گوشے میں کچھ انگریز بچے ایک بڑی سی گیند سے کھیل رہے تھے وہ رک گیا اور بڑی دلچسپی سے ان کا کھیل دیکھنے لگا بچے کچھ دیر تو اس کی نظروں سے بے پروا کھیل میں مصروف رہے مگر جب وہ تکے ہی چلا گیا تو وہ رفتہ رفتہ شرمانے سے لگے اور پھر اچانک گیند سنبھال ہنستے ہوئے اور ایک دوسرے کے پیچھے بھاگتے ہوئے وہ گھاس کے اس ٹکڑے ہی سے چلے گئے۔

نوجوان کی نظر سیمنٹ کی ایک خالی بنچ پر پڑی اور اس پر آکے بیٹھ گیا۔ اس وقت شام کے اندھیرے کے ساتھ ساتھ سردی اور بھی بڑھتی جا رہی تھی اسکی یہ شدت ناخوشگوار نہ تھی۔ بلکہ لذت پرستی کی ترغیب دیتی تھی۔ شہر کے عیش پسند طبقے کا تو کہنا ہی کیا وہ تو اس بہانے کچھ زیادہ کھل کھیلتا ہے تنہائی میں بسر کرنے والے بھی اس سے ورغلائے جاتے ہیں اور وہ اپنے اپنے کونوں کھدروں سے نکل کر محفلوں اور مجمعوں میں جانے کی سوچنے لگتے ہیں تاکہ جسموں کے قرب سے گرمی حاصل ہو۔ حصول لذت کی یہی جستجو لوگوں کو مال پر کھینچ لائی تھی اور وہ حسب توفیق ریستورانوں، کافی ہاؤسوں رقص گاہوں، سینما اور تفریح کے دوسرے مقاموں پر محظوظ ہو رہے تھے۔

مال روڈ پر موٹروں، تانگوں اور بائیسکلوں کا تانتا تو بندھا ہی ہوا تھا پٹری پر چلنے والوں کی بھی کثرت تھی۔ علاوہ ازیں سڑک کی دورویہ دکانوں میں فروخت کا بازار گرم تھا۔ جن کم نصیبوں کو نہ تفریح طبع کی استطاعت تھی نہ خرید وفروخت کی وہ دور ہی سے کھڑے کھڑے ان تفریح گاہوں اور دوکانوں کی رنگارنگ روشنیوں سے جی بہلا رہے تھے۔

نوجوان سیمنٹ کی بنچ پر بیٹھا اپنے سامنے گزرتے ہوئے زن و مرد کو غور سے دیکھ رہا تھا اس کی نظر ان کے چہروں سے کہیں زیادہ ان کے لباس پر پڑتی تھی۔ ان میں ہر وضع اور ہر قماش کے لوگ تھے۔ بڑے بڑے تاجر، سرکاری افسر، لیڈر، فنکار، کالجوں کے طلبا اور طالبات، نرسیں، اخباروں کے نمائندے، دفتروں کے بابو، زیادہ تر لوگ اوورکوٹ پہنے ہوئے تھے۔ ہر قسم کے اوورکوٹ قراقلی کے بیش قیمت اوورکوٹ سے لے کر خاکی پٹی کے پرانے فوجی اوورکوٹ تک جسے نیلام میں خریدا گیا تھا۔

نوجوان کا اپنا اوورکوٹ تھا تو خاصا پرانا۔ مگر اس کو کپڑا خوب بڑھیا تھا پھر وہ سلا ہوا بھی کسی ماہر درزی کا تھا۔ اس کو دیکھنے سے معلوم ہوتا تھا کہ اس کی بہت دیکھ بھال کی جاتی ہے۔ کالر خوب جما ہوا تھا۔ بانہوں کی کریز بڑی نمایاں سلوٹ کہیں نام کو نہیں۔ بٹن سینگ کے بڑے چمکتے ہوئے۔ نوجوان اس میں بہت مگن معلوم ہوتا تھا۔

ایک لڑکا پان بیڑی، سگریٹ کا صندوقچہ گلے میں ڈالے سامنے سے گزرا نوجوان نے آواز دی۔

"پان والا۔"

"جناب!"

"دس کا چینج ہے؟"

"ہے تو نہیں۔ لادوں گا۔ کیا لیں گے آپ؟"

"نوٹ لے کے بھاگ گیا تو؟"

"اجی واہ۔ کوئی چور اچکا ہوں، جو بھاگ جاؤں گا۔ اعتبار نہ ہو تو میرے ساتھ چلیئے۔ لیں گے کیا آپ؟"

"نہیں نہیں ہم خود چینج لائے گا۔ لو یہ اکنی نکل آئی۔ ایک سگریٹ دے دو اور چلے جاؤ۔"

لڑکے کے جانے کے بعد مزے مزے سے سگریٹ کے کش لگانے لگا۔ وہ ویسے ہی بہت خوش نظر آتا تھا سگریٹ کے دھوئیں نے اس پر سرور کی کیفیت طاری کردی۔

ایک چھوٹی سی سفید رنگ کی بلی سردی میں ٹھٹھری ہوئی بنچ کے نیچے اس کے قدموں کے پاس آکر میاؤں کرنے لگی۔ اس نے پچکارا تو اچھل کر بنچ پر آ چڑھی۔ اس نے پیار سے اس کی پیٹھ پر ہاتھ پھیرا اور کہا!

"پور لٹل سول!"

اس کے بعد وہ بنچ سے اٹھ کھڑا ہوا اور سڑک کو پار کر کے اس طرف چلا جدھر سینما کی رنگ برنگی روشنیاں جھلملا رہی تھیں۔ تماشا شروع ہو چکا تھا۔ سینما کے بر آمدے میں بھیڑ نہ تھی۔ صرف چند لوگ تھے جو آنے والی فلموں کی تصویروں کا جائزہ لے رہے تھے۔ یہ تصویریں چھوٹے بڑے کئی بورڈوں پر چسپاں تھیں۔ ان میں کہانی کے چیدہ چیدہ مناظر دکھائے گئے تھے۔

تین نوجوان اینگلوانڈین لڑکیاں ان تصویروں کو ذوق و شوق سے دیکھ رہی تھیں۔ ایک خاص شان استغنا کے ساتھ مگر صنف نازک کا پورا پورا احترام ملحوظ رکھتے ہوئے وہ بھی ان کے ساتھ ساتھ مگر مناسب فاصلے سے ان تصویروں کو دیکھتا رہا۔ لڑکیاں آپس میں ہنسی مذاق کی باتیں بھی کرتی جاتی تھیں اور فلم پر رائے زنی بھی۔ اتنے میں ایک لڑکی نے، جو اپنی ساتھ والیوں سے زیادہ حسین بھی تھی اور شوخ بھی۔ دوسری لڑکی کے کان میں کچھ کہا۔ جسپین کر اس نے ایک قہقہہ لگایا اور پھر وہ تینوں ہنستی ہوئی باہر نکل گئیں۔ نوجوان نے اس کا کچھ اثر قبول نہ کیا اور تھوڑی دیر کے بعد وہ خود بھی سینما کی عمارت سے باہر نکل آیا۔

اب سات بج چکے تھے اور وہ مال کی پٹری پر پھر پہلے کی طرح مٹر گشت کرتا ہوا چلا جا رہا تھا۔ ایک رستوران میں آرکسٹرا بج رہا تھا۔ اندر سے کہیں زیادہ باہر لوگوں کا ہجوم تھا۔ ان میں زیادہ تر موٹروں کے ڈرائیور، کوچوان، پھل بیچنے والے جو اپنا مال بیچ کے خالی ٹوکرے لیے کھڑے تھے۔ کچھ راہ گیر جو چلتے چلتے ٹھہر گئے تھے کچھ مزدوری

پیشہ لوگ تھے اور کچھ گداگر۔ یہ اندر والوں سے کہیں زیادہ گانے کے رسیا معلوم ہوتے تھے کیونکہ وہ غل غپاڑہ نہیں مچا رہے تھے۔ بلکہ خاموشی سے نغمہ سن رہے تھے۔ حالانکہ دھن اور ساز اجنبی تھے۔ نوجوان پل بھر کے لیے رکا اور پھر آگے بڑھ گیا۔

تھوڑی دور چل کے اسے انگریزی موسیقی کی ایک بڑی سی دکان نظر آئی اور وہ بلاتکلف اندر چلا گیا۔ ہر طرف شیشے کی الماریوں میں طرح طرح کے انگریزی ساز کھے ہوئے تھے۔ ایک لمبی میز پر مغربی موسیقی کی دو ورقی کتابیں چنی تھیں۔ بینئے چلنتر گانے تھے۔ سرورق خوبصورت رنگدار مگر دھنیں گھٹیا۔ ایک اچٹتی ہوئی نظران پر ڈالی پھر وہاں سے ہٹ آیا اور سازوں کی طرف متوجہ ہوگیا۔ ایک ہسپانوی گٹار پر جو ایک کھونٹی سے ٹنگی ہوئی تھی ناقدانہ نظر ڈالی اور اس کے ساتھ قیمت کا جو ٹکٹ لٹک رہا تھا اسے پڑھا۔ اس سے ذرا ہٹ کر ایک بڑا جرمن پیانو رکھا ہوا تھا۔ اس کا کور اٹھا کے انگلیوں سے بعض پردوں کو ٹٹولا اور پھر کور بند کر دیا۔

پیانو کی آواز سن کر دکان کا ایک کارندہ اس کی طرف بڑھا۔

"گڈ ایوننگ سر۔ کوئی خدمت؟"

"نہیں شکریہ۔ ہاں گراموفون ریکارڈوں کی فہرست دے دو اس مہینے کی۔"

فہرست لے کے اوورکوٹ کی جیب میں ڈالی۔ دکان سے باہر نکل آیا پھر چلنا شروع کر دیا۔ راستے میں ایک چھوٹا سا بک اسٹال آیا۔ نوجوان یہاں بھی رکا کئی تازہ رسالوں کے ورق الٹے۔ رسالہ جہاں سے اٹھاتا بڑی احتیاط سے وہیں رکھ دیتا اور آگے بڑھا تو قالینوں کی ایک دکان نے اس کی توجہ کو جذب کیا۔ مالک دکان نے جو ایک لمبا سا چغہ پہنے اور سر پر کلاہ رکھے تھا۔ گرم جوشی سے اس کی آؤ بھگت کی۔

"ذرا یہ ایرانی قالین دیکھنا چاہتا ہوں۔ اٹھائیے نہیں۔ یہیں دیکھ لوں گا۔ کیا قیمت ہے اس کی؟"

"چودہ سو بتیس روپے۔"

نوجوان نے اپنی بھنوؤں کو سکیڑا۔ جس کا مطلب تھا۔ "اوہو اتنی!"

دکاندار نے کہا "آپ پسند کر لیجئے۔ ہم جتنی بھی رعایت کر سکتے ہیں کر دیں گے۔"

"شکریہ۔ لیکن اس وقت تو صرف ایک نظر دیکھنے آیا ہوں۔

"شوق سے دیکھئے۔ آپ ہی کی دکان ہے۔"

دو تین منٹ کے بعد اس دکان سے بھی نکل آیا۔ اس کے اوورکوٹ کے کاج میں شربتی رنگ کے گلاب کا جو ادھ کھلا پھول اٹکا ہوا تھا۔ وہ اس وقت کاج سے کچھ زیادہ باہر نکل آیا تھا۔ جب وہ اس کو ٹھیک کر رہا تھا تو اس کے ہونٹوں پر ایک خفیف اور پر اسرار مسکراہٹ نمودار ہوئی اور اس نے پھر اپنی مٹرگشت شروع کر دی۔

اب وہ ہائی کورٹ کی عمارتوں کے سامنے سے گزر رہا تھا۔ اتنا کچھ چل لینے کے بعد بھی اس کی فطری چونچالی میں کچھ فرق نہیں آیا تھا۔ نہ تکان محسوس ہوتی تھی نہ اکتاہٹ۔ یہاں پٹری پر چلنے والوں کی ٹولیاں کچھ چھٹ سی گئیں تھیں اور ان میں کافی فاصلہ رہنے لگا تھا۔ اس نے اپنی بید کی چھڑی کو ایک انگلی سے گھمانے کی کوشش کی۔ مگر کامیابی نہ ہوئی اور چھڑی زمین پر گر پڑی "اوہ سوری" کہہ کر زمین پر جھکا اور چھڑی کو اٹھا لیا۔

اس اثنا ایک نوجوان جوڑا جو اس کے پیچھے پیچھے چلا آرہا تھا اس کے پاس سے گزر کر آگے نکل آیا۔ لڑکا دراز قامت تھا اور سیاہ کوڈرائے کی پتلون اور زپ والی

چمڑے کی جیکٹ پہنے تھا اور لڑکی سفید ساٹن کی گھیر دار شلوار اور سبز رنگ کا کوٹ ۔ وہ بھاری بھرکم سی تھی ۔ لڑکی چلنے سے اس کے چٹلے کا پھندنا اچھلتا کودتا پے در پے اس کے فربہ جسم سے ٹکراتا تھا۔ نوجوان کے لیے جو ان کے پیچھے پیچھے آرہا تھا یہ نظارہ خاصا جاذب نظر تھا۔ وہ جوڑا کچھ دیر تک تو خاموش چلتا رہا۔ اس کے بعد لڑکے نے کچھ کہا۔ جس کے جواب میں لڑکی اچانک چمک کر بولی:

"ہرگز نہیں ۔ ہرگز نہیں ۔ ہرگز نہیں ۔"

"سنو میرا کہنا مانو۔" لڑکے نے نصیحت کے انداز میں کہا۔ "ڈاکٹر میرا دوست ہے ۔ کسی کو کانوں کان خبر نہ ہوگی ۔"

"نہیں ۔ نہیں ۔ نہیں ۔"

"میں کہتا ہوں تمھیں ذرا تکلیف نہ ہوگی ۔"

لڑکی نے کچھ جواب نہ دیا۔

"تمہارے ماں باپ کو کتنا رنج ہوگا۔ ذرا ان کی عزت کا بھی تو خیال کرو۔"

"چپ رہو ورنہ میں پاگل ہو جاؤں گی ۔"

نوجوان نے شام سے اب تک اپنی سیر گشت کے دوران میں جتنی انسانی شکلیں دیکھی تھیں ان میں سے کسی نے بھی اس کی توجہ کو اپنی طرف منعطف نہیں کیا تھا۔ فی الحقیقت ان میں کوئی جاذبیت بھی ہی نہیں ۔ یا پھر وہ اپنے حال میں ایسا مست تھا کہ کسی دوسرے سے اسے سروکار ہی نہ تھا۔ مگر اس دلچسپ جوڑے نے جس میں کسی افسانے کے کرداروں کی سی ادا تھی ۔ جیسے یکبارگی اس کے دل کو موہ لیا تھا اور اسے حد درجہ مشتاق بنا دیا کہ وہ ان کی اور بھی باتیں سنے اور ہو سکے تو قریب سے ان کی شکلیں بھی دیکھ لے ۔

اس وقت وہ تینوں بڑے ڈاک خانے کے چوراہے کے پاس پہنچ گئے تھے ۔ لڑکا اور لڑکی پل بھر کو رکے اور پھر سڑک پار کر کے میکلوڈ روڈ پر چل پڑے ۔ نوجوان مال روڈ پر ہی ٹھہرا رہا۔ شاید وہ سمجھتا تھا کہ فی الفور ان کے پیچھے گیا تو ممکن ہے انہیں شبہ ہو جائے کہ ان کا تعاقب کیا جا رہا ہے ۔ اس لیے اسے کچھ لمحے رک جانا چاہیے ۔

جب وہ لوگ کوئی سو گز آگے نکل گئے تو اس نے لپک کر ان کا پیچھا کرنا چاہا۔ مگر ابھی اس نے آدھی ہی سڑک پار کی ہوگی کہ اینٹوں سے بھری ہوئی ایک لاری پیچھے سے بگولے کی طرح آئی اور اسے کچلتی ہوئی میکلوڈ روڈ کی طرف نکل گئی ۔ لاری کے ڈرائیور نے نوجوان کی چیخ سن کر پل بھر کے لیے گاڑی کی رفتار کم کی ۔ پھر وہ سمجھ گیا کہ کوئی لاری کی لپیٹ میں آگیا اور وہ رات کے اندھیرے سے فائدہ اٹھاتے ہوئے لاری کو لے بھاگا ۔ دو تین راہ گیر جو اس حادثے کو دیکھ رہے تھے شور مچانے لگے ۔ نمبر دیکھو، نمبر دیکھو۔ مگر لاری ہوا ہو چکی تھی ۔

اتنے میں کئی اور لوگ جمع ہو گئے ۔ ٹریفک کا انسپکٹر جو موٹر سائیکل پر جا رہا تھا رک گیا۔ نوجوان کی دونوں ٹانگیں بالکل کچلی جا چکی تھیں ۔ بہت سا خون نکل چکا تھا اور وہ سسک رہا تھا۔

فوراً ایک کار کو روکا گیا اسے جیسے تیسے اس میں ڈال کر بڑے ہسپتال روانہ کر دیا گیا۔ جس وقت وہ ہسپتال پہنچا تو اس میں ابھی رمق بھر جان باقی تھی ۔

اس ہسپتال کے شعبہ حادثات میں اسسٹنٹ سرجن مسٹر خان اور دو نو عمر نرسیں مس شہناز اور مس گل ڈیوٹی پر تھیں ۔ جس وقت اسے سٹریچر پر ڈال کر آپریشن روم میں لے جایا جا رہا تھا تو ان نرسوں کی نظر اس پر پڑی ۔ اس کا بادامی رنگ کا اوور کوٹ ابھی تک اس کے جسم پر تھا اور سفید سلک کا مفلر گلے میں لپٹا ہوا

تھا۔ اس کے کپڑوں پر جابجا خون کے بڑے بڑے دھبے تھے۔ کسی نے ازارہ دردمندی اس کی سبز فلیٹ ہیٹ اٹھا کے اس کے سینہ پر رکھ دی تھی تاکہ کوئی اڑا نہ لے جائے۔

شہناز نے گل سے کہا۔

"کسی بھلے گھر کا معلوم ہوتا ہے بے چارہ۔"

گل دبی آواز میں بولی۔

"خوب بن ٹھن کے نکلا تھا بے چارہ ہفتے کی شام منانے۔"

"ڈرائیور پکڑا گیا یا نہیں؟"

"نہیں بھاگ گیا۔"

"کتنے افسوس کی بات ہے۔"

آپریشن روم میں اسسٹنٹ سرجن اور نرسیں چہروں پر جراحی کے نقاب چڑھائے جنہوں نے ان کی آنکھوں سے نیچے کا سارا حصہ چھپا رکھا تھا۔ اس کی دیکھ بھال میں مصروف تھے۔ اسے سنگ مرمر کی میز پر لٹا دیا گیا۔ اس نے سر میں جو تیز خوشبودار تیل ڈال رکھا تھا۔ اس کی کچھ کچھ مہک ابھی تک باقی تھی۔ پٹیاں ابھی تک جمی ہوئی تھیں۔ حادثے سے اس کی دونوں ٹانگیں تو ٹوٹ چکی تھیں مگر سر کی مانگ نہیں بگڑنے پائی تھی۔

اب اس کے کپڑے اتارے جا رہے تھے۔ سب سے پہلے سفید سلک کا گلوبند اس کے گلے سے اتارا گیا۔ اچانک نرس شہناز اور نرس گل نے بیک وقت ایک دوسرے کی طرف دیکھا اس سے زیادہ وہ کر بھی کیا سکتی تھیں۔ چہرے پر جو دلی کیفیات کا آئینہ ہوتے ہیں، جراحی کے نقاب تلے چھپے ہوئے تھے اور زبانیں بند۔

نوجوان کے گلوبند کے نیچے نکٹائی اور کالر کیا سرے سے قمیص ہی نہیں تھی۔ اوور کوٹ اتارا گیا تو نیچے سے ایک بہت بوسیدہ اونی سوئیٹر نکلا جس میں جابجا بڑے بڑے سوراخ تھے۔ ان سوراخوں سے سوئٹر سے بھی زیادہ بوسیدہ اور میلا کچیلا ایک بنیان نظر آ رہا تھا۔ نوجوان سلک کے گلوبند کو کچھ اس ڈھب سے گلے پر لپیٹے رکھتا تھا کہ اس کا سارا سینہ چھپا رہتا تھا۔ اس کے جسم پر میل کی تہیں بھی خوب چڑھی ہوئی تھیں۔ ظاہر ہوتا تھا کہ وہ کم سے کم پچھلے دو مہینے سے نہیں نہایا البتہ گردن خوب صاف بھی اور اس پر ہلکا ہلکا پوڈر لگا ہوا تھا۔ سوئٹر اور بنیان کے بعد پتلون کی باری آئی اور شہناز اور گل کی نظریں پھر بیک وقت اٹھیں۔

پتلون کو پیٹی کے بجائے ایک پرانی دھجی سے، جو شاید کبھی نکٹائی رہی ہوگی خوب کس کے باندھا گیا تھا۔ بٹن اور بکسوئے غائب تھے۔ دونوں گھٹنوں پر سے کپڑ امسک گیا تھا اور کئی جگہ کھونچیں لگی تھیں مگر چونکہ یہ حصے اور کوٹ کے نیچے رہتے تھے۔ اس لیے لوگوں کی ان پر نظر نہیں پڑتی تھی۔

اب بوٹ اور جرابوں کی باری آئی اور ایک مرتبہ پھر مس شہناز اور مس گل کی آنکھیں چار ہوئیں۔

بوٹ تو پرانے ہونے کے باوجود خوب چمک رہے تھے، مگر ایک پاؤں کی جراب دوسرے پاؤں کی جراب سے بالکل مختلف تھی۔ پھر دونوں جرابیں پھٹی ہوئی بھی تھیں اس قدر کہ ان میں سے نوجوان کی میلی میلی ایڑیاں نظر آ رہی تھیں۔

بلاشبہ اس وقت تک وہ دم توڑ چکا تھا۔ اس کا جسم سنگ مرمر کی میز پر بے جان پڑا تھا۔ اس کا چہرہ، جو پہلے چھت کی سمت تھا، کپڑے اتارنے میں دیوار کی

طرف مڑ گیا تھا۔ معلوم ہوتا تھا کہ جسم اور اس کے ساتھ روح کی اس برہنگی نے اسے خجل کر دیا ہے۔ اور وہ اپنے ہم جسموں سے آنکھیں چرا رہا تھا۔

اس کے اوورکوٹ کی مختلف جیبوں سے، جو چیزیں برآمد ہوئیں، وہ یہ تھیں:

ایک چھوٹی سی سیاہ کنگھی۔ ایک رومال۔ ساڑھے چھ آنے، ایک بجھا ہوا آدھا سگریٹ، ایک چھوٹی سی ڈائری جس میں لوگوں کے نام اور پتے لکھے تھے، نئے گراموفون۔ ریکارڈوں کی ایک ماہانہ فہرست اور کچھ اشتہار جو مڑگشت کے دوران اشتہار بانٹنے والوں نے اس کے ہاتھ میں تھما دیئے تھے اور اس نے انہیں اوورکوٹ کی جیب میں ڈال لیا تھا۔

افسوس کہ اس کی بید کی چھڑی جو حادثے کے دوران میں کہیں کھوگئی تھی، اس فہرست میں شامل نہ تھی۔

مصنف: مرزا محمد پاوہ رسوا

غلام عباس امرتسر (مشرقی پنجاب، بھارت) میں پیدا ہوئے ابتدائی تعلیم دیال سنگھ ہائی سکول لاہور سے حاصل کی۔ تعلیمی سلسلہ ٹوٹ ٹوٹ کر جڑتا رہا۔ ۱۴۹۱ء میں پنجاب یونیورسٹی لاہور سے ادیب عالم کیا۔ ۲۴۹۱ء میں میٹرک اور ۴۴۹۱ء میں ایف اے کیا۔ بی اے کا امتحان دینا چاہتے تھے لیکن حالات نے اجازت نہ دی۔

انیس برس کی عمر میں فری لانس جرنلسٹ کے طور پر عملی زندگی کا آغاز کیا۔ ۸۲۹۱ء تا ۷۳۹۱ء بچوں کے رسالے "پھول" اور عورتوں کے رسالے "تہزیب نسواں" لاہور کے نائب مدیر تھے۔ ۸۳۹۱ء میں آل انڈیا ریڈیو دہلی سے منسلک ہوگئے۔ اور ریڈیو کے رسالہ "آواز" کی ادارت سنبھالی۔ قیام پاکستان کے بعد کرچی آگئے۔ ۸۴۹۱ء میں ریڈیو پاکستان کا رسالہ "آہنگ" ان کی ادارت میں جاری ہوا۔ ۹۴۹۱ء میں بی بی سی لندن سے دابستہ ہوگئے۔ ۲۵۹۱ء میں وطن واپس آکر ایک بار پھر آہنگ کی ادارت سنبھالی۔ ۶۷۹۱ء میں ریٹائر ہوئے۔ پہلی شادی ۹۳۹۱ء میں اور دوسری ۲۵۹۱ء میں کی۔ پہلی بیوی کا تعلق علی گڑھ سے تھا جبکہ دوسری برطانوی نژاد انگریز خاتون تھیں۔ ریٹائرڈ زندگی کرچی میں گزاری، کراچی میں انتقال ہوا اور وہیں دفن ہوئے۔

نئے الفاظ

与众不同的；少有的（形）	nirālā	نرالا	想象力；思想（阳）	takhayyul	تخیل
			衣服，服装（阴）	pōsh	پوش
人行道（阴）	paṭrī	پٹری	鬓发（阴，复）	qalmēṇ	قلمیں
眼影，眼线（阳）	surmah	سرمہ	橘黄色的，香槟色的（形）	sharbatī	شربتی
倾斜的，斜的（形）	ṭēṛhā	ٹیڑھا			
柳木，柳树（阳）	bēd	بید	杏黄色的（形）	bādāmī	بادامی

风流倜傥，时髦，纨绔（阳）	bāṇkpan	بانکپن
凄凉，冷清；悲伤，忧郁（阴）	udāsī	اداسی
严肃，庄重（阴）	matānat	متانت
性质；类型（阳）	qumāsh	قماش
衣服、纸张的折痕，皱痕（阴）	crease	کریز
被挑选出的（形）	chīdah	چیدہ
种类，类别；性别（阴）	sinf	صنف
演奏者（阳）	bhagat	بھگت
长袍，斗篷，大氅（阳）	chug̣ḥah	چغہ
神秘，奥秘，秘密（阳）	asrār	اسرار
辫子，印巴女性用金银线做的辫子穗（阳）	chuṭlā	چٹلا
怀疑，疑虑，猜测（阳）	shubbah	شبہ
行人，路人（阳）	rāh gīr	راہ گیر
线条；发线；发丝，纹路；带子（阴）	paṭṭī	پٹی
背心，汗衫（阳）	banyān	بنیان
羞愧的，不好意思的（形）	ḳḥajil	خجل
金属（阴）	dhāt	دھات
灵活性，矫捷（阴）	chōṇchālī	چونچالی
鼓舞人心，教唆，唆使（阴）	targ̣ḥīb	ترغیب
煽动，唆使，怂恿（及）	varg̣ḥalānā	ورغلانا
卡其布的（形）	ḳḥākī	خاکی
褶痕（阳）	silvat	سلوٹ
兴趣，爱好；趣味（阳）	zauq	ذوق
挂钩，小钉子（阴）	khūṇṭā	کھونٹی
一种高帽子（阴）	kulāh	کلاہ
收缩，变小，聚拢（及）	sukēṛnā	سکیڑنا
灯芯绒（阳）	corduroy	کوڈرائے
装饰在辫子上的流苏，花穗（阳）	phuṇdnā	پھندنا
盯梢，尾随（阳）	ta‘āqub	تعاقب
口罩，面罩（阳）	niqāb	نقاب
到处（副）	jābejā	جابجا
脚后跟（阴）	ēṛī	ایڑی

وضاحت

精致的小胡子像是用眼线笔勾勒的一样	باریک باریک مونچھیں گویا سرمے کی سلائی سے بنائی گئی ہوں
头上的礼帽（平顶帽）以一种特殊的方式斜戴着/头上的礼帽斜戴得很特别（很有风度）	سر پر فلیٹ ہیٹ ایک خاص انداز سے ٹیڑھی رکھی ہوئی

他(的步伐)变得轻盈矫健起来。	اس کی چونچالی بڑھتی ہی جاتی تھی۔
那当中有形形色色的人。	ان میں ہر وضع اور ہر قماش کے لوگ تھے۔
三个英印混血的女孩儿	تین نوجوان اینگلوانڈین لڑکیاں کو...
男孩高高大大，穿着一件带拉链的皮夹克	لڑکا دراز قامت تھا اور سیاہ کوڈرائے کی پتلون اور زپ والی چمڑے کی جیکٹ پہنے تھا
女孩儿走动的时候辫子上的花穗就(跟着)跳动起来，不时撞着她胖胖的身体。	لڑکی چلنے سے اس کے چٹلے کا پھندنا اچھلتا کودتا پے در پے اس کے فربہ جسم سے ٹکراتا تھا۔
(发油的)香气隐隐还在，头发此时还一丝不乱。	اس کی کچھ کچھ مہک ابھی تک باقی تھی۔ پٹیاں ابھی تک جمی ہوئی تھیں۔

مشق

ا۔ ترجمہ کیجئے ــــ

①جنوری کی ایک شام خوش پوش نوجوان ڈیوس روڈ سے گزر کر مال روڈ پر پہنچا اور چیرنگ کراس کا رخ کر کے خراماں خراماں پٹڑی پر چلنے لگا۔ یہ نوجوان اپنی تراش خراش سے خاصا فیشن ایبل معلوم ہوتا تھا۔ لمبی لمبی قلمیں چمکتے ہوئے بال، باریک باریک مونچھیں گویا سرمے کی سلائی سے بنائی گئی ہوں بادامی رنگ کا گرم اوورکوٹ پہنے ہوئے جس کے کاج میں شربتی رنگ کے گلاب کا ادھ کھلا پھول اٹکا ہوا، سر پر فلیٹ ہیٹ ایک خاص انداز سے ٹیڑھی رکھی ہوئی سفید سلک کا گلوبند گلے کے گرد لپٹا ہوا ایک ہاتھ کوٹ کی جیب میں دوسرے میں بید کی ایک چھوٹی چھڑی پکڑے ہوئے جسے کبھی کبھی وہ مزے میں آکر کے گھمانے لگتا تھا۔

②نوجوان کے گلوبند کے نیچے نکٹائی اور کالر کیا سرے سے قمیض ہی نہیں تھی۔ اوورکوٹ اتارا گیا تو نیچے سے ایک بہت بوسیدہ اونی سوئیٹر نکلا جس میں جابجا بڑے بڑے سوراخ تھے۔ ان سوراخوں سے سوئٹر سے بھی زیادہ بوسیدہ اور میلا کچیلا ایک بنیان نظر آرہا تھا۔ نوجوان سلک کے گلوبند کو کچھ اس ڈھب سے گلے پر لپیٹے رکھتا تھا کہ اس کا سارا سینہ چھپا رہتا تھا۔ اس کے جسم پر میل کی تہیں بھی خوب چڑھی ہوئی تھیں۔ ظاہر ہوتا تھا کہ وہ کم سے کم پچھلے دو مہینے سے نہیں نہایا البتہ گردن خوب صاف بھی اور اس پر ہلکا ہلکا پوڈر لگا ہوا تھا۔ سوئٹر اور بنیان کے بعد پتلون کی باری آئی اور شہناز اور گل کی نظریں پھر بیک وقت اٹھیں۔

۲۔ ترجما کرنے کے بعد بتائے کہ ان الفاظ سے اس نوجوان کی حالتِ استطاعت کیسی تھی ؟

۳۔ آخر میں نوجوان مرنے کی اصلی وجہ کیا ہے ؟ ٹریفک حادثہ ہے یا شرمندہ ؟ کیوں ؟

گیارہواں سبق   سات ڈرامے : گھر کی رونق

作品导读

阿迦·纳齐尔（1937—2016）是一位优秀的乌尔都语剧作家，主要从事电视剧本的创作，同时也当过演员、编导。他文学功底深厚，创作过很多优秀的剧本，其中以电视剧和舞台剧尤为出色。退休后因其出色的工作业绩被授予总统勋章。他的作品具有较高的思想性，即便是喜剧也往往会有一个严肃的主题，而悲剧则会带有讽刺及诙谐的意味。

《家的光彩》讲述了一对夫妇终日盼望独生儿子归来，然而孩子真的回来后，却发现他成了越狱的逃犯，面对苦苦哀求庇佑的儿子，最后老人毅然自首，没有因为心疼儿子而包庇罪犯。该戏剧情节简单，表现手法却颇具匠心。戏剧使用较大篇幅渲染了孤独的老夫妇在家回忆与儿子相处的幸福时光，点明独生儿子是这个家庭最明亮的光彩，夫妇间的对话虽然充满了分别的苦涩及相互埋怨，却也有着对儿子外出历练的支持。儿子回家后是整个戏剧的高潮，儿子讲述了自己跋山涉水逃避追踪的艰难经历，母亲还沉浸在对儿子艰难经历的同情中，父亲却陷入了深思。戏剧对父母双方的反应有着出色的描写，母亲的心疼和父亲的理性展现无遗。最终父亲选择了向警察自首，情节急转，戏剧戛然而止，余韵犹在，发人深省。

گھر کی رونق

آغا ناصر

کردار

حسن ـــــــــ تقریباً ۰۵ برس کا ایک آدمی

کلثوم ـــــــ اس کی بیوی عمر ۵۴ برس

صادق ــــــ ان کا اکلوتا بیٹا عمر ۰۲ برس

"منظر"

(ایک کمرہ جس میں ضرورت کا سامان موجود ہے دو پلنگ آمنے سامنے بچھے ہوئے ہیں ۔ کمرے کی چیزوں سے معلوم ہوتا ہے کہ اس کے رہنے والے نچلے درمیانہ طبقے سے تعلق رکھتے ہیں ۔ کمرے میں دروازے ہیں ایک باہر جانے کے لئے اور دوسرا برابر والی کوٹھڑی میں جانے کے لئے عقبی دیوار میں ایک کھڑکی ہے جو اس وقت بند ہے ۔

جب پردہ اٹھتا ہے تو کمرے میں نیم تاریکی ہے رات کا پچھلا پہر ہے حسن اپنے بستر پر لیٹا کروٹیں بدل رہا ہے کلثوم اپنے بستر پر کہنیوں کے بل سر ٹکائے لیٹی ہے ۔)

کلثوم ۔ تم جاگ رہے ہو ابھی تک ۔

حسن ۔ ہاں نیند نہیں آتی ۔

کلثوم ۔ (پلنگ پر اٹھ کر بیٹھ جاتی ہے) کیوں ۔ طبیعت تو ٹھیک ہے نا ۔

حسن ۔ ہاں ہاں ۔ پریشان ہونے کی ضرورت نہیں کلثوم ۔ آج کی بات نہیں میں تو ہر روز اسی طرح جاگتا رہتا ہوں کہتے ہیں جوں جوں عمر بڑھتی جاتی ہے نیند کم ہوئی جاتی ہے ۔ تم سو جاؤ ۔

کلثوم ۔ میں بھی رات گئے تک جاگتی رہتی ہوں ۔

حسن ۔ تم بھی ۔

کلثوم ۔ ہاں ۔

حسن ۔ لیکن مجھے آج تک معلوم نہ ہو سکا ۔

کلثوم ۔ میں جاگتی رہتی ہوں اور بالکل ساکت اپنے پلنگ پر لیٹی رہتی ہوں ۔ اس خیال سے کہ کہیں تمہاری نیند میں خلل نہ پڑ جائے ۔

حسن ۔ (ہنستا ہے) اور میں خود نیند سے کوسوں دور رہتا ہوں کیسی دلچسپ بات ہے ۔ ہم دونوں جاگتے ہیں لیکن ایک دوسرے کو سوتا ہوا جان کر دونوں خاموش رہتے ہیں ۔

(ایک طویل خاموشی کلثوم تکیہ کا سہارا لے کر بیٹھ جاتی ہے ۔ حسن کروٹ بدلتا ہے اور کہنی سے سر ٹکا کر اس طرح لیٹ جاتا ہے کہ اس کا چہرہ کلثوم کی طرف ہے ۔)

حسن ۔ تمہیں نیند نہیں آتی کلثوم ۔

کلثوم ۔ خدا جانے ۔ دن بھر میں کام میں مصروف رہتی ہوں ۔ پھر جب کام ختم ہو جاتا ہے تو میں تمہارا انتظار کرنے لگتی ہوں ، اور جب تک تم آ نہ جاؤ میں تمہارے سوا کوئی اور بات سوچ ہی نہیں سکتی ۔ دن اسی طرح گزر جاتا ہے ۔ لیکن جب رات آتی ہے تو اپنے ساتھ صادق کی یاد بھی لاتی ہے ۔ اور میری نیند اچاٹ ہو جاتی ہے ۔

حسن ۔ (ایک لمبی سانس لے کر) صادق ۔ آہا ۔

کلثوم ۔ میں خود کو بہت سمجھاتی ہوں ۔ ذہن کو دوسری باتوں کی طرف لے جانا چاہتی ہوں ۔ لیکن صادق کا خیال دل سے محو نہیں ہوتا ۔ جس چیز کے متعلق سوچتی ہوں ۔ اس کا تعلق کسی نہ کسی طرح صادق سے ہوتا ہے اور یاد کا سلسلہ پھر اسی سے جاملتا ہے ۔ میں بھول جانے کی کوشش کرتی ہوں مگر (آواز بھرا جاتی ہے)

حسن ۔ اکلوتے نوجوان بیٹے کی یاد اس طرح نہیں مٹائی جا سکتی، تم ہزار کوشش کرو لیکن اسے بھول نہیں سکتیں۔

کلثوم ۔ (جذباتی انداز میں) ہاں کیسے بھلایا جا سکتا ہے ۔ ہمارے جسم کا کوئی حصہ ہم سے جدا کر لیا جائے اور ہم سے کہا جائے کہ اسے بھول جاؤ۔ یہ آخر کس طرح ممکن ہے ۔

حسن ۔ اولاد کا غم کبھی ماں باپ کے دل سے دور نہیں ہوتا، لوگ کہتے ہیں صبر آجاتا ہے لیکن کیسے آجاتا ہے صبر۔

کلثوم ۔ کسی کی موت پر آنسو بہالینے کے بعد اس کے مردہ جسم کو مٹی میں دفن کر لینے کے بعد شاید صبر آجاتا ہو۔ لیکن ایک جیتے جاگتے چلتے پھرتے بیٹے کو کھو کر کس طرح صبر آسکتا ہے، تم خود ہی سوچو نا۔

حسن ۔ یہی کچھ تو سوچتا رہتا ہوں کلثوم ۔۔۔۔انہی خیالوں کی وجہ سے تو نیند غائب ہو جاتی ہے ۔ میری جوں جوں عمر بڑھتی جا رہی ہے ۔ صادق کا غم اور بھی شدید ہوتا جا رہا ہے ۔

کلثوم ۔ وہ اگر آج ہوتا تو اس گھر میں کتنی رونق ہوتی ۔ اب تک ہم اس کا بیاہ کر چکے ہوتے ۔ اور اس گھر میں سناٹوں کے بجائے اس کے معصوم بچوں کے قہقہے گونجا کرتے ۔ اگر وہ ہوتا ۔

حسن ۔ (جذباتی ہوکر) لیکن وہ چلا گیا۔ وہ اپنے بوڑھے ماں باپ کو چھوڑ کر چلا گیا اسے خیال بھی نہ آیا میں اس گھر، اپنے باپ اور اپنی ماں کو کس پر چھوڑ کر جا رہا ہوں ۔ ہم نے اس کا کیا بگاڑا تھا جو اس نے اتنی بڑی سزا دی ہمیں ۔

(خاموشی میں چند لمحے ۔ دونوں کی سسکیاں سنائی دیتی رہتی ہیں)

حسن ۔ کتنے سال ہوگئے صادق کو گئے ہوئے ؟

کلثوم ۔ ان گرمیوں میں پورے چھ سال ہو جائیں گے ۔

حسن ۔ چھ سال ۔ ہاں چھ سال گزر گئے ۔ مجھے وہ شام ابھی تک یوں یاد ہے جیسے کل کی بات ہو ۔ میں کام پر سے واپس آیا تھا اور تم باورچی خانے کے دروازے کے سامنے چپکے چپکے رو رہی تھیں ۔

کلثوم ۔ ہاں اس نے مجھے برا بھلا کہا تھا ۔ میرے ساتھ بدتمیزی کی تھی۔

حسن ۔ اور جب میں نے تم سے ساری بات پوچھی تھی تو تم نے بتایا تھا کہ صادق نے تمہارے صندوق کا تالا توڑ کر زیور اور روپے چرائے تھے اور بستی کے اوباش لڑکوں کے ساتھ جوئے میں سب کچھ ہار کر آگیا تھا ۔

کلثوم ۔ اور جب میں نے اس سے اس بات کی پوچھ کچھ کرنے کی کوشش کی تھی تو اس نے مجھے گالیاں دی تھیں اور چلاتا ہوا گھر سے نکل گیا تھا۔

حسن ۔ ہاں کبھی نہ واپس آنے کے لئے گھر سے نکل گیا تھا ۔ اپنی ماں کو گالیاں دے کر اپنے گھر کی عزت ، شرافت کے منہ پر تھوک کر چلا گیا تھا ۔ آوارہ بد چلن بے غیرت لڑکا ۔

کلثوم ۔ آوارہ ، بدچلن ، بے غیرت وہ کچھ بھی تھا ۔ ہمارا بیٹا تھا ۔ ہمارا اکلوتا بیٹا اور چھ برسوں کی اس مدت نے ہمارے دلوں سے سب کچھ فراموش کرا دیا ہے ۔ اس کی آوارگی ، بدچلنی ، ہمیں صرف یہ یاد رہ گیا ہے کہ ہمارا بیٹا تھا اور اس گھر کی روشنی تھا ۔ ہمارا سہارا تھا ۔ ہماری آنکھوں کا نور تھا ۔ دل کی ٹھنڈک تھا ۔ (پھوٹ پھوٹ کر رونے لگتی ہے) ۔

حسن ۔ (ٹھنڈی سانس لے کر) ہاں ۔ اولاد کا غم کبھی ختم نہیں ہوتا ۔ کبھی نہیں اب سو جاؤ کلثوم ۔

(حسن کروٹ بدلتا ہے ۔ کلثوم تکیئے میں منہ چھپا کر رونے لگتی ہے ۔ اب کوئی آواز نہیں سوائے کلثوم کی سسکیوں کے ۔چند لمحوں کے بعد اچانک باہر سے شور سنائی دیتا ہے ۔ جیسے بہت سے آدمی زور زور سے باتیں کر رہے ہوں ۔ حسن گھبرا کر اٹھ بیٹھتا ہے ۔ کلثوم بھی پریشان سی ہو کر کھڑی ہو جاتی ہے) ۔

کلثوم ۔ کیا ہے ؟

حسن ۔ معلوم نہیں باہر ہو رہا ہے (شور بڑھتا جا رہا ہے) ۔ ٹھہرو میں دیکھتا ہوں جا کر ۔

(حسن چادر اوڑھتے ہوئے باہر جانے والے دروازے سے نکل جاتا ہے ۔ کلثوم پریشان سی پلنگ کے سرہانے کھڑی ہے اچانک کھڑکی پر دستک ہوتی ہے)

کلثوم ۔ (سہم کر) کون ہے ؟

(پھر دستک ہوتی ہے)

کلثوم ۔ کون ہے ؟

آواز ۔ کھڑکی کھول دو ۔ خدا کے لئے کھڑکی کھول دو ۔

کلثوم ۔ (کھڑکی کے قریب آ کر) مگر تم کون ہو اتنی رات گئے اس طرح ۔۔۔۔

آواز ۔ مجھ پر رحم کرو مجھے اندر آ جانے دو ۔ پھر میں سب کچھ بتادوں گا۔

وہ مجھے مار ڈالیں گے ۔ خدا کے لئے مجھ پر رحم کرو۔

(کلثوم آگے بڑھ کر ڈرتے ڈرتے کھڑکی کھول دیتی ہے ۔ ایک نوجوان حسن کے بال بڑھے ہوئے ہیں ۔ چہرے پر ہوائیاں اڑ رہی ہیں ۔ کھدر کے سفید کپڑے پہنے جلدی سے کھڑکی کے اندر کودتا ہے) ۔

کلثوم ۔ (چلا کر) صادق میرے بچے ، میرے لال (وہ اسے اپنے سینہ سے چمٹا لیتی ہے) ۔

صادق ۔ (صادق جو بہت پریشانی میں ادھر ادھر دیکھ رہا ہے) اماں ۔

کلثوم ۔ میرے بچے ۔

صادق ۔ مجھے کہیں چھپا دو ۔۔۔۔۔ وہ آ جائیں گے ۔ وہ مجھے پکڑ لیں گے ۔ مجھے مار ڈالیں گے ۔ مجھے کہیں چھپا دو اماں ۔

کلثوم ۔ (اپنی رو میں) اب تجھے کوئی نہیں چھین سکتا ہم سے کوئی تجھے نہیں پکڑ سکتا میرے لال ۔ میں تجھے اپنے سینے میں چھپا لوں گی ۔ کسی کی مجال

نہیں کہ تجھے آنکھ اٹھا کر بھی دیکھ سکے ۔ تیرے ابا اس کی آنکھیں نکال لیں گے ۔

صادق ۔ اماں ۔ ۔ ۔ ۔مجھے ڈر لگ رہا ہے اماں ۔ ۔ ۔ ۔وہ آجائیں گے ۔ وہ ۔ ۔ ۔

کلثوم ۔ نہیں نہیں کوئی نہیں آئے گا میرے بچے کسی میں جرات نہیں کہ مجھ سے میرا بچہ چھین سکے ۔کون ظالم بے درد ہوگا جو تجھے مجھ سے چھین سکے ۔ سال کے بعد تو آیا ہے ۔

(باہر شور ایک دم بڑھتا ہے)

صادق ۔ (ڈر کر) اماں

کلثوم ۔ نہیں نہیں ڈرتے نہیں میرے بچے ۔

صادق ۔مجھے کہیں چھپا دو اماں ۔ تم نہیں سمجھ رہی ہو ضرور یہاں آئیں گے ۔

کلثوم ۔کون ہیں وہ ؟

صادق ۔ پولیس کے آدمی ۔

کلثوم ۔ پولیس !

صادق ۔ ہاں وہ میرے پیچھے لگے ہیں ۔ کل رات سے میرے پیچھے لگے ہوئے ہیں ۔ کل رات اور دن میں اسی طرح ڈرتا رہا ہوں ۔تپتے ہوئے میدانوں میں ، پہاڑیوں میں ، خاردار جنگلوں میں ۔ میرے پاؤں لہولہان ہوگئے ہیں ۔آبلے پڑگئے ہیں ۔ میں سارا دن دوڑتا رہا ہوں ۔ ان سے بچنے کے لئے بھاگتا رہا ہوں پھر رات آگئی اور میں کسی ویران کھنڈر میں چھپ گیا ۔ میں تھک گیا تھا ۔ نڈھال ہو کر لیٹ گیا ۔ میں مسلسل تین دن سے جاگ رہا ہوں ۔ میں ہونے والا تھا کہ وہاں بھی پہنچ گئے اور میں بھاگ نکلا وہ شکاری کتوں کی طرح میرا تعاقب کر رہے ہیں ۔

کلثوم ۔ (جذباتی ہو کر بڑی محبت سے اس ایک بار پھر اپنے سینے سے لگا لیتی ہی) میرا چندا ۔ میرا بیٹا ۔

صادق ۔ اب میں بہت تھک گیا ہوں اماں ۔ بہت تھک گیا ہوں (نڈھال سے ہو کر اپنا سر اس کے شانوں پر لٹکا دیتا ہے)۔

اب مجھ میں اور بھاگنے کی سکت نہیں ہے ۔مجھے رات بھر کے لئے کہیں چھپا دو ۔ صبح ہوتے ہی میں چلا جاؤں گا ۔ میں تمہیں کوئی دکھ نہیں دوں گا اماں ۔

کلثوم ۔ (آنسو بھر آئے ہیں) نہیں نہیں میرے لال ۔ تو اب کہیں نہیں جائیگا تو ہمیشہ ہمارے ساتھ رہے گا تجھے ۔ ۔ ۔ (اچانک باہر سے دروازہ کھلنے کی آواز آتی ہے)۔

صادق ۔ (ڈر کر) وہ آگئے ۔مجھے چھپا دو اماں ۔ (صادق گھبراہٹ میں مشرقی دروازے کی طرف بڑھتا ہے اور دروازہ کھول کر برابر والی کوٹھڑی میں چال جاتا ہے ۔ باہر کی طرف والے دروازے سے حسن داخل ہوتا ہے)۔

حسن ۔ جانے کہاں گیا ۔ ۔ ۔ ۔چپہ چپہ تلاش کر لیا ۔ انہوں نے ساری بستی کا ۔

کلثوم ۔ کون ۔

حسن ۔ قیدی ۔

کلثوم ۔ (گھبرا کر) قیدی ۔

حسن ۔ ہاں ۔ ایک قیدی تھا ۔ کوئی بڑا مجرم ۔ دو سال ہوئے پکڑا گیا جیل میں تھا ۔ کل رات فرار ہوگیا۔

کلثوم ۔ (جیسے نیم بے ہوشی کے عالم میں بول رہی ہو) قیدی تھا بہت بڑا مجرم کل صبح جیل سے فرار ہوگیا ۔

حسن ۔ (کلثوم کو سنبھالتے ہوئے) ارے تمہیں کیا ہوا ہے کلثوم ۔

کلثوم ۔ اور وہ اس کے پیچھے لگے ہوئے ہیں وہ اسے پکڑ کر جیل میں ڈال دیں گے ۔

حسن ۔ ہاں ۔

کلثوم ۔ اور اس کے ماں باپ تنہا رہ جائیں گے ۔

حسن ۔ کلثوم کیسی باتیں کر رہی ہو تم ۔

کلثوم ۔ اور دوڑتے دوڑتے اس کے پیروں میں آبلے پڑگئے ہیں ۔ اور اس سارا جسم لہون ہوگیا ہے ۔

حسن ۔ کلثوم ؟

کلثوم ۔ اور وہ بہت تھکا ہوا ہے ۔ اسے نیند آ رہی ہے ۔ نیند کے خمار سے اس کی آنکھیں بند ہوئی جا رہی ہیں ۔ وہ تین دن سے مسلسل جاگ رہا ہے ۔

حسن ۔ کون ۔۔۔ کس کا ذکر کر رہی ہو تم کلثوم ۔ کون ہے وہ ؟

کلثوم ۔ صادق۔

حسن ۔ (بے چین سا ہو کر) صادق ۔

کلثوم ۔ ہاں اپنا صادق ۔ ہمارا بیٹا ۔۔۔۔ وہی ہے ۔ وہی ہے جسے وہ تلاش کر رہے ہیں ۔

حسن ۔ لیکن تمہیں کیسے معلوم ؟

کلثوم ۔ میں جانتی ہوں وہ میرے پاس ہے ۔

حسن ۔ تمہارے پاس !

کلثوم ۔ میں نے اسے چھپا دیا ہے ۔ اس کوٹھڑی میں بند کر دیا ہے کہ وہ اس تک پہنچ نہ سکیں ۔

حسن ۔ کلثوم (اس چہرے کے تاثرات سے پتہ چلتا ہے کہ اسے سخت صدمہ پہنچا ہے اور وہ خود کو سنبھالنے کی کوشش کر رہا ہے) تو وہ صادق ہے ۔ ہمارا گمشدہ بیٹا بہت بڑا مجرم ۔ جیل سے فرار ہونے والا ۔۔۔۔ وہ صادق ہے ہمارا اکلوتا بیٹا ۔

(لڑکھڑاتے قدموں سے کھڑکی کی طرف بڑھتا ہی)

کلثوم ۔ (جو بے حس اور ساکت سی کھڑی ہے) تم کیا کر رہے ہو۔ کیا کرنے والے ہو تم ۔۔۔۔

حسن ۔ تو وہ صادق ہے ۔ اپنا صادق ۔ اس گھر کی روشنی ، ہماری زندگی کا سہارا ۔ بیٹا ۔ میرے اپنے جسم کا ایک حصہ ۔

(کھڑکی کا پٹ کھول دیتا ہے باہر اندھیرے میں پولیس کے سپاہی سایوں کی طرح چلتے نظر آتے ہیں ۔ ان کے ہاتھوں میں ٹارچ چمک رہی ہے ۔)

کلثوم ۔ تمہیں کیا ہو گیا، تم کیا کرنے والے ہو۔

حسن ۔ (کھڑکی کے دونوں پٹ کھول دیتا ہے اور آواز پکارتا ہے) انسپکٹر یہاں آ جاؤ۔ تمہارا قیدی میرے گھر میں موجود ہے ۔

(ایک ساتھ کئی ٹارچوں کی روشنی حسن کے چہرے کی طرف جاتی ہے ۔ اس روشنی میں ہمیں اس کا چہرہ چمکتا ہوا نظر آتا ہے ۔ اس کے ہونٹوں پر مسکراہٹ ہے ۔ قریب ہی کھڑی کلثوم سسکیاں لے رہی ہے ۔ روشنیاں قریب آتی جا رہی ہیں ۔ حسن اسی طرح کھڑا ہے ۔ پردہ آہستہ آہستہ گر جاتا ہے ۔)

(ختم)

مصنف : مرزا محمد پاوہ رسوا

پاکستان کے مشہور براڈکاسٹر، مصنف، ہدایت کار ۔ 1937 میں ممبئیمیں پیدا ہوئے ۔ انھوں نے اپنے کریئر کا آغاز 1955 میں ریڈیو پاکستان میں بحیثیت براڈکاسٹر کیا تھا اور بعد ازاں وہ ادارے کے ڈائریکٹر جنرل کے عہدے پر بھی فائز رہے ۔ 1964 میں وہ پی ٹی وی سے منسلک ہوگئے اور یہاں بطور ہدایتکار اور پروڈیوسر کام کیا۔ وہ کچھ عرصے کے لیے پی ٹی وی کے مینیجنگ ڈائریکٹر بھی رہے ۔ آغا ناصر کی ایک تخلیق 'تعلیم بالغاں' کو پی ٹی وی پر نشر کیے جانے والے بہترین ڈراموں میں سے ایک سمجھا جاتا ہے ۔ انھوں نے کئی فلموں میں ہدایت کاری بھی کی جن میں وحید مراد اور طلعت اقبال جیسے اداکاروں نے کام کیا تھا۔ وہ ایک اچھے مصنف بھی تھے انھوں نے کل چھ کتابیں تحریر کیں اور ان کی ثقافت پر تحریروں کو کافی پسند کیا گیا۔ آغا ناصر نے ریڈیو پاکستان میں "اسٹوڈیو نمبر 9" اور "حامد میاں کے یہاں" جب کہ پاکستان ٹیلی وژن میں "الف نون ، تعلیم بالغان جیسے شاہکار ڈرامے تخلیق کیے ۔ 1970ے عام انتخابات براہ راست نشریات بھی ان کے کیریر میں اہم سنگ میل کی حیثیت رکھتی ہے ۔ اپنی ریٹائرمنٹ کے بعد وہ ایک نجی ٹی وی چینل سے بھی منسلک رہے ۔ انھیں ان کی خدمات کے نتیجے میں صدارتی تمغا برائے حسنِ کارکردگی سے بھی نوازا گیا۔ 12 جولائی 2016 کو انتقال ہوا۔

سائنس کے علم کی طرح ڈرامہ یا ناٹک کا ہنر بھی دریاؤ ہے جس میں مختلف کمالات کا یکجا اظہار ہوتا ہے ۔ اس میدان میں آغا ناصر کچھ ہرفن مولا قسم کے آدمی ہیں ، ہمارے ہاں ٹیلی ویژن ڈرامہ کے فروغ میں ان کا بہت بڑا حصہ ہے ۔ وہ اداکار بھی ہیں ، ہدایت کار بھی ، حتیٰ کہ ادیب اور ڈرامہ نگار بھی ہیں ۔ پرانے روایتی تھیٹر کے زوال کے بعد ہمارے ادب میں کامیاب ڈراموں کا سرمایہ بہت کم ہے ۔ یوں ڈرامے لکھے ضرور جاتے رہے لیکن ان میں محض "کتابی" قسم کی چیزیں ہیں جو ایسے ادیبوں نے لکھی ہیں جنھیں اسٹیج کی ضروریات سے واقفیت نہ تھی یا حال میں کچھ ایسے شوقین لوگوں نے جو

ناٹک بازی تو جانتے تھے لیکن ان کا "مبلغ ادب" محدود تھا ۔ ریڈیو کے لئے کچھ اچھے ڈرامے ضرور لکھے گئے لیکن ریڈیو ڈرامہ اسٹیج ڈرامے کے مقابلے میں یا اُبھری تخلیق ہوتی ہے جس کے تقاضے اسٹیج سے مختلف ہیں ٹیلی ویژن ڈرامے اور اسٹیج ڈرامے میں بہ بین امتیاز تو ہے لیکن اس نوع کا بعد نہیں ۔ آغا ناصر کے زیر نظر ڈرامے اس کا ثبوت ہیں ۔

ان کی پہلی خوبی تو یہی ہے کہ ان میں ادبی اور تکنیکی دونوں محاسن موجود ہیں ۔ مکالمے سجا کر لکھے ہیں ، کرداروں کی صورت گری کفایت اور صفائی سے کی ہے ، ڈرامائی عمل کی برہت سنک اور صناعانہ ہے اور موضوعات کا انتخاب سلیقے اور سنجیدگی سے کیا گیا ہے ۔ ان میں طربیہ کھیل بھی ہیں اور المیہ یا نیم المیہ کھیل بھی ۔ اول الذکر میں طنز و مزاح ہے لیکن ٹھٹھول نہیں ہے ۔ دوسری نوع کے ڈراموں میں درد اور سوز ہے ، آہ وزاری اور سینہ کوبی نہیں ہے ۔ یہ ضبط اور رکھ رکھاؤ ان کھیلوں کی دوسری خوبی ہے ۔ تیسری بات یہ ہے کہ آغا ناصر نے جس تجربے یا واردات کو موضوع ٹھہرایا ہے وہ نہ تو محض خیالی اور "تجریدی" ہیں نہ محض وقتی اور ہنگامی ۔ آپ نے آس پاس کی زندگی سے ہم عصر واقعات اور مسائل کا انتخاب کیا ہے لیکن ساتھ ہی ساتھ ان میں بنیادی اور آفاقی اقدار و جذبات کی جھلک بھی موجود ہے ۔ جو کچھ لکھا ہے خلوص اور دلسوزی سے لکھا ہے ۔

نئے الفاظ

رونق	raunaq	光辉，光彩；兴旺兴隆（阴）
عقبیٰ	‘uqbā	后面，后方，后部（阴）
کہنی	kuhnī	胳膊肘（阴）
تکیہ	takyah	枕头（阳）
محو	mahv	被……所吞没的，擦掉的，抹去的（形）
بدچلن	bad chalan	不正经的（形）
خمار	khumār	头晕，醉酒后头疼和手脚没劲的感觉（阳）
سکت	sakat	能力，力量（阴）
طربیہ	tarabīyah	喜剧（结局），圆满（结局）（阳）
طبقہ	tabaqha	帷幕，屏风，障碍，遮挡（阳）
تاریکی	tārīkī	黑色；昏暗（阴）
ساکت	sākit	沉默的，安静的，无声的（形）
اچاٹ	uchāṭ	令人讨厌的，令人不快的（形）
اوباش	aubāsh	浪荡的，行为不端的（形）
کھدر	khaddar	粗布，土白布（阳）
نڈھال	niḍhā	困倦的，疲劳的，无力的，虚弱的（形）
آبلہ	āblah	水泡，水肿（阳）
المیہ		悲剧

مشق

۱۔ اس ڈرامے کے پہلے حصے میں حسن اور کلثوم کی باتوں سے ہم جان سکتے ہیں کہ اس گھر کا رونق کیا ہے ؟ اور کیوں ؟

۲۔ مندرجہ ءذیل حصہ پڑھ کر بتایئے کہ اپنے بیٹے سے ملنے کے بعد امان اور بابا کے کیا کیا رد عمل تھے ؟

صادق ۔) ڈرکر (اماں

کلثوم ۔ نہیں نہیں ڈرتے نہیں میرے بچے ۔

صادق ۔ مجھے کہیں چھپا دو اماں ۔ تم نہیں سمجھ رہی ہو ضرور یہاں آئیں گے ۔

کلثوم ۔ کون ہیں وہ ؟

صادق ۔ پولیس کے آدمی ۔

کلثوم ۔ پولیس !

صادق ۔ ہاں وہ میرے پیچھے لگے ہیں ۔ کل رات سے میرے پیچھے لگے ہوئے ہیں ۔ کل رات اور دن میں اسی طرح ڈرتا رہا ہوں ۔تپتے ہوئے میدانوں میں ، پہاڑیوں میں ، خاردار جنگلوں میں ۔ میرے پاؤں لہولہان ہوگئے ہیں ۔آبلے پڑگئے ہیں ۔ میں سارا دن دوڑتا رہا ہوں ۔ ان سے بچنے کے لئے بھاگتا رہا ہوں پھر رات آگئی اور میں کسی ویران کھنڈر میں چھپ گیا ۔ میں تھک گیا تھا ۔ نڈھال ہوکر لیٹ گیا۔ میں مسلسل تین دن سے جاگ رہا ہوں ۔ میں ہونے والا تھا کہ وہاں بھی پہنچ گئے اور میں بھاگ نکلا وہ شکاری کتوں کی طرح میرا تعاقب کر رہے ہیں ۔

کلثوم ۔) جذباتی ہوکر بڑی محبت سے اس ایک بار پھر اپنے سینے سے لگا لیتی ہی (میرا چندا ۔ میرا بیٹا۔

صادق ۔ اب میں بہت تھک گیا ہوں اماں ۔ بہت تھک گیا ہوں) نڈھال سے ہوکر اپنا سر اس کے شانوں پر لٹکا دیتا ہے (۔

اب مجھ میں اور بھاگنے کی سکت نہیں ہے ۔مجھے رات بھر کے لئے کہیں چھپا دو ۔ صبح ہوتے ہی میں چلا جاؤں گا۔ میں تمہیں کوئی دکھ نہیں دوں گا اماں ۔

کلثوم ۔) آنسو بھر آئے ہیں (نہیں نہیں میرے لال ۔ تو اب کہیں نہیں جائیگا تو ہمیشہ ہمارے ساتھ رہے گا تجھے ۔۔۔(اچانک باہر سے دروازہ کھلنے کی آواز آتی ہے)۔

صادق ۔ (ڈرکر) وہ آگئے ۔مجھے چھپا دو اماں ۔ (صادق گھبراہٹ میں مشرقی دروازے کی طرف بڑھتا ہے اور دروازہ کھول کر برابر والی کوٹھڑی میں چال جاتا ہے ۔ باہر کی طرف والے دروازے سے حسن داخل ہوتا ہے)۔

حسن ۔ جانے کہاں گیا ۔۔۔۔چپہ چپہ تلاش کر لیا۔ انہوں نے ساری بستی کا۔

کلثوم ۔ کون ۔

حسن ۔ قیدی ۔

کلثوم ۔ (گھبرا کر) قیدی ۔

حسن ۔ ہاں ۔ ایک قیدی تھا ۔ کوئی بڑا مجرم ۔ دو سال ہوئے پکڑا گیا جیل میں تھا ۔ کل رات فرار ہو گیا ۔

کلثوم ۔ (جیسے نیم بے ہوشی کے عالم میں بول رہی ہو) قیدی تھا بہت بڑا مجرم کل صبح جیل سے فرار ہو گیا ۔

حسن ۔ (کلثوم کو سنبھالتے ہوئے) ارے تمہیں کیا ہوا ہے کلثوم ۔

کلثوم ۔ اور وہ اس کے پیچھے لگے ہوئے ہیں وہ اسے پکڑ کر جیل میں ڈال دیں گے ۔

حسن ۔ ہاں ۔

کلثوم ۔ اور اس کے ماں باپ تنہا رہ جائیں گے ۔

حسن ۔ کلثوم کیسی باتیں کر رہی ہو تم ۔

کلثوم ۔ اور دوڑتے دوڑتے اس کے پیروں میں آبلے پڑ گئے ہیں ۔ اور اس سارا جسم لہون ہو گیا ہے ۔

حسن ۔ کلثوم ؟

کلثوم ۔ اور وہ بہت تھکا ہوا ہے ۔ اسے نیند آ رہی ہے ۔ نیند کے خمار سے اس کی آنکھیں بند ہوئی جا رہی ہیں ۔ وہ تین دن سے مسلسل جاگ رہا ہے ۔

حسن ۔ کون ۔۔۔ کس کا ذکر کر رہی ہو تم کلثوم ۔ کون ہے وہ ؟

کلثوم ۔ صادق ۔

حسن ۔ (بے چین سا ہو کر) صادق ۔

کلثوم ۔ ہاں اپنا صادق ۔ ہمارا بیٹا ۔۔۔۔ وہی ہے ۔ وہی ہے جسے وہ تلاش کر رہے ہیں ۔

حسن ۔ لیکن تمہیں کیسے معلوم ؟

کلثوم ۔ میں جانتی ہوں وہ میرے پاس ہے ۔

حسن ۔ تمہارے پاس !

کلثوم ۔ میں نے اسے چھپا دیا ہے ۔ اس کو ٹھڑی میں بند کر دیا ہے کہ وہ اس تک پہنچ نہ سکیں ۔

حسن ۔ کلثوم (اس چہرے کے تاثرات سے پتہ چلتا ہے کہ اسے سخت صدمہ پہنچا ہے اور وہ خود کو سنبھالنے کی کوشش کر رہا ہے) تو وہ صادق ہے ۔ ہمارا گمشدہ بیٹا بہت بڑا مجرم ۔ جیل سے فرار ہونے والا ۔۔۔۔ وہ صادق ہے ہمارا اکلوتا بیٹا ۔

۳۔ ایک ڈرامہ لکھئے جس میں اپنے والدین کے ردعملوں کا بیان کیا گیا جب کہ چھٹیوں میں آپ یونیورسٹی سے اپنے گھر واپس گئے تھے ۔

بارہواں سبق　پرمیشر سنگھ

作品导读

艾哈迈德·纳迪姆·卡斯米（1916—2006）是巴基斯坦当代著名的乌尔都语作家、诗人、文学评论家及剧作家，是当代乌尔都语文学界的重量级人物。1948 年被选为进步作家运动旁遮普邦的秘书长。1949 年则被选为该组织在巴基斯坦的秘书长。他勤于创作，出版了 50 本书籍，包括诗歌、小说、文论、散文等。曾获得文学界多项大奖，1968 年获得文学成就奖，1980 年获得巴基斯坦政府颁发的巴基斯坦最高公民奖。其作品以高扬人性而独树一帜，在农村题材的小说创作上，卡斯米被认为除了普列姆常德以外无人能出其右。

本课所选的小说《博尔梅夏尔·辛格》的创作背景为印巴分治，属于战争伤痕文学。反映出社会动荡对冲突双方都造成伤害，不同宗教信仰的人们在国家分裂时均遭遇到极大的生活磨难与心理创伤。小说描写了一个在分治动荡中失去父母的穆斯林孩子艾赫德尔与失去孩子的锡克教教徒博尔梅夏尔·辛格的相遇与相处，他们虽然是信仰不同的陌生人，却因人性深处的高尚产生了深厚的情谊。正是这种情谊促使博尔梅夏尔忍痛决定把艾赫德尔送回自己的亲人身边，也造成了艾赫德尔因珍视其礼物而与穆斯林守卫发生冲突，最后博尔梅夏尔为此献出了生命。

小说中有一个反复探讨的主题：尽管信仰不同，但所有的人都是神的孩子。围绕这一主题的对话及心理细节描写非常出色，以一个农民朴素的情感来理解不同信仰下人们的相互关系，描写具有鲜明感染力，能够打动读者。

پرمیشر سنگھ

احمد ندیم قاسمی

اختر اپنی ماں سے یوں اچانک بچھڑ گیا جیسے بھاگتے تھا ہوئے کسی کی جیب سے روپیہ گر پڑے، ابھی تھا اور ابھی غائب۔ ڈھنڈیا پڑی مگر بس اس حد تک کہ لٹے پٹے قافلے کیا آخری سرے پر ایک ہنگامہ صابن کے جھاگ کی طرح اٹھا اور بیٹھ گیا۔ "کہیں آہی رہا ہو گا۔" کسی نے کہہ دیا۔ "ہزاروں کا تو قافلہ ہے۔" اور اختر کی

ماں اس تسلی کی لاٹھی تھامے پاکستان کی طرف رینگتی چلی آئی تھی۔ "آہی رہا ہوگا۔" وہ سوچتی۔ "کوئی تتلی پکڑنے نکل گیا ہوگا اور پھر ماں کو نہ پاکر رویا ہوگا اور پھر — پھر اب کہیں آہی رہا ہوگا۔ سمجھ دار ہے، پانچ سال سے تو کچھ اوپر ہو چلا ہے، آجائے گا۔ وہاں پاکستان میں ذرا ٹھکانے سے بیٹھوں گی تو ڈھونڈ لوں گی۔"

لیکن اختر تو سرحد سے کوئی پندرہ میل ادھر یونہی، بس کسی وجہ کے بغیر اتنے بڑے قافلے سے کٹ گیا تھا۔ اپنی ماں کے خیال کے مطابق اس نے تتلی کا تعاقب کیا یا کسی کھیت میں سے گنا توڑنے گیا اور توڑتا رہ گیا۔ بہر حال جب وہ روتا چلاتا ایک طرف بھاگا جا رہا تھا تو چند سکھوں نے اسے گھیر لیا تھا اور اختر نے طیش میں آکر کہا تھا۔ "میں نعرہ تکبیر ماردوں گا۔" — اور یہ کہہ کر سہم گیا تھا۔

سب سکھ بے اختیار ہنس پڑے تھے، سوائے ایک سکھ کے، جس کا نام پریشر سنگھ تھا۔ ڈھیلی ڈھالی پگڑی میں سے اس کے الجھے ہوئے کیس جھانک رہے تھے اور جوڑا تو بالکل ننگا تھا، وہ بولا۔ "ہنسو نہیں یارو۔ اس بچے کو بھی تو اسی واہگورو جی نے پیدا کیا ہے۔ جس نے تمہیں اور تمہارے بچوں کو پیدا کیا۔"

ایک نوجوان سکھ جس نے اب تک کرپان نکال لی تھی، بولا۔ "ذرا ٹھہر پریشرے، کرپان اپنا دھرم پورا کر لے، پھر ہم اپنے دھرم کی بات کریں گے۔"

"مارو نہیں یارو" پریشر سنگھ کی آواز میں پکار تھی۔ "اسے مارو نہیں۔ اتنا ذرا سا تو ہے، اور اسے بھی تو اسی واہگورو جی نے پیدا کیا ہے۔ جس نے —"

"پوچھ لیتے ہیں اسی سے۔" ایک اور سکھ بولا۔ پھر اس نے سہمے ہوئے اختر کے پاس جا کر کہا۔ "بولو۔ تمہیں کس نے پیدا کیا؟ خدا نے کہ واہگورو جی نے؟"

اختر نے اس ساری خشکی کو نگلنے کی کوشش کی جو اس کی زبان کی نوک سے لے کر اس کی ناف تک پھیل چکی تھی۔ آنکھیں جھپک کر اس نے ان آنسوؤں کو گرا دینا چاہا جو ریت کی طرح اس کے پپوٹوں میں کھٹک رہے تھے۔ اس نے پریشر سنگھ کی طرف یوں دیکھا جیسے ماں کو دیکھ رہا ہے، منہ میں گئے ہوتے ایک آنسو کو تھوک ڈالا اور بولا۔ "پتہ نہیں۔"

"لو اور سنو" کسی نے کہا اور اختر کو گالی دے کر ہنسنے لگا۔

اختر نے ابھی اپنی بات پوری نہیں کی تھی۔ بولا۔ "اماں تو کہتی ہے میں بھوسے کی کوٹھڑی میں پڑا ملا تھا۔"

سب سکھ ہنسنے لگے مگر پریشر سنگھ بچوں کی طرح بلبلا کر یوں رویا کہ دوسرے سکھ بھونچکا سے رہ گئے، اور پریشر سنگھ رونی آواز میں جیسے بین کرنے لگا۔ "سب بچے ایک سے ہوتے ہیں یارو۔ میرا کرتارا بھی تو یہی کہتا تھا۔ وہ بھی تو اس کی ماں کو بھوسے کی کوٹھڑی میں پڑا ملا تھا۔"

کرپان میان میں چلی گئی۔ سکھوں نے پریشر سنگھ سے الگ تھوڑی دیر کھسر پھسر کی۔ پھر ایک سکھ آگے بڑھا۔ بلکتے ہوئے اختر کو بازو سے پکڑے وہ چپ چاپ روتے ہوئے پریشر سنگھ کے پاس آیا اور بولا "لے پریشرے، سنبھال سے۔ کیس بڑھوا کر اسے اپنا کرتارا بنا لے، لے پکڑ۔"

پریشر سنگھ نے اختر کو یوں جھپٹ کر اٹھا لیا کہ اس کی پگڑی کھل گئی اور کیسوں کی لٹیں لٹکنے لگیں۔ اس نے اختر کو پاگلوں کی طرح چوما۔ اسے اپنے سینے سے بھینچا اور پھر اس کی آنکھوں میں آنکھیں ڈال کر اور مسکرا مسکرا کر کچھ ایسی باتیں سوچنے لگا جنھوں نے اس کے چہرے کو چمکا دیا۔ پھر اس نے پلٹ کر دوسرے سکھوں کی طرف دیکھا۔ اچانک وہ اختر کو نیچے اتار کر سکھوں کی طرف لپکا۔ مگر ان کے پاس سے گزر کر دور تک بھاگا چلا گیا۔ جھاڑیوں کے ایک جھنڈ میں بندروں کی طرح کودتا اور جھپٹتا رہا اور اس کے کیس اس کی لپک جھپٹ کا ساتھ دیتے رہے، دوسرے سکھ حیران کھڑے اسے دیکھتے رہے پھر وہ ایک ہاتھ کو دوسرے ہاتھ پر رکھے بھاگا ہوا اور واپس آیا۔ اس کی بھیگی ہوئی داڑھی میں پھنسے ہوئے ہونٹوں پر مسکراہٹ تھی اور سرخ آنکھوں میں چمک تھی، اور وہ بری طرح ہانپ رہا تھا۔

اختر کے پاس آکر وہ گھٹنوں کے بل بیٹھ گیا اور بولا۔ "نام کیا ہے تمہارا؟"

"اختر" اب کے اختر کی آواز بھرائی ہوئی نہیں تھی۔

"اختر بیٹے۔" پریشر سنگھ نے بڑے پیار سے کہا۔ "ذرا میری انگلیوں میں سے جھانکو تو!"

اختر ذرا سا جھک گیا۔ پریشر سنگھ نے دونوں ہاتھوں میں ذرا سی جھری پیدا کی اور فوراً بند لی۔ "آہا!" اختر نے تالی بجا کر اپنے ہاتھوں کو پریشر سنگھ کے ہاتھوں کی طرح بند کر لیا اور آنسوؤں میں مسکرا کر بولا۔ "تتلی!"

"لوگ؟" پریشر سنگھ نے پوچھا۔

"ہاں!" اختر نے اپنے ہاتھوں کو ملا۔

"لو" پریشر سنگھ نے اپنے ہاتھوں کو کھولا۔ اختر نے تتلی پکڑنے کی کوشش کی مگر وہ راستہ پاتے ہی اڑ گئی۔ اور اختر کی انگلیوں کی پوروں پر اپنے پروں کے رنگوں کے ذرے چھوڑ گئی۔ اختر اداس ہو گیا۔ اور پریشر سنگھ دوسرے سکھوں کی طرف دیکھ کر بولا۔ "سب بچے ایک سے کیوں ہوتے ہیں یارو! کرتارے کی تتلی بھی اڑ جاتی تھی تو یوں ہی منہ لٹکا لیتا تھا۔"

"پریشر سنگھ تو آدھا پاگل ہو گیا ہے۔" نوجوان سکھ نے ناگواری سے کہا اور پھر سارا گروہ واپس جانے لگا۔

پریشر سنگھ نے اختر کو کندھے پر بٹھا لیا اور جب اسی طرف چلنے لگا جدھر دوسرے سکھ گئے تھے تو اختر پھڑک کر رونے لگا۔ "ہم اماں پاس جائیں گے، اماں پاس جائیں گے۔" پریشر سنگھ نے ہاتھ اٹھا کر اسے تھپکنے کی کوشش کی مگر اختر نے اس کا ہاتھ جھٹک دیا۔ پھر جب پریشر سنگھ نے یہ کہا کہ "ہاں ہاں بیٹے، تمہیں تمہاری اماں پاس ہی لئے چلتا ہوں۔" تو اختر چپ ہو گیا۔ صرف کبھی کبھی سسک لیتا تھا اور پریشر سنگھ کی تھپکیوں کو بڑی ناگواری سے برداشت کرتا جا رہا تھا۔

پریشر سنگھ اسے اپنے گھر میں لے آیا۔ پہلے یہ کسی مسلمان کا گھر تھا۔ لٹا پٹا پریشر سنگھ جب ضلع لاہور سے ضلع امرتسر میں آیا تھا تو گاؤں والوں نے اسے یہ مکان الاٹ کر دیا تھا۔ وہ اپنی بیوی اور بیٹی سمیت جب اس چار دیواری میں داخل ہوا تھا تو ٹھٹک کر رہ گیا تھا۔ اس کی آنکھیں پتھرا سی گئیں تھیں اور وہ بڑی پر اسرار سرگوشی میں بولا تھا۔ "یہاں کوئی چیز قرآن پڑھ رہی ہے!"

گرنتھی جی اور گاؤں کے دوسرے لوگ ہنس پڑے تھے۔ پریشر سنگھ کی بیوی نے انہیں پہلے سے بتا دیا تھا کہ کرتار سنگھ کے بچھڑتے ہی اسے کچھ ہو گیا ہے۔" جانے کیا ہو گیا ہے اسے!" اس نے کہا تھا۔ "واہگورو جی جھوٹ نہ بلوائیں تو وہاں دن میں کوئی دس بار تو یہ کرتار سنگھ کو گدھوں کی طرح پیٹ ڈالتا تھا۔ اور جب سے کرتار سنگھ سے بچھڑا ہے تو میں تو خیر رو دھولی، پر اس کا رونے سے بھی جی ہلکا نہیں ہوا۔ وہاں مجال ہے جو بیٹی امر کور کو میں بھی ذرا غصے سے دیکھ لیتی، پھر جاتا تھا۔ کہتا تھا۔ بیٹی کو برا مت کہو، بیٹی بڑی مسکین ہوتی ہے۔ یہ تو ایک مسافر ہے بیچاری۔ ہمارے گھروندے میں ستانے بیٹھ گئی، وقت آئیگا تو چلی جائے گی، ——اور اب امر کور سے ذرا سا بھی کوئی قصور ہو جائے تو آپے ہی میں نہیں رہتا۔ یہ تک بک دیتا ہے کہ بیٹیاں بیویاں اغوا ہوتی سنی تھیں یارو۔ یہ نہیں سنا تھا کہ پانچ چھ برس کے بیٹے بھی اٹھ جاتے ہیں۔"

وہ ایک مہینے سے اس گھر میں مقیم تھا۔ مگر ہر رات اس کا معمول تھا کہ پہلے سوتے میں بے تحاشا کروٹیں بدلتا۔ پھر بڑبڑانے لگتا اور پھر اٹھ بیٹھتا۔ بڑی ڈری ہوئی سرگوشی میں بیوی سے کہتا۔ "سنتی ہو؟ یہاں کوئی چیز قرآن پڑھ رہی ہے!"—— بیوی اسے محض "اونہہ" سے ٹال کر سو جاتی تھی مگر امر کور کو اس سرگوشی کے بعد رات بھر نیند نہ آتی۔ اسے اندھیرے میں بہت سی پرچھائیاں ہر طرف بیٹھی قرآن پڑھتی نظر آتیں اور پھر جب ذرا سی پو پھوٹتی تو وہ کانوں میں انگلیاں دے

لیتی تھی۔ وہاں ضلع لاہور میں ان کا گھر مسجد کے پڑوس ہی میں تھا۔ اور جب صبح اذان ہوتی تھی تو کیسا مزا آتا تھا۔ ایسا لگتا تھا، جیسے پورب سے پھوٹتا ہوا اجالا گانے لگا ہے۔ پھر جب اس کی پڑوسن پرتیم کور کو چند نوجوانوں نے خراب کر کے چیتھڑے کی طرح گھورے پر پھینک دیا تھا تو جانے کیا ہوا کہ موذن کی آواز میں بھی اسے پرتیم کور کی چیخ سنائی دے جاتی تھی، اذان کا تصور تک اسے خوف زدہ کر دیتا تھا اور وہ یہ بھول جاتی تھی کہ اب ان کے پروس میں مسجد نہیں ہے۔ یونہی کانوں میں انگلیاں دیئے ہوئے وہ سو جاتی اور رات بھر جاگتے رہنے کی وجہ سے دن چڑھے تک سوئی رہتی اور پربیشر سنگھ اس بات پر بگڑ جاتا "ٹھیک ہے سوئے نہیں تو اور کیا کرے، نکمی تو ہوتی ہی ہیں یہ چھوکریاں۔ لڑکا ہوتا تو اب تک جانے کتنے کام کر چکا ہوتا یارو۔"

پربیشر سنگھ آنگن میں داخل ہوا تو آج خلاف معمول اس کے ہونٹوں پر مسکراہٹ تھی، اس کے کھلے کیس کنگھے سمیت اس کی پیٹھ اور ایک کندھے پر بکھرے ہوئے تھے اور اس کا ایک ہاتھ اختر کی کمر تھپکے جا رہا تھا۔ اس کی بیوی ایک طرف بیٹھی چھاج میں گندم پھٹک رہی تھی۔ اس کے ہاتھ جہاں تھے وہیں رک گئے اور وہ ٹکر ٹکر پربیشر سنگھ کو دیکھنے لگی۔ پھر وہ چھاج پر سے کودتی ہوئی آئی اور بولی۔ "یہ کون ہے؟"

پربیشر سنگھ بدستور مسکراتے ہوئے بولا۔ "ڈرو نہیں بے وقوف، اس کی عادتیں بالکل کرتارے کی سی ہیں، یہ بھی اپنی ماں کو بھوسے کی کوٹھڑی میں پڑا ملا تھا۔ یہ بھی تتلیوں کا عاشق ہے، اس کا نام اختر ہے۔"

"اختر!" بیوی کے تیور بدل گئے۔

"تم اسے اختر سنگھ کہہ لینا۔" پربیشر سنگھ نے وضاحت کی۔ "اور پھر کیسوں کا کیا ہے، دنوں میں بڑھ جاتے ہیں۔ کڑا اور کچھیرا پہنا دو، کنگھا کیسوں کے بڑھتے ہی لگ جائے گا۔"

"پر یہ ہے کس کا؟" بیوی نے مزید وضاحت چاہی۔

"کس کا ہے!" پربیشر سنگھ نے اختر کو کندھے پر سے اتار کر اسے زمین پر کھڑا کر دیا اور اس کے سر پر ہاتھ پھیرنے لگا۔ "واہگورو جی کا ہے۔ ہمارا اپنا ہے، اور پھر یارو۔ یہ عورت اتنا بھی نہیں دیکھ سکتی کہ اختر کے ماتھے پر جو یہ ذرا سا تل ہے، یہ کرتارے ہی کا تل ہے۔ کرتارے کے بھی تو ایک تل تھا اور یہیں تھا۔ ذرا بڑا تھا پر ہم اسے یہیں تل پر ہی تو چومتے تھے۔ اور یہ اختر کے کانوں کی لویں گلاب کے پھول کی طرح گلابی ہیں تو یارو۔ یہ عورت یہ تک نہیں سوچتی کہ کرتارے کے کانوں کی لویں بھی تو ایسی ہی تھیں۔ فرق صرف اتنا ہے کہ وہ ذرا موٹی تھیں۔ یہ ذرا پتلی ہیں، اور——"

اختر اب تک مارے حیرت کے فبطکئے بیٹھا تھا۔ بلبلا اٹھا۔ "ہم یہاں نہیں رہیں گے، ہم اماں پاس جائیں گے۔ اماں پاس۔"

پربیشر سنگھ نے اختر کا ہاتھ پکڑ کر اسے بیوی کی طرف بڑھایا۔ "اری لو۔ یہ اماں پاس جانا چاہتا ہے۔"

"تو جائے۔" بیوی کی آنکھوں میں اور چہرے پر وہی آسیب آ گیا تھا جیسے کرتار سنگھ اپنی آنکھوں اور چہرے میں سے نوچ کر باہر کھیتوں میں جھٹک آیا تھا۔ "ڈاکہ مارنے گیا تھا سورما۔ اور اٹھا لایا یہ ہاتھ بھر کا لونڈا۔ ارے کوئی لڑکی ہی اٹھا لاتا تو ہزار میں نہ سہی ایک دو سو میں تو بک جاتی۔ اس اجڑے گھر کا کھاٹ کھٹولا بن جاتا۔ اور پھر—پگلے—تجھے تو کچھ ہو گیا ہے۔ دیکھتے نہیں یہ لڑکا مسلا ہے؟ جہاں سے اٹھا لائے ہو وہیں ڈال آؤ۔ خبردار جو اس نے میرے چوکے میں پاؤں رکھا۔"

پربیشر سنگھ نے التجا کی۔ "کرتارے اور اختر کو ایک ہی واہگورو جی نے پیدا کیا ہے۔ سمجھیں؟"

"نہیں" اب کے بیوی چیخ اٹھی۔ "میں نہیں سمجھی، نہ کچھ سمجھنا چاہتی ہوں، میں رات ہی رات جھٹکا کر ڈالوں گی اس کا۔ کاٹ کے پھینک دوں گی۔ اٹھا

لایا ہے وہاں سے — لے جا اسے، پھینک دے باہر۔"

"تمہیں نہ پھینک دوں باہر؟" اب کے پربیشر سنگھ بگڑ گیا۔ "تمہارا نہ کر ڈالوں جھٹکا؟" وہ بیوی کی طرف بڑھا۔ اور بیوی اپنے سینے کو دوہتڑوں سے پیٹتی، چیختی چلاتی بھاگی۔ پڑوس سے امر کور دوڑی آئی۔ اس کے پیچھے گلی کی دوسری عورتیں بھی آگئیں۔ مرد بھی جمع ہوگئے اور پربیشر سنگھ کی بیوی پٹنے سے بچ گئی۔ پھر سب نے اسے سمجھایا کہ نیک کام ہے۔ ایک مسلمان کو سکھ بنانا کوئی معمولی کام تو نہیں۔ پرانا زمانہ ہوتا تو اب تک پربیشر سنگھ گرد مشہور ہوچکا ہوتا۔ بیوی کی ڈھارس بندھی مگر امر کور ایک کونے میں بیٹھی گھٹنوں میں سردیئے روتی رہی۔ اچانک پربیشر سنگھ کی گرج نے سارے ہجوم کو دہلا دیا۔ "اختر کدھر گیا؟" وہ چنگھاڑا۔ "ارے وہ کدھر گیا ہمارا اختر۔ ارے وہ تم میں سے کسی قصائی کے ہتھے تو نہیں چڑھ گیا یار و۔ اختر۔ اختر۔" وہ چیختا ہوا مکان کے کونوں کھدروں میں جھانکتا ہوا باہر بھاگ گیا۔ بچارے دلچسپی کیاس کے تعاقب میں تھے۔ عورتیں چھتوں پر چڑھ گئی تھیں اور پربیشر سنگھ گلیوں میں سے باہر کھیتوں میں نکل گیا تھا۔ "ارے میں تو اسے اماں پاس لے چلتا یارو۔ ارے وہ گیا کہاں۔ اختر۔ اے اختر۔"

"میں تمہارے پاس نہیں آؤں گا۔" پگڈنڈی کے ایک موڑ پر، گیان سنگھ گنے کے کھیت کی آڑ سے، روتے ہوئے اختر نے پربیشر سنگھ کو ڈانٹ دیا۔ "تم تو سکھ ہو۔"

"ہاں بیٹے۔ سکھ تو ہوں۔" پربیشر سنگھ نے جیسے مجبور ہو کر اعتراف جرم کر لیا۔

"تو پھر ہم نہیں آئیں گے۔" اختر نے پرانے آنسوؤں کو پونچھ کر نئے آنسوؤں کے لئے راستہ صاف کیا۔

"نہیں آؤ گے؟" پربیشر سنگھ کا لہجہ اچانک بدل گیا۔

"نہیں۔"

"نہیں آؤ گے؟"

"نہیں۔ نہیں۔ نہیں۔"

"کیسے نہیں آؤ گے؟" پربیشر سنگھ نے اختر کو کان سے پکڑا اور پھر نچلے ہونٹ کو دانتوں میں دبا کر اس کے منہ پر چٹاخ سے تھپڑ مار دیا۔ "چلو۔" وہ کڑکا۔

اختر یوں سہم گیا جیسے ایک دم اس کا سارا خون نچڑ کر رہ گیا ہے، پھر ایکا ایکی وہ زمین پر گر کر پاؤں پٹخنے اور خاک اڑانے اور بلک بلک کر رونے لگا۔ "نہیں چلتا۔ بس نہیں چلتا۔ تم سکھ ہو۔ میں سکھوں کے پاس نہیں جاؤں گا۔ میں اپنی اماں پاس جاؤں گا۔ میں تمہیں مار دوں گا۔"

اور جیسے اب پربیشر سنگھ کے سہمنے کی باری تھی۔ اس کا بھی سارا خون جیسے نچڑ کر رہ گیا تھا۔ اس نے اپنے ہاتھ کو دانتوں میں جکڑ لیا۔ اس کے نتھنے پھڑکنے لگے اور پھر اس زور سے رو دیا کہ کھیت کی پرلی مینڈھ پر آتے ہوئے چند پڑوسی اور ان کے بچے بھی سہم کر رہ گئے اور ٹھٹک گئے۔ پربیشر سنگھ گھٹنوں کے بل اختر کے سامنے بیٹھ گیا۔ بچوں کی طرح یوں سسک سسک کر رونے لگا کہ اس کا نچلا ہونٹ بھی بچوں کی طرح لٹک آیا اور پھر بچوں کی سی روتی آواز میں بولا۔ "مجھے معاف کر دے اختر۔ مجھے تمہارے خدا کی قسم۔ میں تمہارا دوست ہوں۔ تم اکیلے یہاں سے جاؤ گے تو تمہیں کوئی مارے گا۔ پھر تمہاری ماں پاکستان سے آکر مجھے مارے گی۔ میں خود جا کر تمہیں پاکستان چھوڑ آؤں گا۔ سنا؟ سن رہے ہونا؟ پھر وہاں — اگر تمہیں ایک لڑکا مل جائے نا۔ کرتارا نام کا۔ تو تم اسے ادھر اس گاؤں میں چھوڑ جانا، اچھا؟"

"اچھا۔" اختر نے الٹے ہاتھوں سے آنسو پونچھتے ہوئے پربیشر سنگھ سے سودا کر لیا۔

پرمیشر سنگھ نے اختر کو کندھے پر بٹھا لیا اور چلا مگر ایک ہی قدم اٹھا کر رک گیا۔ سامنے بہت سے بچے اور چند پڑوسی کھڑے اس کی تمام حرکات دیکھتے تھے، ادھیڑ عمر کا ایک پڑوسی بولا۔ "روتے کیوں ہو پرمیشرے، کل ایک مہینے کی تو بات ہے، ایک مہینے میں اس کے کیس بڑھ آئیں گے تو بالکل کرتارا لگے گا۔"

کچھ کہے بغیر وہ تیز تیز قدم اٹھانے لگا۔ پھر ایک جگہ رک کر اس نے پلٹ کر اپنے پیچھے آنے والے پڑوسیوں کی طرف دیکھا۔ "تم کتنے ظالم لوگ ہو یارو۔ اختر کو کرتارا بناتے ہو۔ اور اگر ادھر کوئی کرتارے کو اختر بنا لے تو؟ اسے ظالم ہی کہو گے نا۔" پھر اس کی آواز میں گرج آگئی۔ "یہ لڑکا مسلمان ہی رہے گا۔ دربار صاحب کی سوں۔ میں کل ہی امرتسر جا نے اس کے انگریزی بال بنوا لاؤں گا۔ تم نے مجھے سمجھ کیا رکھا ہے، خالصہ ہوں۔ سینے میں شیر کا دل ہے، مرغی کا نہیں۔"

پرمیشر سنگھ اپنے گھر میں داخل ہو کر ابھی اپنی بیوی اور بیٹی کو اختر کی مدارات کے سلسلے میں احکام ہی دے رہا تھا کہ گاؤں کا گرنتھی سردار سنتو کھ سنگھ اندر آیا۔ اور بولا۔ "پرمیشر سنگھ!"

"جی۔" پرمیشر سنگھ نے پلٹ کر دیکھا۔ گرنتھی جی کے پیچھے اس کے سب پڑوسی بھی تھے۔

"دیکھو۔" گرنتھی جی نے بڑے دبدبے سے کہا۔ "کل سے یہ لڑکا خالصے کی سی پگڑی باندھیگا، کڑا پہنے گا۔ دھرم شالہ آئے گا اور اسے پرشاد کھلایا جائے گا۔ اس کے کیسوں کو قینچی نہیں چھوئے گی، چ ھو گئی تو کل ہی سے یہ گھر خالی کر دو، سمجھے؟"

"جی۔" پرمیشر سنگھ نے آہستہ سے کہا۔

"ہاں۔" گرنتھی جی نے آخری ضرب لگائی۔

"ایسا ہی ہو گا گرنتھی جی۔" پرمیشر سنگھ کی بیوی بولی۔ "پہلے ہی اسے راتوں کو گھر کے کونے کونے سے کوئی چیز قرآن پڑھتی سنائی دیتی ہے، لگتا ہے پہلے جنم میں مسلا رہ چکا ہے۔ امر کور بیٹی نے تو جب سے یہ سنا ہے کہ ہمارے گھر میں مسلا چھوکرا آیا ہے تو بیٹھی رو رہی ہے کہتی ہے گھر پر کوئی اور آفت آئے گی۔ پرمیشرے نے آپ کا کہا نہ مانا تو میں بھی دھرمشالہ میں چلی آؤں گی اور امر کور بھی۔ پھر یہ پڑا اس چھوکرے کو چاٹے، موانکا۔ واہگورو جی کا بھی لحاظ نہیں کرتا۔"

واہگورو جی کا کون لحاظ نہیں کرتا گدھی۔" پرمیشر سنگھ نے گرنتھی جی کی بات کا غصہ بیوی پر نکالا۔ پھر وہ دیر تک زیر لب گالیاں دیتا رہا، کچھ دیر کے بعد وہ اٹھ کر گرنتھی جی کے سامنے آ گیا۔ "اچھا جی۔ اچھا۔" اس نے کہا۔ اور کچھ یوں کہا کہ گرنتھی جی پڑوسیوں کے ساتھ فوراً رخصت ہو گئے۔

چند ہی دنوں میں اختر کو دوسرے سکھ لڑکوں سے ایک الگ پہچاننا مشکل ہو گیا۔ وہی کانوں کی کووں تک کس کر بندھی ہوئی پگڑی۔ وہی ہاتھ کا کڑا اور وہی کچھیرا۔ صرف جب وہ گھر میں آ کر پگڑی اتارتا تھا تو اس کے غیر سکھ ہونے کا راز کھلتا تھا۔ لیکن اس کے بال دھڑا دھڑ بڑھ رہے تھے۔ پرمیشر سنگھ کی بیوی ان بالوں کو چھو کر بہت خوش ہوتی تھی۔ "ذرا ادھر تو آ امر کورے! یہ دیکھ۔ کیس بن رہے ہیں۔ پھر ایک دن جوڑا بنیگا۔ کنگھا لگے گا اور اس کا نام رکھا جائے گا کرتار سنگھ۔"

"نہیں ماں" امر کور وہیں سے جواب دیتی۔ "جیسے واہگرو جی ایک ہیں اور گرنتھ صاحب ایک ہیں اور چاند ای ک ہے۔ اسی طرح کرتارا بھی ایک ہی ہے۔ میرا ننھا منا بھائی!" وہ پھوٹ پھوٹ کر رو دیتی اور مچل کر کہتی۔ "میں اس کھلونے سے نہیں بہلوں گی ماں۔ میں جانتی ہوں یہ مسلا ہے، اور جو کرتارا ہوتا ہے وہ مسلا نہیں ہوتا۔"

"میں کب کہتی ہوں کہ یہ سچ مچ کا کرتارا ہے۔ میرا چاند سا لاڈلا بچہ!" پرمیشر سنگھ کی بیوی بھی رو دیتی۔ دونوں اختر کو اکیلا چھوڑ کر کسی گوشے میں بیٹھ جاتیں۔ خوب خوب روتیں۔ ایک دوسرے کو تسلیاں دیتیں اور پھر زار زار رونے لگتیں۔ وہ اپنے کرتارے کے لئے روتیں۔ اختر چند روز اپنی اماں کے لئے روتا رہا، اب کسی اور بات پر

روتا۔ جب پرمیشر سنگھ شرنارتھیوں کی امدادی پنچائت سے کچھ غلہ یا کپڑا لے کر آتا تو اختر بھاگ کر جاتا اس کی ٹانگوں سے لپٹ جاتا اور رو رو کر کہتا۔ "میرے سر پر پگڑی باندھ دو پرموں۔ میرے کیس بڑھا دو۔ مجھے کنگھا خرید دو۔"

پرمیشر سنگھ اسے سینے سے لگا دیتا اور بھرائی ہوئی آواز میں کہتا۔ "یہ سب ہو جائے گا بچے۔ سب کچھ ہو جائے گا۔ پر ایک بات نہیں ہوگی۔ وہ بات کبھی نہیں ہوگی وہ نہیں ہوگا مجھ سے، سمجھے؟ یہ کیس ویس سب بڑھ آئیں گے۔"

اختر اپنی ماں کو بہت کم یاد کرتا تھا۔ جب تک پرمیشر سنگھ گھر میں رہتا وہ اس سے چمٹا رہتا اور جب وہ کہیں باہر جاتا تو اختر اس کی بیوی اور امر کور کی طرف یوں دیکھتا رہتا جیسے ان سے ایک ایک پیار کی بھیک مانگ رہا ہے۔ پرمیشر سنگھ کی بیوی اسے نہلاتی، اس کے کپڑے دھوتی اور پھر اس کے بالوں میں کنگھی کرتے ہوئے رونے لگتی اور روتی رہ جاتی۔ البتہ امر کور نے اختر کی طرف جب بھی دیکھا ناک اچھال دیا۔ شروع شروع میں تو اس نے اختر کو ایک دھموکا بھی جڑ دیا تھا مگر جب اختر نے پرمیشر سنگھ سے اس کی شکایت کی تو پرمیشر سنگھ بپھر گیا۔ اور امر کور کو بڑی ننگی ننگی لیاں دیتا اس کی طرف یوں بڑھا کہ اگر اس کی بیوی راستے میں اس کے پاؤں نہ پڑ جاتی تو وہ بیٹی کو اٹھا کر دیوار پر سے گلی میں پٹخ دیتا۔ "الو کی پٹھی۔" اس روز اس نے کڑک کر کہا تھا۔ "سنا تو یہی تھا کہ لڑکیاں اٹھ رہی ہیں پر یہاں یہ مشٹنڈی ہمارے ساتھ لگی چلی آئی اور اٹھ گیا تو پانچ سال کا لڑکا جسے ابھی اچھی طرح ناک تک پونچھنا نہیں آتا۔ عجب اندھیر ہے یارو۔" اس واقعے کے بعد امر کور نے اختر پر ہاتھ تو خیر کبھی نہ اٹھایا مگر اس کی نفرت دو چند ہو گئی۔

ایک روز اختر کو تیز بخار آ گیا۔ پرمیشر سنگھ وید کے پاس چلا گیا۔ اور اس کے جانے کے کچھ دیر بعد اس کی بیوی پڑوسن سے پسی ہوئی سونف مانگنے چلی گئی۔ اختر کو پیاس لگی۔ "پانی۔" اس نے کہا۔ "اس نے کہا۔ پھر کچھ دیر کے بعد اس نے لال لال سوجی سوجی آنکھیں کھولیں۔ ادھر ادھر دیکھا اور "پانی" کا لفظ ایک کراہ بن کر اس کے حلق سے نکلا۔ کچھ دیر کے بعد وہ لحاف کو ایک طرف جھٹک کر اٹھ بیٹھا۔ امر کور سامنے دہلیز پر بیٹھی کھجور کے پتوں سے چنگیر بنا رہی تھی۔ "پانی دے۔" اختر نے اسے ڈانٹا۔ امر کور نے بھویں سکیڑ کر اسے گھور کر دیکھا اور اپنے کام میں جٹ گئی۔ اب کے اختر چلایا۔ "پانی دیتی ہے کہ نہیں۔ پانی دے ورنہ میں ماروں گا"... امر کور نے اب کے اس کی طرف دیکھا ہی نہیں، بولی۔ "مار تو سہی۔ تو کرتارا تو نہیں کہ میں تیری مار سہہ لوں گی، میں تو تیری بوٹی بوٹی کر ڈالوں گی۔" اختر بلک بلک کر رو دیا اور آج مدت کے بعد اس نے اپنی اماں کو یاد کیا۔ پھر جب پرمیشر سنگھ دوا لے آیا اور اس کی بیوی بھی پسی ہوئی سونف لے کر آ گئی تو اختر نے روتے روتے بڑی حالت بنا لی تھی اور وہ سسک سسک کر کہہ رہا تھا۔ "تم تو اب اماں پاس چلیں گے۔ یہ امر کور سور کی بچی تو پانی بھی نہیں پلاتی۔ ہم تو اماں پاس جائیں گے۔" پرمیشر سنگھ نے امر کور کی طرف غصے سے دیکھا۔ وہ رو رہی تھی اور اپنی ماں سے کہہ رہی تھی "کیوں پانی پلاؤں۔ کرتارا بھی تو کہیں اسی طرح پانی مانگ رہا ہو گا کسی سے۔ کسی کو اس پر ترس نہ آئے تو ہمیں کیوں ترس آئے اس پر۔ ہاں۔"

پرمیشر سنگھ اختر کی طرف بڑھا اور اپنی بیوی کی طرف اشارہ کرتے ہوئے بولا۔

"یہ بھی تو تمہاری اماں ہے بیٹے۔"

"نہیں۔" اختر بڑے غصے سے بولا۔ "یہ تو سکھ ہے۔ میری اماں تو پانچ وقت نماز پڑھتی ہے اور بسم اللہ کہہ کر پانی پلاتی ہے۔"

پرمیشر سنگھ کی بیوی جلدی سے ایک پیالہ بھر کر لائی تو اختر نے پیالے کو دیوار پر دے مارا اور چلایا۔ "تمہارے ہاتھ سے نہیں پئیں گے، تم تو امر کور سئور کی بچی کی اماں ہو۔ ہم تو پرموں کے ہاتھ سے پئیں گے۔"

"یہ بھی تو مجھی سور کی بچی کا باپ ہے۔" امر کور نے جل کر کہا۔

"تو ہوا کرے۔" اختر بولا۔ "تمہیں اس سے کیا۔"

پرمیشر سنگھ کے چہرے پر عجیب کیفیتیں دھوپ چھاؤں سی پیدا کر گئیں۔ وہ اختر کے مطالبے پر مسکرایا بھی اور رو بھی دیا۔ پھر اس نے اختر کو پانی پلایا۔ اس کے ماتھ کو چوما۔ اس کی پیٹھ پر ہاتھ پھیرا۔ اسے بستر پر لٹا کر اس کے سر کو ہولے ہولے کھجاتا رہا اور کہیں شام کو جا کر اس نے پہلو بدلا۔ اس وقت اختر کا بخار اتر چکا تھا۔ اور وہ بڑے مزے سے سو رہا تھا۔

آج بہت عرصے کے بعد رات کو پرمیشر سنگھ بھڑک اٹھا اور نہایت آہستہ سے بولا۔ "اری سنتی ہو؟ سن رہی ہو؟ یہاں کوئی چیز قرآن پڑ رہی ہے۔"

بیوی نے پہلے تو اسے پرمیشر سنگھ کی پرانی عادت کہہ کر ٹالنا چاہا مگر پھر ایک دم ہڑبڑا کر اٹھی اور امر کور کی کھاٹ کی طرف ہاتھ بڑھا کر اسے ہولے ہولے ہلا کر آہستہ سے بولی۔ "بیٹی۔"

"کیا ہے ماں۔" امر کور چونک اٹھی۔

اور اس نے سرگوشی کی۔ "سنو تو۔ سچ مچ کوئی چیز قرآن پڑھ رہی ہے۔"

یہ ایک ثانیے کا سناٹا بڑا خوفناک تھا۔ امر کور کی چیخ اس سے بھی زیادہ خوفناک تھی۔ اور پھر اختر کی چیخ خوفناک تر تھی۔

"کیا ہوا بیٹا؟" پرمیشر سنگھ تڑپ کر اٹھا اور اختر کی کھاٹ پر جا کر اسے اپنی چھاتی سے بھینچ لیا۔ "ڈر گئے بیٹا؟"

"ہاں" اختر لحاف میں سے سر نکال کر بولا۔ "کوئی چیز چیخی تھی۔"

"امر کور چیخی تھی۔" پرمیشر سنگھ نے کہا۔ "ہم سب یوں سمجھے جیسے کوئی چیز یہاں قرآن پڑھ رہی ہے۔"

"میں پڑھ رہا تھا۔" اختر بولا۔

اب کے بھی امر کور کے منہ سے ہلکی سی چیخ نکل گئی۔

بیوی نے جلدی سے چراغ جلا دیا اور امر کور کی کھاٹ پر بیٹھ کر وہ دونوں اختر کو یوں دیکھنے لگیں جیسے وہ ابھی دھواں بن کر دروازے کی جھریوں میں سے باہر اڑ جائے گا اور باہر سے ایک ڈراؤنی آواز آئے گی۔ "میں جن ہوں۔ میں کل رات پھر آ کر قران پڑھوں گا۔"

"کیا پڑھ رہے تھے بھلا؟" پرمیشر سنگھ نے پوچھا۔

"پڑھوں؟" اختر نے پوچھا۔

"ہاں ہاں۔" پرمیشر سنگھ نے بڑے شوق سے کہا۔

اور اختر قل ہو اللہ احد پڑھنے لگا۔ کفواً احد پر پہنچ کر اس نے اپنے گریبان میں چھوکی اور پھر پرمیشر سنگھ کی طرف مسکرا کر دیکھتے ہوئے بولا۔ "تمہارے سینے پر بھی چھو کر دوں۔"

"ہاں ہاں" پرمیشر سنگھ نے گریباں کا بٹن کھول دیا اور اختر نے چھو کر دی۔

اب کے امر کور نے بڑی مشکل سے چیخ پر قابو پایا۔

پرمیشر سنگھ بولا۔ "کیا نیند نہیں آتی تھی؟"

"ہاں۔" اختر بولا۔ "اماں یاد آ گئی۔ اماں کہتی ہے۔ نیند نہ آئے تو تین بار قل ہو اللہ پڑھو، نیند آجائے گی، اب آ رہی تھی پر امر کور نے ڈرا دیا۔"

"پھر سے پڑھ کے سو جاؤ۔" پرمیشر سنگھ نے کہا۔ "روز پڑھا کرو، اونچے اونچے پڑھا کرو، اسے بھولنا نہیں ورنہ تمہاری اماں تمہیں مارے گی۔ لو اب سو جاؤ۔" اس نے اختر کو لٹا کر اسے لحاف اوڑھا دیا۔ پھر چراغ بجھانے کے لئے بڑھا تو امر کور پکاری۔ "نہیں نہیں بابا۔ بجھاؤ نہیں۔ ڈر لگتا ہے؟"

"ڈر لگتا ہے؟" پرمیشر سنگھ نے حیران ہو کر پوچھا۔ "کس سے ڈر لگتا ہے؟"

"جلتا رہے۔ کیا ہے؟" بیوی بولی۔

اور پرمیشر سنگھ دیا بجھا کر ہنس دیا۔ "پگلیاں"۔ وہ بولا۔ "گدھیاں۔"

رات کے اندھیرے میں اختر آہستہ آہستہ قل ہو اللہ پڑھتا رہا۔ پھر کچھ دیر کے بعد وہ ذرا ذرا سے خراٹے لینے لگا۔ پرمیشر سنگھ بھی سو گیا اور اس کی بیوی بھی۔ مگر امر کور رات بھر کچی نیند میں "پڑوس" کی مسجد کی اذان سنتی رہی اور ڈرتی رہی۔

اب اختر کے لمبے خاصے کیس بڑھ آئے تھے ننھے سے جوڑے میں کنگھا بھی اٹک جاتا تھا۔ گاؤں والوں کی طرح پرمیشر سنگھ کی بیوی بھی اسے کرتارا کہنے لگی تھی اور اس سے خاصی شفقت سے پیش آتی تھی۔ مگر امر کور اختر کو یوں دیکھتی تھی جیسے وہ کوئی بہروپیا ہے۔ اور ابھی پگڑی اور کیس اتار کر پھینک دے گا۔ اور قل ہو اللہ پڑھتا ہوا غائب ہو جائے گا۔"

ایک دن پرمیشر سنگھ بڑی تیزی سے گھر آیا اور ہانپتے ہوئے اپنی بیوی سے پوچھا۔ "وہ کہاں ہے؟"

"کون؟ امر کور؟"

"نہیں"

"کرتارا؟"

"نہیں۔" پھر کچھ سوچ کر بولا۔ "ہاں ہاں وہی، کرتارا۔"

"باہر کھیلنے گیا ہے۔ گلی میں ہو گا۔"

پرمیشر سنگھ واپس لپکا۔ گلی میں جا کر بھاگنے لگا۔ باہر کھیتوں میں جا کر اس کی رفتار اور تیز ہو گئی۔ پھر اسے دور گیان سنگھ کے گنے کی فصل کے پاس چند بچے کبڈی کھیلتے نظر آئے۔ کھیت کی اوٹ سے اس نے دیکھا کہ اختر نے ایک لڑکے کو گھٹنوں تلے دے رکھا ہے۔ لڑکے کے ہونٹوں سے خون پھوٹ رہا ہے، مگر کبڈی کبڈی کی رٹ جاری ہے، پھر اس لڑکے نے جیسے ہار مان لی اور جب اختر کی گرفت سے چھوٹا تو بولا۔ کیوں بے کرتارو۔ تم نے میرے منہ پر گھٹنوں مارا؟"

"اچھا کیا جو مارا۔" اختر اکڑ کر بولا اور بکھرے ہوئے جوڑے کی لٹیں سنبھال کر ان میں کنگھا پھنسانے لگا۔

"تمہارے رسول نے تمہیں یہی سمجھایا ہے؟" لڑکے نے طنز سے پوچھا۔

اختر ایک لمحے کے لئے چکرا گیا۔ پھر کچھ سوچ کر بولا۔ "اور کیا تمہارے گرو نے تمہیں یہی سمجھایا ہے؟"

"مسلا۔" لڑکے نے اسے گالی دی۔

"سکھڑا۔" اختر نے اسے گالی دی۔

سب لڑکے اختر پر ٹوٹ پڑے مگر پریشر سنگھ کی ایک ہی کڑک سے میدان صاف تھا۔ اس نے اختر کی پگڑی باندھی اور اسے ایک طرف لے جا کر بولا۔ "سنو بیٹے میرے پاس رہو گے کہ اماں کے پاس جاؤ گے؟"

اختر کوئی فیصلہ نہ کر سکا۔ کچھ دیر تک پریشر سنگھ کی آنکھوں میں آنکھیں ڈالے کھڑا رہا۔ پھر مسکرانے لگا اور بولا۔ "اماں پاس جاؤں گا۔"

"اختر اور میرے پاس نہیں رہو گے؟" پریشر سنگھ کا رنگ یوں سرخ ہو گیا جیسے وہ رو دے گا۔

"تمہارے پاس بھی رہوں گا۔" اختر نے معمے کا حل پیش کر دیا۔ پریشر سنگھ نے اسے اٹھا کر سینے سے لگا لیا اور وہ آنسو جو مایوسی نے آنکھوں میں جمع کئے تھے خوشی کے آنسو بن کر ٹپک پڑے۔ وہ بولا۔ "دیکھو بیٹے۔ اختر بیٹے۔ آج یہاں فوج آ رہی ہے۔ یہ فوجی تمہیں مجھ سے چھیننے آ رہے ہیں۔ سمجھے؟ تم کہیں چھپ جاؤ، پھر جب وہ چلے جائیں گے۔ نا تو میں تمہیں لے آؤں گا۔"

پریشر سنگھ کو اس وقت دور غبار کا ایک پھیلتا ہوا بگولا دکھائی دیا، بینڈھ پر چڑھ کر اس نے لمبے ہوتے ہوئے بگولے کو غور سے دیکھا اور اچانک تڑپ کر بولا۔ "فوجیوں کی لاری آ گئی"۔ وہ بینڈھ پر سے کود پڑا۔ اوگنے کے کھیت کا پورا چکر کاٹ گیا۔ "گیا نے۔ اوگیان سنگھ۔" وہ چلایا۔ گیان سنگھ فصل کے اندر سے نکل آیا۔ اس کے ایک ہاتھ میں درانتی اور دوسرے میں تھوڑی سی گھاس تھی۔ پریشر سنگھ اسے الگ لے گیا۔ اسے کوئی بات سمجھائی۔ پھر دونوں اختر کی طرف آئے۔ گیان سنگھ نے فصل میں سے ایک گنا توڑ کر درانتی سے اس کے پتے کاٹے اور اسے اختر کے حوالے کر کے بولا۔ "آؤ بھئی کرتارے۔ تم میرے پاس بیٹھ کر گنا چوسو۔ جب تک یہ فوجی چلے جائیں۔ اچھا خاصا بنا بنایا خالصہ ہتھیانے آئے ہیں۔ ہونہہ۔"۔۔۔ پریشر سنگھ نے اختر سے جانے کی اجازت مانگی۔ "جاؤں؟"

اور اختر نے دانتوں میں گنے کا لمبا سا چھلکا جکڑے ہوئے مسکرانے کی کوشش کی۔ اجازت پا کر پریشر سنگھ گاؤں کی طرف بھاگ گیا۔ بگولا گاؤں کی طرف بڑھا آ رہا تھا۔

گھر جا کر اس نے بیوی اور بیٹی کو سمجھایا، پھر بھاگم بھاگ گرنتھی جی کے پاس گیا۔ ان سے بات کر کے ادھر ادھر دوسرے لوگوں کو سمجھاتا پھرا۔ اور جب فوجیوں کی لاری دھرم شالہ سے ادھر کھیت میں رک گئی تو سب فوجی اور پولیس والے گرنتھی جی کے پاس آئے۔ ان کے ساتھ علاقے کا نمبردار بھی تھا۔ مسلمان لڑکیوں کے بارے میں پوچھ گچھ ہوتی رہی۔ گرنتھی جی نے گرنتھ صاحب کی قسم کھا کر کہہ دیا کہ اس گاؤں میں کو مسلمان لڑکی نہیں۔ "لڑکے کی بات دوسری ہے۔" کسی نے پریشر سنگھ کے کان میں سرگوشی کی اور آس پاس کے سکھ پریشر سنگھ سمیت زیر لب مسکرانے لگے، پھر ایک فوجی افسر نے گاؤں والوں کے سامنے ایک تقریر کی۔ اس نے اس مامتا پر بڑا زور دیا جو ان ماؤں کے دلوں میں ان دنوں ٹیس بن کر رہ گئی تھی جن کی بیٹیاں چھن گئی تھیں اور ان بھائیوں ۔ در شوہروں کے پیار کی بڑی درد ناک تصویر کھینچی جن کی بہنیں اور بیویاں ان سے ہتھیالی گئیں تھیں۔ "اور مذہب کا کیا ہے دوستو۔" اس نے کہا تھا۔ "دنیا کا مذہب انسان کو انسان بننا سکھاتا ہے۔ اور تم مذہب کا نام لے کر انسان کو انسان سے چرا لیتے ہو۔ ان کی آبرو پر ناچتے ہو اور کہتے ہو ہم سکھ ہیں،۔۔۔۔ ہم مسلمان ہیں۔ ہم واہگورو جی کے چیلے ہیں، ہم رسول کے غلام ہیں۔"

تقریر کے بعد مجمع چھٹنے لگا۔ فوجیوں کے افسر نے گرنتھی جی کا شکر یہ ادا کیا۔ ان سے ہاتھ ملایا۔ اور لاری چلی گئی۔

سب سے پہلے گرنتھی جی نے پریشر سنگھ کو مبارکباد دی۔ پھر دوسرے لوگوں نے پریشر سنگھ کو گھیر لیا اور اسے مبارکبادیں دینے لگے۔ لیکن پریشر سنگھ لاری کے آنے سے پہلے حواس باختہ ہو رہا تھا تو اب لاری کے جانے کے بعد لٹا لٹا سا لگ رہا تھا۔ پھر وہ گاؤں میں سے نکل کر گیان سنگھ کے کھیت میں آیا۔ اختر کو کندھے پر بٹھا کر گھر میں لے آیا۔ کھانا کھلانے کے بعد اسے کھاٹ پر لٹا کر کچھ یوں تھپکا کہ اسے نیند آگئی۔ پریشر سنگھ دیر تک اختر کی کھاٹ پر بیٹھا رہا، کبھی کبھی داڑھی کھجاتا اور ادھر ادھر دیکھ کر پھر سے سوچ میں ڈوب جاتا۔ پڑوس کی چھت پر کھیلتا ہوا ایک بچہ اچانک ایڑی پکڑ کر بیٹھ گیا اور زار زار رونے لگا۔ "ہائے اتنا بڑا کانٹا اتر گیا پورے کا پورا۔" وہ چلایا۔ اور پھر اس کی ماں ننگے سر اوپر بھاگی۔ اسے اٹھا کر گود میں بٹھا لیا۔ پھر نیچے بیٹی کو پکار کر سوئی منگوائی۔ کانٹا نکلنے کے بعد اسے بے تحاشا چوما اور پھر نیچے جھک کر پکاری۔ "ارے میرا دوپٹہ تو اوپر پھینک دینا۔ کیسی بے حیائی سے اوپر بھاگی چلی آئی۔"

پریشر سنگھ نے کچھ دیر کے بعد چونک کر اپنی بیوی سے پوچھا۔ سنو۔ "کیا تمہیں کرتارا اب بھی یاد آتا ہے۔"

"لو اور سنو۔" بیوی بولی۔ اور پھر ایک دم چھاجوں رو دی۔ "کرتارا تو میرے کلیجے کا ناسور بن گیا ہے پریشرے۔"

کرتارے کا نام سن کر ادھر سے امر کور اٹھ کر آئی اور روتی ہوئی ماں کے گھٹنے کے پاس بیٹھ کر رونے لگی۔

پریشر سنگھ یوں بدک کر جلدی سے اٹھا جیسے اس نے شیشے کے برتنوں سے بھرا ہوا طشت اچانک زمین پر دے مارا ہے۔

شام کے کھانے کے بعد وہ اختر کو انگلی سے پکڑے باہر دالان میں آیا اور بولا۔ آج تو دن بھر خوب سوئے ہو بیٹا۔ چلو آج ذرا گھومنے چلتے ہیں۔ چاندنی رات ہے۔"

اختر فوراً مان گیا۔ پریشر سنگھ نے اسے ایک کمبل میں لپیٹا اور کندھے پر بیٹھا لیا۔ کھیتوں میں آ کر وہ بولا۔ "یہ چاند جو پورب سے نکل رہا ہے نا بیٹے۔ یہ جب ہمارے سر پر پہنچے گا تو صبح ہو جائے گی۔"

اختر چاند کی طرف دیکھنے لگا۔

"یہ چاند جو یہاں چمک رہا ہے نا۔ یہ وہاں بھی چمک رہا ہو گا۔ تمہاری اماں کے دیس میں۔" اب کے اختر نے جھک کر پریشر سنگھ کی طرف دیکھنے کی کوشش کی۔

"یہ چاند ہمارے سر پر آئے گا تو وہاں تمہاری اماں کے سر پر بھی ہو گا۔"

اب کے اختر بولا۔ "ہم چاند دیکھ رہے ہیں تو کیا اماں بھی چاند کو دیکھ رہی ہو گی؟"

"ہاں۔" پریشر سنگھ کی آواز میں گونج تھی۔ "چلو گے اماں کے پاس؟"

"ہاں" اختر بولا۔ "پر تم لے تو جاتے نہیں، تم بہت برے ہو۔ تم سکھ ہو۔"

پریشر سنگھ بولا۔ "نہیں بیٹے، آج تو تمہیں ضرور ہی لے جاؤں گا۔ تمہاری اماں کی چٹھی آئی ہے۔ وہ کہتی ہے میں اختر بیٹے کے لئے اداس ہوں۔"

"میں بھی تو اداس ہوں۔" اختر کو جیسے کوئی بھولی ہوئی بات یاد آگئی۔

میں تمہیں تمہاری اماں ہی کے پاس لئے جا رہا ہوں۔"

"سچ؟" اختر پریشر سنگھ کے کندھے پر کودنے لگا اور زور زور سے لنے لگا۔ "ہم اماں پاس جا رہے ہیں۔ پرموں ہمیں اماں پاس لے جائے گا۔ ہم وہاں سے پرموں کو چھٹی لکھیں گے۔"

پریشر سنگھ چپ چاپ روئیجا رہا تھا۔ آنسو پونچھ کر اور گلا صاف کر کے اس نے اختر سے پوچھا۔ "گانا سنو گے۔؟"

"ہاں"

"پہلے تم قران سناؤ"

"اچھا۔" اور اختر قل ہو اللہ احد پڑھنے لگا۔ کفواً احد پر پہنچ کر اس نے اپنے سینے پر چھوکی اور بولا۔ "لاؤ تمہارے سینے پر بھی چھوکر دوں۔"

رک کر پریشر سنگھ نے گریبان کا ایک بٹن کھولا اور اوپر دیکھا۔ اختر نے لٹک کر اس کے سینے پر چھوکر دی اور بولا۔ "اب تم سناؤ۔"

پریشر سنگھ نے اختر کو دوسرے کندھے پر بٹھا لیا۔ اسے بچوں کا کوئی گیت یاد نہیں تھا اس لئے اس نے قسم قسم کے گیت گانا شروع کئے اور گاتے ہوئے تیز تیز چلنے لگا۔ اختر چپ چاپ سنتا رہا۔

بنتو دا سر بن در گا جے

بنتو دا منہ چن در گا جے

بنتو دا لک چترا جے

لوکو

بنتو دا لک چترا

"بنتو کون ہے؟" اختر نے پریشر سنگھ کو ٹوکا۔

پریشر سنگھ ہنسا۔ پھر ذرا وقفے کے بعد بولا۔ "میری بیوی ہے نا۔ امر کود کی ماں۔ اس کا نام بنتو ہے، امر کور کا نام بھی بنتو ہے۔ تمہاری اماں کا نام بھی بنتو ہی ہوگا۔"

"کیوں؟" اختر خفا ہو گیا۔ "وہ کوئی سکھ ہے۔"

پریشر سنگھ خاموش ہو گیا۔

چاند بہت بلند ہو گیا تھا۔ رات خاموشی تھی۔ کبھی کبھی گنے کے کھیتوں کے آس پاس گیدڑ روتے اور پھر سناٹا چھا جاتا۔ اختر پہلے تو گیدڑوں کی آواز سے ڈرا مگر پریشر سنگھ کے سمجھانے سے بہل گیا اور ایک بار خاموشی کے طویل وقفے کے بعد اس نے پریشر سنگھ سے پوچھا۔ "اب کیوں نہیں روتے گیدڑ؟" پریشر سنگھ ہنس دیا۔ پھر اسے ایک کہانی یاد آگئی۔ یہ گورو گوبند کی کہانی تھی۔ لیکن اس نے بڑے سلیقے سے سکھوں کے ناموں کو مسلمانوں کے ناموں میں بدل دیا اور اختر "پھر؟ پھر؟" کی رٹ لگاتا رہا۔ اور کہانی ابھی جاری تھی جب اختر ایک دم بالا۔ "ارے چاند تو سر پر آگیا۔"

پریشر سنگھ نے بھی رک کر اوپر دیکھا۔ پھر وہ قریب کے ٹیلے پر چڑھ کر دور دیکھنے لگا۔ اور بالا۔ "تمہاری اماں کا دیس جانے کدھر چلا گیا۔"

وہ کچھ دیر ٹیلے پر کھڑا رہا جب اچانک کہیں بہت دور سے اذان کی آواز آنے لگی اور اختر مارے خوشی کے یوں کودا کہ پریشر سنگھ اسے بڑی مشکل سے سنبھال سکا۔ اسے کندھ پر سے اتار کر وہ زمین پر بیٹھ گیا اور کھڑے ہوئے اختر کے کندھوں پر ہاتھ رکھ کر بولا۔ "جاؤ بیٹے۔ تمہیں تمہاری اماں نے پکارا ہے۔ بس تم اس آواز کی سیدھ میں۔"

"شش!" اختر نے اپنے ہونٹوں پر انگلی رکھ دی۔ اور سرگوشی میں بولا۔ "اذان کے وقت نہیں بولتے۔

"پر میں تو سکھ ہوں بیٹے!" پریشر سنگھ بولا۔

"شش!" اب کے اختر نے بگڑ کر اسے گھورا۔

اور پریشر سنگھ نے اسے گود میں بٹھا لیا۔ اس کے ہاتھ پر ایک بہت طویل پیار دیا اور اذان ختم ہونے کے بعد آستینوں سے آنکھوں کو رگڑ کر بھرائی ہوئی آواز میں بولا۔ "میں یہاں سے آگے نہیں آؤں گا۔ بس تم---"

"کیوں؟ کیوں نہیں آؤ گے؟" اختر نے پوچھا۔

"تمہاری اماں نے چٹھی میں یہی لکھا ہے کہ اختر کیلا آئے۔" پریشر سنگھ نے اختر کو پھسلا لیا۔ "بس تم سیدھے چلے جاؤ۔ سامنے ایک گاؤں آئے گا۔ وہاں جا کر اپنا نام بتانا۔ کرتارا نہیں۔ اختر۔ پھر اپنی اماں کا نام بتانا۔ اپنے گاؤں کا نام بتانا اور دیکھو۔ مجھے ایک چٹھی ضرور لکھنا۔"

"لکھوں گا۔" اختر نے وعدہ کیا۔

"اور ہاں تمہیں کرتارا نام کا کوئی لڑکا ملے نا تو اسے ادھر بھیج دینا۔ اچھا؟"

"اچھا۔"

پریشر سنگھ نے ایک بار پھر اختر کا ماتھا چوما اور جیسے کچھ نگل کر بولا "جاؤ"

اختر چند قدم چلا مگر پلٹ آیا۔ "تم بھی آ جاؤ نا۔"

"نہیں بھئی" پریشر سنگھ نے اسے سمجھایا۔ "تمہاری اماں نے چٹھی میں یہ نہیں لکھا۔"

"مجھے ڈر لگتا ہے۔" اختر بولا۔

"قرآن کیوں نہیں پڑھتے؟" پریشر سنگھ نے مشورہ دیا۔

"اچھا۔" بات اختر کی سمجھ میں آگئی اور وہ قل ہواللہ کا ورد کرتا ہوا جانے لگا۔

نرم نرم پوافق کے دائرے پر اندھیرے سے لڑ رہی تھی اور ننھا سا اختر دور دھندلی پگڈنڈی پر ایک لمبے تڑنگے سکھ جوان کی طرح تیز تیز جا رہا تھا۔ پریشر سنگھ اس پر نظریں گاڑے ٹیلے پر بیٹھا رہا۔ اور جب اختر کا نقطہ فضا کا ایک حصہ بن گیا تو وہ وہاں سے اتر آیا۔

اختر ابھی گاؤں کے قریب نہیں پہنچا تھا کہ دو سپاہی لپک کر آئے اور اسے روک کر بولے "کون ہو تم؟"

"اختر !" وہ یوں بولا جیسے ساری دنیا اس کا نام جانتی ہے ۔

"اختر ۔" دونوں سپاہی کبھی اختر کے چہرے کو دیکھتے تھے اور کبھی اس کی سکھوں کی سی پگڑی کو ۔ پھر ایک نے آگے بڑھ کر اس کی پگڑی جھٹکے سے اتار لی تو اختر کے کیس کھل کر ادھر ادھر بکھر گئے ۔

اختر نے بھنا کر پگڑی چھین لی اور پھر سر کو ایک ہاتھ سے ٹٹولتے ہوئے وہ زمین پر لیٹ گیا اور زور زور سے روتے ہوئے بولا ۔ "میرا کنگھا لاؤ ۔ تم نے میرا کنگھا لے لیا ہے ۔ دے دو ورنہ میں تمہیں ماروں گا ۔"

ایک دم دونوں سپاہی زمین پر دھب سے گرے اور رائفلوں کو کندھے سے لگا کر جیسے نشانہ باندھنے لگے ۔ "ہالٹ !" ایک پکارا اور جیسے جواب کا انتظار کرنے لگا ۔ پھر بڑھتے ہوئے اجالے میں انہوں نے ایک دوسرے کی طرف دیکھا اور ایک نے فائر کر دیا ۔ اختر فائر کی آواز سے دہل کر رہ گیا اور سپاہیوں کو ایک طرف بھاگتا دیکھ کر وہ بھی روتا چلاتا ہوا ان کے پیچھے بھاگا ۔

سپاہی جب ایک جگہ جا کر رکے تو پرمیشر سنگھ اپنی ران پر کس کر پگڑی باندھ چکا تھا مگر خون اس کی پگڑی کی سینکڑوں پرتوں میں سے بھی پھوٹ آیا تھا ۔ اور وہ کہہ رہا تھا ۔ "مجھے کیوں مارا تم نے ۔ میں تو اختر کے کیس کاٹنا بھول گیا تھا ۔ میں تو کو اختر کو اس کا دھرم واپس دینے آیا تھا یارو ۔"

دور اختر بھاگا آ رہا تھا اور اس کے کیس ہوا میں اڑ رہے تھے ۔

مصنف : مرزا محمد پاوہ رسوا

احمد ندیم قاسمی (20 نومبر 1916ء تا 01 جولائی 2006ء) پاکستان کے ایک معروف ادیب، شاعر، افسانہ نگار، صحافی، مدیر اور کالم نگار تھے ۔ افسانہ اور شاعری میں شہرت پائی ۔ ترقی پسند تحریک سے وابستہ نمایاں مصنفین شمار ہوتا تھا اور اسی وجہ سے دو مرتبہ گرفتار کیے گئے ۔ قاسمی صاحب نے طویل عمر پائی اور لگ بھگ نوّے سال کی عمر میں انھوں نے پچاس سے کچھ اوپر کتابیں تصنیف کیں ۔

سوانح

ابتدائی حالات

احمد ندیم قاسمی مغربی پنجاب کی وادی سون سکیسر کے گاؤں انگہ ضلع خوشاب میں پیدا ہوئے ۔ اصل نام احمد شاہ تھا اور اعوان برادری سے تعلق رکھتے تھے ۔ ندیم ان کا تخلص تھا ۔

تعلیم

آپ کے والد پیر غلام نبی مرحوم اپنی عبادت، زہد تقویٰ کی وجہ سے اہل اللہ میں شمار ہوتے تھے ندیم کی ابتدائی تعلیم گاؤں میں ہوئی ۔ 1920 میں انگہ کی مسجد میں قرآن مجید کا درس لیا ۔ 1923ء میں والد کے انتقال کے بعد اپنے چچا حیدر شاہ کے پاس کیمبل پور چلے گئے ۔ وہاں مذہبی، علمی، اور شاعرانہ ماحول میسر آیا ۔ 1921-25 میں گورنمنٹ مڈل اینڈ نارمل اسکول کیمبل پور (اٹک) میں تعلیم پائی ۔ 1930-31 میں گورنمنٹ ہائی اسکول شیخوپورہ سے میٹرک کیا اور 1931 صادق ایجرٹن کالج

بہاولپور میں داخل ہوگئے جہاں سے 1935ء میں بی اے۔

حالات زندگی

قاسمی صاحب کی ابتدائی زندگی کافی مشکلات بھری تھی۔ جب وہ اپنے آبائی گاؤں کو خیرباد کہہ کر لاہور پہنچے تو ان کی گزر بسر کا کوئی سہارا نہ تھا۔ کئی بار فاقہ کشی کی بھی نوبت آگئی لیکن ان کی غیرت نے کسی کو اپنے احوال سے باخبر کرنے سے انھیں باز رکھا۔ انھی دنوں ان کی ملاقات اختر شیرانی سے ہوئی۔ وہ انھیں بے حد عزیز رکھنے لگے اور ان کی کافی حوصلہ افزائی بھی کی۔ قاسمی صاحب اختر شیرانی کی شاعری کے گرویدہ تو پہلے ہی سے تھے ان کے مشفقانہ رویے نے قاسمی صاحب کو ان سے شخصی طور پر بھی بہت قریب کر دیا۔ اختر شیرانی رند بلانوش تھے لیکن ان کے ساتھ خاصا وقت گزارنے کے باوجود قاسمی صاحب نے کبھی شراب کو ہاتھ نہیں لگایا اور نہ ان کی طبیعت میں لاابالی پن آیا۔ اس سے ان کے مزاج کی استقامت اور اپنے آپ پر قابو رکھنے کی ان کی غیر معمولی صلاحیت کا اندازہ ہوتا ہے۔ اختر شیرانی کی شاعری اور شخصیت سے قاسمی صاحب کا لگاؤ آخر تک رہا۔

انھی دنوں احمد ندیم قاسمی کی ملاقات امتیاز علی تاج سے ہوئی جنھوں نے انھیں اپنے ماہانہ رسالے پھول کی ادارت کی پیش کش کی جو انھوں نے قبول کر لی۔ پھول بچوں کا رسالہ تھا۔ اس کی ایک سالہ ادارت کے زمانے میں قاسمی صاحب نے بچوں کے لیے بہت سی نظمیں لکھیں جو بچوں میں بہت پسند کی گئیں۔

ملازمت

1936 میں ریفارمز کمشنر لاہور کے دفتر میں بیس روپے ماہوار پر محرر کی حیثیت سے ملازم ہوئے اور 1937 تک یہیں کام کرتے رہے۔ 1939-41 کے دوران ایکسائز سب انسپکٹر کے طور پر ملازمت کی۔

1939ء میں محکمہ آبکاری میں ملازم ہوگئے۔ 1942 میں مستعفی ہوکر لاہور چلے آئے۔ تہذیب نسواں اور پھول کی ادارت سنبھالی 1943ء میں (ادب لطیف) کے ایڈیٹر مقرر ہوئے 1945-48 میں ریڈیو پشاور سے بحیثیت اسکرپٹ رائٹر وابستہ رہے تقسیم کے بعد ڈیڑھ سال ریڈیو پشاور میں ملازم رہے۔

نئے الفاظ

بچھڑا	bachhṛā	牛犊(阳)
رینگنا	rīṅgnā	爬行；困难地行走(不及)
طیش	taish	生气，愤怒；激动，冲动(阳)
سہم	sahm	害怕，畏惧(阳)
دھرم	dharm	(印度教的)法；信仰
جھاگ	jhāg	水沸腾时的水花，水泡(阳)
سکھ	sikh	锡克教徒，锡克人(阳)
تکبیر	takbīr	赞美真主(阴)
ڈھالنا	ḍhālnā	散开(及)
جوڑا	jūṛā	发髻(阳)

尖，尖顶；讽刺（阴）	nōk	نوک
沙子，细沙（阴）	rēt	ریت
秸秆，稻壳（阴）	bhūsā	بھوسا
惊慌失措的，惊愕的，呆滞的（形）	bhauṇchakkā	بھونچکا
耳语，嘀咕，窃窃私语（阴）	khusar phusar	کھسر پھسر
地区，县等行政区（阳）	zila‘	ضلع
心上人，最亲爱的人（阳）	parītam	پریتم
斥责；恫吓（阴）	ḍāṇṭ	ڈانٹ
法院；衙门（阳）	darbār	دربار
推开（及）	jhaṭaknā	جھٹکنا
可怕的，令人毛骨悚然的（形）	ḍarā’ōnī	ڈراؤنی
疯子；愚蠢（阴）	paglī	پگلی
尖叫；震吼（阴）	kaṛaknā	کڑک
知识；智慧（阳）	giyān	گیان
脓疮；痈疽（阳）	nāsūr	ناسور
东方；恒河以东（阳）	pūrab	پورب
悲伤的；忧郁的；垂头丧气的（形）	udās	اداس
愤怒的，生气的（形）	ḳḥafā	خفا
袖子（阴）	āstīn	آستین
诱惑；劝说（及）	phuslānā	پھسلانا
重复诵读《古兰经》的一段（阳）	vird	ورد
害怕；恐慌（阴）	dahal	دہل
涌出，流出（阴）	phūṭ	پھوٹ
干燥，干旱，干巴巴（阴）	ḳḥushkī	خشکی
肚脐（阴）	nāf	ناف
眼皮，眼睑（阳）	papōṭā	پپوٹا
挣扎；痛苦，哭诉；大吼大叫（不及）	bilbilānā	بلبلانا
嚎啕痛哭（阳）	bain	بین
焦躁不安，哭诉（不及）	bilaknā	بلکنا
破晓，黎明到来（不及）	pauphōḍnā	پوپھوٹنا
抢劫，打劫（阳）	ḍākah	ڈاکہ
成交，交易（阳）	saudā	سودا
痛苦；灾难，不幸（阴）	āfat	آفت
怜悯，同情（阳）	tars	ترس
机会，时机；支配，掌握（阳）	qābū	قابو
卡巴迪，一种南亚民间游戏兼体育运动（阴）	kabaḍḍī	کبڈی
难题（阳）	mu‘ammah	معمہ
吸吮（及）	chūsnā	چوسنا
大托盘，盆（阳）	tashat	طشت
国家（阳）	dēs	دیس
信（阴）	chṭhṭhī	چٹھی
得体；举止高雅（阳）	salīqah	سلیقہ
摩擦；擦拭（及）	ragaṛnā	رگڑنا
说吧（以念诵《古兰经》的方式说话）（口）	qul	قل
停住，暂停（阳）	hālaṭ	ہالٹ
大腿（阴）	rān	ران

然后我们也要做自己的分内之事。 دھرم在印地语中为“正法”、“职责”之义。印度教经典《薄伽梵歌》指出，每个人都有自己的职责，纯粹的无为并非得到解脱的途径，只有不求结果地履行职责才能摆脱业的束缚。因此，此处言外之意为“无论如何处置这个异教徒孩子都是符合正法的”。	پھر ہم اپنے دھرم کی بات کریں گے۔
你是谁的孩子？真主的还是祖师的？ 锡克教信奉祖师，所有锡克教徒自称为祖师的门徒。	تمہیں کس نے پیدا کیا؟ خدا نے کہ واہگورو جی نے؟
“还我发梳。你把发梳还我。快点，不然我打死你。” 锡克教徒必须遵守的五条戒律：终生蓄长发长须；佩戴发梳；穿短裤；佩短剑；戴手镯。因此发梳对锡克教徒来说具有重要意义，也具有一定的身份辨识意义。此时男孩对发梳的执着令守卫误以为他是一个锡克教徒。	"میرا کنگھا لاؤ۔ تم نے میرا کنگھا لے لیا ہے۔ دے دو ورنہ میں تمہیں ماروں گا۔"

مشق

۱۔ مندرجہ ءذیل حصے کا ترجما کیجئے اور بتائیے کہ اس میں کس طرح کے جذبات کا اظہار کیا جاتا ہے ؟

اختر اپنی ماں سے یوں اچانک بچھڑ گیا جیسے بھاگتے تھا ہوئے کسی کی جیب سے روپیہ گر پڑے، ابھی تھا اور ابھی غائب۔ ڈھنڈیا پڑی مگر بس اس حد تک کہ لٹے پٹے قافلے کیا آخری سرے پر ایک ہنگامہ صابن کے جھاگ کی طرح اٹھا اور بیٹھ گیا۔ "کہیں آ ہی رہا ہو گا۔" کسی نے کہہ دیا۔ "ہزاروں کا تو قافلہ ہے۔" اور اختر کی ماں اس تسلی کی لاٹھی تھامے پاکستان کی طرف رینگتی چلی آئی تھی۔ "آ ہی رہا ہو گا۔" وہ سوچتی۔ "کوئی تتلی پکڑنے نکل گیا ہو گا اور پھر ماں کو نہ پا کر رویا ہو گا اور پھر — پھر اب کہیں آ ہی رہا ہو گا۔ سمجھ دار ہے، پانچ سال سے تو کچھ اوپر ہو چلا ہے، آجائے گا۔ وہاں پاکستان میں ذرا ٹھکانے سے بیٹھوں گی تو ڈھونڈ لوں گی۔"

۲۔ پرمیشر سنگھ کے گھر میں تھوڑی دیر رہنے کے بعد اختر کے دل میں کیا تبدیلی ہو گئی تھی ؟ کیوں ؟

۳۔ مختلف مذاہب کے فرق پر پرمیشر سنگھ کا کیا خیال ہے ؟ اور اس کے بارے میں اس نے کیا کیا کہا، اس کی الفاظ کا اقتباس کیجئے۔

تیرہواں سبق آنگن

作品导读

作家哈娣嘉·玛斯杜尔（1927—1980）出生于印度勒克瑙一个中产阶级家庭，后家庭破败而饱经沧桑。她创作的长篇小说《庭院》（1962）获得1963年巴基斯坦阿达姆吉文学奖。该作品以印度民族抗英斗争、二次世界大战以及印巴分治为背景，以女性的视角描写了巴基斯坦建国前一系列战争及冲突背景下一个穆斯林家庭的变迁与衰落。

小说以"我"的视角讲述了一个封建的穆斯林大家庭，主人公阿丽雅的父母因政见及观念不同而感情冷淡，此后父亲因独立斗争而入狱，阿丽雅不得不随母亲住进了大伯家，在寄人篱下的过程中与表姐、堂兄经历了各种矛盾和情感纠纷。大伯一家最终也因为战争、动荡而最终解体。在印巴分治后，阿丽雅则随母亲移居巴基斯坦。由于经历了重重磨难，人物的性格、理想均产生了变化，小说以阿丽雅对婚姻和未来的茫然而结尾。

节选部分为阿丽雅因父亲入狱而随母亲寄住到伯父家的情况。虽然描写的是一些家庭琐事，却对人物心理变化有着细致入微的描写，进而反映出在动荡背景下人们的观念从宗教到道德，从政治到伦理发生的深刻变化。其中语言和细节描写尤为出色，充分表现出人物之间的微妙关系，如妈妈和大伯母、奶奶的关系，大伯母和奶奶以及身份隐晦的阿斯拉尔的关系，锲米和阿丽雅、奶奶、大堂兄的关系等等，无不是于细微之处见深意。

آنگن

خدیجہ مستور

حال

ا

صبح ہو گئی، بادل پھٹ گئے تھے اور ادھر کھلی کھڑکی سے سورج کی کرنیں اندر داخل ہو رہی تھیں۔ رات صرف ایک آدھ گھنٹہ سونے کی وجہ سے آنکھوں میں کھٹک ہو رہی تھی۔ ایسا معلوم ہوتا جیسے آنکھ میں پلک ٹوٹ کر گر پڑی ہو۔

"ارے واہ آپ ابھی تک سو رہی ہیں——"شمیمہ کا رنگ اس وقت بڑا نکھرا ہوا لگ رہا تھا۔ عالیہ نے اسے بڑے غور سے دیکھا، ایسی معصوم صورت کہ لگتا فرشتوں نے سایہ کر رکھا ہے۔

"میں تو دیر سے جاگ رہی ہوں!" وہ ہمیشہ کی طرح بستر سے اچھل کر اٹھی لیکن ایک دم اسے یاد آیا کہ وہ نئی جگہ پر ہے، یہ نئی دنیا ہے اور ابا کا مشفقانہ ٹھنڈا سایہ اس سے بہت دور ہے۔

"میں نے ابھی ناشتہ نہیں کیا۔ آپ کا انتظار کر رہی تھی اور سب لوگ تو کب کا کھا پی چکے۔" شمیمہ نے بڑے فخر سے کہا۔

"بھئی تم نے بھی ناشتہ کر لیا ہوتا چھمی۔" وہ جلدی سے اس کے ساتھ ہولی۔

"واہ میں کیوں ناشتہ کرتی آپ کے بغیر، یہاں تو کسی کو کسی کا خیال نہیں سب کے سب خود غرض ہیں۔" چھمی نے برا سا منہ بنالیا۔

سیڑھیاں طے کر کے دونوں نچلی منزل میں آگئیں۔ برآمدے میں پڑے ہوئے ٹاٹ کے پردوں کے سوراخوں سے دھواں نکل رہا تھا۔ اماں اور بڑی چچی تخت پر بیٹھی بد قلعی پاندان سے پان بنا بنا کر کھا رہی تھیں۔ تخت پر بچھی ہوئی میلی چادر پر کتھے چونے کے پچاسوں دھبے لگے ہوئے تھے اور کریمن بوا چولھے کے پاس پیڑھی پر بیٹھی دھواں دھار قسم کی باتوں میں مصروف تھیں۔

"اٹھ گئیں عالیہ! میں نے تم کو اس لئے جلدی نہیں اٹھایا کہ جانے نئی جگہ پر اچھی نیند آئی ہو یا نہیں۔" بڑی چچی نے اسے اپنے پاس بٹھا لیا۔

"میں تو خوب سوئی تھی بڑی چچی۔" اس نے اپنی اماں کی طرف دیکھا، ان کے چہرے پر شب بیداری اور فکروں کی دھول اڑ رہی تھی۔

"اللہ مارا پراٹھا تو رکھے رکھے سوکھ گیا، اب کیا سواد رہ گیا ہوگا۔" کریمن بوا نے توا چڑھا کر پراٹھا گرم ہونے کے لئے ڈال دیا——"گھی میں گندھی ہوئی پوریاں ہوں تو دس دن بھی نہ سوکھیں، بس زمانے زمانے کی بات ہے۔" کریمن بوا نے ٹھنڈی سانس بھری۔

"سارا سامان اسی طرح بندھا پڑا ہے، ناشتہ کر چکو تو اسے کھلواؤ۔" اماں نے آہستہ سے کہا۔

"لو بھلا، یہ کیا کھلوائے گی جمیل اور شکیل آ کر سب کرلیں گے، عالیہ تو اوپر کا کمرہ پسند کرے گی۔ اکیلے میں مزے سے پڑھے گی، پہلے وہاں جمیل رہتا تھا مگر اس نے رات ہی کہہ دیا کہ وہ کمرہ عالیہ کو دے دو اور دلہن تم تو یہیں میرے پاس رہو گی نا؟" بڑی چچی نے اماں سے پوچھا۔

"ہاں یہیں رہوں گی۔" اماں ایک لمحے تک کچھ سوچنے کے بعد بولیں۔ شاید انہیں وہ زمانہ یاد آگیا ہوگا۔ جب وہ بڑی چچی کو منہ لگانا پسند نہ کرتی تھیں، بے چاری بڑی چچی لٹے پٹے گھر کی لڑکی تھیں، منگنی ہوگئی تھی، اس لئے دادی نے مجبور ہو کر بیاہ لیا تھا کیونکہ بڑے چچا ضد کر رہے تھے، ویسے دادی کا تو پکا ارادہ تھا کہ جب دولت نہ رہی تو منگنی بھی توڑ دی جائے۔

سوکھی ہوئی گھی چپڑی روٹی اور تھوڑے سے دودھ میں اونٹی ہوئی چائے پیتے ہوئے عالیہ کو احساس ہوا کہ گھر کی اقتصادی حالت اچھی نہیں ہے۔

"کیسے مزے کا پراٹھا ہے، واہ وا بالکل کریمن بوا کی کھال کی طرح خشک۔ہے نا بجیا۔" آخری بات چھمی نے اتنے دھیرے سے کہی کہ کریمن بوا سن نہ سکیں۔

"مزے کے تو ہیں چھمی۔" عالیہ نے اپنی ہنسی روکی۔

"اللہ نے چاہا تو عالیہ کو اور مظہر کی دلہن کو یہاں کوئی تکلیف نہ ہوگی، اچھے دن نہیں رہے مگر جمیل پاس ہوگیا تو پھر اس گھر کے دن پلٹ جائیں

گے اور پھر اپنا مظہر بھی تو چھٹ کر آجائے گا——" بڑی چچی کچھ کہتے کہتے چپ ہو گئیں۔

انہیں اگر اپنے بال بچوں کی فکر ہوتی تو آج جیل میں کیوں ہوتے، انگریزوں نے ان کا کیا بگاڑا تھا بھلا؟" اماں نے لمبی سانس بھری اور پھر سر نیچا کر کے چپکے سے آنسو پونچھ لئے ذرا دیر کے لئے سب چپ ہوگئے جیسے کچھ سوچنے لگے۔

"اللہ تو اس گھر کو بھی مصیبت سے بچانا۔" کریمن بوا آہستہ سے بڑبڑائیں۔ "کریمن بوا، دکان جانے کی دیر ہو رہی ہے، ناشتہ بھجوا دو!" بیٹھک سے ایک بڑی نحیف سی آواز آئی اور کریمن بوا نے جھلا کر چمٹا پٹکا، پھر ڈلیا سے ایک روٹی کھینچ کر نکال لی، میلی کچیلی پیالی میں چائے انڈیل کر کمر ٹیڑھی کئے برآمدے سے نکل گئیں۔

"خوب ہیں یہ اسرار میاں بھی، بھئی حد ہے بے شرمی کی، جب تک کھانے کو نہ مل جائے، مجال ہے کہ چین لے لیں، انہیں تو بس کریمن بوا ٹھیک کرتی ہیں۔" چھمی زور سے ہنسی۔

"اچھا تو یہ اب تک یہیں ہے، یہ بڑے بھائی کا کارنامہ ہوگا۔"

"ہاں وہی ہے، کہاں جائے یہ بیچارہ بھی، پھر دکان بھی تو دیکھتا ہے"—— بڑی چچی نے مجرموں کی طرح سر جھکا کر اماں کو نیچی نیچی نظروں سے دیکھا۔

"خوب!" اماں نے بڑے معنی خیز انداز سے کہا اور چھالیہ کاٹنے لگیں۔ یہاں وہ کس قدر الگ تھلگ اور اونچے پر بیٹھی ہوئی نظر آ رہی تھیں۔

عالیہ نے سب کچھ خاموشی سے سنا اور ہمدردی کی ایک لہر اس کے سینے کے پار ہوگئی۔ "ہائے! اگر بیچارے اسرار میاں کے دوسرے بھائی آموں کی مکھیاں بھنکی گٹھلیاں نہ چوستے تو شاید آج زندہ ہوتے۔ اسرار میاں کے ساتھی تو ہوتے۔ اب یہ بیچارے تنہا اتنے بہت سے جائز لوگوں کے بیچ میں کیسے زندہ ہوں گے۔"

"ذرا دیر اپنی دادی کے پاس جا کر بیٹھو۔" اماں نے اسے حکم دیا اور وہ جلدی سے جانے کے لئے اٹھ کھڑی ہوئی۔ آپا کی موت اور ابا کی گرفتاری نے اسے بڑا سعادت مند بنا دیا تھا۔ شاید اس طرح اماں کو خوشی محسوس ہو۔

شام کے وقت تو دادی سے کوئی بات ہی نہ ہوئی تھی۔ ایک تو سفر کی تکان تھی۔ دوسرے دادی پر دمے نے حملہ کر رکھا تھا۔

عالیہ کو دیکھتے ہی دادی نے اپنے دونوں ہاتھ پھیلا دیئے۔ دبلے دبلے مرجھائے ہوئے ہاتھوں کی کھال لٹکی ہوئی تھی۔ مگر انتہائی کمزوری کے باوجود ان کے چہرے سے رعب داب برس رہا تھا۔ عالیہ نے بڑی عقیدت سے ان کے پھیلے ہوئے ہاتھ تھام لئے اور اپنا سر ہولے سے ان کے سینے پر ٹکا دیا۔ چھمی اپنے الٹے پلٹے بستر کو ٹھیک کر رہی تھی۔ طاق میں رکھی ہوئی لالٹین کو اب تک کسی نے نہ بجھایا تھا۔

"مظہر تو پھر کبھی نہ آیا، میری آنکھیں اسے دیکھنے کو ترس رہی ہیں"—— دادی نے ٹھنڈی سانس بھری اور عالیہ نے ہونٹ بھینچ لئے۔ دادی سے تو سب نے چھپایا تھا کہ ان کا بیٹا جیل میں ہے اور وہ بھی اقدام قتل کے سلسلے میں۔

"چھٹی نہیں ملتی دادی، اب ان کا کام بہت بڑھ گیا ہے، اسی لئے تو انہوں نے ہم سب کو یہاں رہنے کے لئے بھیج دیا ہے۔" وہ دادی کی نظروں سے بچنے کے لئے ادھر ادھر دیکھنے لگی۔

"شکر ہے کہ پھر سب اکٹھے ہو رہے ہیں، کیا پتہ تمہارا چھوٹا چچا بھی آ جائے۔" دادی کی آنکھوں میں ہلکی سی چمک آگئی۔

چھمی نے لالٹین کی چمنی اونچی کر کے پھونک مار دی۔لمبے سے کمرے میں دو اونچی اونچی سیاہ رنگ کی مسہریوں اور دو کرسیوں کے سوا کچھ بھی نہ تھا۔ دیوار پر مولانا محمد علی جوہر کی ایک تصویر لگی ہوئی تھی جس کے فریم پر جانے کتنی آندھیوں کا غبار جمع تھا۔

"مظہر بیٹے کا کوئی خط بھی آیا؟"

"نہیں دادی، وہ بہت مصروف رہتے ہیں۔" اباکی یاد سے اس کا دل کٹ رہا تھا۔

"ٹھیک ہے، مردوں کی یہی شان ہے کہ کام کریں، تمہارا چھوٹا چچا——" دادی تکیے کے سہارے ذرا سی اونچی ہو گئیں——"تم کو پتہ ہے نا کہ وہ خلافت کے زمانے میں چلا گیا، پھر نہیں آیا۔ اس وقت خلافت کا بڑا زور تھا، مجھے ایسی باتیں پسند نہیں، مگر دوسرے گھروں میں عورتیں ٹوپیاں کاڑھ کاڑھ کر چندے دیتی تھیں۔ انہوں نے گانے بنا رکھے تھے، کیا تھا وہ بھلا سا گانا"——دادی تیوریوں پر بل ڈال کر سوچنے لگیں——"ہاں وہ یاد آیا۔

بوڑھی اماں کا کچھ غم نہ کرنا

جان بیٹا خلافت پہ دے دو

یہ سب فضول باتیں ہیں، اسی طرح تمہارے بڑے چچا بے وقوفی میں پھنس گئے ہیں——مگر اب میری بات سنتا کون ہے، خیر کبھی تو عقل آئے گی، اور——"

"ہے کتنا گندہ کمرہ ہو رہا ہے، اس پر سے دادی کے تھوک اور پیشاب کی بو، مگر میں اپنی دادی کو کسی اور کمرے میں تھوڑی رہنے دوں گی، یہ تو میرا اپنا کمرہ ہے، بڑی چچی کہتی ہیں کہ میں اسی کمرے میں پیدا ہوئی تھی۔" چھمی جلدی سے کمرے سے چلی گئی اور پھر جھاڑو لئے ہوئے واپس آگئی۔ آج اسے صفائی کا بہت خیال آ رہا تھا۔ گندے کمرے کی وجہ سے وہ شرما شرما کر عالیہ کی طرف دیکھ رہی تھی اور عالیہ سوچ رہی تھی کہ ابا کہاں ہوں گے، کس جیل میں ہوں گے، ان کا خط کب آئے گا۔

اتنی سی باتیں کرنے سے بھی دادی کی سانس پھولنے لگی مگر جب چھمی نے جھاڑو دیکر دھول اڑانی شروع کی تو انہیں زور کا دورہ پڑ گیا۔ مارے کھانسی کے ان سے سانس نہ لی جاتی۔ عالیہ گھبرا کر ان کا سینہ سہلا رہی تھی مگر چھمی بڑے اطمینان سے جھاڑو دے رہی تھی۔

دادی کے چہرے سے پسینہ بہہ رہا تھا اور مارے کرب کے آنکھیں ابلی پڑتی تھیں، عالیہ گھبرا کر کھڑی ہو گئی۔ کریمن بوا جھپٹ کر اندر آئیں اور دادی کے پاس بیٹھ گئیں۔ ان کے دونوں ہاتھ آٹے سے بھرے ہوئے تھے۔

"مالکن——مالکن"——کریمن بوا عجیب سی بیتابی کے ساتھ دادی کو سہلا رہی تھیں اور ایک ہاتھ اپنے سینے پر رکھے جیسے اپنے ڈوبتے ہوئے دل کو روک رہی تھیں۔

"ارے چھمی بڑی چچی سے کہو جلدی سے ڈاکٹر کو بلائیں۔" عالیہ پہلی دفعہ دمے کا اتنا شدید حملہ دیکھ رہی تھی۔

"حد کر دی بجیا، بھلا اتنی سی بات پر ڈاکٹر آیا کرتے ہیں، دادی کو تو اسی طرح دورہ پڑتا ہے، سرہانے خمیرے کی ڈبیا رکھی ہے، ذرا سا چٹا دیجئے، اتنے پیسے کہاں کہ ہر وقت ڈاکٹر کو بلایا جائے، آپ تو خواہ مخواہ گھبرا گئیں"——چھمی دوپٹے میں منہ چھپا کر اپنی ہنسی روکنے لگی۔

عالیہ نے حیران ہوکر چھمی کو دیکھا، وہ دہلیز سے باہر کوڑا پھینک رہی تھی۔ کیا وہ بھی یہاں بیمار پڑے گی؟ اس نے ڈر کر سوچا—— ابا تو ذرا سی چھینک پر ڈاکٹر کو بلوالیتے تھے، لیکن یہاں تو چھمی ڈاکٹر کے نام پر ہنستی ہے۔ کھانسی کی آواز سارے گھر میں گونج رہی ہے مگر یہ آواز صرف کریمن بوا کو سنائی دیتی ہے۔ سب اپنے کاموں میں لگے ہیں۔ کوئی ادھر نہیں آتا۔

ذرا دیر بعد دادی کی سانس ٹھیک ہوگئی اور وہ جیسے تھک کر لیٹ گئیں۔ کریمن بوا ان کے چہرے سے پسینہ پونچھ رہی تھیں—— "اب کیا حال ہے مالکن؟" کیسی تڑپ تھی کریمن بوا کی آنکھوں میں۔ دادی نے "ہوں" کر کے آنکھیں بند کرلیں تو پھر کریمن بوا کو آٹا گوندھنا یاد آگیا۔

"چھمی کو بلاؤ۔" دادی نے آہستہ سے کہا تو وہ کمرے کی دہلیز پر کھڑے ہوکر چھمی کو آواز دینے لگی۔

"کہے جب منہ دھولوں گی تو آؤں گی، ہر وقت بلاتی رہتی ہیں۔" صحن میں بچھی ہوئی چوکی پر چھمی بیٹھی منہ ہاتھ دھورہی تھی۔ جانے وہ اور کیا بڑبڑاتی رہی۔ دادی کے رعب کی ساری کہانیاں اس کی آنکھوں کے سامنے اڑ اڑ دھم ہوگئیں۔

"جلدی چلو عالیہ، سامان ٹھیک کرا لو۔" برآمدے سے اماں کی آواز آئی تو وہ چپکے سے دادی کے پاس سے سرک آئی۔ وہ اس وقت آنکھیں بند کئے بڑے سکون سے سو رہی تھیں۔

۲

جمیل بھیا کو اس وقت اس نے بڑے غور سے دیکھا۔ وہ لمبے خاصے تھے مگر ان کی آنکھیں چھوٹی اور اندر کو دھنسی ہوئی تھیں، پھر ان آنکھوں میں ایسی گہرائی تھی کہ غور سے دیکھتے ہوئے جھجک محسوس ہوتی۔ اس وقت وہ سب سامان ٹھکانے لگانے کے بعد جیسے تھک کر دالان کی محراب کے بیچوں بیچ اکڑوں بیٹھے تھے۔ اماں بہت بیزار نظر آرہی تھیں۔ بس کچھ ایسی کیفیت جیسے کسی طویل سفر سے دو چار ہوگئی ہوں اور منزل بہت دور ہو۔

"یہ سفر کب ختم ہو گا؟" عالیہ نے اپنے آپ سے پوچھا اور پھر اپنے بستربند کی طرف بڑھی جو صحن میں ایک طرف پڑا ہوا تھا۔ اس کا بکس اور بستر اوپر کی منزل کے چھوٹے کمرے میں جانا تھا۔

"میں لے چلتی ہوں بجیا۔" چھمی کے غرارے کی پھٹی ہوئی گوٹ زمین پر لوٹ رہی تھی۔ وہ بستر بند کے تسمے گھسیٹنے لگی۔

"تم ہٹ جاؤ بے وقوف۔" جمیل بھیا بڑی تندہی سے اٹھ کر چھمی کے ہاتھ سے تسمے کھینچنے لگے۔

"ذرا ہوش میں رہیے گا بھیا، ہاں۔ میں بجیا کی وجہ سے آپ کو جواب نہیں دینا چاہتی ورنہ"—— چھمی کا چہرہ سرخ ہوگیا—— "ہٹ جائیے میں خود لے جاؤں گی بجیا کا بستر۔" چھمی نے جمیل بھیا کا ہاتھ جھٹک دیا اور بستر بند گھسیٹ گھسیٹ کر زینوں پر چڑھنے لگی۔ جمیل بھیا چوکی پر بیٹھ کر جیسے بڑے مزے سے تماشہ دیکھنے لگے۔ بستربند کی رگڑ سے ڈھیروں دھول اڑ رہی تھی۔

"ارے چھمی، گر جائے گی، کیوں اپنی جان کے لاگو رہتی ہے۔" بڑی چچی بان لگاتے لگاتے گھبرا کر اٹھ گئیں۔

"گرنے دو اماں کبھی تو میں بھی اسے بے بس دیکھوں۔" جمیل بھیا کھسیا کر ہنسے۔

"واہ کیا بات ہے، بے بس دیکھ کر خوش ہوتے ہیں جمیل بھیا، پھر اس سے اور اماں سے تو بہت خوش ہوں گے"—— عالیہ نے طنز سے جمیل

بھیا کی طرف دیکھا اور پھر نظریں جھکالیں۔ وہ تو پہلے ہی اسے کنکھیوں سے دیکھ رہے تھے۔ وہ جلدی سے چھمی کے پیچھے ہو لی مگر بستر بند پہلے ہی اوپر چکا تھا۔ چھمی اسے دیکھ کر بڑے فخر سے مسکرائی۔

"دیکھئے بجیا میں لے آئی نا اکیلے، بڑے آئے جمیل بھیا، ذرا سا سامان اٹھاکر تھک بیٹھے تھے، بستربند اوپر چڑھاتے تو ہانپنے لگتے۔"——وہ زور سے ہنسی——"ارے یہ گوٹ بھی پھٹ گئی۔"——اس نے پاجامے کی گوٹ اس طرح دیکھی جیسی ابھی دیکھ رہی ہو۔ اب بھلا وہ کیسے کہتی کہ یہ گوٹ تو اس وقت بھی پھٹی ہوئی تھی جب اسے پہننے کے لئے بکس سے نکالا تھا۔ یہ برسوں پرانے کپڑے تو اس کی اماں مرحومہ کے تھے جو اب اس کا تن ڈھانک رہے تھے۔

عالیہ چھمی کے ساتھ مل کر بستر بند کھولنے لگی۔ شام کا جھٹپٹا ہو چلا تھا مگر ابھی گلی میں روشنی نہ ہوئی تھی۔

رات کو وہ جس بستر پر لیٹی تھی اسے سمیٹ کر اپنا بستر لگا دیا۔ اتنے میں جمیل بھیا اس کا بکس اٹھائے آگئے——"عالیہ یہ کمرہ تمہارے لئے ٹھیک رہیگا نا، پہلے میں اس کمرے میں رہتا تھا، اس کا سب سے بڑا فائدہ یہ ہے کہ گلی سے بجلی کی خیراتی روشنی بھی مل جاتی ہے، میں نے یہیں بی۔اے کی تیاری کی ورنہ لالٹین کی روشنی میں تو آنکھیں پھوٹ جاتیں۔ یہ بڑا کمرہ بھی خالی رہتا تھا۔ یہاں کوئی نہ آتا تھا۔ بس کسی کسی وقت کوئی چمگادڑ آ جاتی تھی۔"جمیل بھیا نے کنکھیوں سے چھمی کو دیکھا مگر وہ بڑی خاموشی سے کمرے کے باہر کھلی چھت پر جا کھڑی ہوئی تھی۔

"کیا آپا کی شادی اسی بدتمیز سے ہو رہی تھی"——اس نے سخت ناگواری سے سوچا——"ارے تو وہ اس کے ساتھ چند دن بھی نہ جیتیں، کیا یہ وہی شخص ہے، جس کا نام آپا کے ساتھ لے کر وہ خوش ہوتی تھی——"

عالیہ نے اپنا بکس ٹھکانے لگا دیا اور جمیل بھیا سے کوئی بات کئے بغیر چھمی کے پاس چلی گئی، جاتے ہوئے اس نے مڑکر دیکھا، جمیل بھیا جہاں کھڑے تھے وہیں کھڑے رہ گئے تھے۔

"آپ سے ملنے کا اتنا شوق تھا بجیا کہ بس کیا بتاؤں۔" چھمی بولی۔ "بڑے چچا اور بڑی چچی آپ کی بڑی تعریف کرتے تھے۔ آپ پڑھی ہوئی ہیں نا، اسی لئے بڑے چچا تہمینہ آپا سے جمیل بھیا کی شادی کرنا چاہتے تھے۔ میں تو جاہل ہوں نا بجیا؟"

"تم تو بغیر پڑھے اتنی پیاری ہو چھمی، میں تو تم سے مل کر سب سے زیادہ خوش ہوئی ہوں۔"اس نے کہا۔

"میں خط بھی لکھ لیتی ہوں اور پڑھ بھی لیتی ہوں، بس اسکول نہیں گئی نا۔"چھمی نے بڑے غرور سے بتایا۔

"تم اس سے مل کر ذرا بھی خوش نہیں ہو، تم یہاں کسی سے بھی مل کر خوش نہیں ہوگی، تم تو محض پڑھی لکھی لڑکیوں والا اخلاق دکھا رہی ہو۔"جمیل بھیا نے بڑے مزے میں کہا اور ہاتھ ہلا ہلا کر چھت پر ٹہلنے لگے۔ کسی نے دیکھا ہی نہیں کہ وہ کب آکر پیچھے کھڑے ہوگئے تھے۔

"پتہ نہیں آج جمیل بھیا کو کیا ہوگیا ہے، آپ کو دیکھ کر ان میں کچھ شان آگئی ہے بجیا، ویسے تو یہ حال تھا کہ میرے بغیر کوئی کام نہ ہوتا۔"چھمی نے ترچھی نظروں سے جمیل بھیا کو دیکھا۔

'میں کہہ رہا ہوں چھمی کہ اب تم نیچے چلی جاؤ۔"جمیل بھیا جانے کیوں ایک دم سنجیدہ ہوگئے۔

"کیوں جاؤں، اس گھر میں میرے باپ کا بھی حصہ ہے، جہاں چاہوں گی، بیٹھوں گی، بڑے آئے——"

"اچھا تو پھر میں ہی چلا جاتا ہوں۔" جمیل بھیا بڑی تیزی سے سیڑھیاں طے کرنے لگے۔

عالیہ کے لئے یہ ساری باتیں کتنی عجیب تھیں۔ اس نے حیران ہوکر چھمی کو دیکھا۔

"بجیا آپ پروانہ کریں، یہاں تو ہر دم ایسی باتیں ہوتی رہتی ہیں۔" چھمی سخت شرمندہ نظر آرہی تھی۔

"چلو میں اپنی کتابیں ٹھیک کرلوں۔" اسے اچانک اپنی تعلیم کا خیال ستانے لگا۔ اللہ میاں اب وہ کیسے پڑھے گی، روپے کہاں سے آئیں گے، مگر جیسے ہی اسے یاد آیا کہ ماموں کے پاس اماں نے ڈھیر سے روپے جمع کرا رکھے ہیں تو اس نے اطمینان کی ایک لمبی سانس لی۔

چھمی کو دادی کا کوئی کام یاد آگیا اور وہ جلدی سے نیچے بھاگ گئی۔ عالیہ جب اپنی کتابیں میز پر رکھ رہی تھی تو اسے یہ دیکھ کر خوشی ہوئی کہ جمیل بھیا اس پر میزپوش بچھاگئے تھے۔ یہ وہی میزپوش تھا جو رات جمیل بھیا کی میز پر بچھا ہوا تھا——چلو جمیل بھیا اس کی تو عزت کرتے ہیں۔

کتابیں ٹھیک کرکے وہ کھڑکی سے نیچے گلی میں جھانکنے لگی۔ بجلی کے کھمبے کے تلے روشنی کا گول دائرہ پڑا ہوا تھا اور گلی کے دوسرے سرے سے کوئی پھیری والا آرہا تھا۔ اس کے سر پر رکھے ہوئے تھال میں دو لوؤں والا چراغ جل رہا تھا۔

"نیچے آؤ عالیہ بیٹی۔" بڑی چچی کی بھاری سی آواز سن کر وہ جلدی سے اٹھ پڑی۔

اماں نے دادی کے کمرے سے نکلتے ہوئے کہا۔ "رات کی بارش سے سردی بڑھ گئی تھی، اس لئے تمہاری دادی کی طبیعت زیادہ خراب ہے، سردی تو اس مرض کی دشمن ہوتی ہے۔" وہ بھی دادی کے کمرے میں چلی گئی۔ چھمی اپنی مسہری پر بیٹھی پرانے کپڑوں کی مرمت کر رہی تھی اور بڑے مزے میں کوئی پرانی غزل گنگنا رہی تھی۔

'جگر کے ٹکڑے ہیں یہ ہمارے جو بن کے آنسو نکل رہے ہیں'

عالیہ کو دیکھ کر وہ گانا بھول گئی اور پرانے کپڑوں کے ڈھیر کو لحاف کے اندر چھپانے لگی——"اب تو دادی بالکل ٹھیک ہیں بجیا۔"

عالیہ دادی کی پٹی پر ٹک گئی۔ وہ آنکھیں بند کئے بے سدھ پڑی تھیں۔ ان کا سینہ اب تک ابھر ابھر کر ڈوب رہا تھا۔ اسے بچپن میں دیکھی ہوئی لوہار کی دھونکنی یاد آگئی، جانے یہ زندگی کی آگ کب بجھ جائے، مارے ہمدردی کے اس کی آنکھوں میں آنسو آگئے۔ بڑے طاق میں رکھی ہوئی لالٹین کی روشنی ایک دم مدھم لگنے لگی۔ عالیہ نے دادی کے کھلے ہوئے ہاتھ کو چپکے سے لحاف میں چھپا دیا۔

کریمن بوا کمر ٹیڑھی کئے ہوئے کمرے میں آئیں اور جھک کر دادی کو دیکھنے لگیں——"مالکن" انہوں نے دھیرے سے پکارا اور جواب نہ پاکر دبے قدموں چلی گئیں۔ ان کے ہاتھوں میں گیلی راکھ بھری ہوئی تھی۔

"کیا دادی سو رہی ہیں؟" شکیل دہلیز پر کھڑے کھڑے کمرے میں جھانکا۔

"سو رہی ہیں، پھر تم کو کیا؟" چھمی نے اسے چڑانے کے انداز سے جواب دیا۔"

"بکو مت، بڑی آئیں۔" شکیل بنکارا۔

"ارے دادی سو رہی ہیں، چپ رہو شکیل، میرے بھیا۔" عالیہ گھبرا کر کھڑی ہوگئی۔

"مجھے کچھ پیسے چاہئیں عالیہ بجیا، کتابیں خریدنی ہیں۔"

"دادی کی طبیعت خراب ہے اس وقت۔"عالیہ نے اسے سمجھانا چاہا۔

"اب دھری ہے نا ان کے پاس روکڑ، سب کچھ تو لے گیا پاؤں دبا دبا کر چالاک"——چھمی مارے غصے کے بول رہی تھی——"اتنی بہت سی تھیں گنیاں، کھا گئے سارے مل کر۔"

"تم سے تو کبھی پاؤں بھی نہ دابے گئے، بیچاری دادی پڑی تڑپتی ہوتی ہیں اور یہ لاٹ صاحب مزے کرتی ہیں۔"شکیل نے جواب دیا۔

"میرے منہ نہ لگا کر کمینے، دیکھ تو ابھی بتاتی ہوں——"چھمی اپنی مسہری سے کودی۔دادی نے ایک لمحے کو آنکھیں کھولیں اور پھر کراہ کر کروٹ بدل لی۔

عالیہ شکیل کو کھینچتی ہوئی باہر لے آئی۔کریمن بوا صحن میں بچھی ہوئی چوکی پر لالٹین رکھ رہی تھیں۔انہوں نے منہ ہی منہ میں کچھ کہا اور پھر برآمدے میں چلی گئیں۔

"ارے شکیل اب تو تم بڑے ہورہے ہو پھر بھی لڑتے ہو، چھمی بھی تو تم سے کتنی بڑی ہے۔"عالیہ نے اس کے شانے کو دبایا مگر وہ کچھ بھی نہ بولا۔آستین سے آنسو پونچھ کر سر جھکائے کھڑا رہا۔

"لڑنا بری بات ہےمیرے بھیا۔"عالیہ نے اسے لپٹا لیا۔

"دادی مجھ سے محبت کرتی ہیں، وہ کہتی ہیں کہ میں چھوٹے چچا کی طرح ہوں، بس اس لئے چھمی مجھ سے جلتی ہے، پھر دادی اب تک مجھے کتابوں کے لئے پیسے دیتی رہیں۔یہ بات چھمی کو سب سے زیادہ بری لگتی ہے، آپ ہی بتایئے کہ میں کس سے مانگوں۔ابا، جمیل بھیا، اماں، سب پیسوں کے نام پر چیخنے لگتے ہیں۔"شکیل نے معصوم بچوں کی طرح سسکی بھری۔

"میرے پاس دو روپے ہیں، لوگے؟"عالیہ نے پوچھا تو شکیل مارے خوشی کے اور زور سے لپٹ گیا۔" صبح مجھ سے روپے لیکر کتابیں لے آنا۔"

"اچھا بجیا۔"

ٹاٹ کا پردہ سرکا کر وہ دالان میں چلی گئی۔اماں اور بڑی چچی تخت پر بیٹھی تھیں، اماں بالکل چپ تھیں مگر بڑی چچی بڑی خندہ پیشانی سے باتیں کرتے ہوئے چھالیہ کاٹ رہی تھیں، شکیل کو دیکھتے ہی اس کی طرف پلٹیں——"پڑھتا بھی ہے یا گھومتا پھرتا ہے، امتحان میں فیل نہ ہو تو جب کی بات۔"

"کہاں گھومتا ہوں، پڑھتا ہوں اپنے دوس کے ساتھ، میرے پاس تو پوری کتابیں بھی نہیں، خواہ مخواہ ٹوکتی رہتی ہیں۔"شکیل نے بھی سختی سے جواب دیا۔عالیہ نے دیکھا کہ اماں حیرت اور نفرت سے شکیل کو رہی ہیں۔

"بجیا جب میں مڈل کرلوں گا تو اسی سامنے والے اسکول ہیں پڑھوں گا کتنا بڑا اسکول ہے۔" شکیل کریمن بوا کے پاس چولھے کے سامنے بیٹھ گیا۔

"بسنت آنے والا ہے۔"کریمن بوا لالٹین جلا کر بیٹھک میں رکھنے کو چلی گئیں، پھر واپس آکر آٹا گوندھنے بیٹھ گئیں——"اللہ سلامت رکھے بڑے میاں کو، وہ ہوں نہ ہوں کمرے میں روشنی تو رہے۔"

"بڑے چچاکب آئیں گے؟" عالیہ نے پوچھا۔

"جب ان کا جلسہ ختم ہوگا"——بڑی چچی بے بسی سے ہنسیں——"جمیل بھی آجاتا توگرم روٹی کھالیتا۔"

"اللہ کرے مظہر میاں کا جیل سے خیریت کا خط آجائے، مولا تو ہی اپنی امان میں رکھنے والا ہے۔"کریمن بوانے آٹاگوندھ کر تواچولھے پر رکھ دیا۔

عالیہ کے دل میں ہوک سی اٹھی۔ اسے ابا سے کتنی محبت تھی، حالانکہ اس نے اپنے گھر میں کبھی ہنستی کھیلتی زندگی کو نہ دیکھی تھی وہ ابا کو اماں کی تلخ زندگی کا ذمیدار سمجھتی تھی، اسے سیاست سے نفرت ہوگئی تھی، ابا کے مقاصد اس کی نظر میں کتنے بھونڈے تھے، پھر بھی وہ انہیں بے تحاشہ چاہتی تھی، ابا کی حفاظت میں کتنا سکون محسوس کرتی تھی، مگر اب وہ اس محبت کی حفاظت سے محروم ہوگئی تھی۔

"بجیا اب آپ کالج میں نہیں پڑھیں گی؟" شکیل دو روپوں کے تصور سے کتنا خوش نظر آرہا تھا۔ گھر کے سامنے، گلی کے اس پار بڑے سے میدان میں بنی ہوئی اسکول کی لال عمارت اس کی تمناؤں کا مرکز تھی اپنے کھٹیا سے مڈل اسکول سے بھاگ جانے کی کتنی خواہش تھی۔

عالیہ چپ رہی، اماں نے اسے بڑی دکھی نظروں سے دیکھا مگر ایسی نظریں جن میں عزم بھی تھا۔

ابا کی یاد نے اسے اتنا بے کل کر دیا تھاکہ وہ کریمن بوا اور بڑی چچی کے اصرار کے باوجود اچھی طرح کھانا بھی نہ کھاسکی اور جلدی سے اٹھ گئی۔

کریمن بوا بڑ بڑاتی رہ گئیں——"گھر والوں کی تویہ چڑیوں جیسی خوراکیں رہ گئی ہیں اور اسرار مسٹنڈا اتنا کھائے کہ پکا پکا کر ہاتھ ٹوٹ جائیں، اور——"

۳

تھوڑے دنوں میں عالیہ کو گھر کے سارے حالات معلوم ہوگئے۔ بڑے چچا نے جاگیر بیچنے کے بعد کپڑے کی دو بڑی بڑی دکانیں کھول لی تھیں جن کی نگرانی کسی زمانے میں وہ خود کرتے تھے۔ انہوں نے یہ خوبصورت سا گھر بڑے چاؤ سے بنوایا تھا۔ گھر میں مثالی خوشحالی تھی مگر جب وہ بڑی سرگرمی سے سیاست میں حصہ لینے لگے تو دکانیں اسرار میاں کی نگرانی میں لشتم پشتم چلنے لگیں۔ وہ بھی ان کی آمدنی چندوں اور سیاسی ورکروں پر خرچ ہو جاتی۔ بڑے چچا کئی بار جیل جاچکے تھے، انہیں قید تنہائی اور بیڑیاں پہننے کی سزا بھی مل چکی تھی۔ ان کے پیروں میں موٹے موٹے سیاہ گھٹے پڑے ہوئے تھے۔ پاؤں دھوتے ہوئے وہ ان سیاہ گھٹوں کو بڑے فخر اور پیار سے دیکھا کرتے۔ وہ اس قدر کٹر کانگریسی تھے کہ خالص مسلمانوں کی کسی بھی جماعت کو برداشت نہ کر سکتے تھے۔ انہیں تو ان کے مسلمان ہونے پر بھی شبہ رہتا۔ کانگریس کے سوا ہر جماعت کے لوگ ان کی نظر میں ملک کے غدار تھے۔

بڑے چچا اپنی دنیا میں اس قدر مگن رہتے کہ اپنے گھر کی دنیا کو بھول چکے تھے۔ اپنی پہلوٹھی کی اکلوتی بیٹی کو ایک معمولی سے لڑکے سے بیاہ دیا تھا۔ وہ بھی صرف اس لئے کہ لڑکا کانگریسی تھا، اس وقت سے اب تک ان کی بیٹی چار عدد بچوں کے ساتھ اپنے آنگن میں گوبر تھاپ تھاپ کر زندگی گزار رہی تھی۔ بڑے چچا کو بھلا اتنی فرصت کہاں تھی کہ اپنی بیٹی کے مستقبل کی فکر کرتے یا کوئی کھاتا پیتا گھرانا تلاش کرتے۔ بڑی چچی نے جب بیٹی کی جوانی کی بہت دہائی دی تو انہیں اپنے سیاسی کارکن سے زیادہ بہتر آدمی نظر نہ آیا۔ مگر چند ہی دنوں بعد بڑے چچا کو اس بہتر آدمی سے بھی نفرت ہوگئی کیونکہ وہ سیاست سے الگ ہوکر اپنی چند بیگھے زمین اور بیوی بچوں میں کھوگیا تھا۔ بڑے چچا پھر کبھی اپنی بیٹی کے گھر نہ گئے۔

جمیل بھیا کو انہوں نے ایک مفت کے پرائمری اسکول میں داخل کرا دیا تھا۔ جمیل بھیا نے بی۔اے تک کس طرح پڑھا، اس کی انہیں کوئی خبر

نہ تھی۔ شکیل جب پڑھنے کے لائق ہوا تو جمیل بھیا نے اس کو مار مار کر اسی پرائمری اسکول میں پڑھنے کو بٹھا دیا جہاں خود پڑھا تھا۔

جمیل بھیا کی اپنے باپ سے نہ بنتی تھی، وہ خالص عشقیہ تک بندی کرتے تھے۔ مشاعروں میں جاتے تھے اور رسالوں میں بھیجی ہوئی غزلیں واپس پاکر ایڈیٹروں کو برا بھلا کہتے تھے۔

بڑے چچا جب تک گھر میں رہتے بڑی چچی اور کریمن بوا مہمانوں کے کھانے کے انتظام میں سارا دن گزار دیتیں۔ بڑے پتیلے میں بڑا گوشت سرسوں کے تیل میں پکایا جاتا، ہندوؤں کے لئے دکان سے پوری ترکاری خریدی جاتی۔ کریمن بوا ڈھیروں روٹیاں پکاتے ہوئے بڑبڑاتی رہتیں، خالص گھی کی خوشبو یاد کرکر کے ان کی آنکھوں میں آنسو آتے رہتے پھر بھی یہ گھر چل رہا تھا، سب کو پیٹ بھر روٹی ضرور مل جاتی۔

بڑے چچا سے جب گھر کی ضرورتوں کا ذکر کیا جاتا تو وہ سرخ پڑ جاتے۔ جانے کیوں جھینپ جھینپ کر سب کی طرف دیکھتے، اپنے بڑھے ہوئے پیٹ پر ہاتھ پھیرتے اور پھر بڑی امنگ سے سب کو سمجھانا چاہتے۔ "جب ملک آزاد ہو جائے گا تو سب تکلیفیں دور ہو جائیں گی، تم لوگ ذرا گہرائی میں جاکر سوچو۔"

"کہاں تک جائیں گہرائی میں؟" بڑی چچی کبھی کبھی جھلا اٹھتیں۔

"بڑے چچا کا مطلب ہے کہ کنوئیں میں گر جاؤ۔" چھمی ایسی باتیں سن کر ضرور مذاق اڑاتی اور وہ اس کی باتیں اس طرح نظر انداز کر جاتے جیسے کچھ سنا ہی نہیں۔ جانے بڑے چچا میں اتنا صبر کہاں سے آگیا تھا، وہ گھر میں ہوتے تو کوئی نہ کوئی تیر و نشتر بنا رہتا مگر وہ ہنس ہنس کر سہتے، یا پھر باہر بیٹھک کی راہ لیتے۔

بڑی چچی اس گھر میں اسے عبرت کی لاش معلوم ہوتیں۔ ان کی آنکھوں میں جیسے صدیوں کا دکھ سمایا ہوا تھا۔ اتنی بہت سی جانوں کی فکر صرف ان کے کاندھوں پر سوار رہتی۔ اسرار میاں دکانوں سے کچھ کاٹ پیٹ کر بڑی چچی کی فکروں کو کبھی کبھی کم کردیا کرتے مگر خود دیر دیر تک بیٹھک میں پڑے، سائلوں کی طرح چند روٹیوں کے لئے آوازیں لگاتے رہتے۔

ان ساری باتوں کے باوجود عالیہ کو بڑے چچا بہت اچھے لگتے تھے۔ بس بالکل اسی طرح جیسے اسے اپنے ابا سے شکایتوں کے بعد بھی آفاق سے محبت تھی۔ اس کی سمجھ میں نہ آتا تھا کہ یہ گھروں کے دکھوں اور تباہیوں کے علمبردار اس کے دل میں محبت کی ہلچل کیوں مچاتے رہتے ہیں، یہ کیسا خلوص تھا، کیسی محبت تھی کہ وہ ذرا سی بات پر ان کے لئے تڑپ اٹھتی۔ بڑے چچا جب گھر میں آتے تو وہ سب کام چھوڑکر ان کے ہاتھ منہ دھونے کے لئے چوکی پر پانی رکھ دیتی، جب وہ ہاتھ منہ دھوکر تھکے تھکے سے اپنے بستر پر لیٹ جاتے تو وہ ان کے سرہانے بیٹھ کر ہولے ہولے ان کا سر سہلانے لگتی۔ بڑے چچا اس کا سر اپنے سینے سے لگا کر اسے دعائیں دیتے اور پھر سکون سے آنکھیں بند کرلیتے اور چھمی دوپٹے کے پلو کو منہ میں اڑس کر اپنی ہنسی روکنے لگتی —— "ہائے بڑے چچا بیچارے تھک کر چور ہو جاتے ہیں، کام ہی ایسا ٹھہرانا۔"

عالیہ کو اس گھر کی زندگی اپنے گھر سے زیادہ جھگڑالو اور تھکی ہوئی معلوم ہوئی، مگر وہ کسی نہ کسی طرح خود کو بہلا رہی تھی۔ بڑے چچا نے اس کو اپنی کتابوں کی الماریوں کی چابیاں دے دی تھیں کہ وہ انہیں پڑھے اور دل و دماغ روشن کرے۔ ساتھ ہی یہ ہدایت بھی کر دی تھی کہ یہ چابی جمیل بھیا کے ہاتھ نہ لگنے پائے۔ اس بے کار تک بند کے لئے یہ کتابیں کوئی حیثیت نہیں رکھتیں۔ دوپہر کے سناٹوں میں وہ بڑی احتیاط سے ایک ایک کتاب نکال کر لاتی اور پڑھتی۔ اس کا دل ان کتابوں کے ہر اس کردار سے ہمدردی رکھتا تھا جنھوں نے آزادی اور انسان کی فلاح و بہبود کے لئے گولیاں کھائیں، مگر وہ ان سے خوف بھی محسوس کرتی تھی۔ اسے یقین تھا کہ ایسے لوگ کسی سے محبت نہیں کرتے، یہ لوگ شادیاں کرتے ہیں بچے ہوتے ہیں اور انہیں تباہ کردیتے ہیں۔ ان کا

اپنا گھر دنیا کے کسی حصے میں شامل نہیں ہوتا۔ ان کے گھر والے انسان نہیں ہوتے، یہ محبت کے قدموں کے کانٹے ہوتے ہیں جو ذرا دیر میں لہولہان کر دیتے ہیں۔ اماں، بڑی چچی، کسم دیدی اور تہمینہ آپا کا انجام اس کے سامنے تھا۔ سترہ اٹھارہ سال کی عمر میں وہ کتنی سمجھ دار ہوگئی تھی۔ فکروں اور غموں نے اس کا بچپن کتنی جلدی چھین لیا تھا۔

۴

ماموں کا خط آیا تھا۔ انہوں نے اماں کو لکھا تھا کہ ان کی بھابی کے مشورے کے مطابق وہ سارا روپیہ اکٹھے نہیں بھیجیں گے بلکہ تیس روپیہ مہینہ عالیہ کی تعلیم کے لئے بھیجتے رہیں گے، جس سے کپڑا وغیرہ بھی بن جائیگا۔ برے وقت میں زیادہ روپیہ پاس نہیں رکھنا چاہئے ہر ایک کی نظر پڑتی ہے۔

اماں یہ خط پاکر بہت خوش تھیں اور تین مہینے بعد منی آرڈر وصول کرتے ہوئے ان کے ہاتھ خوشی سے کانپ رہے تھے مگر عالیہ کو غصہ آرہا تھا کہ ایک تو تین مہینے بعد پوچھا ہے۔ اس پر سے صرف تیس روپے مہینہ بھیجنے کا فیصلہ۔ کیا وہ ان خراب حالات میں بھی بڑے چچا پر بوجھ بنی رہے گی۔ اماں سے کچھ کہنا بیکار تھا۔ ماموں کے خلاف کچھ کہہ کر وہ اماں کا دل نہ دکھانا چاہتی تھی۔ وہ بڑی خاموشی سے اپنے کمرے میں چلی گئی۔ ماموں کے خط سے اس کی جان جل گئی تھی۔ جس کے خط کا بے چینی سے انتظار تھا وہ نہ آیا۔ ان تین مہینوں میں ابا نے صرف ایک خط لکھا تھا جس میں بڑے چچا کے پاس آجانے پر اظہار خوشی کیا تھا اور عالیہ کو تعلیم جاری رکھنے کی ہدایت کی تھی۔ اپنے لئے ایک لفظ بھی نہ لکھا تھا۔

ابھی وہ سوچ ہی رہی تھی کہ اماں اوپر آگئیں۔ سیڑھیاں چڑھنے کی وجہ سے وہ ہانپ رہی تھیں مگر ان کا چہرہ خوشی سے سرخ ہورہا تھا —— بھابی کتنی ہوشیار ہیں، انہیں تو معلوم ہی ہوگیا ہوگا کہ یہاں سب ننگے بھوکے ہیں، لوٹ کھائیں گے —— اماں سرگوشیوں میں باتیں کررہی تھیں —— "جمیل سے کہہ کر تم ایک ماسٹر کا انتظام کرلو اور گھر بیٹھے امتحان دو۔"

"مگر اماں ان روپوں سے کیا ہوگا، ہمیں اپنے سارے اخراجات برداشت کرنے چاہئیں، کچھ دن کی بات ہے پھر ابا آجائیں گے، بڑے چچا نے بہت اچھا وکیل کیا ہے، ابا کو کم سے کم سزا ہوگی۔"

"کیا پتہ، وہ افسر مرا تو نہیں مگر الزام تو قتل کا ہے، جانے وہ کب آئیں، ہائے اگر ان میں ذرا بھی شرافت ہوتی تو اپنے گھر کا خیال کرتے" —— اماں کو شاید بیتے ہوئے تلخ دن یاد آرہے تھے۔ وہ جانے کیا سوچ رہی تھیں۔

"دلہن، اے دلہن! نیچے صحن میں کھڑی ہوئی بڑی چچی اماں کو آواز دے رہی تھیں۔ ساتھ ہی شکیل اور چھمی کے تو تو میں میں کرنے کی آوازیں آرہی تھیں۔

"آتی ہوں! اللہ کس مصیبت میں پھنس گئے" —— اماں بڑبڑائیں —— "ہم اس سے زیادہ روپے نہیں منگائیں گے، تمہارے بڑے چچا کا فرض ہے کہ وہ ہماری ہر ضرورت کو پورا کریں، آخر تو ان کے بھائی کا قصور ہے، ہم خود سے تو ان کے گھر آکر نہیں بیٹھ گئے" —— اماں جواب سنے بغیر چلی گئیں۔

تیسرا پہر تھا۔ دھوپ لوٹ چکی تھی۔ وہ بڑی دیر تک اپنے بستر پر اوندھی پڑی رہی۔ گلی میں کھلونے والا جھنجھنا بجاتا اور بڑی سریلی آواز میں صدا لگاتا جارہا تھا، "یہ ربڑ والا ببوا، یہ متانہ ببوا۔" چھمی لڑنے بھڑنے کے بعد اب گھسی ہوئی سوئیوں سے گراموفون ریکارڈ بجا رہی تھی۔ اس نے سوچا اس طرح تو

سارے ریکارڈ خراب ہوجائیں گے، وہ شکیل سے کہہ کر چھمی کے لئے سوئیوں کی ایک ڈبیا ضرور منگا دے گی۔

دھوپ پیلی پڑ چکی تھی۔ کریمن بوا چائے پینے کا شور مچا رہی تھیں، مگر اس کا جی نہ چاہا کہ نیچے جائے۔ وہ کھلی چھت پر آ کر اس کھرے پلنگ پر لیٹ گئی جو سارا دن دھوپ میں پڑا تپتا رہا تھا۔ آس پاس کی چھتوں پر بچوں کا شور بڑھتا جا رہا تھا اور مکانوں سے اٹھتے ہوئے دھوئیں کی وجہ سے فضا سرمئی ہو رہی تھی۔

پلنگ اب تک ہلکا سا گرم تھا، وہ اٹھ کر ٹہلنے لگی۔ کیسا بجھا بجھا سا جی ہو رہا تھا۔ اس وقت تو یہی دل چاہ رہا تھا کہ گھر سے نکل کر کہیں ہو آئے، مگر کہاں، وہ تو جب سے آئی تھی اس گھر سے باہر قدم نہ نکالا تھا۔ چھمی کا جب جی چاہتا برقع اوڑھ کر گھروں گھروں پھر آتی، وہ بھی صرف مسلمان گھروں میں، ہندوؤں سے اسے للہی بغض تھا۔ اس گھر میں تو اس کی دنیا صرف کتابیں رہ گئی تھیں۔ بڑے چچا کی کتابوں کی الماری کی چابی اس نے سنبھال کر اپنے بستر میں چھپا دی تھی۔

کریمن بوا چائے پینے کیلئے پکار رہی تھیں، وہ مجبوراً نیچے جا رہی تھی کہ چھمی اس کی چائے کی پیالی لئے آ گئی، اس وقت چھمی کا گول گول چہرہ بے وقوفی کی حد تک سنجیدہ ہو رہا تھا اور آنکھیں ہلکی سی سرخ پڑی ہوئی تھیں۔

"کیا بات ہے چھمی؟" پیالی لیتے ہوئے اس نے پوچھا۔

"کچھ نہیں، ابا میاں کا خط آیا ہے۔"

"پھر سب خیریت ہے نا؟" وہ چھمی کی سنجیدگی سے ڈر رہی تھی۔

"نہیں بجیا، انہوں نے لکھا ہے کہ اب تم کو صرف دس روپے مہینہ ملا کرے گا کیونکہ تمہارا ایک بھائی اور پیدا ہو گیا ہے، اس کا خرچ بھی بڑھا ہے، انہوں نے پورے پانچ روپے کم کردیئے ہیں۔"

"ارے یہ بات ہے، بھائی مبارک ہو چھمی۔"

"میرا بھائی کیوں ہونے لگا، اللہ کرے مر جائیو، میری اماں کے ساتھ، میرے سارے بھائی بہن مر گئے، میں اکیلی ہوں، میرا کوئی نہیں۔" اس نے ہونٹ لٹکالئے۔

"ایسی باتیں نہ کرو چھمی۔"

"پھر آپ ہی بتلایئے نا کہ ہمارے ابا جتنی شادیاں کریں اور ان سے جتنے پلے ہوں، وہ سب میرے بھائی بہن ہوں گے؟" اس کی آنکھوں میں آنسو آگئے۔ اس وقت وہ کتنی معصوم نظر آ رہی تھی۔ اس کے چہرے کی ساخت ہی کچھ ایسی تھی کہ وہ لڑتے بھڑتے اور غصے سے پاگل ہوتے وقت بھی معصوم ہی رہتی۔

عالیہ نے چھمی کو لپٹا لیا، اس وقت منجھلے چچا اسے دنیا کے عظیم بے درد نظر آ رہے تھے۔ انہوں نے دنیا میں بیویاں بدلنے کے سوا کوئی کام نہ کیا۔ چھمی کی ماں کے انتقال کے بعد انہوں نے دو شادیاں کیں اور دونوں کو ذرا ذرا سی بات پر طلاق دے دی۔ ان کا طلاق دینے کا بھی عجیب طریقہ تھا۔ بیٹھک میں جا کر طلاق لکھتے اور بیوی کو اندر بھجوا دیتے، بس اسی وقت سے بیوی سے پردہ کرنے لگتے مگر چوتھی بیوی نے ان پر مصیبتوں کا پہاڑ توڑ دیا تھا۔ تابڑ توڑ بچے پیدا کر کے انہیں ایسا جکڑا کہ دنیا کا نہ رکھا۔ ادھر چھمی سب کے لئے آزار بنی ہوئی تھی، باپ نے محبت سے ہاتھ کھینچ کر اسے دکھوں کا پوٹ

بنا دیا تھا۔

"میں تو بالکل اکیلی ہوں بجیا، آپ کو تو سب چاہتے ہیں، جمیل بھیا بھی آپ کو بہت چاہتے ہیں، باہر سے آکر آپ ہی کے اردگرد پھرتے ہیں۔" وہ طنز سے ہنسی۔

عالیہ نے کانپ کر چھمی کو دیکھا، اس کے سامنے مہندی کا لہلہاتا پودا سوکھ کر سیاہ پڑگیا اور پھر کسم دیدی کی سفید ساری سے پانی کی بوندیں ٹپک کر زمین میں جذب ہو گئیں۔

لاحول ولا، وہ اتنی بدھو نہیں ہے، اس کے ساتھ یہ کچھ نہیں ہو سکتا، وہ بے وقوف آدمی جسے بڑے چچا اپنی کتابوں کی الماری کی چابی تک نہیں دیتے۔ "چھمی تم تو بالکل بچہ ہو بس، تم مجھے سمجھتی کیا ہو، ایسے ایسے دس جمیل بھیا آجائیں تو میرا کیا بگاڑ لیں گے۔"

چھمی نے عالیہ کی آنکھوں میں غور سے جھانکا جیسے وہ سچ کی تلاش میں ہو، پھر کچھ مطمئن سی ہو کر عالیہ کے لپٹ گئی——"میں خود یہی سمجھتی ہوں کہ ہماری بجیا ایسی تھوڑی ہو سکتی ہیں۔" وہ بڑے فخر سے ہنسی——"پر بجیا آپ یہ تو بتائیں کہ اب اتنے روپوں میں گزارہ کیسے ہو گا۔"

"مجھے تو کوئی دس روپے بھی بھیجنے والا نہیں چھمی۔" اسے ابا یاد آگئے۔

"واہ میرے دس روپ جو ہوں گے، وہ آپ کے نہیں ہوں گے بجیا؟" چھمی نے روٹھ کر پیالی اٹھالی۔

"بس یہ ٹھیک ہے، میں تم کو اس میں سے ایک پیسہ نہ دوں گی۔" عالیہ نے اسے خوش کرنے کو کہا۔

"ارے ہاں بجیا وہ کل ہمارے کمرے میں جلسہ ہو گا۔" چھمی سب کچھ بھول کر چونکی۔

"کیسا جلسہ؟" عالیہ نے اسے حیرت سے دیکھا۔

"ارے مسلم لیگ کا جلسہ بجیا۔"

"پر بڑے چچا جو ناراض ہوں گے، تم دل سے رہو نا مسلم لیگی۔" عالیہ نے اسے سمجھانا چاہا۔

"وہ کون ہوتے ہیں ناراض ہونے والے، میں کیا انہیں منع کرتی ہوں کہ کافروں کے جلسوں میں نہ جایا کریں۔"

"مگر تمہارے مسلم لیگی ہونے سے کیا فائدہ ہو گا؟" عالیہ کو دکھ ہو رہا تھا کہ یہاں تو سب پاگل ہیں۔

"کچھ نہیں ہوتا، بس میں مسلمان ہوں اس لئے مسلم لیگی ہوں۔" وہ بڑے فخر سے ہنسی——"بتاشے بٹیں گے بجیا، ٹھیک رہیں گے نا؟"

"چھمی اتنے سے روپے آئے ہیں اور تم کو پورا مہینہ گزارنا ہے، کیوں خواہ مخواہ یہ حرکتیں کرتی ہو۔" عالیہ نے اسے پھر سمجھانا چاہا۔

"واہ پیسے روپے کی کیا بات ہے، میں تو اپنی جان تک نچھاور کر دوں مسلم لیگ پر، پھر ہمارے کافر چچا کو پتہ چلے۔" وہ جیسے کچھ یاد کر کے تیزی سے سیڑھیاں پھلانگتی نیچے چلی گئی۔

"اری چھمی کیوں اپنی جان کے لاگو ہو رہی ہے۔" نیچے سے بڑی چچی کی آواز آرہی تھی۔ عالیہ چھت سے ہٹ کر بڑے کمرے کی اس کھڑکی کے پاس کھڑی ہو گئی جس سے نچلی منزل کا صحن نظر آتا تھا۔

"واقعی بڑی بے کہی لڑکی ہے، ہم نے یہ نیا طریقہ دیکھا کہ عورتیں بھی جلسے جلوس کریں، مردوں نے کیا کم گھروں کا ستیاناس کر رکھا ہے۔" اماں

صحن میں بچھے ہوئے پلنگ پر بیٹھی چھالیہ کاٹ رہی تھیں۔

"ہمارا جو جی چاہتا ہے کرتے ہیں۔" چھمی نے اپنے مخصوص لہجے میں کہا اور ہاتھ پر پڑا ہوا برقع اوڑھ کر باہر چلی گئی۔

"میں کیا کروں اگر اس کے بڑے پچا اس پر ناراض ہوتے ہیں تو بھی میرا ہی جی رکھتا ہے۔" بڑی چچی بھی اماں کے پاس ٹک گئیں۔ دادی کے زور سے کھانسنے کی آواز آئی تو کریمن بوا جلدی سے ادھر بھاگیں۔

۵

شام کو چھمی کے کمرے میں جگہ جگہ سے پھٹی ہوئی لمبی سی دری بچھ گئی اور اس پر سارے محلے کے بچے آآکر بیٹھنے لگے۔ صحن کے ایک کونے میں دادی کا بستر لگا ہوا تھا۔ ان کے پلنگ کے آس پاس کریمن بوا نے پانی چھڑک دیا تھا۔ وہ ننھی سی پنکھیا ہاتھ میں لئے ہولے ہولے ہلا رہی تھیں اور بڑی عبرت ناک خاموشی کے ساتھ چھمی اور بچوں کا شور سن رہی تھیں۔ ان کے چہرے سے کرب کے آثار ظاہر ہو رہے تھے۔ عالیہ ان کے سرہانے بیٹھ گئی اور ان کے ہاتھ سے پنکھیا لے کر جھلنے لگی۔

"چلئے نا بجیا آپ بھی میرے جلسے میں۔" چھمی نے عالیہ کا ہاتھ پکڑ کر کھینچا۔

"میں نہیں جاؤں گی چھمی، مجھے یہ باتیں ذرا نہیں اچھی لگتیں۔"

"مت جائیے، آپ کے بغیر جلسہ تھوڑی ختم ہو جائے گا؟"——وہ روٹھ گئی——مجھے پتہ ہے نا کہ آپ بڑے پچا کا ساتھ دیں گی۔"

"تم کو معلوم ہے تو ٹھیک ہے، عالیہ ایسی بے ہودہ باتوں میں نہیں جاتی۔" اماں نے بھی چھمی کو گھر کا، مگر چھمی نے کوئی جواب نہ دیا، اس کا منہ اتر گیا تھا، وہ جلدی سے کمرے میں چلی گئی اور بچوں سے نعرے لگوانے لگی۔

"ہائے اب میں کیا کروں دلہن، اس کے بڑے پچا بیٹھک میں ہیں، وہ یہ نعرے سنیں گے تو کیا ہوگا، دس بار کہا کہ جب جلسہ کرو تو میلاد پڑھا کرو مگر نہیں سنتی"——بڑی چچی چھمی کے جلسے سے بہت پریشان نظر آرہی تھیں——"ارے اس کے باوا کو ہوش ہی کہاں جو اس کے دو بول پڑھا کر ٹھکانے سے لگا دیں۔"

جیسے شوق ہو وہ خود اپنے دو بول پڑھوا لے۔" چھمی نے کمرے کی دہلیز پر آکر جواب دیا اور پھر مصروف ہو گئی۔

"ارے شکیل اٹھ کر بیٹھک کا دروازہ بند کر دے تاکہ آواز نہ جائے۔" بڑی چچی چھمی کی بات کا برا ماننے کے بجائے اس کی حفاظت کے سامان کر رہی تھیں۔

"میں کیوں بند کروں، اچھا ہے ابا ایک دن اس کی ہڈیاں توڑیں۔" شکیل اپنے بستے میں پیوند لگاتے ہوئے بڑے مزے میں اچکا۔

"بکو اس کرتا ہے، کتنی بڑی ہے تجھ سے چھمی۔" بڑی چچی نے غصے سے اس کی طرف دیکھا اور کریمن بوا کشتی میں چائے کے برتن رکھتے ہوئے اٹھ پڑیں۔ بیٹھک کے دروازے بند کرکے وہ بھر پرتن لگانے لگیں۔

نعرے لگانے کے بعد سارے بچے چھمی کے ساتھ گا رہے تھے۔

کاشی میں تلسی توبوئی بکریاں سب چر گئیں

گاندھی جی ماتم کرو ہندو کی نانی مر گئیں

چھمی کے اس خود ساختہ گیت کو سن کر عالیہ ہنس پڑی مگر جیسے ہی اس نے دیکھا کہ بڑے چچا بیٹھک کے دروازے کے پاس کھڑے ہیں تو گھبرا کر چھمی کو پکارنے لگی ۔ چھمی نے مڑ کر دیکھا اور پھر آرام سے بچوں میں بتاشے بانٹنے لگی۔

"ارے اس پاگل، جاہل کو کوئی نہیں سمجھاتا ، میں ایک دن اس کی ہڈیاں توڑ دوں گا۔" بڑے چچا صحن میں آ کر کھڑے ہوگئے۔ غصے سے ان کا منہ سرخ ہو رہا تھا۔

بچے بھرا مار کر بھاگ پڑے۔ ایک بچے کے بتاشے گر کر ٹکڑے ٹکڑے ہوگئے تھے اور وہ بڑے چچا کی طرف سہمی ہوئی نظروں سے دیکھ دیکھ کر انہیں چن رہا تھا۔

"آپ تو بہت قابل ہیں نا، مجھے بہت پڑھایا لکھایا ہے جو جہالت کے طعنے دیتے ہیں۔" چھمی بھلا کیوں چپ رہتی ۔

بڑے چچا اس کی طرف لپکے تو بڑی چچی بیچ میں آگئیں ——— "ہے کیا دیوانے ہوگئے ہو، جوان لڑکی پر ہاتھ اٹھاؤ گے؟" بڑی چچی ہانپنے لگیں۔

"بھئی مار لینے دیجئے ،دل کی حسرت تو نکل جائے۔" چھمی ڈٹ کر کھڑی ہوگئی۔

عالیہ اس کا ہاتھ پکڑ کر کمرے میں لے جانا چاہتی تھی مگر وہ اسے بھی دھکے مار رہی تھی۔ کریمن بوا دم بخود کھڑی تھیں۔ کچھ کہنے کی کوشش میں دادی کی سانس چڑھ گئی تھی اور اماں تماشائیوں کی طرح پلنگ پر بیٹھی سب کچھ دیکھ رہی تھیں۔

"چھمی اندر چلو میری بہن، میرا کہنا نہیں مانتیں؟"عالیہ نے منت کی تو چھمی اسے عجیب سی نظروں سے دیکھتی اپنے کمرے میں چلی گئی۔

"میں کیا کروں، مجھے کس قدر عاجز کیا ہے سب نے، عالیہ بیٹی تم ہی ان لوگوں کو سمجھایا کرو۔" بڑے چچا کا غصہ رفو چکر ہو چکا تھا اور وہ بڑی بیچارگی سے عالیہ کو دیکھ کر اپنی بے بسی کی داد چاہ رہے تھے۔ چند منٹ بعد وہ سر جھکائے بیٹھک میں چلے گئے اور ذرا دیر کو سناٹا چھا گیا۔

"ہائے اپنے زمانے میں کاہے کو یہ سب کچھ دیکھا ہوگا۔"کریمن بوا پٹرے پر بیٹھ کر اپنے آپ سے کہہ رہی تھیں ———"یہ مالک مظفر مرحوم کا خاندان ہے، انہیں تو قبر میں بھی چین نہ ملتا ہوگا، مالک ———"

رات کا اندھیرا پڑنے لگا تو کریمن بوا نے لالٹینیں جلا کر ہر طرف رکھ دیں اور صحن میں بچھے ہوئے کھرے پلنگوں پر بستر لگا دیئے۔ چھمی کے کمرے سے اس کی دھیمی دھیمی سسکیوں کی آواز آ رہی تھی۔

"چھمی کا کیا بنے گا؟"دادی نے عالیہ کی طرف دیکھ کر دھیرے سے پوچھا۔ اب ان کی سانس قابو میں آ چکی تھی ——— محبت نے دم اٹکا رکھا ہے۔"

عالیہ سے کچھ بھی نہ کہا گیا، اس نے دادی کا ہاتھ تھام لیا۔ اس زندگی کے ساتھ کتنے بکھیڑے ہوتے ہیں۔ چھمی دادی کو کچھ بھی نہ سمجھتی تھی مگر وہ بستر پر پڑے پڑے اس کا سہارا بنی ہوئی تھیں۔

"کیا ہوا ہے عالیہ بیگم؟"جمیل بھیا نے گھر میں داخل ہوتے ہی سوال کیا اور پھر لوہے کی زنگ آلود کرسی پر بیٹھ گئے ———"اس وقت بڑا سناٹا چھایا ہے۔"

جمیل بھیا جب اسے عالیہ بیگم کہتے تو اسے ایسا محسوس ہوتا کہ وہ زہر اگل رہے ہیں، وہ چپ رہی۔

مسلم لیگ کا جلسہ ہوا تھا یہاں، بڑے بھیا نے ڈانٹا تھا بس اتنی سی بات" اماں نے بڑے فسادی انداز میں کہا۔

"خوب! خوب!"——وہ زور سے ہنسے "پھر ہمارے ابا کی رگ حمیت پھڑک اٹھی ہوگی، واہ کیا عظیم آدمی ہیں ہمارے ابا بھی، یہ گھر ان کی عظمت کا مثالی نمونہ ہے۔ برسوں سے کانگرس کی غلامی کر رہے ہیں اور مجھے ایک نوکری نہ دلا سکے، حالانکہ اب کانگرس کی وزارت بھی بن گئی ہے۔" جمیل بھیا پھر ہنسے۔

"ہاں اب تم آگ لگاؤ، ذرا پاس لحاظ نہیں باپ کا"——بڑی چچی بپھر گئیں——"کانگرس کی خدمت کرتے ہیں۔ تو کس ی لالچ سے تھوڑی کرتے ہیں۔"

"اماں آپ کی کیا جانیں، ارے مجھے سخت بھوک لگی ہے، اگر ابا کے مہانوں سے کچھ بچا ہو تو مجھے بھی کھلا دیجئے۔" جمیل بھیا مذاق پر تل گئے۔

"بس ہر دم بکواس کرتا ہے، کہیں اور سے کھا کھا کر اتنا بڑا ہو گیا ہے، یہاں تو بھوکا مرتا ہے نا۔" بڑی چچی چیخ پڑیں۔

"بھئی اماں تو خواہ مخواہ ناراض ہوتی ہیں"——جمیل بھیا ہنس پڑے——اچھا تم ہی بتاؤ عالیہ بیگم کہ ہمارے ابا یہاں جس دنیا کو بنانے کی فکر میں ہیں، کیا ہم اس کے باشندے نہیں ہیں، آخر ہمیں کیوں تباہ کیا جائے؟ اور مظہر چچا جو ایک انگریز کا سر پھاڑ کر جیل چلے گئے تو انہوں نے کون سا کارنامہ انجام دیا؟ کیا انہوں نے تم سب کو تباہ نہیں کیا؟ اب تم کو گھر میں کتنی تکلیف ہوگی، تم لوگوں نے کتنے ٹھاٹ کی زندگی گزاری تھی، ابھی تو میں بھی کسی لائق نہیں ورنہ"——وہ ایک لمحے کو رک کر عالیہ کو دیکھنے لگے۔

"آپ ایسی باتیں نہ کیجئے جمیل بھیا، دادی کہیں سوتے میں بھی نہ سن لیں۔" وہ جلدی سے جمیل بھیا کے پاس آ کر آہستہ سے بولی۔

"جانے بھابی کس طرح یہ سب کچھ برداشت کرتی ہیں، میں تو ان سے لڑ لڑ کر تھک گئی تھی، بھلا کیا ملا انہیں انگریز دشمنی میں؟" اماں نے ٹھنڈی آہ بھر کر پان کی گلوری منہ میں رکھ لی۔

"کیا تم میرے ساتھ کھانا نہ کھاؤگی، عالیہ بیگم؟" جمیل بھیا نے کریمن بوا کے ہاتھ سے کشتی لیتے ہوئے پوچھا۔

"نہیں بھئی، ابھی ہمیں بھوک نہیں۔"

وہ اٹھ کر چھمی کے کمرے میں چلی گئی۔ وہ اب تک اپنے بستر پر اوندھی پڑی سسک رہی تھی۔

"چلو باہر چلیں چھمی، اندر تو بڑی گرمی ہے۔" عالیہ نے اسے زبردستی اٹھایا——"چھت پر چل کر ٹہلیں گے۔"

چھمی کمرے سے تو نکل آئی مگر جمیل بھیا کو دیکھ کر وہیں بیٹھ گئی——"آپ جائیے ٹہلیے۔"

نیچے کے گھٹے ہوئے ماحول سے اوپر کی کھلی فضا میں آ کر اسے بڑا سکون محسوس ہوا۔ گرمیوں کے غبار میں ڈوبی ہوئی چاندنی میں بھی بڑی میٹھی سی خنکی تھی۔ گلی میں بچے بڑے جوش و خروش سے ریل ریل کھیل رہے تھے۔ زیادہ خوش ہوتے تو مسلم لیگ زندہ باد اور کانگرس زندہ باد کے دو چار نعرے بھی لگا دیتے۔ جب وہ سیٹی بجاتے اور چھک چھک کرتے اور چلے جاتے تو ایکدم سناٹا چھا جاتا۔

چھت کی منڈیر کے پاس کھڑے ہوکر اس نے دیکھا کہ ہائی اسکول کی عمارت درختوں کے گھنے سائے کی وجہ سے اندھیرے میں ڈوبی ہوئی تھی۔

وہ دیر تک اس عمارت کو خالی خالی نظروں سے دیکھتی رہی——ایک دن شکیل اسی اسکول میں پڑھے گا، اسے اپنے خواب کی تعبیر ضرور ملے گی۔ مگر اس کے سارے خواب اڑادھم ہوگئے، اب وہ کسی کالج میں نہ پڑھ سکے گی، پھر بھی اسے پڑھنا ہے اپنے پیروں پر کھڑا ہونا ہے، ابا کب آئیں گے یہ کوئی نہ جانتا، بڑے چچا اسے کتنے مایوس نظر آتے۔ جب وہ ابا کے مقدمے کے سلسلے میں بات کرتی ہے تو وہ ادھر ادھر کی باتیں چھیڑ دیتے۔

سوچتے سوچتے جب عالیہ نے آسمان کی طرف دیکھا تو چاند اسے بڑا مٹیالا معلوم ہوا۔

"عالیہ۔"

اس نے چونک کر دیکھا تو جمیل بھیا اس کے پیچھے کھڑے تھے——"یہاں اکیلے کیا کر رہی ہو؟"

"کچھ نہیں بھیا۔" تنہائی میں بھیا کے وجود سے وہ گھبرا گئی۔ بھیا ادھر ادھر دیکھ رہے تھے۔

"یہاں گھبراتی ہوگی عالیہ، اگر تہمینہ زندہ ہوتی تو شاید تم خوش رہتیں اور شاید ہماری شادی بھی ہو چکی ہوتی، یقین جانو کہ شادی میری انتہائی مخالفت کے باوجود ہو رہی تھی، پھر بھی جب وہ مری ہے تو ایک بار مجھے ایسا محسوس ہوا کہ میں رنڈوا ہو گیا ہوں۔" جمیل بھیا نے جیسے دکھ سے آنکھیں بند کرلیں۔

"مگر اب آپ ان باتوں کا ذکر کیوں کر رہے ہیں؟"

"ویسے ہی، مجھے اس سے ہمدردی تھی نا، مجھے سب کچھ معلوم تھا نا، اور مجھے تو یہ بھی یقین ہے کہ وہ اپنی موت نہیں مری۔" جمیل بھیا نے اس کی آنکھوں میں آنکھیں ڈال دیں۔

"اب تو میں آپ کے گھر میں ہوں، جو چاہے کہئے۔" اس نے منہ پھیر لیا مگر جمیل بھیا پھر اس کے سامنے آگئے——"سنو تو عالیہ، میں اتنا برا تو نہیں ہوں، بات یہ ہے کہ صفدر کا میرے پاس خط آیا تھا، اس نے التجا کی تھی کہ تہمینہ سے شادی نہ کرو، مجھے اس سے محبت ہے، پھر بھی میں اس شادی کو رکوا نہ سکا۔ آج تک اپنے کو مجرم سمجھتا ہوں۔ اگر میرا بس چلتا تو صفدر اور تہمینہ کی شادی کرا کے دم لیتا، مگر——" وہ ایک لمحے کو چپ ہوگئے۔ "تم تو مجھے مجرم نہیں سمجھتیں؟"

"ارے یہ تو سب کچھ جانتے ہیں۔" اس نے حیران ہوکر جمیل بھیا کی طرف دیکھا اور پھر نظریں جھکا لیں۔ آپا کا راز افشا دیکھ کر اسے جمیل بھیا کی صورت سے نفرت ہونے لگی۔ ساری باتیں تیر کی طرح اس کے کلیجے میں چھد کر رہ گئی تھیں۔

"اگر میں چاہوں تو ابھی اپنے ماموں کے گھر جا سکتی ہوں۔" ماموں کی حقیقت جانتے ہوئے بھی وہ اور کس کا نام لیکر دھمکاتی۔

تم جا ہی نہیں سکتیں، مجھے تم سے محبت ہے، پھر میں کیا کروں گا۔" جمیل بھیا کا پسیجا ہوا ٹھنڈا ہاتھ اس کے ہاتھ کو دبوچنے لگا اور اسے ایسا محسوس ہوا کہ وہ چھت میں دھنس رہی ہے، مارے کمزوری کے وہ اپنے کو بچا بھی نہیں سکتی۔ اس نے بڑی بے بسی سے جمیل بھیا کے ٹھنڈے ہاتھ کی طرف دیکھا اور اسے ایک دم وہ مینڈک یاد آگیا جو برسات کے دنوں میں اس کے ہاتھ پر کود گیا تھا۔ اس نے ڈر کر آنکھیں بند کرلیں اور اس کے منہ سے چیخ نکل گئی۔ پھر جانے اسے کیا ہوا کہ وہ چیختی ہی چلی گئی۔ جب اس نے آنکھ کھولی تو سب لوگ اس کے پاس جمع تھے۔ اماں رو رہی تھی، اور بڑے چچا کوئی معجون چٹا رہے

تھے مگر جمیل بھیا وہاں نظر نہ آئے۔

"آس پاس کمبخت ہندوؤں کے مکان ہیں، کوئی بھوت دکھائی دے گیا ہو گا۔" چھمی نے اس کے آنکھ کھولتے ہی اظہار خیال کیا اور اماں بے تاب ہو کر اس کے ہاتھ چومنے لگی۔

"پھر وہی جہالت کی باتیں، کسی خیال سے ڈر گئی ہوگی، ——ذہنی بیماری ہے۔ تم یہ معجون روز کھانا، دماغ مضبوط ہو جائے گا بیٹی۔" بڑے چچا چھمی کو پھٹکار کر عالیہ کو نصیحت کرنے لگے تھے، اس لئے انہوں نے دیکھا بھی نہیں کہ چھمی اپنی جہالت کا بدلہ لینے کے لئے کس قدر بے چین تھی مگر جانے کیا سوچ کر چپ ہو رہی تھی۔

"آخر ہوا کیا تھا عالیہ؟" بڑی چچی نے پوچھا تو اس نے گھبرا کر اس طرح آنکھیں بند کر لیں جیسے سونا چاہتی ہو۔ اب بھلا وہ سب کو کیا بتاتی؟

مصنف: مرزا محمد پاوہ رسوا

خدیجہ مستور 1927ء لکھنو میں پیدا ہوئیں۔ والد کا نام ڈاکٹر تہور احمد خاں تھا وہ سرکاری ملازم تھے، ملازمت کی وجہ سے مختلف شہروں اور قصبوں میں اُن کا تبادلہ ہوتا رہا جس کی وجہ سے وہ صحیح معنوں میں بچوں کی تعلیم و تربیت پر توجہ نہ دے سکے۔ خدیجہ کی والدہ کا نام انور جہاں تھا، وہ ایک پڑھی لکھی خاتون تھیں، اُن کے اکثر مضامین مختلف زنانہ رسالوں میں چھپتے تھے۔ اُن کے دیکھا دیکھی بچوں میں بھی ادبی رجحانات پیدا ہوئے۔ چھوٹی عمر میں ہی خدیجہ کے والد صاحب کا انتقال ہوگیا، جس کی وجہ سے اُن کے خاندان کو بے حد مشکلات پیش آئیں۔ کچھ عرصہ بمبئی میں قیام رہا۔ تقسیم ہند کے بعد پاکستان آگئیں اور لاہور میں مستقل قیام پزیر ہوئیں۔ یہاں یہ بات بھی قابل ذکر ہے کہ خدیجہ کا خاندان ہجرت کے وقت انتہائی بے سروسامانی کی حالت میں تھا ایسے کڑے وقت میں احمد ندیم قاسمی نے ان کی مدد کی۔ ۱۹۵۰ء میں خدیجہ کی شادی مشہور افسانہ نگار احمد ندیم قاسمی کے بھانجے ظہیر بابر سے ہوئی جو صحافت کے پیشے سے منسلک تھے۔ خدیجہ نے شادی کے بعد بڑی پر سکون زندگی گزاری۔ دونوں میاں بیوی میں بے حد محبت تھی۔ دونوں ایک دوسرے کا بے حد خیال رکھتے تھے۔

خدیجہ کے افسانوں کے پانچ مجموعے سامنے آئے۔ جن میں بوچھاڑ اور چندر روز اور شامل ہیں۔ 1962ء میں اپنے شہرہ آفاق ناول آنگن پر آدم جی ادبی انعام ملا۔ جب کہ اُن کے افسانوں کے آخری مجموعے ٹھنڈا میٹھا پانی پر انہیں ہجرہ ایوارڈ سے نوازا گیا۔

خدیجہ کا پہلا افسانہ کب منظر عام پر آیا، اس کے بارے میں کہنا کچھ مشکل ہے تاہم اُن کے مطبوعہ افسانوں کا اولین سراغ دلی کے رسالے ساقی سے ملتا ہے۔ اس رسالے نے اُردو افسانے کے فروغ میں اہم کردار ادا کیا ہے۔ اس کے علاوہ اُن کے افسانےلاہور کے رسالے عالم گیر، ہفت روزہ خیام اور ادب لطیف میں بھی شائع ہوتے رہے ہیں۔ ایک دلچسپ بات یہ ہے کہ ساقیکے اپریل 1944ء کے شمارے میں دونوں بہنوں ہاجرہ مسرور اور خدیجہ مستور کے افسانے بیک وقت شائع ہوئے۔ ساقی میں افسانوں کی اشاعت سے دونوں بہنوں کا نام ادبی حلقوں میں شہرت پانے لگا۔

نئے الفاظ

天使（阳）	firishtah	فرشتہ
粗麻布（阳）	ṭāṭ	ٹاٹ
槟榔盒（阳）	pāndān	پاندان
白石灰，熟石灰（阳）	chūnā	چونا
炉子，火炉（阳）	chūlhā	چولھا
激流（阴）	dhār	دھار
尘土飞扬；无精打采（不及）	dhūl uṛnā	دھول اڑنا
揉面（不及）	gundhnā	گندھنا
被洗劫一空的，崩溃的（形）	luṭā puṭā	لٹا پٹا
倔强，坚持（阴）	zidd	ضد
嘟嘟囔囔，嘀咕（不及）	barbaṛānā/ burbuṛānā	بڑبڑانا
罪犯（阳）	mujrim	مجرم
哮喘（阳）	damah	دمہ
壁龛（阳）	tāq	طاق
做针线活，刺绣（及）	kāṛhnā	کاڑھنا
糖浆（阳）	ḳḥamīrah	خمیرہ
无可奈何地（副）	ḳḥāh maḳḥāh	خواہ مخواہ
嘭地一声消散（阴）	dham	دھم
摩擦（阴）	ragaṛ	رگڑ
嘲讽，奚落（阴）	taṇz	طنز
黄昏（阳）	jhaṭ puṭa	جھٹ پٹا

单纯的，率真的（形）	ma‘sūm	معصوم
柔情的，亲切的（形）	mushfiqānah	مشفقانہ
镀过金的，闪闪发光的（形）	qala‘ī	قلعی
（与槟榔一起吃的）槟榔膏（阳）	kaththā	کتھا
斑点；污渍（阳）	dhabbā	دھبا
小矮凳（阴）	pīṛhī	پیڑھی
通宵不眠的人，失眠者（阳）	shab bēdārī	شب بیداری
平底锅（阳）	tavā	توا
订婚	mangnī	منگنی
结婚	biyāh	بیاہ
干巴巴的（形）	ḳḥushk	خشک
落满灰尘的，不清洁的（形）	kuchailā	کچیلا
与众不同地（副）	alag thalag	الگ تھلگ
威严，威风（阳）	ru‘b	رعب
枕头（阳）	takyah	تکیہ
涨起；溢出（不及）	ublnā	ابلنا
碱面，小苏打（阳）	ḳḥamīr	خمیر
门口，门廊（阴）	dhalīz	دہلیز
凹陷（不及）	dhansnā	دھنسنا
仇敌（阳）	lāgū	لاگو
仙逝者（阴）	marhūmah	مرحومہ
蝙蝠（阴）	chamgīdaṛ	چمگادڑ

文盲；傻瓜（阳）	jāhil	جاہل
喧哗；吼叫；扯开嗓子喊（及）	baṇkārnā	بنکارنا
丑陋的；粗俗的（形）	bhōṇḍā	بھونڈا
枷锁，镣铐（阴）	bēṛī	بیڑی
恐惧，警告（阴）	‘ibrat	عبرت
全世界的，满满的（形）	āfāqī	آفاقی
焦虑，不安（阴）	bē chīnī	بے چینی
过错，过失（阳）	qusūr	قصور
玩具，玩偶（阳）	babvā	ببوا
小木盒，小匣子（阴）	ḍibyā	ڈبیا
敌视；反感（阳）	bughz	بغض
（皮做的）风箱（阴）	dhauṇknī	دھونکنی
卑贱的人（阳）	kamīnā	کمینہ
下流的（形） 流氓（阳）	musṭanḍā	مسٹنڈا
害羞，难为情（阴）	jhēnp	جھینپ
乞丐；请求者（阳）	sā’il	سائل
沾满鲜血的，血迹斑斑的（形）	lahū luhān	لہولہان
苦的，涩的（形）	talkh	تلخ
摇鼓，能晃动发出声音的儿童玩具（阳）	jhunjhunā	جھنجھنا
被摩擦，磨旧（不及）	ghisnā	گھسنا
以真主的名义，本能地（副）	lilāh	للہ

وضاحت

阿丽雅，小说主人公。	عالیہ
谢米玛是阿丽雅的堂妹，锲米是其昵称。早于阿丽雅寄住在伯父家，倾心于伯父长子杰米尔，并在经济上对杰米尔多有贴补。	شمیمہ / چھمی
姆兹赫尔，阿丽雅的父亲。因反抗英国统治而被捕入狱。阿丽雅的母亲则因为其兄弟与英国人结婚而支持英国人。因与姆兹赫尔政见不合而夫妻感情不洽。	مظہر
杰米尔，伯父的长子。倾心于阿丽雅。	جمیل
谢吉尔，伯父的次子。	شکیل

达米娜，阿丽雅的亲姐姐。早年与寄宿在家中的瑟夫达表哥暗生情愫，阿丽雅的母亲刻意拆散，表哥成年后离家出走。家中安排达米娜与杰米尔结婚，婚前达米娜收到了表哥的来信，后自杀殉情。此事对阿丽雅的爱情观影响甚大。	تہمینہ آپا
古苏姆·薇娣，阿丽雅儿时的邻居。其丈夫因抗英斗争死于阿姆利则惨案，后寡居在家，性格开朗。其父为印度教徒，且与阿丽雅父亲志趣相投。古苏姆·薇娣勇敢地追求幸福，跟随爱人远走他乡，却最终被送回，令父亲蒙羞，后自杀。	کسم دیدی
"咳，你不在我为什么要吃早点，这里谁都不关心谁，所有人都是自私鬼。"锲米面露不满地说。	"داہ میں کیوں ناشتہ کرتی آپ کے بغیر، یہاں تو کسی کو کسی کا خیال نہیں سب کے سب خود غرض ہیں۔" چھمی نے برا سا منہ بنالیا۔
吃着放了很少奶油的饼和牛奶加得很少的奶茶，阿丽雅觉察到（伯父）家的经济状况并不是很好。	سوکھی ہوئی گھی چپڑی روٹی اور تھوڑے سے دودھ میں اونٹی ہوئی چائے پیتے ہوئے عالیہ کو احساس ہوا کہ گھر کی اقتصادی حالت اچھی نہیں ہے۔
葛丽敏大妈生气地把火钳一摔，然后从篮子里拽出一个饼，往脏兮兮的杯子里倒上茶，气呼呼地从门廊出去了。کمر ٹیڑھی کئے کئے 本意为扭着腰，此处用于形容心情不佳时走路没好气的样子。	کریمن بوا نے جھلا کر چمٹا پٹکا، پھر ڈلیا سے ایک روٹی کھینچ کر نکال لی، میلی کچیلی پیالی میں چائے انڈیل کر کمر ٹیڑھی کئے کئے برآمدے سے نکل گئیں۔
老妈妈别悲伤 快让心爱的孩子参加不合作运动 这是不合作运动期间传唱的口号。	بوڑھی اماں کا کچھ غم نہ کرنا جان بیٹا خلافت پہ دے دو
"哎，锲米，会摔倒的，干嘛跟自己过不去。"	"ارے چھمی، گر جائے گی، کیوں اپنی جان کے لاگو رہتی ہے۔"

现在她（锲米）穿的盖的这些旧衣物是（锲米）逝去的妈妈留下的。	یہ برسوں پرانے کپڑے تو اس کی اماں مرحومہ کے تھے جو اب اس کا تن ڈھانک رہے تھے۔
“为什么要走，这个家也有我爸爸的一份，我想怎样就怎样，你算什么……”	"کیوں جاؤں، اس گھر میں میرے باپ کا بھی حصہ ہے، جہاں چاہوں گی، بیٹھوں گی، بڑے آئے——"
“别给我这么张狂，混蛋，叫你知道我的厉害……”	"میرے منہ نہ لگا کر کمینے، دیکھ تو ابھی بتاتی ہوں——"
这些人（也会）结婚，生子，儿孙绕膝。（但是）他们没有把自己的家庭视为这世界的一部分。（在他们眼中）他们的家人不是（应为之奋斗的）人，这些人是爱情旅途上的荆棘，时日一久便会让人得到血的教训。	یہ لوگ شادیاں کرتے ہیں،بچے ہوتے ہیں اور انہیں تباہ کر دیتے ہیں۔ ان کا اپنا گھر دنیا کے کسی حصے میں شامل نہیں ہوتا۔ان کے گھر والے انسان نہیں ہوتے، یہ محبت کے قدموں کے کانٹے ہوتے ہیں جو ذرا دیر میں لہولہان کر دیتے ہیں۔

مشق

۱۔ مندرجہ ءذیل حصہ پڑھ کر بتایئے کہ اسرا کون ہے ،یہاں تک کہ بڑے چچا کے گھر میں کریمن بوا بھی آزادی سے اسے تنقید کر سکتی ہے ،کیوں ؟

"اللہ تو اس گھر کو بھی مصیبت سے بچانا۔"کریمن بوا آہستہ سے بڑبڑائیں۔"کریمن بوا، دکان جانے کی دیر ہو رہی ہے، ناشتہ بھجوا دو!"بیٹھک سے ایک بڑی نحیف سی آواز آئی اور کریمن بوا نے جھلا کر چمٹا پٹکا، پھر ڈلیا سے ایک روٹی کھینچ کر نکال لی، میلی کچیلی پیالی میں چائے انڈیل کر کمر ٹیڑھی کیے کیے برآمدے سے نکل گئیں۔

"خوب ہیں یہ اسرار میاں بھی، بھئی حد ہے بے شرمی کی، جب تک کھانے کو نہ مل جائے، مجال ہے کہ چین لے لیں،انہیں تو بس کریمن بوا ٹھیک کرتی ہیں۔"چھمی زور سے ہنسی۔

"اچھا تو یہ اب تک یہیں ہے، یہ بڑے بھائی کا کارنامہ ہو گا۔"

"ہاں وہی ہے، کہاں جائے یہ بیچارہ بھی، پھر دکان بھی تو دیکھتا ہے"——بڑی چچی نے مجرموں کی طرح سر جھکا کر اماں کو نیچی نیچی نظروں سے دیکھا۔

"خوب!"اماں نے بڑے معنی خیز انداز سے کہا اور چھالیہ کاٹنے لگیں۔یہاں وہ کس قدر الگ تھلگ اور اونچے پر بیٹھی ہوئی نظر آ رہی تھیں۔

عالیہ نے سب کچھ خاموشی سے سنا اور ہمدردی کی ایک لہر اس کے سینے کے پار ہو گئی۔"ہائے!اگر بیچارے اسرار میاں کے دوسرے بھائی آموں

کی مکھیاں بھنکی گٹھلیاں نہ چوستے تو شاید آج زندہ ہوتے۔ اسرار میاں کے ساتھی تو ہوتے۔اب یہ بیچارے تنہا اتنے بہت سے جائز لوگوں کے بیچ میں کیسے زندہ ہوں گے۔"

۲۔ چھمی اور جمیل کے درمیاں کیا پیچیدہ تعلق ہے ؟ اور کس حصے میں بیان کیا جاتا ہے ؟ اقتباس کیجئے ۔

۳۔ علیہ اور چھمی کو موازنہ کرکے جمیل نے کس کا انتخاب کیا ہے ؟ کیوں ؟

چودہواں سبق　پوسٹ مارٹم

作品导读

1. 沃齐尔·阿迦（1922—2010）

沃齐尔·阿迦是巴基斯坦杰出的乌尔都语作家、诗人、文学评论家及散文家。撰有大量散文和诗歌，同时长期担任文学杂志《花瓣》的主编和出版人。他的幽默作品也非常有名。他一生共出版了 6 部关于文学批评的书籍，17 部诗集，以及 5 部散文集，除此之外，还有很多其他方面的作品。由于他对乌尔都语文学贡献突出而被授予希达尔·艾·伊姆迪亚兹奖，还被提名诺贝尔文学奖。

沃齐尔·阿迦的作品逻辑清晰，思维缜密，语言富有张力，其诗歌有着较多的故事元素。他最擅长的是长诗，取材独特、措辞独到、匠心独运，作品生动而富有吸引力。其晚期的作品则更为成熟。《尸检》是一首表达对家园哀思的优秀作品。诗歌充满了关于死亡的各种意象，用沼泽、泥淖、残骸、废墟、岩石的肢体散落、鸟儿烧焦的翅膀等构筑出一片“死亡的土地”。诗歌的高潮在第二部分，将天空喻为一个外科医生，用手术刀解剖之后无情地宣布，“死于精神痛苦”，只留下“麻痹的残肢”和“裸露的尸体”便离开了。诗歌意象丰富且隐喻深刻，充满了各种解读的可能性。《自由》则是以一只小麻雀的所思所想为内容，通过一系列对话，从小麻雀的忧伤，到对自由的向往，以及自由背后的危险重重，表达出诗人对“自由”的深刻思考。

2. 穆尼尔·尼亚兹的诗歌（1928—2006）

穆尼尔·尼亚兹原名穆尼尔·艾哈迈德，著名的乌尔都语及旁遮普语诗人，其诗歌大多体现旁遮普的人情风貌。他出生于英印时期的旁遮普邦，印巴分治后移居巴基斯坦。他的一些诗歌被用于巴基斯坦的电影歌曲，在巴基斯坦非常流行且广为传唱，他也成为巴基斯坦最重要的电影作曲家之一。

他还为报纸、杂志和广播写稿，1960 年他成立了一个出版机构，后来与巴基斯坦拉合尔电视台合作，他长居拉合尔直到去世。他也是希达尔·艾·伊姆迪亚兹奖得主。

他的诗歌擅长用寥寥数语勾勒出一个生动的画面，并且在形式上积极探索，尝试在风格、韵律和用词上有所创新。其诗歌常见的主题是神话、童真、梦想、怀旧以及性和浪漫。《他很沉默》用简单的语言，寥寥数笔便勾勒出一个沉默年轻人的形象，因城市生活的艰难而变得沉默而孤独，不愿用诉苦和哭泣来抱怨生活的苦难，只在注视天空的时候，回忆自己的痛苦。《一次旅行》则充满了浪漫与幻想的色彩，诗人幻想繁茂的大树顶上有一条通往天空之城的路，那里有着善良友好的居民。诗歌的最后点出了诗人想表达的重点，即这些美好的情感在地球上是无用的，借此表达对世间冷漠的控诉。《昨夜我梦见两间房》则更是以一种浪漫而童真的心态刻画了人生的道路上，无论是年长还是年轻、成熟还是幼稚，最终都要走向人生的终点，因此，不若一路笑着、闹着。

پوسٹ مارٹم

وزیر آغا

کہاں ہوں ؟
یہ چٹیل زمیں
جس پہ میلوں کے میلے نشاں
جیسے کیلوں کی صورت گڑے ہیں
درختوں کے ہیکل
عمارات کی ہڈیاں
خشک ندیوں میں
کہنہ چٹانوں کے اعضاء
جلی کھیتیوں کے بدن
اور پرندوں کے جھلسے ہوئے پر
کوئی ایک بھی چیز
زندہ نہیں ہے
زمیں مر چکی ہے !

زمیں مر چکی ہے تو کیا ہے ؟
مجھے اس کے مرنے کا دکھ کس لیے ہو
اسے ۔۔اک نہ اک دن تو مرنا تھا ، سو
مر گئی ہے !
مجھے دکھ اگر ہے تو اس بات کا ہے
کہ جب وہ مری
آسماں نے اسے
اک لحد تک نہ دی
(شبنم افشانیاں تو بڑی بات ہے)
آسماں نے فقط یہ کیا
ایک سفاک سے ڈاکٹر کی طرح
اس کی اکڑی ہوئی لاش کو
اپنے نشتر سے دونیم کر کے
بدن کے خزانوں کو باہر نکالا
بکھیرا ، ٹٹولا
لکھا : موت ۔ صدمے ،
کسی ذہنی صدمے سے واقع ہوئی ہے !
پھر اس نے
زمیں کی کٹی اور پھٹی لاش کو
یوں ہی رہنے دیا

اور خود چل دیا !

جب سے اب تک

یہ چٹیل زمیں

اک دریدہ بدن بے ردالاش ہے

اک دریدہ بدن بے ردالاش ہے ! !

آزادی

خموشی

منہ پھلائے

دھپ سے آ کر کھاٹ پر لیٹی تو چڑیا

ہنس پڑی ، چھت سے

اتر کر

کھاٹ کے پایے پہ آبیٹھی

کہا !

بی بی کسی نے کچھ کہا تجھ سے ؟

تجھے بابا نے ڈانٹا ؟

ماں نے کوئی سرزنش کی ؟

یا --- بڑے بھیا نے جھڑکا

کچھ بتا بھی نا !

خموشی

منہ پھلائے

کھاٹ پر تادیر گم صم

چھولتے ، مژگاں کے زینے سے

اترتے آنسوؤں کو

غور سے تکتی رہی

آخر دوپٹے سے

بلکتے آنسوؤں کو پونچھ کر

بولی :

تو چڑیا ہے

تو آزادی ہے

جب چاہے کھلی کھڑکی سے ، روشندان سے

دیوار کے روزن سے ، پھر کر کے

منور آسمانوں

سبز کھیتوں ، وادیوں

نیلے پہاڑوں ، جنگلوں میں گھوم سکتی ہے

تو جب چاہے

جہاں چاہے ---

مگر تجھ کو خبر شاید نہیں ہے

مرے چاروں طرف

بے نور آنکھوں

ان کے بولوں کی دیواریں کھڑی ہیں

مرے چاروں طرف مجھ کو ڈراتی ---

چہک کر ننھی چڑیا نے

خموشی کی لرزتی بات کاٹی

اور پھدک کر دوسرے پایے پہ آبیٹھی

کہا:

بی بی مرے پر ہیں

یہ پر میرے محافظ ہیں

میں جاتی ہوں

مگر واپس بھی آتی ہوں

حصارِ عافیت سے تو اگر باہر
کبھی باہر گئی تو کون جانے
کتنی آوازوں کے پنجے
تجھ پہ جھپٹیں
اور ترے ملبوس کے پرزے اڑیں
پھر کون جانے
واپسی کا راستہ تجھ کو ملے
یا نا ملے!

مصنف: مرزا محمد پاوہ رسوا

ا۔ وزیر آغا

اردو کے مشہور نقاد شاعر انشائیہ نگار۔ پیدائش 81 مئی 1922ء۔۔انتقال 8 ستمبر 2010

ڈاکٹر وزیر آغا کی پیدائش 81 مئی 1922ء کو سرگودھا میں ہوئی تھی اور انہوں نے 1943ء میں گورنمنٹ کالج لاہور سے معاشیات میں ایم اے کیا تھا۔ پی ایچ ڈی کی ڈگری انہوں نے پنجاب یونیورسٹی سے 1956ء میں حاصل کی۔ اپنی ادبی صحافت کا آغاز انہوں نے ادبی دنیا لاہور کے جوائنٹ ایڈیٹر کی حیثیت سے 1960ء میں کیا تھا پھر انہوں نے لاہور سے اپنا سہ ماہی رسالہ "اوراق "1965ء میں شائع کرنا شروع کیا۔ جو 2003ء تک باقاعدگی سے شائع ہوتا رہا اور ان برسوں میں اس رسالے نے تو تین ادبی نسلوں کی آبیاری کی اوراق نے مضامین نو کے انبار لگا دیے۔

صحافتی مصروفیات کے علاوہ وزیر آغا کا اپنا ادبی سفر بھی جاری رہا۔ ان کے اب تک 10 شعری مجموعے، انشائیوں کے چھ مجموعے اور 15 تنقیدی مضامین کے مجموعے شائع ہو چکے ہیں۔ اس کے علاوہ ان کی شعری تخلیقات کی کلیات 'چہک اٹھی لفظوں کی چھاگل' بھی چھپ چکی ہے۔

بھارت میں ان کے فن پر بہار یونیورسٹی مظفر پور سے پروفیسر عبد الواسع کے زیر نگرانی تحقیقی مقالے "وزیر آغا کا فن" پر پی ایچ ڈی کی ڈگری مل چکی ہے۔ دوسرا مقالہ بھاگلپور یونیورسٹی میں پروفیسر مناظر عاشق ہرگانوی کے زیر نگرانی وزیر آغا کی انشائیہ نگاری پر لکھا گیا اور تیسرا رانچی یونیورسٹی میں وہاب اشرفی کے زیر نگرانی وزیر آغا کی تنقید کے موضوع پر لکھا گیا جن پر پی ایچ ڈی ایوارڈ ہو چکی ہے۔ اس کے علاوہ جے پور یونیورسٹی میں وزیر آغا کی تنقید نگاری پر ایم فل اور پاکستان کی پنجاب یونیورسٹی میں ایم اے کا تحقیقی مقالہ لکھا گیا ہے۔ پاکستان میں وزیر آغا کے فن پر 14 کتابیں شائع ہوئی ہیں۔

وہ بہت خاموش ہے

وہ بہت خاموش ہے، تنہا ہے وہ
آسماں کی سمت یا اس سے پرے تکتا ہے وہ
چپ بہت ہی چپ ہے وہ، تنہا ہے وہ
دور ہے وہ مرگ سے، اور زندگی کی قید سے
رو رہے اور بین کرتے لوگ ہیں
رو رہے اور بین کرتے شہر کے افراد ہیں
دیکھتے ہیں اس کو، اور وہ آسماں پر رہنے والے کی طرف
بے التجا اور بے طلب
اس کو سارے شہر کے سارے مصائب یاد ہیں

اور اس کو دیکھتا ہے آسماں پر اس کا رب

ایک سفر کے دوران

ان بلند اور دور تک پھیلے ہوئے پیڑوں کے اوپر
آسماں ہے دور تک
درمیاں میں راستہ ہے ، گلستاں ہیں دور تک
چھوٹے چھوٹے گھر ہیں اور چاروں طرف
کھانے پینے کی دکانیں ، دور تک

ان گھروں اور ان دکانوں میں
بہت سے آتے جاتے لوگ ہیں،
ان کو تکتی خوب صورت عورتیں،
دل نشیں اور مہرباں آنکھیں ہیں ان کی ـ ـ ـ
دل نشیں اور اجنبی آنکھیں ہیں،
جن میں رائگانی کا جہاں ہے دور تک

کل رات میرے خواب میں دو مکان تھے

ایک بہت بڑا گھر تھا
جس کا نام وقت تھا
ایک اور گھر تھا ، جو بڑے گھر سے چھوٹا تھا
اس کا نام بھی وقت تھا

ہم دونوں ان گھروں کی طرف جا رہے تھے
ہنستے کھیلتے
میرے ساتھ ایک دبلی سی شوخ وشنگ لڑکی تھی
جو عمر میں مجھ سے چھوٹی تھی
مگر جب وہ میری طرف دیکھتی تھی ، تو وہ مجھے
میری عمر سے بڑی لگتی تھی
پھر بھی ہم دونوں ، نوخیز ہم عمروں کی طرح
ہنستے ، کھیلتے جا رہے تھے
بڑے گھر کی طرف ، یا چھوٹے گھر کی طرف

ایک مشہور اردو نظم

ہمیشہ دیر کر دیتا ہوں میں ، ہر کام کرنے میں
ضروری بات کہنی ہو کوئی وعدہ نبھانا ہو
اسے آواز دینی ہو ، اسے واپس بلانا ہو
ہمیشہ دیر کر دیتا ہوں میں
مدد کرنی ہو اس کی ، یار کی ڈھارس بندھانا ہو
بہت دیرینہ رستوں پر کسی سے ملنے جانا ہو
بدلتے موسموں کی سیر میں دل کو لگانا ہو
کسی کو یاد رکھنا ہو ، کسی کو بھول جانا ہو
ہمیشہ دیر کر دیتا ہوں میں
کسی کو موت سے پہلے کسی غم سے بچانا ہو
حقیقت اور تھی کچھ اس کو جا کے یہ بتانا ہو
ہمیشہ دیر کر دیتا ہوں میں

۲۔ منیر نیازی

اردو اور پنجابی کے مشہور شاعر اور ادیب ۔ ضلع ہوشیار پور (مشرقی پنجاب) کے ایک گاؤں میں پیدا ہوئے ۔ انہوں نے بی اے تک تعلیم پائی اور جنگ عظیم کے دوران میں ہندوستانی بحریہ میں بھرتی ہوگئے لیکن جلد ہی ملازمت چھوڑ کر گھر واپس آگئے ۔ برصغیر کی آزادی کے بعد لاہور آگئے ۔

منیر نیازی نے جنگل سے وابستہ علامات کو اپنی شاعری میں خوبصورتی سے استعمال کیا۔ انہوں نے جدید انسان کے روحانی خوف اور نفسی کرب کے اظہار کے لیے چڑیل اور چیل ایسی علامات استعمال کیں ۔ منیر نیازی کی نظموں میں انسان کا دل جنگل کی تال پر دھڑتا ہے اور ان کی مختصر نظموں کا یہ عالم ہے کہ گویا تلواروں کی آبداری نشتر میں بھر دی گئی ہو۔

اردو کے معروف ادیب اشفاق احمد نے منیر نیازی کی ایک کتاب میں ان پر مضمون میں لکھا ہے کہ منیر نیازی کا ایک ایک شعر، ایک ایک مصرع اور ایک ایک لفظ آہستہ آہستہ ذہن کے پردے سے ٹکراتا ہے اور اس کی لہروں کی گونج سے قوت سامعہ متاثر ہوئے بغیر نہیں رہ سکتی۔

ان کے اردو شاعری کے تیرہ، پنجابی کے تین اور انگریزی کے دو مجموعے شائع ہوئے ۔ ان کے مجموعوں میں بے وفا کا شہر، تیز ہوا اور تنہا پھول، جنگل میں دھنک، دشمنوں کے درمیان شام، سفید دن کی ہوا، سیاہ شب کا سمندر، ماہ منیر، چھ رنگین دروازے، شفر دی رات، چار چپ چیزاں، رستہ دسن والے تارے، آغاز زمستان، ساعت سیار اور کلیات منیر شامل ہیں ۔

نئے الفاظ

چٹیل	chaṭyal	荒芜的，光秃秃的（形）
ہیکل	haikal	代表星体的神像或形象；星体神像庙宇（阴）
افشانی	afshān	撒播（阴）
اکڑنا	akaṛnā	僵硬，麻木（不及）
صدمہ	sadmah	心灵上的创伤；打击（阳）
گم صم	gum sum	静悄悄的，无声的（形）
بین	bain	边哭边诉说逝者的长处，嚎啕痛哭（阳）
دل نشیں	dil nashīn	心安的，灵魂得到休息的（形）
شوخ و شنگ	shōḳẖ ō shang	活泼的，顽皮的，嬉戏的（形）
کیل	kīl	钉子，铁钉（阴）
لحد	lahd	墓穴，坟墓（阴）
سفاک	saffāk	无情的，残忍的，杀人如麻的（形）
نشتر	nashr	手术刀（阳）
دریدہ	darīdah	有破洞的，撕破的（形）
روشندان	rōshand ān	天窗（阳）
التجا	iltijā	希望；恳求；要求（阴）
رائگانی	rā’egānī	徒劳，无用（阴）
نوخیز	nau ḳẖīz	年轻的，没经验的（形）

مشق

۱۔اس سبق میں سب شاعریوں کا ترجما کیجئے ۔

۲۔ مندرجہ ٔ ذیل پڑھئے اور غور کیجئے کہ "آسمان" تو کس بات یا لوگوں کا استعارہ ہے ؟

زمیں مر چکی ہے تو کیا ہے؟
اسے ۔۔اک نہ اک دن تو مرنا تھا، سو
مجھے دکھ اگر ہے تو اس بات کا ہے
آسماں نے اسے
(شبنم افشانیاں تو بڑی بات ہے)
ایک سفاک سے ڈاکٹر کی طرح
اپنے نشتر سے دونیم کر کے
بکھیرا ، ٹٹولا
کسی ذہنی صدمے سے واقع ہوئی ہے !
زمیں کی کٹی اور پھٹی لاش کو
اور خود چل دیا !
یہ چٹیل زمیں
اک دریدہ بدن بے ردالاش ہے!

مجھے اس کے مرنے کا دکھ کس لیے ہو
مر گئی ہے !
کہ جب وہ مری
اک لحد تک نہ دی
آسماں نے فقط یہ کیا
اس کی اکڑی ہوئی لاش کو
بدن کے خزانوں کو باہر نکالا
لکھا : موت ۔ صدمے،
پھر اس نے
یوں ہی رہنے دیا
جب سے اب تک
اک دریدہ بدن بے ردالاش ہے

۳۔اپنے خواب کے بارے میں ایک چھوٹی شاعری لکھیئے ۔

پندرہواں سبق　　خدا کی بستی

作品导读

肖克特·西迪基主要从事新闻工作，其创作的来源正是他接触到的社会各个层面的人物及其生活状态。《真主的大地》（1957）于 1960 年获得全国作家会议推荐文学奖，被译为十余种文字出版。小说描绘了社会底层一个普通家庭的生活状态和悲惨遭遇，以此来折射出巴基斯坦建国后残酷的社会现实，是一部深刻的现实主义小说。

小说以拉琪雅一家的经历为主线，讲述了寡居的拉琪雅与女儿苏尔达娜和两个儿子诺夏、阿努的悲惨命运。因生活极度贫困，长子诺夏当过童工，后被拐卖给一个盗窃团伙。苏尔达娜与大学生苏莱曼相爱，却因为苏莱曼的胆怯而错过。商人尼亚兹娶拉琪雅为妻，毒死拉琪雅后骗得保险费，又占有了苏尔达娜。而汗·巴哈杜尔为了窃取尼亚兹的财产又逼走苏尔达娜。苏尔达娜凄苦无依之际结识了阿里·艾哈迈德，得到知识分子成立的“云雀社”的收容。

本课为小说节选部分，分别叙述了苏莱曼和诺夏到了大城市卡拉奇之后的生活状态。苏莱曼与妻子逐渐在大城市中迷失，而诺夏则保持了善良本性，燃起了对美好未来的憧憬。小说语言流畅，情节紧凑。苏莱曼因妻子追求城市“时尚”而负债丧志、身心俱疲，而诺夏则在教授女儿的劝诫引导下重新燃起了求知欲，他们同在大城市却有着截然不同的精神面貌，究其原因是影响他们的女性有着不同的教育背景，传达出作者希望重视义务教育尤其是女性教育的创作意图。

خدا کی بستی

شوکت صدیقی

ا

سلمان کو کراچی آئے ہوئے کئی ماہ کا عرصہ ہوگیا تھا چچا سسر کے رسوخ کی بدولت اس کو ایک غیر ملکی فرم میں ملازمت مل گئی تھی۔ چار سو روپے ماہوار

تنخواہ تھی کام بھی زیادہ نہیں کرنا پڑتا تھا۔ پانچ ہزار روپے جو اس کو سسرال سے سلامی میں ملے تھے اس رقم میں سے ۴ ہزار روپے پگڑی دے کر اس نے شہر کے ایک بارونق علاقہ میں رہائش کے لئے ایک فلیٹ بھی لے لیا تھا۔ اس میں تین کشادہ کمرے تھے۔ فلیٹ روشن اور ہوادار تھا۔ پاس پڑوس بھی برا نہیں تھا۔ اس بلڈنگ میں زیادہ تر پارسی اور عیسائی آباد تھے۔ ان کے رہن سہن میں نفاست تھی، البتہ ایک پہر رات تک خب ہنگامہ رہتا تھا۔

آمدنی معقول تھی۔ مزے سے گزر بسر ہو رہی تھی۔ سلمان زیادہ تر گھر ہی پر رہتا اور اپنا بیشتر وقت مطالعہ پر صرف کرتا۔ ان دنوں اس کا ایک ہی مشغلہ تھا۔ ہر مہینے کی شروع تاریخوں میں وہ نئی نئی کتابیں خرید کر لایا کرتا۔

فلیٹ کا ایک کمرہ اس نے مطالعہ کے لئے وقف کر دیا تھا۔ اس میں ایک چھوٹی سی لائبریری بن گئی تھی۔ کتابوں کی دو الماریاں، ایک مطالعہ کی میز اور ایک صوفہ سیٹ لگا کر اس نے کمرے کو قرینے سے آراستہ کیا تھا۔ کچھ فرنیچر اس نے خریدا تھا، کچھ وہ کرایہ پر لے آیا تھا۔

شہر میں اس کا کوئی شناسا نہیں تھا اور نہ کسی کے ساتھ اس نے مراسم بڑھانے کی کوشش کی۔ دفتر میں کام کرنے والے ساتھیوں سے اس کو کبھی رغبت پیدا نہ ہوئی۔ یوں وہ حتی الوسع کوشش کرتا تھا کہ کسی کو شکایت کا موقعہ نہ ملے۔ کراچی آکر اس نے زندگی میں بڑی باقاعدگی پیدا کر لی تھی۔ چند موٹے موٹے اصول وضع کر لئے تھے۔ ان میں ایک اصول یہ بھی تھا کہ وہ دفتر کے کسی شخص سے بدمزگی پیدا نہیں کرے گا۔ اس لئے کہ وہاں اس کو روزانہ سات گھنٹے گذارنا پڑتے تھے۔ البتہ دفتر سے باہر آنے کے بعد وہ اس ماحول کو اس فضا کو یک سر فراموش کر دیتا۔ یہی وجہ تھی کہ دفتر کے کسی ساتھی کے ساتھ اس کے تعلقات دفتر کی چہار دیواری سے آگے نہ بڑھ سکے۔

اتوار کے دن وہ عام طور پر ٹینی شور دیکھا کرتا یا پھر سمندر کے کنارے کسی پر فضا مقام پر چلا جاتا اور گھنٹوں ریت پر بیٹھا شور مچاتی ہوئی لہروں کو دیکھا کرتا۔ اس کی زندگی میں ایک طرح کا سکون پیدا ہو گیا تھا اور وہ کسی حد تک اس سے مطمئن بھی تھا۔ کبھی کبھی اس کو کھانے کی وقت کا ضرور احساس ہوتا۔ ہوٹل کے کھانے سے وہ اکتا گیا تو اس نے ایک خانساماں رکھکر گھر پر کھانا پکوانے کا پروگرام بنایا مگر وہ ہفتہ بھر بھی نہ ٹکا۔ ایک روز وہ واپس لوٹا تو ملازم غائب تھا۔ ٹرنک کا تالا ٹوٹا پڑا تھا۔ خیریت یہ ہوئی کہ مہینے کی آخری تاریخیں تھیں اور اس میں کل ۲۴ روپے پڑے تھے۔ ان ۲۴ روپوں کے علاوہ وہ کچھ کپڑے بھی چرا کر لے گیا۔ نقصان زیادہ نہیں ہوا تھا۔ مگر اسی روز اس نے طے کر لیا کہ وہ ملازم نہیں رکھے گا۔ دوسرے روز اس نے بیوی کو بلانے کے لئے خط لکھا اور ہر خط میں اصرار کرنے لگا۔

جاڑوں کی ایک کہر آلود صبح کو وہ کراچی پہنچ گئی۔ اس کے ہمراہ ایک بوڑھی خادمہ بھی تھی۔ وہ بیوی کو لینے صبح تڑکے ہی اسٹیشن پہنچ گیا تھا۔ ٹرین کچھ لیٹ تھی۔ اس انتظار میں اس نے ایک خاص کیف محسوس کیا۔ یہ ایک ایسی مسرت تھی، جو وہ بہت عرصہ کے بعد محسوس کر رہا تھا۔

گاڑی پلیٹ فارم پر پہنچی تو اس کا دل دھڑکنے لگا۔ انٹر کلاس کے زنانہ ڈبے سے اس کی بیوی، بوڑھی خادمہ کے ساتھ اتری۔ وہ سیاہ برقعہ پہنے ہوئے تھی اور بہت شرمائی ہوئی نظر آ رہی تھی۔ گھر آکر بھی اس کا یہی انداز رہا۔ بات کرتی تو اس کی نگاہیں نیچے جھکی رہتی اور چہرے پر کچھ عجیب سی پریشانی نظر آتی۔

اس روز اس نے دفتر سے چھٹی نہیں لی تھی۔ لہذا وہ فلیٹ میں زیادہ دیر نہ ٹھہر سکا اور دفتر روانہ ہو گیا۔ سہ پہر ہونے تک اس کا دل کام سے اچاٹ ہو گیا تھا۔ اس دن وہ جلد ہی گھر پہنچ جانا چاہتا تھا۔ دفتر سے وہ نکلا تو بہت خوش خوش تھا۔ دفتر کے ایک ساتھی سے اس نے ۵۲ روپے ادھار لے لئے تھے۔

دفتر سے نکل کر وہ گھر جانے کے بجائے سیدھا بازار گیا۔ وہاں سے اس نے حلوہ سوہن خریدا، تازہ پھل لئے اور گل فروش کی دوکان سے پھولوں کا ایک

گلدستہ بھی خرید لیا۔ گھر پہنچا تو بیوی چائے کے لئے اس کا انتظار کر رہی تھی۔ اس نے شاید کچھ ہی دیر پہلے غسل لیا تھا۔ اس کا صندلی چہرہ پھلوں کی طرح شگفتہ نظر آ رہا تھا۔ ہلکے آسمانی لباس میں وہ بڑی دل کش معلوم ہو رہی تھی۔ سلمان کو یہ دیکھ کر خوشی ہوئی کہ اس کی بیوی حسین ہے۔

چائے پیتے وقت وہ خواہ مخواہ کی باتیں کر کے اس کو چھیڑتا رہا تاکہ اس کا حجاب کسی قدر کم ہو جائے۔ وہ اس وقت ایک کھلنڈرے نوجوان کی طرح غیر سنجیدہ نظر آ رہا تھا۔ بات بات پر زوردار قہقہے لگاتا اور پھر اپنی اونٹ پٹانگ باتیں شروع کر دیتا۔ اس کی یہ شام بڑی خوشگوار گزری۔

سلمان کو جلد ہی اس بات کا اندازہ ہو گیا کہ اس کی بیوی بڑی محنتی لڑکی تھی۔ وہ سورج نکلنے سے پہلے ہی بیدار ہو جاتی۔ اس کے جوتوں پر برش کرتی، کپڑوں پر استری کرتی، شیو کرنے کا سامان میز پر لگا دیتی۔ جتنی دیر تک وہ غسل کرتا، اس عرصہ میں وہ ناشتہ تیار کر کے میز پر لگا دیتی۔ گوکہ گھر میں خادمہ موجود تھی۔ مگر اس کا سارا کام وہ خود ہی کرتی تھی اور اس میں اس کو بڑی مسرت محسوس ہوتی تھی۔ سلمان نے اکثر غور کیا کہ اگر اس نے کسی کام کے لئے خادمہ سے کہا تو اس کی بیوی خود ہی وہ کام کر دیتی تھی۔

شام کو وہ واپس آتا تو چائے تیار ہوتی۔ وہ تھکا ہوا سا کرسی پر بیٹھ جاتا تو وہ اس کے قدموں پر جھک کر جوتے کا فیتہ کھولنے لگتی۔ اس بات پر سلمان نے بیوی کو منع بھی کیا مگر وہ باز نہ آئی۔ اس کے کپڑے وہ خود ہی ہنگر پر ٹانگتی تھی۔ اس کی ایک ایک چیز قرینے سے لگی ہوتی۔ حالانکہ وہ بیوی کے آنے کے بعد سے خاصا لا پرواہ ہو گیا۔ دفتر جاتا تو سارے کمرے کو کباڑ خانہ بنا کر ڈال دیتا مگر شام کو ہر چیز اپنی جگہ پر آراستہ ہوتی۔

یہ بڑے پر کیف دن تھے اس کی صحت بہت اچھی ہو گئی۔ چہرے پر تازگی آ گئی اور وہ اچھا خاصا سجیلا جوان لگنے لگا تھا۔ لیکن ان دنوں وہ جس قدر باتونی ہو گیا تھا، بیوی اسی قدر خاموش سے مانوس تھی۔ وہ بہت کم بات چیت کرتی تھی۔ کوئی بات اچھی لگتی تو صرف آہستہ سے مسکرا دیتی۔ اس کے سفید سفید دانت جھلکنے لگتے اور سرخ سرخ لب کپکپا کے رہ جاتے۔ سلمان کو اس کی مسکراہٹ بہت پسند تھی۔

کم گو ہونے کے باوجود وہ بڑی ملنسار لڑکی تھی۔ اس نے کچھ ہی دنوں میں، پاس پڑوس میں خاصا میل جول پیدا کر لیا تھا۔ بلڈنگ کے عیسائی اور پارسی خاندانوں کی جوان عورتیں زیادہ تر دفتروں میں ٹائپسٹ یا اسٹینوگرافر تھیں۔ وہ تنگ اسکرٹ پہنتیں، مردوں کی طرح سر پر چھوٹے چھوٹے ترشے ہوئے بال رکھتیں اور اپنی تنخواہ کا ۸۰ فی صد حصہ میک اپ پر خرچ کرتی تھیں۔

پڑوس کے فلیٹوں میں رہنے والی یہ لڑکیاں، اب اکثر اس کے گھر میں نظر آتیں۔ وہ اٹھلا اٹھلا کر باتیں کرتیں۔ ان کی مسکراہٹ مصنوعی تھی، ان کی نظروں کا انداز مصنوعی تھا۔ جسم کی ہر حرکت مصنوعی تھی۔ وہ بنی سنوری کٹھ پتلیوں کی طرح نظر آتیں۔ ان کی باتیں عام طور پر لباسوں کے جدید ترین ڈیزائنوں نئی فلموں، ڈانس پارٹیوں، پکنک اور شہر کے بڑے ہوٹلوں کے متعلق ہوتی تھیں۔ کبھی کبھی وہ شہزادی مارگریٹ کے کسی نئے اسکنڈل یا شاہ فاروق اور پرنس علی خاں کے نئے معاشقوں کے بارے میں بات کر لیتیں۔ ان کے تذکرہ میں وہ ایک خاص لذت محسوس کرتی تھیں۔

سلمان نے غور کیا کہ ان لڑکیوں کے ساتھ بڑھتے ہوئے میل جول نے اس کی بیوی میں بھی بعض تبدیلیاں پیدا کرنا شروع کر دی ہیں وہ باتوں کے دوران میں خواہ مخواہ انگریزی کے بھونڈے الفاظ استعمال کرنے لگی تھی۔ اس نے بالوں کا انداز بدل دیا تھا اور چہرے پر ضرورت سے زیادہ میک اپ کرنے لگی تھی۔ اب اس کی یہ بھی خواہش ہوتی کہ وہ اس کے حسن کی تعریف کرے۔ پہلے وہ فلم دیکھنے سے پرہیز کرتی تھی مگر اب وہ دبے دبے الفاظ میں فلم دیکھنے کا اشتیاق بھی ظاہر کرتی۔

ایک اتوار کو پکنک کا پروگرام بنا، جس کو پڑوس کی لڑکیوں نے بنایا تھا۔ ان ہی لوگوں نے ایک اسٹیشن ویگن کا بندوبست کیا تھا اور سب لدلدا کر ہاکس بے پہنچ گئے۔ اس روز سلمان کی بیوی کا برقعہ بھی اتر گیا۔ پارٹی میں خاصی تفریح رہی۔ انھوں نے سمندر میں غسل کیا۔ ریت پر لیٹ کر سورج کی شعاعوں سے جسم کو سینکا، بہت سی اتم غلم چیزیں کھائیں، زور زور قہقہے لگائے اور جب سورج بحیرہ عرب میں ڈوبنے لگا اور لہروں کا رنگ ارغوانی ہوگیا تو وہ تھکے ہارے واپس لٹ آئے۔

اس کے بعد اکثر اتوار کو پکنک کی پارٹیاں ہوتی رہیں۔ سلمان ہفتہ کی شام کو بیوی کے ساتھ ایک پکچر ضرور دیکھتا، ہر دوسرے تیسرے دن بیوی کے ساتھ شام کو ٹہلنے نکل جاتا۔ دونوں کچھ شاپنگ کرتے اور کسی چائے خانے میں بیٹھ کر چائے پیتے۔ مہینے کی شروع تاریخیں ہوتیں تو وہ شہر کے کسی اچھے ہوٹل میں جاکر کبھی کبھار رات کا کھانا بھی کھاتے۔

زندگی بڑے مزے سے گذر رہی تھی۔ البتہ اب اس میں سکون کم ہوگیا تھا اور ہنگامے زیادہ ہوگئے تھے مگر یہ ہنگامے اس طرح دبے قدموں آکر زندگی میں شامل ہوگئے تھے کہ سلمان کو ان کا مطلق احساس نہ ہوا وہ ان سے رفتہ رفتہ مانوس ہوتا جا رہا تھا۔ لیکن جس قدر یہ ہنگامے بڑھ رہے تھے، اس کا مطالعہ کا شوق کم ہوتا جا رہا تھا۔ پہلے وہ روزانہ ۴۰، ۵۰ اور کبھی کبھی تو سو، سوا سو صفحات تک پڑھ ڈالتا تھا۔ ان دنوں وہ رات کو دیر تک میز پر جھکا ہوا پڑھتا رہتا تھا۔ اس کے چہرے پر ٹیبل لیمپ کے شیڈ کا ہلکا سبز عکس لہراتا رہتا۔ بیوی بار بار کروٹ بدلتی۔ خواہ مخواہ بات کر کے اس کو چھیڑتی مگر وہ مطالعہ میں محو رہتا۔ اب یہ محویت کم ہونے لگی تھی۔

بیوی میں شاپنگ کی عادت بڑھتی جا رہی تھی۔ جوتوں اور سینڈلوں کی اس نے درجنوں جوڑیاں خرید ڈالی تھیں۔ ہر فلم دیکھنے کے بعد، وہ نیا لباس تیار کرانے کا پروگرام بناتی۔ میک اپ کا خرچ بھی بڑھ گیا تھا۔ وہ نت نئے لوشن خرید کر لاتی۔ کوئی غسل کرنے کے لئے مخصوص ہوتا، کوئی صرف ہتھیلیوں کی جلد نرم کرنے کے لئے اور کسی سے چہرے کا رنگ نکھارا جاتا۔

جب بھی وہ دونوں بازار جاتے، کوئی شاپنگ نہ بھی ہوتی تو انگریزی کے فیشن میگزین ضرور خرید لے جاتے، جن کو پڑھ پڑھ کر وہ روزانہ نئے انداز سے بال سنوارتی۔ ایسے لباس سیتی، جن سے سینے کی جلد زیادہ سے زیادہ عریاں نظر آتی اور ان کی فٹنگ اس طرح ہوتی کہ جسم کا ایک ایک خم نظر آتا۔ اب وہ کام کرنے سے بھی جی چرانے لگی تھی اور ہر وقت خادمہ کو احکامات دیتی رہتی۔ کام کرنے سے ہاتھوں کی جلد کھردری پڑ جانے کا اندیشہ تھا اور زیادہ محنت سے رنگت سانولا جانے کا خطرہ تھا۔ البتہ اب وہ یہ فن ضرور جان گئی تھی کہ اپنی دل کشی کی زائد سے زائد کس طرح نمائش کی جائے۔ وہ خوبصورت لڑکی تھی۔ بج سجا کر شام کو چائے کی میز پر بیٹھتی تو کمرے کی ایک ایک بے جان چیز تک میں حرارت محسوس ہوتی۔ سلمان دفتر سے تھکا ہارا آتا، اس کے دل آویز چہرے کو اور پھڑکتے ہوئے جسم کو دیکھتا تو ساری تھکن بھول جاتا اور اس کی قربت میں کشش محسوس کرتا۔

آمدنی بنی تلی تھی اور اخراجات بڑھتے جا رہے تھے۔ کتابوں کی خریداری کم ہوتے ہوتے صفر رہ گئی۔ مطالعہ بھی بند ہو گیا۔ تنخواہ ملنے سے پہلے ہی ختم ہو جاتی۔ بلکہ اکثر بلوں کی ادائیگی پھر بھی رہ جاتی۔ جن کو آئندہ ماہ پر ٹالنا پڑتا۔ سلمان اب سگرٹ گن گن کر پینے لگا تھا اور اپنی ضرورت کا سامان خریدنے سے حتی الوسع پرہیز کرتا۔ اب وہ اکثر بغیر استری کیا ہوا سوٹ پہن کر آفس چلا جاتا۔ دفتر میں ہر شخص سے اس کا لین دین ہونے لگا تھا اور کبھی کبھی اس کی ادائیگی میں تاخیر ہو جاتی تو بدمزگی پیدا ہو جاتی۔ پہلے وہ دفتر کے ساتھوں سے مراسم بڑھانے سے کتراتا تھا۔ مگر اب کم از کم قرض خواہوں سے اسے زیادہ گھل مل کر رہنا پڑتا۔

سلمان کے مزاج میں رفتہ رفتہ چڑچڑا پن آتا جا رہا تھا۔ ذرا ذرا سی بات پر بیوی سے الجھ پڑتا اور پھر کئی کئی روز تک اس کا سلسلہ چلتا۔ نتیجہ اس کا یہ ہوتا کہ وہ

دفتر سے گھر آنے کے بجائے، کسی چائے خانے میں جا کر بیٹھ جاتا، پکچر چلا جاتا اور رات گئے واپس لوٹتا۔ اس میں ایک عجیب سا لاابالی پن پیدا ہو گیا تھا۔

یہ ان ہی دنوں کا ذکر ہے۔ جاڑے جا چکے اور گرمیوں کا موسم آ گیا تھا۔ ایک روز دفتر کے کچھ دوستوں کے ساتھ مل کر "شب ماہ" منانے کا پروگرام بنا۔ وہ ایک ہوٹل کے کھلے ہوئے لان میں رات بھر شراب پیتا رہا اور پورے چاند کی چاندنی سے لطف اندوز ہوتا رہا۔ پارٹی میں دفتر کی کچھ ٹائپسٹ اور اسی قبیل کی لڑکیاں بھی تھیں۔ جن کو نشے میں دھت ہو کر اس نے بہت ستایا۔ ایک لڑکی کا اس نے اسکرٹ پھاڑ ڈالا اور وہ نیم برہنہ ہو گئی۔ کئی کے اس نے گال نوچ لئے اور وہ بلیوں کی طرح غرا کر اس پر چلانے لگیں۔ ایک موٹے تگڑے نوجوان کے چہرے پر اس نے شراب کا پورا گلاس انڈیلا اور اس سے کشتم کشتا ہوتے ہوتے رہ گئی۔

یہ بڑی سہانی رات تھی۔ پورا چاند نکلا ہوتا تھا۔ ہر طرف اجلی اجلی چاندنی بکھری تھی۔ آرکسٹرا پر تیز گت بج رہی تھی پینے کے لئے اچھی شرابیں تھیں اور آس پاس خوبصرت لڑکیاں تھیں۔ جو ہلکے ہلکے سرور سے لڑکھڑا رہی تھیں گھنٹیوں کی طرح بجتے ہوئے تیز تیز قہقہے لگا رہی تھیں اور ہر بے تکلفی کو کبھی پیار سے ڈانٹ کر اور کبھی صرف مسکرا کر ٹال دیتیں اس خوبصورت رات میں اس نے جی بھر کر ہنگامہ کیا اور خوب لطف اندوز ہوا۔

وہ واپس گھر پہنچا تو رات کے تین بجے تھے۔ دروازہ اس کی بیوی نے کھولا وہ ابھی تک جاگ رہی تھی۔ سلمان پہلی بار اس کے سامنے شراب پی کر گیا تھا۔ عالم یہ تھا کہ کہتا کچھ تھا، بات نکلتی کچھ اور تھی۔ جسم بے قابو ہو رہا تھا اور آنکھوں کے سامنے دھندلی دھندلی پرچھائیاں لہرا رہی تھیں۔ اس نے کپڑے بھی نہیں تبدیل کئے اور جھومتا جھامتا بستر پر جا کر اوندھے منہ گر پڑا اور اسی حالت میں پڑا رہا۔ تھوڑی دیر بعد اس کو اپنے رخسار پر نمی محسوس ہوئی۔ وہ نشہ سے کچھ کچھ چونکا۔

ذرا دیر بعد چہرے پر ایک اور قطرہ گرا۔

سلمان نے گردن کو خم دے کر دیکھا۔ بیوی اس پر جھکی ہوئی بیٹھی تھی۔ کمرے کی ہلکی نیلگوں روشنی میں اس کا دل کش چہرہ کملایا ہوا نظر آ رہا تھا اور آنکھیں آنسوؤں سے بھیگی ہوئی تھیں۔

اس نے گردن جھکائی اور چپ چاپ سوچنے لگا کہ اسے یہ سب کچھ نہیں کرنا چاہیئے تھا۔

اسے اس طرح بیوی کو دکھ نہیں پہنچانا چاہیئے۔

لیکن اس کے ساتھ ہی اسے اس بات پر مسرت بھی ہوئی کہ اس کی بیوی اس سے بے تحاشہ پیار کرتی ہے۔ اس مسرت میں رات بھی کے سارے ہنگامہ سے زیادہ لذت تھی۔

۲

ہفتہ کی شام تھی۔ سلمان اس روز دفتر سے دوپہر کو گھر آ گیا تھا۔ مہینہ کی شروع تاریخیں تھیں۔ سہ پہر کی چائے پیتے ہوئے دونوں میاں بیوی نے یہ طے کیا کہ شام گھر سے باہر گزاری جائے۔ پروگرام یہ بنا کہ کسی خوبصرت سے ریستوراں میں بیٹھ کر آئس کریم کھائی جائے۔ اس کے بعد فلم دیکھی جائے۔ فلم کے انتخاب پر دونوں کی پسند مختلف تھی، لہذا فیصلہ یہ ہوا کہ فلم کا انتخاب آئس کریم کھاتے وقت کیا جائے۔ فلم دیکھنے کے بعد رات کا کھانا بھی ان کو باہر ہی کھانا تھا۔ اس کے لئے یہ طے ہوا تھا کہ کھانا چاہے کسی ہوٹل میں کھایا جائے۔ مگر اس میں سیخ کے کباب ضرور ہوں، خوب گرم ہوں اور خوب چٹپٹے ہوں۔

یہ پروگرام بنا کر دونوں گھر سے باہر آئے۔ گرمیوں کے دن تھے۔ دن ڈھلتے ہی شہر کی ساری آبادی گھروں سے نکل کر سڑکوں اور بازاروں میں آ گئی تھی۔ ہر

طرف چہل پہل تھی۔ شوروغل تھا۔ دوکانوں پر بھیڑ لگی تھی۔ وہ دونوں میاں، بیوی تفریح کے موڈ میں تھے اور بڑی بے فکری کے ساتھ بازار سے گزر رہے تھے۔ ایک موڑ پر سلمان نے دیکھا کہ ایک نوجوان اس کو پوری توجہ کے ساتھ دیکھ رہا ہے۔ وہ معمولی سا لباس پہنے ہوئے تھا، سر پر الجھے ہوئے گھونگھریالے بال، کھلتا ہوا رنگ اور چہرے پر ہلکی ہلکی بھوری بھوری مونچھیں۔ سلمان کو پہلے تو اس کے اس انداز پر غصہ آیا پھر اسے اچانک محسوس ہوا کہ اس لڑکے کو اس نے کہیں دیکھا ضرور ہے۔ اس کو کچھ شبہ سا ہوا کہ یہ نوشا تو نہیں ہے۔

وہ واقعی نوشا تھا اور اس نے سلمان کو پہچان لیا تھا۔ وہ اس کو دیکھ کر رک گیا تھا۔ اس سے ملنے کے لئے دو چار قدم آگے بھی بڑھا۔ پھر اسے یہ سوچ کر شرمندگی کا شدید احساس ہوا کہ وہ اپنے گھر سے بھاگ کر کراچی آیا ہے اور یہ بات سلمان کو ضرور معلوم ہوگی۔ وہ ملیگا تو اس بات کا ذکر ضرور کرے گا اور اس کے متعلق وہ کچھ سننا نہیں چاہتا تھا۔ کچھ یہی سوچ کر وہ تیزی سے مڑا اور راہگیروں کے ہجوم میں غائب ہو گیا۔

سلمان کو دیکھنے کے بعد نوشا کو اپنا گھر یاد آ گیا۔ اس نے سوچا نہ جلنے اماں کس طرح ہوں گی، سلطانہ کیسی ہوگی، انو تو اب بڑا ہوگیا ہو گا۔ ٹھاٹھ سے اسکول جاتا ہوگا، شاید اماں نے اس کی طرح انو کو بھی اسکول سے اٹھا کر کہیں کام کاج پر لگا دیا ہو۔ اس کے اس طرح چلے آنے پر اماں ضرور روئی ہوں گی۔ اسے یاد آیا کہ ایک بار وہ گھر کی کھپریل پر چڑھتے ہوئے گر پڑا تھا، اس کا سر پھٹ گیا اور سارا منہ خون میں ڈوب گیا تھا۔ اماں پہلے تو اس کو دیکھ کر تھر تھر کانپتی رہی اور پھر چیخیں مار مار کر زور سے رونے لگی تھیں۔ اماں اس کے لئے ضرور روئی ہوں گی۔ سلطانہ بھی روئی ہوگی۔ سب اسے یاد کرتے ہوں گے۔

وہ اس روز گھر سے بڑا ہشاش بشاش نکلا تھا۔ ایک روز پہلے اس کو تنخواہ ملی تھی اور ابھی تک اس کی جیب میں کچھ کم ۲۰ روپے پڑے تھے۔ کچھ دیر پہلے اس نے اپنے لئے دوسوتی بش شرٹ اور ایک بنیائن خریدا تھا۔ ٹافیوں کا ایک چھوٹا سا ڈبا اس نے یوں ہی موج میں آ کر لے لیا تھا۔ نادرہ کے لئے اس نے پلاسٹک کے بنے ہوئے بیضاوی آویزے بھی خرید لئے تھے۔ ان کو خریدتے وقت اس نے سوچا تھا۔ "یار اس لڑکی کی بدولت مزے سے دونوں وقت کھانا اور گرما گرم چائے مل جاتا ہے۔ اس کو راضی خوشی رکھنا بہت ضروری ہے۔" اس خریداری پر اس کے ۵۲ سے زیادہ روپے خرچ ہوگئے تھے۔ مگر وہ خوش بہت تھا اور جھوم جھوم کر چل رہا تھا۔ لیکن سلمان کو دیکھ کر اس کا دل افسردہ ہوگیا تھا اور اسے گھر کی یاد ستانے لگی تھی۔ بار بار اسے خیال آتا کہ وہ تو کراچی میں عیش کرتا پھر رہا ہے۔ نہ جانے وہ سب لوگ کس حال میں ہوں گے۔

اسی افسردگی کے عالم میں وہ پروفیسر کے فلیٹ پر پہنچا۔ بوڑھا ملازم اپنے گھر جانے کے لئے اس کا بے چینی سے انتظار کر رہا تھا۔ نوشا نے اس کو رخصت کر کے دروازے کا بولٹ چڑھایا اور زینہ طے کرتا ہوا اوپر چلا گیا۔ گھر میں سناٹا پڑا تھا۔ پروفیسر کے کمرے میں روشنی ہو رہی تھی اور پنکھا چلنے کی تیز بھنبھناہٹ خاموشی میں ابھر رہی تھی۔ وہ اس طرف نہیں گیا۔ کوریڈور سے گذر کر اس نے نادرہ کے کمرے میں جھانک کر دیکھا۔ دروازہ کھلا تھا۔ سامنے میز پر نادرہ سر جھکائے پڑھنے میں محو تھی۔ ٹیبل لیمپ کی ہلکی ہلکی روشنی کے عکس میں اس کے چہرے کے خدوخال پتھر کے مجسموں کی طرح ترشے ترشائے نظر آ رہے تھے۔ ایک ایک زاویہ، ایک ایک خم ابھر کر نمایاں ہو گیا تھا۔ کھڑکی کھلی تھی۔ اور ہوا کے نرم نرم جھونکوں سے اس کے بال بکھر کر پیشانی پر لہرا رہے تھے۔

نوشا نے نظر بھر کر اس کو دیکھا اور چپکے سے کمرے کے اندر جا کر اس کی پشت پر کھڑا ہو گیا۔ نادرہ کو اس کے آنے کی ذرا بھی خبر نہ ہوئی۔ نوشا کچھ دیر تو خاموش کھڑا رہا، پھر اس نے ہاتھ بڑھا کر میز کے کونے پر پلاسٹک کا آویزہ رکھ دیا۔ تیز روشنی میں وہ بڑا خوبصرت نظر آنے لگا۔ نادرہ نے حیرت سے آویزے کو

دیکھا اور پھر گردن موڑ کر نوشا کو دیکھا ۔ وہ سنبھل کر بیٹھ گئی ۔

"تم نے رات کا کھانا بھی نہیں کھایا؟"

"تم اتنی دیر تک کہاں غائب رہے ؟"

"ورکشاپ سے لوٹ کر تم گھر کیوں نہیں آئے ؟"

اس نے ناشا پر سوالات کی بوچھاڑ کر دی ۔ وہ تابڑ توڑ ، ایک کے بعد دوسرا سوال کرتی چلی گئی ۔ اس کے لہجے میں تیکھاپن تھا اور چہرے پر جھنجلاہٹ تھی ۔ نوشا گھبرا گیا۔ اس سے کچھ کہتے نہ بن پڑی ۔ خاموش کھڑا ٹکر ٹکر اس کا چہرہ تکتا رہا۔ وہ کہنے لگی ۔

"پاپا پندرہ مرتبہ تم کو پوچھ چکے ہیں ۔ تمہیں اس قدر غیر زمہ دار نہیں ہونا چاہیئے ۔"

نوشا نے سوچا "یار یہ تو بلا کی طرح چمٹ گئی ۔ سالی بڑی تیز لونڈیا ہے ۔ ایسے بات کرتی ہے جیسے کوئی ماں اپنے بچے کو ڈانٹ رہی ہو۔" مگر اس نے کچھ کہا نہیں ۔ چپ چاپ احمقوں کی طرح آنکھیں پھاڑے اس کی باتیں سنتا رہا۔ نادرہ نے آویزے کو الٹ پلٹ کر دیکھا اور تیزی سے بولی ۔

"یہ کیوں لے آئے ؟"

نوشا پھر بھی نہ بولا ۔

"میں پوچھتی ہوں کہ تم نے یہ ٹاپس کیوں خریدے ؟"

نوشا نے گھبرا کر کہا "تمہارے لئے لے آیا تھا ۔ "

وہ آنکھیں پھاڑ کر بولی "میرے لئے ؟" لمحہ بھر رک کر اس نے بڑے طنز کے ساتھ کہا۔ "جناب عالی، میرے پاس ایک درجن سے زیادہ کانوں کے ٹاپس ہیں اور ذرا آپ اپنی اس قمیض کو دیکھئے ۔ موبل آئیل کے داغوں نے ہر جگہ افریقہ کے جنگلات اگادیئے ہیں ۔ اور یہ آپ کی اکلوتی قمیض ہے ۔"

نوشا نے فوراً کہا" دو بش شرٹیں بھی تو لایا ہوں ۔" یہ کہکر اس نے ہاتھ میں دبا ہوا پیکٹ کھول کر اس کے سامنے ڈال دیا۔ نادرہ نے بش شرٹوں کو ایک نظر دیکھا اور آویزوں کی ڈبیا اٹھا کر اس کے سامنے کر کے بولی ۔

"آئندہ کوئی ایسی چیز خرید کر نہ لانا۔ اسے اپنے پاس رکھو مجھے اس کی کوئی ضرورت نہیں ۔"

نوشا کو اس کا یہ انداز بڑا برا لگا ۔ اس نے گھور کر اس کو دیکھا اور آویزوں کی ڈبیا اٹھا لی ۔

جب وہ جانے لگا تو نادرہ نے پوچھا "تم نے کھانا کہاں کھایا؟"

نوشا بے رخی سے بولا "کہیں نہیں"

"تو پھر چلو کھانا کھا لو"

وہ منہ پھلا کر بولا "میں کھانا نہیں کھاؤں گا" وہ اس وقت کسی ضدی بچے کی طرح روٹھا ہوا نظر آ رہا تھا۔ نادرہ نے خاموشی سے اس کو دیکھا اور پھر کوئی بات نہیں کی ۔ نوشا جھنجلایا ہوا سا کمرے سے باہر نکلا اور تھکے تھکے قدموں سے زینہ طے کر کے نیچے اپنے کمرے میں چلا گیا۔

بستر پر لیٹ کر وہ دیر تک بے چینی سے کروٹیں بدلتا رہا۔ نادرہ کے رویہ سے اس کو تکلیف پہنچی تھی، وہ اس کے لئے خوشی خوشی آویزے خرید کر لایا تھا اور اس نے اس حقارت کے ساتھ ان کو واپس کیا کہ وہ تلملا کر رہ گیا۔ نوشا کو اس بات سے یہ بخوبی اندازہ ہو گیا کہ وہ اس کو ذلیل سمجھتی ہے وہ فطرتاً بڑا حساس تھا۔ یہ بات کانٹے کی طرح اس کے ذہن میں کھٹکنے لگی۔ بہت دیر تک وہ اس واقعہ پر پڑا غور کرتا رہا۔

نہ جانے رات کتنی گزر چکی تھی۔ ہر طرف گہرا سناٹا چھایا تھا۔ نوشا پر ہلکی ہلکی غنودگی طاری تھی کہ اچانک کمرے کے باہر قدموں کی آہٹ ابھری۔ پھر اندھیرے کمرے میں ایک سایہ سا لہرایا اور اس کو اپنے سرہانے کسی کے آہستہ آہستہ سانسیں ابھرنے کی آواز سنائی دی۔

نوشا نے آنکھیں کھول دیں اور اندھیرے میں گھور گھور کر دیکھنے لگا۔

اسی وقت ایک نرم نرم سا ہاتھ اس کی پیشانی پر آکر ٹک گیا۔

اور اس کے ساتھ ہی آواز آئی۔

"نوشا!"

یہ نادرہ تھی اور اس کو آہستہ آہستہ جھنجوڑ کر بیدار کر رہی تھی۔ نوشا دم بخود پڑا رہا۔ اس نے سوچا نادرہ اس وقت اس کے پاس کیوں آئی ہے۔ جب نادرہ نے کئی بار اس کو جھنجوڑا تو وہ اٹھ کر بیٹھ گیا اور آنکھیں ملتا ہوا بولا۔

"نادرہ"

"ہاں" اس نے مختصر سا جواب دیا۔

وہ پوچھنے لگا "کیا بات ہے؟"

وہ بڑے نرم لہجے میں بولی "لو کھانا کھا لو، تم نے صبح سے کچھ نہیں کھایا"

نوشا نے چپ چاپ اٹھکر بجلی کا سوئچ دبا دیا۔ کمرے کے اندر تیز روشنی پھیل گئی۔ اس نے دیکھا کہ نادرہ اس کے لئے کھانا لے کر آئی تھی۔ اس نے کھانے کی پلیٹیں پلنگ پر رکھیں اور خود بھی بستر کے ایک کنارے پر بیٹھ گئی۔

"جاؤ ہاتھ دھو کر آؤ اور کھانا کھا لو۔"

نوشا کسی سدھے ہوئے جانور کی طرح چپ چاپ غسل خانے میں گیا۔ ہاتھ دھوئے اور کمرے میں آ کر کھانا کھانے لگا۔ اس کو خاموش دیکھکر نادرہ کہنے لگی۔ "لاؤ وہ ٹاپس کی ڈبیہ کہاں ہے؟" نوشا نے تکیہ کے نیچے سے ڈبیہ نکال کر اس کو دیدی۔ وہ اس کو لے کر بولی۔

"دیکھو اب کوئی ایسی چیز نہ خریدنا۔ تمھیں خود ابھی بہت سی چیزوں کی ضرورت ہے۔"

نوشا سر جھکائے کھنا کھتا رہا۔

وہ کہتی رہی۔ تم نے میری بات کا برا بہت مانا ہو گا۔" وہ آہستہ سے مسکرائی۔ "میں تم کو سزا دینا چاہتی تھی۔ دیکھو نا یہ کتنی بے تکی سی بات ہے۔" نوشا کو اس میں کوئی بے تکا پن نہ معلوم ہوا۔ اس نے کسی قدر تعجب سے آنکھیں پھاڑ کر اس کو دیکھا۔ اس کے چہرے پر سنجیدگی چھائی ہوئی تھی۔ وہ

ٹانگ پر ٹانگ رکھے اس طرح گردن اٹھائے بیٹھی تھی، جیسے کوئی استاد اپنے شاگرو کے روبرو بیٹھتا ہے۔

جب نوشا کھانا کھا چکا تو وہ پلیٹیں اٹھا کر اوپر جانے لگی۔ نوشا نے چاہا کہ وہ ان کو خود اٹھا کر لے جائے تو وہ ڈانٹنے کے سے انداز میں بولی "خواہ مخواہ کا تکلیف مت کرو۔ تم کو صبح تڑکے ورکشاپ جانا ہے۔ جلدی سو جاؤ۔" یہ کہکر وہ کھٹ پٹ کرتی ہوئی کمرے سے باہر چلی گئی۔ نوشا خاموش بیٹھا لکڑی کے زینے پر اس کے قدموں کی آہٹ سنتا رہا۔

یہ پہلا موقعہ نہیں تھا۔ نادرہ ہمیشہ اس سے اسی طرح پیش آتی تھی۔ عمر میں وہ اس سے کچھ چھوٹی ہی تھی مگر اس کا رویہ بڑوں کا سا تھا۔ وہ بات بات پر اس کو ڈانٹ دیتی۔ شروع شروع میں تو نوشا نے اس کے اس انداز کے خلاف خاموش احتجاج کرنے کی کوشش کی مگر رفتہ رفتہ وہ اس کے اس رویہ سے مانوس ہوتا گیا۔ وہ ہر وقت نوشا کو ہدایتیں دیتی رہی۔

"نوشا تم صبح دیر سے کیوں اٹھتے ہو؟"

"نوشا تمھارے دانت بہت گندے ہیں۔ دونوں وقت دانت صاف کیا کرو۔"

"نوشا تم یہ ایک ٹروں کے سے بال مت رکھا کرو۔ بالکل لوفر لگتے ہو۔"

"نوشا تم نے پھر غلط زبان بولی۔ نلاسٹین قطعی ہمل نفظ ہے۔"

وہ ہر وقت اس کو ٹوکتی رہتی، نوشا تم نے یہ نہیں کیا، نوشا تم نے وہ نہیں کیا۔ اس ڈانٹ پھٹکار کا نتیجہ یہ نکلا کہ اس میں خاصی شائستگی پیدا ہوگئی۔ اب وہ بھونڈے پن سے قہقہہ نہیں لگاتا تھا۔ بات کرتا تو سنبھل سنبھل کے۔ پہلے اس کی وضع قطع فلم ایکٹروں کی تھی۔ اب اس نے بال چھوٹے کرادیئے تھے اور پتلون کی موریاں الٹ کر چڑھانا چھوڑ دی تھیں۔ رات کو مزے میں آ کر کبھی کبھی وہ کوئی فلمی دھن گنگنا لیا کرتا تھا۔ اب ایسی کوئی آواز رات کو اس کے کمرے سے نہیں ابھرتی تھی۔

پروفیسر سے نوشا کی ملاقات صرف ناشتہ کی میز پر ہوتی تھی مگر اس وقت وہ اخبار پڑھنے کی دھن میں ہوتا تھا۔ بات چیت کی گنجائش ہی نہیں تھی۔ کبھی کبھار اتفاق سے اس کا نوشا سے آمنا سامنا ہو جاتا تو اس طرح کھویا کھویا گذر جاتا کہ جیسے اس نے دیکھا ہی نہیں۔

ایک روز پروفیسر کو نہ جانے کیا سوجھی کہ اچانک نوشا کے کمرے میں آ گیا اور آتے کے ساتھ ہی بولا "میں نے ابھی ابھی سوچا کہ تم کو کسی اسکول میں داخلہ لے لینا چاہیئے۔"

نوشا نے دبی زبان سے کہا "میں کارخانے جو جاتا ہوں"

"بہت ٹھیک بات کہی تم نے۔ میں یہ بھول ہی گیا تھا۔ نائٹ اسکول کیسا رہے گا؟ مگر نائٹ اسکول تو یہاں سب واہیات ہیں۔ ایک صاحب کو میں جانتا ہوں جو رات کو نائٹ اسکول چلاتے ہیں اور دن میں قرق امینی کرتے ہیں۔ نائٹ اسکول اور قرق امینی میں قدر مشترک کیا ہے۔ یہ مسئلہ آج تک میں حل نہیں کر سکا۔ مجھے یقین ہے کہ وہ طلبا کو تعلیم دینے کے بجائے ان کے ذہن قرق کرتے ہوں گے" اپنی اس بت پر وہ خود بھی قہقہہ مار کر ہنس پڑا۔

نوشا خاموشی کے ساتھ اس کی باتیں سنتا رہا۔

پروفیسر کہنے لگا "کوئی وجہ نہیں کہ تم انجینیر نہ بنو۔ مگر تعلیم کا مسئلہ، مگر تعلیم کا مسئلہ" وہ بے خیال میں آہستہ آہستہ بڑبڑانے لگا۔ پھر وہ چونک کر بولا " تم کارخانے کی ملازمت کیوں نہ چھوڑ دو؟"

نوشا نے کچھ کہنا چاہا تو اس نے نوشا کو بولنے کا موقعہ نہیں رہا۔ آہستہ سے بولا "تمھیں ضرور کچھ نہ کچھ کاتے رہنا چاہیئے ورنہ زندگی بھر احساس کمتری میں بتلا رہو گے؟ کچھ اور سوچنا پڑے گا۔" یہ کہتا ہوا کمرے سے باہر چلا گیا۔

اس کے بعد عرصہ تک نوشا سے پروفیسر کی ملاقات نہیں ہوئی۔

نادرہ بھی اپنے باپ کی طرح کچھ عجیب وغریب سی لڑکی تھی ۔ ذرا سی بات پر اس کی بھویں تن جاتیں اور آنکھوں میں تیز چمک آ جاتی۔ کبھی ایسا بھی ہوتا کہ نوشا جھنجھلا کر کوئی الٹی سیدھی سی بات اس کو کہہ دیتا تو مسکرا کر چپ ہو جاتی اور ایک دن تو اس نے کمال کر دیا۔ نوشا نے ایک شوخ رنگ کی بش شرٹ خریدی تھی۔ اس پر کچھ عورتوں کی نیم برہنہ تصویریں چھپی ہوئی تھیں۔ وہ اس کو پہن کر نادرہ کے سامنے سے گذرا تو وہ کہنے لگی۔

"نوشا تمھارا مزاق بڑا گھٹیا ہے۔"

نوشا اس کی بات کا مطلب نہیں سمجھ سکا۔ کہنے لگا "کیوں، کیا ہوا؟"

وہ بولی "اس بش شرٹ کو پہن کر تم ٹام بوائے سے زیادہ لائف بوائے صابن کا ٹریڈ مارک معلوم ہوتے ہو۔"

نوشا کو تاؤ تو بہت آیا مگر وہ کچھ بولا نہیں مگر وہ اس کا مذاق اڑاتی رہی۔ "اس لباس میں تم بالکل لوفر معلوم ہوتے ہو اور وہ بھی تیسرے درجہ کے۔"

نوشا کو اس روز کئی بار اسی طرح ڈانٹ چکی تھی۔ وہ پہلے ہی جھنجھلایا ہوا تھا۔ اس بات پر جل کر بولا "تم جو یہ روزانہ الٹے سیدھے بال بنایا کرتی ہو اور نہ جانے کیسی الٹی سیدھی فراکیں پہنتی ہو تو میں نے کبھی یہ نہیں کہا تم بالکل چڑی کی بیگم لگتی ہو۔ ایک دم چڑی کی بیگم" کہنے کو تو غصے میں نوشا نے یہ بات کہہ دی مگر فوراً ہی وہ سہم سا گیا۔ اس نے سوچا اب شامت آگئی مگر نادرہ کھسیانی ہوکر ہنسنے لگی اور جب نوشا جانے لگا تو اس کو روک کر بولی۔

"معاف کرنا نوشا، مجھے تم سے ایسی بات نہیں کہنا چاہیئے تھی۔ میں اپنی غلطی کی تم سے معافی چاہتی ہوں۔"

نوشا ہکا بکا ہو کر اس کا منہ تکنے اور وہ بار بار معذرت کرتی رہی۔

یہ اور ایسی ہی بہت سی باتیں تھیں، جن کے پیش نظر وہ بالکل اندازہ نہ لگا سکا کہ وہ کس قسم کی لڑکی ہے۔ البتہ اس کی بوڑھی ماں بڑی سیدھی سادی گھر یلو سی عورت تھی۔ اس کو گٹھیا کا عارضہ تھا اور کبھی کبھی دردگردہ کا بھی دورہ پڑتا تھا۔ وہ ہر وقت بستر پر پڑی رہتی۔ جب نوشا پہلے پہل اس گھر میں آیا تو اس نے بڑی ناک بھوں چڑھائی ۔ اس سے سیدھے منہ بات تک نہیں کی۔ ممکن ہے اس کے خلاف اس نے شوہر سے شکایت بھی کی ہو۔ مگر وہ جلد ہی نوشا سے مانوس ہوگئی۔ اس کی وجہ یہ تھی کہ نوشا اس کی بڑی مستعدی سے خدمت کرتا تھا۔ وہ گھنٹوں بیٹھا اس کی پنڈلیوں پر مالش کیا کرتا۔ اس کا سر دباتا۔ ڈھونڈ ڈھونڈ کر اس کے لئے دوائیں اور انجکشن لاتا۔

نوشا اکثر رات کا کھانا کھانے کے بعد اس کے کمرے میں پہنچ جاتا۔ سرہانے اسٹول پر بیٹھا اس کا سر دبایا کرتا اور گھنٹوں اس سے باتیں کیا کرتا۔ اس کی باتیں سیدھی سادی عام گھریلو قسم کی ہوتی تھیں۔ ان میں کچھ ماضی کی یادیں ہوتیں۔ عزیزوں اور رشتے داروں کا تذکرہ ہوتا کسی کی غیبت اور کسی کی تعریف ہوتی

اور شوہر کے خلاف شکوہ و شکایتیں ہوتیں ۔ پروفیسر سے اس کو بہت سی شکایتیں تھیں یہ بڑی معمولی سی باتیں تھیں ۔ جن کو نہ کبھی پروفیسر سنتا تھا اور نہ نادرہ ان پر توجہ دیتی تھی ۔ نوشاہی گھر بھر میں ایک ایسا شخص تھا کہ وہ سب کچھ چپ چاپ بیٹھا سنا کرتا اور اسی لئے نادرہ کی ماں کو اب وہ بڑا اچھا لڑکا معلوم ہوتا تھا ۔ جب وہ کمرے سے اٹھکر جاتا تو وہ بڑی بوڑھیوں کی طرح اس کو دیر تک دعائیں دیتی رہتی ۔

نوشا اب پروفیسر کے کنبے کا ایک فرد بن گیا تھا ۔ شروع شروع میں نوشا جو جھجک محسوس کرتا تھا وہ اب ختم ہو چکی تھی ۔ کبھی کھانے میں دیر ہو جاتی تو وہ بڑی بے تکلفی سے غلام گردش میں آواز لگاتا نظر آتا "بھئی آج تو شہر بھر کے سب چوہے میرے پیٹ میں گھس گئے ہیں اور خوب ادھم مچا رہے ہیں ۔" اسی طرح جب اس کی قمیصوں کے بٹن ٹوٹ جاتے یا کوئی کپڑا پھٹ جاتا تو وہ نادرہ کے سر پر سوار ہو کر اس کو ٹھیک کرواتا ۔ کبھی خوشامد کرتا کبھی ناراض ہوتا اور اپنا کام کروائے بغیر نہ ٹلتا ۔ البتہ وہ پروفیسر کلیم اللہ کو اب تک نہیں سمجھ سکا تھا ، وہ پہلے بھی اس کے لئے معمہ تھا اور اب بھی معمہ ہی بنا ہوا تھا ۔ وہ ہر بات قسطوں میں کہتا تھا ، اور نوشا کے لئے گفتگو کی یہ تکنیک قطعی اجنبی تھی ۔ وہ صرف اس کے متعلق یہ جانتا تھا کہ وہ بہت بڑا آدمی ہے کم سے کم اس کے لئے تو وہ فرشتہ رحمت سے کم نہیں تھا ۔

وہ اس کی بہت زیادہ عزت کرتا تھا ۔ ایک بار ایسا ہوا کہ محلہ کے ایک شخص نے جو کسی دفتر میں کلرک تھا ۔ کسی بات پر نوشا کے سامنے پروفیسر کو الو کا پٹھا ، کہہ دیا نوشا نے ایک لمحہ بھی انتظار نہ کیا ، تابڑ توڑ اس شخص کے جبڑے پر کئی مکے رسید کر دیئے ۔ اس کے ہونٹوں سے خون بہنے لگا اور وہ چکرا کر گر پڑا ۔ دیکھتے ہی دیکھتے ہجوم اکٹھا ہو گیا ۔

بات پروفسر تک پہنچی ۔ اس نے فوراً شخص کے پاس جا کر معافی مانگی اور دس روپے اصرار کر کے تاوان دیا ۔ نوشا ڈرا کہ اب وہ اس پر ناراض ہو گا ۔ مگر اس نے نوشا سے صرف اس قدر کہا "تمھارے متعلق مجھے اپنی رائے بدلنا پڑے گی ۔ تمھیں انجنیئر کے بجائے فوجی بننا چاہیئے ۔ مجھے تمھاری اسپرٹ پسند آئی ۔"

وہ دیر تک اس کی پیٹھ ٹھونک کر شاباشی دیتا رہا ۔

مصنف : مرزا محمد ہادی رسوا

شوکت صدیقی (پیدائش : 20 مارچ، 1923ء - وفات : 16 دسمبر، 2006ء) پاکستان سے تعلق رکھنے والے اردو کے شہرۂ آفاق ناول و افسانہ نگار تھے جو اپنے ناول "خدا کی بستی" کی وجہ سے عالمی شہرت رکھتے ہیں ۔

شوکت صدیقی 20 مارچ، 1923ء کو برطانوی ہندوستان کے علاقے لکھنؤ میں پیدا ہوئے ۔ 1946ء میں سیاسیات میں ایم اے کرنے کے بعد 1950ء میں کراچی آگئے ۔ کراچی میں 1952ء میں ثریا بیگم سے شادی ہوئی ۔ ناولوں اور متعدد کہانیوں کے مجموعوں کے خالق کے علاوہ علاوہ وہ اردو کے ایک ممتاز صحافی بھی تسلیم کیے جاتے تھے اور متعدد نامور صحافی ان سے صحافت سیکھنے کا اعتراف کرتے ہیں ۔ وہ کئی ہفت روزہ اور روزنامہ اخبارات سے وابستہ رہے ۔ تاہم عملی زندگی کا آغاز انہیں

سوچوالیس میں ماہنامہ 'ترکش' سے کیا۔ وہ روزنامہ 'مساوات' کراچی کے بانی ایڈیٹر اور روزنامہ "مساوات" لاہور اور روزنامہ "انجام" کےچیف ایڈیٹر بھی رہے۔ ایک عرصہ تک وہ ہفت روزہ 'الفتح' کراچی کےسربراہ بھی رہے جس اخبار میں کئی ادبی صحافیوں نے کام کیاجنہیں آج پاکستان کے بڑے صحافیوں میں شمار کیا جاتا ہے۔

شوکت صدیقی کیافسانوی مجموعوں میں 'تیسراآدمی' 1952ء، 'اندھیرااور اندھیرا' 5591ء، 'راتوں کا شہر' 1956ء، 'کیمیاگر' 1984ء جبکہ ناولوں میں 'کمیں گاہ' 1956ء، 'خدا کی بستی' 1958ء، 'جانگلوس' 1988ء اور 'چار دیواری' 1990ء میں شائع ہوئے۔

"جانگلوس" ان کا ایک طویل ناول ہے جس کیاب تک کئی ایڈیشن شائع ہوچکیہیں۔ اس ناول کوپنجاب کی الف لیلیٰ بھی کہا جاتا ہے۔ ان کے ناول "خدا کی بستی" کے 46 ایڈیشن شائع ہوئیاور یہ اردو کا واحد ناول ہے جس کا 42 دیگر زبانوں میں ترجمہ بھی ہوا۔

'خدا کی بستی' کو حال میں تیسری مرتبہ قومی ٹیلی وژن پر پیش کیاگیا جبکہ "جانگلوس" کے ٹی وی پروڈکشن کے حقوق بھی ایک نجی ٹی وی چینل خرید رہا تھا۔ ان کے ناول "چار دیواری" کو لکھنوی الف لیلیٰ کہا جاتا ہے۔ لکھنؤ کے زوال پزیر معاشرے کی کہانی، جہاں ایک تہذیب ختم اور دوسری دنیا جنم لے رہی تھی۔ لیکن یہاں کے لوگ پرانی یادوں اور عظمتوں کو سینوں سے لگائے ہوئے ہیں۔

کراچی میں علالت کے بعد 16 دسمبر، 2006ء کو ان کا انتقال ہوا اور کراچی ہی میں دفن ہوئے۔

نئے الفاظ

月薪（阴）	tankhrāh	تنخواہ
忍耐（阳）	sahan	سہن
井井有条的（形）	ārāstah	آراستہ
认识的，熟悉的（形）	shanāsā	شناسا
愿望；兴趣（阴）	raghbat	رغبت
原则，规则（阴）	bāqā ‘idagī	باقاعدگی
沙滩（阴）	rēt	ریت
仆人，使女（阴）	khādimah	خادمہ
沐浴（阳）	ghusl	غسل
害羞；拘谨（阳）	hijāb	حجاب
鞋带（阳）	fītā	فیتہ
工作；职业（阴）	mulāzamat	ملازمت
宽敞的	kushādah	کشادہ
精致；优雅（阴）	nafāsat	نفاست
租金（阳）	kirāyah	کرایہ
意图；目的（阳）	marām	مرآم
节约，节省（阴）	hattā ul vus‘	حتی الوسع
不悦，痛苦；乏味（阴）	bad mazgī	بدمزگی
灰蒙蒙的，有污染的（形）	ālūd	آلود
幸福，高兴，喜悦（阴）	masarrat	مسرت
爱说话的人，饶舌的人（阳–阴）	bātūnī	باتونی

随便的，粗心大意的，不在乎的（形）	lāparvah	لاپرواہ
化妆；化妆品（阳）	mēk āb	میک آپ
修饰；美化（不及）	saṇvarnā	سنورنا
（伊斯兰妇女的）罩袍（阳）	burqa'h	برقعہ
摇动的，摇曳的（形）	āvēzāṇ	آویزاں
延迟，耽搁，延期（阴）	tāḳḥīr	تاخیر
闪避，回避，绕行；冷淡（不及）	katrānā	کترانا
裸露的（形）	barahnah	برہنہ
倾泻，倒出来（及）	uṇḍēlnā	انڈیلنا
烤肉（阳）	kabāb	کباب
塑料，塑料制品（阳）	plāstik	پلاسٹک
走廊，回廊（阳）	kōrīḍōr	کوریڈور
连续地		تابڑتوڑ
把某人用力摇醒（及）	jhaṇjōṛnā	جھنجوڑنا
闲逛的人，游手好闲的人，混混（阳）	loafer	لوفر
猫头鹰的徒弟；（喻）天大的傻瓜，大笨蛋（阳）	ulū kā paṭhṭhā	الو کا پٹھا
人群，拥挤（阳）	hujūm	ہجوم

爱运动的，活泼的	khilanḍrā	کھلنڈرا
有条不紊；布置井然（阳）	qarīnah	قرینہ
善于交际的，友善的；容易与人接近的（形）	milansār	ملنسار
做作的；假的（形）	masnū'ī	مصنوعی
安排，有条理（阳）	bandōbast	بندوبست
橄榄色的，棕色的，皮肤发黑的（形）	sāṇvlā	سانولا
爱慕，热恋；迫切，渴望（不及）	phaṛaknā	پھڑکنا
薪水；奖金（阳复）	murāsim	مراسم
醉酒的，沉醉的，神志模糊的（形）	dhut	دھت
吼叫；尖叫（不及）	g̣hurrānā	غرانا
串，（烤肉用的）铁钎，铁叉子（阴）	sīḳḥ	سیخ
有滋有味的，美味的（形）	chaṭ paṭā	چٹ پٹا
耳环，耳坠（阳）	āvēzah	آویزہ
阵雨		چھاڑ
受羞辱的，受屈辱的，卑贱的（形）	zalīl	ذلیل
指引；教导，引导，劝告（阴）	hidāyat	ہدایت
空间，余地；内容（阴）	gunjā'ish	گنجائش
下颚；脸部（阳）	jabṛā	جبڑا

وضاحت

苏莱曼，大学毕业生，主人公苏尔达娜的恋人。曾加入云雀社，在其真心爱着的苏尔达娜陷入困境时，胆怯退缩。后屈服于家庭压力，与一个条件好的女子结婚。企图寻求平静的生活，但仍然不免遭到恶势力的利用和打击。他最终选择了离婚，并放弃了公司的工作回到云雀社，成为一名成熟的骨干。	سلمان
诺夏，主人公之一，苏尔达娜的亲弟弟。干过童工，当过小偷，从小饱受贫困与欺凌。他天资聪颖，心地善良，一直有着强烈的改邪归正的愿望，希望能进学校读书。在知道尼亚兹杀害自己母亲并霸占姐姐之后冲动下杀了尼亚兹。到警察局自首后因未成年而被判十四年监禁。	نوشا
格里姆·阿拉教授，本地学院的教授。诺夏因一次躲避警察追捕躲入教授家中而结识了他，在教授眼中，诺夏是因为没有得到应有的教育才沦为罪犯的。因此教授收留了他，并尽力帮助他。但后来误会诺夏调戏自己的女儿，将诺夏赶出了家门。	پروفیسر کلیم اللہ
纳德拉，教授的女儿。开朗正直，对诺夏有着关心、引导以及少女的悸动。	نادرہ
他努力保持（与同事的）和睦真诚，（尽量）让别人对他无可指摘。	یوں وہ حتی الوسع کوشش کرتا تھا کہ کسی کو شکایت کا موقعہ نہ ملے۔
她那芬芳的脸庞看起来像花儿绽放一样美丽。 صندلی既可指色泽淡黄色，又可指气味芬芳。	اس کا صندلی چہرہ پھلوں کی طرح شگفتہ نظر آ رہا تھا۔
她虽然话不多，却是个很合群的女孩。	کم گو ہونے کے باوجود وہ بڑی ملنسار لڑکی تھی۔
她们说话装腔作势，笑容矫揉造作，眼神做作虚伪，每个动作都不自然。她们就像是被制造出来的装饰过的木偶一样。	وہ اٹھلا اٹھلا کر باتیں کرتیں۔ ان کی مسکراہٹ مصنوعی تھی،ان کی نظروں کا انداز مصنوعی تھا۔ جسم کی ہر حرکت مصنوعی تھی۔ وہ بنی سنوری کٹھ پتلیوں کی طرح نظر آتیں۔
担心干活会让手变得粗糙，会让脸变黑。	کام کرنے سے ہاتھوں کی جلد کھردری پڑ جانے کا اندیشہ تھا اور زیادہ محنت سے رنگت سانولا جانے کا خطرہ تھا۔

他开始跟办公室每个人都借钱，有时还钱晚了还要生出些不愉快。	دفتر میں ہر شخص سے اس کا لین دین ہونے لگا تھا اور کبھی کبھی اس کی ادائیگی میں تاخیر ہو جاتی تو بدمزگی پیدا ہو جاتی۔
“诺夏你别留这种跟演员一样的发型，简直像个混混。”	"نوشا تم یہ ایکٹروں کے سے بال مت رکھا کرو۔ بالکل لوفر لگتے ہو۔"
但我们这儿的夜校都是瞎闹。(意思是指学不到有用知识。)	مگر نائٹ اسکول تو یہاں سب واہیات ہیں۔
这不是把办夜校和发传票搅成一码事了。这个问题我至今没想通。我相信他不是在教育学生，而是在扣押他们的思想。(这里表现教授的思维比较活跃，想到哪里说到哪里，并且为人幽默。)	نائٹ اسکول اور قرق امینی میں قدر مشترک کیا ہے۔ یہ مسئلہ آج تک میں حل نہیں کر سکا۔ مجھے یقین ہے کہ وہ طلبا کو تعلیم دینے کے بجائے ان کے ذہن قرق کرتے ہوں گے
“哎，今天实在太饿了，肚子高唱空城计呢。”原文为“今天全城的老鼠都钻我的肚子里了，正吵闹得厉害呢。”谚语，指肚子非常饿，饿得饥肠辘辘。	"بھئی آج تو شہر بھر کے سب چوہے میرے پیٹ میں گھس گئے ہیں اور خوب ادھم مچا رہے ہیں۔"

مشق

۱۔ سلمان کی بیوی کراچی آنے کے بعد اس کی زندگی میں کس طرح کی بدلیاں ہو گئی تھیں؟

۲۔ ساتھ ہی اس کی بیوی کی کرنی میں کیا کیا بدلیاں ہو گئی تھیں؟ ان بدلیاں اچھی ہیں یا نہیں؟ کیوں؟

۳۔ نوشا ایک کیسا لڑکا تھا؟ پروفیسر کے گھر میں اس نے پروفیسر، نادرہ اور نادرہ کی ماں کے ساتھ کیسے میل رکھا تھا؟

۴۔ بتائیے کہ مندرجہ ذیل حصے میں سے کس طرح کے خیال کا اظہار کیا گیا ہے؟

① پڑوس کے فلیٹوں میں رہنے والی یہ لڑکیاں، اب اکثر اس کے گھر میں نظر آتیں۔ وہ اٹھلا اٹھلا کر باتیں کرتیں۔ ان کی مسکراہٹ مصنوعی تھی، ان کی نظروں کا انداز مصنوعی تھا۔ جسم کی ہر حرکت مصنوعی تھی۔ وہ بنی سنوری کٹھ پتلیوں کی طرح نظر آتیں۔ ان کی باتیں عام طور پر لباسوں کے جدید ترین ڈیزائنوں نئی فلموں، ڈانس پارٹیوں، پکنک اور شہر کے بڑے ہوٹلوں کے متعلق ہوتی تھیں۔ کبھی کبھی وہ شہزادی مارگریٹ کے کسی نئے اسکنڈل یا شاہ فاروق اور پرنس علی خاں کے نئے معاشقوں کے بارے میں بات کر لیتیں۔ ان کے تذکرہ میں وہ ایک خاص لذت محسوس کرتی تھیں۔

② زندگی بڑے مزے سے گذر رہی تھی۔ البتہ اب اس میں سکون کم ہو گیا تھا اور ہنگامے زیادہ ہو گئے تھے مگر یہ ہنگامے اس طرح دبے قدموں آ کر زندگی

میں شامل ہوگئے تھے کہ سلمان کو ان کا مطلق احساس نہ ہوا وہ ان سے رفتہ رفتہ مانوس ہوتا جا رہا تھا۔ لیکن جس قدر یہ ہنگامے بڑھ رہے تھے، اس کا مطالعہ کا شوق کم ہوتا جا رہا تھا۔ پہلے وہ روزانہ ۴۰، ۵۰ اور کبھی کبھی تو سو، سوا سو صفحات تک پڑھ ڈالتا تھا۔ ان دنوں وہ رات کو دیر تک میز پر جھکا ہوا پڑھتا رہتا تھا۔ اس کے چہرے پر ٹیبل لیمپ کے شیڈ کا ہلکا سبز عکس لہراتا رہتا۔ بیوی بار بار کروٹ بدلتی۔ خواہ مخواہ بات کر کے اس کو چھیڑتی مگر وہ مطالعہ میں محو رہتا۔ اب یہ محویت کم ہونے لگی تھی۔

③وہ اس کی بہت زیادہ عزت کرتا تھا۔ ایک بار ایسا ہوا کہ محلہ کے ایک شخص نے جو کسی دفتر میں کلرک تھا۔ کسی بات پر نوشا کے سامنے پروفیسر کو الو کا پٹھا، کہہ دیا نوشا نے ایک لمحہ بھی انتظار نہ کیا، تابڑ توڑ اس شخص کے جبڑے پر کئی مکے رسید کر دیئے۔ اس کے ہونٹوں سے خون رسنے لگا اور وہ چکرا کر گر پڑا۔ دیکھتے ہی دیکھتے ہجوم اکٹھا ہو گیا۔

سولھواں سبق　دو سفرنامے

作品导读

纳齐尔·西迪基（1930—2001）是巴基斯坦著名的乌尔都语散文作家、文学评论家和诗人。她一生著有 20 多部乌尔都语和英文著作书籍，在英语和乌尔都语的文学比较研究、乌尔都语的现代化等方面颇有建树，同时对乌尔都语在世界范围内的推广也有着贡献。

《游记两则》是其散文的经典之作，节选部分为第一则，描述了游览加尔各答和孟买的过程。写作的年代是巴基斯坦建国初期，当时东孟加拉还未分离，巴基斯坦的发展也刚刚起步，加尔各答和孟买作为当时的国际都市具有很大吸引力。

这一游记的最大特色在于，作者将景色的描写泛化，而更加注重人文及精神上的体验。对于作者而言，加尔各答和孟买更具吸引力的是其人文之旅。游记没有堆砌华丽的辞藻，而是将见闻感受娓娓道来。作者用了较大篇幅叙述寻找和会见印度进步作家的过程，其曲折过程和不懈努力体现出作者对文学事业的热爱与执着。这使得文章相较于以往的游记更为清新而别具一格。

دو سفرنامے

نظیر صدیقی

غریب شہر سخن ہائے گفتنی دارد

کلکتہ ہندوستان کا سب سے بڑا شہر ہے

بمبئی ہندوستان کا سب سے خوبصورت شہر ہے

لیکن اپنی پیدائش سے لے کر جب تک میں ہندوستان میں رہا مجھے ہندوستان کے سب سے بڑے اور سب سے خوبصورت شہروں کو دیکھنے کا موقع نہ ملا۔ مجھے اچھے اور بڑے شہروں کو دیکھنے کا جس قدر شوق عطا ہوا ہے اتنا ہی ان کو دیکھنے سے محروم بھی رہا ہوں۔ اب تک جن حالات میں میری زندگی بسر ہوتی رہی ہے ان میں سیروسیاحت کی نہ صرف کوشش رائگاں جاتی ہے بلکہ خواہش بھی گناہ سے کم نہیں ہوتی۔ لیکن گناہ و عذاب کا تصور آرزوؤں اور تمناؤں کے لئے برتھ

کنٹرول کی حیثیت نہیں رکھتا۔انسان کے دل میں آرزوئیں اور تمنائیں خود دل کی اجازت کے بغیر پیدا ہوتی رہتی ہیں۔چنانچہ کلکتہ اور بمبئی کی سیاحت میری دشواریوں کے باوجود میرے دل کی حسین آرزو اور میری زندگی کا ایک رنگین خواب بن چکی تھی۔مجھے اس کا ذرا بھی اندازہ نہ تھا کہ یہ آرزو کب پوری ہوگی یہ خواب کب شرمندہ تعبیر ہوگا۔واقعہ تو یہ ہے کہ ان شہروں کے لئے روانگی سے دو روز قبل تک میں نہیں جانتا تھا کہ اس خواب کی تعبیر اور اس آرزو کی تکمیل کا وقت اتنا قریب آچکا ہے۔مجھے کلکتے اور بمبئی جانے کا موقع ایک ساتھ ملا اور اچانک ملا۔میں نے اس اچانک موقع سے فائدہ اٹھانے کا یک بیک فیصلہ کر لیا۔کہیں آپ اس اچانک موقع اور فیصلے کو"فرار"کا مہذب مترادف نہ سمجھ لیں کیونکہ "فرار"اور"اچانک سفر"ہم شکل ہوں تو ہوں لازم و ملزوم ہرگز نہیں۔میرا سفر"سفر برائے سفر"کی حیثیت رکھتا تھا۔آپ کا جی چاہے تو اسے"رجعت پسند سفر"کہہ لیجئے، جس طرح رجعت پسند ادب میں ادب کا جمالیاتی پہلو سب سے زیادہ اہمیت رکھتا ہے اسی طرح رجعت پسند سفر میں سفر کے تفریحی پہلو کو مرکزی حیثیت حاصل ہے۔یہ اور بات ہے کہ بعض سرپھرے جمالیات اور تفریحات کو بھی انسانی زندگی کی افادی قدروں میں شمار کرتے ہیں۔

ہاں تو میں کہہ رہا تھا کہ مجھے ہندوستان کے سب سے بڑے اور سب سے خوبصورت شہروں کی سیاحت کا موقع ہندوستان کے دوران قیام میں نہ مل سکا۔یہ موقع مجھے پاکستان میں اگست ۱۹۵۰ میں ملا جب مجھے ڈھاکے میں رہتے ہوئے دو سال گزر چکے تھے۔دیکھنا یہ ہے کہ پاکستان کے سب سے بڑے اور سب سے خوبصورت شہروں کی سیاحت کا موقع کس"تان"میں جانے کے بعد ملتا ہے۔اب تک تو یہ حال رہا ہے کہ ڈھاکے میں ڈھائی سال گزار کے لئے باوجود چاٹگام تک رسائی نہ ہوسکی۔لیکن کسی کو میری محرومیوں اور نارسائیوں سے کیا لینا؟

میرے کلکتے اور بمبئی کیسفر کا باعث میرے کرم فرما مقبول علی صاحب ہیں۔ان شہروں میں عرصہ دراز سے ان کے کاروبار کا سلسلہ چلا آرہا تھا، جب سے انہوں نے پاکستان میں کاروبار شروع کیا ہے سال میں دو ایک مرتبہ کلکتہ اور بمبئی معائنے کے لئے جاتے ہیں۔اگست میں جب انہوں نے وہاں جانے کا پروگرام بنایا تو مجھے بھی ہمراہی کی دعوت دی۔جب ان کی دعوت انتہائی اصرار میں تبدیل ہوگئی تو میں نے چند شرائط کے ساتھ اسے قبول کر لیا۔آپ پوچھیں گے وہ شرائط کیا تھیں۔میں جواب میں صرف اتنا کہوں گا حساب دوستاں در دل۔

ہم دونوں ڈھاکے سے ۷ اگست کو ہوائی جہاز پر پاکستانی گھڑی کے مطابق دن کے تین بجے کلکتے روانہ ہوئے اور ہندوستانی گھڑی کے مطابق دن کے تین بجے کلکتے کے ایمہ پورٹ پر اتر گئے۔میرے لئے ہوائی سفر کا یہ پہلا اتفاق تھا۔جی چاہتا تھا کاش ایک گھنٹے کا سفر کئی گھنٹوں میں طے ہو۔جہاز کی کھڑکی سے جب میں نے روئے زمین پر نظر ڈالی تو محسوس کیا کہ زمین کے فطری حسن کی داد زمین سے بلند ہوکر ہی دی جاسکتی ہے۔ایرپورٹ پر اترنے کے تقریباً دو گھنٹے بعد ہم لوگ قیام گاہ پر پہنچے۔

دوسرے دن صبح کے وقت ناشتے سے فارم ہونے کے بعد مقبول صاحب نے اپنے پڑوس کیایک نوجوان کو،جو کالج کے طالب علم ہیں بلا کر مجھے ان کے سپرد کر دیا کہ میں ان کی رہبری میں کلکتے کے ممتاز اور اہم مقامات کی سیر کر لوں۔چونکہ مجھے نئی چیزوں کی بہ نسبت ادبی شخصیات سے زیادہ دلچسپی ہے اس لئے میں وہاں کے خاص خاص مقامات دیکھنے سے پہلے ڈاکٹر زبیر صدیقی اور یونس احمر سے ملا۔

اردو زبان و ادب سے ڈاکٹر صدیقی کا تعلق کچھ عجیب سا ہے۔یعنی وہ کلکتہ یونیورسٹی میں شعبۂ عربی کے صدر ہیں۔مگر ڈھاکا یونیورسٹی کیساتھ ان کا تعلق اردو ایکسپرٹ کی حیثیت سے رہا ہے۔ان سے یہ میری پہلی ملاقات تھی۔تقریباً آدھے گھنٹے تک صحبت رہی۔مجھے وہ بیک وقت سنجیدہ بھی محسوس ہوئے

اور ظریف بھی۔ ان کے چہرے کی متانت دیکھتے ہی ایک مبہم سا خوف میرے دل پر چھا گیا تھا۔ لیکن ان کی گفتگو سے محظوظ ہو کر لوٹا۔

یونس احمر سے یہ میری دوسری ملاقات تھی۔ اس سے پہلے ہم دونوں ڈھاکے میں مل چکے تھے اور بڑی حد تک بے تکلف بھی ہو چکے تھے۔ اردو زبان کے اس کامیاب اور ناقابل فراموش مترجم کو جب میں دیکھتا ہوں یا میرے دل میں اس کا خیال آتا ہے تو میرا ذہن ٹیگور کے انسانوں کی طرف منتقل ہو جاتا ہے۔ مجھے یہ محسوس ہونے لگتا ہے کہ یونس احمر اور ٹیگور کے افسانوی نوجوانوں کی شخصیت میں بہت کچھ مشابہت ہے۔ نہ جانے یہ میرا وہم ہے یا واقعہ ہے۔ بہر حال اس کے متعلق میرا تاثر یہی ہے۔

میں کلکتے میں ڈاکٹر زبیر صدیقی اور یونس احمر کے سوا اور کسی سے نہ ملا۔ باقی دن وہاں کی خاص خاص چیزیں دیکھنے میں گزار دیئے۔ مثلاً میوزیم، بوٹینیکل گارڈن، ذو گارڈن، ہالی گنج لیک، وکٹوریہ میموریل، کھدر پورڈک۔ کچھ عظیم الشان دکانیں اور مشہور سینما ہاؤسز وغیرہ ان چیزوں کو دیکھ کر میں نے وہی کچھ محسوس کیا جو عام طور پر محسوس کیا جاتا ہے۔ یعنی وہ کیفیت جو حیرت و مسرت کی لہروں کے ٹکرانے سے پیدا ہوتی ہے۔ قدرت اور انسان دونوں کی صنعت گری اور مینا کاری کے غیر معمولی نمونے دیکھ دیکھ کر دل ہی دل میں عش عش کرتا تھا اور بار بار میرا مینس کا یہ مصرعہ بے اختیار زبان پر آ جاتا تھا۔

حیران ہوں کہ دو آنکھوں سے کیا کیا دیکھوں

کلکتے پہنچنے کے چھ دن بعد یعنی ۱۳ اگست کو مقبول صاحب کے ساتھ بمبئی روانہ ہو جانا پڑا۔ یہ سفر ٹرین کے ذریعے سے طے کیا گیا۔ راستے میں کوئی قابل ذکر تجربہ نہ ہوا۔ ہم لوگ ۱۵ اگست کو تقریباً دن کے ایک بجے بمبئی پہنچے۔ اتفاق سے وہ دن ہندوستان کی آزادی کی سالگرہ کا دن تھا۔ خیال تھا کہ اس روز بمبئی جیسے حسین و جمیل شہر کو عروسی لباس میں دیکھنے کی مسرت حاصل ہوگی۔ چنانچہ شام کے وقت ہم لوگ سیر کی غرض سے نکلے۔ لیکن یہ دیکھ کر بے حد مایوسی ہوئی کہ بمبئی کے صرف وہی حصے جگمگا رہے تھے۔ جہاں مسلمان دکانداروں کی اکثریت تھی۔

بمبئی میں سب سے پہلے جن لوگوں سے میرا تعارف ہوا وہ مقبول صاحب کے دوست حافظ ظہیرالدین صاحب اور ان (مقبول صاحب) کے مینجر مسٹر سوامی تھے۔ یہ دونوں ہم لوگوں کو لینے اسٹیشن پر آئے تھے۔ حافظ صاحب بمبئی کے باشندے نہیں۔ مگر وہاں پندرہ سولہ سال سے سکونت پذیر ہیں۔ ان کی ذات گرامی ایک طبیب، ایک سرکاری ملازم اور ایک بزنس مین (business man) کا مجموعہ ہے۔ حد سے زیادہ سیدھے سادھے واقع ہوئے ہیں، سمجھ میں نہیں آتا کہ مکر و فریب سے بھری ہوئی یہ دنیا حافظ صاحب جیسے آدمی کو کیونکر برداشت کر رہی ہے۔ قدرت نے ان کو دل کی سادگی کے ساتھ مزاج کی ہمہ وقت شگفتگی بھی عطا کی ہے۔ اس زمانے میں وہ بہت سی گھریلو پریشانیوں میں مبتلا تھے۔ پھر بھی میں نے ان کو ہر وقت مسکراتے ہوئے پایا۔

مسٹر سوامی جیسا کہ نام سے ظاہر ہے ہندو ہیں۔ لیکن ان سے مل کر ہندو مسلم کا فرق ذہن سے غائب ہو جاتا ہے اور صرف اتنا محسوس ہوتا ہے کہ ہم ایک شریف انسان سے مل رہے ہیں۔ وہ مدراس کے رہنے والے ہیں۔ اس لئے انہیں ہندوستانی کی بہ نسبت انگریزی زبان میں گفتگو کرنے میں زیادہ سہولت ہوتی ہے۔ مجھے بمبئی سے آئے ہوئے ابھی کچھ زیادہ عرصہ نہیں ہوا۔ اس کے باوجود وہاں کی کئی مشہور سڑکیں اور چیزیں میرے ذہن سے اتر چکی ہیں لیکن مجھے یقین ہے کہ میں بمبئی کی جن چیزوں کو کبھی فراموش نہیں کر سکوں گا۔ ان میں حافظ صاحب اور مسٹر سوامی کی شخصیت بھی ہیں۔

بمبئی کی عمارتوں، دکانوں، ہوٹلوں، تفریح گاہوں اور سینما ہاؤسز سے قطع نظر مجھے وہاں کئی دلچسپ چیزیں نظر آئیں۔ مثلاً میں نے وہاں مرہٹی اور گجراتی عورتوں کو دھوتی میں ملبوس دیکھا۔ وہ دھوتی اسی طرح پہنتی ہیں جس طرح مرد پہنتے ہیں۔ البتہ دھوتی کا وہ حصہ جو کمر میں لپیٹا جاتا ہے، اسے وہ اپنے جسم کے بالائی حصے پر ڈال

لیتی ہیں۔ جب میں نے پہلے پہل دو ایک عورتوں کو ان کی پشت کی طرف سے دیکھا تو سمجھا کہ یہ پنڈت لوگ ہیں کیونکہ ہندوؤں میں بعض پنڈتوں کے سر بھی عورتوں کے مانند زلف دراز کے حامل ہوتے ہیں۔ جب مجھے معلوم ہوا کہ یہ پنڈت لوگ عورت کے سوا کچھ بھی نہیں تو میرے ذہن کو ایک دھچکا سا محسوس ہوا۔

مہمانوں کی مدارات کے سلسلے میں بمبئی کی روایات کلکتے سے کسی قدر مختلف ہیں۔ بمبئی میں جہاں تک پلانے کا تعلق ہے مہمانوں سے یہ ضرور پوچھ لیا جاتا ہیکہ آپ ٹھنڈا پسند کرتے ہیں یا گرم؟یعنی cold drinkنوش فرمائیں گییاhot drinkمجھے اس ٹھنڈا اور گرم پر ایک لطیفہ اکثر یاد آتا ہے۔ ایک اسکول میں ایک ماسٹر صاحب تھے جو کھانےپینے کے معاملے میں بڑے حریص واقع ہوئے تھے۔ طلبہ کو ان کی یہ کمزوری معلوم تھی اور وہ ان کی خاطر مدارات کر کے ان سے ہر قسم کی رعایت اور آزادی حاصل کر لیتے تھے یہاں تک کہ امتحان میں ان کی موجودگی میں اطمینان کے ساتھ چوری بھی کرتے تھے۔ ایک مرتبہ ان کا ایک شاگرد کسی ہوٹل میں بیٹھا کچھ کھا پی رہا تھا۔آپ اس طرف سے گزر رہے تھے۔اس کو دیکھ کر ہوٹل میں داخل ہوگئے۔شاگرد نے پوچھا۔ماسٹر صاحب ! لسی پیجئیگا یا چائے؟

ماسٹر صاحب نے نہایت سنجیدگی سےجواب دیا پہلے ٹھنڈا۔ اس کے بعد گرم۔ بمبئی کی سب سے دلچسپ خصوصیت جس سے وہاں کی دولت مندی کا اندازہ کنیا جا سکتا ہے۔ یہ ہے کہ وہاں عام طور پر ہر سفید پوش کو سیٹھ کہہ کر مخاطب کیا جا سکتا ہے۔ بمبئی جانے سے پیشتر میں لفظ سیٹھ کو مارواڑیوں کےلئے جو ہندوستان کی سب سے امیر قوم ہے مخصوص سمجھتا تھا۔لیکن وہاں پہنچ کر جب مجھے اپنی بے مائگی کے باوجود سیٹھ کہلانے کا شرف حاصل ہوگیا تو مجھے اس لفظ کی وسیع المشربی کا اندازہ ہوا۔دولت مند ہر جگہ ہوتے ہیں لیکن بمبئی کے دولت مند چیز سے دیگر کی حیثیت رکھتے ہیں۔

مقبول صاحب نے مجھے بتایا کہ بمبئی میں جب کوئی اچھی فلم چل رہی ہوتی ہے تو دو دو روپے کا ٹکٹ بیس بیس روپے تک بلیک مارکیٹ کے ذریعے بکنے لگتا ہے۔اس سلسلے میں اپنے نئے کرم کرما حافظ صاحب کا ایک تجربہ بیان کرنا دلچپی سے خالی نہ ہوگا۔جن دنوں ہم لوگ بمبئی پہنچے وہاں "شیش محل" فلم چل رہی تھی۔حافظ صاحب ہم لوگوں کی آمد سے تقریباً پندرہ دن پیشتر اس فلم کےلئے کچھ دوستوں کے ساتھ پیشگی ٹکٹ لے چکے تھے۔جس دن ان لوگوں کو فلم دیکھنا تھی وقت سے قبل سینما پہنچ گئے۔حافظ صاحب کے احباب اندر جا کر بیٹھ رہے اور وہ ہاتھ میں ٹکٹ لئے باہر کسی ملاقاتی سے گفتگو کرنے لگے۔ایک شخص ان کے پاس آیا اور کہا آپ اپنا ٹکٹ بیچنا چاہتے ہیں؟ حافظ صاحب نے ازراہ مذاق اثبات میں جواب دیا۔اس نے پوچھا۔کیا قیمت لیں گے؟ حافظ صاحب نے دوتین روپے کے ٹکٹ کی قیمت پچاس روپے مانگی۔اس نے اپنی جیب سے دس دس روپیکے پانچ نوٹ نکال کر پیش کردیئے۔حافظ صاحب مبہوت ہو کر رہ گئے۔مگر پچاس روپے کےلئے انہوں نیاپنے دوستوں کو چھوڑنا گوارا نہ کیا۔

میں نے بمبئی کی عورتوں کو روزانہ زندگی میں جس قدر قیمتی اور زرق برق کپڑے پہنتے دیکھا اتنا کسی تیوہار کے موقع پر بھی دوسرے شہروں کی عورتوں کو پہنتے نہیں دیکھا تھا۔غالباً یہ کہنا بیجا نہ ہوگا کہ بمبئی کے نسوانی حسن میں "روئے جمیل" سے زیادہ "لباس حریر" کو دخل ہے۔چنانچہ جب مجھے کسی نسوانی چہرے کو دیکھ کر مایوسی ہوتی تو تلافی کےلئے میں اس کے لباس کو دیکھنے لگتا تھا۔

میں بمبئی دیکھنے کا آرزو مند صرف اس لئے نہ تھا کہ اسے نیاز فتح پوری نے عروس البلاد کہا ہے۔

بمبئی دیکھنے کے موجبات ترغیب میں سے ایک اہم چیز وہاں کے ادیبوں خصوصاً ترقی پسند ادیبوں سے ملنے کی آرزو بھی تھی۔ ترقی پسند ادیبوں سے میری دلچپی اس زمانے سے ہے جب سے مجھے مطالعے کا شوق پیدا ہوا۔ دراصل میرے مطالعے کی ابتدا ہی ترقی پسند ادیبوں سے ہوئی۔ایک عرصے تک میں ترقی پسند تحریک سے اس حد تک متاثر رہا کہ نہ صرف ترقی پسند ادیبوں کے ناول اور افسانے دلچپی سے پڑھتا بلکہ ترقی پسند نقادوں کے ہر خیال اور ہر نظریے پر آمنا و صدقنا

بھی کہتا تھا، گو اب مجھے ترقی پسند تحریک کےبعض پہلوؤں سے اتفاق نہیں لیکن ترقی پسند ادبا کی شخصیتوں اور تحریروں سے دلچسپی اب بھی ہے۔چنانچہ بمبئی پہنچ کر میں نے ان سے ملنے کی کوشش کی۔ بمبئی میں کسی کے مکان کا پتا لگانا دوسرے شہروں کی بہ نسبت زیادہ دشوار ہے کیونکہ اول تو وہاں مکانوں پر نمبر نہیں ہوتا۔ مکانات اپنے نام سے پہچانے جاتے ہیں۔ دوسرے اس لئے کہ اگر وہاں کسی شخص سے کسی مقام کا پتہ دریافت کیجئے تو یا تو وہ ناواقفیت کا اظہار کر دے گا یا غلط راستہ بتا دے گا۔ میں نے سب سے پہلےتاج بک ڈپو جا کر ایک صاحب سے کرشن چندر، سردار جعفری، عصمت چغتائی اور کیفی اعظمی وغیرہ کے پتے پوچھے۔ انہوں نے فرمایا کہ چوپاٹی کے قریب (غالباً) راج بھون نام کی ایک عمارت میں کمیونسٹ پارٹی کا دفتر ہے، اگر آپ وہاں چلے جائیں تو ان ادیبوں سے ملاقات ہو جائے گی۔

میں نے کئی فٹن والوں سے کہا کہ چوپاٹی کے قریب راج بھون نام کی ایک عمارت ہے، وہاں تک مجھے پہنچا دو۔ سب نے یہی جواب دیا کہ چوپاٹی تک پہنچا دیں گے۔ راج بھون کہاں ہے۔ ہم نہیں جانتے۔ میں نے سوچا چوپاٹی تک پہنچ کر راج بھون کا پتہ معلوم کر لینا دشوار نہ ہوگا۔ اس لئے ایک فٹن پر روانہ ہو گیا۔ چوپاٹی بمبئی کی ایک مشہور سیر گاہ ہے جو سمندر کے کنارے واقع ہے۔ وہاں میں نے جس شخص سے بھی کمیونسٹ پارٹی کا دفتر یا راج بھون دریافت کیا اس نے ناواقفیت ظاہر کر دی۔ میں غروب آفتاب کے وقت وہاں پہنچا تھا۔ جب آٹھ بج گئے تو مایوس ہو کر اپنی قیام گاہ پر لوٹ آیا۔

دوسرے روز تقریباً دن کے تین بجے پھر میں تاج بک ڈپو گیا اور ایک دوسرے صاحب سے ان ادیبوں کا پتہ دریافت کیا انہوں نے بتایا کہ مالابار ہل پر تھوڑی دور جانے کے بعد سڑک کے بائیں جانب کمیرنسٹ پارٹی کا دفتر راج بھون مل جائے گا۔ وہیں بہت سے ادیبوں سے ملاقات ہو جائے گی۔ آپ ایک ٹیکسی کر لیں تو آسانی سے وہاں پہنچ جائیں گے۔ میں نے حسب ہدایت ایک ٹیکسی کر لی اور ڈرائیور سے کہا کہ مالابار ہل چلو۔ جہاں سے مالابار ہل شروع ہوا میں بائیں جانب کی عمارتوں کے نام پڑھتا گیا۔ مجھے راج بھون نظر نہ آیا۔ کچھ دور جانے کے بعد میں نے ٹیکسی رکوا کر ڈرائیور سے کہا کہ آس پاس کے لوگوں سے پوچھو راج بھون کہاں ہے۔ اس نے کئی آدمیوں سے دریافت کیا مگر پتہ نہ چلا۔ میں نے ڈرائیور سے پوچھا۔ تمہیں معلوم ہے کمیونسٹ پارٹی کا دفتر کہاں ہے؟ اس نے کہا، کمیونسٹ پارٹی کا دفتر تو سندھرسٹ روڈ پر ہے۔ ہم لوگ اسی طرف سے ہوتے ہوئے یہاں آئے ہیں۔ آپ نے پہلے کیوں نہیں کہا کہ وہاں جانا ہے۔ میں نے کہا خیر۔ اب لے چلو۔ وہاں پہنچ کر ایک صاحب سے کہا کہ میں اردو کے ترقی پسند ادیبوں سے ملنا چاہتا ہوں۔ اگر ان میں سے کچھ لوگ یہاں آئے ہیں تو ان سے ملایئے، جواب ملا کہ اس وقت ان میں سے کوئی بھی نہیں ہے۔ میں نے کہا عصمت چغتائی کا پتہ بتایئے۔ انہوں نے کہا کہ جہاں سے مالابار ہل شروع ہوتا ہے وہاں سے کچھ دور جانے کے بعد داہنی جانب سیکری بھون نام کی عمارت ملے گی وہی ان کا مکان ہے۔ سندھرسٹ روڈ سے دوبارہ مالابار ہل گیا۔ جب عصمت چغتائی کےمکان پر پہنچا تو ان کے بھتیجے سے معلوم ہوا کہ شاہد لطیف اور عصمت چغتائی سے صرف رات کے وقت آٹھ نو بجے کے درمیان ملاقات ہو سکتی ہے کیونکہ وہ روزانہ صبح کے وقت اسٹوڈیو چلے جاتے ہیں اور دن بھر کام میں مصروف رہتے ہیں، اس وقت چھ (شام) بجے تھے۔ میں نے سوچا کسی دوسرے دن آٹھ بجے رات کے قریب آنے سے بہتر ہے کہ آج ہی دو گھنٹے کسی طرح گزار کر آٹھ بجے ان سے مل لوں۔ چنانچہ ان سے کہہ دیا کہ آٹھ نو بجے کے وقت آنے سے بہتر ہے کہ آج ہی دو گھنٹے کسی طرح گذار کر آٹھ بجے ان سے مل لوں۔ چنانچہ ان سے کہہ دیا کہ آٹھ نو بجے کے درمیان پھر آؤں گا۔ اس کے بعد وقت گزاری کے لئے میں سر فیروز شاہ مہتا گارڈن جسے Hanging Garden بھی کہا جاتا ہے، دیکھنے چلا گیا، جب ساڑھے آٹھ بجے عصمت کے یہاں دوبارہ گیا تو ایک نوجوان لڑکی سے معلوم ہوا کہ وہ لوگ ابھی تک نہیں آئے۔ میں نے پوچھا، اب ان لوگوں سے ملاقات کی کیا صورت ہو سکتی ہے۔ اس نے کہا۔ آپ اتوار کے دن ۵ بجے شام کے وقت دیودار ہال چلے جائیں۔ وہاں ترقی پسند ادیبوں کا ہفتہ وار جلسہ ہوتا ہے۔ وہیں تمام لوگوں سے ملاقات ہو جائے گی۔ میں اس لڑکی سے دیودار ہال

کا پتہ معلوم کر کے اپنی قیام گاہ پر لوٹ آیا۔

۲۰۔اگست کو اتوار کے دن ۱۰بجے دیودار ہال روانہ ہوا۔لیکن اس کی جائے وقوع واضح طور پر ذہن میں نہ تھی۔ بہر حال اس کے قرب پہنچ کر ٹیکسی سے اتر گیا اور تقریباً پندرہ بیس منٹ کی تلاش کے بعد دیودار ہال پہنچ گیا۔ ہال کے سامنے قمیص اور پینٹ میں ملبوس ایک جواں سال وجیہ صورت شخص کھڑا تھا۔ میں نے پوچھا۔

دیودار ہال یہی ہے ؟

وہ ۔۔جی ہاں

میں ۔۔ترقی پسند مصنفین کا جلسہ یہیں ہوتا ہے ؟

وہ ۔۔جی ہاں ۔ تشریف رکھئے ۔

میں ۔۔آپ کا اسم گرامی معلوم کر سکتا ہوں ؟

وہ ۔۔مجھے کیفی اعظمی کہتے ہیں ۔

میں نے مصافحے کے لئے ہاتھ بڑھاتے ہوئے کہا،"بڑی خوشی ہوئی آپ سے مل کر۔ میں آپ اور آپ کے دوسرے ساتھیو سے نیاز حاصل کرنے ہی کے لئے حاضر ہوا ہوں ۔ میرا نام نظیر صدیقی ہے میں ڈھاکے سے یہاں چند روز کے لئے آیا ہوں ۔

"بڑی خوشی ہوئی ۔ اندر تشریف رکھئے " کیفی نے مصافحہ کرتے ہوئے کہا۔

"آپ کی بڑ عنایت ہوگی اگر آپ دوسرے ادیبوں سے میرا تعارف کرا دیں ۔کیونکہ میں ان میں سے کسی کو بھی نہیں پہچانتا۔" میں نے گذاش کی

۔

ہاں ہاں ! ضرور ملا دوں گا۔ ابھی تشریف رکھیئے ۔ وہ دیکھئے مہندر ناتھ کھڑے ہیں ۔(مہندر ناتھ جو کیفی سے دس بارہ قدم کے فاصلے پر کھڑے تھے ۔ ان کو مخاطب کر کے مہندر جی ! ان سے ملئے ۔یہ ڈھاکے سے آئے ہیں ۔کیفی نے اپنی جگہ سے ٹلے بغیر یہ سب کچھ کہہ دیا۔

میں مہندر ناتھ کی طرف بڑھ گیا۔ان سے مصافحہ کیا۔انہوں نے پوچھا۔آپ ڈھاکے سے تشریف لائے ہیں؟

میں۔۔جی ہاں۔

مہندر۔۔وہاں کے حالات کیسے ہیں

میں ۔۔حالات پر امن ہیں۔کرشن چندر صاحب ابھی تک آئے یا نہیں۔

مہندر۔۔اب آتے ہی ہوں گے۔تشریف رکھئے۔

میں ۔۔ہاں بیٹھتا ہوں۔لیکن آپ اتنی زحمت ضرور کیجیئے کہ جب کرشن چندر صاحب اور دوسرے ادبا آجائیں وہ ان سے میرا تعارف کرا دیجئے کیونکہ میں نے کسی کو دیکھا نہیں ہے۔پہچاننے میں وقت ہوگی۔

مہندر۔۔ضرور، ضرور۔

ہال کے اندر فرش پر تقریباً دس بارہ اصحاب بیٹھے ہوئے تھے ۔ اگلی صف کے سامنے ایک میزاور دو کرسیاں رکھی ہوئی تھیں ۔ کچھ لوگ دھیمے لہجے میں ایک دوسرے سے گفتگو کر رہے تھے ۔ میں سب سے پچھلی صف میں بیٹھ گیا۔ ایک طرف چار پانچ جواں سال خواتین بھی تھیں مگر ان میں کسی کی صورت عصمت چغتائی کی تصویر سے مشابہ نہ تھی ۔ میرے بیٹھنے کے دس پندرہ منٹ بعد عصمت اور کرشن چندر آئے ۔چونکہ مجھے ان کی تصویریں اچھی طرح یاد تھیں اس لئے ان دونوں کو بیک نظر پہچان گیا۔مجھے توقع ہوئی کہ شاید اب کیفی یا مہندر ان دونوں سے میرا تعارف کرائیں گے ۔ لیکن وہ دونوں ہال میں آکر اگلی صف میں بیٹھ گئے اور کرشن چندر اور دوسرے ادبا کی گفتگو میں شریک ہوگئے ۔ کچھ دیر بعد مہندر ناتھ نے کھڑے ہوکر جلسے کی کاروائی کے آغاز کا اعلان کیا۔ اور صدارت کے لئے ایک غیر معروف نوجوان کا نام پیش کیا۔ جب وہ نوجوان کرسی صدارت پر آ کر بیٹھ گیا تو پروگرام کے مطابق سب سے پہلے مندر نے سیکرٹری کی حیثیت سے گذشتہ جلسے کی روداد سنائی ۔ صدر نے روداد پر تنقید کی دعوت دی ۔ لیکن اس میں تنقید کی گنجائش نہیں پائی گئی ۔اس کے بعد ایک صاحب نے نظم پڑھی ۔ جب صدر نے حاضرین سے اظہار خیال کی درخواست کی تو سب لوگوں کی نگاہیں کیفی پر مرکوز ہوگئیں ۔ وہ اس خاموش تقاضے کی بنا پر اظہارِ خیال کے لئے اٹھ کھڑے ہوئے،انہوں نے اس نظم کے متعلق جو کچھ کہا وہ اچھی تنقید تھی ۔اس کے بعد افسانہ پڑھنے کے لئے ایک غیر معروف نوجوان کا نام پکارا گیا جس نے "فٹ پاتھ کا ڈکٹیٹر" کے عنوان سے ایک افسانہ پڑھا۔ اس پر دو صاحبوں نے اظہارِ خیال کیا۔ اب عصمت چغتائی کی باری تھی ۔ انہوں نے "جوتھی کا جوڑا" کے عنوان سے ایک دلچسپ افسانہ پڑھا۔کئی مقام پر سننے والوں کی زبان سے بے اختیار واہ واہ نکل گئی ۔ جب وہ افسانہ پڑھ چکیں تو صدر نے حاضرین کو اس پر عمل جراحی کی دعوت دی ۔کوئی اس کے لئے کھڑا نہ ہوا تو سب کی نگاہیں کرشن چندر پر مرکوز ہوگئیں ۔اور وہ مسکراتے ہوئے اٹھے ۔ان کی مسکراہٹ نے حاضرین اور حاضرات کے لبوں میں بھی ایک متبسمانہ جنبش پیدا کر دی ۔انہوں نے سب سے پہلے متذکرہ نظر کے متعلق کچھ کہا۔ پھر "فٹ پاتھ کا ڈکٹیٹر" پر تنقید کی ۔اس کے مرکزی خیال کو سراہا اور اس کے طنز میں جو خامیاں اور کوتاہیاں تھیں ان کی طرف اشارہ کرتے ہوئے اس افسانے کو موثر بنانے کے طریقے بتائے ۔اس کے بعد عصمت کے افسانہ کے متعلق کہا کہ عصمت نے بہت عرصے کے بعد ہمیں ایک اچھا افسانہ دیا ہے ۔اس میں ان کا پرانا رنگ بھی ہے ۔اور نیا رنگ بھی ۔ پرانے رنگ سے میری مراد ان کے طنز سے ہے اونئے رنگ سے میرا مطلب ان کی شاعری ہے جو اس افسانے میں کی گئی ہے ۔

....

مصنف : مرزا محمد پاوہ رسوا

پروفیسر نظیر صدیقی (پیدائش: 7 نومبر،1930ء – وفات: 12 اپریل، 2001ء) پاکستان سے تعلق رکھنے والے اردو کے ممتاز نقاد،شاعر، محقق اور انشائیہ نگار تھے ۔

نظیر صدیقی 51 فروری، 1908ء کو سرائے ساہو، چھاپرا، بہار، برطانوی ہندوستان میں پیدا ہوئے ۔ ان اصل نام محمد نظیر الدین صدیقی تھا۔ انہوں نے اردو اور انگریزی میں ایم اے کیا اور مشرقی پاکستان کی کئی یونیورسٹیوں اور کالجوں سے وابستہ رہے ۔ 1969ء میں وہ کراچی آگئے جہاں انہوں نے اردو

کالج میں خدمات انجام دیں۔1971ء میں انہوں نے وفاقی کالج برائے طلبہ اسلام آباد سے وابستگی اختیار کی اور بعدازاں علامہ اقبال اوپن یونیورسٹی کے شعبہ اردو سے منسلک ہوئے، جہاں سے وہ صدر شعبہ اردو کی حیثیت سے ریٹائر ہوئے۔ اسی دوران انہوں نے بیجنگ یونیورسٹی میں بھی شعبہ اردو میں تدریس کے فرائض انجام دیئے۔

پروفیسر نظیر صدیقی کو اردو کے ایک اہم نثر نگار اور نقاد ہونے کا اعزاز حاصل ہے۔ انہوں نے مختلف موضوعات پر اردو اور انگریزی میں 20 سے زائد کتابیں تصنیف کی ہیں۔ ان کی تنقیدی کتب میں تاثرات و تعصبات، میرے خیال میں، تفہیم و تعبیر، اردو ادب کے مغربی دریچے، جدید اردو غزل ایک مطالعہ، اردو میں عالمی ادب کے تراجم اور انگریزی زبان میں لکھی گئی کتاب Iqbal and Radhakrishnan: A Comparative Study (اقبال اور رادھا کرشنن: تقابلی مطالعہ) شامل ہیں۔ ان کے خاکوں کا مجموعہ جان پہچان کے نام سے انشائیوں کا مجموعہ شہرت کی خاطر کے نام سے اور خود نوشت سوانح عمری سو یہ ہے اپنی زندگی کے نام سے اشاعت پذیر ہوئے۔ اس کے علاوہ ان کا شعری مجموعہ حسرت اظہار کے نام سے شائع ہوا تھا۔

نظیر صدیقی 12 اپریل،2001ء کو اسلام آباد، پاکستان میں وفات پاگئے اور اسلام آباد کے مرکزی قبرستان میں آسودۂ خاک ہوئے۔

نئے الفاظ

徒劳的（形）	rāegāṇ	رائگاں	授予（阴）	‘atā	عطا
解说，圆梦（阴）	tabīr	تعبیر	计划生育（阳）	birth control	برتھ کنٹرول
相辅相成的，不可分割的，形影不离的（形）	lāzim ō malzūm	لازم وملزوم	相同的，同义词（形）	mutarādif	مترادف
			审美的（形）	jamāliyātī	جمالیاتی
获利（阳）	ifādah	افادہ	失败，不成功（阴）	nārsa‘ī	نارسائی
宴请（阴）	da‘vat	دعوت	免征土地税的土地，（国王赐予的）封地；土邦（阳）	aimah	ایمہ
交付，托管（及）	supurd	سپرد کرنا			
庄重，严肃；镇定；讲话优雅；有城府（阴）	mutānat	متانت			
			友好（阴）	suhbat	صحبت
对抗，冲突（不及）	ṭakrānā	ٹکرانا	被迁移的（形）	muntaqal	منتقل
愉快（阴）	masrat	مسرت	太棒了！（叹）	‘ash ‘ash	عش عش
马拉塔人的（形）	marhaṭī	مرہٹی	开花，高兴（阴）	shiguftagī	شگفتگی
衣服，服装（阳）	malbūs	ملبوس	古吉拉特的（形）	gujrātī	گجراتی

印度教学者；潘迪特（对婆罗门的一种称呼）	panḍṭit	پنڈت
惊奇的，瞠目结舌的，目瞪口呆的（形）	mabhūt	مبہوت
出席（阴）	maujūdagī	موجودگی
黑的（形）	black	بلیک
出卖（不及）	biknā	بکنا
最美丽的城市，众城市之最（阴）	‘arūs ul balād	عروس البلاد
评论者，批评者（阳）	maqqād	نقاد
发现，寻找（阴）	daryā‘ē	دریافت
按照……，根据……（副）	hasb	حسب
英俊的，举止大方得体的（形）	vajīh	وجیہ
著名的（形）	ma‘rūf	معروف
微笑（阳）	mutabassimā	متبسما
被提到的（形）	mutazakkarah	متذکرہ

承重的，搬运的（形）	hāmil	حامل
贪心的，贪婪的，贪吃的（形）	harīs	حریص
关系（阴）	nisbat	نسبت
门徒（阳）	shāgird	شاگرد
富丽堂皇（阴）	zarqbarq	زرق برق
丝绸，绸缎（阳）	harīr	حریر
贵重的东西；货物，商品，资本（阳，阴）	matā‘	متاع
不认识，无知（阴）	nāvāqifīyat	ناواقفیت
一种轻快的四轮马车（阴）	phaeton	فٹن
指引，指路，向导（阴）	hidāyat	ہدایت
（会见时）握手（阳）	musāfahah	مصافحہ
标题，题目（阳）	‘unvān	عنوان
摇动，晃动（阴）	jumbish	جنبش

وضاحت

（谚语）朋友间不要斤斤计较；朋友间账要算在心里，不要挂在嘴上。	حساب دوستاں در دل
我们相信真主和使者带来的信仰，并认为是对的。对于所说的表示认可、承认。	آمنا و صدقنا۔

مشق

۱۔اس سبق کے مطابق کلکتہ اور بمبئی کی کیا خصوصیت ہیں ؟

۲۔ اس سفرنامے کی طرزِ تحریر بتائیے ۔

۳۔ بمبئی میں مصنف نے بہت ادبوں کو ملاقات کی ، ان کون ہیں ؟ ان کے نام بتائیے۔

۴۔بتائیے کہ اس سفرنامے میں مندرجہ ذیل حصے میں مصنف کے کیا خیالات کا اظہار کیا گیا ہے ؟

لیکن اپنی پیدائش سے لے کر جب تک میں ہندوستان میں رہا مجھے ہندوستان کے سب سے بڑے اور سب سے خوبصورت شہروں کو دیکھنے کا موقع نہ ملا۔مجھے چھوٹے اور بڑے شہروں کو دیکھنے کا جس قدر شوق عطا ہوا ہے اتنا ہی ان کو دیکھنے سے محروم بھی رہا ہوں۔اب تک جن حالات میں میری زندگی بسر ہوتی رہی ہے ان میں سیروسیاحت کی نہ صرف کوشش رائگاں جاتی ہے بلکہ خواہش بھی گناہ سے کم نہیں ہوتی۔ لیکن گناہ و عذاب کا تصور آرزوؤں اور تمناؤں کے لئے برتھ کنٹرول کی حیثیت نہیں رکھتا۔انسان کے دل میں آرزوئیں اور تمنائیں خود دل کی اجازت کے بغیر پیدا ہوتی رہتی ہیں۔چنانچہ کلکتہ اور بمبئی کی سیاحت میری دشواریوں کے باوجود میرے دل کی حسین آرزو اور میری زندگی کا ایک رنگین خواب بن چکی تھی۔مجھے اس کا ذرا بھی اندازہ نہ تھا کہ یہ آرزو کب پوری ہوگی یہ خواب کب شرمندہ تعبیر ہوگا۔واقعہ تو یہ ہے کہ ان شہروں کے لئے روانگی سے دو روز قبل تک میں نہیں جانتا تھا کہ اس خواب کی تعبیر اور اس آرزو کی تکمیل کا وقت اتنا قریب آچکا ہے۔مجھے کلکتے اور بمبئی جانے کا موقع ایک ساتھ ملا اور اچانک ملا۔میں نے اس اچانک موقع سے فائدہ اٹھانے کا یک بیک فیصلہ کر لیا۔کہیں آپ اس اچانک موقع اور فیصلے کو"فرار"کا مہذب مترادف نہ سمجھ لیں کیونکہ "فرار"اور"اچانک سفر"ہم شکل ہوں تو ہوں لازم و ملزوم ہرگز نہیں۔میرا سفر"سفر برائے سفر"کی حیثیت رکھتا تھا۔آپ کا جی چاہے تو اسے "رجعت پسند سفر"کہہ لیجئے، جس طرح رجعت پسند ادب میں ادب کا جمالیاتی پہلو سب سے زیادہ اہمیت رکھتا ہے اسی طرح رجعت پسند سفر میں سفر کے تفریحی پہلو کو مرکزی حیثیت حاصل ہے۔یہ اور بات ہے کہ بعض سرپھرے جمالیات اور تفریحات کو بھی انسانی زندگی کی افادی قدروں میں شمار کرتے ہیں۔

سترہواں سبق زریں تاج

作品导读

阿齐兹·艾哈迈德（1914—1978）是著名的乌尔都语小说家和文学评论家，在伊斯兰历史研究方面的贡献尤为突出。阿齐兹·艾哈迈德能够流利地使用英语、波斯语、乌尔都语及法语和德语。他早年主要以翻译为主，后来从事短篇小说写作，主要领域为小说和文学评论，他的作品大多与伊斯兰历史及文化有关。印巴分治后，他在巴基斯坦从事广告、电影和出版工作。1957 年他担任了伦敦商学院的乌尔都语教师并从事东方及非洲研究。1962 年他成为多伦多大学的副教授并从事伊斯兰研究。

关于他的文学风格，在东西方有着截然不同的评论。加拿大百科全书指出，他的作品大多关注封建制度所带来的社会贫困、压迫、剥削及不公平等现象。而巴基斯坦文学界则认为其创作风格大多是对人们身上隐藏及展现的与性有关的神秘性的探索；同时，也充满了对性与人类行为驱动的探讨。然而对于他的评价，东西方却是相似的，均认为他足以与他同时代的任何一位著名作家齐名，他在乌尔都语文学史上的影响是巨大的。

《婕琳·达吉》是阿齐兹·艾哈迈德的代表作之一，以几位女性的经历展开，描写了一系列或美丽或聪慧的女性，她们虽然美好，却由于制度的黑暗而饱受不公正待遇。小说以讲述的方式展开，难得地以女性的视角讲述对爱情、理想的追求，在诸多磨难下的屈服或抗争。而与其美好相悖的，则是黑暗的封建统治对人性的压抑与束缚。

زریں تاج

عزیز احمد

جیپ بہرحال دغا دینے پر تلی ہوئی تھی۔ ہر دس دس گز پر رک رک جاتی۔ بچارا موٹا ڈرائیور محنت کرتے کرتے ہانپتے ہانپتے عاجز آچکا تھا۔ ارشد نے حسین چاندنی رات کی طرف دیکھا۔ یہ خوبصورت سڑک، اس پر بکھری ہوئی چاندنی، کناروں پر یہ اونچے اونچے درخت۔ کتنی محنت سے یہ سڑک تیار ہوئی تھی۔ اور آج جنگ کا پہلا دن تھا۔ بھلا جنگ کو اور جیپ کی اس مسلسل سکرات کو چاندنی رات اور ان حسین درختوں اور اس دوشیزہ سڑک سے ذرا بھی واسطہ تھا۔

موٹا ڈرائیور شیخ احمد بڑے کمالات کا آئینہ تھا۔ ایک چھوٹی سی گلی ڈرینج کے سلسلے میں کئی فٹ کھدی ہوئی تھی۔ اور کنارے سے موٹر تو کجا آدمی بھی بڑی مشکل سے جا سکتا تھا۔ اس نے ہاتھ جوڑ کے ارشد سے پوچھا تھا۔ "سرکار گلی بالکل کھدی ہوئی ہے۔ پھر کیا حکم ہوتا ہے۔ گاڑی کو لے چلوں۔" آج انجن کے پیچھے اس کے ہانپ ہانپ جانے پر ارشد کو ترس آرہا تھا اور غصہ بھی۔ دور پر کوئی ریل گاڑی کھڑ کھڑ کرتی گزر جاتی۔ لیکن ہر طرف سناٹا تھا۔ دور دور کسی آدمی کا سراغ نہیں، کوئی گھر نہیں۔ مذاق تو نہیں تھا۔ آج جنگ کا پہلا دن تھا۔ سب جگہ بلیک آؤٹ تھی۔ لیکن چاند نے اپنا ٹھنڈا سا چراغ آسمان پر جلا رکھا تھا اور سوئی ہوئی زمین پر انسان یا رہے خواب دیکھ رہے تھے یا ایک دوسرے کو تباہ کرنے میں اسی روشنی سے مدد لے رہے تھے۔ یہ عجیب طرح کی ٹھنڈ روشنی ہے، چاند کی روشنی جس سے دور طرح کے جنون کی قندیلیں جلتی ہیں۔ جنگ کے جنون کی اور عشق کے جنون کی۔

اتنے میں اوپر سے گھر گھراہٹ کی آواز آئی۔ ارشد نے اپنے دل میں کہا امجد بھائی نے آج دعوت کیلئے کیا اچھا دن چنا تھا... چاندنی میں سڑک کے کنارے کے حسین درخت جیپ کو چھپا نہیں سکتے تھے اور اگر کہیں یہ بد شکل سا کپڑا اوپر سے ہوا باز کو نظر آگیا تو... موت آنکھوں کے سامنے پھر گئی۔ اس نے شیخ احمد کو جلدی سے چھپ جانے کیلئے کہا۔ وہیں کہیں جھاڑیوں میں، اور خود تیزی سے سڑک کے کنارے کنارے چاندنی سے بچتا ہوا قد آور درختوں کے سائے میں پناہ لیتا وہ لمبے لمبے ڈگ بھرنے لگا۔ اب دور پر... چشم زدن میں نزدیک ایک تیز نیلا سا ستارہ دکھائی دیا، اور پھر سڑک کے بالکل قریب تقریباً پانچ سو فٹ اوپر اس تیزی سے ہوائی جہاز اڑتا چلا گیا گویا اس کی ٹوپی کو گراتا ہوا گزر گیا۔ اس کے دل کی دھڑکن ایک منٹ کیلئے رک گئی۔ جسم نے تھر تھری سی لی۔ جیپ کے قریب ہی ایک شعلہ سا بلند ہوا۔ ایک سرخ سا گولہ زمین پر پھٹا اور شعلہ بلند ہوا، سرخ شعلہ۔ "سرخ پیاز" اس نے اپنے دل میں کہا۔ ہوائی جہاز نے جیپ کو مشین گن نہیں کیا تھا۔ اسے بعد میں معلوم ہوا کہ ہوائی بیڑے شہر یا اس کے اطراف کسی طرح کی بمباری وغیرہ کی سخت مخالفت تھی۔ اب ہوائی جہاز بہت دور جا چکا تھا۔ شہر کی طرف۔ اس نے پلٹ کے شیخ احمد کو پکارا۔ کوئی جواب نہیں آیا۔ الٹے پاؤں وہ جیپ کی طرف واپس ہوا۔ شیخ احمد جھاڑیوں سے نکل کے تھر تھر کانپ رہا تھا۔ اس نے پھر انجن کا رخ کیا۔ اور اس خوف کے باوجود اس کی ہمت پر ارشد کو تعجب ہوا۔ "میں پیدل چلتا ہوں۔ تم گاڑی کو یہیں چھوڑ دو۔ چلے چلو۔"

"آپ جائیے سرکار۔ میں تو اس گاڑی کا نوکر ہوں اس کو لے کر ہی آؤں گا۔"

اسے پھر تعجب ہوا۔ ہوائی جہاز کی گڑگڑاہٹ پھر معلوم ہوئی۔ دیکھ بھال کی اڑان کے بعد اب وہ دوسرے طرف سے واپس جا رہا تھا۔ بہت دور پر۔ اور اب بہت اوپر۔ نیلا ستارہ گھڑ گھڑاہٹ کی طرح مدھم ہوا پھر غائب ہو گیا۔ دونوں نے پھر بیمار جیپ کی طرف دیکھا اور ارشد نے گیبرڈین کے پتلون کی جیبوں میں ہاتھوں کو گرم رکھنے کے ارادے سے گھسیٹر کے سیٹی بجانے کی کوشش کی۔ مگر فارسی اشعار تھے کہ بادلوں کی طرح امنڈتے یاد آتے چلے جاتے تھے۔ اس نے حسین رات کی طرف دیکھا۔ معشوقوں کی طرح، عجمی شاعری کے معشوقوں کی طرح، دل ربا اور خونریز معشوقوں کے رخ زیبا جیسا چاند، ان کی آنکھوں کی طرح چمکتے ستارے۔ ان کی زلفوں کی طرح سیاہ درختوں اور چٹانوں کے سائے۔ ان کی پلکوں کی طرح سڑک کے کنارے کے صف بستہ درخت۔ ان کی حنائی انگلیوں اور سرخ ہونٹوں کی طرح سرخ سرخ --- اور اسے جنگ پھر یاد آگئی اور وہ ہوائی جہاز جو ابھی ابھی گزرا تھا--- دور پر ایک موٹر گزری۔ اس وقت اور اس رات اس کے سوا کسی اور بیوقوف کی شامت آئی تھی۔ جہاں سے موٹر گزری وہاں چوراہہ ضرور ہو گا۔ چوراہہ ضرور تھا۔

اس رات کو معشوق کی حنا آلودہ ہتھیلی اور سرخ ہونٹوں کی طرح سرخ خونریز کوئی مرئی چیز نہیں تھی۔ ٹینکوں اور توپ خانے کی گھن گرج ابھی سینکڑوں میل دور تھی، تیزی سے ہوا پر صرف موت کے آہنی فرشتے آسکتے تھے اور ان کو دیکھ کر سائرن کی وہ تیز، خون کو منجمد کردینے والی آواز۔ ایک مسلسل فریاد، ایک مسلسل کراہ

وہ جو نعرے لگاتے ہیں، وہ جو دوسروں کی رہنمائی کرتے ہیں، وہ جو دوسروں کی رہنمائی میں چلتے ہیں ذرا دیکھ بھی لیں کہ جنگ کیسی ہوتی ہے۔

کیا ہوتا گا؟ آج صبح سے اس کے ذہن نے تصفیہ کرلیا تھا کہ وہ اس کا جواب نہ دے گا۔ ایک اور چوراہہ پر آج دوپہر کو ایک طرف سے تیز، بہت تیز ایک فوجی لاری آرہی تھی، ایک آدمی آر پار جانے والی سڑک سے تیزی سے سائیکل پر چلا آرہا تھا۔ ارشد نے بڑی حماقت سے اپنے حق میں پشین گوئی کی۔ "اگر اس فوجی لاری سے یہ سائیکل ٹکرائی تو میں بھی اس جنگ میں ختم ہو جاؤں گا۔" لیکن سائیکل نہیں ٹکرائی۔ فوجی لاری سائیکل کو اور سائیکل فوجی لاری کو جل دے کر نکل گئے۔ آنکھ مچولی میں تھوڑی دیر کے لئے زندگی موت سے جیت گئی۔

آدمی نہ آدم زاد۔ اور ابھی رات کے دس ہی بجے تھے۔ شہر سے صرف سات میل دور۔ جیسے طلسم ہوشربا کا کوئی شاہزادہ کسی طلسمی جنگل میں چلا جا رہا ہے۔ حشرات الارض کی ملی جلی آوازیں آرہی تھیں۔ جھینگروں کی، سانپوں کی، اور دور دور کتوں کی۔ ابھی بہت دور تک کوئی مکان نہیں تھا۔ ایک فیکٹری کے چراغ بہت فاصلے پر نظر آرہے تھے۔ لیکن باہر سے چاندنی کفن کی طرح اسے بھی لپیٹے تھی۔

اور دفعتاً چاندنی اسے بڑی ہی دلکش معلوم ہوئی، خواب کی طرح، عشق حقیقی کی طرح، ذرا ذرا سے سلجھے ہوئے جنوں یعنی جنون ذی فنوں کی طرح۔ اور اسے سڑک پر اپنے جوتوں چاپ کچھ عجیب معلوم ہوئی جیسے کوئی اس زندگی میں نہیں کسی اور زندگی میں چل رہا ہے، جیسے وقت کی طنابیں گر گئی ہیں۔ جیسے وہ ماضی میں یا مستقبل میں چل رہا ہے اور حال معدوم ہے۔ جیسے وہ مردہ ہے......

اور اگر کہیں یہ سچ ہو۔ وہ ہوائی جہاز جو اس قدینچے سے گزرا تھا۔ فرض کرو کہ اس نے "سرخ پیاز" نہیں گرایا تھا۔ وہ ایک بم تھا۔ جیپ، شیخ احمد اور وہ خود سب مرچکے ہیں۔ فنا ہو چکے ہیں۔ وہ اس سڑک پر چلا جا رہا ہے کہ اس زندگی اور اس زندگی میں تسلسل ہے۔ یا یہ محض اسی کی یاد اسی کا سلسلہ ہے...

اور معلوم نہیں یہ کون ہے جو اس کے ساتھ چلا آرہا ہے۔ برفانی قطب جنوبی کے سیاحوں کا زائد ساتھی۔ ٹی ایس ایلیٹ والا "یہ تیسرا کون ہے۔" یہ کون ہے جو اس کے ساتھ چلا جا رہا ہے۔ وجود سے عدم، عدم سے وجود کی طرف۔ جیسے ماضی اور حال اور مستقبل کی سرحدیں مٹ گئی ہوں، جیسے۔

یہ قدموں کی چاپ، یہ جوتوں کی چاپ۔ یہ اس کی اپنی رفتار کی نشانی ہے۔ وہ اپنے گھر جا رہا ہے، پیدل۔ کیونکہ جیپ خراب ہو گئی ہے اور بچارہ شیخ احمد اب بھی اس کے انجن سے گتھا ہوا ہے۔ مگر یہ چاندنی رات اس قدر دلکش، اور حسین اور یہ سڑک، یہ چاندنی رات میں نہائی ہوئی دوشیزہ۔ یہ درختوں کے سائے، یہ کالی کالی زلفیں...

اور وہ جس کے قدموں کی چاپ سنائی دے رہی تھی، وہ دوسرا ساتھی، چاندنی رات میں اس ویران حسین سڑک پر اس کا ہم سفر، اس کی ہم سفر......اس نے چاند کی طرف دیکھا اور پھر اپنی حسین ساتھی کی طرف۔

"تم نے مجھے نہیں پہچانا۔ میں زریں تاج ہوں۔"

اس نے بیسیوں زندہ عورتوں سے عشق کیا تھا، ہوس آرائی کی تھی، تفریح کی تھی، کشش محسوس کی تھی۔ کبھی ہوس کا خاتمہ عشق پر ہوتا، کبھی عشق کا ہوس پر۔ اور ہمیشہ اس کا باعث یہ ہوتا کہ دونوں لاکھ کوشش کرتے۔ "دوئی" فنا نہ ہوتی۔ دونوں ایک معاشی عمرانی نظام کی پیداوار ہوتے، اور یہ نظام ان کے راستے میں سنگلاخ مزاحمتیں، کانٹوں کی جھاڑیاں، دیوہیکل چٹانیں حائل کرتا جاتا۔ جن سے ہوس عشق بن جاتی اور کبھی یہ مزاحمتیں غائب ہو جاتیں تو عشق ہوس ہو جاتا۔ اور پھر ہوس کے بعد تھکن اور پھر عذر داماندگی اے حسرت دل...... اور پھر یہی سلسلہ۔

ایک دن اس نے اکتا کے کہا تھا اب میں کسی ایسی عورت سے محبت کروں گا جسے مرے صدیاں ہو چکی ہوں گی ۔ ایک ان انسان ماضی میں سفر کر سکے گا ۔ اس دن اس کے ساتھ بھی یہی مسائل پیدا ہوں گے لیکن ابھی تو یہ ممکن نہیں ۔

زریں تاج کو مرے سو سال کے قریب ہونے کو آئے ہیں ۔ اور اس شاعرہ کا کلام پڑھ کے جس نے باپ کو دیکھنے سے پہلے اس کی تعریف اور اشتیاق میں دنیا کی دو حسین ترین نظمیں لکھی ہیں ۔ اس نے زریں تاج کو مخاطب کر کے کہا۔

"ان تمام عورتوں میں، جو مر چکی ہیں مجھے سب سے زیادہ تم سے محبت ہوئی ہے ۔ اگر کبھی حال ماضی کی طرف جا سکا یا میری روح تمہاری روح کے جمال کا دیدار کر سکی ۔ اگر یہ بھی نہ ہو تب بھی دوران محض میں، مرور خالص میں..... میں تم سے مخاطب ہوں گا اور تم سے اپنی اس محبت کا اظہار کروں گا، جو عشق سے، ہوس سے، خواہش سے، اور اک سے، جواب سے ماورا ہے ۔"

آج اس چاندنی میں لٹی ہوئی حسین، ویران تنہا سڑک ایک اجنبی ساحرہ کی طرح وہ اس کے ساتھ چلی جا رہی تھی ۔ اس پل صراط پر ۔ زندگی سے موت کی طرف ...... صدیوں کے آر پار ۔ اور پھر اس نے زریں تاج کی طرف دیکھا ۔ اس نے نقاب الٹ دیا تھا، یوں اس کا لباس سیاہ تھا، ایسا لباس جیسا کہ شاید اس نے محمد علی بار فروش کے ساتھ کجاوے میں پہنا ہو گا ۔ اور اس کا چہرہ چاندنی میں جگ مگ جگ مگ کر رہا تھا یہ موت کی، کافور کی چمک تھی ۔ ایک حسین آسیب الفت کے چہرے کی چمک ۔ جیسے ملکہ کو کا چین کی مہکی ہوئی لاش کا مار کو پولو کے نام یہ پیغام ۔

"یہ کہہ دینا کہ میں نے محبت کی اور مر گئی ۔ اب میں محبت ہوں اور زندہ ہوں ۔ اور چونکہ زندہ ہوں بھول گئی ۔ اور چونکہ محبت کرتی ہوں معاف کر دوں گی ۔"

تب ارشد نے اس طرح جیسے کوئی سلسلہ خیال سے چونک پڑتا ہے ۔ جیسے کوئی خواب میں خواب سے بیدار ہوتا ہے، جیسے کسی نے ابھی ابھی آنکھ کھولی ہو، کہا ۔ "تم ملکہ کو کا چین ہو ۔ تم زریں تاج ہو ۔"

اور اس کی ہم راہ حسینہ ہنسی ۔ "کو کا چین نہیں وہ چینی تھی ۔ وہ تو صرف عجم بیاہ کر آئی تھی ۔ میں زریں تاج ہوں میں عجم کی نسوانیت ہوں جو صدیوں میں ایک آدھ مرتبہ انگڑائی لے کر اٹھتی ہے، اور مردوں کو ششدر کر دیتی ہے ۔ وہ پہلے مجھے دیکھ کر عش عش کرتے ہیں ۔ پھر محبت کرتے ہیں، جس کے معنی زیادہ تر یہ ہوتے ہیں کہ بڑی سے بڑی قیمت دے کر وہ میرا جسم حاصل کرنا چاہتے ہیں ۔ شہنشاہ مجھے موتیوں میں تولنا چاہتا ہے ۔ فن کار خون جگر میں اور مزدور مجھے دیکھے بغیر چپکے سے گزر جاتا ہے ۔ اور اگر وہ محبت میں کامیاب نہیں ہوتے تو پھر مجھے مار ڈالنا چاہتے ہیں، اپنی رقیب سمجھ کر ۔ اور جب میں مر جاتی ہوں تو سینکڑوں برس میری پرستش کرتے ہیں، اب تم نے مجھے پہچانا ۔"

پھر سائرن کی خوفناک، ہسٹریائی چیخ نے فضا میں لہرانا شروع کیا ۔ رات نے ایک جھرجھری لی، چاندنی کانپ گئی، سب درختوں اور ان کے سایوں کو فالج مار گیا ۔ دور پھر ایک ہوائی جہاز کی گڑگڑاہٹ سنائی دی ۔ پھر ایک نیلا ستارہ چمکا ۔ پھٹتے بھونکے، جھینگروں کے گانے میں خلل نہیں آیا ۔ اور ارشد نے سیدھے ہاتھ کی طرف دیکھا ۔ زریں تاج برابر اس کے ساتھ چلی جا رہی تھی ۔ موت اور حیات کی درمیانی شاہراہ پر، پل صراط پر، چاندنی کے برزخ میں ۔

دور پر ہوائی جہاز نے پھر "سرخ پیاز" پھینکے، زمین سے ٹکرا کے پھر سرخ شعلے اٹھے ۔ پھر ہوائی جہاز نے شہر کے اطراف ایک چکر لگایا ۔

اور وہ چاندنی سے زیادہ خوبصورت تھی، چاندنی سے زیادہ حسین، ایرانی شاعری کی روح کی طرح جمیل، اس کے لب لعلین چاندنی رات میں چمک رہے تھے ۔ سینکڑوں میل دور ٹینکوں سے سچ مچ کا خون بہہ رہا ہو گا، اور سچ مچ کے پناہ گزیں غنڈوں کے ہاتھ لٹ رہے ہوں گے اور سچ مچ کی عورتیں اپنی عزت --- زمانہ

امن کا تصور --- بچانے کیلئے کنوؤں اور بادلیوں میں گر رہی ہوں گی ۔ مگر یہاں تو ابھی تک صرف ہوائی جہاز کی گڑگڑاہٹ سنائی دیتی تھی ۔ پل صراط کے اس پار تک ، جس پر سے گزرتے ہوئے زریں تاج نے پوچھا ۔ "اپنی کہانی سناؤں ؟"

اب ہوائی جہاز جا چکا تھا ۔ اب پھر رات کے پرانے محرم راز کتے ، سانپ اور جھینگر باقی رہ گئے تھے اور انسان کھڑکیوں کے شیشوں پر سیاہ کاغذ لگائے حشرات الارض کی طرح چھپے ہوئے تھے ۔

اور چاندنی رات میں زریں تاج حد سے زیادہ حسین معلوم ہو رہی تھی ۔ اپنے آپ سے ارشد نے اس طرح کہا گویا اسے زریں تاج کے ساتھ ہونے کا یقین نہیں آیا ۔ "میں نے دیکھے بغیر تجھ سے محبت کی کاش مرنے سے پہلے ایک بار تجھے دیکھ لیتا ۔"

مگر وہ تو اس کے ساتھ پل صراط پر چل رہی تھی ۔ چاندنی رات میں ۔ اور وہ مسکرائی ۔ چاندنی رات میں چاند چمکا اور موتی بکھر گئے ۔

اور ارشد نے اس کی طرف نظر بھر کر دیکھا گویا وہ پہلی مرتبہ چاند کو دیکھ رہا تھا ۔ اسے نہیں دیکھا مگر کتنی بار دیکھا ہے ۔

تب زریں تاج کا کالا طلسمی حوروں کا سا لباس چاندنی رات میں یک لخت چمکا جیسے سڑک پر پڑا ہوا شیشے کا ایک ٹکڑا چمکا اور اس نے اپنا قصہ سنانا شروع کیا ۔

(۲)

میرا نام سیرا تھا ۔ کہا جاتا ہے کہ میں یونان سے ایران آئی ۔ لیکن میرے خون کے ایک ایک قطرے میں عجمیت ہے ۔ مجھے ایرانیوں نے شیریں کہا اور مجھ میں ایرانی نسوانیت کی مٹھاس بھر دی ۔

میں رومی نژاد تھی ، عیسائی تھی ، مجھے کسی افسانہ نگار نے ماریس شہنشاہ کی بیٹی قرار دیا ۔ کسی نیمہین بانو کی ، لیکن میں ایرانیت میں اس قدر کھو گئی کہ نہ مجھے اور نہ کسی اور کو میرے اجنبی ہونے کا احساس تھا ۔ مجھے ایران نے شیریں بنایا اور میں نے ایران کو اس کا سب سے پیارا افسانہ عشق دیا ۔

خسرو نے رومیوں سے ہزارہا عورتیں چھینیں ، ہزاروں کو بیوہ کیا ۔ اس کے سپاہیوں نے ہزاروں کو بے آبرو کیا ۔ یہ اس زمانے کا دستور تھا ۔ تمہارے ملک می ں اب تک یہی ہوتا ہے ۔ میں تاریخ سے گھبراتی ہوں جو اپنے آپ کو نہیں دہراتی مگر اپنی سیہ کاریوں کو ضرور دہراتی ہے ۔ اس لئے نظامی گنجوی کے ساتھ ساتھ چلو ۔

میں مہین بانو کی تربیت کا اعلیٰ ترین نمونہ ہوں ۔ مجھے شہسواری آتی ہے ، شکار کھیلنا آتا ہے ، راویوں سے کہانیاں اور نظمیں سننا آتا ہے ۔ میں مکالات عشق میں ماہر ہوں ، اور اپنی سہیلیوں میں اس طرح دمکتی ہوں جیسے تاروں میں چاند ۔ خسرو ، جس کو اس کے مردانہ حسن کی وجہ سے سب پرویز کہتے ہیں ، میرے حسن جمال کی تعریف سنتا ہے ، مجھ پر نادیدہ عاشق ہو جاتا ہے ۔ اور مجھے ڈھونڈنے شیرویہ کو بھیجتا ہے ۔ گویا شہزادہ "دل" ہے ۔ جو "نظر" کو میری تلاش میں روانہ کرتا ہے ۔

اور میں شکار کھیل رہی ہوں ، اپنے تیر مژگاں سے ہرنوں کا شکار اور اپنی ہرنوں جیسی آنکھوں سے دلوں کا شکار ۔ میری سہیلیاں میرے ساتھ ہیں ، جنہیں مہین بانو نے میری دلجوئی ، میرا دل بہلانے اور میری نگرانی کے لئے مقرر کیا ہے ۔ شیرویہ آتا ہے ۔ دل کا چالاک وزیر خسرو کا چالاک وزیر اور پتھر پر اس کی تصویر بنا دیتا ہے ۔ میں مبہوت رہ جاتی ہوں ۔ سہیلیاں کہتی ہیں ۔ "شیریں ، شیریں تو خواب دیکھ رہی ہے ، یہ طلسمات کا جنگل ہے ۔ " اور ہم سب وہاں سے آگے چلتے ہیں کسی اور جنگل میں ، جو زلفوں کی طرح تاریک ہے ، جس میں صبا تک اچھی طرح شانہ نہیں کرتی اور یہاں مژگاں کو پھر ہرنوں کی نئی ڈاریں نئے بسملوں نئے مقتولوں کی تلاش ہوتی ہے ۔ مگر وہ چالاک وزیر شیرویہ ، بزرگ مہر کا خسر پھر آتا ہے ، پھر پتھر پر ایک تصویر بناتا ہے ۔ میں پھر محو ہو جاتی ہوں ۔ گویا میں خواب میں چل پھر رہی ہوں ۔

سہیلیاں پھر تاڑ جاتی ہیں کہ اس نقش کا رنگ گہرا ہو رہا ہے مجھے پھر وہاں سے لے چلتی ہیں ۔ ایک اور صحرا اور زلفیں اور ہرنوں جیسی آنکھیں، مژگاں کے اور سوفار ابروؤں کی اور کمانیں ۔ لیکن شیرویہ پھر آپہنچتا ہے اور ایک چٹان پر پھر خسرو کی تیسری تصویر بنتا ہے ۔ اب میرا دل اپنے قابو میں نہیں رہتا مجھے فارسی شاعری کی ایک روایت کو جنم دینا ہے ۔

عشق اول دردل معشوق پیدا میشود

مجھے اس شہریار سے دل وجان سے محبت ہو جاتی ہے جس کی یہ تصویر تھی ۔ اس مرتبہ مہین بانو کی سکھائی ہوئی سہیلیاں مجھے بہلا نہیں سکتیں، جل نہیں دے سکتیں ۔ وہ پتھر کا نقش میرے دل پر مرتسم ہو چکا ہے ۔ میں چپکے سے ان کو چھوڑ کے نکل پڑتی ہوں ۔ میں شہسوار ہوں ۔ یہ صفت میں نے تاتاری معشوقوں سے لی اور ایرانی نازنینوں کو عطا کر دی ۔ راستے میں چشمہ ملتا ہے ۔ چشمہ آب حیواں، چشمہ نرگس، چشمہ آب حیات، چشمہ تسلسل حیات ۔ یہاں میں گھوڑے پر سے اتر پڑتی ہوں ۔ اپنے کپڑے اتارتی ہوں ۔ میں شاعروں کا سراپا بن جاتی ہوں ۔ میری سیاہ زلفوں میں راتوں کی تاریکی اور سانپوں کا رنگ ہے ۔ اور یہ زلف حبل المتین بھی ہے ۔ میری آنکھیں نرگس ہیں، میری پیشانی چاند، میرے ہونٹ عقیق و لعل، میرے دانت موتی، میرے شانے آئینے اور پھر نازپستاں، موئے کمر، ساق سیمیں ۔ میں جب ٹھہر جاتی ہوں سرد ہوں اور جب چلتی ہوں قیامت ۔ یہ کیا غضب ہے، کہ تمہارے شاعروں نے میرا سراپا تو یاد رکھا مگر مجھے بھول گئے ۔

اور داستانوں کے شہزادوں کی طرح خسرو پرویز بھی اس چشمے پر آنکلتا ہے ۔ بہرام کو شکست دینے کے بعد ہمارے افسانے میں کوئی مقام نہیں، کوئی موسم نہیں، کوئی دیار نہیں ۔ زمین زمین ہے اور آسمان آسمان ہے ۔ خسرو چشمے میں پہلے میرا عکس دیکھا ہے، پھر میری جانسوز عریانی دیکھا ہے ۔ لیکن قبل اس کے کہ وہ مجھ تک پہنچ سکے ۔ میں اپنا تن ڈھانک کے اپنے بادپار ہوا پر سوار ہو کے اس کی نظروں سے اوجھل ہو جاتی ہوں ۔ مگر اسے اپنی نظروں سے گھائل کر کے ہمیشہ ہمیشہ کیلئے......

اور وہ شیرویہ کو، مہین بانو کے پاس بھیجتا ہے ۔ اس کی دال نہیں گلتی ۔ مہین بانو مجھے سمجھاتی ہے کہ جو آسانی سے حاصل اور آسانی سے فنا ہو گیا وہ ہوس ہے ۔ اور وہ جو مشکل سے حاصل ہوا اور کبھی فنا نہیں ہوا، کبھی فیا نہیں ہوا عشق ہے ۔ اور وہ جو بڑی مشکل سے حاصل ہوا اور کبھی فنا نہیں ہوگا عرفان ہے ۔ اور وہ مجھے سمجھاتی ہے کہ ایرانی خواتین میں سے وہ جن کا صدیوں میں ایک آدھ بار بروز ہوتا ہے آسانی سے اپنے آپ کو اپنے عاشق کے حوالے نہیں کرتیں ۔ عشق کی بجلی ٹھوکروں سے پیدا ہوتی ہے ۔ اسی لئے "جفا" کی ضرورت ہے، جس کے بغیر "وفا" پیدا نہیں ہوتی ۔ میں یہ سب سنتی ہوں، یہ سب مان لیتی ہوں کیونکہ مجھے تمہاری عجمی شاعری کی روایتوں کی تخلیق کرنی ہے ۔ خسرو مجھ تک پہنچنا چاہتا ہے ۔ اور میں اسے پہنچنے نہیں دیتی ۔ شیرویہ آتا ہے ۔ اور ناکام واپس جاتا ہے ۔ اب مہین بانو مر چکی ہے ۔ اس کی جگہ میں اپنی اقلیم کی ملکہ ہوں ۔ خسرو پرویز دیار عشق کا شہریار ہے ۔ میں دیار جن کی ملکہ ہوں ۔ زاری، زر، زور کوئی طاقت مجھے آسانی سے حاصل نہیں کر سکتی ۔

اور جب وہ مجھے پا نہیں سکتا تو شکر سے دل بہلانے لگتا ہے ۔ تم جانتے ہو یہ شکر کون ہے ۔ یہ عورت کا جسم ہے اور میں جو شیریں ہوں عورت کی روح ہوں ۔ ایرانی عورت کی ۔ شکر حرم میں داخل ہو سکتی ہے ۔ میں یا ملکہ عالم ہو کے رہ سکتی ہوں یا پھر بجھا دی جاتی ہوں ۔ خسرو شکر سے دل بہلاتا ہے ۔ مگر شکر بھی اسے آسانی سے نہیں ملتی ۔ وہ خسرو پرویز کو شراب کے نشے میں بدمست کر دیتی ہے اور ایک بدہیئت کنیز کو اپنی جگہ اس کے پاس بھیج دیتی ہے ۔ جسم جسم سب برابر ہیں ۔ یہاں تک کہ جب نشہ اترتا ہے تو خسرو پرویز کو غصہ آتا ہے ۔ جسم جسم کا فرق اس پر ظاہر ہوتا ہے ۔ وہی سراپا والی بات ۔ اور شکر اسے مل جاتی ہے ۔

لیکن میں جو شیریں ہوں۔ عجمی نسوانیت کی روح اس سے اب بھی دور ہوں، بہت دور۔ وہ اگر اپنے ملک کا بادشاہ ہے تو میں اپنے دیار کی ملکہ، اور زاری، زر، زور کسی کی مجھ تک پہنچ نہیں۔ زاری البتہ کبھی کبھی میرے کنگرہ بام سے ٹکرا جاتی ہے۔ مگر میرے سکون واطمینان میں فرق نہیان آتا۔ میں شیریں ہوں۔ عجمیت کی روح کو کوئی خرید نہیں سکتا۔

نظامی نیبڑی بڑی غلطیاں کی ہیں۔ دربار کی پلی ہوئی شاعری سے اور توقع ہی کیا ہے۔ فرہاد کا قصہ بیچ کا نہیں بعد کا ہے، میں اسے بعد میں بیان کروں گی۔ اب خسرو پرویز میرے دیار میں آنا چاہتا ہے، دیار جمال میں۔ اس کی سپاہ، میرےدارالسطنت میرے قلعے کے اطراف حیران کھڑی ہے۔ وہ خندق کے پاس کھڑا ہے، منت وزاری کر رہا ہے۔ میں ایک جھروکے میں نمودار ہوتی ہوں۔ وہ اندر آنے کی اجازت چاہتا ہے اور یہ اجازت اسے نہیں ملتی۔ وہ حجت کرتا ہے اور میں اس کی ہر حجت کا جواب دیتی ہوں۔ وہ وفا جتایا ہے۔ میں اسے شکر کے عشق کا طعنہ دیتی ہوں۔ وہ مجھے جفا پر ملامت کرتا ہے، میں اسے جفا کے معنی سمجھاتی ہوں۔ اور اسی طرح سوال وجواب ہوتے رہتے ہیں۔ آنکھوں کے جھروکوں سے حواس خمسہ سے۔ کھیتوں کی بجلی سے۔ اور میں اسے اندر آنے کی اجازت دیتی ہوں تو وہ مجھے مسحور کرنے کیلئے اپنی واردات دل باربد کی زبانی سنواتا ہے، میں نکیسا کی زبانی اس کا جواب سنواتی ہوں۔ روح کی فصیل میں جگہ جگہ شگاف ہیں، جن میں اس کا امڈتا ہوا لشکر داخل ہو چکا ہے۔ مگر قلب میں کوئی چیز محفوظ ہے۔ ایک زمہریر ہے جسے کوئی گرما نہیں سکتا، پگھلا نہیں سکتا کیونکہ میرا جوہر ایسا تھا کہ اسے کوئی خرید نہیں سکتا۔ خسرو پرویز نے مجھے خرید لیا، میری جنس خرید لی، میرا حسن خرید لیا، میری ہوس خرید لی۔ میری نسانیت خرید لی۔ مگر اب بھی قلب میں ایک مقام ایسا تھا جہاں وہ پہنچ نہ سکتا تھا۔ "ہزار افسانہ" کے چالیس دروازوں والے قصر کی طرح میں نے ان میں سے انتالیس دروازوں کی کنجیاں اس کے حوالے کر دیں اور چالیسویں دروازنے کی کنجی اس کے حوالے کرنا میرے بس کی بات نہ تھی، حالانکہ اس کی محبت، اس کا جسم، اس کی وجاہت جس نے اسے پرویز کا خطاب دلوایا مجھے بہت عزیز تھی۔

یہ چالیسویں کنجی کسی اور کے قبضہ میں چلی گئی۔ میں نینہیں دی۔ خود بخود چلی گئی۔ کیونکہ ان معاملات پر کسی کا اختیار نہیں اور جس شخص کے پاس یہ کنجی گئی اس کا نام فرہاد تھا۔ وہ ایک مہندس تھا---اس کا ترجمہ اپنے زمانے کی زبان میں چیف انجینیر نہ کرنا---اس زمانے میں دو ہی طبقے تھے۔ ایک امیر اور دوسرا غریب---اور مہندس مزدور تھا۔ میں تم سے کیا کہوں۔ میرا فرہاد نظامی کا فرہاد نہیں تھا۔ وہ شیرویہ کی ضد تھا۔ وہ مزدک کا مظہر جمال تھا۔ اس کے اعصاب پتھر توڑتے توڑتے فولاد کی طرح مضبوط ہوگئے تھے اور اس کے چہرے پر عشق کے درد کے ساتھ بھوک کا جلال تھا۔ لیکن پرویز سونے سے اس کی بھوک نہ بجھا سکا۔ وہ اس کے عشق ہی کا ایک حصہ تھی۔

بقیہ قصہ تو تم کو معلوم ہے۔ میری زبانی میرے رنج ودرد کی کہانی سن کر تم کیا کروگے۔ جب دیکھا کہ اس کے عشق سے بدنامی ہو رہی ہے، اور جب دیکھا کہ میں اپنا دل ہار چکی ہوں، تو وہ شہنشاہ جس کے لشکریوں نے لاکھوں کا خون بہایا تھا اپنے آپ میں اتنی جرات نہ پیدا کر سکا کہ اس مزدور کو قتل سکتا۔ شیرویہ کا بھی یہی مشورہ تھا۔ شیر کے ساتھ ایک روباہ ہوا کرتی ہے جس کا مشورہ ہمیشہ یہی ہوا کرتا ہے کہ جو گڑ سے مر سکتا ہے اسے زہر دینے کی ضرورت نہیں۔

اور اس طرح جیسے مدن سینا نے اپنے عاشق سے وعدہ کیا تھا، خسرو نے میری طرف سے وعدہ کر لیا کہ اگر اس نے بیستون کو کھود دیا تاکہ جوئے شیر پہاڑ کے اس طرف آسکے تو میں اس کے حوالے کر دی جاؤں گی۔ وہ شہنشاہ جس کے حرم میں سینکڑوں عورتیں تھیں اور سینکڑوں عورتیں آسکتی تھیں۔ اس قسم کے لین دین کو عار نہ سمجھتا تھا۔ اس کے علاوہ یہ کام ناممکن بھی تو تھا۔

اور فرہاد، وہ "گرسنہ مزدور طرب رقیب" اپنے تیشے سے پہاڑ کاٹتا رہا۔ وہ پتھر پر میرا نقش بناتا۔ جیسے شیرویہ نے مجھے رجھانے کیلئے میری دوشیزگی کے زمانے میں تین بار چٹانوں پر پرویز کا نقش بنایا تھا۔ فرہاد ہر بار میرا نقش بنا کے مایوس ہو جاتا۔ میرے حسن میں ایک بات تھی جو وہ بار بار ان نقوش میں پیدا کرنا چاہتا اور بار بار ہار جاتا۔ وہ پھر سے اس مجسمے کے ٹکڑے کر دیتا اور پھر نئی تصویر کھودتا اور اس طرح پورا پہاڑ کٹ گیا۔

اور تب میرا شہریار شوہر بہت پریشان ہوا۔ اس نے پھر شیرویہ کو بلایا، شطرنج کے موجد کے نانا جان کو اور روباہ نے پھر روباہی کی ایک چال چلی۔ میرے مرنے کی افواہ فرہاد کو پہنچائی اور اس کم ہمت مزدور، کم ہمت مہندس نے اسی تیشے سے اپنے آپ کو ہلاک کر ڈالا، جس سے اس نے میرے مجسمے بنائے تھے، بیستون کو کھودا تھا، مجھے پا لیا تھا۔ تمہارے اس ہندوستانی شاعر نے بہت خوب لکھا تھا۔ میری روح سن کر پھڑک اٹھی۔ وہ مزدور، اپنی نے بسی کی رسوم وقیود کا کس قدر پابند تھا۔ مر جانے کیلئے اسے اسی تیشہ کی ضرورت ہوئی۔ وہ اپنے دل کی حرکت روک کے مر سکتا تھا۔ یا یہ موت کے اس طرح مر سکتا تھا کہ اس کی زندگی کے ہر ہر لمحے میں موت کا مزہ ہوتا۔ وہ سقراط کی طرح ہلاک کا جام تلچھٹ تک مزے لے لے کر پی سکتا تھا۔ یہ رومیو کی سی موت کتنی بےمعنی تھی۔

اور اب زریں تاج یعنی شیریں یعنی عجمی نسوانیت کی آنکھوں میں ایک غیر معمولی چمک پیدا ہوئی اور اس نے کہا، کبھی کبھی مجھے اس کا بھی خیال آتا ہے کہ وہ اسی تیشے سے خسرو پرویز کی سلطنت الٹ سکتا تھا مگر افسوس اس کا تیشہ درفش کا دیانی نہ بن سکا۔

سائرن کی دلدوز چیخ پھر ہوا میں ذرا دیر کیلئے گونج کے خاموش گئی۔

(۳)

اور پھر زریں تاج نے کہا۔

میرا نام مہرالنساء تھا۔ میں ایرانی تھی اور میرا ریشہ ریشہ ایرانی تھا۔ ماں باپ کے ساتھ میں ہندوستان آئی، مغلوں کے دربار میں میرے خاندان کو جگہ ملی اور وہ افسانہ تو تم کو معلوم ہی ہے کہ پائین باغ میں شہزادہ سلیم دو کبوتر میرے دونوں ہاتھوں میں تھام کے کسی کام سے گیا۔ ایک کبوتر پھڑ پھڑا کر اڑ گیا۔ اس نے واپس آ کے مجھ سے ناراض ہو کے پوچھا، کیسے اڑ گیا تو میں نے دوسرا کبوتر بھی چھوڑ دیا، اور کہا "ایسے اڑ گیا۔" کہتے ہیں میری یہ ادا شہزادے کے دل میں کھب گئی اور مجھ پر دل وجان سے عاشق ہو گیا۔ جیسے وہ اس سے پہلے دل وجان سے انار کلی پر عاشق ہو گیا تھا، اور اس سے پہلے......

لیکن مجھے معلوم یہ تھا عشق ومحبت کیا چیز ہوتی ہے۔ ابھی میں دوشیزہ تھی۔ میری ایرانیت ابھی خوابیدہ تھی۔ شہنشاہ اکبر البتہ جانتا تھا کہ محبت ذرا خطرناک سی چیز ہوتی ہے۔ اب اس کیلئے دو صورتیں تھیں کہ یا تو وہ مجھے انار کلی کی طرح دیوار میں چنوادے یا کسی اور سے میری شادی کرا دے۔

میں ایسی حسین اور ایسی معصوم تھی کہ شہنشاہ نے مجھے قتل نہیں کیا۔ ایسا اکثر ہوا ہے کہ کسی نہ کسی شہنشاہ نے کسی نہ کسی زریں راج کو قتل کرا دیا ہو۔ لیکن میں خوش قسمت تھی۔ میری شادی ایک بڑے ہی حسین مرد، بڑے ہی بہادر آدمی سے کرا دی گئی۔ اس کی شجاعت کی وجہ سے اسے شیر افگن کا خطاب دیا گیا اور اپنے شوہر کے آغوش میں میں نے پہلی بار محبت کرنا سیکھا۔

وہ بہادر تھا، جری تھا، اس کے قویٰ مضبوط تھے، اس کا سینہ چوڑا چکلا تھا۔ اور میں اس کے ساتھ خوش تھی۔ مجھے اس سے ایسی محبت ہوئی جو کسی اور سے کبھی نہیں ہوئی، نہ ہو سکتی تھی۔

مگر بادشاہ مرتے ہیں اور ان کی جگہ ان کے بیٹے بادشاہ ہوتے ہیں اور اپنا انتقام لیتے ہیں۔ مگر میرے جری اور بہادر شوہر نے تو جہانگیر کو کبھی کوئی نقصان نہیں پہنچایا تھا، کبھی اس کی مخالفت نہیں کی تھی۔ وہ اس کے باپ کا وفادار تھا اور اس کے مرنے کے بعد اس کا وفادار رہا۔

اس پر بغاوت کا الزام نہیں لگایا جا سکتا تھا۔ سرکشی کا الزام نہ لگ سکتا تھا۔ اسلئے اسے ایک دن جب کہ وہ شکار کھیلنے گیا تھا دھوکے سے قتل کرا دیا گیا۔ وہی فرہاد والی بات۔ وہ جو شیر افگن تھا، شیروں کا شکار کھیلتا تھا، شاہانہ روباہی کا شکار ہو گیا۔

اور میں ح رم میں لائی گئی۔ مہینوں اور برسوں میں حرم میں داخل ہونے سے انکار کرتی رہی۔ مگر شہنشاہ کو تو بھولے پن سے مہرالنساء کا دوسرے کبوتر کو اڑا دینا یاد تھا۔ اسلئے جوں جوں میرا انکار بڑھتا گیا میری قیمت بڑھتی گئی۔

عورت کے خون میں قدرت نے کچھ عجیب کمزوری دی ہے۔ جو جتنا زیادہ تعاقب کرتا ہے اپنے صیاد سے دور بھاگنے میں اس کی قوت ارادی اتنی ہی کمزور ہوتی جاتی ہے۔ جتنے عرصے تک یہ تعاقب جاری رہتا ہے اسی کی مناسبت سے اس کی مزاحمت گھٹتی جاتی ہے اور کبھی کبھی ایسا بھی ہوتا ہے کہ وہ اپنے مقتول محبوب کے قاتل کو پہلے برداشت اور پھر پیار کرنے لگتی ہے۔ اس وجہ سے بھی بہت سی عورتیں جو تمہارے اس براعظم میں آج کل اغواء کی جاتی ہیں، اپنے ظالم عاشقوں کے چنگل سے چھوٹ کے آنا نہیں چاہتیں۔ کچھ اسی طرح کی کمزوری مجھ پر بھی حاوی ہوتی گئی اور میں نے ہاں کہہ دیا۔ اور میں کئی میں سے ایک، کئی بیگموں میں سے ایک ہو کے رہ گئی۔ اور مجھے نور محل کے نام سے سرفراز کیا گیا، ایسی محلات کئی تھیں۔

محبت، یعنی اس قسم کی محبت جیسی مجھے شیر افگن سے تھی، اب میرے دل میں مر چکی تھی۔ بالکل مٹ چکی تھی اس کی جگہ ایک عجیب طنزیہ محبت تھی۔ مقید طائر کی محبت صیاد کے ساتھ۔ گھوڑے کی محبت اپنے آقا کے ساتھ۔ اور اس طنزیہ محبت میں میں نے گرد و پیش کا جائزہ لینا چاہا تو اپنے آقا اور شہنشاہ اور نئے شوہر کو موم کا بنا ہوا پایا جس کے ہاتھ میں آہنی گرز دے دیا گیا ہو اور جس نے ہزارہا شیر افگنوں اور ابوالفضلوں کے قتل کی تلافی مافات کے طور پر ایک طلائی زنجیر کھلونے کی طرح آویزاں کر رکھی تھی اور اسے زنجیر عدل کا خوش نما نام دیا تھا۔

سلطنت اس نے شراب کے ایک جام کے عوض میرے حوالے کر دی تھی۔ میں نے بہت سے امراء کو اپنے ساتھ ملا لیا۔ میں نے اس کی کوشش کی کہ جہانگیر کے بعد میرا نام چلے۔

ادھر حسن و جمال کے محاذ پر میں نے بہت سی نفاستیں ایجاد کیں۔ عرق گلاب سے غسل کرنے کے اصول دریافت کئے، خوشبوئں، پیشوازوں، زیوروں میں نئی نئی ایجادیں کیں۔ میرے تاج میں ہیرے جگمگاتے تھے۔ انہیں میں سے ایک ہیرا جہانگیر بھی تھا۔

اور عین اس زمانے میں جو میرے عروج کا زمانہ تھا ایک درویش نے میرے شہنشاہ شوہر کے سامنے سر جھکانے سے انکار کر دیا۔ شیخ احمد سرہندی کے متعلق میں نے جہانگیر کو بہت سمجھایا۔ ان لوگوں میں ایک بڑی آرزو یہ ہوتی ہے کہ بادشاہوں سے اونچے سمجھے جائیں۔ میں نے شہنشاہ سے کہا اسی تیری سلطنت میں برہمن کھتریوں سے افضل سمجھے جاتے ہیں۔ درویشوں کا عجیب عالم ہوتا ہے، اگر تو انہیں قتل کرا دے تو دنیا قیامت تک تجھ پر نفرین بھیجتی رہے گی اور ان کو شہید تصور کر کے ان کے مزار کی زیارت کو آیا کرے گی۔ اس کو اپنے حال پر چھوڑ۔ تجھے ہندوستان کی شہنشاہی میسر ہے اسے دل کی شہنشاہی کرنے دے، وہ تیرا کیا بگاڑ رہا ہے؟

لیکن ایک پیالی کے عوض سلطنت میرے ہاتھ بیچ چکنے پر بھی جہانگیر کو طاقت کا گھمنڈ تھا۔ وہ نہیں چاہتا تھا کہ کوئی اور سر ہندوستان میں اس کا اتنا بلند ہویا

اس کے آگے نہ جھکے۔ آخر یہ وہی جہانگیر تو تھا جس نے ابوالفضل کو اور میرے شیرافگن خان کو قتل کرایا تھا۔ اس نے دربار کیا اور کھڑکی اتنی نیچی بنائی کی سر جھکا کے آنا پڑتا۔ شیخ احمد سرہندی بیٹھ کے اس طرح آئے کہ پہلے ان کے پیر دربار میں داخل ہوں اور جو سر خدا کے آگے جھکا ہے کسی اور کے سامنے نہ جھکے۔

شیخ احمد سرہندی کے بہت سے مرید تھے، ان میں مہابت خاں بھی تھا۔ اور ہم لوگ کشمیر میں تھے کہ اس نے ہمارے لئے جال تیار کیا۔

وہاں ڈل جھیل کے کنارے فواروں کے نیچے چراغاں تھا، جہاں پناہ کو میں جام بھر بھر کے دیتی جاتی تھی۔ کھلی ہوئی فضا میں، آسمان کے نیچے راجپوت رقاصہ مارواڑی ناچ ناچ رہی تھی۔ تھوڑی ہی دور پر پہاڑ برف کے تاج پہنے کھڑے تھے۔ جو چنار جہاں پناہ نے نصب کئے تھے، ابھی چھوٹے چھوٹے تھے لیکن بید مجنوں کے جھنڈ جھیل کے کنارے کنارے بڑے حسین معلوم ہوتے تھے۔ ہمیں معلوم ہوتا تھا کہ پورا ہندوستان ہمارے قدموں پر لوٹ رہا تھا اور پیر پنجال کے برف پوش پہاڑوں کے اس پار مہابت خاں ہمارا راستہ روکنے کی تیاری کر رہا تھا۔

اور اس ناہنجار نے اس طرح جہاں پناہ کا اور میرا راستہ روکا جیسے کوئی شطرنج میں شہ دیتا ہے، لیکن ادب سے شاہ شطرنج کو پیٹتا نہیں۔ شیخ احمد سرہندی کی درویشی آخر رنگ لائی۔ میں نے بھی اس ناہنجار مہابت خاں کو بہت سمجھایا مگر جہاں پناہ اس کے چنگل میں تھے، سارا ہندوستان انہیں بچانا چاہتا تھا اور نہیں بچا سکتا تھا۔ اور مہابت خاں اگرچہ صیاد تھا اس کی مجال نہیں تھی کہ اپنے آقا پر ہاتھ اٹھا سکے۔ میں اب وہ مہرالنساء نہیں تھی جس نے دونوں ہاتھوں سے کبوتر اڑا دئے تھے۔ میں نے ہندوستان کی سیاسی شطرنج کے سب مہرے چل کے بادشاہ کو بچا لیا۔

اور اسی طرح کشمیر سے واپسی میں جہاں پناہ شکار کیلئے ایک پہاڑ کے دامن میں ٹھہرے۔ میں ابھی تک اسی طرح انکے دل پر، ہندوستان پر حکومت کر رہی تھی۔ اب بھی میں شراب کا جام بھر بھر کے دیتی کاتی تھی کہ ایک شکاری پہاڑ سے نیچے گرا۔ اور ہڈی پسلی چور چور ہوگئی۔ جہاں پناہ کی طبیعت اسی وقت سے خراب ہوگئی۔ میرے ہاتھ سے انہوں نے شراب کا جام پھر لیا مگر اب یہ نشاط کا جام نہیں تھا علاج کا جام تھا مجھے حیرت تھی یہ وہی آدمی ہے جس نے ابوالفضل کو قتل کرایا، شیرافگن کو شکار کرا دیا۔ جس نے زندہ عورتوں کی کھالیں کھچوا دیں، کس نے مردوں کو دیواروں میں زندہ چنوا دیا۔ اس وقت ایک معمولی سے قدرتی واقعہ سے اتنا متاثر تھا۔

اور پھر کوئی طاقت جہانگیر کو سنبھال نہ سکی۔ اس کی نبض ڈوبتی ہی گئی، اس کے ساتھ میرے اقبال کا سورج ڈوبتا گیا۔ سلطنت سوتیلے بیٹے کے ہاتھ آئی۔ مہرالنساء تو کبھی کی مر چکی تھی، اب نور جہاں بیوہ ہو کر جیتے جی مر گئی۔ وہ جو گلاب کے عرق میں غسل کیا کرتی تھی، جس مہابت خاں کا کفر توڑا تھا۔ یہاں تک کہ راوی کے کنارے لاہور کے قریب آرام کرنے کا وقت آگیا۔

چاندنی اسی طرح درختوں کے سبز رنگوں کو گہرا کر کے فضا میں ٹھنڈی آگ بکھیر رہی تھی۔

زریں تاج خاموش ہوگئی۔

(۴)

پھر زریں تاج نے کہا۔

میرا نام زریں تاج تھا میں قزوین میں پیدا ہوئی۔ میں اتنی ذہین تھی کہ اس مرد سے جو میرے باپ میں تھا عورت سے صدہا سال کی رقابت سلب ہوگئی

اور اس نے مجھے بہت اعلیٰ تعلیم دلائی۔ جیسی ہونہار لڑکوں کو دلائی جاتی ہے۔ حدیث، تفسیر، فقہ، الہیات میں نے مردوں کی طرح سیکھا اور مردوں سے زیادہ بہتر میں مناظرہ کر سکتی ہوں۔

جب میں پڑھ لکھ چکی تو میری شادی میرے چچا زاد بھائی ملا محمد سے کر دی گئی۔ عربوں میں ابن عم سے عشق مشہور ہے، مجھے اپنے ابن عم سے ہمیشہ سے چڑ تھی۔ ملا محمد کو بھی علم و فضل کا بڑا دعویٰ تھا مگر میں اسے چٹکیوں میں اڑاتی تھی۔ میں خود علوم میں اس قدر کامل تھی کہ مجھے کامل تر مرد کی تلاش تھی۔ ایسے مرد کی جو میرے ذہن کی گردن مروڑ سکے۔

پھر جب میں نے محمد علی باب کے حالات سنے تو اسے ایک خفیہ خط لکھا۔ وہ بہت سن رسیدہ تھا اور میں جواں سال تھی۔ لیکن میں اس کے روحانی جمال سے بن دیکھے اس کی طرف کھنچی جاتی تھی۔ ایک طاقت تھی جو اندر ہی اندر مجھ سے کہہ رہی تھی تیری منزل وہی ہے۔ جب باب کا جواب مجھے ملا تو میں بے دیکھے اس پر ایمان لے آئی۔ کچھ روز میں نے اپنی بابیت کو پوشیدہ رکھا اور پوشیدہ طور پر اسے خط لکھتی رہی۔ جب اس کا جواب آتا تو بصیرت کی آنکھ کھل سی جاتی اور کو عورت مجھ میں تھی وہ کہتی تجھے تیرا مقام مل گیا۔

یہاں تک کہ جب باب نے دیکھا کہ علم مناظرہ، اور جوش بحث میں بڑے بڑے فاضل میرے مقابل ٹھہر نہ سکیں گے تو اس نے مجھے کھلم کھلا تبلیغ کا حکم دے دیا۔ وہ جو آفتاب بصیرت تھا اس نے مجھے قرۃ العین) آنکھ کی پتلی (کا خطاب دیا۔ اوسرے بابی بھی مجھ سے بحث کرتے کرتے عاجز آ جاتے۔ انہوں نے باب سے میرے شکایت لکھ بھیجی۔ اس پر باب نے طاہرہ کا لقب دیا۔ اس لقب کو میں نے اپنا تخلص بنا لیا۔

میں نے اپنے شوہر کو بابیت کے نور سے منور کرنا چاہا۔ وہ میرے خیالات کیا بدل سکتا۔ لیکن میں بھی اس کے دل میں چراغ نور نہ جلا سکی۔ دراصل یہ مرد کے ذہن اور عورت کے ذہن کی ٹکر تھی۔ ایک عورت جو صدیوں کے بعد پھر ابھری تھی۔ ایک ایسے مرد سے بیاہی گئی تھی جس کی ذہانت صدیوں کے استعمال سے فرسودہ ہو گئی تھی۔ پھر میرا شوہر شیر افگن نہیں تھا جسے میں ہمیشہ کیلئے دل سے چاہتی وہ خسرو پرویز تھا۔ وہی فاتحانہ ملکیت کا دعویٰ۔ اس لئے کہ نکاح کے چند کلمے پڑھا کے میں اسے سونپ دی گئی تھی۔ میری نس نس میں بغاوت جاگ اٹھی۔ میرے لہو کی بوند بوند میں محمد علی باب کا جگایا ہوا جادو تھا۔ میری آنکھوں نے کبھی باب کو نہیں دیکھا۔ میں کبھی اس سے نہیں ملی۔ لیکن وہ ہر وقت حاضر اور موجود تھا۔ اور اس کی موجودگی سے، اس دائمی حضور سے میرے شوہر ملا محمد کی ہستی میری نظروں میں صفر سے کم رہ گئی۔

آخر میرے شوہر نے اپنے والد اور میرے والد سے شکایت کی۔ انہوں نے مجھ پر بہت دباؤ ڈالنا چاہا میں نے کسی کی ایک نہ سنی۔ اپنے باپ سے میں نے کہا کہ میں طاہرہ ہوں۔ باب نے مجھے طاہرہ کا لقب دیا ہے میرا شوہر حق سے منہ چھپاتا ہے اور اس لئے وہ خبیث و مردو ہو گیا ہے۔ طاہرہ کا کسی خبیث سے جنسی تعلق باقی نہیں رہتا اور جنسی تعلق کا باقی نہ رہنا طلاق کے برابر ہے۔ پھر اپنے والد کو قائل کرنے کیلئے میں نے بحث شروع کر دی کہ کیا مکہ کی جو عورتیں ایمان لے آئی تھیں مگر ان کے شوہر بدستور کافر رہے تھے انہیں رسول اللہ ن ے بلا طلاق دوسروں کے نکاح میں نہیں دے دیا تھا؟

اس درمیان میں میں باب سے دور تھی۔ میری آنکھیں کبھی رو در رو اس کے جمال کا مشاہدہ نہ کر سکیں۔ میری روح اسے ڈھونڈھتی تھی کہ اسے اپنا حال سنائے اور جب میری روح اس مرد کامل کیلئے تڑپ رہی تھی۔ عقل نسوانی، مردانہ وجدان کی برق کی متلاشی تھی۔ میں نے اپنے ذہن پر فکر سخن کے دروازے کھلتے دیکھے۔ وہ مجھ سے دور تھا اور میری روح اس کیلئے بے تاب تھی۔ وہ کہیں مجھے مل جاتا تو میں کس کس طرح سے اسے حال دل سناتی۔

گر نہ تو افتدم نظر چہرہ نہ چہرہ رو نہ رو

شرح وہم غم ترا نکتہ نہ نکتہ مو نہ مو

تمہارے اقبال نے اس شعر کو پسند نہیں کیا۔ غالب کی عیاشی کو بھی اس نے اپنے جاوید نامے سے نکال باہر کیا۔ لیکن باب کا تصور میری نظروں میں معشوق کا تھا۔ معشق حقیقی کے مظہر کا اور ساتھ ہی ساتھ مکمل مرد کا جس کی روح کائنات کو آغوش میں لئے ہوئے تھی۔

دود وہان تنگ تو ، عارض غبرین خطت

غنچہ نہ غنچہ گل بہ گل لالہ نہ لالہ بو نہ بو

یہ زمانہ میرے لئے عجیب و غریب جذب واحساس کا زمانہ تھا۔ یہ عشق کا زمانہ تھا۔ نشاط و فنا کی لہریں یکے بعد دیگرے پیدا ہوتیں، کبھی مجھے بقائے دوام بخشتیں، کبھی لمحہ لمحہ نئی موت نئی لذت مرگ عطا کرتیں۔

اس نے مجھے طاہرہ کا خطاب دیا تھا۔ یہی میرا تخلص تھا۔ اور میں نے آبشار گرتے دیکھے۔ الفاظ کے آبشار۔ اور پھر جو میں نے آنکھ کھولی تو ان آبشاروں کی لگام میرے ہاتھ میں تھی۔ میں نے قرآن مجید سے شوکت لی اور متنبی کے ترنم کو قاآنی کے ترنم میں حل کر دیا۔ ایران کی خاک سے ایک ہزار شاعر اٹھے تھے۔ میں پہلی شاعرہ تھی جو ان ایک ہزار شاعروں سے الگ کھڑی تھی اور میری انگلیوں کے درمیان سے یہ عظیم الشان آبشار گر رہا تھا۔

چہ شود کہ آتش حیرتے بزنی نہ قلہ طور دل

فصککتہ ، ود ککتہ ، متد کد کا متنزلزلا

یہ آبشار الفاظ ہی کا نہیں تھا، ایک جہاں سوز عشق کی آگ تھی، سیال آگ جو اس آبشار سے گرتی چلی جا رہی تھی، جس کی تہ میں نیستی کے نہنگ منہ پھاڑے ہوئے تیار تھے کہ مجھے اور دوسروں کو نگل جائیں۔ میں نے اپنی طرح دوسروں کو ان نہنگوں کے خردش لاسننے کی دعوت دی۔

اب آبشار کے گرجتے ہوئے تخت پر وہ جلوہ افروز تھا۔ محمد علی باب۔ اس کے چہرے کا قدس، ظہور حق کی بشارت دیتا تھا جس کسی نے اس کا راستہ اختیار کیا وہ تو محنت اور ابتلا سے بچ گیا لیکن جس نے اس سے سرتابی کی تو گویا وہ داور محشر کی طرح تخت قیامت پر متمکن تھا، قہار وجبار۔ کامل مرد، مجھ کو اور میرے ساتھ ساری کائنات کو سرتابی کے جرم میں فنا کرنے والا قہار اور جبار ہی نہیں تھا اس میں رحم ولطف شہنشاہی کی تمام صفتیں بھی تھیں۔

کیسے از نہ کرد اطاعتم نہ گرفت حبل ولایتم

کنمش بعید زسا حتم و ہمش بہ قہر ببا ولا

منم آں ظہور مہیمنی، منم آں نیت بے منی

منم آں سفینہ ایمنی دلقد ظہرت مجلجلا

شہدائے طلعت نارمن ، بدوید سوے دیار من

سرو جاں کنید نثار من کہ منم شہنشاہ کربلا

اور باشوکت، باعظمت گرجدار آبشار تھا کہ بلندیوں سے گرتا ہی جاتا تھا۔ عرش سے فرش تک جلال سے جمال تک۔ اس کی ہمہ گیرہستی سے میرے

حساس ذہن تک۔

طیر العماء تکفکفت ، ورق البھاء تصفصفت

دیک ایضاء تذورقت م نجلاً متجللا

اس سیلاب، اس آبشار میں میرا شوہر ملا محمد قزوینی حسن و خاشاک کی طرح بہہ گیا۔ میں اب بڑے انہماک سے بابیت کی تبلیغ کرنے لگی تھی۔ جب قزوین میں مزاحمتیں بہت بڑھ گیئں تو میں کربلا چلی گئی۔ تقریروں میں جوش اور سردر کے عالم میں میں اکثر چہرے سے نقاب الٹ دیتی۔ اور وہ جو مجھ سے بڑی بڑی عالمانہ بحثیں کرتے ہوتے میرے ذہن کے تمام حربوں کے بعد حسن کے اس حربے سے اتنے مسحور ہو جاتے کہ بحث کرنا بھول جاتے۔ یہ وہی زلیخا اور زنان مصر والی ترکیب تھی۔ آخر میں عورت تھی، عورت کا آخری حربہ کیوں نہ استعمال کرتی۔

بدرالنساء کی مصیبت کے مصنف نے اتنا غلط نہیں لکھا کہ میں آہستہ آہستہ پردہ توڑ رہی تھی۔ براؤن سے صبح ازل نے محض میری مروت میں کہہ دیا ہوگا کہ میں پردے کی پابند تھی۔ لیکن میرا کام تو تمام پابندیاں توڑنا تھا۔ فرہاد کی پابندیاں ، شیریں کی پابندیاں یعنی تخلیق جمال کی پابندیاں ، اور موضوع جمال کی پابندیاں۔ میں نے باب کی روحانیت کے ساتھ مزدک کی تعلیم کو حل کر دیا۔ میں اپنے ہی محاذ پر لڑتی رہی۔ باغی عورت کے محاذ پر۔ ابھی تک تو وہ جماعت نہیں بنی تھی اور قوام السلطنت نے نہ وزارت کی تھی نہ نکالے گئے تھے۔ لوگ جمال الدین افغانی کا نام ڈر ڈر کے لیتے تھے۔ میری طرح وہ بھی ایک متعصب کافر باغی تھا۔ دونوں سے ناصر الدین شاہ قاچار کی للی تھی۔ اور دونوں کا کام بادشاہوں، پرویزوں، جہانگیروں نے تمام کیا۔ وہ مردوں کی جمہوریت کے محاذ پر لڑا، میں روحانی جمہوریت اور عورت کی آزادی کے محاذ پر لڑتی رہی۔ میں مزدک کی ہم خیال تھی کہ کیوں عورت ایک ہی مرد کی پابند بنا دی جائے ممکن ہے کہ اس کا مرد ملا محمد قزوینی جیسا خشک نوجوان ہو۔ نقاب کے شگاف کو میں نے اور زیادہ چاک کر دیا، تاکہ عورت کی صورت---اور اس کے داغ اچھی طرح پہچانے جا سکیں۔

جب میں کربلا سے نکالی گئی تو بغداد پہنچی---وہاں سے نکالی گئی تو کرمان شاہ اور ہمدان ہوتی ہوئی پھر قزوین واپس آگئی۔ اب اب کا جمال میری ہستی میں اس قدر بس چکا تھا اور اپنے شوہر سے میری نفرت اس قدر بڑھ گئی تھی کہ میں نے بابیوں کو فتویٰ دے دیا کہ وہ میرے شوہر ملا محمد اور اس کے باپ ملا تقی کو قتل کر دیں۔

اور اس طرح جیسے تمہارے ملک میں ہوتا ہے ذرا سا اشارہ پاتے ہی انہوں نے میرے خسر کو نہ صرف قتل کیا بلکہ ناک کان کاٹ کے اس کی لاش کو مسخ کر دیا۔ اب سارا قزوین میرا اور تمام بابیوں کا جانی دشمن تھا۔ لوگ مجھے قتل کرنے پر تلے ہوئے تھے۔ میں نے چھپ چھپا کے خراسان کا رخ کیا۔ جہاں شاہ ایران کے خلاف بغاوت عروج پر تھی۔

داستے میں مجھے محمد علی بارفروشی ملا۔ محمد علی باب میرے لئے مرد کی روح اور وجدان تھا۔ محمد علی بار فروشی مرد کا ذہن اور جسم۔ اور تم نے بہت سے قصے سنے ہوں گے، کیونکہ آوارگی کے قصے عورت کی زندگی میں شروع ہوتے ہیں اور مرنے کے بعد بھی ختم نہیں ہوتے۔

سبز درختوں کے گہرے سائے میں زریں تاج قدم سے قدم ملائے ارشد کے ساتھ چلی جا رہی تھی۔ اپنی داستان سناتی ہوئی۔ نقاب الٹی ہوئی تھی، اس کا چہرہ چاند کی روشنی میں چاند سے زیادہ بے جان اور ٹھنڈا معلوم ہو رہا تھا۔ ارشد نے اس سے پوچھا۔ "تمہارے اور محمد علی بار فروشی کے درمیان کیا واقعہ پیش آیا۔ کیا سچ مچ اس کے جسم سے تمہارے جسم کو محبت تھی۔ تم جو غائبانہ طور پر تمام عمر محمد علی باب کی روح کی شیدا رہیں۔

وہ مسکرائی، چاند کی سی ٹھنڈی مسکراہٹ جس سے پتہ نہیں چلتا کہ اس کرے پر زندگی کے آثار ہیں یا نہیں، اور کہنے لگی۔"خدا جانے جب تم نے کسی عورت کے متعلق ایسا کوئی الزام سنا ہے تو کیا تم کبھی یقین سے کہہ سکتے ہو کہ یہ الزام صحیح ہے یا غلط۔ صرف ملزم عورت اور ملزم مرد جانتے ہیں کہ یہ کتنا صحیح ہے اور کتنا غلط–اور کبھی کبھی جو واقعہ پیش آ چکا ہے غلط معلوم ہوتا ہے اور جو پیش نہیں آیا ہے صحیح معلوم ہوتا ہے۔"

قصہ مختصر یہ کہ میں اس سے بارہا ملی۔ خلوت کی ملاقاتیں۔ باب میرے لئے محض روح تھا۔ ملا محمد محض جسم، محض ہوس۔ محمد علی بار فروشی ان دونوں کے درمیان تھا۔ ذی روح جسم، جسم کے اندر جان۔ میں اس سے بے حجاب ملتی رہی۔ اگر کوئی ان ملاقاتوں کو ناجائز کہتا ہے، فاسقانہ قرار دیتا ہے، قرار دے لے۔ مجھے ایسے مرد کے جسم کی ضرورت تھی جو میری ٹکر کا ہو۔ جس سے مل کے میں اپنے آپ کو اس سے بدتر نہ سمجھوں۔ اس کے علاوہ میں عورت تھی۔ عورت کے جسم میں مجھے مرد کے جسم کی ضرورت تھی۔ میں نے اپنے آپ کو اس کے حوالے کر دیا۔

یہاں تک کہ قزاقوں نے قافلہ لوٹا اور ہم ایک دوسرے سے بچھڑ گئے۔ میں گرفتار ہو کے تہران آئی۔ یہاں میں افواہ اور افسانہ بن گئی۔ شیریں کی طرح، نور جہاں کی طرح۔ لوگوں نے مجھ اسیر زنداں کو تہران کی گلیوں میں دیکھا۔ ہارون الرسید کی طرح۔ میری شہرت سن کے ناصرالدین شاہ قاچار جہانگیر بن گیا۔ گویا میں نے روحانیت کا دوسرا کبوتر بھی نور جہاں کی طرح بڑے بھولے پن سے اڑا دیا تھا۔ لیکن میں جو کبھی نور جہاں تھی نور جہاں کی زندگی سے سبق لے چکی تھی۔ میرا شیر افگن محمد علی بار فروشی مجھ سے چھن چکا تھا۔ مگر میں شراب کے ایک پیالے کے عوض کسی شہنشاہ کی سلطنت خریدنا نہ چاہتی تھی۔ جمال الدین افغانی کی طرح اپنے سوتیلے رفیق کی طرح میری زندگی کا مقصد بھی شہنشاہوں کے تختے الٹنا تھا۔ فرہاد کے تیشے کو زمین کی گہرائی میں دفن کرنا تھا۔ ناصرالدین شاہ نے جب مجھے اپنی خاص الخاص ملکہ، اپنی نور جہاں بنانا چاہا تو میں ہنسی۔ ایک شعر جو میں نے بڑی عقیدت سے انکسار و عجز کے عالم میں باب کیلئے لکھا تھا، اب استغنا و طنز کے عالم میں شہنشاہ کو لکھ بھیجا۔

تو و ملک و جاہ سکندری، من و رسم و راہ قلندری
اگر آں خوش است تو در خوری، و گر ایں بد است مرا سزا

اور ظاہر ہے کہ اس جرات انکار کی سزا مجھے کیسے نہ ملتی۔ میں بڑی بیدردی سے قتل کی گئی۔ اپنی موت کا مزا اور اس کی تفصیل مجھے یاد نہیں۔ باغ میں گانت سے میرا گلا گھونٹ دیا گیا۔ مجھے کنویں میں دھکیل دیا گیا اور کنویں کو پتھروں سے پاٹ دیا گیا۔ یا میری زلفیں چاروں طرف سے کاٹ ڈالی گئیں اور باقی بالوں کو خچر کی دم میں باندھ کے گھسیٹتے ہوئے مجھے دارالقضا لے گئے۔ غرض ہم ایرانی بھی تم ہندوستانیوں سے کم وحشی نہیں۔

(۵)

پھر زور سے سائرن بجا۔ اور دفعتاً" رک گیا۔ یہ وہ ہوائی جہاز تھا جو چوری سے لڑائی کا سامان لایا کرتا تھا۔ چند منٹ بعد پھر سائرن کی دلدوز چیخ سنائی دی اور سکرات کی طرح اکھڑے ہوئے سانس کی طرح سنائی دیتی رہی۔ دو ہوائی جہاز دیکھ بھال کی اڑان کرنے کے لئے دور پر دو سبز اور سرخ نقطوں کی طرح پرواز کر رہے تھے۔ قریب ہی گھڑ گھڑاہٹ کی آواز آئی۔ سڑک پر یہ اس کی اپنی جیپ تھی۔ شیخ احمد اسے اسٹارٹ کرنے میں کامیاب ہو گیا تھا۔

زریں تاج مسکرائی، چاند کی پھیکی موہوم مسکراہٹ۔ چاند میں پانی نہیں ہوتا اس لئے زندگی نہیں ہوتی۔ زریں تاج ایک خاص تمدن کی پیداوار تھی اگرچہ کہ

وہ اس سے آگے آگے رہی۔ اب اس جیپوں کی دنیا میں اس کا کیا کام تھا۔ وہ جو اعلیٰ ترین فارسی شعر لکھتی تھی اب گویا ایک اس کا چٹانی سرالاپ رہی تھی۔ تم اونچی سڑک پر جاؤ۔ میں نیچی سڑک سے جاؤں گی۔ دوراہہ آ چکا تھا۔

وہ تو ماضی کی طرف چلی گئی۔ چاندنی میں غائب ہوگئی۔ اور ارشد نے جیپ میں بیٹھ کے محوس کیا کہ اس کیلئے مستقبل ابھی بہت بہت دور تھا۔

مصنف : مرزا محمد پاوہ رسوا

پروفیسر عزیز احمد 11 نومبر 4191ء کو ضلع بارہ بنکی، اتر پردیش، برطانوی ہندوستان میں پیدا ہوئے۔ ان کے والد کا نام بشیر احمد تھا۔ وہ ایک اچھے وکیل تھیانہوں نے وکالت کے سلسلے میں ریاست حیدرآباد، دکن کا رُخ کیا تو پھر یہیں کے ہوکر رہ گئے۔ پروفیسر عزیز احمد نیابتدائی تعلیم ضلع عثمان آباد، مہاراشٹر میں مکمل کی۔ گورنمنٹ کالج اورنگ آباد سے انٹر اور 1928ء میں جامعہ عثمانیہسے ایف اے کیا۔ 1934ء میں اعزاز کے ساتھ بی اے (آنرز) کیا۔ بعد ازاں مولوی عبدالحق کی کوششوں سے عزیز احمد کو اعلیٰ تعلیم کےلیے وظیفہ ملا اور وہ 1935ء میں انگلستان چلے گئے 1938ء میں لندن یونیورسٹی سے بی اے (آنرز) کی ڈگری لی۔ اور کچھ وقت یورپ کی سیروسیاحت میں گزارا۔ اسی عرصہ میں وہ فرانس کے سوربون یونیورسٹی سے بھی منسلک رہے۔ عزیز احمد 1491ء تا 1945ء شہزادی درشہوار کے پرائیوٹ سیکرٹری رہے۔ 1946ء میں وہ ایک بار پھر جامعہ عثمانیہ سے منسلک ہوگئے۔ اوراپنے گذشتہ ہدے پر کام کرنے لگے۔ 1949ء تک درس وتدریس میں مشغول رہے۔ 1949ء میں تقسیم ہند کے بعدء میں وہ استعفیٰ دے کر پاکستان چلے گئے اور حکومت پاکستان کے فلم و مطبوعات کے محکمے کے ڈائریکٹر مقرر ہوئے۔ اس محکمے سے وہ 1957ء تک وابستہ رہے۔ 1957ء میں وہ لندن یونیورسٹی کے اسکول میں اردو اور ہندیاسلام کے شعبے میں لیکچر مقرر ہوئے۔ جہاں وہ 1962ء تک رہے۔ 1962ء میں وہ ایسو سی ایٹ پروفیسر ہوکر ٹورنٹو یونیورسٹی (کینیڈا) کے شعبہ اسلامیات سے وابستہ ہوگئے۔ 1965ء میں انہیں پروفیسر بنا دیا گیا اور وہ باقی عمر اسی عہدے پر کام کرتے رہے۔ ان کے کام کی اہمیت اور وقعت کے پیش نظر انہیں رائل سوسائٹی آف کینڈا کا فیلو مقرر کیا گیا۔ 1972ء میں یونیورسٹی آف لندن نے ان کی خدمات کے اعتراف میں ان کو ڈی لٹ کی ڈگری سے نوازا۔ عزیز احمد کئی زبانیں جانتے تھے۔ اردو، انگریزی فرانسیسی اور زبانوں پر عبور حاصل تھا۔ جبکہ ترکی، اطالوی اور جرمن زبانوں میں گفتگو کر لیتے تھے۔ آخری عمر میں نارویجن زبان سیکھ رہے تھے۔ عزیز احمد کی پہلی تنقیدی تصنیف ''ترقی پسند ادب'' ہے۔ عمر کے آخری ایامّ کینیڈا میں ہی گذرے، 16 دسمبر 1978ء کو وہیں انتقال ہوا۔

نئے الفاظ

دارالقضا	dārulq'zā	衙门(阳)
اشتیاق	ishtiyāq	爱好(阳)
صراط	sirāt	道路(阴)
عجم	'ajam	波斯人(阳)
سکرات	sakarāt	奄奄一息(阴)
دوشیزہ	dōshīzah	少女(阴)
کجا	kujā	在哪儿(副)
سناٹا	sannātā	寂静(阳)

足迹，迹象（阳）	surāg̣ẖ	سراغ
被带来的（后缀）	āvar	آور
心慌，不安（阴）	dhaṛkan	دھڑک
油烟，眼线膏（阳）	anjian	انجن
惊叹（阳）	ta'ajjub	تعجب
恋人，情人（阳）	ma'shūq	معشوق
谋杀的（形）	ḳẖūn'rēz	خون ریز
额前的刘海（阴）	zulf	زلف
嘴唇（阳）	hōṇṭ	ہونٹ
灾难，不幸，祸事（阴）	shāmat	شامت
人；男人（阳）	janā	جنا
不洁的，有罪的（形）	ālūdah	آلودہ
搞清楚，清算（阳）	tasfiyah	تصفیہ
绳子（阴）	tanāb	طناب
消失的，被消灭的，不复存在的（形）	ma'dūm	معدوم
吸引力，魅力，诱惑力（阴）	kashish	کشش

皇帝（阳）	shahanshāam	شہنشاہ
干扰，破坏（阳）	ḳẖalal	خلل
恶棍（阳）	g̣ẖunḍā	غنڈا
打雷（阴）	gaṛgaṛāgat	گڑگڑاہٹ
魔术的（形）	tilismī	طلسمی
外国的（形）	jnabī	اجنبی
安慰（阴）	dil'jūī	دلجوئی
好消息（阴）	mazgān	مژگاں
受伤的（形）	bismil	بسمل
被人爱的（形）	ma'shūq	معشوق
隐蔽（及）	dhānknā	ڈھانکنا
被迷住的（形）	mashūr	مسحور
数学家（阳）	muhandis	مہندس
斧子（阳）	tēshah	تیشہ
公然的（形）	Khulam khullā	کھلم کھلا
缺席的（形）	g̣ẖā'ibānah	غائبانہ

وضاحت

泉水保持着原生态，波光潋滟勾人心魄，是生命之水，是繁衍之水。	چشمہ آبِ حیواں، چشمہ نرگس، چشمہ آبِ حیات، چشمہ تسلسل حیات۔
爱情的电流啪一下产生了。正因如此会有些“压迫”，因为除此之外没有产生“忠贞”。	عشق کی بجلی ٹھوکروں سے پیدا ہوتی ہے۔ اسی لئے "جفا" کی ضرورت ہے، جس کے بغیر "وفا" پیدا نہیں ہوتی۔
如果有这样的男人，我可以把自己的头拧下来。	ایسے مرد کی جو میرے ذہن کی گردن مروڑ سکے۔
你走你的阳关道，我过我的独木桥。	تم اونچی سڑک پر جاؤ۔ میں نیچی سڑک سے جاؤں گی۔

مشق

۱۔اس سبق میں کتنی کہانیاں شامل ہیں ؟ ان کہانیاں کے درمیاں کیا مماثلت ہے ؟

۲۔اپنی زبان سے ان کہانیوں کو خلاصہ کر کے سنایئے ۔

۳۔ مندرجہ ءذیل ترجما کیجئے اور نقل کر کے ایک خوبصورت لڑکی کا بیان کیجئے ۔

مجھے اس شہریار سے دل وجان سے محبت ہوجاتی ہے جس کی یہ تصویر تھی۔ اس مرتبہ مہین بانو کی سکھائی ہوئی سہیلیاں مجھے بہلا نہیں سکتیں، جل نہیں دے سکتیں۔ وہ پتھر کا نقش میرے دل پر مرتسم ہو چکا ہے۔ میں چپکے سے ان کو چھوڑ کے نکل پڑتی ہوں۔ میں شہسوار ہوں۔ یہ صفت میں نے تاتاری معشوقوں سے لی اور ایرانی نازنینوں کو عطا کر دی۔ راستے میں چشمہ ملتا ہے۔ چشمہ آب حیواں، چشمہ نرگس، چشمہ آب حیات، چشمہ تسلسل حیات۔ یہاں میں گھوڑے پر سے اتر پڑتی ہوں اپنے کپڑے اتارتی ہوں۔ میں شاعروں کا سراپا بن جاتی ہوں۔ میری سیاہ زلفوں میں راتوں کی تاریکی اور سانپوں کا رنگ ہے۔ اور یہ زلف حبل المتین بھی ہے۔ میری آنکھیں نرگس ہیں، میری پیشانی چاند، میرے ہونٹ عقیق و لعل، میرے دانت موتی، میرے شانے آئینے اور پھر نازپستاں، موئے کمر، ساق سیمیں۔ میں جب ٹھہر جاتی ہوں سرد ہوں اور جب چلتی ہوں قیامت۔ یہ کیا غضب ہے، کہ تمہارے شاعروں نے میرا سراپا تو یاد رکھا مگر مجھے بھول گئے۔

اور داستانوں کے شہزادوں کی طرح خسرو پرویز بھی اس چشمے پر آنکلتا ہے۔ بہرام کو شکست دینے کے بعد ہمارے افسانے میں کوئی مقام نہیں، کوئی موسم نہیں، کوئی دیار نہیں۔ زمین زمین ہے اور آسمان آسمان ہے۔ خسرو چشمے میں پہلے میرا عکس دیکھا ہے، پھر میری جانسوز عریانی دیکھا ہے۔ لیکن قبل اس کے کہ وہ مجھ تک پہنچ سکے۔ میں اپنا تن ڈھانک کے اپنے بادپا پر سوار ہو کے اس کی نظروں سے اوجھل ہو جاتی ہوں۔ مگر اسے اپنی نظروں سے گھائل کر کے ہمیشہ ہمیشہ کیلئے......

اٹھارہواں سبق　ایک استاد عدالت کے کٹہرے میں

作品导读

伊什法克·阿赫莫迪（1925—2004）巴基斯坦著名作家、剧作家。被誉为“巴基斯坦的智者”，其研究范围包括文学、哲学、心理学及社会学研究，是当代苏菲文学运动的倡导者。他因文学和广播领域的杰出贡献而被授予巴基斯坦总统颁发的最高成就奖和希达尔·艾·伊姆迪亚兹奖。

伊什法克·阿赫莫迪有自己的文学杂志《讲故事的人》，并成为巴基斯坦广播电台的编剧。他当过乌尔都语流行周刊《日夜》的编辑。1962 年阿赫莫迪推出了他最受欢迎的电台节目《布道》，该节目使得他成为城镇和乡村中最受欢迎的人。1966 年他被直接任命为马尔科兹乌尔都语委员会主任，该委员会后更名为乌尔都语科学委员会。他还担任过齐亚·哈克政府教育部顾问。

《审判席上的教师》以诙谐的笔触描写了两件看似不相关的事件，一是主人公的管家热衷学习说英语，常常去看英语电影，却连几个完整的英语词汇都说不清楚；二是主人公因没有及时缴纳交通违章的罚款而最终被法院传审，在审判席上却出人意料地获得了法官的致敬。第一部分的叙述作为一种铺垫，策略地烘托出第二部分的主题——社会上普遍存在着对知识的盲目崇拜，并对教师在精神上崇高而物质上贫乏等现象抒发了感慨。语言朴素自然，将发人深省的道理寓于轻松诙谐的小故事当中，是散文作品的典范。

ایک استاد عدالت کے کٹہرے میں

اشفاق احمد

علم کے بارے میں انسان ہمیشہ سرگرداں رہا ہے ، اور آج کے دور میں حصول علم کے لیے بہت سی کوششیں صحیح ، غلط، کمزور، پیچیدہ، خمیدہ صورت اختیار کی جا رہی ہیں۔ لیکن میں سمجھتا ہوں، یہ جو ساری کوششیں ہیں، یہ انسان کے ایک بہتر مستقبل کی نوید کے لیے یقیناً مد و معاون ثابت ہوں گی۔

علم حاصل کرنے کے لیے جب ہم بھائی اپنے گاؤں سے لاہور آئے، تو ہمارے اباجی نے ایک گھر لے کر دیا، فلیمنگ روڈ پر۔ وہاں اختر شیرانی رہتے

تھے، میں تو چونکہ فرسٹ ائیر کا طالب علم تھا، اس لیے ان کے نام سے یا ان کے کام سے اتنا آشنا نہیں تھا، لیکن میرے بڑے بھائی ان کو جانتے تھے اور ان کی بڑی قدر و منزلت کرتے تھے۔ بہر حال جہاں ہمارے اباجی نے، اور بہت ساری مہربانیاں کی تھیں، وہاں یہ کہ ایک خانساماں بھی دیا تھا جو ہمارا کھانا پکاتا تھا۔ اس کا نام عبدل تھا۔ عبدل کو زندگی میں دو شوق بڑے تھے، ایک تو انگریزی بولنے کا، انگریزی تعلیم حاصل کرنے کا جیسے آج کل بہت زیادہ انگریزی ہی کو علم سمجھا جاتا ہے، اور انگریزی کے حصول کے لیے ہی جان لڑائی جاتی ہے۔ عبدل کو بھی اس کا بہت بڑا شوق تھا۔ دوسرے اس کو اچھی کنوینس کا بڑا چسکا تھا۔ چنانچہ کبھی اسے بھائی خط پوسٹ کرنے کے لیے جی پی او بھیجتے تو وہ کہتا تھا، اگر آپ اپنی سائیکل دے دیں تو میں بڑی خوشی سے جاؤں گا، اور بڑی خوشی سے آؤں گا۔ ان کی سائیکل کے قریب سے جب ہم گزرتے تھے سلام کر کے، لیکن ہم نے بھی اسے کبھی ہاتھ نہیں لگایا تھا، تو عبدل پر وہ کبھی مہربان ضرور ہوتے تھے، اور وہ سائیکل لے کر ان کا خط پوسٹ کرنے کے لیے فلیمنگ روڈ سے جی پی او جاتا تھا۔ اور میرے حساب کے مطابق چار ساڑھے چار منٹ میں واپس آجاتا تھا، اور اس حالت میں سانس اس کی پھولی ہوئی اور ماتھے پر پسینہ ہوتا تھا۔

میں اس کی مستعدی سے بہت خوش تھا کہ یہ جو اپنی وہیکل ہے اس کو اتنے شوق سے، اور اتنی مستعدی سے استعمال کرتا ہے۔ ایک مرتبہ اتفاق ایسا ہوا کہ میں نے دیکھا بازار میں وہ واپس آ رہا تھا جی پی او سے خط پوسٹ کر کے۔ اس طرح کہ سائیکل کا ہینڈل اس نے ہاتھ میں پکڑا ہوا ہے، اور اس کے ساتھ بڑی تیزی سے بھاگتا ہوا آ رہا تھا۔ اس کے اوپر سوار نہیں تھا۔ تو میں نے اسے روک لیا۔ میں نے کہا، عبدل یہ کیا۔ کہنے لگا، "میں بھاجی داخط پا کے آیاں تے جلدی واپس آیاں۔" میں نے کہا تو سائیکل لیکر گیا تھا۔ کہنے لگا ہاں جی۔ تو میں نے کہا، اس پر سوار کیوں نہیں ہوا۔ کہنے لگا، عزت کی خاطر لے کر جاتا ہوں۔ سائیکل مجھے چلانی نہیں آتی۔ تو آج بھی تقریباً ہمارا معاملہ عبدل جیسا ہی ہے۔ دوسرے اس کو جب چھٹی ملتی تھی، وہ انگریزی فلم دیکھنے جاتا تھا۔ مال روڈ پر یہاں دو سینما تھے، جن میں انگریزی فلم لگتی تھی۔ اس کو اس کی بڑی دیوانگی تھی، انگریزی سیکھنے کا چسکا، اور انگریزی سیکھنے کی لگن۔ آج ہی نہیں اس وقت بھی بہت زیادہ تھی تو جب وہ فلم دیکھ کے آتا تھا تو میرے بھائی پوچھتے، کیسی تھی۔ کہتا بہت کمال کی تھی۔ اس میں ایک مس تھی، وہ تیرتی بہت اچھا تھی۔ وری بیوٹی۔ لیکن وہ فلمیں دیکھ دیکھ کے اندازے لگاتا مگر اس میں اتنی استعداد نہ تھی کہ سمجھ سکتا۔ کوئی لفظ اسے انگریزی کا سمجھ نہیں آتا تھا۔ نہ ہی وہ اس کا تلفظ ادا کر سکتا تھا، نہ ہی اس کو بیان کر سکتا تھا، لیکن ایک دن میرے بھائی نے پوچھا کہ تو اتنا وقت ضائع کرتا ہے، اتنے پیسے ضائع کرتا ہے، اور اس توجہ، اور لگن کے ساتھ اپنی زندگی مستغرق کی ہوئی ہے اگر تو مجھے انگریزی کے چار حرف بتا دے، پورے چار۔ چار الفاظ، تو میں تمہیں پورا ایک روپیہ دوں گا۔ تو اس نے کہا کہ میٹرو گولڈون میئر۔ انہوں نے کہا یہ تو چار نہیں ہوئے تین ہوئے ہیں۔ کہنے لگا "اوں" چوتھا بھی اس نے ادا کر دیا۔ تو وہ انگریزی جو جانتا تھا، وہ اس قسم کی تھی اب بھی ہم کوشش کر رہے ہیں، اور انگریزی کے اندر کچھ ایسے ہی پھنسے ہوئے ہیں۔ شیر کی بھوگی مارتے نہیں۔ انگریزی چلتی نہیں۔

یہ تو تھی بات جو برسبیل تذکرہ آگئی۔ میرا آج کا جو موضوع تھا وہ بتانا نہیں چاہتا تھا۔ پروفیسر صاحب یہاں آج تشریف فرما ہیں۔ جس زمانے میں میں روم میں تھا، روم یونیورسٹی میں، اور میں سب سے youngest پروفیسر تھا۔ یونیورسٹیوں میں چھٹیاں تھیں، گرمیوں کا زمانہ تھا۔ دوپہر کے وقت ریڈیو سٹیشن پر مجھے اردو براڈ کاسٹنگ کرنی پڑتی تھی۔ لوٹ کے آ رہا تھا تو خواتین وحضرات روم میں دوپہر کے وقت سب لوگ قیلولہ کرتے تھے۔ 4 بجے تک سوتے تھے، اور روم کی سڑکیں تقریباً خالی ہوتی تھیں، اور کارپوریشن نے یہ انتظام کر رکھا تھا کہ وہ وہاں پر پانی کے حوض لگا کر سڑکیں دھوتے ہیں، اور

شام تک سڑکیں ٹھنڈی بھی ہو جاتی ہیں، خوشگوار بھی ہو جاتی ہیں، صاف بھی ہو جاتی ہیں۔ تو وہ سڑکوں کو دھو رہے تھے۔ اکادکا کوئی ٹریفک کی سواری آ جارہی تھی۔ تو میں اپنی گاڑی چلاتا ہوا جارہا تھا۔ اب دیکھیے انسان کے ساتھ ساتھ ایک دیسی مزاج چلتا ہے آدمی کہیں بھی چلا جائے، تو میں گاڑی چلا رہا تھا۔ میں نے دیکھا کہ گول دائرہ ہے اس کے اوپر سے میں چکر کاٹ کے آؤں گا۔ پھر میں اپنے گھر کی طرف مڑوں گا تو یہ بڑی بیہودہ بات ہے۔ بیچ میں سے چلتے ہیں۔ اس وقت کون دیکھتا ہے، دوپہر کا وقت ہے۔ تو میں بیچ میں سے گزرا وہاں ایک سپاہی کھڑا تھا، اس نے مجھے دیکھا، اور اس نے پروا نہیں کی۔ جانے دیا کہ یہ جارہا ہے یہ نوجوان تو کوئی بات نہیں۔ جب میں نے دیکھا شیشے میں سے گردن گھما کے کچھ مجھے تھوڑا سا یاد پڑتا ہے۔ میں طنزاً مسکرایا۔ کچھ اپنی فیٹ (fate) کے اوپر کچھ اپنی کامیابی کے اوپر۔ میں نے خوشی منانے کے لیے ایک مسکراہٹ کا پھول اس کی طرف پھینکا۔ جب اس نے یہ دیکھا کہ اس نے میری یہ عزت کی ہے تو اس نے سیٹی بجا کے روک لیا۔ اب وہاں پر سیٹی بجنا موت کے برابر تھی اور رکنا بھی، میں رکا، وہ آگیا، اور آ کے کھڑا ہوگیا۔ پہلے سلیوٹ کیا، ولایت میں رواج ہے کہ جب بھی آپ کا چالان کرتے ہیں۔ آپ کو پکڑنا ہوتا ہےتو سب سے پہلے آکر سلیوٹ مارتے ہیں۔ تو اس نے کھڑے ہوکر سلیوٹ مارا اب میں اندر تھر تھر کانپ رہا ہوں۔ شیشہ میں نے نیچے کیا تو مجھے کہنے لگا کہ آپ کا لائسنس۔ تو میں نے اس سے کہا میں زبان نہیں جانتا۔ اس نے کہا، چنگی بھلی بول رہے ہو۔ میں نے کہا، میں نہیں جانتا تم ایسے ہی جھوٹ بول رہے ہو۔ میں تو نہیں جانتا ہوں۔ اس نے کہا، نہیں آپ اپنا لائسنس دیں۔ تو میں نے کہا، فرض کریں جس کے پاس اس کا لائسنس نہ ہو تو پھر وہ کیا کرے۔ اس نے کہا کوئی بات نہیں۔ میں آپ کا چالان کر دیتا ہوں۔ پرچی پھاڑ کے تو یہ آپ لے جائیں اور جرمانہ جمع کروا دیں۔ میں تو ایسے ہی مانگ رہا تھا۔ میں نے کہا، مجھ سے غلطی ہوگئی۔ اس نے مسکراتے ہوئے کہا غلطی ہو گئی تھی تو چلے جاتے۔ اس نے بغیر مجھ سے پوچھے کاپی نکالی اور چالان کر دیا، اور چالان بھی بڑا سخت، بارہ آنے جرمانہ۔ میں نے لیلی پرچی۔ میں نے کہا، میں اس کو لے کر کیا کروں۔ اس نے کہا اپنے کسی بھی قریبی ڈاکخانے میں منی آرڈر کی کھڑکی پر جمع کروا دیں۔ بس وہاں کچہری نہیں جانا پڑتا، دھکے نہیں کھانے پڑتے۔ بس آپ کا جرمانہ ہوگیا، آپ ڈاکخانے میں دیں گے تو بس۔ میں جب چالان کروا کے گھر آگیا تو میں نے اپنی لینڈ لیڈی سے کہا، میرا چالان ہوگیا ہے۔ کہنے لگی، آپ کا۔ میں نے کہا، میں کیا کروں۔ اب ان کو ایسے لگا کہ ہمارے گھر میں جیسے ایک بڑا مجرم رہتا ہے۔ اور اس نے اپنی بیٹی کو بتایا کہ پروفیسر کا چالان ہوگیا ہے۔ بڈھی مائی تھی۔ ان کی ایک ساس تھی اس کو بھی بتایا، سارے روتے ہوئے میرے پاس آگئے۔ میں بڑا ڈرا کہ یا اللہ یہ کیا۔ کہنے لگے تو شریف آدمی لگتا تھا۔ اچھے خاندان کا اچھے گھر کا لگتا تھا۔ ہم نے تجھے یہ کرائے پر کمرا بھی دیا ہوا ہے لیکن تو ویسا نہیں نکلا خیر گھر خالی کرنے کو تو نہیں کہا۔ جو بڈھی مائی تھی، ان کی ساس، اس نے کہا۔ ہو تو گیا ہے برخوردار چالان۔ لیکن کسی سے ذکر نہ کرنا۔ محلے داری کا معاملہ ہے۔ اگر ان کو پتا چل گیا کہ اس کا چالان ہوگیا ہے تو بڑی رسوائی ہوگی۔ لوگوں کو پتا چلے گا۔ میں نے کہا، نہیں میں پتا نہیں لگنے دوں گا۔ میری لا ابالی طبیعت، 26 سال کی عمر تھی۔ چالان جیب میں ڈالا اور نکل گیا دوستوں سے ملنے۔ اگلے دن مجھے جمع کروانا تھا، بھول گیا۔ پھر سارا دن گزر گیا۔ اس سے اگلے دن مجھے اصولاً جمع کروا دینا چاہیے تھا تو میں نے کپڑے بدلے تو اس پرانے کوٹ میں رہ گیا۔ شام کے وقت مجھے ایک تار ملا کہ محترمی جناب پروفیسر صاحب فلاں فلاں مقام پر فلاں چوراہے پر آپ کا چالان کر دیا گیا تھا، فلاں سپاہی نے۔ یہ نمبر ہے آپ کے چالان کا۔ آپ نے ابھی تک کہیں بھی چالان کے پیسے جمع نہیں کروائے یہ بڑی حکم عدولی ہے۔ مہربانی فرما کر اسے جمع کروا دیں۔ آپ کی بڑی مہربانی ہوگی۔ تقریباً 12 روپے کا تار تھا۔ میں نے سارے لفظ گنے۔ مجھ سے یہ کوتاہی ہوئی کہ میں پھر بھول گیا، اور ان کا پھر ایک تار آیا۔ اگر آپ اب بھی رقم جمع نہیں کروائیں گے تو پھر

ہمیں افسوس ہے کہ کورٹ میں پیش کر دینا پڑے گا۔ مجھ سے کوتا ہی ہوئی، نہیں جا سکا۔ تب مجھے کورٹ سے ایک سمن آگیا کہ فلاں تاریخ کو عدالت میں پیش ہو جائیں، اور یہ جو آپ نے حکم عدولی کی ہے، قانون توڑا ہے، اس کے بارے میں آپ سے پورا انصاف کیا جائے گا۔ ان کی بولی، چونکہ رومن لاء وہیں سے چلا ہے تو بڑی تفصیل کے ساتھ۔اب میں ڈرا، میری سٹی گم ہوئی۔ پریشان ہوا کہ اب میں دیار غیر میں ہوں۔ کوئی میرا حامی وناصر مددگار نہیں ہے۔ میں کس کو اپنا والی بناؤں گا۔ میرا ڈاکٹر تھا۔ ڈاکٹر بالدی اس کا نام تھا، نوجوان تھا۔ میں نے اس سے کہا، مجھے وکیل کردو۔ اس نے کہا، میرا ایک دوست ہے۔ اس کے پاس چلتے ہیں۔ اس کے پاس گئے۔ اس نے کہا، یہ تھوڑا سا پیچیدہ ہو جائے گا۔ اگر میں گیا عدالت میں۔ بہتر یہی ہے پروفیسر صاحب جائیں، اور جاکر خود Face کریں عدالت کی خدمت میں یہ عرض کریں کہ میں چونکہ اس قانون کو ٹھیک طرح سے نہیں جانتا تھا۔ میں یہاں پر ایک غیر ملکی ہوں تو مجھے معافی دی جائے۔ میں ایسا آئندہ نہیں کروں گا۔

میں نے کہا ٹھیک ہے۔ چنانچہ میں ڈرتا ڈرتا چلا گیا۔ اگر آپ کو روم جانے کا اتفاق ہو تو "پالاس آف دی جسٹس "Palace of Justice وہ رومن زمانے کا بہت بڑا وسیع وعریض ہے، اسے تلاش کرتے کرتے ہم اپنے جج صاحب کے کمرے میں پہنچے تو وہ وہاں تشریف فرما تھے۔ مجھے ترتیب کے ساتھ بلایا گیا تو میں چلا گیا۔ اب بالکل میرے بدن میں روح نہیں ہے، اور میں خوفزدہ ہوں، اور کانپنے کی بھی مجھ میں جرات نہیں۔ اس لیے کہ تشنج جیسی کیفیت ہو گئی تھی، انہوں نے حکم دیا، آپ کھڑے ہوں اس کٹہرے کے اندر۔ اب عدالت نے مجھ سے پوچھا کہ آپ کا چالان ہوا تھا، اور آپ کو یہ حکم دیا گیا تھا کہ آپ یہ بارہ آنے ڈاک خانے میں جمع کروائیں، کیوں نہیں کروائے؟ میں نے کہا، جی مجھ سے کوتاہی ہوئی، مجھے کروانے چاہئیں تھے، لیکن میں ...... اس نے کہا، کتنا وقت عملے کا ضائع ہوا۔ کتنا پولیس کا ہوا، اب کتنا" جسٹیک کا" ہوا (جسٹس عدالت کا ہورہا ہے) اور آپ کو اس بات کا احساس ہونا چاہیے تھا۔ ہم اس کے بارے میں آپ کو کڑی سزا دیں گے۔ میں نے کہا، میں یہاں پر ایک فارنر ہوں۔ پردیسی ہوں۔ جیسا ہمارا بہانہ ہوتا ہے، میں کچھ زیادہ آداب نہیں سمجھتا۔ قانون سے میں واقف نہیں ہوں تو میرے پر مہربانی فرمائیں۔انہوں نے کہا، آپ زبان تو ٹھیک ٹھاک بولتے ہیں۔ وضاحت کررہے ہیں۔ آپ کیا کرتے ہیں تو میں چپ کر کے کھڑا رہا۔ پھر انہوں نے پوچھا کہ عدالت آپ سے پوچھتی ہے کہ آپ کون ہیں، اور آپ کا پیشہ کیا ہے؟ میں نے کہا، میں ایک ٹیچر ہوں۔ پروفیسر ہوں۔ روم یونیورسٹی میں۔ تو وہ جج صاحب کرسی کو سائیڈ پر کر کے کھڑا ہو گیا، اور اس نے اعلان کیا Teacher in the Court. جیسے اعلان کیا جاتا ہے، اور وہ سارے اٹھ کر کھڑے ہوگئے۔ منشی، تھانیدار، عمل دار جتنے بھی تھے، اور اس نے حکم دیا کہ

A teacher has come to the court .riahC rehcaet eht rof thguorb eb dluohs

اب وہ کٹہرا چھوٹا سا، میں اس کو پکڑ کر کھڑا ہوں۔ وہ کرسی لے آئے۔ حکم ہوا کہ تو Teacher ہے، کھڑا نہیں ہو سکتا۔ تو پھر اس نے ایک بانی پڑھنی شروع کی۔جج نے کہا کہ اے معزز استاد! اے دنیا کو علم عطا کرنے والے استاد! اے محترم ترین انسان! اے محترم انسانیت! آپ نے ہی ہم کو عدالت کا، اور عدل کا حکم دیا ہے، اور آپ ہی نے ہم کو یہ علم پڑھایا ہے، اور آپ ہی کی بدولت ہم اس جگہ پر براجمان ہیں۔ اس لیے ہم آپ کے فرمان کے مطابق مجبور ہیں۔ عدالت نے جو ضابطہ قائم کیا ہے، اس کے تحت آپ کو چیک کریں، باوجود اس کے کہ ہمیں اس بات کی شرمندگی ہے، اور ہم بے حد افسردہ کہ ہم ایک استاد کو جس سے محترم، اور کوئی نہیں ہوتا، اپنی عدالت میں ٹرائل کررہے ہیں، اور یہ کسی بھی جج کے لیے انتہائی تکلیف دہ موقع ہے کہ کورٹ میں، کٹہرے میں ایک استاد مکرم ہو اور اس سے Trail کیا جائے۔ اب میں شرمندہ اپنی جگہ پر یا اللہ یہ کیا شروع ہو رہا ہے۔میں نے کہا،

حضور جو بھی آپ کا قانون ہے، علم یا جیسے کیسے بھی آپ کا ضابطہ ہے، اس کے مطابق کریں، میں حاضر ہوں۔ تو انہوں نے کہا، ہم نہایت شرمندگی کے ساتھ، اور نہایت دکھ کے ساتھ، اور گہرے الم کے ساتھ آپ کو ڈبل جرمانہ کرتے ہیں۔ ڈیڑھ روپیہ ہوگیا۔ اب جب میں اٹھ کے اس کرسی میں سے کٹہرے میں سے نکل کر شرمندہ، باہر نکلنے کی کوششیں کررہا تھا۔ وہ جوجج، اس کا عملہ تھا، اس کے منشی تھے، وہ سارے جناب میرے پیچھے پیچھے (A teacher in the court) جارہے تھے کہ ہم احترام فائقہ کے ساتھ آپ کو رخصت کرتے ہیں۔ میں کہوں، میری جان چھوڑیں۔ یہ باہر نکل کر میرے ساتھ کیا کریں گے۔ آگے تک میری موٹر تک مجھے چھوڑکے آئے۔ جب تک میں وہاں سے سٹارٹ نہیں ہوگیا، وہ عملہ وہاں پر ایسے ہی کھڑا تھا۔ اب میں لوٹ کے آیا تو میں سمجھا یا اللہ میں بڑا معزز آدمی ہوں، اور محلے والوں کو بھی آکر بتایا کہ میں ایسے گیا تھا، اور وہاں پر یہ یہ ہوا۔ وہ بھی جناب، اور میری جو لینڈلیڈی تھی، وہ بھی بڑی خوشی کے ساتھ محلے میں چوڑی ہو کے گھوم رہی تھی کہ دیکھو ہمارا یہ ٹیچر گیا، اور کورٹ نے اتنی عزت کی۔ اس کی عزت افزائی ہوئی تو میں یہ سمجھا کہ اس کے ساتھ ساتھ میری تنخواہ میں بھی اضافہ ہوگا، دیسی آدمی جو ہے ناوہ چاہے ٹیچر بھی ہو، وہ گریڈ کا ضرور سوچے گا۔ کتنی بھی آپ عزت دے دیں، کتنا بھی احترام دے دیں، وہ پھر بھی ضرور سوچے گا کہ مجھے کہیں سے چارپیسے بھی ملیں گے کہ نہیں، میں نے اپنے ریکٹر سے پوچھا، تو اس نے کہا، نہیں تنخواہ یہاں پروفیسر کی اتنی ہی ہے جتنی تمہارے پاکستان میں ہے۔ وہ کوئی مالی طور پر اتنے بڑے نہیں ہیں، لیکن عزت کے اعتبار سے بہت بڑے ہیں۔ رتبہ ان کا بہت زیادہ ہے، اور کوئی شخص یہاں کوئی بیوروکریٹ ہو، یہاں کوئی جج ہو۔ آپ نے دیکھ ہی لیا ہے۔ یہاں کا تاجر ہو، یہاں کا فیوڈل لارڈ ہو، وہ استاد کے رتبے کے پیچھے اسی طرح چلتا ہے، جیسے روم کے دنوں میں غلام اپنے آقا کے پیچھے چلتے تھے۔ مالی طور پر وہ بھی بے چارے ہیں۔ یہی ان کا کمال ہے کہ مالی طور پر کمتی ہیں، لیکن رتبے کے اعتبار سے بہت اونچے ہیں جیسے سقراط جو تھا، وہ اپنے کھنڈروں میں، اور فورم میں کھڑا ہو کے ننگے پاؤں بات کرتا تھا، لیکن اس کا احترام تھا۔ وہ کوئی امیر آدمی نہیں تھا۔ میرا باس کہا کرتا تھا۔

You have changed your profession for a handfull silver

مصنف : مرزا محمد پاوہ رسوا

معروف دانشور، ادیب، ڈرامہ نگار، تجزیہ نگار، سفرنامہ نگار اور براڈکاسٹر اشفاق احمد پاکستانی ادب کے نابغہ روزگار میں سے تھے۔

جناب اشفاق احمد خان ہندوستان کے شہر ہوشیار پور کے ایک چھوٹے سے گاؤں خان پور میں ڈاکٹر محمد خان کے گھر 22 اگست 5291ء کو بروز پیر پیدا ہوئے۔ اشفاق احمد ایک کھاتے پیتے پٹھان گھرانے میں پیدا ہوئے تھے۔ آپ کے والد ایک قابل محنتی اور جابر پٹھان تھے۔ جس کی مرضی کے خلاف گھر میں پتا بھی نہیں ہل سکتا تھا۔ گھر کا ماحول روایتی تھا۔ بندشیں ہی بندشیں تھیں۔

آپ نے ابتدائی مذہبی تعلیم مولوی محمد ابراہیم میر سیالکوٹی سے حاصل کی۔ بعد ازاں 1291ء میں آپ نے سکاچ مشن اسکول سیالکوٹ میں داخلہ لیا۔ آپ نے میٹرک کا امتحان اسکاچ مشن اسکول سیالکوٹ اور پھر ایف اے کا امتحان مرے کالج سیالکوٹ سے پاس کیا۔ آپ کے اساتذہ میں میر مولوی شمس الحق (جو علامہ اقبال کے بھی استاد تھے) بھی شامل تھے۔ آپ نے اسکول میں فارسی اور عربی زبان سیکھی۔

بی اے آپ نے گورنمنٹ کالج لاہور سے کیا اور پھر وہیں سے 2391ء میں انگریزی میں ایم اے کیا۔ بعد میں اورینٹل کالج لاہور سے عربی میں بھی ایم اے کیا۔

ایک محبت سو افسانے اور اجلے پھول ان کے ابتدائی افسانوں کے مجموعے ہیں۔ بعد میں سفر در سفر (سفرنامہ)، کھیل کہانی (ناول)، ایک محبت سو ڈرامے (ڈراما سیریز) اور توتا کہانی (ڈراما سیریز) ان کی نمایاں تصانیف ہیں۔ 5691ء سے انہوں نے ریڈیو پاکستان لاہور پر ایک ہفتہ وار فیچر پروگرام تلقین شاہ کے نام سے کرنا شروع کیا جو اپنی مخصوص طرز مزاح اور دو معنی گفتگو کے باعث مقبول عام ہوا اور تیس سال سے زیادہ چلتا رہا۔

نئے الفاظ

熟悉的(形)	āshnā	آشنا
癖好(阳)	chaskā	چسکا
偏爱，迷恋(阴)	lagan	لگن
被淹没于，埋头于(形)	mustaghraq	مستغرق
办法，手段(阴)	sabīl	سبیل
午休(阳)	qailūlah	قیلولہ
范围(阳)	dā’irah	دائرہ
国家；异国(阴)	vilāyat	ولایت
(法院)传票，传唤	chālān	چالان
罚款，罚金(阳)	jurmānah	جرمانہ
事故；灾难(阳)	dhakkā	دھکا
疏忽大意的，不在意的(形)	lā ū bālī	لاابالی
反对(阳)	‘adū	عدو
解释，陈述(阴)	tafsīl	تفصیل
被吓到的，感到恐惧的(形)	khaufzadah	خوفزدہ
原则(阴)	bānī	بانی
坐下的，就座的(形)	birājmān	براجمان
辞别，送别(阴)	rukhsat	رخصت
法院(阴)	a’dālat	عدالت
尊严，声望，地位(阴)	manzilat	منزلت
乐意；积极(阴)	musta‘iddī	مستعدی
才能，天赋(阴)	isti’dād	استعداد
字(阳)	harf	حرف
尖锐的(形)	tund	تند
少数，一星半点(副)	akkā dūkkā	اکا دکا
讽刺地，意有所指地(副)	tanz	طنزاً
惯例(阳)	ravāj	رواج
开庭日期书(阴)	parchī	پرچی
地方法院，法庭(阴)	kachahrī	کچہری
受益的；幸运的(形)	bar khurdār	برخوردار
某某(阳，阴)	fulān	فلاں
不足；瑕疵(阴)	kōkāhī	کوتاہی
宽的，广阔的(形)	‘arīz	عریض
解释(阴)	vazāhat	وضاحت
公平，公道(阳)	‘adl	عدل
沮丧的，忧虑的，郁闷的(形)	afsurdah	افسردہ

地位；尊严，荣誉（阳）	rutbha	رتبہ	薪水，工资（阴）	tankḫāh	تنخواہ
主人；老爷（阳）	āqā	آقا	金钱上的，财政的（形）	mālī	مالی

وضاحت

此处表示管家说话带有口音。	"میں بھاجی داخط پا کے آیاں تے جلدی واپس آیاں ۔"
沉迷（于学说英语）的同时让自己的人生不堪重负，如果他能说出英语的四个字，四个完整的字。四个词，那我就给你整整1卢比。 （这里前半句是陈述句，后半句是引述句。）	اور لگن کے ساتھ اپنی زندگی مستغرق کی ہوئی ہے اگر تو مجھے انگریزی کے چار حرف بتا دے، پورے چار۔ چار الفاظ، تو میں تمہیں پورا ایک روپیہ دوں گا۔
下午的时候我收到一个电报，亲爱的教授先生，在某某地点某路口您收到罚单，某民警开具。	شام کے وقت مجھے ایک تار ملا کہ محترمی جناب پروفیسر صاحب فلاں فلاں مقام پر فلاں چوراہے پر آپ کا چالان کر دیا گیا تھا، فلاں سپاہی نے۔

مشق

۱۔ "میں" کس وجہ سے عدالت میں گیا ؟

۲۔ آپ کے خیال میں پالاس آف دی جسٹی میں جب "میں" عدالت کو بتایا کہ "میں" ایک ٹیچر ہوں ، روم یونیورسٹی میں کام کرتا ہوں، تو جج نے کرسی کو سائیڈ پر کر کے کھڑا ہو گیا ،اور اپنی انتہائی احترام ادا کیا ۔ آپ کی اس پر کیا رائے ہے ؟ کچھ بتائیے ۔

۳۔ مندرجہ ذیل پڑھئے اور بتائیے کہ اس حصے میں مصنف کا صحیح مطلب کیا ہے ؟

اس کی عزت افزائی ہوئی تو میں یہ سمجھا کہ اس کے ساتھ ساتھ میری تنخواہ میں بھی اضافہ ہوگا، دیسی آدمی جو ہے ناوہ چاہے ٹیچر بھی ہو، وہ گریڈ کا ضرور سوچے گا۔ کتنی بھی آپ عزت دے دیں، کتنا بھی احترام دے دیں، وہ پھر بھی ضرور سوچے گا کہ مجھے کہیں سے چارپیسے بھی ملیں گے کہ نہیں، میں نے اپنے ریکٹر سے پوچھا، تو اس نے کہا، نہیں تنخواہ یہاں پروفیسر کی اتنی ہی ہے جتنی تمہارے پاکستان میں ہے۔ وہ کوئی مالی طور پر اتنے بڑے نہیں

ہیں، لیکن عزت کے اعتبار سے بہت بڑے ہیں۔ رتبہ ان کا بہت زیادہ ہے، اور کوئی شخص یہاں کوئی بیورو کریٹ ہو، یہاں کوئی جج ہو۔ آپ نے دیکھ ہی لیا ہے۔ یہاں کا تاجر ہو، یہاں کا فیوڈل لارڈ ہو، وہ استاد کے رتبے کے پیچھے اسی طرح چلتا ہے، جیسے روم کے دنوں میں غلام اپنے آقا کے پیچھے چلتے تھے۔ مالی طور پر وہ بھی بے چارے ہیں۔ یہی ان کا کمال ہے کہ مالی طور پر کمتی ہیں، لیکن رتبے کے اعتبار سے بہت اونچے ہیں جیسے سقراط جو تھا، وہ اپنے کھنڈروں میں، اور فورم میں کھڑا ہو کے ننگے پاؤں بات کرتا تھا، لیکن اس کا احترام تھا۔ وہ کوئی امیر آدمی نہیں تھا۔ میرا باس کہا کرتا تھا۔

انیسواں سبق　میں ایک میاں ہوں

作品导读

帕特雷波卡里（1898—1958）是其笔名，作者原名赛义德·艾哈迈德·沙阿。他生于白沙瓦，卒于美国纽约。他是巴基斯坦的教育家和外交官，也是著名乌尔都语幽默散文家，其散文被认为是当代最优秀的乌尔都语幽默散文。他曾在联合国任职，倡导在非洲和中东地区的殖民解放运动并得到很高的评价，被认为是一个优秀的领导者、哲学家和学者。2003 年 8 月获得政府追授的最高公民奖。

《我是一个老公》讲的是一个家庭的生活趣事，主人公自我定义为一个处处服从妻子，事事须让妻子知晓的老公。他列举了一系列生活中的琐事，说明妻子对自己的影响，例如就邻居养鸽子进行交涉，在妻子的压力下不能睡懒觉，本来想趁着妻子回娘家放纵一下自己，结果也未能如愿以偿等等。然而虽然口头上是抱怨，表现出的格调却是甜蜜温馨的。虽然妻子对自己的事情干涉很多，但是也正是因为如此生活过得更有滋有味。文中虽然处处抱怨，却是一种“甜蜜的责备”，令人会心微笑。《一夜未眠的早晨》则讲述了一个令人啼笑皆非的经历。主人公爱睡懒觉，快要考试了，请邻居早晨提醒他起床。结果邻居不仅给予了各种叮嘱，而且凌晨三点就来叫醒了主人公，之后又拜托主人公指导自己学音乐等一系列事情，作者以一种无奈而诙谐的笔调描写了一个令人忍俊不禁的故事。散文内容活泼，语言诙谐，笔调清新，最为可贵的是虽着墨于抱怨生活琐事，风格却是高雅向上、乐观积极的。

میں ایک میاں ہوں

پطرس بخاری

میں ایک میاں ہوں۔ مطیع و فرمانبردار، اپنی بیوی روشن آراء کو اپنی زندگی کی ہر ایک بات سے آگاہ رکھنا اصول زندگی سمجھتا ہوں اور ہمیشہ اس پر کاربند رہا ہوں۔

چنانچہ میری اہلیہ میرے دوستوں کی تمام عادات و خصائل سے واقف ہیں ۔ جس کا نتیجہ یہ ہے کہ میرے دوست جتنے مجھ کو عزیز ہیں اتنے ہی روشن آراء کو برے لگتے ہیں ۔ میرے احباب کی جن اداؤں نے مجھے مسحور کر رکھا ہے انہیں میری اہلیہ ایک شریف انسان کے لئے باعث ذلت سمجھتی ہیں ۔

آپ کہیں یہ نہ سمجھ لیں کہ خدا نخواستہ وہ کوئی ایسے آدمی ہیں ، جن کا ذکر کسی معزز مجمع میں نہ کیا جاسکے ۔ کچھ اپنے ہنر کے طفیل اور کچھ خاکسار کی صحبت کی بدولت سب کے سب ہی سفید پوش ہیں ۔ لیکن اس بات کو کیا کروں کہ ان کی دوستی میرے گھر کے امن میں اس قدر خلل انداز ہوتی ہے کہ کچھ کہہ نہیں سکتا ۔

مثلاً مرزا صاحب ہی کو لیجئے اچھے خاصے اور بھلے آدمی ہیں ۔ گو محکمہ جنگلات میں ایک معقول عہدے پر ممتاز ہیں لیکن شکل و صورت ایسی پاکیزہ پائی ہے کہ امام مسجد معلوم ہوتے ہیں ۔ جوا وہ نہیں کھیلتے ، گلی ڈنڈے کا ان کو شوق نہیں ۔ جیب کترتے ہوئے کبھی وہ نہیں پکڑے گئے البتہ کبوتر پال رکھے ہیں ، انہی سے جی بہلاتے ہیں ۔ ہماری اہلیہ کی یہ کیفیت ہے کہ محلے کا کوئی بدمعاش جوئے میں قید ہو جائے تو اس کی ماں کے پاس ماتم پرسی تک کو چلی جاتی ہیں ۔ گلی ڈنڈے میں کسی کی آنکھ پھوٹ جائے تو مرہم پٹی کرتی رہتی ہیں ۔ کوئی جیب کترا پکڑا جائے ، تو گھنٹوں آنسو بہاتی رہتی ہیں ، لیکن وہ بزرگ جن کو دنیا بھر کی زبان مرزا صاحب کہتے تھکتی ہے ہو ہمارے گھر میں "موئے کبوتر باز" کے نام سے یاد کئے جاتے ہیں کبھی بھولے سے بھی میں آسمان کی طرف نظر اٹھا کر کسی چیل ، کوے ، گدھ ، شکرے کو دیکھنے لگ جاؤں ، تو روشن آراء کو فوراً خیال ہو جاتا ہے ، کہ بس اب یہ بھی کبوتر باز بننے لگا ۔

اس کے بعد مرزا صاحب کی شان میں ایک قصیدہ شروع ہو جاتا ہے ۔ بیچ میں میری جانب گریز ۔ کبھی لمبی بحر میں ، کبھی چھوٹی بحر میں ۔

ایک دن جب یہ واقعہ پیش آیا ، تو میں نے مصمم ارادہ کر لیا ، کہ اس کمبخت کو کبھی پاس نہ پھٹکنے دوں گا ، آخر گھر سب سے مقدم ہے ۔ بیوی کے باہمی اخلاص کے مقابلے میں دوستوں کی خوشنودی کیا چیز ہے ؟ چنانچہ ہم غصے میں بھرے ہوئے مرزا صاحب کے گھر گئے ، دروازہ کھٹکھٹایا کہنے لگے اندر آجاؤ ۔ ہم نے کہا ، نہیں آتے تم باہر آؤ خیر اندر گیا بدن پر تیل مل کر ایک کبوتر کی چونچ منہ میں لئے دھوپ میں بیٹھے تھے ۔ کہنے لگے بیٹھ جاؤ ہم نے کہا ، بیٹھیں گے نہیں ، آخر بیٹھ گئے معلوم ہوتا ہے ہمارے تیور کچھ بگڑے ہوئے تھے مرزا بولے کیوں بھئی ؟ خیر باشد ! میں نے کہا ، کچھ نہیں ۔ کہنے لگے اس وقت کیسے آنا ہوا ؟

اب میرے دل میں فقرے کھلنے شروع ہوئے پہلے ارادہ کیا کہ ایک دم ہی سب کچھ کہہ ڈالو اور چل دو پھر سوچا کہ مذاق سمجھے گا اس لئے کسی ڈھنگ سے بات شروع کرو ۔ لیکن سمجھ میں نہ آیا کہ پہلے کیا کہیں آخر ہم نے کہا ،

"مرزا بھئی کبوتر بہت مہنگے ہوتے ہیں ؟"

یہ سنتے ہی مرزا صاحب نے چین سے لے کر امریکہ تک کے تمام کبوتروں کو ایک ایک کر کے گنوانا شروع کیا اس کے بعد دانے کی مہنگائی کے متعلق گل افشانی کرتے رہے اور پھر محض مہنگائی پر تقریر کرنے لگے اس دن تو ہم یوں ہی چلے آئے لیکن ابھی کھٹ پٹ کا ارادہ دل میں باقی تھا خدا کا کرنا کیا ہوا کہ شام کو گھر میں ہماری صلح ہو گئی ، ہم نے کہا چلو اب مرزا کے ساتھ بگاڑنے سے کیا حاصل ؟ چنانچہ دوسرے دن مرزا سے بھی صلح صفائی ہو گئی ۔

لیکن میری زندگی تلخ کرنے کے لئے ایک نہ ایک دوست ہمیشہ کار آمد ہوتا ہے ۔ ایسا معلوم ہوتا ہے کہ فطرت نے میری طبیعت میں قبولیت اور صلاحیت کوٹ کوٹ کر بھر دی ہے کیونکہ ہماری اہلیہ کو ہم میں ہر وقت کسی نہ کسی دوست کی عادات قبیحہ کی جھلک نظر آتی رہتی ہے یہاں تک کہ میری اپنی ذاتی شخصی سیرت بالکل ہی ناپید ہو چکی ہے ۔

شادی سے پہلے ہم کبھی کبھی دس بجے اٹھا کرتے تھے ورنہ گیارہ بجے ۔ اب کتنے بجے اٹھتے ہیں ؟ اس کا اندازہ وہی لوگ لگا سکتے ہیں جن کے گھر ناشتہ زبردستی صبح

کے ساتھ بجے کرا دیا جاتا ہے اور اگر ہم کبھی بشری کمزوری کے تقاضے سے مرغوں کی طرح تڑکے اٹھنے میں کوتاہی کریں تو فوراً کہہ دیا جاتا ہے کہ یہ نکھٹو نسیم کی صحبت کا نتیجہ ہے۔ ایک دن صبح صبح ہم نہا رہے تھے سردی کا موسم ہاتھ پاؤں کانپ رہے تھے صابن سر پر ملتے تھے تو ناک میں گھستا تھا کہ اتنے میں ہم نے خدا جانے کس پرا سرار جذبے کے ماتحت غسل خانے میں الاپنا شروع کیا۔ اور پھر گانے لگے کہ "توری چھل بل ہے نیازی ۔۔" اس کو ہماری انتہائی بدمذاقی سمجھا گیا، اور اس بدمذاقی کا اصل منبع ہمارے دوست پنڈت جی کو ٹھہرایا گیا۔

لیکن حال ہی میں مجھ پر ایک ایسا سانحہ گزرا ہے کہ میں نے تمام دوستوں کو ترک کر دینے کی قسم کھالی ہے۔

تین چار دن کا ذکر ہے کہ صبح کے وقت روشن آراء نے مجھ سے میکے جانے کیلئے اجازت مانگی۔ جب سے ہماری شادی ہوئی ہے روشن آراء صرف دو دفعہ میکے گئی ہے اور پھر اس نے کچھ اس سادگی اور عجز سے کہا، کہ میں انکار نہ کر سکا۔ کہنے لگی تو پھر میں ڈیڑھ بجے کی گاڑی چلی جاؤں؟ میں نے کہا اور کیا؟

وہ جھٹ تیاری میں مشغول ہوگئی، اور میرے دماغ میں آزادی کے خیالات نے چکر لگانے شروع کئے۔ یعنی اب بیشک دوست آئیں، بے شک اودھم مچائیں، میں بے شک گاؤں، بیشک جب چاہوں اٹھوں، بیشک تھیٹر جاؤں، میں نے کہا۔

"روشن آراء جلدی کرو، نہیں تو گاڑی چھوٹ جائے گی۔" ساتھ سٹیشن پر گیا۔ جب گاڑی میں سوار کرا چکا تو کہنے لگی "خط ضرور لکھتے رہیئے!" میں نے کہا "ہر روز اور تم بھی!"

"کھانا وقت پہ کھا لیا کیجئے، اور ہاں دھلی ہوئی جرابیں اور رومال الماری کے نچلے خانے میں پڑے ہیں" اس کے بعد ہم دونوں خاموش ہوگئے۔ اور ایک دوسرے کے چہرے کو دیکھتے رہے۔ اس کی آنکھوں میں آنسو بھر آئے میرا دل بھی بیتاب ہونے لگا اور جب گاڑی روانہ ہوئی تو میں دیر تک مبہوت پلیٹ فارم پر کھڑا رہا۔

آخر آہستہ آہستہ قدم اٹھاتا ہوا کتابوں کی دکان تک آیا۔ اور رسالوں کے ورق پلٹ پلٹ کر تصویریں دیکھتا رہا۔ ایک اخبار خریدا، تہہ کر کے جیب میں ڈالا اور عادت کے مطابق گھر کا ارادہ کیا۔

پھر خیال آیا کہ اب گھر جانا ضروری نہیں رہا۔ اب جہاں چاہوں جاؤں چاہوں تو گھنٹوں سٹیشن پر ہی ٹہلتا رہوں دل چاہتا تھا قلابازیاں کھاؤں۔

کہتے ہیں جب افریقہ کے وحشیوں کو کسی تہذیب یافتہ ملک میں کچھ عرصہ رکھا جاتا ہے تو گو وہ وہاں کی شان و شوکت سے بہت متاثر ہوتے ہیں۔ لیکن جب واپس جنگلوں میں پہنچتے ہیں تو خوشی کے مارے چیخیں مارتے ہیں۔ کچھ ایسی ہی کیفیت میرے دل کی بھی ہو رہی تھی بھاگتا ہوا سٹیشن سے آزادانہ باہر نکلا آزادی کے لہجہ میں تانگے والے کو بلایا اور کود کر تانگے میں سوار ہوگیا۔ سگریٹ سلگا لیا، ٹانگیں سیٹ پر پھیلا دیں اور کلب کو روانہ ہوگیا۔

رستے میں ایک بہت ضروری کام یاد آیا، تانگہ موڑ کر گھر کی طرف پلٹا باہر ہی سے نوکر کو آواز دی:

"امجد!"

"حضور!"

"دیکھو، حجام کو جا کے کہہ دو کہ کل گیارہ بجے آئے۔"

"بہت اچھا۔"

"گیارہ بجے سن لیانا؟ کہیں روز کی طرح پھر چھ بجے وارد نہ ہوجائے۔"

"بہت اچھا حضور۔"

اور اگر گیارہ بجے سے پہلے آئے، تو دھکے دے کر باہر نکال دو۔"

یہاں سے کلب پہنچے، آج تک کبھی دن کے دو بجے کلب نہ گیا تھا، اندر داخل ہوا تو سنسان۔ آدمی کا نام ونشان تک نہیں سب کمرے دیکھ ڈالے۔ بلیرڈ کا کمرہ خالی شطرنج کا کمرہ خالی۔ صرف کھانے کے کمرے میں ایک ملازم چھریاں تیز کر رہا تھا۔ اس سے پوچھا"کیوں بے آج کوئی نہیں آیا؟"

کہنے لگا" حضور آپ جانتے ہیں، اس وقت بھلا کون آتا ہے ؟"

بہت مایوس ہوا باہر نکل کر سوچنے لگا کہ اب کیا کروں ؟ اور کچھ نہ سوجھا تو وہاں سے مرزا صاحب کے گھر پہنچا معلوم ہوا ابھی دفتر سے واپس نہیں آئے دفتر پہنچا دیکھ کر بہت حیران ہوئے میں نے سب حال بیان کیا کہنے لگے "تم باہر کے کمرے میں ٹھہرو، تھوڑا سا کام رہ گیا۔"بس ابھی بھگتا کے تمہارے ساتھ چلتا ہوں شام کا پروگرام کیا ہے ؟"

میں نے کہا" تھیٹر!"

کہنے لگے "بس بہت ٹھیک ہے تم باہر بیٹھو میں ابھی آیا۔"

باہر کمرے میں ایک چھوٹی سی کرسی پڑی تھی اس پر بیٹھ کر انتظار کرنے لگا اور جیب سے اخبار نکال کر پڑھنا شروع کر دیا شروع سے آخر تک سب پڑھ ڈالا اور ابھی چار بجے میں ایک گھنٹہ باقی تھا پھر سے پڑھنا شروع کر دیا سب اشتہار پڑھ ڈالے اور پھر سب اشتہاروں کو دوبارہ پڑھ ڈالا۔

آخر کار اخبار پھینک کر بغیر کسی تکلف یا لحاظ کے جمائیاں لینے لگا جمائی پہ جمائی۔

جمائی پہ جمائی۔ حتی کہ جبڑوں میں درد ہونے لگا۔

اس کیبعد ٹانگیں ہلانا شروع کیا لیکن اس سے بھی تھک گیا۔

پھر میز پر طبلے کی گیتیں بجاتا رہا۔

بہت تنگ آ گیا تو دروازہ کھول کر مرزا سے کہا" ابے یار اب چلتا بھی ہے کہ مجھے انتظار ہی مار ڈالے گا مردود کہیں کا سارا دن میرا ضائع کر دیا۔"

وہاں سے اٹھ کر مرزا کے گھر گئے۔ شام بڑے لطف میں کٹی کھانا کلب میں کھایا۔ اور وہاں سے دوستوں کو ساتھ لئے تھیٹر گئے رات کے ڈھائی بجے گھر لوٹے سر ہانے پر سر رکھا ہی تھا کہ نیند نے بے ہوش کر دیا۔ صبح آنکھ کھلی تو کمرے میں دھوپ لہریں مار رہی تھی۔ گھڑی کو دیکھا تو پونے گیارہ بجے تھے۔ ہاتھ بڑھا کر میز پر سے ایک سگریٹ اٹھایا اور سلگا کر طشتری میں رکھ دیا اور پھر اونگھنے لگا۔

گیارہ بجے امجد کمرے میں داخل ہوا کہنے لگا" حضور حجام آیا ہے۔"

ہم نے کہا" یہیں بلا لاؤ" یہ عیش مدت کے بعد نصیب ہوا، کہ بستر میں لیٹے لیٹے حجامت بنوالیں، اطمینان سے اٹھے اور نہا دھو کر باہر جانے کے لئے تیار ہوئے لیکن طبیعت میں وہ شگفتگی نہ تھی جس کی امید لگائے بیٹھے تھے چلتے وقت الماری سے رومال نکالا تو خدا جانے کیا خیال دل میں آیا وہیں کرسی پر بیٹھ گیا اور سودائیوں کی طرح اس رومال کو دیکھتا رہا۔ الماری کا ایک اور خانہ کھولا تو سردئی رنگ کا ایک ریشمی دوپٹہ نظر پڑا۔ باہر نکالا ہلکی ہلکی عطر کی خوشبو آ رہی تھی۔ بہت دیر تک

اس پر ہاتھ پھیرتا رہا دل بھر آیا گھر سونا معلوم ہونے لگا بہتیرا اپنے آپ کو سنبھالا لیکن آنسو ٹپک ہی پڑے ۔ آنسوؤں کا گرنا تھا کہ بیتاب ہوگیا۔ اور سچ مچ رونے لگا۔ سب جوڑے باری باری نکال کر دیکھے لیکن نہ معلوم کیا کیا یاد آیا۔ کہ اور بھی بے قرار ہوتا گیا۔

آخر نہ رہا گیا باہر نکلا اور سیدھا تار گھر پہنچا وہاں سے تار دیا کہ میں بہت اداس ہوں تم فوراً آجاؤ!

تار دینے کے بعد دل کو کچھ اطمینان ہوا یقین تھا کہ روشن آراء اب جس قدر جلد ہوسکے گا آجائے گی ۔ اس سے کچھ ڈھارس بندھ گئی اور دل پر سے جیسے ایک بوجھ ہٹ گیا۔

دوسرے دن دوپہر کو مرزا کے مکان پر تاش کا معرکہ گرم ہونا تھا وہاں پہنچے تو معلوم ہوا کہ مرزا کے والد سے کچھ لوگ ملنے آئے ہیں اس لئے تجویز ٹھہری کہ یہاں سے کسی اور جگہ سرک چلو۔ ہمارا مکان تو خالی تھا ہی سب یار لوگ وہیں جمع ہوئے ۔ امجد سے کہہ دیا گیا، کہ حقے میں اگر ذرا بھی خلل واقع ہوا تو تمہاری خیر نہیں ۔ اور پان اس طرح سے متواتر پہنچتے رہیں کہ بس تانتا لگ جائے ۔

اب اس کے بعد کے واقعات کو کچھ مرد ہی اچھی طرح سمجھ سکتے ہیں ۔ شروع شروع میں تو تاش باقاعدہ اور باضابطہ ہوتا رہا۔ جو کھیل بھی کھیلا گیا بہت معقول طریقے سے قواعد و ضوابط کے مطابق اور متانت و سنجیدگی کے ساتھ۔ لیکن ایک دو گھنٹے کے بعد کچھ خوش طبعی شروع ہوئی یار لوگوں نے ایک دوسرے کے پتے دیکھنے شروع کردیئے ۔ یہ حالت تھی کہ آنکھ بچی نہیں اور ایک آدھ کام کا پتہ اڑا نہیں اور ساتھ ہی قہقہے اڑنے لگے تین گھنٹے کے بعد یہ حالت تھی کہ کوئی گھٹنا ہلا ہلا کر گا رہا ہے کوئی فرش پر بازو ٹیکے بجا رہا ہے ۔ کوئی تھیڑ کا ایک آدھ مذاقیہ فقرہ لاکھوں دفعہ دہرا رہا ہے ۔ لیکن تاش برابر ہو رہا ہے ۔ تھوڑی دیر کے بعد دھول دھپا شروع ہوا، ان خوش فعلوں کے دوران میں ایک مسخرے نے ایک ایسا کھیل تجویز کر دیا۔ جس کے آخر میں ایک آدمی بادشاہ بن جاتا ہے ۔ دوسرا وزیر تیسرا کوتوال اور جو سب سے ہار جاتا ہے ۔ وہ چور۔ سب نے کہا "واہ واہ کیا بات کہی ہے " ایک بولا " پھر آج جو چور بنا، اس کی شامت آجائے گی" دوسرے نے کہا "اور نہیں تو کیا بھلا کوئی ایسا ویسا کھیل ہے ۔ سلطنتوں کے معاملے ہیں سلطنتوں کے !"

کھیل شروع ہوا بد قسمتی سے ہم چور بن گئے ۔ طرح طرح کی سزائیں تجویز ہونے لگیں ۔ کوئی کہے "ننگے پاؤں بھاگتے ہوئے جائے، اور حلوائی کی دکان سے مٹھائی خرید کر لائے " کوئی کہے " نہیں حضور سب کے پاؤں پڑے، اور ہر ایک سے دو دو چانٹے کھائے ۔ "دوسرے نے کہا" نہیں صاحب ایک پاؤں پر کھڑا ہو کر ہمارے سامنے ناچے ۔ "آخر میں بادشاہ سلامت بولے ۔ " ہم حکم دیتے ہیں کہ چور کو کاغذ کی ایک لمبوتری نوک دار ٹوپی پہنائی جائے اور اس کے چہرے پر سیاہی مل دی جائے ۔ اور یہ اس حالت میں جا کر اندر سے حقے کی چلم بھر کے لائے ۔ " سب نے کہا "کیا دماغ پایا ہے حضور نے ۔ کیا سزا تجویز کی ہے ! واہ واہ!"

ہم بھی مزے میں آئے ہوئے تھے ، ہم نے کہا" تو ہوا کیا؟ آج ہم ہیں کل کسی اور کی باری آجائے گی ۔ "نہایت خندہ پیشانی سے اپنے چہرے کو پیش کیا۔ ہنس ہنس کر وہ بیہودہ سی ٹوپی پہنی ایک شان استغنا کے ساتھ چلم اٹھائی اور زنانے کا دروازہ کھول کر باورچی خانے کو چل دیئے اور ہمارے پیچھے کمرہ قہقہوں سے گونج رہا تھا۔

صحن میں پہنچے ہی تھے ، کہ باہر کا دروازہ کھلا اور ایک برقعہ پوش خاتون اندر داخل ہوئی منہ سے برقعہ الٹا تو روشن آراء!

دم خشک ہوگیا بدن پر ایک لرزہ سا طاری ہوگیا زبان بند ہوگئی سامنے وہ روشن آراء جس کو میں نے تار دے کر بلایا تھا کہ تم فوراً آجاؤ میں بہت اداس ہوں اور اپنی یہ حالت کہ منہ پر سیاہی ملی ہے ، سر پر وہ لمبوتری سی کاغذ کی ٹوپی پہن رکھی ہے اور ہاتھ میں چلم اٹھائے کھڑے ہیں ، اور مردانے سے قہقہوں کا شور برابر آرہا ہے ۔

روح منجمد ہو گئی اور تمام حواس نے جواب دے دیا۔ روشن آراء کچھ دیر تو چپکی کھڑی دیکھتی رہی اور پھر کہنے لگی۔۔۔ لیکن میں کیا بتاؤں کہ کیا کہنے لگی؟ اس کی آواز تو میرے کانوں تک جیسے بیہوشی کے عالم میں پہنچ رہی تھی۔

اب تک آپ اتنا تو جان گئے ہوں گے، کہ میں بذات خود از حد شریف واقع ہوا ہوں جہاں تک میں ہوں مجھ سے بہتر میاں دنیا پیدا نہیں کر سکتی میری سسرال میں سب کی یہی رائے ہے۔ اور میرا اپنا ایمان بھی یہی ہے لیکن ان دوستوں نے مجھے رسوا کر دیا ہے۔ اس لئے میں نے مصمم ارادہ کر لیا ہے کہ اب یا گھر میں رہوں گا یا کام پر جایا کروں گا۔ نہ کسی سے ملوں گا اور نہ کسی کو اپنے گھر آنے دوں گا سوائے ڈاکیے یا حجام کے۔ اور ان سے بھی نہایت مختصر باتیں کیا کروں گا۔

"خط ہے؟"

"جی ہاں"

"دے جاؤ چلے جاؤ۔"

"ناخن تراش دو"

"بھاگ جاؤ۔"

بس اس سے زیادہ کلام نہ کروں گا، آپ دیکھئے تو سہی!

سویرے جو کل آنکھ میری کھلی

گیدڑ کی موت آتی ہے تو شہر کی طرف دوڑتا ہے۔ ہماری جو شامت آئی تو ایک دن اپنے پڑوسی لالہ کرپاشنکر جی برہم چاری سے برسبیل تذکرہ کہہ بیٹھے کہ "لالہ جی امتحان کے دن قریب آتے جاتے ہیں، آپ سحر خیز ہیں، ذرا ہمیں بھی صبح جگا دیا کیجئے۔"

وہ حضرت بھی معلوم ہوتا ہے نفلوں کے بھوکے بیٹھے تھے۔ دوسرے دن اٹھتے ہی انہوں نے ایشور کا نام لے کر ہمارے دروازے پر مکا بازی شروع کر دی کچھ دیر تک تو ہم سمجھے کہ عالم خراب ہے۔ ابھی سے کیا فکر جاگیں گے تو لاحول پڑھ لیں گے لیکن یہ گولہ باری لمحہ بہ لمحہ تیز ہوتی گئی۔ صراحی پر رکھا ہوا گلاس جلترنگ کی طرح بجنے لگا اور دیوار پر لٹکا ہوا کیلنڈر پنڈولم کی طرح ہلنے لگا تو بیداری کا قائل ہونا پڑا۔ مگر اب دروازہ ہے کہ لگاتار کھٹکھٹایا جا رہا ہے۔ میں کیا میرے آباؤ اجداد کی روحیں اور میری قسمت خوابیدہ تک جاگ اٹھی ہو گی۔ بہتر آوازیں دیتا ہوں—"اچھا!—اچھا!—تھینک یو!—جاگ گیا ہوں!—بہت اچھا! نوازش ہے!" آنجناب ہیں کہ سنتے ہی نہیں۔ خدایا کس آفت کا سامنا ہے؟ یہ سوتے کو جگا رہے ہیں یا مردے کو جلا رہے ہیں؟ اور حضرت عیسی بھی تو بس واجبی طور پر ملکی سی آواز میں "قم" کہہ دیا کرتے ہوں گے زندہ ہو گیا تو ہو گیا، نہیں تو چھوڑ دیا۔ کوئی مردے کے پیچھے لٹھ لے کے پڑ جایا کرتے تھے؟ توپیں تھوڑی داغا کرتے تھے؟ یہ تو بھلا ہم سے کیسے ہو سکتا تھا کہ اٹھ کر دروازے کی چٹخنی کھول دیتے؟ پیشتر اس کے کہ بستر سے باہر نکلیں، دل کو جس قدر سمجھانا بجھانا پڑتا ہے۔ اس کا اندازہ کچھ اہل ذوق ہی لگا سکتے ہیں۔ آخر کار جب لیمپ جلایا اور ان کو باہر سے روشنی نظر آئی، تو طوفان تھما۔

اب جو ہم کھڑکی میں سے آسمان کو دیکھتے ہیں تو جناب ستارے ہیں کہ جگمگا رہے ہیں! سوچا کہ آج پتہ چلائیں گے، یہ سورج آخر کس طرح سے نکلتا ہے۔ لیکن جب گھوم گھوم کر کھڑکی میں سے اور روشندان میں سے چاروں طرف دیکھا اور بزرگوں سے صبح کاذب کی جتنی نشانیاں سنی تھیں۔ ان میں سے ایک بھی

کہیں نظر نہ آئی، تو فکر سا لگ گیا، کہ آج کہیں سورج گرہن نہ ہو؟ کچھ سمجھ میں نہ آیا، تو پڑوسی کو آواز دی۔ "لالہ جی!——لالہ جی؟" جواب آیا۔ "ہوں۔"

میں نے کہا "آج یہ کیا بات ہے۔ کچھ اندھیرا اندھیرا سا ہے؟"

کہنے لگے "تو اور کیا تین بجے ہی سورج نکل آئے؟" تین بجے کا نام سن کر ہوش گم ہوگئے، چونک کر پوچھا "کیا کہا تم نے؟ تین بجے ہیں۔"

کہنے لگے "تین——تو——نہیں——کچھ سات——ساڑھے سات——منٹ اوپر تین ہیں۔"

میں نے کہا "ارے کم بخت، خدائی فوجدار، بد تمیز کہیں کے، میں نے تجھ سے یہ کہا تھا، کہ صبح جگا دینا، یا یہ کہا تھا، کہ سرے سے سونے ہی نہ دینا؟ تین بجے جاگنا بھی کوئی شرافت ہے؟ ہمیں تو نے کوئی ریلوے گارڈ سمجھ رکھا ہے؟ تین بجے ہم اٹھ سکا کرتے تو اس وقت دادا جان کے منظور نظر نہ ہوتے؟ ابے احمق کہیں کے، تین بجے اٹھ کے ہم زندہ رہ سکتے ہیں؟ امیر زادے ہیں، کوئی مذاق ہے، لا حول ولا قوۃ"

دل تو چاہتا تھا کہ عدم تشدد و تشدد کو خیرباد کہہ دوں لیکن پھر خیال آیا، کہ بنی نوع انسان کی اصلاح کا ٹھیکہ کوئی ہمیں نے لے رکھا ہے؟ ہمیں اپنے کام سے غرض، لیمپ بجھایا اور بڑبڑاتے ہوئے پھر سوگئے۔

اور پھر حسب معمول نہایت اطمینان کے ساتھ بھلے آدمیوں کی طرح اپنے دس بجے اٹھے، بارہ بجے تک منہ ہاتھ دھویا اور چار بجے چائے پی کر ٹھنڈی سڑک کی سیر کو نکل گئے۔

شام کو واپس ہاسٹل میں وارد ہوئے۔ جوش شباب تو ہے ہی اس پر شام کا ارمان انگریز وقت۔ ہوا بھی نہایت لطیف تھی۔ طبیعت بھی ذرا مچلی ہوئی تھی۔ ہم ذرا ترنگ میں گاتے ہوئے کمرے میں داخل ہوئے کہ

بلائیں زلف جاناں کی اگر لیتے تو ہم لیتے

کہ اتنے میں پڑوسی کی آواز آئی۔ "مسٹر"

ہم اس وقت ذرا چٹکی بجانے لگے تھے۔ بس انگلیاں وہیں پر رک گئیں۔ اور کان آواز کی طرف لگ گئے۔ ارشاد ہوا "یہ آپ گا رہے ہیں؟" (زور "آپ" پر) میں نے کہا۔ "اجی میں کس لائق ہوں۔ لیکن خیر فرمائیے؟" بولے "ذرا——وہ میں——میں ڈسٹرب ہوتا ہوں بس صاحب۔ ہم میں جو موسیقیت کی روح پیدا ہوئی تھی فوراً مرگئی۔ دل نے کہا۔ "او نابکار انسان دیکھ پڑھنے والے یوں پڑھتے ہیں" صاحب، خدا کے حضور میں گڑگڑا کر دعا مانگی کہ "خدایا ہم بھی اب باقاعدہ مطالعہ شروع کرنے والے ہیں۔ ہماری مدد کر اور ہمیں ہمت دے۔"

آنسو پونچھ کر اور دل کو مضبوط کر کے میز کے سامنے آبیٹھے، دانت بھینچ لئے، نکٹائی کھول دی، آستینیں چڑھالیں، لیکن کچھ سمجھ میں نہ آیا کہ کریں کیا؟ سامنے سرخ سبز زرد سبھی قسم کی کتابوں کا انبار لگا تھا۔ اب ان میں سے کون سی پڑھیں؟ فیصلہ یہ ہوا کہ پہلے کتابوں کو ترتیب سے میز پر لگا دیں کہ باقاعدہ مطالعہ کی پہلی منزل یہی ہے۔

بڑی تقطیع کی کتابوں کو علیحدہ رکھ دیا۔ چھوٹی تقطیع کی کتابوں کو سائز کے مطابق الگ قطار میں کھڑا کر دیا ایک نوٹ پیپر پر ہر ایک کتاب کے صفحوں کی تعداد لکھ کر سب کو جمع کیا پھر ۱۵ اپریل تک کے دن گنے۔ صفحوں کی تعداد کو دنوں کی تعداد پر تقسیم کیا۔ ساڑھے پانسو جواب آیا، لیکن اضطراب کی کیا مجال، جو چہرے پر ظاہر ہونے پائے۔ دل میں کچھ تھوڑا سا پچھتائے کہ صبح تین بجے ہی کیوں نہ اٹھ بیٹھے لیکن کم خوابی کے طبی پہلو پر غور کیا۔ تو فوراً اپنے آپ کو ملامت کی۔ آخر کار اس نتیجے پر

پہنچے ،کہ تین بجے اٹھنا تولغویات ہے البتہ پانچ، چھ، سات بجے کے قریب اٹھنا نہایت معقول ہوگا۔ صحت بھی قائم رہے گی ،اور امتحان کی تیاری بھی باقاعدہ ہوگی۔ ہم خرما و ہم ثواب۔

یہ تو ہم جانتے ہیں کہ سویرے اٹھنا ہو تو جلدی ہی سو جانا چاہئے کھانا باہر سے ہی کھا کر آتے تھے۔ بستر میں داخل ہوگئے۔

چلتے چلتے خیال آیا، کہ لالہ جی سے جگانے کے لئے کہہ ہی نہ دیں ؟ یوں ہماری اپنی قوت ارادی کافی زبردست ہے جب چاہیں اٹھ سکتے ہیں ، لیکن پھر بھی کیا ہرج ہے ؟

ڈرتے ڈرتے آواز دی "لالہ جی!" انہوں نے پتھر کھینچ مارا "یس !"

ہم اور بھی سہم گئے ۔کہ لالہ جی کچھ ناراض معلوم ہوتے ہیں ،تتلا کے درخواست کی ،کہ لالہ جی ، صبح آپ کو بڑی تکلیف ہوئی میں آپ کا بہت ممنون ہوں کل اگر ذرا مجھے چھ بجے یعنی جس وقت چھ بجیں——"

جواب ندارد.

میں نے پھر کہا" جب چھ بج چکیں تو—— سنا آپ نے ؟"

چپ۔

"لالہ جی !"

کڑکتی ہوئی آواز نے جواب دیا۔"سن لیا سن لیا چھ بجے جگا دوں گا۔ تھری گاما پلس فورا یلفا پلس——"

"ہم نے کہا ب—— ب—— ب—— بہت اچھا۔ یہ بات ہے۔"

توبہ خدا کسی کا محتاج نہ کرے۔

لالہ جی آدمی بہت شریف ہیں۔اپنے وعدے کے مطابق دوسرے دن صبح چھ بجے انہوں نے دروازوں پر گھونسوں کی بارش شروع کر دی۔ ان کا جگانا تو محض ایک سہارا تھا ہم خود ہی انتظار میں تھے کہ یہ جواب ختم ہولے تو بس جاگتے ہیں وہ نہ جگاتے تو میں خود ایک دو منٹ کے بعد آنکھیں کھول دیتا۔ بہر صورت جیسا کہ میرا فرض تھا۔ میں نے ان کا شکریہ ادا کیا۔ انہوں نے اس شکل میں قبول کیا کہ گولہ باری بند کر دی۔

اس کے بعد کے واقعات ذرا بحث طلب سے ہیں اور ان کے متعلق روایات میں کسی قدر اختلافات ہے بہر حال اس بات کا تو مجھے یقین ہے۔ اور میں قسم بھی کھا سکتا ہوں کہ آنکھیں میں نے کھول دی تھیں۔ پھر یہ بھی یاد ہے کہ ایک نیک اور سچے مسلمان کی طرح کلمہ شہادت بھی پڑھا۔ پھر یہ بھی یاد ہے کہ اٹھنے سے پیشتر دیباچے کے طور پر ایک آدھ کروٹ بھی لی پھر کا نہیں پتہ۔ شاید لحاف اوپر سے اتار دیا۔ شاید سر اس میں لپیٹ دیا۔ یا شاید کھانسا یا خراٹا لیا۔ خیر یہ تو یقین امر ہے کہ دس بجے ہم بالکل جاگ رہے تھے۔ لیکن لالہ جی کے جگانے کے بعد اور دس بجے سے پیشتر خدا جانے ہم پڑھ رہے تھے یا شاید سو رہے تھے۔ نہیں ہمارا خیال ہے پڑھ رہے تھے یا شاید سو رہے ہوں۔ بہر صورت یہ نفسیات کا مسئلہ ہے جس میں نہ آپ ماہر ہیں نہ میں۔ کیا پتہ لالہ جی نے جگایا ہی دس بجے ہو۔ یا اس دن چھ دیر میں بجے ہوں خدا کے کاموں میں ہم آپ کیا دخل دے سکتے ہیں۔ لیکن ہمارے دل میں دن بھر یہ شبہ رہا کہ قصور کچھ اپنا ہی معلوم ہوتا ہے۔ جناب شرافت ملاحظہ ہو، کہ محض اس شبہ کی بناء پر صبح سے شام تک ضمیر کی ملامت سنتا رہا۔ اور اپنے آپ کو کوستا رہا۔ مگر لالہ جی سے ہنس ہنس کر باتیں کیں ان کا شکریہ ادا کیا۔ اور

اس خیال سے کہ ان کی دل شکنی نہ ہو، حد درجے کی طمانیت ظاہر کی۔ کہ آپ کی نوازش سے میں نے صبح کا سہانا اور روح افزا وقت بہت اچھی طرح صرف کیا ورنہ اور دنوں کی طرح آج بھی دس بجے اٹھتا۔ "لالہ جی صبح کے وقت دماغ کیا صاف ہوتا ہے، جو پڑھو خدا کی قسم فوراً یاد ہو جاتا ہے بھئی خدا نے صبح بھی کیا عجیب چیز پیدا کی ہے یعنی اگر صبح کے بجائے صبح صبح شام ہوا کرتی تو دن کیا بری طرح کٹا کرتا۔"

لالہ جی نے ہماری اس جادو بیانی کی دادیوں دی کہ آپ پوچھنے لگے "تو میں آپ کو چھ بجے جگا دیا کروں نا؟"

میں نے کہا" ہاں ہاں واہ یہ بھی کوئی پوچھنے کی بات ہے۔ بے شک۔"

شام کے وقت آنے والی صبح کیمطالعہ کےلئے دو کتابیں چھانٹ کر میز پر علیحدہ جوڑ دیں۔ کرسی کو چارپائی کے قریب سرکالیا۔ اوور کوٹ اور گلوبند کو کرسی کی پشت پر آویزاں کر لیا۔ کنٹوپ اور دستانے پاس ہی رکھلئے۔ دیا سلائی کو تکئے کےنیچے ٹٹولا تین دفعہ آیت الکرسی پڑھی، اور دل میں نہایت ہی نیک منصوبے باندھ کر سو گیا۔ صبح لالہ جی کی پہلی دستک کیساتھ ہی جھٹ آنکھ کھل گئی، نہایت خندہ پیشانی کے ساتھ لحاف کی ایک کھڑکی میں سے ان کو"گڈ مارننگ" کیا، ور نہایت بیدارانہ لہجے میں کھانسا، لالہ جی مطمئن ہو کر واپس چلے گئے۔

ہم نے اپنی ہمت اور اولوالعزمی کو بہت سراہا کہ آج ہم فوراً ہی جاگ اٹھے۔ دل سے کہا کہ" دل بھیا، صبح اٹھنا تو محض ذرا سی بات ہے ہم یوں ہی اس سے ڈرا کرتے تھے" دل نیکہا" اور کیا؟ تمہارے تو یوں ہی اوسان خطا ہو جایا کرتے ہیں" ہم نے کہا" سچ کہتے ہو یار، یعنی اگر ہم سستی اوکسالت کو خود اپنے قریب نہ آنے دیں تو ان کی کیا مجال ہے۔ کہ ہماری باقاعدگی میں خلل انداز ہوں۔ اس وقت اس لاہور شہر میں ہزاروں ایسے کاہل لوگ ہوں گے جو دنیا ومافیہا سے بے خبر نیند کے مزے اڑاتے ہوں گے۔ اور ایک ہم کہ ادائے فرض کی خاطر نہایت شگفتہ طبعی اور غنچہ دہنی سے جاگ رہے ہیں۔ بھئی کیا برخوردار سعادت آثار واقع ہوئے ہیں ناک کو سردی سی محسوس ہونے لگی تو اسے ذرا یوں ہی سا لحاف اوٹ میں کر لیا اور پھر سوچنے لگے——"خوب۔ تو ہم آج کیا وقت پر جاگے ہیں بس ذرا اس کی عادت ہو جائے تو باقاعدہ قرآن مجید کی تلاوت اور فجر کی نماز بھی شروع کریں گے۔ آخر مذہب سب سے مقدم ہے ہم بھی کیا روز بروز الحاد کی طرف مائل ہوتے جاتے ہیں نہ خدا کا ڈر اور نہ رسول کا خوف سمجھتے ہیں کہ بس اپنی محنت سے امتحان پاس کر لیں گے۔ اکبر بچارا یہ ہی کہتا کہتا مر گیا لیکن ہمارے کان پر جوں تک نہ چلی——(لحاف کانوں پر سرک آیا)——تو گویا آج ہم لوگوں سے پہلے جاگے ہیں——بہت ہی پہلے——یعنی کالج شروع ہونے سے بھی چار گھنٹے پہلے کیا بات ہے! خداوندان کالج بھی کس قدر سست ہیں ایک مستعد انسان کو چھ بجے تک قطعی جاگ اٹھنا چاہئے سمجھ میں نہیں آتا، کہ کالج سات بجے کیوں نہ شروع ہوا کرے——(لحاف سر پر)——بات یہ ہے، کہ تہذیب جدید ہماری تمام اعلیٰ قوتوں کی بیخ کنی کر رہی ہے عیش پسندی روز بروز بڑھتی جاتی ہے——(آنکھیں بند)——تو اب چھ بجے ہیں تو گویا تین گھنٹے تو متواتر مطالعہ کیا جا سکتا ہے۔ سوال صرف یہ ہے کہ پہلے کونسی کتاب پڑھیں۔ شیکپیئر یا ورڈزورتھ؟ میں جانوں شیکپیئر بہتر ہوگا۔ اس کی عظیم شان تصانیف میں خدا کی عظمت کے آثار دکھائی دیتے ہیں۔ اور صبح کے وقت اللہ میاں کی یاد سے بہتر چیز کیا ہو سکتی ہے؟ پھر کیا خیال آیا کہ دن کو جذبات کے محشرستان سے شروع کرنا ٹھیک فلسفہ نہیں ورڈزواتھ پڑھیں اس کے اوراق میں فطرت کو سکون واطمینان میسر ہوگا اور دل اوع دماع نیچر کی خاموش دلآویزیوں سے ہلکے ہلکے لطف اندوز ہوں گے——لیکن ٹھیک ہی رہے گا شیکپسیئر——نہیں ورڈزورتھ——لیڈی میکبتھ——دیوانگی——سبزہ زار——نجر نجر——باد بہاری——صید ہوس——کشمیر——میں آفت کا پرکالہ ہوں——

یہ معمہ اب فلسفہ مابعد الطبیعیات ہی سے تعلق رکھتا ہے۔ کہ پھر جو ہم نے لحاف سے سر باہر نکالا اور ورڈزواتھ پڑھنے کا ارادہ کیا، تو وہی دس بج رہے۔ اس

میں نہ معلوم کیا بھید ہے!

کالج ہال میں لالہ جی ملے۔ "مسٹر! صبح میں نے آپ کو پھر آواز دی تھی، آپ نے جواب نہ دیا؟"

بولے "وہ تو ٹھیک ہے، لیکن بعد میں ——اس کے بعد! ——کوئی سات بجے کے قریب میں نے آپ سے تاریخ پوچھی تھی، آپ بولے ہی نہیں۔"

ہم نے نہایت تعجب کی نظروں سے ان کو دیکھا۔ گویا وہ پاگل ہوگئے ہیں۔ اور پھر ذرا متین چہرہ بناکر ماتھے پر تیوریاں چڑھائے غور وفکر میں مصروف ہوگئے۔ ایک آدھ منٹ تک ہم اس تعمق میں رہے۔ پھر یکایک ایک مجوبانہ اور معشوقانہ انداز سے مسکرا کے کہا۔ "ہاں ٹھیک ہے۔ ٹھیک ہے، میں اس وقت—— اے——اے، نماز پڑھ رہا تھا۔"

لالہ جی مرعوب سے ہوگر چل دیئے۔ اور ہم اپنے زہدواتقا کی مسکینی میں سر نیچا کئے کمرے کی طرف چلے آئے۔ اب یہی ہمارا روز مرہ کا معمول ہوگیا ہے۔ جاگنا نمبر ایک چھ بجے۔ جاگنا نمبر دو دس بجے۔ اس دوران میں لالی جی آواز دیں تو نماز۔

جب دل مرحوم ایک جہان آرزو تھا تو یوں جاگنے کی تمنا کیا کرتے تھے، کہ "ہمارا فرق ناز محو بالش کمخواب ہو اور سورج کی پہلی کرنیں ہمارے سیاہ پر پیچ بالوں پر پڑ رہی ہیں۔ کمرے میں پھولوں کی بوئے سحری روح افزائیاں کر رہی ہو۔ نازک اور حسین ہاتھ اپنی انگلیوں سے بربط کے تاروں کو ہلکے ہلکے چھڑ رہے ہوں۔ اور عشق میں ڈوبی ہوئی سریلی اور نازک آواز مسکراتی ہوئی گا رہی ہو!

تم جاگو موہن پیارے

خواب کی سنہری دھند آہستہ آہستہ موسیقی کی لہروں میں تحلیل ہو جائے اور بیداری ایک خوشگوار طلسم کی طرح تاریکی کے باریک نقاب کو خاموشی سے پارہ پارہ کردے چہرہ کسی کی نگاہ اشتیاق کی گرمی محسوس کر رہا ہو آنکھیں مسحور ہوکر کھلیں اور چار ہو جائیں۔ دلآویز تبسم صبح کو اور بھی درخشندہ کردے۔ اور گیت "سانوری صورت توری من کو بھائی" کے ساتھ ہی شرم وحجاب میں ڈوب جائے۔

نصیب یہ ہے کہ پہلے "مسٹر! مسٹر!" کی آواز اور دروازے کے دنا دن سامعہ نوازی کرتی ہے، اور پھر چار گھنٹے بعد کالج کا گھڑیاں دماغ کے ریشے ریشے میں دس بجانا شروع کر دیتا ہے۔ اور اس چار گھنٹے کے عرصہ میں گڑویوں کے گر پڑنے۔ دیگچیوں کے الٹ جانے، دروازوں کے بند ہونے، کتابوں کے جھاڑنے، کرسیوں کے گھسیٹنے، کلیاں اور غرغرے کرنے، کھنکھارنے اور کھلنسنے کی آوازیں تو گویا فی البدیہہ ٹھمریاں ہیں۔ اندازہ کرلیجئے کہ ان سازوں میں سرتاں کی کس قدر گنجائش ہے!

موت مجھ جو دکھائی دیتی ہے

جب طبیعت کو دیکھتا ہوں میں

مصنف: مرزا محمد پاوہ رسوا

سید احمد شاہ پطرس بخاری (انگریزی: Patras Bokhari) (پیدائش: یکم اکتوبر 1898ء - وفات: 5 دسمبر 8591ء) پاکستانسے تعلق رکھنے والے اردو کے نامور مزاح نگار، افسانہ نگار، مترجم، شاعر، نقاد، معلم، برطانوی ہندوستان کے ماہر نشریات اور پاکستانکے سفارت کارتھے۔ پطرس کے طنزیہ ومزاحیہ مضامین کا مختصر مجموعہ پطرس

کے مضامین پاکستان اور ہندوستان میں اسکولوں سے لے کر جامعات تک اردو نصاب کا حصہ ہے۔ ان کا شمار متحدہ ہندوستان میں نشریات کے بانیوں میں ہوتا ہے۔ اس کے علاوہ پطرس اقوام متحدہ میں پاکستان کے پہلے مستقل مندوب کی حیثیت سے جانے جاتے ہیں۔ پطرس انگریزی کے پروفیسر تھے اورانگریزی میں اتنی قابلیت تھی کہ انہوں نے امریکہ کی جامعات میں انگریزی پڑھائی، اور وہیں وفات پائی اور دفن ہوئے۔

پطرس بخاری نے اپنی ادبی زندگی کا باقاعدہ آغاز سول اینڈ ملٹری گزٹ سے کیا۔ وہ عموماً تنقیدی مضامین لکھتے تھے۔ اس کےلیے انہوں نے Peter Watkins کا قلمی نام اختیار کیا تھا۔ یہ ایک لحاظ سے مشن اسکول پشاور کے ہیڈ ماسٹر سے قلبی تعلق کا اظہار تھا۔ جس کے لفظ"پیٹر" کے فرانسیسی تلفظ نے پیر احمد شاہ کو پطرس بنا دیا۔ اس وقت سول اینڈ ملٹری گزٹ کے ایڈیٹر M.E. Hardy تھے جو بخاری کو ایک کالم کا سولہ روپیہ معاوضہ ادا کرتے تھے جس کی قدر اس زمانے میں تین تولہ سونے سے زائد تھی۔

نئے الفاظ

听话的(形)	farmānbrdār	فرمانبردار	服从的(形)	mutī	مطیع
服从的(形)	kārband	کاربند	知道的(形)	āgāh	آگاہ
习惯(阴复)	k̤h̤asāil	خصائل	妻子(阴)	ahliyah	اہلیہ
口袋(阳)	ahbāb	احباب	熟悉的(形)	vāqif	واقف
原因(阳)	bā‘is	باعث	被迷住的，有魅力的(形)	mashūr	مسحور
尊敬的(形)	mu‘azzaz	معزز	耻辱(阴)	zallat	ذلت
本领；技能(阳)	hunar	ہنر	会议(阳)	majima‘	مجمع
友好；交际(阴)	suhbat	صحبت	经过，手段(阳)	tufail	طفیل
习惯(阳)	k̤h̤āssah	خاصہ	缝隙；混乱(阳)	k̤h̤alal	خلل
上等的；尊敬的(形)	mumtāz	ممتاز	合理的；受欢迎的(形)	ma‘qūl	معقول
削，剪，砍(及)	katarnā	کترنا	纯洁的(形)	pākīzah	پاکیزہ
鸟鹰(阳)	shikrah	شکرہ	秃鹫(阳)	gadhā	گدھ
坚定地(形)	musammam	مصمم	海(阳)	bahr	بحر
鸟嘴(阴)	chōṇch	چونچ	敲(及)	khaṭkhaṭānā	کھٹکھٹانا
可耻(阴)	qabīhah	قبیحہ	方法(阳)	ḍhang	ڈھنگ
			要求；讨债；需要(阳)	taqāzv	تقاضا
			凉风(阴)	nasīm	نسیم

无用的；不挣钱的（形，阳）	nikhaṭṭu	نکھٹو
水源；根源；原因（阳）	mamba‘	منبع
软弱；失败；屈服（阳）	’ijz	عجز
喧哗；骚乱；混乱（阳）	ūdham	اودھم
尖叫；吵闹（阴）	chīḳḥ	چیخ
小碟子（阴）	tashtarī	طشتری
开花；高兴；繁荣（阴）	shigufttagī	شگفتگی
战场；战争；冲突（阳）	ma‘rikah	معرکہ
庄重；坚定；文明（阴）	matānat	متانت
耳光；欺骗；距离（阳）	dhappā	دھپا
出席；阁下，大人（阳）	huzūr	حضور
额头（阴）	pēshānī	پیشانی
信仰；诚实（阳）	īmān	ایمان
天，上帝（阳）	īshvar	ایشور
长颈瓶，瓶子（阴）	surāhī	صراحی
情趣；滋味（阳）	zauq	ذوق
严厉，强烈；压迫（阳）	tashdaddud	تشدد
日食，月食（阳）	garahan	گرہن
波涛；激动；陶醉（阴）	tarang	ترنگ
灵魂；生命；宿愿（阴）	rūh	روح
粉碎，杂乱（阴）	taqtī‘	تقطیع
空的；不在的（形）	nadārad	ندارد
责备，指责，谴责（阴）	malāmat	ملامت
干椰枣（阳）	ḳḥuramā	خرما
过错（阳）	qusūr	قصور
嗓子；声音（阳）	gulū	گلو

学者；教师（阳）	panḍit	پنڈت
忙碌的（形）	mashġḥūl	مشغول
凶残的；令人厌恶的（形）	vuhūshī	وحشی
荒芜的（形）	sunsān	سنسان
打盹（不及）	ūṇghnā	اونگھنا
安慰；扶持；坚定；（阴）	ḍhāras	ڈھارس
继续的，连续的（形，副）	mutavātir	متواتر
磨碎；擦亮；窒息（不及）	ghaṭnā	گھٹنا
滑稽的人；小丑（阳）	masḳḥarah	مسخرہ
长的；高个子（形，阳）	lambū	لمبو
结冰的，冰冻的（形）	manjamid	منجمد
短的；简写的（形）	muḳḥtasar	مختصر
一闪，瞬间（阳）	lamhah	لمحہ
敲（及）	khaṭkhaṭānā	کھٹکھٹانا
亮点；闪亮（及，不及）	jagmagānā	جگمگانا
欺骗的，假的，不真实的（形）	kāzib	کاذب
纯净的（形）	latīf	لطیف
弹指作响（及）	chuṭkī bachānā	چٹکی بجانا
领带（阴）	necktie	نکٹائی
叶，页；表面；宽广（阳）	safhah	صفحہ
焦虑，不安，烦恼（阳）	iztirāb	اضطراب
废话，胡扯；荒谬的事（阴）	laġḥvīyāt	لغویات
心理；心理学（阴）	nafsīyāt	نفسیات
满意（阴）	tamānīyat	طمانیت

神智，直觉；勇气（阳）	ausān	اوسان
花蕾（阳）	ghunchah	غنچہ
棉被（阳）	lihāf	لحاف
思考；探究；深（阳）	ta'ammug	تعمق
分析；溶解；去世（阴）	tahlīl	تحلیل
爱好；愿望（阳）	ashitiyāq	اشتیاق
坚定的意志（阴）	ūlū ul 'azmī	اولوالعزمی
开放了的；高兴的（形）	shiguftah	شگفتہ
早晨（阴）	fajr	فجر
秘密（阳）	mu'ammah	معمہ
迷人的（形）	ma'shūqānah	معشوقانہ
魔术；秘密（阳）	tilism	طلسم

وضاحت

گلی ڈنڈا	一种用木棒打嘎儿的游戏。在印巴很流行，在打嘎儿游戏中儿童用木棒将嘎儿向空中击打。

مشق

۱۔ مندرجہ ٔ ذیل ترجما کیجئے اور بتایئے کہ مرزا صاحب ایک کیسا آدمی ہے ؟ اور کیوں اس دن "مجھے" مرزا صاحب سے کھٹ پٹ کرنے کا ارادہ تھا ؟

مثلاً مرزا صاحب ہی کو لیجئے اچھے خاصے اور بھلے آدمی ہیں ۔ گو محکمہ جنگلات میں ایک معقول عہدے پر ممتاز ہیں لیکن شکل و صورت ایسی پاکیزہ پائی ہے کہ امام مسجد معلوم ہوتے ہیں ۔ جوا وہ نہیں کھیلتے ، گلی ڈنڈے کا ان کو شوق نہیں ۔ جیب کترتے ہوئے کبھی وہ نہیں پکڑے گئے البتہ کبوتر پال رکھے ہیں ، انہی سے جی بہلاتے ہیں ۔ ہماری اہلیہ کی یہ کیفیت ہے کہ محلے کا کوئی بد معاش جوئے میں قید ہو جائے تو اس کی ماں کے پاس ماتم پرسی تک کو چلی جاتی ہیں ۔ گلی ڈنڈے میں کسی کی آنکھ پھوٹ جائے تو مرہم پٹی کرتی رہتی ہیں ۔ کوئی جیب کترا پکڑا جائے ، تو گھنٹوں آنسو بہاتی رہتی ہیں ، لیکن وہ بزرگ جن کو دنیا بھر کی زبان مرزا صاحب کہتے تھکتی ہے ہو ہمارے گھر میں "موئے کبوتر باز" کے نام سے یاد کئے جاتے ہیں کبھی بھولے سے بھی میں آسمان کی طرف نظر اٹھا کر کسی چیل ، کوے ، گدھ ، شکرے کو دیکھنے لگ جاؤں ، تو روشن آراء کو فوراً خیال ہو جاتا ہے ، کہ بس اب یہ بھی کبوتر باز بننے لگا ۔

۲۔ " میں ایک میاں ہوں " میں اپنی بیوی کے بارے میں " میرے " کس طرح کے جذبات کا اظہار کیا جاتا ہے ؟

۳۔ "سویرے جو کل آنکھ میری کھلی " میں لالہ جی ایک کیسا آدمی ہے ؟

بیسواں سبق میلے میں

作品导读

哈里斯· 胡里格,1966年生于巴基斯坦。使用英语和乌尔都语创作，共著有8部诗集。他的《集市上》获得2013年巴基斯坦UBL文学奖诗歌奖。除了写作之外，他还对南亚的人权、政治及发展有着极大兴趣，这种关注也体现在其作品当中，

哈里斯的《集市上》系列诗歌创作的宗旨是“关注那些被遗忘的女性”，其中的诗歌大部分都围绕这一主题。《集市上》将一位母亲丢失孩子的痛苦描绘得淋漓尽致，诗歌将母亲失子后的焦急甚至疯狂与路人的冷漠进行了对立性刻画，用以表明失子对女性的毁灭性打击并抨击了民众的冷漠以及这一现象后面的罪恶。《逗孩子》分为上下两首诗，第一部分讲述了一个乡下来的瑟揸瓦尔阿姨，她为人和善，勤快能干，还做得一手好菜，深得孩子和雇主的喜爱，然而她竟因为逗孩子时讲了个与政治有关的故事而被密探告发逮捕；第二部分则讲了瑟揸瓦尔在狱中的艰难生活和法庭上要求无罪释放的过程。《俾路支斯坦2011》对俾路支严苛的生存状态和人们的艰难充满了同情；《我们巴基斯坦记者》描绘了记者的艰难与执着；《民族之歌》则歌颂了国家各行各业的人们用自己的劳动书写人生和国家。哈里斯的诗歌用词非常贴近生活，大量使用日常口语，即便是最普通的乡间妇女也能读懂。诗歌中出现的意象也大多是日常生活细节，让人感受到的是民谣的亲切而非诗歌的晦涩。诗歌语言朴实平直，将生活细节娓娓道来，如乡间传唱的歌谣，舒缓而直入人心。

میلے میں

حارث خلیق

میلے میں

(ناہید جعفری اظفر کے لیے)

میں ایسی ماں ہوں

کہ جس کا بچہ

جہان بازی گراں کے میلے میں

کھو گیا ہے

وہ میرا گل گوتھنا سا بچہ
خدا بچائے اسے نظر سے
چلا تھا انگلی پکڑ کے گھر سے
کہ خوب میلے میں موج اڑائے
پکوڑے، چپس اور چاٹ کھائے
کھلونے اور ٹافیاں بہت سی
خرید لائے
وہ کھوگیا ہے

میں نیم وحشی، میں نیم پاگل
بہت میں چیخی، بہت میں چلائی
سب خریدار سننے والے
دکان دار اور بازی گر سب
بڑے ہی مصروف، لاتعلق
وہ بے نیازی کہ خوف آئے

وہ میرا معصوم دل کا ٹکڑا
وہ میرا گل گوتھنا سا بچہ
میں اس کے صدقے، میں اس پہ واری
میں اپنا سکھ، اپنا چین ہاری
خدا ہی اب مجھ پہ رحم کھائے
خدا ہی ہے جو ہمیں ملائے

کانا باتی کو

(پہلا حصہ)

سزاوار بی بی جو ہر بار گاؤں سے آتی
تو بچوں کی خاطر
کچھ اپنے گڑھے، دوسروں کے کہے
رنگ، بے رنگ قصوں کے جھوے
بڑی سی چنگیری
اور ایک آم کا ٹوکرا ساتھ لاتی

سزاوار، چھجیا بڑی بی کی چھوٹی بہن تھی
مگر اس پہ اپنی الگ اک پھبن تھی
بڑی بی تو گھر بھر کے سب کام کرتی
وہ اماں کے اور تائی جی کے اشارے سمجھتی
جو بیٹھی میں تازہ کلیجی کا سالن پکاتی
مسالوں کی خوشبو سے ساری گلی میں
عجب اشتہا پھیل جاتی
محلے کی سب عورتیں اس سے کہتیں
کہ چھجیا بڑی بی
ہمیں کچھ سکھا دو
نہیں تو کوئی اپنی جیسی ہی لا دو

سزاوار لیکن بہت مختلف تھی
اسے بس یہی کام آتا کہ سونے سے پہلے
وہ بچوں کو قصے سناتی
کبھی وہ بہت بور ہوتے، کبھی دل لگاتے

سزاوار کا سانولا پن نمک سے بھرا تھا

سو گالوں پہ جو داغ تھے حاسدوں کو نظر تک نہ آتے
وہ باتیں بنانیں یکتا
مصر تھی یہ چیچک نہیں آنسوؤں کے نشاں ہیں
"میں بچپن میں روتی بہت تھی"

محلے کے بدخواہ سب کو بتاتے
سویرے سویرے سزاوار کو
تایاجی اپنے پڑھنے کے کمرے میں لاتے
مگر تایاجی کا بڑا دبدبہ تھا
کہ آخر کو ہریانوی تاؤ تھے
جن سے سب ڈانٹ کھاتے

تو کل رات بچوں کے کمرے میں آکر
سزاوار ببلو سے بولی، "رے ببلو
جو کنڈی لگا دو تو بہتر ہو ورنہ
کواڑ اس طرح بھیڑ دو تم
کہ آواز باہر نہ جائے
کہانی،

برس ہا برس ہے پرانی،
کسی ایک راجا کی جس کو
رعایا نے خود اپنا راجا بنایا
ہمیشہ تو راجا ہی سینا بنا کے
کبھی ایک دیس اور کبھی دوسرے کو
فتح کرتے آئے

رعایا کو چھلتے رہے ہیں
مگر مان لو اس طرح بھی ہوا تھا
کہ پرجا نے راجا چنا تھا
جو میری نہ مانو
تو پڑھنے کو کمرے میں جاؤ
کہانی ہے یہ بے تحاشا پرانی
یہ خود تایاجی سے پتا کر کے آؤ
کہاں کوئی جاتا کہ بچے بڑے ہو رہے تھے

سزاوار بولی، "ارے کیا بتاؤں،
ریاست پہ مالک کا کیسا غضب تھا
وہ راجا بڑا بدنیت، کم نسب تھا
سو اس نے لگان، آبیانہ
نئے اور پرانے طریقوں سے پرجا کی دولت
تمام اینٹھنے کے لیے اک سپاہی چنا
جو بڑا بدچلن تھا
ہمیشہ سے ایسا ہی ہوتا رہا ہے
جو راجا بہت بدنیت ہو
وہ بدخو سپاہی کو بل پر
ہنرمند، جوش حال، شاگرد پیشہ، سبھی کے دلوں میں
نئے خوف بوتا رہا ہے

"سپاہی بڑا بدچلن تھا
وہ ہر رات بہروپ بھر کر
ریاست کی رانی کے کمرے میں جاتا

ارے کیا بتاؤں
کہ تم سب تو چھوٹے بہت ہو
یہ عوات، مرد اپنے اوپر
جو بے غیرتی لا دلیں، ہائے ہائے
کہیں کچھ نہ دیکھیں
خدا ہی بچائے

"تو ہاں پھر بغاوت سے بچنے کو راجا نے
گلیوں، محلوں میں مخبر لگائے
جنھیں ان کی لائی ہوئی ہر خبر کے بدل
سونے، روپا میں تولا

"مگر چپکے چپکے سبھی مخبروں کو
سپاہی نے مالِ غنیمت کا لالچ دلایا
انھیں اپنے دل میں ملایا
کہا ان سے
ہم اور دیسوں پہ قبضہ کریں گے
یہ راجے، مہاراج سب
ہم کو سجدہ کریں گے
سپاہی نے پھر ایک دن
زور سے اپنے راجا کی پدوی کو ٹھوکر لگائی
خدا مارے راجا نے بس منہ کی کھائی
ارے سو رہے ہو
ذرا سی جو باقی ہے وہ سن کے سونا
کہانی بھی بس ختم ہونے کو آئی"

سزاوار نے یہ کہا تھا کہ باہر کا پھاٹک کسی نے
بڑے زور سے دھڑ دھڑایا
قدیمی کہانی سے باہر نکل کر
بڑے کیل کانٹے سے لیس
اور اونچی سواری پہ چڑھ کر
سپاہی کا مخبر
سزاوار کو جیل لے جانے آیا

کانا باتی کو
(دوسرا حصہ)
سزاوار جب سپاہی کے مخبر کی آواز آئی
تو بچے، بڑے سو چکے تھے
سزاوار نے ڈیوڑھی پار کرنے سے پہلے
اچٹتی نظر
تایا، تائی کے کمرے پہ ڈالی
کہیں تایا جی شور سے اٹھ گئے ہوں
مگر ان کے کھنکھانے کی بھی آواز
اس کو نہ آئی
سواری پہ بیٹھے اہل کار نے
پھر سے سیٹی بجائی
سواری میں چڑھنے سے پہلے وہ بولی،
"یہ بیتے دنوں کی کہانی تھی بھیا
جو بچوں کو میں نے سنائی
ہمارے زمانے میں آؤ، گرفتار کر لو

یہ حرکت سمجھ میں نہ آئی"
سپاہی کا مخبر ڈھٹائی سے بولا
"زمانہ وہی ہے رعایا کی بدکار عورت
یہ بچوں سے تو نے کہا تھا،
کہا تھا نہ تو نے؟
——کہانی بھی اب ختم ہونے کو آئی——
تو سن لے
سپاہی نے راجا کو پدوی پہ پھر سے بٹھایا
ہوئے دونوں ایک اور زمانہ وہی لوٹ آیا
رعایا کے بچوں کو پرچا رہی تھی
بغاوت پہ اکسا رہی تھی
یہ ڈھلتی جوانی سلاخوں کے پیچھے کٹے گی
کہ جتنی بھی دے اب دہائی
نہیں مل سکے گی رہائی"
سزاوار اونچی سواری میں دبکی
اندھیرے میں لمبے سفر پر روانہ ہوئی
چلتے چلتے اسے نیند نے آلیا
پو پھٹی تو سپاہی کے مخبر نے آواز دی
"چل اتر
اب یہ زنداں ہوا تیرا گھر"

کوٹھڑی نیم تاریک، پتھر کا فرش
ایک جانب پھٹے ٹاٹ کا زرد پردہ لٹکتا ہوا
اوٹ میں
زنگ آلود تسلے میں کائی زدہ سبز پانی بھرا
ساتھ ہی ایک لوٹا دھرا
جس کے چب چھید بننے کو تھے
روٹیاں خشک اور
تام چینی کے پیالے میں بدرنگ سالن لیے
شام کو ایک اہل کار آیا
سزاوار نے اس کو دیکھا تو کہنے لگی
"کیسا اندھیر ہے، ظلم کا پھیر ہے"
پردہ چپ چاپ کونے میں بیٹھا رہا
اور سزاوار جب کھا چکی
اس نے برتن اٹھائے، مڑا
کوٹھڑی کو مقفل کیا
چل دیا

یوں سزاوار کو جیل میں سال گزرا
وہ مایوس تھی، مردہ دل تھی
کہ سننے میں آیا
سپاہی نے بیوپاریوں کی صلاح مان لی ہے
جہاں بھر کے دیسوں میں عزت بڑھانے کی خاطر
نئی منڈیوں میں تجارت سے دولت کمانے کی خاطر
سپاہی کے کہنے پہ راجا نے فرمان جاری کیا ہے
سنگھاسن سے باغی سبھی قیدیوں کو
عدالت میں لائیں
سزا یا معافی
یہ منصف رعایا کے آگے بتائیں

خبر ٹھیک نکلی
سزاوار کی کوٹھڑی میں وکیل ایک آیا
وہ بولی
"اے بھیا یہ دن کوٹھڑی میں
بڑی بے بسی سے گزارے
نہ منہ میں نے دھویا
نہ یہ بال میں نے سنوارے
اب آ ہی گئے ہو تو مجھ کو بچاؤ

سنا ہے
نیا آنے والا جو منصف ہے وہ معتبر ہے
رعایا کی حالت پہ اس کی نظر ہے"
وکیل اس سے کہنے لگا
"ہم عدالت میں کل پیش ہوں گے
یہ ہے معافی نامہ، انگوٹھا لگا دے
اگر خود کو معصوم کہتی رہی
تو کہیں یہ نہ ہو
پیش کار اپنی مرضی سے تاریخ آگے بڑھا دے"
سزاوار کہنے لگی
"میں تو معصوم ہوں
بھائی بس مجھ پیشی دلا دے"

وہ دن آ گیا
جب عدالت میں اس کو پکارا گیا
خوب صورت وہ ہرگز نہیں تھی
مگر اس کی ڈھلتی جوانی میں ایسی کشش تھی
جو آوارہ مردوں کے دل بھینچتی ہے
جو شہوت کے پاتال میں بھینچتی ہے
کٹہرے میں آئی تو منصف نے
خواہش سے انگارا آنکھیں
سزاوار کے تن بدن میں گڑو دیں
اسے یوں لگا جیسے وہ
کوئلوں کی انگیٹھی پہ بیٹھی ہوئی ہے

وہ گھبرا گئی
پھر بھی ہمت جٹا کر کہا
"آپ منصف ہیں عالی جناب
اس خطا کار کی کیا خطا ہے
ارے میں تو معصوم ہوں
میں نے بچوں کو بیتے دنوں کی کہانی سنائی
میں جھلی، مجھے تایاجی نے بتایا
——سزاوار راجا گیا
اور سپاہی کی باری تب آئی۔ اب آئی
وہ دن پاس ہیں جب
رعایا کو بھی مل سکے گی رہائی——
مجھے کیا خبر تھی
میں معصوم ان پڑھ
خطا کچھ نہ کی اور سزا میں نے پائی"

یہ سنتے ہی منصف نے
ہرکارہ خاص کو اک اشارہ کیا

تب وہ آگے بڑھا
اور سزاوار کے کان میں کچھ کہا
بس وہ تھرا گئی اور بول
"یہ عالی جناب آپ کیا کہہ رہے ہیں"
سزاوار چوبی کٹہرے میں یوں لڑکھڑائی
سپاہی، سپاہی کا مخبر، اہل کار سارے
وکیل اور منصف بیوپاری
یہاں تک کہ راجا
عدالت کے اندر، عدالت سے باہر
سبھی لڑکھڑائے
زمیں پھٹ گئی
اور سزاوار اس میں سمائی
"خدا حشر میں ہو مددگار میرا"
سزاوار کی یہ کہانی جو میں نے سنائی

★ ★ ★

بلوچستان ۲۰۱۱ء

بے کفن لاشے بچھے ہیں کو بہ کو
پھر سے ارزاں ہے بلوچوں کا لہو
دشت میں کاریز سارے خشک ہیں
خون سے لبریز ہیں جام و سبو
جذبہ دارانِ علیؑ بھی زخم زخم
درپئے آزار ہے تیغِ عدو
خطۂ مکران سے سریاب تک
آندھیوں کی زد پہ ہے ذوقِ نمو
غم سے پید حریت کا برگِ سبز
ایک نخلستاں بنے یہ آرزو

ہم چاکستانی صحافی

تم ہو اہلِ حکم
ہم ہیں اہلِ قلم
پھر وہی جنگ ہے
پھر وہی ہاؤ ہو
پھر وہی درد ہے
پھر وہی جستجو
پھر وہی مسئلہ
پھر وہی گفتگو
پھر وہی لاٹھیاں
پھر سے ہم دو بدو
تم ہو نقشِ کہن
ہم ہیں رنگِ چمن
تم بجھاؤ دیے
ہم جلائیں لہو
تم نے پیاسا کیا
ہم بنے آب جو
تم ہو ننگِ وطن
ہم سے ہے آبرو
ہو گے تم در بدر
ہوں گے ہم سرخ رو

★★★

عوامی ترانہ

اساں کمی، چوہڑ، چمار
اساں بھکشو، منگن ہار
اساں درزی، پاڈے، نائی
اساں راج، مجور، قصائی
اساں کلرک، قلی، حلوائی
اساں نرس، کپونڈر، دائی
اساں پنڈاں وچ کسان
اساں شہر اچ ریہڑی بان
اساں پلمبر تے ترکھان
اساں مالی تے دربان
اساں چوڑی گر، کمہیار
ساڈا کتے نہ کائی شمار
ساڈے اتے رہو دا بھار
سانوں تکدی نئیں سرکار
پر کٹھے ہوجان یار
تے کھولاں گے پٹوار
اساں لکھنی نویں اک وار
اساں بدلاں گے سنسار

مصنف : مرزا محمد پاوہ رسوا

حارث خلیق ۶۶۹۱ءکراچی میں پیدا ہوا ۔ ان کے والد ایک فلم ساز ہے، ساتھ ہی ایک رائٹر ہیں ۔ ان کی وولدہ ایک اسدادنی ہے ،اور ایک رائٹر بھی ہیں ۔ حارث خلیق اردو اور انگریزی زبانوں پاکستان اور برصغیر جنوبی ایشیا کے نمائندہ شاعروں میں سے ہیں ۔ان کے آٹھ شعری مجموعے (بانچ اردو اور تین انگریزی)،اشتراک سے لکھِ گئی مضامین کی ایک کتاب ، کئی مقالے اور علمی وادبی مضامین منظرِ عام پر آچکے ہیں ۔ معاصرِ عالمی شاعری کے کئی بین الاقوامی مجموعوں میں ان کا کلام شامل ہے ۔ حارث خلیق ۰۲۱ کتوبر ۶۶۹۱ء کوکراچی میں پیدا ہوئے ۔کراچی اور لندن میں تعلیم حاصل کی ۔ پاکستان کے علاوہ ایشیا اور یورپ کے کئی ممالک میں سماجی ترقی اور انسانی حقوق کے شعبوں سے منسلک رہے ہیں ۔ اب اسلام آباد میں مقیم ہیں ۔

اس کتاب لکھنے سے پہلے اس نے کسی اردو یا انگریزی شعری مجموعے میں اپنی کوئی نثری تحریر شامل نہیں کی ۔اس کتاب کی تیاری کے دوران کچھ دوستوں نے اصرار کیا کہ چند سطریں لکھ دیا چوں کہ پچھلے پانچ چھ برس اس کی زندگی کا نہایت پرآشوب اور تغیرات سے بھرپور دور رہا ۔ زیر نظر کتاب میں شامل بائیں نظمیں اور تین فرمائشی غزلیں انھی برسوں میں کہی گئیں ۔ اس کی ذاتی زندگی میں جہاں وہ غم اٹھائے جو سبھی کے حصے میں آتے ہیں ۔

نئے الفاظ

鸟嘴（阴）	chōṇch	چونچ
串起来，穿成串；编织（及）	gūthnā	گوتھنا
像野生动物的（形）	vahshī	وحشی
为消灾免祸向真主敬献的东西；供品，祭品；慈爱，献爱心（阳复）	sadqē	صدقے
耳语；哄孩子玩，逗孩子笑（阴）	kānā bādī	کانا باتی
放饼的筐子（阴）	changēr	چنگیر
葫芦巴（阴）	mēthī	میتھی
心情不舒畅的（形）	bore	بور
独特的（形）	yaktā	یکتا
炎热；兴奋，生气（阳）	tā'ō	تاؤ
门，一扇门（阳）	kivāṛ	کواڑ
羞耻的，害羞的（形）	ghairat	غیرتی
礼拜垫；（宗教）席位（阳）	sajjādah	سجده
门槛，走廊，入口处，堂屋（阴）	ḍeyoṛhī	ڈیوڑھی
公之于众，宣布（阳）	parchār	پرچار
暴动，叛乱（阴）	baghāvat	بغاوت

敲（及）	khaṭkhaṭānā	کھٹکھٹانا
沉重的，贵重的，艰难的	girāṇ	گراں
鹰嘴豆粉做的油炸小甜点（阳）	pakōṛā	پکوڑا
不在意，漠不关心，冷漠（阴）	bē niyāzī	بے نیازی
施舍，供奉；慈善，奉献（阴）	vārī	واری
心情；愿望（阴）	khātir	خاطر
得体，优雅，协调（阴）	phaban	پھبن
（食用的）动物下水，肝脏（阴）	kalējī	کلیجی
丑恶的（形）	hāsid	حاسد
天花（阴）	chēchak	چیچک
荣耀；威望（阳）	dabdabah	دبدبہ
恶毒的，心怀恶意的（形）	bad nīyat	بدنیت
赃物，掠夺物，战利品，白得的东西（阴）	ghanīmat	غنیمت
过时的，古老的，陈旧的，原始的（形）	qadīmī	قدیمی
厚颜无耻，不知廉耻；蛮横无理（阴）	ḍhiṭā'ī	ڈھٹائی
煽动，挑动，激起；蛊惑人心（及）	uksānā	اکسانا

上锁的，关门的（形）	qumaffal	مقفل
支持，庇护（阳）	jambah	جنبہ
灌溉暗渠，坎儿井，水渠（阴）	kārēr	کاریز
寻找，探寻（阴）	justjū	جستجو
歌曲，曲调（阳）	tirānah	ترانہ
鞋匠，制鞋人；修鞋人（阳）	chamār	چمار
搬运工人，工人（阳）	qulī	قلی
木匠（阳）	tarkān	ترکھان
守门人，看门人，门房（阳）	darbān	دربان
陶器匠，制陶工人（阳）	kumhār	کمہار
世界，人间（阳）	sanṣār	سنسار
不信任，不怀好意（阴）	bad gamānī	بدگمانی
香料商人；药材商人（阳）	‘attār	عطر
黑暗的，黑色的；昏暗的（形）	tārīk	تاریک
门接着门，户挨着户，街巷相连（副）	kū bah kū	کوبہ کو
廉价的，便宜的，贱卖的（形）	arzāṛ	ارزاں
喊叫，喧嚣（阴）；痛苦的呻吟声（叹）	hā’ōhū	ہاؤہو
面对面的（形）	dūbadū	دوبدو
清洁工（阳）	chūhṛā	چوہڑا
祭司（阳）	paṇḍā	پنڈا
屠夫，肉贩子（阳）	qasā’ī	قصائی
水管工人，水暖工；制造玻璃和玻璃器皿的工人（阳）	plumber	پلمبر
园丁，花匠；园艺家（阳）	mālī	مالی
回报，报偿（阳）	badlah	بدلا
厌倦的，厌恶的（形）	achār	اچاٹ
悲伤，悲痛，忧愁（阳）	huzn	حزن
隐藏的，看不见的（形）	pōshīdah	پوشیدہ

مشق

۱۔"میلے میں" کا ترجما کیجئے اور بتائیے کہ میلے میں وہ بچہ کس حالت میں کھو گیا ؟

۲۔" کانا باتی کو" میں وہ کہانی بتائیے جو سزاوار نے بچوں کو بتایا۔ وہ اس کہانی بولنے کا نتیجہ کیا ہے ؟

۳۔مندرجہ ذیل تو حارث خلیق لکھے ہوئے تین غزلیں ہیں ۔ ترجما کیجئے اور بتائیے کہ ان غزلوں کا انداز کیا ہے ؟

غزل

چوٹ جب بھی لگے پرانی ہے
درد کی ایک ہی کہانی ہے

یہ طبیعت ہے دین سے بھی اچاٹ
اور دنیا بھی آنی جانی ہے

کوئی تو ہو جو رک کے دم لے لے
اب مزاجوں میں وہ روانی ہے

ایک موسم ہے بے یقینی کا
اور ہواؤں میں سرگرانی ہے

عشق رہ رہ کے یاد آتے ہیں
سینۂ عشق کی نشانی ہے

جس نے تم کو کیا ہے یوں برباد
وہ ہمارا ہی یار جانی ہے

پھر ہیں طوفانِ نوح کے آثار
کشتیِ نوح پھر بنانی ہے

رنگ برسات بھر بھی دے تو کیا
دشت میں ایسی بدگمانی ہے

اس میں ہر روز اک نیا پن ہے
اپنی ہر بات جاودانی ہے

دور بیٹھے اسی کو تکتے ہیں
ہم زمینی وہ آسمانی ہے

☆★

غزل

میں نے بھی دیر کی بہت، اس کو بھی کچھ گریز تھا
وہ بھی نہ راز پا سکا گرچہ زمانہ تیز تھا

فکرِ نشاط سے پرے کیف کی اپنی منزلیں
پر تھا میں حزن و یاس سے درد میں نغمہ ریز تھا

خوشبو نہ کوئی بات میں، رنگ نہ کوئی ذات میں
شیخ تھا گرچہ کہنہ مشق، جبہ بھی عطر بیز تھا

گرمیِ آرزائے وصل، سوختہ تھا مرا بدن
شوق لیے نگاہ میں، وہ بھی تو جلوہ ریز تھا

عقل بہانہ جو رہی، دل نے یہ فیصلہ کیا
وہ بھی کمال حیلہ گر، میں بھی نہ رست خیز تھا

☆★

غزل

جب سے دیکھا ہے تمھیں تب سے نشہ طاری ہے
مجھ میں بستے ہو، تمھاری ہی عمل داری ہے

غیر نے بھانپ لیا دل جو ذرا سا ڈولا
عقل عیار ہے اور آج بھی انکاری ہے

دل کو کیوں روکیے جب کھل ہی گیا شوقِ وصال
شوق میں درد ہے اور درد میں سرشاری ہے

خاص ہو ربط مگر دہر سے پوشیدہ رہے
تم کو درپیش اگر فکر جہاں داری ہے

کارِ بے محض ہے واعظ کی دلیلوں پہ دھیان
جینا آتا نہیں اور مرنے کی تیاری ہے

★☆

اکیسواں سبق کھیل تماشا

作品导读

娜伊拉·瑟嘉德是巴基斯坦著名的戏剧女作家，她的作品在青年学生中非常流行且深受喜爱。《消遣游戏》是一部轻松戏剧集，获得 2014 年巴基斯坦 UBL 文学奖戏剧类大奖。该书在巴基斯坦被评价为“戏剧之萃”。

本课所选戏剧是个轻松幽默的小型场景剧。一家人在大城市里生活，孩子们都习惯了西式的生活和说话方式，家庭主妇拉芭雅更是一直向好友吹嘘孩子的奶奶长居美国。实际上，其婆婆是地道的巴基斯坦乡下妇女。奶奶来到家里后，无论是生活方式还是观念习惯都与大家格格不入，拉芭雅更是抱怨颇多。好友们要到拉芭雅家做客，面临“美国奶奶”被拆穿的危险，孙子出主意说让奶奶假装美国归来。在聚会上客人们表达出对美国的向往和对巴基斯坦的蔑视与抨击，奶奶的对话漏洞百出，引人发笑。最后，奶奶忍受不了客人们对巴基斯坦的各种批评与污蔑，卸下伪装据理力争。出人意料的是，客人们不但没有生气，反而对奶奶肃然起敬。

该戏剧情节简单，语言诙谐幽默，立意深远。聚会上奶奶与客人们的对话是戏剧的高潮，双方在对比巴基斯坦和美国的饮食、环境、生活方式等方面进行了交锋，既产生了各种幽默效果，又启发人们在笑声中对社会上崇洋媚外的心理和做法进行反思，从而唤起人们的爱国热情，是一部出色的幽默戏剧。

آسمان قائم ہے جن کے دم سے

نائلہ سجاد

کردار:

1- میاں	محس
2- بیوی	رالعبہ

3- بیٹی نادیہ

4 - دو بیٹے چھوٹا بیٹا بوبی، بڑا بیٹا پنٹو

5- نوکر بخشو

6- مہمان عورتیں صدف، ڈولی، ذکیہ

(پہلا منظر)

(صوفے پر بیوی بیٹھی اخبار پڑھ رہی ہے اور چائے پی رہی ہے۔ ایک طرف چھوٹا بچہ بیٹھا اپنا ہوم ورک کر رہا ہے، بیٹی اور بیٹا بیٹھے لڈو کھیل رہے ہیں کہ میاں مسٹر محسن کمرے میں داخل ہوتے ہیں۔)

محسن: (ایک خط پکڑے ہوئے ہے) لو بھئی کل اماں جی آرہی ہیں۔ یہ خط آیا ہے۔ بھئی صاحب انہیں آج رات ٹرین پر سوار کرا دیں گے۔ کل دوپہر 12بجے تک پہنچیں گی۔

بوبی: (چھوٹا بیٹا) خوشی سے... آیا... دادی اماں آرہی ہیں بڑا مزا آئے گا۔

نادیہ: (بیٹی) میں تو ان سے خوب کہانیاں سنوں گی۔

پنٹو: (بڑا بیٹا) اونہہ بڑھی ہو چلی ہے کہانیاں سننے کا شوق نہیں جاتا۔

نادیہ: اگر میں بڑھی ہوں تو تم بڑھے کھوسٹ ہو... بڈھا، بڈھا، بڈھا۔

پنٹو: (چڑکر) امی سمجھائیں اسے، ورنہ مار کھائے گی۔

محسن: (والد) بھئی کیا تم نے جھگڑا شروع کر دیا۔ دادی کے آنے کی اچھی خوشی ہے یہ... آرام سے رہا کرو (باہر چلا جاتا ہے)

رابعہ: (بیوی) (ناگواری سے) اونہہ آرہی ہیں بڑی بی، اب تو روز نیا ڈرامہ ہوا کرے گا۔

بوبی: ماما... دادی اماں تھیٹر میں کام کرتی ہیں؟

ماں: (ڈانٹ کر) چپ رہو تم... موڈ خراب کر دیا سارا... خواہ مخواہ۔

(چیخ کر) بخشو او بخشو... کہاں مر گیا کمبخت...

(نوکر اندر داخل ہوتا ہے) جی بی بی جی...

بیوی: یہ چائے کے برتن اٹھاؤ اور دفع ہو جاؤ۔

بخشو: (شرارتی انداز میں) سنا ہے جی کل بڑی بی بی جی آرہی ہیں۔ صبح کی ٹرین سے کیا پکانا ہے کل... میں آج ہی سودا لے آؤں۔

رابعہ: (غصے سے) دفع ہو کمبخت... کیا پکانا ہے۔

نادیہ: ماما... دادی پہلی مرتبہ ہمارے گھر آرہی ہیں نا۔

رابعہ: (ناگواری سے) ہاں... خدا جانے کیا جی چاہا... بھلا آرام سے گاؤں بیٹھی تھیں... اتنی گرمی میں چل دیں... اب مجھے تو یہ فکر ہے کہ میں نے

اپنے سارے ملنے جلنے والوں کو ان کے بارے جو بتا رکھا ہے وہ تو اس کے بالکل الٹ ہیں... اس قدر پینڈو ہیں کتنا مذاق بنے گا میرا... اوہ مائی گاڈ... اور وہ... وہ مہمان بھی تو اگلے ہفتے آ رہے ہیں۔

(سر تھام لیتی ہے)

بوبی: میں تو دادی کو لینے کل ریلوے سٹیشن جاؤں گا... آپا جی۔

ماں: (گھور کر) امی چھٹی کرنے دیں نا... میں دادی کو Receive کرنے جاؤں گا۔

ماں: (ڈانٹ کر) چپ رہو... نالائق... بڑا شوق ہے چھٹی کا۔

(اٹھ کر باہر چلی جاتی ہے)

بوجی: باجی یہ امی کو اتنا غصہ کیوں آ رہا ہے... کیا دادی کے آنے پر ناراض ہیں؟

نادیہ: (کندھے اچکا کر) مجھے کیا معلوم... امی کو تو ہر وقت غصہ ہی چڑھا رہتا ہے۔

بوبی: میں تو اپنا کمرہ SET کرنے لگا ہوں... (اٹھ کر باہر چلا جاتا ہے)

نادیہ: میں بھی اپنا کمرہ ٹھیک کر لوں... دادی کے آنے سے پہلے۔

پنٹو: چل تو بھی اپنا کمرہ ٹھیک کر لے۔

(تینوں باہر نکل جاتے ہیں۔ بخشو اندر داخل ہوتا ہے۔ تھوڑی دیر کھڑا ہو کر اپنا سر کھجاتا ہے۔ دائیں بائیں دیکھتا ہے پھر خود سے)... اللہ بچائے بی بی جی... آج بڑے غصے میں ہیں۔

(رابعہ کی آواز آتی ہے) بخشو او بخشو کہاں مر گیا کمبخت۔

(کمرے میں داخل ہوتی ہے) اچھا تو تو یہاں کھڑا ہے... یہاں کھڑا کیا جائزہ لیتا ہے... چل دفع ہو... ہڈ حرام کہیں کا...

بخشو: میں تو جی صاحب کے جوتے لینے آیا تھا... اللہ بچائے (جلدی سے کونے میں پڑے جوتے اٹھاتا ہے اور باہر نکل جاتا ہے۔ رابعہ چند لمحے کمرے میں ٹہلتی ہے اور پھر باہر نکل جاتی ہے۔)

(اگلا منظر)

(نوکر نے سر پر بڑی سی گٹھڑی اٹھا رکھی ہے۔ ایک بازو پر ٹوکری لٹکا رکھی ہے، پلاسٹک کا لوٹا، ہاتھ والا پنکھا اور چند تھیلے تھرماس...)

بخشو: ہائے مر گیا... اللہ بچائے۔ لگتا ہے ہجرت کر کے آ رہی ہیں بغداد سے دادی...

(دادی اندر داخل ہوتی ہیں) السلام علیکم۔

(بہو اٹھ کر گلے ملتی ہے وعلیکم السلام!) اماں بی کیسی ہیں آپ۔ سفر تو آرام سے گزرا... نا۔

دادی: (کراہ کر) بس کیا بتاؤں، جوڑ جوڑ دکھ رہا ہے... کہاں سے تو چلی میں... ہائے تھک گئی میں... جوڑ جوڑ دکھ رہا ہے۔

(گھٹنوں پر ہاتھ رکھ کر بیٹھتی ہے) یا مولا تیرا ہی آسرا۔

بخشو: یہ سامان کہاں رکھوں جی...

دادی: ارے رکھ دے یہاں آرام سے... دیکھیوں کوئی چیز نہ ٹوٹے...

بخشو: چاہے میری گردن ٹوٹے جائے۔ اللہ بچائے...

یہ لوٹا کہاں رکھوں، باتھ روم میں۔

دادی: (ناراض ہوکر) اے دفعان ہو کمبخت... خبردار جو میرا لوٹا وہاں رکھا تو... پاک لوٹا ہے۔

بخشو: (ہنستا ہے)

دادی: (ناراض ہوکر) کیسا سر چڑھا نوکر ہے (سکنھپے کی ڈنڈی مارتی ہیں)

بخشو: (ایکٹنگ سے) ہائے مر گیا...

دادی: ارے یہ میری گٹھڑی اوپر رکھ کمبخت... اور پانی چلا سانس خشک ہوگیا...

بخشو: لسی لاؤں جی... چاٹی کی۔

رابعہ: (ڈانٹ کر) بخشو، چلو جاؤ... اماں جی کو شربت کا گلاس لاکر دو۔ (نوکر باہر نکل جاتا ہے)

دادی: یہ بچے نہیں آئے ابھی سکول سے۔ کب آتے ہیں۔

رابعہ: بس آنے ہی والے ہیں... بوبی تو آج سکول ہی نہیں جا رہا تھا کہ میں دادی کو لینے سٹیشن جاؤں گا۔

دادی: میں صدقے جاؤں... تو آنے دیا ہوتا۔

(اتنے میں بوبی اندر داخل ہوا ہے۔ بستہ اٹھایا ہوا ہے۔ دوڑ کر)

بوبی: دادی... دادی اماں...

(دادی گلے لگا کر، ارے میرا بیٹا، میرا چاند سر پر ہاتھ پھیرتی ہیں چومتی ہیں)

بوبی: دادی آپ پہلی مرتبہ شہر آئی ہیں... میں آپ کو سارا لاہور دکھاؤں گا۔

دادی: اچھا... اب میں بہت سارے دن رہوں گی تمہارے پاس۔

بوبی: ہم خوب گھومیں گے۔

رابعہ: چلو بوبی بیٹا... کپڑے بدل کر منہ دھولو اور کھانا کھالو۔

بوبی: میں تو دادی کے ساتھ کھانا کھاؤں گا۔

(اتنے میں نادیہ اندر داخل ہوتی ہے) آہا... دادی... وہاؤ۔

(نادیہ جو خوب ماڈرن حلیے میں ہے دوڑ کر دادی کے گلے لگ جاتی ہے)

(دادی پیار سے ساتھ لگاتی ہیں، پھر اچانک پیچھے ہوکر)

اوئی... یہ کیا حلیہ بنا رکھا ہے... اے لڑکی ... دماغ تو خراب نہیں ہوگیا تمہارا... اس عمر میں یہ حال... ارے تو شادی کے بعد کیا کروگی... اور بال تو تمہارے ہیں ہی نہیں... ارے میں تو تمہارے لیے پرندہ لائی تھی۔

بادیہ: (حیران ہوکر) پرندہ... Very Funny

رابعہ: لو اور سنو... اماں جی اب کون سا زمانہ ہے پرندے کا۔ اب تو ماڈرن دور ہے... لڑکیاں طرح طرح کے ہیئر سٹائل بناتی ہیں۔

دادی: (حیران ہوکر) کیا بناتی ہیں۔

رابعہ: نئے نئے فیشن بال۔

دادی: بھئی ہمارے زمانے میں تو لڑکیاں شادی سے پہلے مجال ہے جو زرق برق لباس پہنتیں یا میک اپ کرتیں اور بال کٹانا... توبہ توبہ یہ گناہ ہے گناہ (گال پیٹ کر)

رابعہ: اماں جی... اب یہ پرانا زمانہ نہیں رہا نا۔ اب خود کو نئے زمانے کے مطابق ڈھالیں...

دادی: اے بی کیا بیا زمانہ... بس منہ نہ کھلواؤ میرا۔

یہ نگوڑا نیا زمانہ... بے ایمانی ظلم ... بے شرمی کا زمانہ۔ توبہ توبہ...

ارے ہاں وہ پنٹو کہاں گیا؟

رابعہ: بس آتا ہی ہوگا... کمپیوٹر کلاس لینے جاتا ہے۔

(ماں اٹھ کر باہر چلی جاتی ہے اور بوبی اندر داخل ہوتا ہے)

بوبی: دادی اماں... دادی اماں... آپ تھیٹر میں کام کرتی ہیں۔

دادی: اوئی، اللہ نہ کرے میں کیوں کرنے لگی تھیٹر میں کام... تم سے کس نے کہا؟

(رابعہ اندر داخل ہوتی ہے)

بوبی: امی کہہ رہی تھیں۔ اب تمہاری دادی آرہی ہیں اور روز نئے نئے ڈرامے ہوا کریں گے۔

دادی: (ناک پر ہاتھ رکھ کر) اچھا... تو میں ڈرامے کرتی ہوں۔ (بہو کی طرف دیکھ کر) کیوں بہو۔

رابعہ: اوہ اماں جی... بات دراصل یہ ہے (بوبی کے چپکے سے چٹکی کاٹتی ہے) بوبی کے سکول میں پارٹی ہے نا... یہ کہہ رہا تھا مجھے ڈرامہ لکھ دیں... تو میں کہہ رہی تھی کہ دادی آرہی ہیں اب ان سے پوچھنا وہ بہت ذہین ہیں... وہ کوئی ڈرامہ بتائیں گی۔

دادی: اچھا... یہ کہا تھا... میں ان پڑھ بھلا کیا ڈرامہ جانوں یہ تو تم شہر والوں کا کام ہے۔

(بخشو شربت لے کر اندر داخل ہاتا ہے) چائے گرم...

(شربت کا گلاس ناک کے پاس کرکے دادی کے)

دادی: ارے پرے ہٹ کمبخت ...جوتیوں سمیت آنکھوں میں گھستا چلا جارہا ہے... (پنکھے کی ڈنڈی مار کر)

بخشو: اللہ بچائے۔

رابعہ: دفعان ہو کمبخت۔

بخشو: آج کیا پکاؤں جی ماش کی دال، مسور کی دال، مونگ کی دال یا ارہر کی دال

دادی: (تنک کر) کیوں؟ دال کیوں۔۔۔ کیا مرغے، بکرے ختم ہوگئے دنیا سے۔۔۔ نامراد۔۔۔

بخشو: جی گاؤں سے آنے والے مہانوں کے لیے یہی کھانا پکتا ہے۔۔۔ ہی ہی ہی

رابعہ: دور ہونا مراد۔۔۔ بہت سر چڑھ گیا ہے۔ ہر وقت مذاق سوجھتا ہے اسے۔

(اتنے میں فون کی گھنٹی بجتی ہے۔ نادیہ کی آواز)

ماما۔۔۔ فون ہے آپ کا

(رابعہ اٹھ کر جاتی ہے اور اونچی آواز میں باتیں کرنے کی آواز آتی ہے)

ہاں میری ساس آئی ہیں امیرکہ سے۔۔۔ اتنے سالوں سے وہاں تھیں۔۔۔ میں نے بتایا تھا نہ تمہیں۔۔۔ مگر ابھی بھی ویسے ہی سادہ ہیں اچھا تو تم آؤ گی تو پھر تمہیں ملواؤں گی۔

ہاں ہاں۔۔۔ مجھے پتہ ہے تمہیں بڑا اشتیاق ہے۔ ارے وہ مسز رحیم رشتے کے لیے۔۔۔ اچھا۔۔۔ اگلے ہفتے۔۔۔ ہاں میں فون کروں گی تمہیں۔ پھر بتاؤں گی OK Bye۔

دادی: (شربت پی رہی ہیں اور غور سے سن رہی ہیں اتنے میں پنٹو اندر داخل ہوتا ہے)

(خوب ماڈرن حلیہ، کانوں پر ہیڈ فون)

پنٹو: ہائے گرینڈ ماں۔

دادی: ارے میرا بیٹا۔۔۔ میرا پنٹو ادھر آ میرا چاند۔ (سر پر ہاتھ پھیرتی ہے) اس یہ کیا۔۔۔ یہ کیا مشین ہے۔ ہائے اسے پرے ہٹ۔

پنٹو: (ہنس کر) او دادی۔۔۔ یہ واک مین ہے۔

دادی: کیا مین ہے۔۔۔

پنٹو: واک مین۔۔۔ گرینڈ ماں۔۔۔ اس سے گانے سنتے ہیں۔

دادی: ہائے شیطانی چرخا۔۔۔ اور تو نے یہ حلیہ کیا بنا رکھا ہے۔ ارے تو ان کپڑوں میں سانس کیسے لیتا ہے۔

پنٹو: (سانس زور زور سے لیکر) اس طرح۔۔۔ اس طرح سانس لیتا ہوں او دادی You are very simple

دادی: ارے بیٹا۔ تیل لگا کر سرمہ لگایا کرو۔ دائیں آنکھ میں دو سلائی اور بائیں آنکھ میں ایک سلائی، سنت ہے۔

پنٹو: (ہنستا ہے) تیل۔۔۔ سرمہ۔۔۔ او گرینڈ ماں۔۔۔ میں تو پورا کارٹون بن جاؤں گا۔ بخشو کی طرح۔۔۔ وہ لگاتا ہے سرما۔

دادی: (پنٹو کے بالوں میں ہاتھ پھیر کر) کیا روکھے بال ہیں اور اس نادیہ کو دیکھو۔۔۔ بال کھولے پھر رہی ہے۔ بھئی بالوں میں تیل لگائے، پراندہ ڈالے تو

بال محفوظ رہیں گے ورنہ گنجی ہو جائے گی دو چار سال میں۔ ارے ہمارے وقتوں میں تو لڑکیوں کے بال اتنے لمبے ہوتے تھے کہ سر دھونا مصیبت ہو جاتا تھا۔ میں خود تخت پر بیٹھ کر سر دھویا کرتی تھی۔

نادیہ: (قریب آ کر) دادی آپ ملکہ تھیں جوانی میں۔

دادی: نہیں تو... تم سے کس نے کہا۔

نادیہ: آپ کہہ تو رہی ہیں کہ تخت پر بیٹھ کر بال دھویا کرتی تھیں۔

دادی: (ہنس کر) چل شیطان وہ تو بال ہی اتنے لمبے تھے کہ سنبھلتے ہی نہیں تھے تو نماز کے تخت پر بیٹھ کر بال دھونے پڑتے تھے۔

ہنٹو: دادی کل میری Birth day ہے۔ آپ بڑے وقت پر پہنچی ہیں۔ کل میرے بہت سارے دوست آئیں گے۔

دادی: اچھا تیری سالگرہ ہے۔ میں تیرے لیے تحفہ لے کر آئی ہوں۔

پنٹو: واہ... کیا لائی ہیں۔

دادی: ارے سب کے لیے لائی ہوں۔ شام کو آرام سے بیٹھ کر دوں گی...

(اتنے میں محسن اندر داخل ہوتا ہے۔ خوشی سے) ارے اماں جی پہنچ گئیں۔

السلام علیکم!

اماں: ارے میرا چاند، میرا مٹھو... ادھر آ، ادھر میرے پاس بیٹھ... (سر پر ہاتھ پھیرتی ہیں۔) ہائے کیا ذرا سا منہ نکل آیا میرے بچے کا۔ بہو، ویسی گھی میں پراٹھا بنا کر دیا کرو۔ کیا ذرا سا منہ نکل آیا ہے میرے بچے کا۔ میں لائی ہوں پانچ کلو دیسی گھی... خود بنایا ہے میں نے۔ دیکھ تو سہی کتنا کمزور ہو گیا ہے۔ پیلی پھٹک رنگت ہو گئی ہے۔

رابعہ: ان کو ڈاکٹر نے گھی کھانے سے منع کیا ہے... اماں جی۔

دادی: اے دفع کرو ان ڈاکٹروں کو... یہ تو اپنی فیس بنانے کے مارے یونہی الٹے سیدھے مشورے دیتے ہیں۔ ہمارے وقتوں میں تو لوگ کلو کلو گھی کھا جاتے تھے اور سو، سو سال عمر ہوتی تھی ان کی۔

(بیٹے سے مخاطب ہو کر) میں پنجیری بنا کر لائی ہوں تیرے لیے، خالص گھی میں وہ نہار منہ کھایا کرو۔

محسن: ارے اماں جی پنجیری لائی ہیں۔ وہ تو میں ضرور کھاؤں گا۔

رابعہ: (چڑ کر) جی ہاں... پنجیری کھائیں گے اور پھر شوگر کی دوائیاں کھانا۔

دادی: (اے کیا نگوڑی شوگر... بسم اللہ پڑھ کر کھانا، کچھ نہیں ہونے کا... دیکھ لینا۔

(بخشو اندر داخل ہوتا ہے) کھانا لگا دیا ہے جی میز پر۔

رابعہ: اچھا! تم چلو، ہم آتے ہیں۔

محسن: چلیں! اماں جی... کھانا کھالیں۔

دادی: ہاں بھئی... جب سے آئی ہوں یہیں بیٹھی ہوں چلو۔

(سب اٹھ کر باہر نکل جاتے ہیں)

(تیسرا ایکٹ)

(پنٹو کی سالگرہ... دوست جمع ہیں اور سب مل کر ڈانس کر رہے ہیں۔ گانے کے اختتام پر دادی اندر داخل ہوتی ہیں۔ چند لمحے ناک پر انگلی رکھ کر دیکھتی ہیں پھر کہتی ہی) اے نگوڑو... یہ کیا اچھل کود مچا رکھی ہے۔

ارے بیٹا... ناچ گانے سے گھر میں خیر برکت نہیں رہتی... بند کرو شیطانی کھیل کود۔

پنٹو: اوہ گرینڈما... What a non sense

پہلے آپ نے صبح صبح جگا دیا کہ دیر تک سونے سے خیر برکت نہیں رہتی۔ نماز پڑھو... اب ڈانس بند کرو، خیر برکت نہیں رہتی۔ گانا نہ سنو دادی... پلیز آج میری Birth day ہے۔

دادی: ہائے کیا زمانہ آگیا۔ نصیحت کرو، سمجھاؤ تو گلے کو آتے ہیں۔

(باہر نکل جاتی ہیں)

(دادی کے جانے کے بعد پنٹو دوستوں سے مخاطب ہو کر)

پنٹو: سوری یار... دادی... دادی Old Lady ہیں، مائنڈ نہ کرنا۔

ایک دوست: Its all right لیکن تمہیں اپنی دادی کو ایسے نہیں بولنا چاہئے تھا۔

داسرا دوست: اچھا دوست اب مجھے بھی اجازت دو... چھ بج گئے، ڈرائیور آگیا ہو گا

OK,By

پنٹو: اچھا چلو... میں تمہیں باہر تک چھوڑ آؤں۔ تم نے مائنڈ تو نہیں کیا، دادی کی بات کو...

ایک دوست نہیں یار، میری دادی بھی ایسی ہی ہیں۔ Its ok

(سب باہر نکل جاتے ہیں)

پنٹو: دراصل دادی پڑھی لکھی نہیں نا... (صفائی دیتا باہر جاتا ہے)

(بخشو کمرے میں داخل ہوتا ہے۔ میز پر پڑے برتن اٹھاتا ہے اور جلدی جلدی کچھ کھاتا ہے ساتھ ساتھ بول رہا ہے)

بخشو: اللہ بچائے ان لڑکوں سے، تباہی مچائی ہوئی تھی۔ اوپر سے صبح سے ہنگامہ مچایا ہوا ہے بی بی جی نے... اوپر سے اماں جی نماز وقت کی اٹھ کر بیٹھی ہیں نہ سوتی ہیں نہ سونے دیتی ہیں۔ اللہ بچائے۔ (برتن اٹھا کر باہر نکل جاتا ہے)

(فون کی گھنٹی بجتی ہے۔ رابعہ کمرے میں داخل ہوتی ہے۔ فون اٹھاتی ہے)

ہلیو! ہائے، صدف... ہاں میں تمہیں فون نہیں کر سکی۔ اصل میں کچھ مصروفیت رہی... تمہیں تو پتہ ہے میری ساس آئی ہوئی ہیں۔ کیا کہا، امریکہ

پلٹ ساس... ہاں ظاہر ہے نخرے بھی زیادہ ہیں... اچھا چلو ٹھیک ہے اگلے ہفتے آجانا... ہاں ٹھیک ہے۔ لے آنا OK,Bye (فون رکھ دیتی ہے اور فکر سے ٹہلنا شروع کر دیتی ہے۔)

اتنے میں دادی کمرے میں داخل ہوتی ہیں اور صوفے پر بیٹھ کر بہو کو دیکھنے لگتی ہیں۔ انگلی ناک پر رکھتی ہیں۔ نادیہ بھی کمرے میں آتی ہے اور ساتھ ہی پنٹو دونوں آکر دادی کے دائیں بائیں بیٹھ جاتے ہیں۔)

دادی: (رابعہ کو دیکھ کر) اے بہو تجھے کیا ہو گیا... کیا موٹر لگ گئی ہے۔

رابعہ: (تیزی سے ٹہلتے ہوئے) اماں جی میں سخت پریشان ہوں۔

دادی: اے نصیب دشمناں کیا ہو گیا۔ کچھ بتاؤ تو سہی۔

رابعہ: اگلے ہفتے میری ایک سہیلی کچھ مہمانوں کو لے کر آرہی ہے۔ (کان میں سرگوشی سے) نادیہ کے رشتے سلسلے میں۔

میں نے انہیں آپ کے بارے میں بتایا کہ میرے سرالی امریکہ میں رہتے ہیں... اب آپ کو دیکھ کر سارا بھانڈا پھوٹ جائیگا۔

دادی: (ناک پر انگلی رکھ کر) اے لو... بھلا جھوٹ بولنے کی کیا ضرورت تھی... اب بھگتو... (ہنستی ہے)

رابعہ: اماں جی... کچھ سوچیں... میں سخت پریشان ہوں (ٹہلتے ہوئے)

دادی: اے بیٹی، کہیں آرام سے بیٹھے گی بھی یا نہیں... ارے میرا تو سر چکرا گیا تجھے دیکھ دیکھ کر...

(بخشو کمرے میں داخل ہوتا ہے۔ رابعہ کے ساتھ ساتھ چلتے ہوئے۔)

بی بی جی... رات کا کھانا کیا پکاؤں۔ کدو، ٹینڈے، بھنڈی، بینگن یا دال ہی پکا لوں۔

(رابعہ رک کر گھورتی ہے) "ایک تو یہ پتہ نہیں کس قسم کی سزا ملی ہے مجھے اس منحوس کی صورت میں۔" جھک کر جوتا اتارنے لگتی ہے، بخشو بھاگ کر باہر نکل جاتا ہے۔

(رابعہ پھر ٹہلنے لگتی ہے۔)

پنٹو: امی... ایک زبردست آئیڈیا آیا ہے میرے ذہن میں۔ ونڈرفل...

رابعہ: (رک کر چند لمحے) دیکھو پنٹو، میں مذاق کے موڈ میں نہیں ہوں۔

پنٹو: او ماما I am not joking سن تو لیں۔

رابعہ: (پاس رک کر) اچھا کہو... (سب غور سے سننے کے انداز میں)

پنٹو: امی کیوں نہ ہم دادی کو ماڈرن بنانے کی ریہرسل کروائیں ان کو امریکی بنا دیں۔

(دادی چونک کر) کیا... کہا... کیا... اے نگوڑو... کیا آپریشن کراؤ گے دادی کا... کیا سازش ہو رہی ہے میرے خلاف۔

نادیہ: (چٹکی بجا کر) زبردست۔۔

رابعہ: (سوچ کر) ہاں کہتے تو تم ٹھیک ہو۔ اماں جی مان جائیں نا۔ (سب اماں جی کی طرف دیکھ کر) اماں کچھ دیر کے لیے امریکی بن جائیں نا...

دادی: نہ بابا... میں نہیں کرتی یہ ڈرامہ۔ ارے میں کیوں گناہگار ہونے لگی۔ موئے پلید امریکی۔

رابعہ: (دادی کے گلے میں بازو ڈال کر) دادی مان جائیں نا۔

دادی: (زور سے) اے مت ماری گئی ہے تمہاری۔

رابعہ: اماں جی مان جائیں نا... آپ کی پوتی کے مستقبل کا سوال ہے۔

دادی: مجھے تو تمہاری بات کی سمجھ نہیں آ رہی۔ تم کیا کہہ رہی ہو۔

رابعہ: اپنا منہ پاس لاکر سرگوشی میں کچھ سمجھاتی ہے (دادی سر ہلاتی ہیں اور گہری سوچ میں ہیں۔)

پنٹو: دادی میں آپ کو ایسا ڈرامہ کراؤں گا کوئی پہنچان نہیں سکے گا کہ آپ امریکہ سے نہیں آئیں۔

دادی: تم سب تو مجھے پاگل بنا دو گے... ہائے کون سے برے وقت میں آ کے پھنس گئی میں... نفرت ہے مجھے ان بندر کی شکل والوں سے... نگوڑوں نے پوری دنیا اجاڑ کے رکھ دی اور تم چلے ہو مجھے امریکی بنانے...

بہورابعہ: اماں جی... میری اچھی اماں جی... پلیز...

دادی: اچھا جان چھوڑو میری... نگوڑو... تمہاری خاطر کر لوں گی ڈراما...

(نادیہ، پنٹو خوشی سے نعرہ لگاتے ہیں) O yes... دادی زندہ باد...

(پردہ گرتا ہے)

(چوتھا ایکٹ)

(دادی میکسی پہن چلنے کی پریکٹس کر رہی ہیں۔ سر ماڈرن وگ ہے۔ ہیل والا جوتا ہے)

دادی: ارے یہ کیا لپیٹ دیا مجھے... ہائے میں گری... ہائے میں گری۔

نادیہ: اوہ دادی آپ تو ذرا بھی کوآپریٹ نہیں کر رہیں۔

دادی: ارے نگوڑی... ابھی اور کتنی پریڈ کروائے گی۔ کیا مصیبت ڈال دی مجھے۔

نادیہ: ایسے چلیں نا، آہستہ...ایسے، ایسے (چل کر دکھاتی ہے)

دادی: ہائے سانس تو لینے دو... (بیٹھ جاتی ہیں)

(بخشو اندر داخل ہوتا ہے) اللہ بچائے (منہ پر ہاتھ رکھ کر ہنستا ہے) آج کیا پکاؤں جی۔ سٹیم چکن، چکن منچورین، چکن وجیٹیبل۔

دادی: اے یہ کیا نام لے رہا نگوڑا...

ہنادیہ: ڈشز کے نام لے رہا ہے دادی، کھانوں کے۔

بخشو: (ہنستے ہوئے) آج تو آپ ویسی کھانے نہیں کھائیں گی۔

چھری کانٹے سے کھائیں گی... ہی ہی ہی...

دادی: (غصے سے) دفعان ہو کم بخت، پہلے ہی میرا گرمی سے دم نکلا جا رہا ہے اوپر سے تو آجاتا ہے بک بک کرنے۔
ہائے پانی پلاؤ ٹھنڈا... ارے وہ محسن کہاں گیا۔ یہ کیا گت بنا دی میری۔

رابعہ: (منت کے انداز میں) اماں جی... پلیز... دیکھیں میری عزت کا سوال ہے۔
بخشو... اماں جی کے لیے پانی لاؤ ٹھنڈا جلدی سے۔

دادی: (خود کو سنبھالتے ہوئے) اچھا... ان لوگوں کے جانے کے بعد میں کسی اوار کے سامنے یہ تماشا نہیں کروں گی۔

بخشو: (پانی لاتا ہے) اماں جی... آج تو لگ رہا ہے آپ سچی مچی امریکہ سے آئی ہیں... اللہ بچائے (منہ پر ہاتھ رکھ کر ہنسا ہوا باہر بھاگ جاتا ہے۔)

رابعہ: بس اماں جی، آج کے بعد پھر نہیں۔

دادی: اچھا... اب بتاؤ کیا کروں۔

رابعہ: اماں جی... وہ سب باتیں یاد ہیں نا...

دادی: ارے ہاں یاد ہیں... کافی پسند ہے... فرصت میں لانگ ڈرائیو کرتی ہوں...
اور اچھی کتابیں پ ڑھنا (سوچتے ہوئے) اے وہ کیا تھا نگوڑا؟

رائعہ: اوہ اماں جی، نگوڑا نہیں بولیں نا۔

دادی: تو کیا کہوں... وہ مواء۔

رابعہ: اوہ اماں جی... اب یہ بولی چھوڑ دیں۔

دادی: اے کیسے چھوڑ دوں۔ ساری عمر گزر گئی بولتے بولتے...

نادیہ: افوہ دادی، ایک تو آپ بحث بہت کرتی ہیں۔

دادی: (ڈپٹ کر) چپ رہ کم بخت... یہ ساری مصیبتیں تیری وجہ سے تو برداشت کر رہی ہوں... اور تو ہے کہ...

نادیہ: اچھا، اچھا دادی... پلیز ناراض نہ ہوں... یہ بتائیں آپ کے فیورٹ رائٹر کون سے ہیں۔

دادی: کیا؟

بادیہ: اوہ... دادی کتابیں کس کی پسند ہیں؟

دادی: (ناک پر انگلی رکھ کر سوچتی ہے) اے وہ کیا تھا نگوڑا...
ہاں پنٹو... نہیں نہیں منٹو اور عصمت بی بی۔

رابعہ: اوہ... عصمت بی بی نہیں... عصمت چغتائی۔

دادی: ارے ہاں ہاں وہی... اچھا میرا دماغ نہ چاٹو میں تو یہ اتارنے جا رہی ہوں۔

(اٹھ کر باہر چلی اجاتی ہے)

رابعہ: (تشویش سے بیٹی سے مخاطب ہوکر) تمہاری دادی ضرور شرمندہ کروائیں گی...

نادیہ: امی، اتنا تو سیکھ گئی ہیں۔ ایک ہفتے میں۔ ویسے ماما، ہماری دادی کتنی پینڈو ہیں، ندا کی دادی تو گاڑی تک خود ڈرائیو کرتی ہیں۔

رابعہ: ہاں رہی جو ساری عمر گاؤں میں تو پینڈو کیسے نہ ہوں...

نادیہ: چلیے ان کے پاس چلتے ہیں۔ کہیں پھر نہ بھول جائیں۔

(دونوں باہر نکل جاتی ہیں)

(آخری ایکٹ)

(چند ماڈرون خواتین بیٹھی ہیں۔ ایک کا نام صدف، دوسری کا ڈولی اور تیسری کا زکیہ ہے۔ دادی لانگ سکرٹ پہنے ہوئے، وگ اور عینک لگائے بیٹھی ہیں سامنے چائے کے برتن رکھے ہیں۔)

ایک مہماں خاتون: صدف، اچھا تو آنٹی آپ کو کتنے برس ہوگئے امریکہ میں۔

دادی: (سنبھل کر سوچتے ہوئے) ساری زندگی ادھر ہی گزر گئی۔ بڑا اچھا علاقہ ہے۔

ڈولی دوسری خاتون: کسState میں رہتی ہیں۔

دادی: (پریشان ہو کر بہو کی طرف دیکھتی ہے) سٹیٹ...

رابعہ: (جلدی سے) وہ نیوجرسی میں...

دادی: ہاں... ہاں... میرے لیے محسن نئی جرسی لایا تھا کہتا تھا...

(رابعہ جلدی سے آواز بلند کرکے) وہ اماں جی یہ آپ کی State کا نام پوچھ رہی ہیں۔

ذکیہ: (مہمان خارتون) آنٹی... وہاں تو آپ کی زندگی بڑی مصروف ہوگی...

دادی: ہاں، مجھے فارغ بیٹھے کی عادت نہیں، سارا دن بس گھر کے کام کاج میں ہی گزر جاتا ہے اور۔

بہو: (بے چینی سے پہلو بدلتی تیزی سے بات کاٹ کر کہتی ہے)

لیکن چینی سے پہلو بدلتی ہے اور تیزی سے بات کاٹ کر کہتی ہے)

لیکن ممی پھر بھی اپنے لیے وقت نکال لیتی ہیں پسندیدہ مشاغل کے لیے فرصت ضرور تلاش کر لیتی ہیں کیوں ممی...

دادی: (عینک ٹھیک کرتے ہوئے) ہاں میں فرصت میں اچھی کتابیں پڑھنا پسند کرتی ہوں، اچھی کافی... اور اور کیا تھا بہو... (پریشان ہو کر بہو کی طرف دیکھتے ہوئے)

بہو: (جلدی سے) دراصل ممی کی تو کمزوری ہیں بلیک کافی اور اچھی کتابیں، لانگ ڈرائیو۔ ڈیڈی کی Death کے بعد انہوں نے کتابوں سے دل بہلا لیا ہے۔

مہمان خاتون صدف: بڑی اچھی بات ہے، بھئی رابعہ میں تو تمہاری Mother in law سے بہت ہی Impress ہوئی ہوں۔

I think she is wonderful lady

دادی: (پریشان ہوکر معصومیت سے بہو سے) ارے کیا کہہ رہی ہے نگوڑی۔

مہمان خاتون: (حیران ہوکر) کیا کہا، آنٹی...

رابعہ: (جلدی سے) وہ ممی کہہ رہی ہیں Sorry ... داصل انہیں چھینک آنے لگی تھی نا۔

ڈولی: مہمان خاتون: (سر ہلاکر) اچھا... آ... آ

دادی: (بہو سے سرگوشی میں پوچھتی ہے) اے کب جائیں گی یہ اللہ ماریاں میرا تو دم گھٹ رہا ہے اس حلیے میں۔

(بخشو اندر داخل ہوتا ہے) بی بی جی... کچھ اور چاہیے۔

بہو: ہاں ہاں... اور چائے لے آؤ۔

دادی: (تشویش سے) اے چائے چلا چلا کے ماروگی نگوڑیوں کو... کوئی لسی ہو تو بات بھی ہے۔

بہو: (بلند آواز سے بات کاٹ کر) بخشو کافی لے آؤ (بخشو باہر نکل جاتا ہے)

ذکیہ: مہمان خاروں: آنٹی کیا فرق محسوس ہوتا ہے یہاں اور وہاں کے موسم میں، یہاں تو بہت گرمی لگتی ہوگی آپ کو۔

دادی: فرق کیا بتاؤں... بڑا فرق ہے۔ یہاں شہر میں تو نگوڑی مٹی اور دھواں جان نہین چھوڑتا۔ وہاں صبح صبح کھیتوں میں ٹھنڈی ہوا سبحان اللہ، پرندوں کے نغمے، ٹیوب ویل کا ٹھنڈا پانی سبحان اللہ۔

رابعہ: (بے چینی سے پہلو بدل کر) اوہ آنٹی یہ نیوجرسی کا پوچھ رہی ہیں۔

دادی: اچھا، وہ جرسی، ہاں بتایا تو ہیمحن لایا تھا نا میرے لیے۔

رابعہ: (تشویش سے) داصل ممی کچھ اونچا سنتی ہیں نا... وہ کل گاؤں گئے تھے ان کو گھمانے... تو وہاں کا نقشہ ان کے ذہن میں ہے۔ بڑا پسند آیا ان کو Village (ہنستی ہے)

صدف: ہاں، بھئی، کہاں امریکہ کہاں پاکستان۔ وہاں کی کیا بات ہے اب تو آدھا پاکستان امریکہ شفٹ ہوتا ہے۔ یہاں کیا رکھا ہے اس ملک میں سوائے گردوغبار اور بھوک کے Backward Country یہ بھی کوئی رہنے کی جگہ ہے Stupid Country

ڈولی دوسری خاتون: میں تو کہتی ہوں اس ملک میں رہنا تو نرا عذاب ہے۔

دادی: ج و بے چینی سے پہلو بدل رہی ہیں، (عینک ٹھیک کرتے ہوئے) کیوں بیٹی کیا تمہیں یہاں پیٹ بھر کر روٹی نہیں ملتی... رہنے کو گھر نہیں ہے۔

(مہمان خواتین حیران ہو کر دیکھتی ہیں، بہو صدمے کی حالت میں نظر آ رہی ہے)

دادی: کیا کرتے ہیں تمہارے میاں (دادی کے تیور بگڑے نظر آ رہے ہیں)

مہمان خاتون: ہمارا اپنا بزنس ہے، ہماری فیکٹریز ہیں، امپورٹ ایکسپورٹ کا بزنس ہے۔

دادی: بیٹی پھر بھی تمہیں یہ گلہ ہے کہ یہاں کھانے کو نہیں ملتا، بھوک ہے۔

رابعہ: (چڑکر) اوہ ممی چھوڑیں۔

دادی: نہیں، مجھے کہنے دو تم شہر والیاں اپنے ملک کو برا کہنا بھی فیشن سمجھتی ہو۔ جن لوگوں کو کھانے کے علاوہ ذخیرہ کرنے کو بھی ملتا ہے اگر وہ بھی اس ملک کو برا کہنے لگیں تو پھر آزادی کے لیے ہمارے بزرگوں کی قربانیاں تو ضائع گئیں نا...

(بخشو کافی لے کر داخل ہوتا ہے اور ٹرے میز پر رکھ دیتا ہے کمرے میں گہری خاموشی ہے۔)

(رابعہ کافی بناتی ہے۔)

صدف: (کافی کا کپ پکڑتے ہوئے) لیجئے آنٹی... کافی (دادی کپ پکڑ لیتی ہیں گھونٹ بھر رکھ دیتی ہیں)

مہمان خاتون (جو غور سے دادی کو دیکھ رہی ہے کہتی ہے)

صدف: لگتا ہے آنٹی آپ کو کافی پسند نہیں آئی...

دادی: یہ مواء انگریزوں کا مشروب، زہر نرا۔

ہائے ہمارے دیس کی کیا بات ہے، لسی ہو، ساگ ہو، مکئی کی روٹی ہو بھلا دنیا میں اس کا کوئی نعم البدل ہے۔ میں تو ان بچوں کو بھی کہتی ہوں یہ کیا نگوڑے کھاتے ہیں برگر، چپس اور وہ کیا ہے نام ہاں پیز

(سر پر ہاتھ مار کر) دونوں خواتین بے اختیار ہنس پڑتی ہیں۔

صدف: You mean Pizza آنٹی پیزا۔

دادی: اے ہاں یہی (رابعہ سر پکڑے بیٹھی ہے)

بس ایسی ہی الا بلا کھا کھا کر انہوں نے اپنی صحتیں برباد کر لیں۔ میں تو بہو کو کہہ رہی تھی محسن کو نہار منہ پنجیری کھلایا کرو... میں لائی ہوں نا بنا کر دیسی گھی میں...

(مہمان خاتون سخت حیران ہوکر) پنجیری لائی ہیں امریکہ سے بنا کر۔

دادی: (معصومیت سے، جو قطعاً بھول چکی ہیں کہ وہ کیا کردار ادا کر رہی ہیں)

ہاں بھئی، پنجیری لائی ہوں، خود بنائی تھی گھر کے خالص گھی میں۔

رابعہ: (جلدی سے آخری کوشش کے طور پر بات سنبھالتے ہوئے) دراصل کل ہم گاؤں گئے تھے نا، سیر کرنے... بچوں کو بڑا شوق تھا گاؤں دیکھنے کا... وہاں کسی نے تحفہ دیا تھا دیسی گھی کا، تو ممی نے پنجیری بنا لی... یونہی یہ پینڈو چیزیں میں تو پسند نہیں کرتی۔

صدف: بھئی حیرت ہے آنٹی امریکہ میں رہ کر بھی یہ چیزیں پسند کرتی ہیں۔ آنٹی! آپ کو گاؤں کیسا لگا۔

دادی: بہت اچھا میرا تو دل چاہتا ہے وہیں چلی جاؤں۔

ذکیہ: مگر میں نے سنا ہے کہ امریکہ اور انگلینڈ میں رہنے والے دوبارہ یہاں آنا پسند نہیں کرتے۔

رابعہ: (جو بات بدلنا چاہتی ہے جلدی سے) ممی تو گاؤں کیھرے بھرے باغات دیکھ کر بہت خوش تھیں۔ کہہ رہی تھیں اپنے وطن کی تو خوشبو ہی اور ہے۔

صدف: لیکن سچی بات ہے یہ وطن اور وطن سے محبت بس دور رہ کر ہی اچھے لگتے ہیں۔ ہمیں پوچھو جو یہاں رہتے ہیں I hate this country ، نفرت ہے مجھے تو یہاں کی غلیظ سڑکوں اور گندی گلیوں سے... کیا رکھا ہے یہاں۔

دادی: (تحمل سے) مگر بیٹی۔ اس میں وطن کا کیا قصور، یہ تو یہاں کے لوگ ہیں جو اسے برا بنا رہے ہیں، وطن کو تو برا نہ کہو۔

ذکیہ: (کافی کا کپ رکھتے ہوئے) لیکن دیکھیں آنٹی یہی لوگ جب باہر کے ملکوں میں جاتے ہیں تو وہاں کے قاعدے قوانین کے مطابق خود کو ڈھال لیتے ہیں۔

ڈولی: سچی بات تو یہ ہے کہ قائداعظم کو یہ ملک بنانا ہی نہیں چاہئے تھا انگریز کی حکومت تھی تو بڑا امن تھا۔

دادی: (جو مشکل سے ضبط کر رہی ہیں اونچی آواز میں) تم کیا جانو، امن کیا ہوتا ہے... تم نے تو آنکھ ہی آزاد ملک میں کھولی ہے۔ وہ موئے نگوڑے انگریز لوٹ کر کھا گئے ہماری ساری دولت لیگئے اپنے وطن۔ تم کیا جانو کہ آزادی کسے کہتے ہیں... (سینے پر ہاتھ مار کر) ارے آزادی کی قدر ہم سے پوچھو جنھوں نے اپنے پیاروں کی قربانیاں دی ہیں۔ اپنے گھربار لٹائے ہیں... کہ اپنا آزاد وطن کیا ہوتا ہے۔

صدف: آنٹی آپ امریکہ رہتی ہیں اس لیے آپ کو اس ملک پر پیار آرہا ہے۔ اگر آپ یہاں رہیں تو آپ کے بھی خیالات ایسے ہی ہوں۔ ہمارا تو خود سال کا بیشتر حصہ باہر گزر جاتا ہے۔ ہمارا کاروبار نہ ہو تو ہم یہاں رہیں ہی نہ...

ذکیہ: میرا بیٹا نکی تو دنفرت کرتا ہے اس ملک سے... وہ تو کہتا ہے ماما... یہ بھی کوئی رہنے کی جگہ ہے۔ باہر ہی Settle ہو جائیں۔

دادی: (غصے سے جذباتی ہو کر) جن لوگوں کو اس ملک سے پیار نہیں وہ یہاں کا نمک بھی نہ کھائیں... کھاتے ہیں اس ملک کا اور گاتے ہیں دوسروں کا۔

صدف: (نرمی سے) آنٹی آپ تو جذباتی ہوگئیں... آپ بھی آخر امریکہ میں ہی رہتی ہیں۔ اب تو آپ کا وطن وہی ہے۔

دادی: (جوش میں) بھاڑ میں جائے مریکہ... اے وہ بھی کوئی نگوڑا ملک ہے۔ میں کیوں رہنے لگی وہاں... اللہ نہ کرے... میرا گاؤں سلامت رہے یہ تو تم جیسے لوگوں کو خوش کرنے کیلیے میری اس بے وقوف بہو نے میرا یہ بہروپ بنا دیا۔

اے دفعان ہو یہ کمبخت لباس اور نگوڑے نقلی بال۔

(وگ اتار کر زمین پر دے مارتی ہیں مہمان خواتین ہکا بکا دیکھ رہی ہیں۔)

دادی: (ذکیہ سے مخاطب ہو کر) دیکھو بیٹی ہم پاکستانی لوگ ہیں اور میری پوتی اسی گندے ملک کی رہنے والی ہے۔ ہم تو پینڈو لوگ ہیں اور تمہارے بیٹے نکی کو تو نفرت ہے نا اس ملک سے... تو وہ کوئی گوری ڈھونڈلے اپنے لیے۔

(دادی باہر نکل جاتی ہیں)

(مہمان خواتین حیرت سے گم سم بیٹھی ہیں۔ رابعہ سر تھامے کی سکتے کی حالت میں بیٹھی ہے۔ خاموشی کے طویل وقفے کے بعد رابعہ ٹوٹتی آواز میں بولتی ہے)

رابعہ: I am sorry میں ... میں ... سمجھ نہیں آتی ... آپ سے کیسے معذرت کروں ... دراصل اماں جی پرانے خیلات کی عمارت ہیں ... I can't say anything ۔

ذکیہ: رابعہ ... شرمندہ تو ہمیں ہونا چاہیئے ۔اپنے وطن کی محبت کا جذبہ تو قابل احترام ہے ... آنٹی کی باتیں سن کر میری تو آنکھیں کھل گئیں ۔ یہی تو وہ بزرگ ہیں جن کی دعاؤں سے یہ ملک قائم ہے خدا ایسے لوگوں کو سلامت رکھے ... یہ قربانیاں دینے والے لوگ ہیں ۔ یہ سچے اور کھرے لوگ ہیں ۔

صدف: تم ٹھیک کہہ رہی ہو ذکیہ ۔ آؤ رابعہ ... آنٹی کے پاس چل کر ان سے معافی مانگیں ... ان کا دراصل روپ کتنا پیارا ہے ۔

ڈولی: اٹھو رابعہ ... (رابعہ اٹھ کھڑی ہوتی ہے)

(پردہ گرتا ہے) اختتام

مصنف : مرزا محمد پاوہ رسوا

۱۹۹۳ء میں نائلہ سجاد نے بیکن ہاؤس سکول سسٹم میں شمولیت اختیار کی تو وہاں سراسر انگریزی کا دور، دورہ تھا ۔ ۱۹۹۶ء میں ان کا میٹرک پہلا بیچ فارغ ہوا تو ان کے لئے الوداعی پارٹی کا انتظام ان کے سپرد ہوا۔ اورد ڈرامے سکول میں پیش کیے اور خوب پذیرائی ملی اور پھر گوجر انوالہ ڈویژن میں ڈراموں کے مقابلے میں پہلی پوزیشن حاصل کی ۔ ان کا لکھنے کا انداز بے ساختہ اور خوبصورت ہے ۔

نئے الفاظ

衰老的，年迈的，老朽的（形）	khūsaṭ	کھوسٹ
（用指甲轻轻地）抓，挠（及）	khujlānā	کھجانا
庇护，依赖（阳）	āsrā	آسرا
华丽的，绚丽的，富丽堂皇的（形）	zarqbarq	زرق برق
倒霉的，晦气的（形）	nigōṛā	نگوڑا
马蚕豆（阳）	māsh	ماش
兵豆，形似绿豆（阴）	arhar	ارہر
走开，撤走；移开，拒绝（阳）	daf ‘	دفع
举高，提高；耸起（及）	uchkānā	اچکانا
迁移；迁徙（阴）	hijrat	ہجرت
慈爱；有爱心（阳，复）	asdqē	صدقے
天呀！真造孽！	taubah taubah	توبہ توبہ
小扁豆（阴）	masūr	مسور
一种山黧豆，墨绿色豆（阳）	mūṇg	مونگ

耳机（阳）	head phone	ہیڈفون
滑轮，轱辘；会转的器械（阳）	charḳḥā	چرخا
婆婆（阴）	sās	ساس
南瓜（阳）	kadū	کدو
肮脏的，污秽的，龌龊的（形）	palīd	پلید
万岁！欢呼！太好啦！妙极了！（叹）	ziṇdah bād	زندہ باد
卫生衣，运动衫；针织上衣（阴）	jersey	جرسی
外貌，外形；装扮（阳）	hulyah	حلیہ
受罪，遭难，煎熬；不舒服（阳）	‘azāb	عذاب
脸部表情，脸色（阳）	tēvar	تیور
积存，积蓄（阳）	zaḳḥīrah	ذخیرہ
用牛奶或者酸奶加冰制成的一种清凉饮料，稀酸奶（阴）	lassī	لسی
好的回报，善报（阳）	ni‘am ul badal	نعم البدل
早餐，早点（阳）	nahār	نہار
容忍，克制；坚韧；仁慈，温和（阳）	tahammul	تحمل
盾牌，挡箭牌；保护（阴）	ḍhāl	ڈھال

脑海中闪现出办法（不及）	sūjhnā	سوجھنا
撒旦的，恶魔的（形）	shaitānī	شیطانی
把筛过两次的面粉、黄油、干姜、白糖和树胶揉在一起做的炒面（阴）	piṇjīrī	پنجیری
装腔作势，挑三拣四（阳）	naḳḥrā	نخرہ
犯罪的，违反教规的；万恶的（形）	gunāh gār	گناہ گار
荒芜的，荒凉的；没落的（形）	ujāṛ	اجاڑ
眼镜（阴）	‘ainak	عینک
无辜（阴）	ma‘sūmīyat	معصومیت
完全的，整个的，绝对的（形）	nirā	نرا
挫折，不顺利；打击，灾难（阳）	sadmah	صدمے
抱怨，牢骚；责备（阳	gilah	گلہ
长者；先辈，前辈（阳）	buzurg	بزرگ
做熟的蔬菜（阳）	sāg	ساگ
毁坏的，荒芜的；浪费了的（形）	barbād	برباد
肮脏的，污秽的（形）	g̣halīz	غلیظ
过错，缺点，过失（阳，复）	qusūr	قصور

مشق

۱۔ اس ڈرامے میں دادی ایک کیسی بوڑھی ہے ؟ کیا وہ صرف ایک سیدھا سادہ اور جہالت دیہی بوڑھی ہے ؟ کیوں ؟

۲۔ اس ڈرامے میں پاکستان سماج کے کس طرح کے رجحانات کی طنز کیا گیا ہے ؟ اس پر دادی نے کیا کیا کہا ؟

۳۔ کیا چین میں بھی ایسا حالت بھی موجود ہے ؟ اس پر آپ کی رائے کیا ہے ؟

۴۔ مندرجہ ءذیل پڑھئے اور بتایئے کہ دادی کے دل میں کیا تبدیل ہو گئی ؟

دادی: (معصومیت سے ، جو قطعاً بھول چکی ہیں کہ وہ کیا کردار ادا کر رہی ہیں)

ہاں بھئی، پنجیری لائی ہوں ، خود بنائی تھی گھر کے خالص گھی میں۔

رابعہ: (جلدی سے آخری کوشش کے طور پر بات سنبھالتے ہوئے) دراصل کل ہم گاؤں گئے تھے نا، سیر کرنے ... بچوں کو بڑا شوق تھا گاؤں دیکھنے کا... وہاں کسی نے تحفہ دیا تھا دیسی گھی کا ، تو ممی نے پنجیری بنا لی ... یونہی یہ پینڈو چیزیں میں تو پسند نہیں کرتی۔

صدف: بھئی حیرت ہے آنٹی امریکہ میں رہ کر بھی یہ چیزیں پسند کرتی ہیں ۔آنٹی! آپ کو گاؤں کیسا لگا۔

دادی: بہت اچھا میرا تو دل چاہتا ہے وہیں چلی جاؤں۔

ذکیہ: مگر میں نے سنا ہے کہ امریکہ اور انگلینڈ میں رہنے والے دوبارہ یہاں آنا پسند نہیں کرتے۔

رابعہ: (جو بات بدلنا چاہتی ہے جلدی سے) ممی تو گاؤں کیہرے بھرے باغات دیکھ کر بہت خوش تھیں ۔ کہہ رہی تھیں اپنے وطن کی تو خوشبو ہی اور ہے۔

صدف: لیکن سچی بات ہے یہ وطن اور وطن سے محبت بس دور رہ کر ہی اچھے لگتے ہیں ۔ ہمیں پوچھو جو یہاں رہتے ہیں I hate this country ، نفرت ہے مجھے تو یہاں کی غلیظ سڑکوں اور گندی گلیوں سے ... کیا رکھا ہے یہاں۔

دادی: (تحمل سے) مگر بیٹی۔ اس میں وطن کا کیا قصور ، یہ تو یہاں کے لوگ ہیں جو اسے برا بنا رہے ہیں ، وطن کو تو برا نہ کہو۔

ذکیہ: (کافی کا کپ رکھتے ہوئے) لیکن دیکھیں آنٹی یہی لوگ جب باہر کے ملکوں میں جاتے ہیں تو وہاں کے قاعدے قوانین کے مطابق خود کو ڈھال لیتے ہیں۔

ڈولی: سچی بات تو یہ ہے کہ قائداعظم کو یہ ملک بنانا ہی نہیں چاہئے تھا انگریز کی حکومت تھی تو بڑا امن تھا۔

دادی: (جو مشکل سے ضبط کر رہی ہیں اونچی آواز میں) تم کیا جانو، امن کیا ہوتا ہے ... تم نے تو آنکھ ہی آزاد ملک میں کھولی ہے۔ وہ موئے نگوڑے انگریز لوٹ کر کھا گئے ہماری ساری دولت لیگئے اپنے وطن۔ تم کیا جانو کہ آزادی کسے کہتے ہیں ... (سینے پر ہاتھ مار کر) ارے آزادی کی قدر ہم سے پوچھو جنہوں نے اپنے پیاروں کی قربانیاں دی ہیں اپنے گھربار لٹائے ہیں ... کہ اپنا آزاد وطن کیا ہوتا ہے۔

صدف: آنٹی آپ امریکہ رہتی ہیں اس لیے آپ کو اس ملک پر پیار آ رہا ہے۔ اگر آپ یہاں رہیں تو آپ کے بھی خیالات ایسے ہی ہوں۔ ہمارا تو خود سال کا بیشتر حصہ باہر گزر جاتا ہے۔ ہمارا کاروبار نہ ہو تو ہم یہاں رہیں ہی نہ...

ذکیہ: میرا بیٹا نکی تو د نفرت کرتا ہے اس ملک سے... وہ تو کہتا ہے ماما... یہ بھی کوئی رہنے کی جگہ ہے۔ باہر ہی Settle ہو جائیں۔

دادی: (غصے سے جذباتی ہوکر) جن لوگوں کو اس ملک سے پیار نہیں وہ یہاں کا نمک بھی نہ کھائیں... کھاتے ہیں اس ملک کا اور گاتے ہیں دوسروں کا۔

صدف: (نرمی سے) آنٹی آپ تو جذباتی ہوگئیں... آپ بھی آخر امریکہ میں ہی رہتی ہیں۔ اب تو آپ کا طن وہی ہے۔

دادی: (جوش میں) بھاڑ میں جائے مریکہ... اے وہ بھی کوئی نگوڑا ملک ہے۔ میں کیوں رہنے لگی وہاں... اللہ نہ کرے... میرا گاؤں سلامت رہے یہ تو تم جیسے لوگوں کو خوش کرنے کیلیے میری اس بے وقوف بہو نے میرا یہ بہروپ بنا دیا۔

اے دفعان ہو یہ کمبخت لباس اور نگوڑے نقلی بال۔

(وگ اتار کر زمین پر دے مارتی ہیں مہمان خواتین ہکا بکا دیکھ رہی ہیں۔)

دادی: (ذکیہ سے مخاطب ہو کر) دیکھو بیٹی ہم پاکستانی لوگ ہیں اور میری پوتی اسی گنادے ملک کی رہنے والی ہے۔ ہم تو پینڈو لوگ ہیں اور تمہارے بیٹے نکی کو تو نفرت ہے نا اس ملک سے... تو وہ کوئی گوری ڈھونڈے اپنے لیے۔

(دادی باہر نکل جاتی ہیں)

بائیسواں سبق　قائم دین

作品导读

阿里·阿克巴尔·纳迪克出身于巴基斯坦奥卡拉县的一个村庄，曾经做过石匠，他能够阅读乌尔都语和阿拉伯语，视野开阔，被誉为“巴基斯坦文学天空中的恒星之一”，已经出版两部诗集和一部短篇小说集。《卡伊姆·丁》选自阿里·阿克巴尔·纳迪克的短篇小说合集，同时也是该小说集的名字。该小说集获得 2014 年巴基斯坦 UBL 文学奖短篇小说奖。

《卡伊姆·丁》讲述了印巴边境密林深涧中山民们的生活。卡伊姆·丁年轻时在边境上偷贩牲口，收入可观却风险极大。卡伊姆·丁为人善良仗义，生活中扶弱济贫。在一次大洪水来临的时候，他不顾自身安危多次跳入湍急的河流中救人。因其对密林深涧的熟悉而被诬告为间谍，后被捕入狱，经历了长期非人的折磨。释放后精神错乱，不能见容于乡里，儿子只好常年用粗大铁链将其锁在院中大树上。当洪水再次来袭，人们都顾着收拾财物逃命，没人想到帮助卡伊姆·丁，老人最后被洪水吞噬。

该小说叙事背景宏大，情节扣人心弦，将对宗教命运的思考融入到人物塑造中。语言质朴流畅，使用了大量乡间俚语，山村生活的面貌跃然纸上。语言构图富于表现力，通过大量的细节描写呈现出一种逼真的画面感和视觉冲击力。尤其在最后部分洪水来袭时对三个场景的交错描写，细致入微地刻画了每个人物的内心，构筑出焦灼而无奈的现实，最后卡伊姆·丁被淹没的场面描写振聋发聩，令人潸然泪下。

قائم دین

علی اکبر ناطق

"ہاں تو بول اس ڈبے کھری کا کیا لے گا؟ ویسے ایک بات کہوں؟ چوری کا ماں ہے سوچ کے مول لگانا۔ کل کلاں پلس آ گئی تو اس کے ساتھ بھی مک مکا کرنا پڑے گا۔" نور دین نے بھینس کی کمر پر ہاتھ پھیرتے ہوئے کہا۔

"دیکھ میاں نورے ، پانچ ہزار سے ایک ٹکا نیچے نہیں لوں گا۔ اٹھارہ لیٹر دودھ سویرے شام باٹوں سے تول لینا۔ قطرہ کم ہوا تو تھڑے پر مونچھ منڈواؤں گا۔ رہی پلس کی بات! اگر تجھے کوئی پوچھے سیدھا میرے چھپر کی راہ دکھانا، میں جانوں اور پلس،" قمے نے صاف رکھے پن سے مول بتاتے ہوئے کہا۔

"پانچ ہزار، قہر خدا کا! آخر بھینس ہی تو ہے، کوئی ہاتھی تھوڑی ہے۔ پھر تم کون سا مول لے کے آئے ہو۔ مفت کی مار ہے۔ تین ہزار لو اور کمبل سے جان چھڑاؤ،" نورا پھر بولا۔ "مائی نذیراں کو تو پچھلے مہینے بیل برابر گائے ایک ہزار رہی میں دے دی اور مجھ سے پانچ ہزار مانگتے ہو!"

"اے چل، مفت کی مار ہے! بارڈر پار سے مال چوری کر کے لانا تو ایک طرف، ذرا آدھی رات کو دریا پار کر کے ہی دکھا دے۔ ایسی تین بھینسیں مفت میں نہ دوں تو نظام دین کا نطفہ نہیں،" قا تلخی سے بولا۔ "پوہ کی ٹھنڈی راتوں کو چڑھتا ستلج پار کر کے ڈیلے کے جنگلوں میں کالے سانپوں کی سریاں پاؤں سے کچلنا اماں جی کا کھیل نہیں۔ اور پھر بارڈر پار یہ مال سکھڑے کوئی ہتھیلی پر رکھ کر نہیں کھڑے ہوتے۔ موت کے منہ سے نکال کے لاتا ہوں۔ اور تجھے مفت میں دے دوں؟ اگر پانچ میں لینی ہے تو لے، ورنہ اپنا رستہ ناپ۔ مائی نذیراں کا تجھے ٹھیکہ کیا؟ بچاری کا آگا نہ پیچھا، اکیلا دم۔ میں اسے مفت میں دوں یا پیسے لوں، تجھے کیا درد؟"

قمے کی بات سن کر نور دین کھسیانا سا منہ لے کر باڑے سے باہر نکل آیا۔ ادھر قمے نے جلدی سے بھینسوں کو ٹرک پر لادنے کی تیاری کی جو اس کا بھائی جلال دین رات ہی منڈی احمد آباد سے کرائے پر لایا تھا۔ وہ اس میں چھ بھینسیں اور دو گائیں لاد کر لائلپور کی منڈی میں لے گیا۔

اُدھر جلال دین مال لے کر چلا، اِدھر قصہ خوانیاں شروع ہو گئیں۔

"بھائی شادھے خاں۔" قمے نے مونچھ پہ ہاتھ پھیر کر حقے کا ایک لمبا گھونٹ بھرا۔ "جب میں دریا کے کنارے پہنچا تو رات کے نو بجے تھے۔ رات گھپ اندھیری، ایسی کہ عزرائیل بیچارے کے بھی ساہ نکل جائیں۔ اُدھر ستلج کا ٹھاٹھیں مارتا ٹھنڈا پانی۔ میں نے دل میں کہا، لے بھئی قمیا، تیرا رب راکھا اور سائیں چانن شاہ تیرا مدد گار۔ مار دے چھلانگ دریا میں۔ بس پھر ایک دو منٹ ٹھنڈ لگی، اس کے بعد تو میں دریا کو چیرتا ہوا گزرا۔ پندرہ منٹ میں رب سائیں کے کرم سے اگلے کنارے پر تھا۔"

"اور ڈیلے کا جنگل کیسے پار کیا؟ وہاں تو گلہریوں کی طرح سانپ ناچتے ہیں،" شمس علی نے حیرانی سے پوچھا۔

"شمے خاں! ڈیلے کا نہیں، سانپوں کا جنگل کہو، سانپوں کا!" قا میٹھی دھوپ میں انگڑائی لیتے ہوئے بولا، "اتنے موٹے میں کہ بندے کو ثبوتا کھا جائیں۔ ڈکار لینا تو الگ بات، زبان تک نہیں چاٹتے۔ بس دو کروٹیں لیں، بندہ ہضم۔ قسم چانن شاہ کی، ان آنکھوں نے بیسیوں بندے ڈیلے کے اس جنگل میں غائب ہوتے دیکھے۔ دو چار تو میرے سامنے نگلے گئے۔ اب میں کوئی بچہ تھا جو اس کا توڑ نہ جانتا۔ پیر نظام بخش سے منتر اسی اوکھٹ کے لیے تو سیکھا۔ بس بھائی اِدھر میں نے منتر پڑھا، اُدھر باشک ناگ، کل ساڑ، ارگن ناگ، پدم ناگ، کھپرا، کلچوڑیا، سنگچوڑ، کلہریا، ایک ایک کر کے سلامی کو حاضر ہوئے۔ نیل بانیا منکر ہوا تو ایک پھونک مار کے دھواں کر دیا۔"

"لیکن سور پر تو منتر چلتے نہیں اور میں جانتا ہوں دس بیس نہیں، سینکڑوں سور اس جنگل میں ہیں، گویا ہندوستانی فوج کٹاریں منہ میں دبائے پھرتی ہو۔ اُن سے کیسے نبھی؟" حامدی نے لقمہ دیا۔

"واہ حامدی واہ، یہ تو نے خوب کہی! یہ دیوار سے لگی چھ پھلی برچھی کو دیکھو، کاٹتے وقت دشمن اور سور میں فرق نہیں کرتی۔ پندرہ سور کاٹ کے دیکھے کتنے آرام

سے لپٹی ہے۔ جنم جنم کی ساتھی۔ بھاگ بھری نے رات کمال کر دیا۔

"قصہ مختصر،"قمے" نے داستان آگے بڑھاتے ہوئے کہا،"سوروں کو پھاڑتا اور سانپوں کو کچلتا ہوا رات ایک بجے پھجا سیئوں کی بھینی[1] پر پہنچا اور ایک ایک کر کے ساری بھینسیں کھول کر آگے کر لیں۔ مونجی کے کھیت سے ہوتے ہوئے ایک گھنٹے میں بارڈر سے اِدھر لے آیا۔"

"تو کیا سکھڑا افیم کھا کے سویا تھا جو جاگا نہیں؟"ارشاد علی نے پوچھا۔

"سالا آدمی کہاں؟ بھینس ہے۔ روزانہ چار جگ لسی پی کے سوتا ہے۔ جو اتنی لسی پی لے، پھر وہ تو کیا، اس کے نصیب بھی سو جاتے ہیں۔"

قما سردیوں کی اس روشن دھوپ میں تھڑے پر بیٹھا گاؤں کے لوگوں کو اپنی اس واردات کے قصے سنا رہا تھا کہ دور سے مولوی سراج دین تسبیح پھیرتا ہوا قریب آیا اور قمے کو مخاطب کر کے کہنے لگا،"قمے"، مال غنیمت مبارک ہو۔ سنا ہے رات اللہ نے تیری بڑی مدد کی۔ پورے آٹھ مویشی لایا ہے۔ بس کافروں کے ساتھ جہاد کا آج کل یہی طریقہ ٹھیک ہے۔ اللہ نے چاہا تو تیری بخشش یقینی ہے۔"

تمام لوگوں نے مولوی کی اس بات کو غور سے سنا اور قمے کی طرف رشک سے دیکھا۔ سن کر قما بھی فخر سے مونچھوں پر ہاتھ پھیرنے لگا اور مصنوعی عاجزی سے مولوی کی طرف جھکا۔ پھر مولوی صاحب نے پندرہ بیس منٹ اسلام اور کفر پر وعظ کہا۔ اس کے بعد قمے کے گھر سے تمام لوگوں کے لیے چائے بن کر آ گئی جسے سب مزے سے پینے لگے۔ چائے پینے کے بعد مولوی سراج دین اٹھ کر جانے لگا تو سب کھڑے ہو گئے۔ دو قدم چل کر مولوی صاحب پھر رُکے اور قمے کو مخاطب کر کے بولے، "پتر قمے، مسجد کا حصہ جلدی بھیج دینا۔ کہیں خدا ناراض نہ ہو جائے۔"

"بس مولوی صاحب، جلال دین منڈی سے واپس آ جائے تو سب سے پہلے مسجد کا حصہ آئے گا،"قمے" نیتر سے جواب دیا۔

"لے بھئی قمے، آج سے تیسرے روز بھادوں سولہ ہے،" خانو سیال نے بیٹھتے ہوئے کہا،"میں نے تجھ پر دو ہزار کی جھنڈی رکھ دی۔ حمیدا گجر اس دفعہ کشتی میں جیت کے نہ جائے۔ شام دین اور فیضے نے اُس پر شرط لگائی ہے۔"

"چاچا خانو، تو فکر نہ کر۔ حرامی کو ایسا دھوبی پٹڑا دوں گا کہ آئندہ دس پشتوں تک کوئی کشتی نہ کھیلے گا۔ گینڈے کی اولاد نے پچھلے سال مائی جمن کے پتر کی ٹانگ توڑ دی۔ اور پسلیوں پر بھی بلاوجہ زور دیتا رہا،" قما تڑپ کر بولا۔ "وہ تو کھو سردار نبی بخش نے کشتی چھڑا دی، ورنہ تو یہ اس کو مارنے ہی لگا تھا۔ مگر یہ تو بتا کہ اتنے پیسے کہاں سے آ گئے جو پورے دو ہزار لگا رہا ہے؟ اور پھر کتوں کی لڑائی اور کبڈی پر بھی تو شرطیں بندھنا ہیں۔"

"پتر، تو اس کی پروا نہ کر،" خانو سیال بولا۔ "اس دفعہ گنے اور مونجی کی فصل نے سارے دلدّر دور کر دیے۔ پورے ایک لاکھ کی فصل ہوئی۔ قرضہ ورضہ دے کر بیس ہزار اس کڑے وقت کے لیے بچا رکھا ہے۔ لیکن اس سال تو نے بھی تو تین چوریاں کیں۔ وہ کیا ہوئیں؟ جہاں تک مجھے پتہ ہے کم سے کم ایک لاکھ مال ہو گا۔ جانو، شریفا، شما اور کالو نائی تو اسی کام میں لاٹوں کے مالک بن گئے اور تو وہی پھانگ کا پھانگ!"

"چاچا، کیا بتاؤں،" قما تاسف سے بولا،" جس دن چوری کر کے لاتا ہوں، دوسرے دن ہی آدھا گاؤں ادھار لینے آ جاتا ہے۔ اور آج تک کسی نے ایک پائی واپس نہیں کی۔ پولیس تیسرا حصہ الگ مار لیتی ہے۔ اس کے علاوہ پندرہ لوگ گھر کے اور اللہ بخشے بھائی رحمت کا کنبہ الگ۔ بس سمجھو اِدھر آیا اور اُدھر نکل گیا۔ خیر چاچا، تو اس قصے کو چھوڑ۔ اس دو ہزار میں سے ایک ہزار میرا اور باقی کا تیرا۔ اللہ نے چاہا تو سولہ بھادوں کو چانن شاہ کا میلہ رنگ دوں گا۔"

---

① ۔اس علاقے کے لوگ بھینی اس جگہ کو کہتے ہیں جہاں مال مویشیوں کے ساتھ ان کی اپنی رہائش بھی ہوتی ہے۔ یہ جگہ دیہات سے دور اکیلا ڈیرہ ہوتا ہے۔

میلے میں ابھی تین دن تھے۔ چک قاسم شاہ اور اردگرد کے دس پندرہ گاؤں جو دریا کی ٹھاڑ[1] میں پڑتے تھے، سب میلے کے سوا ہر چیز بھول گئے۔ پہلو انوں کو مالشیں ہو رہی ہیں۔ کتوں اور مرغوں کی خدمتیں دگنی ہو گئیں۔ چانن شاہ کے مزار کے دائیں پہلو دریا کے کنارے اکھڑے کی جگہ ہل چلا کر خوب نرم کر دی گئی۔ مزار پر جھنڈیاں اور رنگ برنگے دوپٹے لہرانے لگے۔ دور دور سے گاؤں کی عورتیں مزار پر گھی کے چراغ جلانے آئیں اور منتوں کا دودھ بٹنے لگا۔ ملنگوں نے بوٹی کے رگڑے اور حق علی کے نعرے اور تیز کر دیے۔

توت اور نیم کے گھنے سایوں میں دھمالیں پڑیں تو ٹھاڑ میں گویا زندگی جاگ اٹھی۔ بچوں سے بوڑھوں تک ہر کوئی مزار کی طرف رواں ہوا۔ مزار کے اردگرد کے بیسیوں ایکڑ کی زمین مٹھائی، جلیبی اور پکوڑوں والوں کی دکانوں سے بھر گئی۔

پندرہ کی رات دربار پر ہر طرف سے گھی، گیس اور تیل کے چراغ جل اٹھے۔ نقالوں اور بھانڈوں کی ٹولیوں نے اپنے اکھاڑوں کے لیے الگ الگ جگہوں پر قبضے جمائے اور آدھی رات تک تیاریوں میں مصروف رہے۔ چاند کی چودھویں کا دودھ برس رہا تھا اور خوشی کا میلہ تھا کہ شفیع کمبوہ نے خبر دی: دریا کا پانی معمول کی سطح سے بلند ہو رہا ہے، اپنا اپنا بندوبست کر لو۔ یہ سن کر اچانک لوگوں میں اضطراب پھیل گیا۔

رفیق جوئیہ گھر سے ریڈیو اٹھا لایا۔ آٹھ دس دن سے وہ یہ خبر سن تو رہے تھے کہ دریا کا پانی چڑھنے والا ہے، مگر وہ اسے افواہ ہی سمجھے، کیونکہ ہر سال ایسی افواہیں اُڑتی رہتی تھیں لیکن پانی کبھی بھی خطرے کی حد تک نہ چڑھا، ہاں بیس سال پہلے ایک سیلاب آیا تھا جس نے ان کا کافی نقصان کیا۔ پھر اُس کے بعد ایسی کوئی مصیبت نہ آئی۔

رات ایک بجے سب لوگ ریڈیو کے گرد بیٹھ گئے اور خبروں میں سیلاب کے بارے میں سننے کے لئے تیار ہوئے۔ مگر تمام خبروں میں سلاب کا ذکر تک نہ تھا۔ پھر بھی بے چینی نہ گئی۔ لوگ میلے کو بھول کر دریا کی طرف دیکھنے لگے، یہاں تک کہ دور سے پانی کی آواز سنائی دینے لگی۔ تقریباً تین بجے رات تک دریا نے اپنے پہلے کنارے ڈبو دیے اور فصلیں چاٹنے لگا۔ اب تو خوف و ہراس ایسا پھیلا کہ خلقت میں بھگدڑ مچ گئی۔ کچھ ہی دیر میں پانی جب مزار کے قریب آ گیا تو دکانوں والوں نے جلدی جلدی دکانیں بڑھائیں۔ نقال اور بھانڈ اکھاڑے سمیٹنے لگے۔ لوگ اپنے اپنے گاؤں کی طرف بھاگے مگر ان کے پہنچنے سے پہلے دریا گاؤں کی کچی دیواریں کھا چکا تھا۔

رات کے سمے لوگ جو کچھ سمیٹ سکے اسے سمیٹا، باقی وہیں چھوڑ کر بڑے بند کی طرف جانے لگے۔ ٹرالیاں، چھکڑے اور گدھی ریڑیاں جت گئیں۔ مگر دریا کی رفتار ان سے کہیں زیادہ تیز تھی۔ تیز و تند شور اُٹھاتا دریا فیل مست کی طرح چڑھا آتا تھا۔ قمے نے دیکھا تو اس نے اپنی بھینسوں اور کنبے کے سوا ہر شے وہیں چھوڑ دی اور انھیں ہانکتا ہوا بڑے بند کی طرف چل دیا۔

صبح پانچ بجے قا اور دریا برابر بند پر پہنچے۔ بند پر قمے کی طرح اور بھی سینکڑوں لوگ دور تک کنارے پر بیٹھے ہوئے تھے جنھوں نے جلدی ٹھاڑ چھوڑ دی تھی۔ قمے نے کنارے پر کھڑے ہو کر جب دریا کو دیکھا تو اُسے ایسے لگا جیسے زمین کے اندر سے پانی کا بڑا اژدہا نکل آیا ہو۔

ہزاروں چھپر بہے چلے جاتے تھے۔ سینکڑوں بکریاں اور گائے بھینسیں تیرتی اور ڈوبتی ڈباتی بند کی طرف آنے کی کوشش کر رہی تھیں کہ اچانک اس کی نظر ارشاد علی پر پڑی جو اپنے دو بچوں اور بیوی کو بمشکل سنبھالے، ہانپتا ہوا بند کی طرف بڑھ رہا تھا۔ قمے نے جیسے ہی دیکھا، چھلانگ لگا کر چیتے کی سی پھرتی سے ارشاد علی کے پاس پہنچ گیا اور دونوں بچے اُچک کر بند کی طرف بڑھا۔ ارشاد علی کی جان میں جان آئی۔ لیکن اب قمے کو چین کہاں۔ ادھر اُدھر سے ڈوبتوں نے پکارنا شروع کر

---

[1] ۔ ٹھاڑ: دریا اور بند کے درمیان کا نشیبی علاقہ جہاں کئی چھوٹے گاؤں آباد ہوتے ہیں۔

دیا۔ اس نے دریا سے بند پر اور بند سے دریا میں کئی چکر لگا دیے۔ بیسیوں کو کھینچ کھینچ کے باہر لایا۔ مولوی سراج دین، چودھری نور دین، فیض چودھری، خان سیال اور سینکڑوں گاؤں والے بند پر بیٹھے، لاچاری کے علم میں، مکئی، گیہوں اور باجرے کے غلوں کو پانی میں تیرتے دیکھ رہے تھے۔ اب دریا کا پانی اتنا بلند تھا کہ بند کی آخری حدوں کو چھونے لگا۔ بڑے بڑے درختوں کی چوٹیاں ڈوبنے سے بچ گئیں جو پرندوں سے ڈھکی پڑی تھیں۔ دریا نے کئی درخت بھی جڑ سے اکھیڑ دیے۔ ہزاروں مویشی ڈوب گئے جنھیں پانی بہائے لیے جاتا تھا۔ اکا دکا انسانوں کی لاشیں بھی تیرتی نظر آئیں، اور دریا کا پاٹ میلوں تک پھیل گیا۔ ایسی حالت میں قمے نے دوپہر ڈھلتے تک اپنی ڈوبی ہوئی بستی سے بند پر خدا جانے کتنے چکر لگائے اور تھک کر نڈھال ہو گیا۔ اس کے باوجود ہر ایک کی نظر امداد کے لیے اسی پر پڑتی اور وہ ہر چکر میں بند پر پہنچ کر ایک تفاخرانہ انداز سے لوگوں پر نظر ڈالتا جیسے کہہ رہا ہو: دیکھا! میں جو تم کو اپنے کارنامے گنواتا تھا، اب تو ان پر یقین آیا کہ نہیں؟ میرے علاوہ آج کون دریا کا سامنا کرنے والا ہے؟ ایسی نظر مار کر دوبارہ کسی مہم کے لیے بپھرے ہوئے پانی میں چھلانگ لگا دیتا۔ لیکن انسان آخر انسان ہے، دوپہر تک تھک کر نڈھال ہو گیا۔ بیوی نے یہ حالت دیکھی تو روکنے لگی کہ اب نہ کودنا۔ آہستہ آہستہ اس کا اپنا جوش بھی کافی ٹھنڈا پڑ گیا۔ مگر وہ یہ سوچ کر کہ لوگ اسے نامردی کا طعنہ دیں گے، دوبارہ پانی میں کود جاتا۔ یہاں تک کہ سہ پہر ہو گئی۔ پھر اچانک یہ دیکھ کر اس کی جان میں جان آئی کہ لوگوں کی مدد کے لیے پاک فوج دریا میں اتر آئی ہے۔ اب اس نے جلدی سے اپنے قبیلے کو لیا اور چک جند کا میں فوج کے لگائے ہوئے خیموں میں سے ایک خیمے میں جا بیٹھا۔ پھر ایسا سویا کہ دوسرے دن دوپہر ہونے پر آنکھ کھلی۔ وہ جلدی سے اُٹھا اور بند کی طرف بھاگا۔

دیکھا تو ہر طرف سکون تھا۔ رات تک ہر چیز یا تو ڈوب گئی تھی یا بہہ چکی تھی۔ جدھر نظر جاتی سوائے پانی کے کچھ نظر نہ آتا۔ ہاں، مگر پانی پر اُڑتے ہوئے چھوٹے چھوٹے پرندے ضرور قلابازیاں لگا رہے تھے، جیسے ٹھاڑ کی بربادی پر خوشیاں مناتے ہوں۔ انھیں دیکھ کر زندگی میں پہلی دفعہ اس کے آنسو نکلے۔ وہ شام تک بند پر کھڑا رہا۔ آج وہ اس قدر بوجھل تھا کہ کچھ بھی ہو جاتا وہ پانی میں داخل نہ ہوتا۔ سورج ڈوبنے لگا تو قمے کو محسوس ہوا کہ اسے شدت سے بھوک لگی ہے۔ پھر اسے خیال آیا کہ اس نے تو پرسوں شام سے کچھ نہیں کھایا۔ وہ اپنے خیمے کی طرف لوٹ گیا۔ اس کے بعد تو گویا یہ اس کا معمول بن گیا۔ روزانہ صبح بند پر آ کر بیٹھ جاتا اور میلوں پر پھیلے ہوئے دریا کے پاٹ کو دیکھتا رہتا، پھر شام کے بعد خیمے کی طرف لوٹ جاتا۔ ساتویں روز اس نے دیکھا، پانی اپنی سطح سے نیچے اُتر رہا ہے۔ پہلے دو دن تو آہستہ آہستہ، پھر اُس کے بعد تیزی سے سمٹنے لگا، اور ہر روز تقریباً دو فٹ نیچے چلا جاتا۔ غالباً بیس دن کے اندر اندر دریا کا پانی اپنے پہلے کناروں میں سمٹ گیا۔ لیکن زمین میں نمی اور کیچڑ اس قدر تھا کہ لوگوں کا آباد ہونا ابھی ناممکن تھا۔ جگہ جگہ تالاب بن گئے تھے۔ اِدھر اُدھر مردہ جانوروں کی ہڈیاں بکھری پڑی تھیں جنھیں سارا سارا دن گدھ اور کوے نوچتے رہتے۔ سینکڑوں درخت زمین پر لیٹے تھے جن میں کوڑا کرکٹ پھنسا ہوا تھا۔ اسی حالت میں سیلاب کے بعد چار ماہ گزر گئے۔ اب لوگ بھی خیموں کی زندگی سے تنگ آ چکے تھے۔ وہ چاہتے تھے کہ جلدی سے اپنے ٹھاڑ میں جا بسیں، مگر جدھر دیکھتے، گڑھوں میں کھڑے پانی سے تعفن اُٹھ رہا تھا۔ ہر طرف طرح طرح کی جھاڑیاں اُگ آئیں جن کی اوٹوں میں ہزار ہا بلیات نے جنم لے لیے۔ کیڑے مکوڑوں اور سانپوں کی بہتات ہو گئی۔ اس عالم میں خیمے سے نکلنے والا پہلا شخص قما تھا جو اپنی بستی کے لیے بے چین تھا۔ اس کے بعد لوگوں کا تانتا بندھ گیا۔

قمے نے جیسے ہی دریا بُرد گھر میں قدم رکھا، اس کے جسم میں ایک بجلی سی کوند گئی۔ تمام گھر والوں کو ساتھ لیا، کیچڑ اور مٹی گارے سے دیوار بنانی شروع کی۔ اسے دیکھتے ہوئے سارا گاؤں حوصلے میں آ گیا، حتیٰ کہ دو مہینے میں بستی دوبارہ بس گئی۔ زمین آہستہ آہستہ تعفن اور غلاظت نگلنے لگی۔ لوگوں نے مردہ ہڈیاں اور انجر پنجر دفن کر دیے۔ اپنی اپنی زمینوں کی دوبارہ حد بندیاں کی گئیں اور چھ ماہ کے اندر ہی ہل پھر چلنے لگے۔ بستی کے بہت سے درخت اُکھڑ چکے تھے۔ لوگوں نے سائے

کے لیے اپنے اپنے گھروں میں دوبارہ پورے لگا۔ قمے کے گھر میں بھی تین کیکر اور ایک بیری کا درخت تھا جن پر سارا دن کوے اور چڑیاں شور مچاتے۔ ان کی آواز کانوں میں ایک قسم کا رس گھولتی تھی۔ سیلاب اُن درختوں کو بھی بہا کر لے گیا، لہذا قمے نے بھی بند کے اُتاڑ[1] سے ایک بیری کا پودا لا کر گھر میں لگا دیا، جو دریا کی زرخیز زمین میں خوب پنپنے لگا۔ دن گزرتے گئے۔ حتیٰ کہ تین سال بعد تو ایسے ہو گیا، جیسے سیلاب کبھی آیا ہی نہ ہو۔ قمے نے بھی دوبارہ اپنا کاروبار شروع کر دیا۔

اب دریا کے پار کا آٹھ کلومیٹر میں پھیلا ہو ڈیلے کا جنگل پہلے سے کہیں زیادہ خطرناک اور گھنا ہو چکا تھا۔ جنگل میں پانی جو کبھی ٹخنوں کے برابر تھا، وہ گھٹنوں گھٹنوں ہو گیا۔ بچھو، سانپ، نیولے اور نہ جانے کون کون سے حشرات الارض رینگتے پھرتے۔ کئی اژدہے لوٹیں مارتے، گیدڑوں، سوروں کی گڑگڑاہٹیں، الووں اور چڑیلوں کا شور کانوں کی سماعت چھین لیتا۔ ایسی خوفناک صورت حال میں آدمی رات تو کیا دن کو بھی وہاں سے نہیں گزرتا تھا۔ مگر قمے کے لیے یہ کوئی عجیب بات نہ تھی۔ اس نے جنگل میں کئی ایک جگہیں اپنے ٹھکانے کے لیے بنا رکھی تھیں۔ بچپن ہی سے وہ جنگل کی اونچ نیچ سے واقف تھا۔ وہ جانتا تھا کہ کون سی جگہ زیادہ خطرناک ہے اور کون سی کم، اگر کسی بلا سے واسطہ پڑے تو کیسے بچاؤ کرنا ہے۔ وہ اپنے پاس آگ کا بندوبست ضرور رکھتا۔ اُسے آگ نے کئی دفعہ خطرناک صورت حال سے نکالا تھا۔

دن ڈھلنے سے پہلے ہی قا دریا پار کر کے ڈیلے کے جنگل میں آجاتا اور بیچوں بیچ آٹھ کلومیٹر کا فاصلہ طے کر کے ہندوستان کی سرحد پر پہنچ جاتا۔ رات کے پچھلے پہر بارڈر کراس کر کے گائے، بھینس، بیل یا بھیڑ بکریاں جو کچھ ہاتھ لگتا ہانک کر ڈیلے کے اسی جنگل سے ہوتا ہوا دریا پر آتا اور صبح دس بجے سے پہلے اپنے گاؤں پہنچ جاتا۔ قا ہر چوری میں کم از کم دو ماہ کا وقفہ ضرور رکھتا۔ ہندوستانی رینجر سے کئی دفعہ پاکستانی رینجر کو شکایات بھی وصول ہوئیں۔ لیکن ڈیلے کا جنگل دونوں کے لیے مشکل پیدا کیے ہوئے تھا، جبکہ قمے کیلیے وہی جنگل نعمت تھا۔ سیلاب کے بعد دس سال گزر گئے۔ اس عرصے میں قمے نے خدا جانے کتنے لمبے ہاتھ مارے۔ اس نے اپنے گاؤں کو مویشیوں سے بھر دیا۔ سیلاب میں غارت ہونے والے کئی لوگوں کے چولہے مفت میں جلائے۔ بہت سوں کو سستے داموں بیچتا رہا۔

پہلے پہل تو پاکستانی رینجر اسے نظر انداز کرتی رہی لیکن اب صورت حال زیادہ بگڑ گئی تھی کیونکہ ہندوستانی رینجر کا دباؤ مسلسل بڑھ رہا تھا۔ لہذا پاک رینجرز نے سنجیدگی سے چوروں کو پکڑنے کے بارے میں سوچا۔ دریا سمیت ڈیلے کے جنگل کی خفیہ ناکہ بندی کر دی گئی۔ جگہ جگہ چھاپے مارے گئے، جس میں پہلے مہینے ہی شما اور کالو پکڑے گئے لیکن قا ہاتھ نہ آیا۔ اس کی خاص وجہ یہ تھی کہ وہ ہمیشہ چوری کرنے سے پہلے پورے علاقے کی جاسوسی کرتا، تاکہ حالات کا جائزہ لے سکے۔ اس نے اپنے والد کے ساتھ کام کرتے ہوئے بہت سے تجربات حاصل کیے تھے۔ وہ جانتا تھا کہ اسے کس طرح مشکل حالات کا مقابلہ کرنا ہے۔ اس کے باپ نے اسے بہت سے گر بتائے تھے۔ لہذا اس سال اس نے صرف دو کامیاب چوریاں کیں۔

دوسری چوری اس نے دسمبر کی انتہائی سرد رات میں کی، جس میں وہ پوری گیارہ بھینسیں ہندوستانی علاقے سے تین کلومیٹر اندر جا کر لے آیا تھا۔ یہ چوری ایسی نہ تھی کہ جسے نظر انداز کر دیا جاتا۔ دو طرفہ رینجر میں ایک بھونچال آ گیا۔ اور افسران بالا نے انتہائی سرزنش کی۔ ان حالات میں رینجر نے اپنی سرگرمیاں انتہائی سخت اور تیز کر دیں۔ لیکن مصیبت یہ تھی کہ مال جنگل سے ہو کے نکلتا۔ پھر بھی رینجر نے تہیہ کر لیا، چاہے کچھ بھی ہو اب چور ضرور پکڑا جائے۔ مخبر تیار کیے گئے اور مکمل بندوبست انتہائی خفیہ طریقے سے کیا۔

---

① ۔اُتاڑ: بند سے دوسری طرف کا علاقہ جسے دریا سے کوئی خطرہ نہیں ہوتا۔

پندہ فروری کی سہ پہر قما دریا پر پہنچا تو اسے ارشاد علی سامنے سے آتا دکھائی دیا۔قمے کے ہاتھ میں چھوی دیکھ کر ارشاد مسکرایا اور دور ہی سے ہاتھ ہلا کہ گاؤں کی طرف مڑگیا۔قمے نے سوچا، ارشاد کتنا حرامی ہے، میری دو بھینسوں کے پیسے کھا گیا، چھ ماہ ہوگئے ایک ٹکا نہیں دیا، اب نزدیک آکر سلام لینے سے بھی گیا۔ اُس نے سوچا، اب میں سارا مال منڈی میں ہی بھیجا کروں گا۔ گاؤں والوں کو کسی جانوں کی دُم بھی نہیں دوں گا۔تنے مشکل حالات میں موت کے منہ سے جانور نکال کر لاتا ہو ں اور یہ گاؤں والے بیٹھے بٹھائے مفت میں لے جاتے ہیں۔ خبیث بعد میں پیسے بھی نہیں دیتے۔

خیر، رات دو بجے قما جیسے ہی ڈیلے کے جنگل سے نکلا اور ہندوستان میں داخل ہونے لگا تو پاک رینجر نے اچانک دبوچ لیا۔قمے کو اتنا موقع بھی نہ مل سکا کہ وہ جنگل میں دوبارہ داخل ہو جائے۔ وہ حیران ہوا کہ انھیں کیسے پتہ چلا۔ وہ اسی تذبذب میں تھا کہ اس کی مشکیں کس دی گئیں اور رینجر ہیڈکواٹر میں لے جا کر مار پیٹ شروع کردی گئی۔قمے نے اپنی زبان ایسی بند کی کہ رینجر کا ہر طریقہ فیل ہوگیا۔ دو مہینے تک قمے کو اتنی مار پڑی کہ زمین ہل جاتی تھی۔ روزانہ مار کھانے کے بعد قما مسلسل سوچتا، آخر اس کی مخبری کرنے والا کون ہے ؟ چھ ماہ تک رینجر نے قمے سے اُگلوانے کا ہر حربہ استعمال کیا۔ شلوار میں چوہے چھوڑے گئے، اُلٹا لٹکایا گیا، پانی میں غوطے دیے گئے۔ اور مار تو اتنی دی کہ خود رینجر والوں کو اس پر ترس آنے لگا۔ جب وہ کسی طرح بھی نہ مانا تو شراب کا کیس بنا کر اسے منڈی احمد آباد تھانے بھیج دیا گیا۔ لیکن ان چھ ماہ کے دوران قما جسمانی اور دماغی طور پر بالکل نڈھال ہو چکا تھا۔ کیونکہ رینجر کے خوف سے ایک تو گاؤں میں سے کسی نے آکر اُس کی خبر نہ لی اور دوسرا یہ کہ اُس کا بھائی جلال دین رینجر کی مار برداشت نہ کرتے ہوئے چار ماہ پہلے مر گیا۔قمے کو ہلکا ہلکا بخار رہنے لگا۔ اسے منڈی احمد آباد تھانے میں چھ ماہ تک رکھا گیا، اور ہلکی پھلکی دوائیاں بھی دیتے رہے مگر بخار نہ اترا۔ آخر ایک دن تھانے دار نے اسے بلایا اور تھوڑی بہت سرزنش کر کے چھوڑ دیا۔

حوالات سے نکلتے ہی اس نے ہلکی سی انگڑائی لی اور تھوڑی دیر کے لیے تھانے کی بیرونی دیوار کے ساتھ کیکر کے تنے سے لگ کر بیٹھ گیا۔ یہ سردیوں کی ایک ٹھنڈی دوپہر تھی۔ اس کے اوپر کوئی کپڑا بھی نہ تھا۔ ہوا کی ایک سرد لہر اس کے سینے کو چیرتی ہوئی نکل گئی۔ منڈی احمد آباد کے تھانے سے اس کا گاؤں بائیس کلومیٹر دور تھا۔ اس نے باجرے کے کھیت کے ساتھ ساتھ چلنا شروع کر دیا۔ بخار سردی کی وجہ سے زیادہ تیز ہوتا گیا اور سر میں شدید درد بھی ہونے لگا، لیکن وہ چلتا گیا۔ رات ایک بجے کے قریب اُسے ایک چکر سا آیا اور وہ گر پڑا۔

صبح سات بجے شریف حسین نے قمے کے بیٹے طفیل کو بتایا کہ تیرا باپ خربوزوں کے کھیت میں بے ہوش پڑا تھا، میں بڑی مشکل سے اسے ہوش میں لایا تو وہ اُس وقت سے کچھ اُلٹی سیدھی مار رہا ہے۔ اس نے ہمیں پہنچانا بھی نہیں۔ خدا خیر کرے، مجھے تو لگتا ہے کہ اُس کا دماغ چل گیا ہے۔ اسے بہت تیز بخار بھی ہے۔ لگتا ہے بخار اس کے سر کو چڑھ گیا۔

یہ ۸۹۹۱ءکی بات ہے قمے کو پاگل ہوئے اٹھارہ سال ہوگئے۔ شروع شروع میں تو بہت علاج کرایا۔ گاؤں کے حکیم کے دیسی نسخوں سیلے کر پیر چراغ شاہ کے تعویذ آزمائے۔ مگر پاگل پن بڑھتا ہی گیا۔ اس عرصے میں وہ کبھی کبھی تندرست بھی ہو جاتا مگر یہ حالت چند دنوں سے زیادہ نہ رہتی۔ پچھلے دس سال سے تو وہ ایک لمحے کے لیے بھی ٹھیک نہ ہوا۔ اب اس نے گاؤں والوں کو گالیاں بھی دینا شروع کر دیں۔ جو سامنے سے گزرتا اسے بیہودہ گالیاں دیتا۔ رفتہ رفتہ حالت یہاں تک پہنچی کہ وہ لوگوں کو ڈھیلے اٹھا کر مارنے لگا۔ یہ حالت دیکھ کر لوگ اس سے کترا کر گزرنے لگے۔ ادھر یہ ان کی اس حرکت سے مزید اشتعال میں آکر گالیاں

دیتا ہوا پیچھے بھاگنے لگا۔جسے لوگوں نے کچھ عرصہ تو برداشت کیا، مگر اب وہ تنگ آگئے اور قمے کے بیٹے کو شکایتیں آنے لگیں۔ جب شکایات شدت اختیار کر گئیں تو ایک دن طفیل نے قائم دین کو ایک چھوٹی سی زنجیر سے اُسی کی چارپائی کے ساتھ باندھ دیا تاکہ گھر سے نہ نکلے۔ قائم دین دو تین دن تو اسی حالت میں رہا مگر ایک رات چارپائی سمیت باہر نکل کر گاؤں کے چوک میں بیٹھ گیا اور پھر وہی گالیاں دینے لگا۔ یہ دیکھ کر طفیل نے اس کی چارپائی گھر میں کھڑے بیری کے درخت سے باندھ دی۔ اب قائم دین گھر کے افراد کو سارا سارا دن کوستا اور زنجیر تڑخاتا رہتا۔ یوں دو تین ماہ اسی طرح گزر گئے۔ ایک دن خدا جانے کیسے زنجیر ٹوٹی اور قائم دین آزاد ہو گیا۔ طفیل گھر پر نہیں تھا۔ عورتوں سے پکڑا نہ گیا۔ وحشت عروج پر تھی۔ شام تک کئی ایک کو زخمی کر دیا اور بہت سوں کو بیہودہ گالیاں دیں۔ گاؤں میں بہت ہنگامہ ہوا۔ کم بخت نے ارشاد علی کی بیٹی کو تو ایسی اینٹ ماری، بیچاری سیدھی ہسپتال جا پہنچی۔ دوئم، مسجد میں گھس کر تمام نمازیوں کے سروں پر خاک ڈال دی اور جوتے اٹھا کر کنوئیں میں پھینک دیے۔ اُس کی اس حرکت سے طفیل عتاب میں آگیا۔ مولوی صاحب نے برا بھلا کہا۔ چودھری عاشق علی نے طفیل کو بلا کر کہہ دیا، "اگر تمھارے باپ نے آئندہ کوئی ایسی حرکت کی تو گاؤں سے اپنا بستر گول کر جانا۔ بڈھے نے بیس سال سے سب کو پاگل بنا رکھا ہے۔ یا تو اسے باندھ کے رکھو ورنہ زہر دے کر قصہ پاک کرو، تاکہ روز کی چخ چخ سے جان چھوٹے۔"

لہٰذا طفیل نے قائم دین کو اب جو زنجیر ماری، وہ ایک مست ہاتھی کے لیے بھی کافی تھی۔ اس نے آتے ہی لوہار سے پندرہ کلو لوہے کی ایک زنجیر اور دو کلو کا دیسی تالا بنوا کر قائم دین کو بیری کے موٹے تنے سے باندھ دیا۔ پاس ایک چارپائی رکھ دی کہ چاہے تو چارپائی پر لیٹ جایا کرے، ورنہ زمین تو ہے ہی۔ قائم دین کی بہو صبح شام کھانا اُس کے سامنے رکھ دیتی کہ وہ سگی بھتیجی بھی تھی۔ کوئی اور نزدیک جاتا تو وہ کھانا بالکل نہ کھاتا تھا۔ قائم دین کو اس زنجیر سے بندھے آج چھ ماہ ہو چکے تھے۔ بائیں ٹخنے پر گہرے زخم واضح دکھائی دینے لگے۔ دو سال سے بہو برابر صبح شام اس کا گند بھی صاف کرتی۔ یہ اس کے معمول میں شامل تھا۔

پچھلے اکیس برسوں میں بیری کا درخت اس قدر پھیل گیا کہ پورے احاطے کو اپنے گھیرے میں لے آیا۔ ہری بھری لچکیلی شاخوں پر گلہریاں اور طوطے چڑیاں چہکتیں رہتیں۔ بعض اوقات قائم دین کے سر پر بھی آ کر بیٹھ جاتیں اور چوں چوں کا شور اس قدر بلند کرتیں کہ قائم دین کی پوری توجہ اُدھر ہو جاتی۔ اب وہ سارا سارا دن بیری کی شاخوں پر پھدکتی گلہریوں، رس چوستی شہد کی مکھیوں اور ہرے پتوں کے درمیان چہکتی چڑیوں کو دیکھتا رہتا۔ آہستہ آہستہ اُن سے اتنا مانوس ہو گیا کہ کسی اور طرف توجہ بھی نہ کرتا۔ اب گالی دینا تو لگ بات، اس نے بولنا ہی بند کر دیا۔ بس ٹک ٹک بیری کی شاخوں کو دیکھتا اور چہکتے ہوئے پرندوں میں ہی مگن رہتا۔

غالباً بیس جون ۱۹۹۹ء کا دن تھا۔ طفیل اپنی بیوی کے ساتھ حجرہ شاہ مقیم فوتگی پر گیا ہوا تھا۔ وہ قائم دین کی ذمے داری اپنے پڑوسی نذیرے کو سونپ گیا، کیونکہ اُسے حجرے میں دو چار دن لگ جانے تھے۔ انھی دنوں یہ خبر اُڑی کہ ہندوستان نے ستلج کا پانی چھوڑ دیا ہے۔ خبر اس وقت پہنچی جب پانی بالکل نزدیک پہنچ گیا۔ اس خبر نے سارے ٹھاڑ میں ہراس پھیلا دیا، پھر بھی ٹھاڑ والوں کے پاس بچنے کے لیے کچھ وقت تھا۔ لوگوں کو بتیس سال پہلے کا سیلاب یاد تھا۔ انھوں نے جلدی جلدی اپنے بوریے بستر لپیٹے اور بند کی طرف بھاگے۔ ہر ایک کی یہی کوشش تھی کہ جو وقت ملا ہے اس سے فائدہ اٹھاتے ہوئے اپنی ہر ایک چیز بچا لے جائیں۔ لہٰذا ہر آدمی کام میں اس قدر مصروف تھا کہ کسی کو کسی کی خبر نہ تھی۔ جسے دیکھو اپنا سامان گڈ[1] اور چھکڑوں پر لادے بند کی طرف بھاگا جاتا ہے۔ مکانوں کی چھتوں سے شہتیر نکال لیے گئے اور ایک ایک چیز سمیٹ لی گئی۔ نذیرے نے بھی جلدی سے اپنا سامان باندھا۔ وقت بہت کم تھا جبکہ پانی تیز رفتاری سے ٹھاڑ کی طرف بڑھ رہا

---

[1] ۔گڈ: لکڑی سے بنی ہوئی ایک قسم کی گاڑی جس کے پہیے بھی لکڑی کے ہوتے ہیں۔

تھا۔ اس نے اپنے تمام مویشی اور سامان دوتین چکر میں بند پر پہنچا دیے۔ اتنے میں پانی گھر میں داخل ہوکر ٹخنوں سے اوپر اُٹھنے لگا۔ طفیل کو جب سیلاب کی خبر ہوئی تو وہ جلدی سے منڈی احمد آباد آنے والی بس پر بیٹھا تاکہ وقت پر پہنچ سکے۔ وہ منڈی احمد آباد پہنچا تو شام کے پانچ بج رہے تھے۔ اگلا راستہ اس نے پیدل طے کرنا تھا، کیونکہ ان علاقوں میں بس یا تانگے وغیرہ نہیں جاتے تھے۔ اُدھر گاؤں میں پانی گھٹنوں سے اوپر آچکا تھا۔ شام چھ بجے تک دریا نے بچی کھچی دیواریں اور مکان بھی برابر کر دیے۔ قائم دین کی چارپائی پانی میں ڈوب چکی تھی، لیکن وہ بیفکری سے پریشانی میں دوڑتے ہوئے لوگوں کو دیکھنےمیں مگن تھا۔ ہر ایک کو اپنی پڑی تھی۔ لوگ قائم دین کو زنجیر سے بندھا ہوا دیکھتے اور گزر جاتے۔

نذیرے نے بند پر پہنچ کر سکھ کا سانس لیا اور سوچا، شکر ہے، ہر چیز سلامت پہنچ گئی۔ مگر اچانک اس کا دل دھک سے رہ گیا۔ اسے خیال آیا کہ طفیل نے قائم دین کی ذمے داری مجھ پر ڈالی تھی۔ مگر افراتفری میں کچھ یاد نہ رہا۔ اس نے چاہا کہ واپس گاؤں جائے، مگر پانی کے شور اور اندھیرے ڈر گیا۔ سوچنے لگا پانی تو بہت بلند ہوچکا ہے اور زنجیر کی چابی بھی میرے پاس نہیں، لہذا اب جانے کا کوئی فائدہ نہیں۔

پانی جب قائم دین کے گھٹنوں سے اوپر اٹھا تو وہ بیری کے تنے سے لپٹ گیا اور بیری پر چڑھنے کی کوشش کرنے لگا۔ لیکن پاؤں میں بندھی زنجیر رکاوٹ بن گئی۔ طفیل ابھی تک آٹھ کلومیٹر اپنے گھر سے دور تھا۔ کبھی بھاگتا اور کبھی چلتا، مگر اتنا فاصلہ چند گھنٹوں میں طے کرنا آسان بات نہ تھی، جبکہ ٹھاڑ میں پانی بھی گھٹنوں سے اوپر ہوچکا ہو۔ رات نو بجے کے قریب پانی جب قائم دین کے کاندھوں تک پہنچا تو اس نے شدت سے اپنے پاؤں جھٹکنے شروع کیے۔ کبھی ہاتھوں سے زنجیر کھینچتا اور زور سے ہاتھ پاؤں مارتا۔ کبھی بیری پر چڑھنے کی کوشش کرتا لیکن پھر زنجیر آڑے آجاتی۔ آخر ستر سال کا بڈھا پندرہ کلو وزنی لوہے کی زنجیر سے کہاں تک زور آزمائی کرتا، نڈھال سا ہوگیا اور جس قدر اوپر اُٹھ سکتا تھا، اُٹھ کر بیری کے تنے سے چمٹ گیا۔ مگر پانی تھا کہ تھوڑی دیر بعد مزید بلند ہو جاتا۔ اب قائم دین کوئی پانچ فٹ کی بلندی تک زنجیر سمیت بیری کے تنے سے چمٹا ہوا تھا۔ اُس کے ہاتھ پاؤں اِس قدر وزنی زنجیر کو اٹھا کر چھپکلی کی طرح مسلسل چمٹے رہنے سے شل ہوگئے۔ اس پر ستم یہ کہ پانی نے اپنی سطح اور بلند کرلی۔ رفتہ رفتہ پانی اتنا بلند ہوگیا کہ قائم دین غوطے کھانے لگا۔ وہ بار بار زنجیر سے پاؤں ٹنچتا اور غوطے کھاتا رہا۔ مگر سب کچھ بیسود تھا۔ اندھیری رات میں سوائے پانی کے اُسے کوئی چیز دکھائی نہ دیتی تھی۔ یہاں تک کہ رات دس بجے اچانک پانی کا پہلا گھونٹ اُس کے منہ میں داخل ہوا۔ پانی اس قدر زیادہ تھا کہ قائم دین سانس نہ لے سکا۔ بیبسی کے عالم میں اُس کے منہ سے ایک زور کی چیخ نکلی جس کی آواز سے پورا ٹھاڑ سہم گیا۔ پھر پانی کے اندر کچھ دیر تک ایک بھرپور ہلچل ہوئی، پھر ایک خاموشی چھاگئی۔ طفیل ابھی تک اپنے گاؤں سے چار کلومیٹر دور تھا۔

مصنف : مرزا محمد پاوہ رسوا

علی اکبر ناطق ۱۹۷۳ء میں اوکاڑہ کے ایک گاؤں میں پیدا ہوئے جہاں ان کا جاندان ۱۹۴۷ء میں مشرقی پنجاب سے نقل مکانی کر کے آبسا تھا۔ انہوں نے مزدوری کرتے ہوئے تعلیم کا حصول جاری رکھا۔ آج کل وہ وفاقی وزارتِ تعلیم سے وابستہ ہیں۔

نئے الفاظ

旧硬币，塔卡(阳)	takā	ٹکا
愤怒(阳)	qahr	قہر
毛毯(阳)	kambal	کمبل
严厉的(形)	talkh	تلخی
读，阅读(阴)	ḳḥānī	خوانی
漆黑的，伸手不见五指的(形)	ghup	گھپ
河流名，萨特累季河	satlej	ستلج
主人，养育者(真主的一个尊名)(阳)	rab	رب
真主；神秘主义者、苦行僧之间相互的称呼(阳)	sā’īn	سائیں
松鼠(阴)	gilahrī	گلہری
人类(阳)	banḍah	بندہ
咒语，魔法，法术(阳)	mantar	منتر
赞美真主	hāmidī	حامدی
长草的，草叶茂盛的(形)	mūṇjī	مونجی
经历过的事；事变；冲突(阴)	vāridāt	واردات
赞颂真主(阴)	tasbīh	تسبیح
异教徒，不信奉真主的人(阳)	kāfir	کافر
讲经，布道；劝告(阳)	va‘z	وعظ

宗教(阳)	dīn	دین
售价，价格(阳)	mōl	مول
免费的(形)	muft	مفت
穆罕默德的一个尊名(人名)	nazīr	نذیر
践踏；镇压(及)	kuchalnā	کچلنا
一口(水烟)	ghūṇṭ	گھونٹ
掌握人命的天使；守护神(阳)	‘izrā‘il	عزرائیل
水高浪急，一浪高过一浪(及)	ṭāṭhēṇ mārnā	ٹھاٹھیں مارنا
系上保平安的彩绳；保佑(及)	rākhnā	راکھنا
打嗝(阴)	ḍakār	ڈکار
伸懒腰，打哈欠(阴)	angṛā‘ī	انگڑائی
消化，吸收；吞噬(阳)	hazm	ہضم
插话(及)	luqmah dēnā	لقمہ دینا
和缓的，轻柔的，舒服的(形)	bhīnī	بھینی
吸食鸦片，抽大烟(及)	afīm khānā	افیم کھانا
伊斯兰教学者；虔诚的穆斯林(阳)	maulavī	مولوی
值得珍惜的(形)	g̣ḥannīmat	غنیمت
不信真主，不信教(阳)	kufr	کفر

打赌，投注；保证（阴）	shart	شرط
摔跤的一种招式，把对手抓起来摔倒在地（阳）	dhōbī paṭṛā	دھوبی پٹرا
贫困，拮据；不幸；坏人（阳）	daliddar	دلدر
借债，借贷（阳）	udhār	ادھار
许愿；献祭，施舍（阴）	mannat	منت
把大麻烟磨碎（阳）	ragṛā	رگڑا
楝树，一种可以入药的植物（阳）	nīm	نیم
演员，丑角（阳）	naqqāl	نقال
手推车，担架车（阴）	rtolley	ٹرالی
焦虑；骚乱（阳）	iztirāb	اضطراب
世界（阴）	ḳḥalqat	خلقت
嘲笑（阳）	ta'nah	طعنہ
泥泞（阴）	kīchaṛ	کیچڑ
恶臭（阳）	ta'affum	تعفن
大蜘蛛（阳）	makkaṛ	مکڑ
骨架；尸骨（阳）	iṇjar piṇjar	انجر پنجر
污秽物（阴）	g̣hilāzat	غلاظت
酸枣树（阴）	bērī	بیری
脚踝（阳）	ṭaḳḥnā	ٹخنا
黄鼠狼，黄鼬（阳）	nēvlā	نیولا
蟒蛇（阳）	azhdahē	اژدہے
印历六月，相当于公历8月15日到9月15日（阳）	bhādōṇ	بھادوں
私生子，杂种；干坏事的人（阳）	harāmī	حرامی
犀牛（阳）	gēṇḍā	گینڈا
借债，贷款（阳）	qarzhha	قرضہ
家庭，家族；家室，妻儿（阳）	kanbah	کنبہ
野生药用植物，药草；大麻烟；小花（阴）	būṭī	بوٹی
桑树（阳）	tūt	توت
圣地，瞻仰地，礼拜地（阳）	mazār	مزار
摔跤场，杂耍场（阳）	akhāṛā	اکھاڑا
牛车，板车，快散架的车（阳）	chhakṛā	چھکڑا
（风浪的）冲击（阳）	chāṇṭā	چانٹا
自夸（阳）	tafāḳḥur	تفاخر
帐篷（阳）	ḳḥaimah	خیمہ
潮湿（阴）	namī	نمی
灾难，不幸（阴，复）	balīyāt	بلیات
队列，行列；人群（阳）	tāṇtā	تانتا
到……为止（连）	hattā	حتیٰ
刺槐（阳）	kīkar	کیکر
肥沃的，富饶的（形）	zarkḥīz	زرخیز
蝎子（阳）	bichhchhū	بچھو
爬虫类（尤指雨季滋生的蛇、蝎子等爬虫）（阳）	hasharāt ul lāraz	حشرات الارض

游骑兵；准军事部队，民兵（阳）	ranger	رینجر
地震（阳）	bhauṇchāl	بھونچال
不纯洁的人；恶魔（阳）	ḳḥabīs	خبیث
抓住，控制住，按住（及）	dabōchnā	دبوچنا
身体的（形）	jismānī	جسمانی
保护（阳）	ta‘viz	تعویذ
上升，提高，攀升（阳）	‘urūj	عروج
歌唱（不及）	chahaknā	چہکنا
踝关节（阳）	ṭaḳḥnā	ٹخنا
晃动（及）	jhaṭaknā	جھٹکنا
吓得目瞪口呆（不及）	Sahm chānā	سہم جانا
蜥蜴，壁虎（阴）	chhupkalī	چھپکلی
有经验的；老练者（形）	vāqif	واقف
毁坏，破坏（阴）	g̣ḥārat	غارت
斥责（阴）	sarzarish	سرزنش
告密者，线人；提供消息的人（阴）	muḳḥbir	مخبر
晃动，摇动，颤动（不及）	hil jānā	ہل جانا
方法；处方（阳）	nusḳḥah	نسخہ
疯狂，癫狂（阴）	vahshat	وحشت
柔韧的（形）	lachakīlā	لچکیلا
粗壮的树木（阳）	shah‘tīr	شہتیر
混乱（阴）	afrātafri	افراتفری
虚弱的，筋疲力尽的（形）	niḍhāl	نڈھال
执拗；发怒；激动，失去控制（不及）	bipharnā	بپھرنا

وضاحت

那边是一浪高过一浪湍急冰冷的河水。我在心里念着，咳，神啊，祈祷真主，请保佑我吧。然后猛地扎进河里。	اُدھر ستلج کا ٹھاٹھیں مارتا ٹھنڈا پانی۔ میں نے دل میں کہا، لے بھئی قمیا، تیرا رب راکھا اور سائیں چانن شاہ تیرا مدد گار۔ مار دے چھلانگ دریا میں۔
那个魔鬼可是一定要吃人的。打个嗝就是另一码事了，舌头都不舔一下。两头一起，囫囵吞下。	اتنے موٹے میں کہ بندے کو ثبوتا کھا جائیں۔ ڈکار لینا تو الگ بات، زبان تک نہیں چاٹتے۔ بس دو کروٹیں لیں، بندہ ہضم۔
渐渐地，他的热情开始降温。但是考虑到别人会说他无能，又再次跳进了水里。	آہستہ آہستہ اس کا اپنا جوش بھی کافی ٹھنڈا پڑ گیا۔ مگر وہ یہ سوچ کر کہ لوگ اسے نامردی کا طعنہ دیں گے، دوبارہ پانی میں کود جاتا۔
六个月内（边境）民兵对葛麦用尽了一切审讯手段。	چھ ماہ تک رینجر نے قمے سے اُگلوانے کا ہر حربہ استعمال کیا۔

مشق

۱۔ اس افسانے کے مطابق ۱۹۹۹ء میں آنے والے ستلج کا سلاب پچھلے بار سیلاب کے مقابلے میں کیسا ہے ؟ کیوں ؟

۲۔ قائم دین کی "وحشت " کی وجہ کیا ہے ؟ اور اس کی " وحشت " نے کس بات کا استعارہ کیا ہے ؟

۳۔ "قائم دین قما" اس افسانے میں قما کا پورا نام ہے ، اس نام کا معنی کیا ہے اور اس کی علامت کیا ہے ؟

۴۔ مندرجہ ذیل دو پیراگراف پڑھئے اور بتایئے کہ اس میں کس طرح کی تبدیلی ہوگئی ؟

① ہزاروں چھپر بہے چلے جاتے تھے ۔ سینکڑوں بکریاں اور گائے بھینسیں تیرتی اور ڈوبتی ڈباتی بند کی طرف آنے کی کوشش کر رہی تھیں کہ اچانک اس کی نظر ارشاد علی پر پڑی جو اپنے دو بچوں اور بیوی کو بمشکل سنبھالے ، ہانپتا ہوا بند کی طرف بڑھ رہا تھا قمے نے جیسے ہی دیکھا، چھلانگ لگا کر چیتے کی سی پھرتی سے ارشاد علی کے پاس پہنچ گیا اور دونوں بچے اُچک کر بند کی طرف بڑھا۔ ارشاد علی کی جان میں جان آئی ۔ لیکن اب قمے کو چین کہاں ۔ادھر اُدھر سے ڈوبتوں نے پکارنا شروع کر دیا۔ اس نے دریا سے بند پر اور بند سے دریا میں کئی چکر لگا دیے ۔ بیبیوں کو کھینچ کھینچ کے باہر لایا۔ مولوی سراج دین ،چودھری نور دین، فیض چودھری، خان سیال اور سینکڑوں گاؤں والے بند پر بیٹھے، لاچاری کے عالم میں، مکئی، گیہوں اور باجرے کے غلوں کو پانی میں تیرتے دیکھ رہے تھے ۔ اب دریا کا پانی اتنا بلند تھا کہ بند کی آخری حدوں کو چھونے لگا ۔ بڑے بڑے درختوں کی چوٹیاں ڈوبنے سے بچ گئیں جو پرندوں سے ڈھکی پڑی تھیں ۔ دریا نے کئی درخت بھی جڑ سے اکھیڑ دیے ۔ ہزاروں مویشی ڈوب گئے جنھیں پانی بہائے لیے جاتا تھا۔ اکا دکا انسانوں کی لاشیں بھی تیرتی نظر آئیں، اور دریا کا پاٹ میلوں تک پھیل گیا۔ ایسی حالت میں قمے نے دوپہر ڈھلتے تک اپنی ڈوبی ہوئی بستی سے بند پر خدا جانے کتنے چکر لگائے اور تھک کر نڈھال ہو گیا۔ اس کے باوجود ہر ایک کی نظر امداد کے لیے اسی پر پڑتی اور وہ ہر چکر میں بند پر پہنچ کر ایک تفاخرانہ انداز سے لوگوں پر نظر ڈالتا جیسے کہہ رہا ہو: دیکھا! میں جو تم کو اپنے کارنامے گنواتا تھا، اب تو ان پر یقین آیا کہ نہیں؟ میرے علاوہ آج کون دریا کا سامنا کرنے والا ہے؟ ایسی نظر مار کر دوبارہ کسی مہم کے لیے بپھرے ہوئے پانی میں چھلانگ لگا دیتا۔ لیکن انسان آخر انسان ہے، دوپہر تک تھک کر نڈھال ہو گیا۔ بیوی نے یہ حالت دیکھی تو روکنے لگی کہ اب نہ کودنا۔ آہستہ آہستہ اس کا اپنا جوش بھی کافی ٹھنڈا پڑ گیا۔ مگر وہ یہ سوچ کر کہ لوگ اسے نامردی کا طعنہ دیں گے، دوبارہ پانی میں کود جاتا۔ یہاں تک کہ سہ پہر ہو گئی ۔ پھر اچانک یہ دیکھ کر اس کی جان میں جان آئی کہ لوگوں کی مدد کے لیے پاک فوج دریا میں اُتر آئی ہے ۔ اب اس نے جلدی سے اپنے قبیلے کو لیا اور چک جند کا میں فوج کے لگائے ہوئے خیموں میں سے ایک خیمے میں جا بیٹھا۔ پھر ایسا سویا کہ دوسرے دن دوپہر ہونے پر آنکھ کھلی ۔ وہ جلدی سے اُٹھا اور بند کی طرف بھاگا۔

② غالباً بیس جون ۱۹۹۹ء کا دن تھا۔ طفیل اپنی بیوی کے ساتھ حجرہ شاہ مقیم فوتگی پر گیا ہوا تھا۔ وہ قائم دین کی ذمے داری اپنے پڑوسی نذیرے کو سونپ گیا، کیونکہ اُسے حجرے میں دو چار دن لگ جانے تھے ۔ انھی دنوں یہ خبر اُڑی کہ ہندوستان نے ستلج کا پانی چھوڑ دیا ہے ۔ خبر اس وقت پہنچی جب پانی بالکل نزدیک پہنچ گیا۔ اس خبر نے سارے ٹھاڑ میں ہراس پھیلا دیا، پھر بھی ٹھاڑ والوں کے پاس بچنے کے لیے کچھ وقت تھا۔ لوگوں کو بتیس سال پہلے کا سیلاب یاد تھا۔ انھوں نے جلدی جلدی اپنے بوریے بستر لپیٹے اور بند کی طرف بھاگے ۔ ہر ایک کی یہی کوشش تھی کہ جو وقت ملا ہے اس سے فائدہ اٹھاتے ہوئے اپنی ہر ایک چیز بچا لے

جائیں۔ لہذا ہر آدمی کام میں اس قدر مصروف تھا کہ کسی کو کسی کی خبر نہ تھی۔ جسے دیکھو اپنا سامان گڈ[1] اور چھکڑوں پر لادے بند کی طرف بھاگا جاتا ہے۔ مکانوں کی چھتوں سے شہتیر نکال لیے گئے اور ایک ایک چیز سمیٹ لی گئی۔ نذیرے نے بھی جلدی سے اپنا سامان باندھا۔ وقت بہت کم تھا جبکہ پانی تیز رفتاری سے ٹھاٹھ کی طرف بڑھ رہا تھا۔ اس نے اپنے تمام مویشی اور سامان دو تین چکر میں بند پر پہنچا دیے۔ اتنے میں پانی گھر میں داخل ہو کر ٹخنوں سے اوپر اُٹھنے لگا۔ طفیل کو جب سیلاب کی خبر ہوئی تو وہ جلدی سے منڈی احمد آباد آنے والی بس پر بیٹھا تاکہ وقت پر پہنچ سکے۔ وہ منڈی احمد آباد پہنچا تو شام کے پانچ بج رہے تھے۔ اگلا راستہ اس نے پیدل طے کرنا تھا، کیونکہ ان علاقوں میں بس یا تانگے وغیرہ نہیں جاتے تھے۔ اُدھر گاؤں میں پانی گھٹنوں سے اوپر آچکا تھا۔ شام چھ بجے تک دریا نے بچی کھچی دیواریں اور مکان بھی برابر کر دیے۔ قائم دین کی چارپائی پانی میں ڈوب چکی تھی، لیکن وہ بیفکری سے پریشانی میں دوڑتے ہوئے لوگوں کو دیکھنےمیں مگن تھا۔ ہر ایک کو اپنی پڑی تھی۔ لوگ قائم دین کو زنجیر سے بندھا ہوا دیکھتے اور گزر جاتے۔

نذیرے نے بند پر پہنچ کر سکھ کا سانس لیا اور سوچا، شکر ہے، ہر چیز سلامت پہنچ گئی۔ مگر اچانک اس کا دل دھک سے رہ گیا۔ اسے خیال آیا کہ طفیل نے قائم دین کی ذمے داری مجھ پر ڈالی تھی۔ مگر افراتفری میں کچھ یاد نہ رہا۔ اس نے چاہا کہ واپس گاؤں جائے، مگر پانی کے شور اور اندھیرے ڈر گیا۔ سوچنے لگا پانی تو بہت بلند ہو چکا ہے اور زنجیر کی چابی بھی میرے پاس نہیں، لہذا اب جانے کا کوئی فائدہ نہیں۔

① ۔گڈ: لکڑی سے بنی ہوئی ایک قسم کی گاڑی جس کے پہیے بھی لکڑی کے ہوتے ہیں۔

تیئیسواں سبق لاوا

作品导读

作者贾维德·艾赫德尔（1945–）是印度当代著名乌尔都语诗人、词作家及编剧。该作家 1971 年至 1982 年间与萨利姆·汗合作，以“萨利姆·贾维德”之名创作了 25 部剧本并获得巨大成功，斩获 6 项电影大奖，被称为“有史以来最成功的编剧”，也成为印度电影史上首次因编剧而成就的明星。1982 年后贾维德·艾赫德尔单独从事创作，1999 年、2007 年、2013 年均获得文学大奖及印度电影奖项。

该诗集名为《熔岩》，是当代印度的优秀乌尔都语诗歌，获得 2013 年“印度文学院奖”。其诗歌语言朴素流畅，意象丰富生动。诗人思绪千变万化，如同岩浆一样汹涌奔腾。最大特点在于，用词的简单与思想的深邃形成了鲜明对比，诗人熟练地驾驭简单词汇阐释深奥哲理。

《语言》一诗深入浅出地讲述了语言能指与所指的关系，将一个存在于语言学殿堂的生僻概念，描述为“放在家里，收在妈妈那里”的发音搭配游戏；《这是怎样的游戏》从一盘棋局说起，从游戏到竞赛再到战争，从胜败不惊到人生感慨；《眼泪》描述了一滴眼泪从心中流淌到睫毛的过程；《宇宙》一诗意象极其丰富庞大；《再见》一诗充分展示了诗人思如泉涌的创作状态，将一句简单的“再见”发挥得淋漓尽致；《奇怪的故事》将童话的“假”与现实的“真”以及儿时的“真”与成年的“假”进行对比，突出了童话作为人类梦想载体那虚幻的美好；《心灵》道出人心一旦荒芜就如同沙漠一样毫无生机；《土坯房》描绘了贫民窟生活的悲惨，寄托着对下层民众的深切同情；《一个诗人朋友》真实地反映了诗人的生活状态；《集市》则通过较大时间跨度的场景对比来描绘父子间的亲情。

لاوا

جاوید اختر

زبان
کوئی خیال
اور کوئی بھی جذبہ
کوئی بھی شے ہو
جانے اس کو
پہلے پہل آواز ملی تھی
یا اس کی تصویر بنی تھی
سوچ رہا ہوں

کوئی بھی آواز
لکیروں میں جو ڈھلی
تو کیسے ڈھلی تھی
سوچ رہا ہوں
یہ جو اک آواز الف ہے
سیدھی لکیر میں
یہ آخر کس نے بھر دی تھی
کیوں سب نے یہ مان لیا تھا
سامنے میری میز پہ اک جو پھل رکھا ہے
اس کو سیب ہی کیوں کہتے ہیں
سیب تو اک آواز ہے
اس آواز کا اس پھل سے جو انوکھا رشتہ بنا ہے
کیسے بنا تھا

اور یہ ٹیڑھی میڑھی لکیریں
جن کو حرف کہا جاتا ہے
یہ آوازوں کی تصویریں
کیسے بنی تھیں
آوازیں تصویر بنیں
یا تصویریں آواز بنیں تھیں
سوچ رہا ہوں

ساری چیزیں
سارے جذبے
سارے خیال
اور ان کا تعارف
ان کی خبر اور
ان کے ہر پیغام کو دینے پر فائز
ساری آوازیں
ان آوازوں کو اپنے گھر میں ٹھہراتی
اپنی امان میں رکھتی
ٹیڑھی میڑھی لکیریں
کس نے یہ کنبہ جوڑا ہے
سوچ رہا ہوں

★★★

یہ کھیل کیا ہے
مرے مخالف نے چال چل دی ہے
اور اب
میری چال کے انتظار میں ہے
مگر میں کب سے
سفید خانوں
سیاہ خانوں میں رکھتے
کالے سفید مہروں کو دیکھتا ہوں
میں سوچتا ہوں
یہ مہرے کیا ہیں
اگر میں سمجھوں
کہ یہ جو مہرے ہیں
صرف لکڑی کے ہیں کھلونے
تو جیتنا کیا ہے ہارنا کیا
نہ یہ ضروری
نہ وہ اہم ہے
اگر خوشی ہے نہ جیتنے کی
نہ ہارنے کا ہی کوئی غم ہے
تو کھیل کیا ہے
میں سوچتا ہوں
جو کھیلنا ہے
تو اپنے دل میں یقین کر لوں
یہ مہرے سچ مچ کے بادشاہ و وزیر
سچ مچ کے ہیں پیادے
اور ان کے آگے ہے
دشمنوں کی وہ فوج
رکھتی ہے جو کہ مجھ کو تباہ کرنے کے
سارے منصوبے
سب ارادے
مگر میں ایسا جو مان بھی لوں
تو سوچتا ہوں
یہ کھیل کب ہے
یہ جنگ ہے جس کو جیتنا ہے
یہ جنگ ہے جس میں سب ہے جائز
کوئی یہ کہتا ہے جیسے مجھ سے
یہ جنگ بھی ہے
یہ کھیل بھی ہے
یہ جنگ ہے پر کھلاڑیوں کی
یہ کھیل ہے جنگ کی طرح کا
میں سوچتا ہوں
جو کھیل ہے
اس میں اس طرح کا اصول کیوں ہے
کہ کوئی مہرہ رہے کہ جائے
مگر جو ہے بادشاہ
اس پر کبھی کوئی آنچ بھی نہ آئے
وزیر ہی کو ہے بس اجازت
کہ جس طرف بھی وہ چاہے جائے
میں سوچتا ہوں
جو کھیل ہے
اس میں اس طرح کا اصول کیوں ہے

پیادہ جو اپنے گھر سے نکلے
پلٹ کے واپس نہ جانے پائے
میں سوچتا ہوں
اگر یہی ہے اصول
تو پھر اصول کیا ہے
اگر یہی ہے یہ کھیل
تو پھر یہ کھیل کیا ہے
میں ان سوالوں سے جانے کب سے الجھ رہا ہوں
مرے مخالف نے چال چل دی ہے
اور اب میری چال کے انتظار میں ہے

★★★

آنسو

کسی کا غم سن کے
میری پلکوں پہ
ایک آنسو جو آگیا ہے
یہ آنسو کیا ہے

یہ آنسو کیا اک گواہ ہے
میری دردمندی کا میری انسان دوستی کا
یہ آنسو کیا اک ثبوت ہے
میری زندگی میں خلوص کی ایک روشنی کا
یہ آنسو کیا یہ بتا رہا ہے
کہ میرے سینے میں ایک حساس دل ہے
جس نے کسی کی دلدوز داستاں جو سنی
تو سن کے تڑپ اٹھا ہے
پگھل رہا ہے
مگر میں پھر خود سے پوچھتا ہوں
یہ داستاں تو ابھی سنی ہے
یہ آنسو بھی کیا ابھی ڈھلا ہے
یہ آنسو
کیا میں یہ سمجھوں
پہلے کہیں نہیں تھا
مجھے تو شک ہے کہ یہ کہیں تھا
یہ میرے دل اور میری پلکوں کے درمیاں
اک جو فاصلہ ہے
جہاں خیالوں کے شہر زندہ ہیں
اور خوابوں کی تربتیں ہیں
جہاں محبت کے اجڑے باغوں میں
تلخیوں کے ببول ہیں
اور کچھ نہیں ہے
جہاں سے آگے ہیں
الجھنوں کے گھنیرے جنگل
یہ آنسو
شاید بہت دنوں سے
وہیں چھپا تھا
جنھوں نے اس کو جنم دیا تھا
وہ رنج تو مصلحت کے ہاتھوں
نجانے کب قتل ہوگئے تھے
تو کرتا پھر کس پہ ناز آنسو

که ہو گیا بے جواز آنسو
یتیم آنسو، یسیر آنسو
نہ معتبر تھا
نہ راستوں سے ہی باخبر تھا
تو چلتے چلتے وہ تھم گیا تھا
ٹھٹھک گیا تھا
جھجھک گیا تھا
ادھر سے آج اک کسی کے غم کی
کہانی کا کارواں جو گزرا
یتیم آنسو نے جیسے جانا
کہ اس کہانی کی سرپرستی ملے
تو ممکن ہے
راہ پانا
تو اک کہانی کی انگلی تھامے
اسی کے غم کو رومال کرتا
اسی کے بارے میں
جھوٹے سچے سوال کرتا
یہ میری پلکوں تک آگیا ہے

★★★

کائنات

میں کتنی صدیوں سے تک رہا ہوں
یہ کائنات اور اس کی وسعت
تمام حیرت تمام حیرت
یہ کیا تماشا یہ کیا سماں ہے
یہ کیا عیاں ہے یہ کیا نہاں ہے
اتھاہ ساگر ہے اک خلا کا
نجانے کب سے نجانے کب تک
کہاں تلک ہے
ہماری نظروں کی انتہا ہے
جسے سمجھتے ہیں ہم فلک ہے
یہ رات کا چھلنی سا کالا آسماں ہے
کہ جس میں جگنو کی شکل میں
بے شمار سورج پگھل رہے ہیں
شہابِ ثاقب ہیں
یا ہمیشہ کی ٹھنڈی کالی فضاؤں میں
جیسے آگ کے تیر چل رہے ہیں
کروڑہا نوری برسوں کے فاصلوں میں پھیلی
یہ کہکشائیں
خلا کو گھیرے ہیں
یا خلاؤں کی قید میں ہیں
یہ کون کس کو لیے چلا ہے
ہر ایک لمحہ
کروروں میلوں کی جو مسافت ہے
ان کو آخر کہاں ہے جانا
اگر ہے ان کا کہیں کوئی آخری ٹھکانا
تو وہ کہاں ہے
جہاں کہیں ہے
سوال یہ ہے
وہاں سے آگے کوئی زمیں ہے

کوئی فلک ہے
اگر نہیں ہے
تو یہ "نہیں" کتنی دور تک ہے

اور جس کو کبھی نہ کوئی سمجھ سکے
ایسی بات تو پھر فضول ٹھہری

★★★

میں کتنی صدیوں سے تک رہا ہوں
یہ کائنات اور اس کی وسعت
تمام حیرت تمام حیرت
ستارے جن کی سفیر کرنیں
کروروں برسوں سے راہ میں ہیں
زمیں سے ملنے کی چاہ میں ہیں
کبھی تو آ کے کریں گی یہ میری آنکھیں روشن
کبھی تو آئے گا میرے ہاتھوں میں روشنی کا اک ایسا دامن
کہ جس کو تھامے میں جا کے دیکھوں گا ان خلاؤں کے
پھیلے آنگن
کبھی تو مجھ کو یہ کائنات اپنے راز کھل کے
سنا ہی دے گی
یہ اپنا آغاز اپنا انجام
مجھ کو اک دن بتا ہی دے گی
اگر کوئی واعظ اپنے منبر سے
نخوت آمیز لہجے میں یہ کہے
کہ تم تو کبھی سمجھ ہی نہیں سکو گے
کہ اس قدر ہے یہ بات گہری
تو کوئی پوچھے
جو میں نہ سمجھا
تو کون سمجھے گا

خدا حافظ

مجھے وہ دھند میں لپٹی ہوئی
معصوم صدیاں یاد آتی ہیں
کہ جب تم ہر جگہ تھے
ہر طرف تھے
ہر کہیں تھے تم
رہائش تھی تمہاری آسمانوں میں
زمیں کے بھی مکیں تھے تم
تمہیں تھے چاند اور سورج کے ملکوں میں
تمہیں تاروں کی نگری میں
ہواؤں میں
فضاؤں میں
دشاؤں میں
سلگتی دھوپ میں تم تھے
تمہیں تھے ٹھنڈی چھاؤں میں
تمہیں کھیتوں میں اگتے تھے
تمہیں پیڑوں پہ پھلتے تھے
تمہیں بارش کی بوندوں میں
تمہیں ساری گھٹاؤں میں
ہر اک ساگر سے آگے تم تھے
ہر پربت کے اوپر تم

وباؤں میں
ہراک سیلاب میں
سب زلزلوں میں
حادثوں میں بھی
رہا کرتے تھے چھپ کر تم
ہراک آندھی میں
طوفاں میں
سمندر میں
بیاباں میں
ہراک موسم ہراک رت میں
تمہیں ہراک ستم میں تھے
تمہیں ہراک کرم میں تھے
سبھی پاکیزہ ندیوں میں
مقدس آگ میں تم تھے
درندوں اور چرندوں
بچھوؤں میں ناگ میں تم تھے
سبھی کے ڈنک میں تم تھے
سبھی کے زہر میں تم تھے
جو انسانوں پہ آتے ہیں
ہر ایسے قہر میں تم تھے
مگر صدیوں کے تن سے لپٹی
دھنداب چھٹ رہی ہے
اب کہیں کچھ روشنی سی ہو رہی ہے
اور کہیں کچھ تیرگی سی گھٹ رہی ہے
یہ اجالے صاف کہتے ہیں

نہ اب تم ہو وباؤں میں
نہ اب تم ہو گھٹاؤں میں
نہ بچھو میں نہ تو اب ناگ میں تم ہو
نہ آندھی اور طوفاں
اور نہ تو پاکیزہ ندیوں
اور مقدس آگ میں تم ہو

ادب ہے شرط
بس اتنا کہوں گا
تم نے شاید مجھ پہ ہے یہ مہربانی کی
میں اپنی علم کی مشعل لیے
پہنچا جہاں ہوں
میں نے دیکھا
تم نے ہے نقلِ مکانی کی
مگر اب بھی خلا کی وسعتوں میں تم ہی رہتے ہو
جسے کہتے ہیں قسمت
اصل میں
حالات کا بپھرا سمندر ہے
مگر اب تک یقینِ عام ہے
بن کے سمندر
تم ہی بہتے ہو
مجھے یہ ماننا ہوگا
وہاں تم ہو
جہاں یہ راز ہے پنہاں
کہ ایسی کائناتِ بیکراں کی ابتدا اور انتہا کیا ہے

وہاں تم ہو
جہاں یہ آگہی ہے
موت کے اس پردے کے پیچھے چھپا کیا ہے
ابھی کچھ دن وہاں رہ لو
مگر اتنا بتادوں میں
ادھر میں آنے والا ہوں

★★★

عجیب قصہ ہے
عجیب قصہ ہے
جب یہ دنیا سمجھ رہی تھی
تم اپنی دنیا میں جی رہی ہو
میں اپنی دنیا میں جی رہا ہوں
تو ہم نے ساری نگاہوں سے دور
ایک دنیا بسائی تھی
جو کہ میری بھی تھی
تمہاری بھی تھی
جہاں فضاؤں میں
دونوں کے خواب جاگتے تھے
جہاں ہواؤں میں
دونوں کی سرگوشیاں گھلی تھیں
جہاں کے پھولوں میں
دونوں کی آرزو کے سب رنگ
کھل رہے تھے
جہاں پہ دونوں کی جراتوں کے
ہزار چشمے ابل رہے تھے
نہ وسوسے تھے نہ رنج و غم تھے
سکون کا گہرا اک سمندر تھا
اور ہم تھے

عجیب قصہ ہے
ساری دنیا نے
جب یہ جانا
کہ ہم نے ساری نگاہوں سے دور
ایک دنیا بسائی ہے تو
ہر ایک ابرو نے جیسے ہم پر کمان تانی
تمام پیشانیوں پہ ابھریں
غم اور غصے کی گہری شکنیں
کسی کے لہجے سے تلخی چھلکی
کسی کی باتوں میں ترشی آئی
کسی نے چاہا
کہ کوئی دیوار ہی اٹھا دے
کسی نے چاہا
ہماری دنیا ہی وہ مٹا دے
مگر زمانے کو ہارنا تھا
زمانہ ہارا
یہ ساری دنیا کو ماننا ہی پڑا
ہمارے خیال کی ایک سی زمیں ہے
ہمارے خوابوں کا ایک جیسا ہی آسماں ہے
مگر پرانی یہ داستاں ہے

کہ ہم پہ دنیا
اب ایک عرصے سے مہرباں ہے
عجیب قصہ ہے
جب کہ دنیا نے کب کا تسلیم کر لیا ہے
ہم ایک دنیا کے رہنے والے ہیں
سچ تو یہ ہے
تم اپنی دنیا میں جی رہی ہو
میں اپنی دنیا میں جی رہا ہوں
★★★

دل

دل وہ صحرا تھا
کہ جس صحرا میں
حسرتیں
ریت کے ٹیلوں کی طرح رہتی تھیں
جب حوادث کی ہوا
ان کو مٹانے کے لیے
چلتی تھی
یہاں مٹتی تھیں
کہیں اور ابھر آتی تھیں
شکل کھوتے ہی
نئی شکل میں ڈھل جاتی تھیں
دل کے صحرا پہ مگر اب کی بار
سانحہ گزرا کچھ ایسا
کہ سنائے نہ بنے
آندھی وہ آئی کہ سارے ٹیلے
ایسے بکھرے
کہ کہیں اور ابھر ہی نہ سکے
یوں مٹے ہیں
کہ کہیں اور بنائے نہ بنے
اب کہیں
ٹیلے نہیں
ریت نہیں
ریت کا ذرہ نہیں
دل میں اب کچھ بھی نہیں
دل کو صحرا بھی اگر کہیے
تو کیسے کہیے
★★★

کچی بستی

گلیاں
اور گلیوں میں گلیاں
چھوٹے گھر
نیچے دروازے
ٹاٹ کے پردے
میلی بدرنگی دیواریں
دیواروں سے سر ٹکراتی
کوئی گالی
گلیوں کے سینے پر بہتی

گندی نالی
گلیوں کے ماتھے پر بہتا
آوازوں کا گندہ نالا

آوازوں کی بھیڑ بہت ہے
انسانوں کی بھیڑ بہت ہے
کڑوے اور کسیلے چہرے
بدحالی کے زہر سے ہیں زہریلے چہرے
بیماری سے پیلے چہرے
مرتے چہرے
ہارے چہرے
بے بس اور بے چارے چہرے
سارے چہرے

ایک پہاڑی کچرے کی
اور اس پر پھرتے
آوارہ کتوں سے بچے
اپنا بچپن ڈھونڈ رہے ہیں

دن ڈھلتا ہے
اس بستی میں رہنے والے
اوروں کی جنت کو اپنی محنت دے کر
اپنے جہنم کی جانب
اب تھکے ہوئے
جھنجھلائے ہوئے سے
لوٹ رہے ہیں
ایک گلی میں
زنگ لگے پیپے رکھے ہیں
کچی دارو مہک رہی ہے
آج سویرے سے بستی میں
قتل و خوں کا
چاقو زنی کا
کوئی قصہ نہیں ہوا ہے
خیر
ابھی تو شام ہے
پوری رات پڑی ہے

یوں لگتا ہے
ساری بستی
جیسے اک دکھتا پھوڑا ہے
یوں لگتا ہے
ساری بستی
جیسے ہے اک جلتا کڑھاو
یوں لگتا ہے
جیسے خدا نکڑ پر بیٹھا
ٹوٹے پھوٹے انساں
اونے پونے داموں
بیچ رہا ہے

★★★

ایک شاعر دوست سے

گھر میں بیٹھے ہوئے کیا لکھتے ہو
باہر نکلو
دیکھو کیا حال ہے دنیا کا
یہ کیا عالم ہے
سونی آنکھیں ہیں
سبھی خوشیوں سے خالی جیسے
آؤ ان آنکھوں میں کوشیوں کی چمک ہم لکھ دیں
یہ جو ماتھے ہیں
اداسی کی لکیروں کے تلے
آؤ ان ماتھوں پہ قسمت کی دمک ہم لکھ دیں
چہروں سے گہری یہ مایوسی مٹا کے
آؤ
ان پہ امید کی اک اجلی کرن ہم لکھ دیں
دور تک جو ہمیں ویرانے نظر آتے ہیں
آؤ ویرانوں پر اب ایک چمن ہم لکھ دیں
لفظ در لفظ سمندر سا ہے
موج بہ موج
بحرِ نغمات میں
ہر کوہ ستم حل ہو جائے
دنیا دنیا نہ رہے ایک غزل ہو جائے

★★★

میلے

باپ کی انگلی تھامے
اک ننھا سا بچہ
پہلے پہل میلے میں گیا تو
اپنی بھولی بھالی
کنچوں جیسی آنکھوں سے
اک دنیا دیکھی
یہ کیا ہے اور وہ کیا ہے
سب اس نے پوچھا
باپ نے جھک کر
کتنی ساری چیزوں اور کھیلوں کا
اس کو نام بتایا
نٹ کا
بازی گر کا
جادوگر کا
اس کو کام بتایا
پھر وہ گھر کی جانب لوٹے
گود کے جھولے میں
بچے نے باپ کے کندھے پر سر رکھا
باپ نے پوچھا
نیند آتی ہے
وقت بھی ایک پرندہ ہے
اڑتا رہتا ہے

گاؤں میں پھر میلا آیا
بوڑھے باپ نے کانپتے ہاتھوں سے
بیٹے کی باہنہ کو تھاما

اور بیٹے نے یہ کیا ہے اور وہ کیا ہے
جتنا بھی بن پایا
سمجھایا
باپ نے بیٹے کے کندھے پر سر رکھا
بیٹے نے پوچھا
نیند آتی ہے
باپ نے مڑ کے
یاد کی پگڈنڈی پر چلتے
بیتے ہوئے
سب اچھے برے

اور کڑوے میٹھے
لمحوں کے پیروں سے اڑتی
دھول کو دیکھا
پھر
اپنے بیٹے کو دیکھا
ہونٹوں پر
اک ہلکی سی مسکان آئی
ہولے سے بولا
ہاں!
مجھ کو اب نیند آتی ہے

مصنف: مرزا محمد پاوہ رسوا

جاوید اختر (ہندی: जावेद अख्तर؛ زادء ۱۷ ژانوی ء ۱۹۴۵) فیلم نام ہنویس، سیاست مدار، شاعر و نویسندہ اہل کشور ہند است۔
قسمتی از فیلمشناسی

• سیتا و گیتا - ۱۹۷۲ • دیوار - ۱۹۷۵ • شعلہ - ۱۹۷۵ • قانون - ۱۹۸۲ • آرجون - ۱۹۸۵ • آقای ہند - ۱۹۸۷ • تعقیب دوبارہ آغاز می شود - ۲۰۰۶

نئے الفاظ

字母，字；话，话语（阳）	harf	حرف
棋子（阳）	muhrah	مہرہ
受伤，遭受打击（阴）	ānch	آنچ
敏感的，感觉灵敏的（形）	hassās	حساس
规劝；好处，益处（阴）	maslahat	مصلحت
线条；踪迹（阴）	lakīr	لکیر
到达目的的，成功达成的（形）	fā'iz	فائز
兵，卒，步兵；差役（阳）	piyādah	پیادہ
见证人，目击者（阳）	gavāh	گواہ
痛苦，伤心；忧愁，忧郁（阳）	ranj	رنج

无娘的孩子（阳）	yasīr	يسير
明显的，清楚的（形）	‘ayāṇ	عياں
无底的，深不见底的，很深的（形）	athāh	اتھاہ
天空，苍穹（阳）	falak	فلک
距离，路途；旅行（阴）	masāfat	مسافت
宗教讲坛，布道台（阳）	mimbar	منبر
大量的，超多的（形）	fuzūl	فضول
猛兽，野兽（阳）	darind	درند
愤怒；激情；灾难（阳）	qahr	قہر
歌曲，旋律（阴，复）	naġhmāt	نغمات
孤儿，无父的孩子（阳）	yatīm	يتيم
空间，宽敞，宽阔（阴）	vus‘at	وسعت
隐藏的，隐匿的，秘密的（形）	nihāṇ	نہاں
空间，空地；太空（阳）	ḳhalā	خلا
流星，陨星（阳）	shihāb ē sāqab	شہابِ ثاقب
布道者，说教者（阳）	vā‘iz	واعظ
骄傲，傲慢（阴）	niḳhvat	نخوت
传染病，瘟疫，流行病（阴）	vabā	وبا
食草动物，牲畜（阳）	charaṇd	چرند
管道；静脉（阴）	nālī	نالی

مشق

۱۔"زبان" کا ترجمہ کیجئے اور بتائیے کہ الف و آواز کے درمیاں کیا رشتہ ہے ؟

۲۔" یہ کھیل کیا ہے " میں کس طرح کے خیال کا اظہار کیا جاتا ہے ؟

۳۔"میلے" کی طرح ایک شاعری لکھئے جس میں اپنے والدین یا گھر میں حالات کا بیان کیجئے ۔

چوبیسواں سبق　نہ قفس نہ آشیانہ

作品导读

苏希尔·菲达是巴基斯坦的新生代作家，其作品《灵魂不受约束》是苏希尔·菲达的自传，着重讲述了他在狱中的囚禁生活，突出地体现出顽强的个体在悲惨境遇中所迸发出来的坚强与无畏，以及如何适应逆境并保持积极态度。他被称为“生长于肮脏沼泽的青莲”，并成为新一代巴基斯坦青年的励志榜样。这部自传获得 2014 年巴基斯坦 UBL 文学奖自传类奖。

苏希尔·菲达大学时代曾经因谋杀入狱被判死刑。在狱中他没有消沉，而是不断完善自我，不仅继续学习取得了两个学位，并且成为狱友的老师。出狱后继续文学创作，不因世俗的眼光而停止自己奋发向上的努力，最终斩获文学大奖。

该作品共包括六个部分，依次是这部自传撰写的原因和过程，早年生活，校园生活及被捕，监狱与暴力逼供，监禁及我在教育方面的第一步，取得经济学学士学位与诉讼的继续。本课节选了该作品的第一、二章，第一章阐述了促使作者决定撰写并发表狱中经历的原因以及该书各个章节的写作历程，第二章则描绘了他少年时代的经历以及家庭，尤其是爷爷对他的积极影响，这些经历成为日后他在狱中及出狱后积极生活、不因负面经历而消沉以及坚持不懈追求知识和公正的信念基础。

نہ قفس نہ آشیانہ

سہیل فدا

پہلا باب

اپنی کہانی لکھنے کی طرف میں کیوں کر مائل ہوا؟

"حصول مقصد کے لیے جان کی بازی لگانے والے

حالات کا شکوہ نہیں کیا کرتے۔"

۱۵ اکتوبر ۲۰۰۲ء کو مجھے قدسیہ قادری، ایڈیٹر انچیف "فنانشل پوسٹ"، کا ایک خط ملا جس میں اس خواہش کا اظہار کیا گیا تھا کہ وہ میری زندگی کی کہانی سلسلہ وار قسطوں کی صورت میں شائع کرنا چاہتی ہیں۔ میں اتنا پر جوش تھا کہ نچلا نہیں بیٹھ سکتا تھا لہذا بارک میں چاہتا شروع کر دیا تھا حالانکہ یہ کسی بھی قسم کی سیر کے لیے ناکافی تھی۔اپنے ذہن اور روح میں میں یہ محسوس کر رہا تھا گویا وادیِ بحرین میں ہوں۔ میں ہمیشہ اپنی کہانی قلمبند کرنے کے سپنے دیکھا کرتا تھا؛ میں ہمیشہ ایک ادیب بننا چاہتا تھا لیکن مجھے یقین نہیں تھا میرا خواب کبھی حقیقت کا روپ دھار سکے گا۔ اتنا میں جانتا تھا کہ اگر خوب محنت کروں تو پھر اس بات کا امکان ہے کہ میں اپنے سپنے کو سچ کر دکھاؤں۔ "فنانشل پوسٹ" کی درخواست نے میری خواہش کی تکمیل کے لیے نقطہ آغاز مہیا کر دیا۔ لوگ مجھ سے بہت سی چیزیں چھین سکتے ہیں جیسے کہ میرا سرمایہ، میری کتابیں، میرے ذاتی خطوط، حتیٰ کہ میری آزادی بھی لیکن میں انھیں اپنے خواب نہیں چرانے دوں گا۔ کسی وژن کے بغیر خواب نری خواہشیں ہیں۔ خوابوں کو حقیقت کا روپ دینے کے لیے ہمیں عمل کرنا پڑتا ہے۔

میں یہ فیصلہ نہیں کر پایا تھا کہ کہاں سے شروع کروں؟ اپنی طفولیت کے ابتدائی ایام سے یا جب میں داخلِ زنداں ہوا تھا؟ میں نے قدسیہ قادری کو مشورے کے لیے لکھا۔ انھوں نے میری ابتدائی زندگی سے شروع کرنے کا مشورہ دیا۔ سو میں نے لکھنا شروع کر دیا اور قلیل عرصے میں پہلی قسط، یہ سوچتے ہوئے، بذریعہ رجسٹرڈ ڈاک بھجوا دی کہ مجھے "فنانشل پوسٹ" کی طرف سے چند تبدیلیوں یا تحسین کا خط ملے گا۔ مجھے جلد ہی جواب مل گیا۔ خط کھولتے سمے میں جذباتی بھی ہو رہا تھا اور پریشان بھی تھا۔ جذباتی اس لیے کہ انھوں نے پہلی قسط کو بلا کسی اصلاح کے شائع کر دیا تھا اور پریشان اس لیے کہ ابھی میں نے دوسری قسط پر کام شروع بھی نہیں کیا تھا۔ میں فوراً ہی لکھنے بیٹھ گیا اور حیرت انگیز طور پر خوب چل نکلا۔ تاہم، پانچویں قسط کے وقت جیل میں کچھ بدامنی سی تھی۔ صدر جنرل پرویز مشرف نے چیف جسٹس افتخار محمد چودھری کو نکل باہر کیا تھا لہذا ملک بھر میں وکیلوں کا احتجاج اور عوامی مظاہرے جاری تھے۔ دھڑا دھڑ لوگ پکڑے جا رہے تھے اور قیدی وکیلوں کے لیے جگہ بنانے کے لیے سیکٹر ۲ میں سارا جووینائل سیکٹر توڑ مروڑ کر رکھ دیا گیا تھا۔ ایسے حالات میں بھی میں نے اپنا کام، کسی نہ کسی طرح، جاری رکھا۔ جب میں آخری قسط پر پہنچا تو میرے والد نے مجھے لکھا کہ میری بھانجی سارہ کو کسی طرح پتا چل گیا ہے کہ میں جیل میں قید ہوں اور، جیسا کہ اسے بتایا گیا تھا، کسی یونیورسٹی میں نہیں ہوں۔ اس سے مجھے بڑا دھچکا لگا کیوں کہ میں اس سے بڑی محبت کرتا ہوں اور اب مجھے اس بات کا کچھ علم نہیں تھا کہ وہ میرے بارے میں کیا سوچے گی۔ میں نے اپنے والد سے، میرے بارے میں راز کھل جانے کے بعد، سارہ کے رد عمل کے بارے میں پوچھا۔ اس کا پتا سارہ کو اس وقت چلا تھا جب میرے والد "فنانشل پوسٹ" کے اس شمارے کی کاپی میرے بہنوی کے لیے گئے تھے جس میں میرا مضمون شائع ہوا تھا۔ جب میں نے سارہ کو آخری بار دیکھا تھا اس وقت وہ چار برس کی تھی اور میں جیل سے سوات میں کمرۂ امتحان میں گیا تھا۔ اس نے بڑی معصومیت سے، میری ہتھ کڑیوں کا حوالہ دیتے ہوئے، اپنی والدہ سے میری بڑی بڑی چوڑیوں کے بارے میں پوچھا تھا جو میں پہنے ہوئے تھا۔ میں اکثر حیران ہوا کرتا تھا کہ سارہ اپنے ماموں جان کے بارے میں حقیقت جان کر، کہ معاشرے کی نظروں میں میں ایک چور اور قاتل ہی تو تھا، کیا سوچے گی؟ اس نے آنے اور مجھے دیکھنے کا فیصلہ کیا تھا اور میں بے تابی اور تشویش، دونوں کے ساتھ، اس کی آمد کا منتظر تھا۔ بالآخر ہماری ملاقات کا دن آ گیا۔ ہمیں ایک دوسرے کو دیکھے ہوئے ایک طویل عرصہ گزر چکا تھا لہذا ملتے وقت ہم دونوں جھجھک اور شرمندگی محسوس کر رہے تھے۔ میری سمجھ میں نہیں آ رہا تھا کہ کیا کہوں لہذا اس کے اسکول کے بارے میں بے ڈھنگے سوالات کرنے لگا۔ وہ میرے لیے کچھ پھل اور کریم کیک لے کر آئی تھی۔ یہ ملاقات بنا کچھ کہے ختم ہو گئی۔ اس سے اگلے ہفتے وہ مجھ سے غیر متوقع طور پر ملنے کے لیے آئی اور اس دفعہ اس کے والدین بھی اس کے ہمراہ تھے۔ یہ ملاقات پہلے کی نسبت کہیں بہتر رہی اور ہم کئی موضوعات پر کھل کر باتیں کرتے رہے۔ اس نے اپنی ایک نظم اور مضمون، جو اس نے انگریزی میں لکھے تھے، مجھے پڑھ کر

سنائے جس پر میں حیران رہ گیا کہ کیسے اس نے کم عمری میں یہ لکھ لیا تھا جب کہ اس عمر میں میں بمشکل اردو سیکھنی شروع کرنے لگا تھا۔ مجھے بتایا گیا کہ جب میری بہن میرے لیے کھانا تیار کر رہی تھی تو سارہ یہ کہتے ہوئے اس کی مدد کرنے کے لیے مصر ہوئی تھی کہ ماموں جان کو کھانے میں اس کی محبت کا ذائقہ بھی آئے گا۔ اب اس نے مجھے باقاعدگی سے خطوط لکھنا شروع کر دیے۔ میں بے حد خوش تھا کہ اس نے میرے صورت حال کو جان لینے کے بعد مجھے ناپسند نہیں کیا تھا۔ اس خوشی سے تحریک پا کر میں نے آخری قسط بڑے جوش سے لکھنی شروع کر دی۔ عید کی شام کو میں نے "فنانشل پوسٹ" کے لیے آخری قسط کی نوک پلک درست کی اور سکھ کا سانس لیا جس کے بعد میرے چہرے پر اطمینان کی مسکراہٹ بکھر گئی۔ سونے سے پیشتر میں نے ان تمام افراد کو چشم تصور سے دیکھا جو مجھے اپنے خواب کا پیچھا کرنے سے روکتے رہے تھے۔

جونہی میری کہانی چھپ کر آئی میں کسی حد تک ہر دلعزیز ہوگیا اور کئی وفاقی اور صوبائی اور وزراء اور این جی اوز کے نمائندے مجھے ملنے کے لیے آنے لگے۔ میں اپنے آپ کو یہ سوچنے سے نہ روک سکا کہ، کسی حد تک، میں بھی ایک نمایشی چیز بن کر رہ گیا ہوں۔ جب بھی کوئی اہم شخصیت مجھے ملنے کے لیے آتی تو ایک افتتاحی تقریب منعقد کی جاتی تھی۔

دسمبر ۲۰۰۸ء کے دوران مجھے سپرنٹنڈنٹ کے دفتر میں بلایا گیا۔ جب میں وہاں پہنچا تو سپرنٹنڈنٹ کے ذاتی خدمت گار نے مجھے جھاڑا کہ میں نے چپل کیوں پہن رکھی ہے؟ اس نے مجھے بھاگ کر جانے اور اچھا سا لباس پہن کر آنے کی تاکید کی کیونکہ اسلام آباد سے کوئی بڑا میرا انٹرویو لینے کے لیے آرہا تھا۔ مجھے ڈھنگ کا لباس مانگ کر پہننے کی تگ ودو میں بیس منٹ لگے۔ (اس لیے کہ میرے سارے کپڑے دھلنے کے لیے گئے ہوئے تھے۔)

جووینائل سیکٹر میں جو بھی مجھ سے اچھا لباس مل سکتا تھا وہ میں نے کسی نہ کسی طور مانگ لیا تھا۔ اب میں پھر دفتر پہنچا۔ میں یہ دیکھ کر حیران رہ گیا کہ دفتر کیمروں اور روشنیوں سے سجا ہوا تھا۔ "ڈان" نیوز چینل کے شہریار مفتی نے، جنھوں نے میرا انٹرویو لینا تھا، میرا استقبال کیا۔ اس سارے ساز وسامان کو دیکھ کر، اور اس پر طرہ یہ کہ سپرنٹنڈنٹ بھی اپنے سارے لاؤ لشکر کے ساتھ میزبان کے ساتھ موجود تھا، میں گھبرا گیا تھا۔ جونہی میں نے اپنی توجہ پوچھے جانے والے سوالوں پر مرکوز کی میری بے چینی بتدریج زائل ہوتی چلی گئی۔ بیرسٹر شاہدہ جمیل، وفاقی وزیر برائے سوشل ویلفیئر اور سپیشل ایجوکیشن بھی شہریار مفتی کے ساتھ آئی تھیں۔ ان کے ساتھ میں نے بچوں کی لائبریری اور کمپیوٹر سینٹر کے بارے میں گفتگو کی۔ انھوں نے بھرپور تعاون کا وعدہ فرمایا اور "۲۶" کا ایک ٹیلی وژن کمپیوٹر سینٹر کے لیے عطیہ بھی کیا۔ وہ پھر بھی کئی بار تشریف لائیں اور ایک بار تو ایسا اتفاق ہوا کہ اس وقت میرے گھر والے بھی آئے ہوئے تھے۔ محترمہ نے انھیں بھی شرفِ ملاقات بخشا۔

بیرسٹر شاہدہ جمیل صاحبہ کی آمد سے پیشتر میں جناب انصار برنی صاحب سے بھی مل چکا تھا جو اس وقت ہیومن رائٹس کے وفاقی وزیر اور انصار برنی ٹرسٹ کے سربراہ تھے۔ انھوں نے مجھے رہائی کے بعد ایک ملازمت کی پیش کش کی تھی اور مزید تعلیم کے حصول کے لیے بیرون ملک بھجوانے کا وعدہ بھی فرمایا تھا۔ انھوں نے یہ بھی کہا تھا کہ اگر مخالف فریق رقم لے کر صلح کرنے پر آمادہ ہو تو، چاہے کتنی ہی رقم ادا کرنی پڑے، وہ ادا کریں گے۔ انھوں نے ان تمام باتوں کا تذکرہ نوعمر قیدیوں سے خطاب میں کیا تھا۔ میں ان کی پیشکش کو خلوص پر مبنی سمجھتا تھا اور ان کی بڑی عزت کرتا تھا لیکن اس پیشکش نے مجھے اتنا متاثر نہیں کیا تھا جتنا کہ بیرسٹر شاہدہ جمیل کی مادرانہ محبت نے کیا تھا۔ انھوں نے میرا شانہ اور گال تھپتھپا کر کہا تھا:

"بیٹا، ہمت نہ ہارنا۔" ان کی یہ شفقت آج بھی تر و تازہ ہے۔

جیل سے مجھے اپنی پہلی تنخواہ دسمبر ۲۰۰۸ء، میں کافی رات گئے ملی۔ میں تنخواہ والا لفافہ ہاتھ میں لیے گھما رہا تھا، بار بار اسے اپنی آنکھوں کے آگے جھلا رہا

تھا۔ میری زندگی میں بہت سے کیمیا گر آئیتھے جو کھلے سمندروں میں روشن ستاروں کی طرح تھے اور جنھوں نے صحیح سمت میں میری مدد اور راہ نمائی فرمائی تھی۔ میں نے سوچا کہ اپنی پہلی تنخواہ ان میں سے کسی ایک کو عطیہ کر دینا ایک اچھا رویہ ہوگا۔ مجھے اپنا ایک خواب یاد آگیا جس میں میں نے اپنے آپ کو بطور ایک لیکچرار کے دیکھا تھا اور اپنی تنخواہ اپنے دادا کو پیش کر دی تھی جس کی وجہ سے دادا نے اپنے پوتے پر انتہائی فخر محسوس کیا تھا۔ اپنے خواب کی تکمیل کے لیے میں نے انھیں ایک منی آرڈر اور رجسٹرڈ خط ارسال کر دیا۔ ابھی تک یہ بات میرے علم میں نہیں آئی تھی کہ میرے دادا کا انتقال میری دادا کی وفات سے پورے چالیس روز بعد ہو چکا تھا۔ میری والدہ کو خط اور رقم مل گئی۔ رقم انھوں نے غرباء میں تقسیم کر دی۔ بالآخر ان کی وفات کا علم مجھے اپنے قصبے کے ایک شخص سے ہوا۔ اس سے شدید دھچکا لگا اور میں نے محسوس کیا جیسے کسی نے میرے سر پر زور سے لات رسید کی ہے۔ داجی کی وفات کا صدمہ ایسا شدید تھا کہ میں اس سے پیشتر کبھی ایسے صدمے سے دوچار نہیں ہوا تھا اور نہ ہی میں آئندہ کبھی ایسے صدمے سے دوچار ہونا چاہوں گا۔ یہ تو میں جانتا تھا کہ داجی کو مختلف تکالیف کی وجہ سے بے حد درد رہتا تھا لیکن مجھے یہ اندازہ نہیں تھا کہ یہ بیماریاں جان لیوا بھی ہو سکتی ہیں۔ اچانک مجھ پر منکشف ہوا کہ ایک طویل عرصے سے میں نے داجی کو نہیں دیکھا تھا اور اب ان سے باتیں کرنے کا کوئی امکان نہیں تھا۔ اس کا مجھے دلی صدمہ ہوا۔ اگرچہ مجھے اپنے والدین سے بھی بے پناہ محبت ہے لیکن داجی مجھے ان سے بھی بڑھ کر پیارے ہیں۔ ایک دفعہ، داجی اور میرے والدین کے روبرو، میرے ساتھ ایک واقعہ پیش آیا تو داجی بے قرار ہو کر چلا اٹھے تھے۔ ہم خوش قسمت تھے کہ وہ ہمارا استون اور حصار تھے۔ ہماری زندگی میں ایسے حالات بھی آتے رہتے ہی جب ہمیں پتا نہیں چلتا کہ ان سے کیسے نبٹا جائے لیکن وقت، کسی نہ کسی طرح، گزر ہی جاتا ہے اور ہم اس سے بچنے کا طریقہ تلاش کر ہی لیتے ہیں۔ داجی کی وفات کا سن کر مجھے ایک عجیب سے خلاء کا احساس ہوا۔ میں نے اپنے اور ان کے درمیان مشابہتیں ڈھونڈنی شروع کر دیں اور ان سے طاقت حاصل کرنے لگا۔ میرے دادا نے اب اس دنیا میں نہیں ہیں لیکن میں یہ محسوس کرتا ہوں کہ میں اپنا دادا بنتا جا رہا ہوں۔ بعض اوقات یوں محسوس ہوتا ہے جیسے ان کے الفاظ میرے ہونٹوں سے نکل رہے ہیں۔ مجھے ان کی یاد ستاتی رہتی ہے اور میں چاہتا ہوں کہ وہ جان لیں کہ ان کا پوتا انھیں کبھی مایوس نہیں کرے گا۔ میں اپنی پوری کوشش کروں گا کہ زیادہ سے زیادہ علم حاصل کروں اور اپنی تمام تر صلاحیتوں کو بروئے کار لا کر معاشرے میں اپنا مثبت حصہ ڈالوں۔

جنوری ۲۰۰۸ء میں غیر ملکی قیدیوں کی ایک ٹولی پشاور سے ہری پور سنٹرل جیل میں منتقل کی گئی تھی۔ انھیں جووینائل سیکڑ کی پہلی بیرک میں ٹھیرایا جانا تھا۔ میں ہینڈرک سے اس کی آمد کے دوسرے روز ملا۔ ہینڈرک ان چند قیدیوں میں سے تھا جو انگریزی بول سکتے تھے۔ وہ بات چیت کے لیے ہمارے پاس آ جاتا تھا۔ ہماری گفتگو کا بنیادی موضوع حالاتِ حاضرہ اور فلسفہ ہوتے تھے۔ میں نے اپنی کچھ کتابیں اسے دکھائیں جنھیں اس نے پسند کیا تو میں نے اپنی دو پسندیدہ کتابیں "دی لٹل پرنس" مصنفہ انٹائن دی سینٹ اور "دی پکچر آف ڈورین گرے" مصنفہ آسکر وائلڈ اسے ادھار دے دیں۔ اس کا بدلہ اس نے اپنی پسندیدہ کتابیں "جرم و سزا" مصنفہ فیودور دوستوئی فسکی مجھے ادھار دے کر اتارا۔ اس نے مجھے عظیم کلاسیکی روسی ادب بھی متعارف کروایا۔

ہینڈرک کی نصیحت پر میں نے این ڈبلیو ایف پی کے ہوم ڈیپارٹمنٹ کو تمام معاون دستاویزات کے ساتھ ایک درخواست بھیجی کہ مجھے جیل میں بہتر کلاس دی جائے۔ ایم اے کرنے کے بعد میں اس رعایت کا مستحق ہو چکا تھا۔ میری درخواست رائج الوقت تاخیری حربوں کے باوجود بالآخر ڈسٹرکٹ آفیسر ریونیو اور سوات کے اسٹیٹ کولیکشن سے منظور ہو کر واپس ہوم ڈیپارٹمنٹ کے پاس پہنچ گئی۔ ہوم ڈیپارٹمنٹ نے، کوئی وجہ بتلائے بغیر، درخواست کو نامنظور کر دیا۔ اس کے بعد ہیومن رائٹس کمیشن آف پاکستان کے بریگیڈیر راؤ عابد حمید اور بیرسٹر شاہدہ جمیل نے میری طرف سے، از خود، دوبارہ درخواست ارسال کی۔ معاملہ پھر کھولا اور ازسرِ نو جانچا گیا لیکن ہوم ڈیپارٹمنٹ نے دوبارہ مسترد کر دیا۔ میرے والد نے بذاتِ خود اس معاملے کی پیروی کا فیصلہ کیا اور ہوم ڈیپارٹمنٹ تک رسائی حاصل

کی۔اس اثناء میں تین ہوم سیکرٹری تبدل ہوچکے تھے اور اب ان کی جگہ ایک خاتون نے لے لی تھی ۔ "فنانشل پوسٹ"کی قدسیہ زیدی نے میری وکالت کی اور کسی نہ کسی طرح مجھے بھی یہ احساس ہوگیا کہ اب کے میری داخواست منظور ہو جائے گی۔ میرے محوس سات صحیح ثابت ہوے اور آخر کار، جیل میں بہتر کلاس کے لیے، میرا کیس ۱۵ مئی ۲۰۰۸ء کو منظور ہوگیا۔ اسی برس، یکم جون کو، سنٹرل پرزن، ہری پور کو منظوری کا پروانہ مل گیا اور مجھے بی کلاس سے سیل نمبر۱۱ میں منتقل کر دیا گیا۔ ستم ظریفی ملاحظہ ہو، سیل نمبر۱۱ سے میں براہِ راست اپنی گزشتہ "کال کوٹھڑی" کے پچھواڑے کو دیکھ سکتا تھا جو ہمیشہ مجھے یہ یاد دہانی کرواتا رہتا تھا کہ پہلے میں کہاں تھا!

بی کلاس کے سیل بھی بالکل اسی طرح کے ہیں جیسے کہ "کال کوٹھڑیوں" کے لیکن یہاں جینے کا اندازا اور ضابطے بہت مختلف ہیں۔ بی کلاس میں رہنے والے تمام قیدیوں کے لیے ایک گیس والا باورچی خانہ اور ایک باورچی مہیا ہوتا ہے۔ ایک دوسرا فائدہ ہفتہ واری خشک اور تر راشن کا ہے، جیسے کہ گوشت، انڈے، گندم، دالیں، سبزیاں، مسالے، پکانے کا تیل، دودھ، چائے اور چینی، جو اس کلاس کے سارے قیدیوں کو پہنچایا جاتا ہے۔ زندگی بسر کرنے کے لیے قیدیوں کے لیے یہ علاقہ یقیناً کہیں زیادہ آرام دہ ہے۔ ایک اور عیاشی، جس کے مزے میں اب لوٹ رہا تھا، میری کوٹھڑی کا ایک بستر، دو کرسیاں اور ایک میز تھی۔ یہ وہ اشیاء تھیں جن سے میں تقریباً نو برس محروم رہا تھا۔ میرا نہیں خیال کہ پر تعیش ہوٹل میں رہنے والے کسی شخص نے بھی اتنے مزے لوٹے ہوں گے جتنے کہ میں وہاں لوٹ رہا تھا۔

باورچی لینے سے میں ہچکچا رہا تھا۔ میں بی کلاس کے کئی دوسرے قیدیوں کو اپنے باورچیوں پر حکم چلاتے دیکھ چکا تھا۔ میں خود کو اس طرح کے شیخی خورے اور حکم داغنے والے کے روپ میں نہیں دیکھنا چاہتا تھا۔ جب میں جووینائل سیکٹر میں رہتا تھا تو وہاں ہمارا ایک گروہ تھا جس میں میرا کزن رفیق اور دیگر دوست مل جل کر ہر کام کر لیتے تھے۔ اب پکانے، صفائی کرنے اور دھونے کی ذمے داری تنہا مجھ پر آپڑی تھی۔ بی کلاس کے قیدی جیل کے باورچی خانے سے جسے "جیل کا لنگر" کہتے ہیں، کھانا نہیں لے سکتے۔ تاہم جب راشن دگنا اور خوراک کا معیار بہتر ہوگیا تو میں نے لنگر سے کھانا لینا شروع کر دیا۔ مجھے ڈر تھا کہ دوسرے بی کلاس قیدی اسے غریبوں کی خوراک" کہہ کر میرا مذاق اڑائیں گے لیکن جب یہ سلسلہ کچھ عرصہ چلتا رہا تو میری خود مختاری کے لیے میری تعریف ہونے لگی خصوصاً ان قیدیوں کی طرف سے جو ہر وقت اپنے باورچیوں سے تو تکار کرتے رہتے تھے۔

جب میں جووینائل سیکٹر میں تھا تو چیف وارڈن کی اجازت کے بغیر دوسرے سیکٹروں میں نہیں جا سکتا تھا۔ دروازے پر ایک نمبر دار کا پہرا تھا تاکہ کوئی بلا اجازت آیا جا نہ سکے۔ بچوں کی ضروریات پوری کرنے کے لیے ان کے سیکٹر کے باہر ایک بوڑھا قیدی "بابا" بھی ہوا کرتا تھا۔ ان ضروریات میں ہمارے لیے دکان سے چیزیں لانا اور ہمیں ملاقاتی کمرے تک پہنچانا بھی شامل تھا۔ میرے اور رفیق کے لیے یہ بات تعجب خیز تھی کہ پانچ برسوں تک، جب کہ ہم موت کے قیدی تھے، ہم سے جوانوں والا رویہ اختیار کیا گیا تھا اور اب اچانک جووینائل سیکٹر میں ہم سے بچوں والا سلوک کیا جانے لگا تھا۔ میں خوش تھا کہ اب آزادانہ جیل کے دیگر سیکٹروں میں گھوم پھر سکتا تھا۔

بینڈرک فیکٹری میں اپنے ذمے لگا کام ختم کر کے دوپہر دو بجے آیا کرتا تھا اور بعد میں رفیق بھی آشامل ہوتا تھا۔ مہلت کے خاتمے تک ہم بہت سے موضوعات پر گفتگو کرتے رہتے۔ ہمارے موضوعات کا دائرہ مذہب سے لے کر "آیا امریکہ افغانستان اور عراق پر قبضہ کرنے میں حق بجانب ہے یا نہیں" تک وسیع تھا۔ بینڈرک کئی توجہ خیز خیالات پیش کرتا تھا، بالخصوص فلسفے کے بارے میں۔ فلسفے کے مطالعے نے ڈرامائی طور پر دنیا اور اس کی کارکردگی کے بارے میں میرے سوچنے کے طریق

کو بدل کر رکھ دیا۔ میرے نزدیک فلسفہ غور و فکر کی ارفع ترین صورت ہے۔ایک ایسی چیز جو ہمارے ذہن کو سوچنے کے طریق کو بدل کر رکھ دیا۔ میرے نزدیک فلسفہ غور و فلر کی ارفع ترین صورت ہے ۔ ایک ایسی چیز جو ہمارے ذہن کو سوچنے پر آمادہ کرتی ہے اور ہمیں دنیا کے بارے میں مزید آگہی بخشتی ہے۔فلسفے نے مجھے یہ گیان بھی عطا کیا کہ اس دنیا میں ہر شے کو بری یا بھلی یا سیاہ یا سفید کے طور پر نہیں دیکھا جا سکتا کیونکہ حقیقت کی کئی اور رنگتیں بھی ہیں۔ مثلاً میں کئی ایسے افراد کو جانتا ہوں جو پھونک پھونک کر قدم دھرتے ہیں کہ کہیں کوئی چیونٹی نہ کچلی جائے اور وہی لوگ اکثر یہ ڈینگ بھی مارتے ہیں کہ انھوں نے اپنے دشمنوں کو کس سفاکی سے تہ تیغ کیا تھا۔ بعض اوقات نمبر دار یا چیف وارڈن ہینڈرک یا رفیق کو دروازے پر روک لیتا اور انھیں بی کلاس میں داخلے کی اجارت نہ دیتا تو وہ جھنجھلا جاتے اور مجھے نئے مذا کرے کے انتظار کے لیے مایوس چھوڑ جاتے۔

بی کلاس میرے علمی ماحول میں بڑی مددگار ثابت ہوئی، ایم اے تاریخ کے لیے کرسی پر بیٹھ کر مطالعہ کرنا بذاتِ خود پر لطف تھا۔امتحان، صرف چند، ہفتوں کے بعد، اگست ۸۰۰۲ء میں ہونا تھا۔یونیورسٹی کے قواعد کے مطابق مجھے کل سات میں سے پانچ پرچے دینے تھے جن کے بعد زبانی امتحان تھا۔میں نے خوب محنت کی تھی اور مجھے یقین تھا کہ میں اچھے نمبر لے کر پاس ہو جاؤں گا کہ ایک ناگہانی آفت آگئی۔ایک نیا ممتحن آگیا اور اس نے مجھے چھٹا پرچہ دینے کے لیے کہا۔میں نے اسے یہ بتاتے ہوئے اعتراض کیا کہ قاعدے کے لحاظ سے میں پانچ پرچے دے چکا ہوں۔چھٹا پرچہ ۔۷۴۹۱ء کے مابعد ہندوستانی تاریخ کا تھا۔ ممتحن نہ مانا اور توثیق کے لیے ہال سپرنٹنڈنٹ کے پاس چلا گیا۔مجھے بتایا گیا کہ یہ پرچہ لازمی تھا اور اس کے دونوں بعد ایک اور پرچہ بھی تھا جو مجھے دینا پڑے گا۔ساتھ ہی یہ بھی کہہ دیا گیا کہ اگر میں نے یہ پرچہ نہ دیے تو میری غیر حاضری لگا دی جائے گی جس کا نتیجہ ہوگا امتحان میں میری ناکامی۔امتحان میں فیل ہو جانے کے خیال نے مجھے از سر نو سوچنے پر مجبور کر دیا۔مجھے خیال آیا کہ اس طرح میں اپنی ہمت بندھانے والے کتنے ہی لوگوں کی مایوسی کا سبب بنوں گا۔بالخصوص میرے گھر والے اور میرے کیمیا گر۔مجھے اندازہ ہو گیا تھا کہ اس موقعے پر تکرار سے کچھ حاصل نہیں ہوگا لہذا میں مان گیا اور پرچے دے دیے۔خوش قسمتی سے پرچے مشکل نہیں تھے اور زیادہ تر اسی مواد پر مشتمل تھے جو میں انٹرنیشنل ریلیشنز) عالمی تعلقات (کے امتحان کے سلسلے میں پڑھ چکا تھا۔میں نے بڑے اعتماد سے پانچ میں سے چار لازمی سوالات مکمل کیے اور بعد ازاں زبانی امتحان میں بھی اچھی کارکردگی دکھائی۔نتیجہ سے ایک روز قبل مجھے ہزارہ یونیورسٹی کا ایک خط ملا جس میں لکھا تھا:

اس خط کے ذریعے مطلع کیا جاتا ہے کہ متعلقہ امیدوار نے ایم اے تاریخ) فائنل (کے سالانہ امتحان ۸۰۰۲ء میں پانچ کی بجائے سات پرچے دے کر یونیورسٹی کا قیمتی وقت اور کاغذات ضائع کیے ہیں۔ فیصلے کے لیے اس کا کیس یونیورسٹی کی انضباطی کیمٹی کے روبرو پیش کیا گیا ہے۔جب بھی اسے بلایا جائے گا اسے کیمٹی وغیرہ کے روبرو، اپنے حق میں دلائل دینے کے لیے، حاضر ہونا پڑے گا۔

ہزارہ یونیورسٹی　　　　　　دستخط کنٹرولر امتحانات

جنوری ۹۰۰۲ء میں اسسٹنٹ کنٹرولر آف اگزامینیشن میرا انٹرویو لینے کے لیے آیا۔پرچوں کے بارے میں جو غلط فہمی ہوئی تھی میں نے اس کے بارے میں اپنی وجوہات گوش گزار کیں۔انھوں نے بڑی توجہ سے میری بات سنی لیکن میں آخر میں ان کی نیت نہ بھانپ سکا اور وہ مجھے گومگو کے عالم میں چھوڑ کر چل دیے۔ایک ہفتے بعد نتیجے کا اعلان ہو گیا اور یہ امر میرے لیے خوشگوار حیرت کا باعث تھا کہ میں نے یونیورسٹی بھر میں پانچویں پوزیشن حاصل کی تھی۔میرے ایم اے تاریخ کے نتیجے کی خبر تیزی سے پھیلی اور بہت سے اخباروں میں چھپی۔اس کے نتیجے میں روزنامہ "مشرق" کا سب ایڈیٹر اور کرائم رپورٹر مجھے ملنے کے لیے

آئے۔ ان سے میری ملاقات سپرنٹنڈنٹ کے دفتر میں ہوئی۔ سب ایڈیٹر نے "ڈان" اور "فنانشل پوسٹ" میں شائع شدہ میرے چند مضامین دکھا کر ان کا اردو ترجمہ اپنے اخبار میں شائع کرنے کی اجازت چاہی، پہلے تو میں نے اسے اجازت دے دی لیکن پھر میرا ذہن بدل گیا اور میں نے انھیں بذاتِ خود ترجمہ کرنے کے لیے کہا کیونکہ مجھے خدشہ تھا کہ میرے مضامین کے کچھ حصوں کا غلط مطلب لیا جا سکتا ہے۔ بعد میں مجھے اپنے گھر والوں سے پتا چلا کہ میرے مضامین کو لوگوں نے کافی سراہا تھا بالخصوص سوات کے داخلی طور پر بے گھر ہوے افراد نے۔ ان میں سے کئی لوگوں کی طرف سے مجھے براہِ راست تعریفی خطوط بھی ملے تھے۔

دہشت گردی کی وجہ سے سوات میں حالات تیزی سے دگرگوں ہونا شروع ہوگئے تھے اور کئی لوگوں کو بھرے مجمعے کے سامنے مارا گیا جہاں ان کے گلے کاٹے گئے اور بعض افراد کو عوامی مقامات پر لٹکتا چھوڑ دیا گیا تاکہ لوگ عبرت حاصل کر سکیں۔ ایسے بہت سے واقعات میرے گھر کے نزدیک گرین اسکوائر میں پیش آئے تھے۔ دریں اثناء دہشت گردوں نے اسکولوں کو بھی دھماکوں سے اڑانا شروع کر دیا تھا۔ آدھی رات کو ہمارے گھر کے نزدیک ایک اسکول کو اڑایا گیا تو ایک بڑے دھماکے نے ہمارے گھر کو بھی نقصان پہنچایا۔ دہشت گردوں کی گولہ باری سے ہمارے ایک پٹرول پمپ کو بھی نقصان پہنچا تھا۔ اسی اثناء میں میرے والد کی کار بھی چوری ہوگئی تھی۔ قانون اور ریاستی عملداری کی بگڑتی صورتِ حال نے علاقے میں جرائم کی تعداد کو ڈرامائی طور پر بڑھا دیا تھا جس کی اس سے پہلے سوات اور اس کے گرد و نواح میں کوئی مثال نہیں ملتی تھی۔

اس خیال سے، کہ کہیں میں پریشان نہ ہو جاؤں، میرے گھر والوں نے اس تمام صورتِ احوال سے مجھے بے خبر رکھا تھا۔ میں جیل کے پی سی او سے انھیں باقاعدگی سے فون کرتا تھا۔ ایم ایم اے کی حکومت نے این ڈبلیو ایف پی سنٹرل اور ضلعی جیلوں میں ۲۰۰۸ء میں پی سی اوز کھول دیے تھے لیکن اکتوبر ۲۰۰۹ء میں آئی جی جیل کے حکم پر انھیں بند کر دیا گیا تھا کیونکہ طالبان قیدی انھیں استعمال کر رہے تھے۔ مجھے بعض اوقات "نیوز" کے ذریعے پتا چلتا تھا کہ میرے اپنے علاقے میں کیا کچھ ہو رہا تھا، جو میرے لیے انتہائی تشویش کا باعث تھا۔ بتدریج یہ علاقہ اتنا غیر محفوظ ہو گیا کہ میرا خاندان چارسدہ ہجرت کر گیا۔ ہر فرد ملک کے کسی بھی حصے میں کوئی بھی کام کرنے کے لیے تیار تھا۔ جب سوات میں حکومتی عملداری بحال ہوئی تو میرا خاندان چارسدہ میں چار ماہ کی ہجرت کے بعد اپنے گھر لوٹ آیا۔

یکم جون ۲۰۰۹ء تمام قیدیوں کے لیے بڑی مسرت کا دن تھا کیونکہ سپریم کورٹ آف پاکستان نے قیدیوں کی سزاؤں میں تخفیف کا تاریخی فیصلہ سنایا تھا۔ اس فیصلے کی اہم ترین شق زیرِ سماعت مقدمات میں سزا کی تخفیف کی بحالی تھی جس سے مجھے یکبارگی چھ برسوں کی تخفیف کا فائدہ مل گیا۔ فیصلے کی دوسری شق بیک وقت شروع ہونے والی سزاؤں کے بارے میں تھی۔ ہم نے فیڈرل شریعت کورٹ میں درخواست دائر کی کہ سزائیں بیک وقت شروع ہونے کا اطلاق، دو وجوہات کی بناء پر بھی کیا جائے: (۱) عمر قید ۲۵ برس زیر دفعہ ۳۰۲ اور (۲) پانچ برس زیر دفعہ ۳۸۰ (چوری)۔ بدقسمتی سے ۱۷ مئی ۲۰۱۰ء کو ہماری درخواست کو ٹھکرا دیا گیا۔ صدر، چیف منسٹر، آئی جی جیل اور اپنی اسناد کی وجہ سے مجھے جو رعایتیں ملی تھیں ان کی وجہ سے میں اب سے دس ماہ بعد رہا کر دیا جاؤں گا۔ میں گزشتہ پانچ برسوں سے موت کو انتہائی قریب سے دیکھ چکا تھا اور کوئی بھی رات ایسی نہیں گزری تھی جب میں نے موت کے بارے میں نہ سوچا ہو۔ موت سے خوف زدہ ہونے کا مطلب ہے زندگی اور زندگی کی تمام تر خوبصورتیوں اور حیرت انگیز چیزوں کو پسِ پشت ڈال دینا۔ زندگی صرف مرنے کے لیے نہیں ہے۔ یہ زندہ رہنے اور اپنی صلاحیتوں کو تا بہ حدِ امکان بروئے کار لانے کے لیے ہے۔ اگر ہم موت کو قبول کرنے کی بجائے اس سے ڈرتے رہیں تو ہم اپنی زندگیوں کو بھرپور طریقے سے نہیں جی سکیں گے۔ اس بات کی ضرورت ہے کہ ہم زندگی اور ہر اس چیز کی، جو ہمارے اردگرد ہے، تحسین کرنا سیکھیں۔ میں بذاتہٖ موت سے نہیں گھبراتا لیکن پھانسی پر جھول کر بھی نہیں مرنا چاہتا۔ ایک بار زندگی کی خوشیوں اور مزوں سے آشنا ہونے کی وجہ سے میں کال کوٹھڑی سے خوفزدہ تھا۔ بعض اوقات یہ خوف مجھ پر غالب آجاتا تھا کہ

یہ خواب جیسے اچانک شروع ہوا تھا کہیں ویسے ہی اچانک ختم نہ ہو جائے ۔ اللہ تعالیٰ کا ہاتھ جس پر اسرار طریقے سے کام کرتا ہے اس کی وجہ سے میں اللہ تعالیٰ سے محبت کرنے لگا ہوں۔ میں اس سے استدعا کرتا ہوں کہ وہ میری بقیہ زندگی کی پریشانیوں کو میرے لیے خوشگوار بنا دے۔ میرا یہ عقیدہ ہے کہ چھوٹی چیزوں سے محبت اور ان سے لطف اندوز ہونے سے ہم زندگی کی خوبصورتی کو بہتر طور پر جان سکتے ہیں۔

میری مثال لیجیے۔ میں بڑے یقین کے ساتھ یہ بات کہہ سکتا ہوں کہ میری زندگی اس بات کی زندہ مثال ہے کہ کسی بھی فرد کے ساتھ، کسی بھی وقت، کچھ بھی پیش آسکتا ہے اور معجزے اب بھی رونما ہوتے ہیں بشرطیکہ کہ ہم ان سے صرفِ نظر نہ کریں۔ ہر آدمی کے کچھ خواب ہوتے ہیں جنھیں وہ حقیقت میں تبدیل کر سکتا ہے اور اس کے برعکس کئی ایسی آرزوئیں بھی ہوتی ہیں جن کے بارے میں ہمیں پتا ہوتا ہے کہ وہ ناممکن الحصول ہیں لیکن یہ جانتے ہوئے بھی ہم حقیقت سے فرار ہونے کے لیے سپنوں کا سنسار تخلیق کر لیتے ہیں۔ ہمارے دل بہلاوے کے لیے ہمارے خواب وہ عظیم ترین تحفے ہیں جن سے ہمیں نوازا گیا ہے۔ ایسے واقعات کا پیش آنا، جن کے بارے میں ہم خواب میں بھی نہ سوچ سکیں، معجزے کہلاتا ہے۔ جن افراد نے میری زندگی کو بہتری میں بدلنے میں حصے لیا ہے ان کی ایک طویل فہرست ہے لیکن میں سب سے زیادہ شکر گزار ہوں جیل کا !

جیل! تیرا شکریہ تو نے مجھے بہترین تعلیمی سہولتیں مہیا کیں۔ اپنے کی جگہ بھی بری نہیں تھی۔ تو نے مجھے زندگی کی چھوٹی چھوٹی چیزوں سے حظ اٹھانے کا سلیقہ سکھایا۔ تیرے ہی باعث میں اپنے ان لوگوں سے مل پایا اور اب تک رابطے میں ہوں جو حیرت انگیز، رحم دل اور کھرے انسان ہیں اور میں اب بھی اس تماشے سے لطف اندوز ہو رہا ہوں۔ میں تجھ سے درخواست گزار ہوں کہ اب مجھے جانے کی اجازت مرحمت فرما تاکہ میں اپنی تیسری زندگی کا آغاز کر سکوں اور اپنی کتاب کا آخری باب لکھ سکوں !

ابتدائی ایام

"ہر کہانی بالآخر ختم ہو جاتی ہے

لیکن زندگی میں ہر اختتام ایک نیا آغاز ہے"

اپنی جڑواں بہن گلالائی کے ساتھ ۸۲ اگست ۱۹۸۲ء کو میں پشاور میں پیدا ہوا تھا۔ جہاں تک یاد کام کرتی ہے میرا خاندان ایک طویل عرصے سے سوات ہی میں رہ رہا ہے۔ مینگورہ، سوات میں ہمارے خاندانی ڈاکٹر نے ولادت میں کسی متوقع دشواری کے باعث میری والدہ کو لیڈی ریڈنگ ہسپتال، پشاور بھجوا دیا۔ لیڈی ریڈنگ ہسپتال میں کہیں زیادہ جدید طبی سہولتیں میسر تھی اور وہاں کئی سپیشلسٹ ڈاکٹروں کا اجتماع تھا۔ پشاور این ڈبلیو ایف پی کا صدر مقام ہے۔ (جنوب مغربی سرحدی صوبہ۔ یہ نام انگریزوں نے ہندستان پر اپنے راج کے دوران رکھا تھا۔) اب اس کا نام خیبر پختونخواہ رکھ دیا گیا ہے۔ کیونکہ ہم دونوں کمزور اور نازک بچے تھے لہذا ہم نے کچھ عرصہ حفاظتی مشین میں گزارا۔ میری والدہ کو ایک ماہ بعد ہسپتال سے فارغ کر دیا گیا اور ہم لوگ واپس مینگورہ گئے۔ تاہم گلالائی کی صحت بگڑنے لگی اور وہ چار ماہ بعد فوت ہو گئی۔

اب تو سوات ہر بری چیز کی وجہ سے خبروں کی زینت ہے۔ جہاں تک مجھے یاد پڑتا ہے یہ محبت کرنے والے لوگوں کا پر امن اور شانت علاقہ تھا جہاں ہر کوئی اپنے کام سے کام رکھتا تھا۔ مذہب کی طرف لوگوں کا رجحان تھا لیکن اس میں انتہا پسندی شامل نہیں تھی، ملا مساجد تک محدود تھے جہاں وہ نمازوں کی امامت کراتے

اور جمعے کا خطبہ دیتے تھے۔ امن کا یہ عالم تھا کہ خواتین، کسی ناگہانی کی صورت میں، آدھی رات کو بھی گھروں سے باہر جا سکتی تھیں۔ اس کے باوجود اعلیٰ تعلیم حاصل کرنے والی خواتین کی تعداد مردوں سے کم تھی لیکن پھر بھی وہ کم از کم پرائمری تک ضرور تعلیم حاصل کرتی تھیں۔ "پردہ" اور "برقع" ذاتی پسند کا معاملہ تھا، جبر کوئی نہیں تھا۔ جو عورتیں چہرے نہیں ڈھانپتی تھیں ان کی بھی ویسی ہی عزت کی جاتی تھی۔ حالیہ دہشت گردی کے برعکس اس وقت سوات سیاحت کے لیے مشہور تھا۔

تقسیم سے قبل سوات ایک شاہی ریاست تھی جس کے حکمران والیِ سوات تھے۔ ایسی دیگر ریاستوں کے حکمرانوں کے بارے میں جو بھی کہا جاتا ہے اس کے برعکس والیِ سوات کی تب بھی عزت کی جاتی تھی اور اب بھی کی جاتی ہے کیونکہ وہ اپنی رعایا کی سماجی، اقتصادی بہبود اور ریاست کے بنیادی ڈھانچے کی ترقی میں گہری دلچسپی لیتے تھے۔ فروغِ تعلیم اور سکولوں کے ایک مکمل نیٹ ورک اور خوبصورت "جہانزیب کالج" کے لیے تو انھوں نے خصوصی دلچسپی لی تھی۔ یہ بیشتر انھیں کی مساعی کا ماحصل ہے کہ سوات کی تعلیمی شرح اس قدر بلند ہے۔ مجھے یاد پڑتا ہے کہ بطور ایک نوجوان میں شاذ ہی کسی ایسے آدمی سے ملا ہوں گا جو کم از کم پڑھ اور لکھ نہ سکتا ہو۔ لوگوں کے ذہن کشادہ تھے۔ بعض اوقات میں حیران رہ جاتا ہوں کہ ان پڑھ اور کندۂ ناتراش ملا کہاں سے ٹپک پڑے ہیں۔

اس زمانے کے چلن کے مطابق میرے والد نے گریجویشن کے دوران شادی کر لی تھی۔ وہ اپنے سارے بھائیوں سے زیادہ ہوشیار اور محنتی تھے۔ جونہی میرے والد نے گریجویشن مکمل کی میرے دادا نے پڑھائی چھڑوا کر انھیں اپنے ساتھ کاروبار میں شریک کر لیا۔

ہمارے خاندان میں میرے والد گریجویشن کرنے والے پہلے شخص تھے۔ وہ ہمیشہ اس بات پر کڑھا کرتے تھے کہ انھیں مزید تعلیم حاصل کرنے کے موقع سے محروم کر دیا گیا تھا۔ وہ ایک کاروباری بننے پر پروفیسر بننے کو ترجیح دیتے تھے چاہے پروفیسر کاروباری سے کم مالدار ہی کیوں نہ ہو۔ انھوں نے ہماری تعلیم میں بے حد دلچسپی لی تھی۔ میری والدہ آٹھویں جماعت تک پڑھی ہوئی تھیں۔ مذہبی تعلیم والدہ نے ہمیں گھر پر دی۔ انھوں نے ہمیں قرآنِ پاک پڑھایا، نماز سکھلائی اور بنیادی اسلامی ارکان بتائے۔ انھوں نے مختلف موضوعات پر ہماری مکمل توجہ مرکوز کرانے کے لیے ایک انتہائی دانشمندانہ طریقہ ایجاد کیا تھا۔ جہاں ہم پڑھتے تھے وہاں سے ایک کنواں نظر آتا تھا۔ ہماری نظر بچا کر وہ اسے کمبل سے ڈھک دیتی تھیں اور اس کے ساتھ ایک کلہاڑا رکھ دیتی تھیں۔ اس کا مطلب تھا کہ اگر ہم نے سبق پر دھیان نہ دیا تو ان کا بھوت ہمیں اٹھا لے جائے گا۔ انھوں نے یہ اہتمام بھی کر رکھا تھا کہ جونہی سبق ختم ہو ہماری کوئی خالہ ان چیزوں کو غائب کر دیں۔ بہرحال، اس وقت ہمیں اس کا علم نہیں تھا۔

ہمارے گھر میں تعلیم کو اولین ترجیح حاصل تھی۔ میرے والد کی ہمیشہ یہ خواہش رہی تھی کہ اپنے گرد و نواح میں ہم مثالی لوگوں کے طور پر مشہور ہوں۔ جب میں چھ برس کا تھا تو میرے والد نے مجھے گھر کے قریب ہی ایک اسکول میں داخل کروا دیا تھا جہاں میری بڑی بہن سلمیٰ بھی تعلیم حاصل کر رہی تھی۔ دوسری جماعت تک میں اسکول کا طالب علم رہا۔ جب میرے والد نے محسوس کیا کہ اسکول کا تعلیمی معیار پست ہوتا جا رہا ہے تو انھوں نے مجھے "انٹرنیشنل ایجوکیشن پبلک اسکول اینڈ کالج" میں داخل کروا دیا جہاں میں نے دسویں جماعت تک پڑھا۔ میرے والد بڑی باقاعدگی سے اسکول آیا کرتے تھے اور میری ترقی کی خبر لیتے رہتے تھے۔ ہماری لکھائی اور قوتِ اظہار کو بہتر بنانے کے لیے میرے والد ہم سے ہماری فرمائشوں کی عرضی لکھوایا کرتے تھے۔ ہماری کوئی عرضی کبھی نامنظور نہ ہوئی تھی۔ درحقیقت جو واحد عرضی نامنظور ہوئی وہ ایک کیسٹ ریکارڈر کی فرمائش کے لیے تھی۔ میری عرضی پر والد صاحب نے یہ تبصرہ کیا تھا کہ چودہ برس کی عمر میں مجھے اس کی ضرورت نہیں ہے اور یہ کہ ابھی میں مناسب طریقے سے اس کو سنبھال بھی نہیں پاؤں گا۔ باقی تبصرہ اور بھی پر لطف تھا: "اگرچہ ایک کیسٹ ریکارڈر صرف سات سو روپے کا آتا ہے لیکن کتابوں کے لیے سات ہزار روپوں کی درخواست بھی رد نہ کی جاتی۔"

بے شک میری ماں بولی پشتو ہے۔ ہماریاردو بولنے کی حوصلہ افزائی کی جاتی تھی تاکہ ہم اسکول میں بہتر کارکردگی دکھا سکیں۔ گھر پر پہلے میری والدہ اور پھر ہماری بڑی بہن اسکول کا کام کروانے میں مدد کرتی تھیں۔ جب ہم ذرا بڑے ہوئے تو میرے والد نے ایک استاد کو ملازم رکھ لیا جو ہمیں اسکول کے بعد، دوپہر کو ،حساب اور سائنس میں مدد دیتے تھے۔ ساتھ ہی ساتھ میں مذہبی تعلیم بھی حاصل کرتا رہا اور ایک عمر رسیدہ، ہمسایے سے جسے ہم ملا آبے کہتے تھے، قرآنِ پاک بھی پڑھا۔ ہر جمعہ خاندان کے مل بیٹھنے کا دن تھا۔ اس روز میری خالائیں اور ان کے بچے ہمارے گھر آجاتے اور رات کے کھانے تک یہ پارٹی جاری رہتی۔ ہم گپ شپ کرتے اور فلمیں دیکھتے رہتے۔

اپنے گھر والوں کی تمام تر کوششوں کے باوجود بہت ہوا تو میں ایک اوسط درجے کا طالب علم رہا۔ میرا دھیان زیادہ تر کھیلوں جیسے کہ بیڈ منٹن، کرکٹ، ہائکنگ۔ موسیقی اور ویڈیو گیموں کی طرف تھا۔ میں نے بچوں کے اور دیگر رسالے جیل میں آنے کے بعد پڑھنے شروع کیے تھے جس وقت میرے پاس کرنے کے لیے اور کوئی کام نہیں تھا۔ میری اسکولی زندگی کا سب سے تکلیف دہ واقعہ میرا ساتویں جماعت کا نتیجہ تھا۔ میں توقع سے کہیں کم نمبر لے کر پاس ہوا تھا۔ مجھ سے ایک بڑی غلطی یہ ہوئی کہ میں نے نتیجے میں ردوبدل کرنے کی کوشش کی اور یہ تبدیلی اس بھونڈے طریقے سے کی کہ جونہی میرے والد نے اس پر پہلی نظر ڈالی ان کا رنگ پیلا پڑ گیا۔ زندگی بھر انھوں نے مجھے کبھی نہیں پیٹا لیکن جو الفاظ انھوں نے کہے وہ آج تک میری آزردگی کا باعث ہیں: "تمھارے اساتذہ اور پرنسپل کیا سوچیں گے کہ فدا حسین کا بیٹا فریب کار ہے؟"

جب میں گرفتار ہوا تو جو پہلا خیال میرے ذہن میں آیا وہ یہی تھا کہ لوگ کیا کہیں گے کہ "فدا حسین کا بیٹا ایک قاتل ہے!" پولیس کی اذیت اور توہین کا خیال نہ آیا۔ خیال آیا تو یہ جواب بھی میرے قلب کو چاقو کی طرح چیر کر رکھ دیتا ہے! میرا چھوٹا بھائی ایک بار جیل میں مجھ سے ملنے کے لیے آیا تو اس نے اعتراف کیا کہ وہ دو بار یہ کھیل پاپا کے ساتھ کھیل چکا ہے اور انتہائی کامیابی کے ساتھ! بدقسمتی سے بعض لوگ اتنے سادہ لوح ہوتے ہیں کہ انھیں اپنی خطاؤں اور غلطیوں کا خمیازہ بھگتنا ہی پڑتا ہے۔ میرا خیال ہے کہ میں بھی انھیں میں سے ایک ہوں! ایک دل خراش سبق سیکھنے کے بعد میں نے دسویں کے امتحان کی تیاری خوب دل لگا کر کی یا یوں کہیے کہ کم از کم تیاری کی کوشش کی۔ اور، غالباً، یہ وہی دن ہے جب میرے امتحان کے نتیجے کا اعلان ہوا تھا اور جو میری ابتدائی زندگی کی عزیز ترین یادوں میں سے ایک ہے۔ اور یہ آخری بار تھا جب میں نے اپنے والد کو اس قدر خوش دیکھا تھا۔ میں ان کی جگمگاتی مسکراہٹ کو کبھی نہ بھلا سکوں گا جو اس وقت ان کے چہرے پر پھیل گئی تھی جب انھوں نے میرا چہرہ اپنے ہاتھوں میں لے کر کہا تھا: "سہیل، مجھے تم پر فخر ہے" میں نے اوسط سے کچھ ہی زیادہ نمبر لیے تھے لیکن میں دو وجوہات کی بنا پر پھولا نہیں سما رہا تھا۔ ایک تو یہ کہ میں نے اپنے والد کو اس قدر خوش کر دیا تھا اور دوسرے اس سی ڈی پلیئر کے لیے جو انھوں نے مجھے اچھے نمبر لینے پر خرید کر دینے کا وعدہ کر رکھا تھا۔

اس وجہ سے، کہ مجھے اپنے والد سے بڑی محبت تھی اور میں انھیں کبھی مایوس نہیں کرنا چاہتا تھا، میں سخت محنت کرنے لگا اور کسی ایک امتحان میں بھی فیل نہ ہوا۔ اور یہ میرے جیسے بدھو کے لیے جسے غیر نصابی سرگرمیوں سے دلچسپی ہو، کسی کارنامے سے کم نہیں۔

میری ابتدائی زندگی پر سب سے بڑا اثر میرے دادا جی کا تھا۔ (اللہ تعالیٰ انھیں لمبی اور خوشگوار زندگی عطا فرمائے۔ آمین!) وہ ایک خود ساختہ انسان اور اپنے وقتوں کے کامیاب کاروباری شخص تھے۔ میرے پردادا کی کپڑوں کی تجارت کے علاوہ، جہاں میرے دادا نے پہلے پہل کام کرنا شروع کیا تھا، انھوں نے دیگر کاموں میں بھی قسمت آزمائی شروع کر دی۔ انھوں نے ہندوستان جانا شروع کر دیا جہاں سے وہ ایسی چیزیں، جو سوات میں نہ ملتی تھیں، تھوک کے حساب سے خرید لاتے

تھے۔اسی طرح انھوں نے اشیاء کی باربرداری کا نیا کاروبار شروع کر دیا۔(وہ خچروں پر چیزیں لاد کر ایک جگہ سے دوسری جگہ پہنچاتے تھے۔)ہندوستان کے ایک سفر کے دوران وہ ان وہ مٹی کے تیل سے جلنے والی لالٹینیں خرید لائے۔ان کی مشہوری کے لیے انھوں نے ایک خچر سوار اور ڈھنڈورچی کو کرایے پر حاصل کیا جو ادھر ادھر پھر کر ایک ڈھول بجا کر چلاتا تھا:"آئو،اپنی راتوں کو سورج کی طرح روشن کرنے والی نئی ایجاد دیکھو۔" میرے تایا کو"شیل کیروسین" کی کامیابی اتنی بھائی کہ وہ بھی یہی کاروبار کرنے کا سوچنے لگے۔میرے دادا نے انھیں یہ مشورہ دیا کہ وہ مینگورہ کی بجائے مردان میں یہ کاروبار شروع کریں تا کہ آپسی مقابلہ بازی سے بچ جائیں۔ناقابلِ تسخیر عزم اور جانفشانی کے باعث وہ ایک کامیاب کاروباری بن گئے اور تقسیمِ ہند سے قبل سوات میں پہلا پٹرول پمپ لگایا۔میرے دادا پکے مسلمان تھے اور بلاناغہ پانچوں فرض نمازیں ادا کرتے تھے۔ان کی خوشنودی حاصل کرنے کے لیے میں مسجد تک ان کے ساتھ جاتا تھا لیکن جونہی وہ نماز شروع کرتے تھے میں کھسک لیتا تھا اور صرف اسی وقت لوٹتا تھا جب وہ نماز ختم کرنے والے ہوتے تھے۔مجھے نہ صرف یہ کہ مٹھائیاں ملتی تھیں بلکہ دیگر عنایات سے بھی نوازا جاتا تھا اور بطور ایک فرض شناس اور دین دار پوتے کے میری مثال دی جاتی تھی۔میرے کزن رفیق کو میری اس پھرتی کا علم تھا اور وہ مجھے،میرا پول کھول دینے کی،دھمکیاں دیتا رہتا تھا۔اور سچ تو یہ ہے کہ صرف ہم بچے ہی نہیں چند بڑے بھی اس مسخرگی میں شریک تھے۔اس کا پتا مجھے یوں چلا کہ میں اپنے بعض چچاؤں کو مسجد سے باہر،بازار میں ،ادھر ادھر گشت لگاتے دیکھا کرتا تھا اور ہم ظاہر یہ کرتے تھے گویا ہم نے ایک دوسرے کو دیکھا ہی نہیں۔ایک بار جب میں نے اپنے چچا کو مسجد کی جانب لپکتے دیکھا تو میں یہ سمجھا کہ انھیں تاخیر ہو گئی ہے اور وہ میرے دادا کی جھڑکیوں سے بچنے کے لیے ایسا کر رہے ہیں۔میں نے انھیں مطلع کیا کہ دادا جی کی طبیعت ناساز ہے لہذا وہ مسجد نہیں آئے تو یہ سنتے ہی میرے چچا اپنے گھر لوٹ گئے۔اپنے ہر بیٹے کے لیے ایک پٹرول پمپ بنوانے کی آرزو پوری ہو چکنے کے بعد میرے دادا ایم ریٹائر ہو گئے۔اسی برس کی طویل عمر میں کاروبار سے مکمل دستبرداری کے باوجود وہ ہمارے پٹرول پمپ پر بلاناغہ آتے تھے۔وہ پرلے درجے کے ایماندار شخص تھے اور پٹرول پمپ کو بذاتِ خود دیکھ بھال کر خود کو مطمئن کرتے تھے کہ پمپوں اور میٹروں کے ساتھ کوئی ہیرا پھیری تو نہیں کی گئی تھی۔میں انھیں اس لیے بھی سب سے زیادہ پسند کرتا تھا کہ وہ میرے والد کی طرح تعلیم پر بے جا زور نہیں دیتے تھے۔میرے والد سے اکثر مذاقاً کہا کرتے تھے:"میرے پوتے کو کتابی کیڑا بنانے کی کوشش نہ کرو۔اسے کاروبار بھی سیکھنے دو۔" وہ کہا کرتے تھے کہ بال آخر یہ کاروبار ہی ہے جس کی وجہ سے ہم اچھے اسکولوں میں تعلیم حاصل کر رہے ہیں۔اکثر میرے دادا مجھے اپنے ساتھ پٹرول پمپ پر لے جایا کرتے تھے اور بتاتے تھے کہ انھوں نے اپنے کاروبار کا آغاز کیسے کیا تھا اور یہ کہ جب ان کا پہلا پٹرول پمپ مکمل ہو گیا تو اس وقت کیسے پمپوں کو ہاتھوں سے چلایا جاتا تھا۔میں حساب کے رجسٹروں اور روزنامچوں کے سلسلے میں ان کی مدد کیا کرتا تھا اور انھیں اخبار پڑھ کر سناتا تھا۔لمبی عمر کے باوجود ان کی نظر بہت اچھی تھی اور وہ خود بھی پڑھ سکتے تھے لیکن وہ مجھے پسند کرتے تھے کیونکہ میں ان کا عزیز ترین پوتا تھا۔

وہ ایک کہانی سناتے تھے کہ ایک بار جب والیِ سوات کے کسی دوست کی کار پہلی دفعہ گاؤں میں آئی تو سادہ لوح دیہاتیوں نے اس کے سامنے چارہ اور پانی رکھ دیا۔انھوں نے سوچا کہ والیِ سوات کے دوست کی سواری (بھولے بھالے دیہاتیوں کو زیادہ تر گھوڑا اور بیل گاڑیوں ہی کا علم تھا)لمبے سفر کے بعد بھوکی پیاسی ہوگی۔میرے دادا یقیناً ان سب سے زیادہ دور بین تھے کیوں کہ وہ علاقے میں لگنے والے پہلے پٹرول پمپ کے مالک تھے۔

مجھے موت کی سزا سنائے جانے تک ان کی صحت قابلِ رشک تھی۔میرے مقدمے کی سماعت کے دوران میرے والد اور میرے چچا میرے دادا کو سماعت کی تاریخوں سے بے خبر رکھتے تھے۔ان کا خیال تھا کہ میرے دادا مجھے ہتھکڑیوں اور پولیس کی حراست میں دیکھنے کا صدمہ برداشت نہیں کر سکیں گے۔لیکن اس کے باوجود بھی انھوں نے دوبار میری کچہری میں حاضری کی تاریخوں کے بارے میں پتا چلا لیا اور مجھے یہ یقین دہانی کروانے کے لیے چلے آئے کہ وہ زندہ ہیں،اور

اگرچہ وہ ضعیف ہیں لیکن اس کے باوجود وہ اس قدر مضبوط ہیں کہ اپنے پوتے اور وارث کو قید سے چھٹکارا دلوا سکیں۔

گزشتہ پانچ برسوں سے میں نے ان کی زیارت نہیں کی۔ جب مجھے موت کی سزا سنائی گئی تھی تبھی سے ان کی صحت گرنا شروع ہو گئی تھی۔ ان کی زیادہ تر بصارت اور سماعت زایل ہو چکی ہے اور وہ اب، تقریباً، بستر سے لگ کر رہ گئے ہیں۔

اپنی کال کوٹھڑی اور اب بیرک میں، اکثر رات گئے، میں اپنی شکستہ روح کے ساتھ حیران ہوتا ہوں کہ جب مجھے موت کی سزا سنائی گئی تھی میرے والد نے ان کا سامنا کیسے کیا ہوگا؟

مجھے پتا چلا ہے کہ میری زندگی نہ بچا سکنے کے لیے میرے دادا میرے والد کو مور دالزام ٹھیراتے ہیں۔ اب، جب کہ میری سزائے موت عمر قید میں بدل چکی ہے، ہو سکتا ہے انھوں نے میرے والد کو معاف کر دیا ہو!

مصنف: مرزا محمد پاوہ رسوا

نیلوفر کو دنیا بھر کے پھولوں میں سب سے زیادہ شاندار اور خوبصورت سمجھا جاتا ہے۔ تاہم یہ اگتا صرف انتہائی کیچڑ، دشوار گزار اور گندی دلدلوں میں ہے۔ بعینہ، زندگی میں، بعض اوقات انتہائی مثبت چیزیں انتہائی مایوس کن اور منفی حالات سے نمودار ہو جاتی ہیں۔ سہیل فدا کی کہانی ایسی ہی ایک مثال ہے۔

جب وہ ابھی ایک طالب علم تھا اس پر قتل کا جھوٹا الزام لگا اور اسے سزائے موت سنا دی گئی۔ سہیل کی زندگی غیر متوقع طور پر بدل گئی۔ کہاں تو وہ ایک آزاد اور ہنسی خوشی زندگی بسر کرنے وہلا ایک فرد تھا اور کہاں پولیس کا تشدد اور ایک جانور کی طرح جیل کی کال کوٹھڑی میں رہنے کی پابندی۔ وہ نوجوان تھا اور اثر قبول کر سکتا تھا لہذا میرے خیال میں تو یہ ان والدین کے لیے ایک بھیانک خواب ہی ہے جو اپنے بچے کو جیل جاتے اور وہاں موت کے قیدی مجرموں کے درمیان گھرا دیکھ رہے ہوں۔ بالعموم ان حالات میں کسی بھی نوجوان سے ب آسانی یہ توقع کی جا سکتی ہے کہ وہ باراض ہوگا، انتقام لینا چاہیگا یا دنیا کے بارے میں اس کے جذبات تلخی بھرے ہوں گے یا، کم از کم، اس کی روح کچلی جائیگی اور اپاہج ہو کر رہ جائیگی یا اسے نشے کی لت لگ جائیگی یا دیگر بری عادت کا شکار ہو جائیگا یا دنگا فساد کرنے لگیگا یا جیل میں کسی جرائم پیشہ گروہ سے وابستہ ہو جائیگا۔ اس کی بجائے جو بات سہیل اور اس کی کہانی کو بیمثل بناتی ہے وہ اس کا اپنے خاندان کا سر فخر سے بلند کرنا ہے۔ وہ نیلوفر کی طرح کھلنے کے لیے جب کہ وہ ایک دلدل میں گھرا ہوا تھا۔ تلخی، غصے اور انتقام کے شائبے کے بغیر، سہیل کی بالغ نظری نے اسے یہ سجھا دیا تھا کہ وہ جس دور سے گزر رہا ہے اس کی بھی ایک وجہ ہے۔ وہ جانتا تھا کہ ایک برتر قوت نے اسے بطور مثال کے چن لیا ہے اور اس پر یہ القاء ہو چکا تھا کہ اس نے دنیا پر یہ ثابت کرنا ہے کہ انسانی روحِ اس سے کہیں زیادہ صلاحیتوں کی مالک ہے کہ اینٹ کا جواب پتھر سے دے۔

سہیل نے اطمینان کے ساتھ اپنی تعلیم جاری رکھی، یہاں تک کہ اس نے جیل میں دو ایم اے کرلیے اور بدلے میں وہ اپنے قیدی ساتھیوں کا استاد اور گرو بن گیا۔ غالباً وہ ان معدودے چند قیدیوں میں سے ایک ہے جو یہ اعزاز حاصل کر سکے۔ اس بات نے اس کی کہانی کو مزید قابلِ ستایش بنا دیا ہے۔

نئے الفاظ

公开的，展现的（形）	munkashif	منکشف
赠品，捐赠（阳）	‘atīyā	عطیہ
城墙；堡垒（阳）	hisār	حصار
忠告；训诫，教诲；告诫（阴）	nasīhat	نصیحت
有……资格的（人）（形）	mustahiq	مستحق
拉上关系，接触；知悉（阴）	rasā’ī	رسائی
单人牢房（阴）	kāl kōṭhṛī	کال کوٹھڑی
房子的后面，后房墙（阳）	pichhvāṛā	پچھواڑا
法规；法令（阳）	zābitah	ضابطہ
食物；（食物的）定量，配给量（阳）	ration	راشن
软的；心软的；仁慈的（形）	rafīq	رقیق
预知；了解；警示（阴）	āgahī	آگہی
赐给；赦罪；饶恕（及）	bakhshnā	بخشنا
未料到的，突然的（形）	nāgahānī	ناگہانی
紧接的，随后的（形）	māba‘d	مابعد
主考人；检查者（阳）	mumtahin	ممتحن
试卷（阳）	parchah	پرچہ
辨认；推测（及）	bhānpnā	بھانپنا
欲言又止，彷徨（阳）	kōmkō	گومگو
缩减；截短（阴）	takhfīf	تخفیف
笼子；躯体；监狱（阳）	qafas	قفس
巢；住所	āshyānah	آشیانہ
局部，部分（阴）	qist	قسط
写下的，记录的（形）	qalamband	قلمبند
仅仅；全然地（副）	nirī	نری
童年，幼儿时期（阴）	tufūlīyat	طفولیت
赞扬；欢呼（阴）	tahsīn	تحسین
骚乱，动荡（阴）	bad amanī	بدامنی
律师，抗辩人（阳）	vakīl	وکیل
拧，绞（阳，阴）	marōṛ	مروڑ
打击，撞击（阳）	dhachkā	دھچکا
不屈不挠的，宁折不弯的（形）	bētābī	بے تابی
焦虑不安，忧虑；挂念（阴）	tashvīsh	تشویش
期待的，盼望的（形）	muntazir	منتظر
害羞；拘谨；踌躇（阴）	jhijhak	جھجھک
坚持的，固执的（形）	musirr	مصر
奶油蛋糕（阳）	cream cake	کریم کیک
舒适；放松；幸福（阳）	sukh	سکھ
联邦的，联盟的（形）	vafāqī	وفاقی
非政府组织（阳）	N.G.O.	این جی او
警官，警察局局长（阳）	superintendent	سپرنٹنڈنٹ

听审，审讯（阴）	samā‘at	سماعت
坚定的信念；信仰，信条（阳）	‘aqīdah	عقیدہ
奇迹，神迹（阳）	mu‘jizah	معجزہ
灵巧；技能娴熟（阳）	salīqah	سلیقہ
专家，专科医生（阳）	specialist	سپیشلسٹ
计算；思考（阳）	hisāb	حساب
有远见的人（阳）	dūrbīn	دوربین
指责，羞辱（及）	jhāṛnā	جھاڑنا
警察部队（阳）	lashkar	لشکر
解放，获得自由（阴）	rihā’ī	رہائی
慈母般的（形）	mādarānah	مادرانہ
报酬（阴）	tankhāh	تنخواہ
魔法师（阳）	kīmīyā gur	کیمیاگر
挫折，心灵创伤（阳）	sadmah	صدمہ

وضاحت

身陷囹圄	داخلِ زنداں ہونا
拉帮结派的，形成宗派的	دھڑا دھڑ
使之从各个角度看都匀称，整体上的修改完善	نوک پلک درست کرنا
我们何其幸运，他是我们的支柱和壁垒。 حصار是指魔法师作法时为保护自己设的结界。	ہم خوش قسمت تھے کہ وہ ہمارا استون اور حصار تھے۔

مشق

۱۔ اس سبق میں کتنے حصے شامل ہیں؟

۲۔ مصنف کے خیال میں اپنے دادا ایک کیسے شخص ہیں ؟

۳۔ مندرجہ ٔ ذیل پڑھئے اور بتائیے کہ کیوں "میں" اپنے دادا کو اتنی محبت کرتا ہے ؟

ابھی تک یہ بات میرے علم میں نہیں آئی تھی کہ میرے دادا کا انتقال میری دادا کی وفات سے پورے چالیس روز بعد ہوچکا تھا۔ میری والدہ کو خط اور رقم مل گئی۔ رقم انھوں نے غرباء میں تقسیم کر دی۔ بالآخر ان کی وفات کا علم مجھے اپنے قصبے کے ایک شخص سے ہوا۔ اس سے شدید دھچکا لگا اور میں نے محسوس کیا جیسے کسی نے میرے سر پر زور سے لات رسید کی ہے۔ داجی کی وفات کا صدمہ ایسا شدید تھا کہ میں اس سے پیشتر کبھی ایسے صدمے سے دوچار نہیں ہوا تھا اور نہ ہی میں آئندہ کبھی ایسے صدمے سے دوچار ہونا چاہوں گا۔ یہ تو میں جانتا تھا کہ داجی کو مختلف تکالیف کی وجہ سے بے حد درد رہتا تھا لیکن مجھے یہ اندازہ نہیں تھا کہ یہ

بیماریاں جان لیوا بھی ہو سکتی ہیں ۔ اچانک مجھ پر منکشف ہوا کہ ایک طویل عرصے سے میں نے داجی کو نہیں دیکھا تھا اور اب ان سے باتیں کرنے کا کوئی امکان نہیں تھا۔ اس کا مجھے دلی صدمہ ہوا۔ اگرچہ مجھے اپنے والدین سے بھی بے پناہ محبت ہے لیکن داجی مجھے ان سے بھی بڑھ کر پیارے ہیں ۔ ایک دفعہ، داجی اور میرے والدین کے روبرو، میرے ساتھ ایک واقعہ پیش آیا تو داجی بے قرار ہو کر چلا اٹھے تھے ۔ ہم خوش قسمت تھے کہ وہ ہمارا استون اور حصار تھے ۔

۴۔ مصنف کو کیا کیا کتابیں پسند ہیں ؟

۵۔ عنوان "نہ قفس نہ آشیانہ" کا لفظی مطلب اور اصل معنی کیا ہے ؟

ضمیمہ الف باغ و بہار

作品导读

《花园与春天》在乌尔都语现代文学史上具有特殊意义——很多乌尔都语文学评论家及研究者将其视为乌尔都语现代文学的发端；同时由于这一作品处于新旧文学交界处，语法上尚存在一些不同于现代乌尔都语的用法，词汇上波斯语词较多，还夹杂有传统的诗歌，难度稍大。因此收入本教材附录部分，供学有余力者阅读。

米尔・阿门的《花园与春天》开乌尔都语散文之先河，被认为是乌尔都语作为文学语言兴起和发展的里程碑式作品。作者全名米尔・阿门・德赫勒维，出生年代不详，从其自序中略知为 1720—1748 年。他为生计所迫进入东印度公司 1800 年创办的威廉堡学院教书，并将该书从波斯语译为散文体乌尔都语，此前的乌尔都语版本是韵文体。

故事围绕古代罗马国王得子——失子——寻获的主线展开，而小故事则是由游方僧讲述见闻经历展开。阿扎德・巴赫特是一个贤明的国王，唯一的苦恼是膝下无子。他将四个游方僧请到宫中讲故事，故事讲完得到王后产子的喜讯。而后在庆祝宴会上小王子失踪，经过多番周折，得知天神夏赫巴尔希望与罗马国王结成儿女亲家。四个游方僧最终也在天神的帮助下得到了各自的爱情，故事结局美满。节选部分为第二个游方僧所讲故事的一部分，讲述了哈蒂姆・达伊和聪慧小公主的故事。语言清新流畅、朴素易懂，一改以往宫廷韵文的古雅生僻；总体是故事套故事的结构，第二个游方僧讲述的内容正是环环相套。

باغ و بہار

میر امن

سیر دوسرے درویش کی

جب دوسرے درویش کے کہنے کی نوبت پہنچی۔ وہ چارزانو ہو بیٹھا اور بولا:

اے یارو! اس فقیر کا ٹک ماجرا سنو !

میں ابتدا سے کہتا ہوں تا انتہاء، سنو !

جس کا علاج کر نہیں سکتا کوئی حکیم

ہیگا ہمارا درد نپٹ لا دوا سنو !

اے دلق پوشو! یہ رعاجز بادشاہ زادہ فارس کے ملک کا ہے۔ ہر فن کے آدمی وہاں پیدا ہوتے ہیں۔ چنانچہ "اصفہان نصف جہان" مشہور ہے۔ ہفت اقلیم میں اس اقلیم کے برابر کوئی ولایت نہیں کہ وہاں کا ستارہ آفتاب ہے اور وہ ساتوں کواکب میں نیر اعظم ہے۔آب وہوا وہاں کی خوش اور لوگ روشن طبع اور صاحبِ سلیقہ ہوتے ہیں۔ میرے قبلہ گاہ نے (جو بادشاہ اس ملک کے تھے) لڑکپن سے قاعدے اور قانونِ سلطنت کے تربیت کرنے کے واسطے بڑے بڑے دانا استاد، ہر ایک علم وکسب کے چن کر میری اتالیقی کے لیے مقرر کیے تھے تو تعلیم کامل، ہر نوع کی پاکر قابل ہوں۔ خدا کے فضل سے چودہ برس کے سن وسال میں سب علم سے ماہر ہوا۔ گفتگو معقول، نشست و برخاست پسندیدہ اور جو کچھ بادشاہوں کو لائق اور درکار ہے، سب حاصل کیا۔ اور یہی شوق شب و روز تھا کہ قابلوں کی صحبت میں، قصے ہر ایک ملک کے اور احوال اولوالعزم بادشاہوں اور نام آوروں کا سنا کروں۔

ایک روز ایک مصاحب دانا نے، کہ خوب تواریخ دان اور جہاں دیدہ تھا۔ مذکور کیا کہ اگرچہ آدمی کی زندگی کا کچھ بھروسا نہیں لیکن اکثر وصف ایسے ہیں کہ ان کے سبب سے انسان کا نام قیامت تک زبانوں پر بخوبی چلا جائے گا۔ میں نے کہا "اگر تھوڑا سا احوال اس کا مفصل بیان کرو تو میں سنوں اور اس پر عمل کروں۔" تب وہ شخص حاتم طائی کا ماجرا اس طرح سے کہنے لگا کہ "حاتم کے وقت میں ایک بادشاہ کا نوفل نام تھا۔ اس کو حاتم کے ساتھ بہ سبب نام آوری کے دشمنی کمال ہوئی۔ بہت سا لشکر فوج جمع کر کر لڑائی کی خاطر چڑھ آیا۔ حاتم تو خدا ترس اور نیک مرد تھا۔ یہ سمجھا کہ "اگر میں بھی جنگ کی تیاری کروں تو خدا کے بندے مارے جائیں گے اور بڑی خون ریزی ہوگی۔ اس کا عذاب میرے نام لکھا جائے گا۔" یہ بات سوچ کر تن تنہا اپنی جان لے کر ایک پہاڑی کی کھوہ میں جا چھپا۔ جب حاتم کے غائب ہونے کی خبر نوفل کو معلوم ہوئی۔ سب اسباب اور گھربار حاتم کا قرق کیا اور منادی کروا دی کہ جو کوئی ڈھونڈ ڈھانڈ کر پکڑ لاوے۔ پان سے اشرفی پادشاہ کی سرکار سے انعام پاوے۔ یہ سن کر سب کو لالچ آیا اور جستجو حاتم کی کرنے لگے۔

ایک روز ایک بوڑھا اور اس کی بڑھیا، دو تین بچے چھوٹے چھوٹے ساتھ لیے ہوئے، لکڑیاں توڑنے کے واسطے اس غار کے پاس جہاں حاتم پوشیدہ تھا۔ پہنچے اور لکڑیاں اس جنگل سے چننے لگے۔ بڑھیا بولی۔ "اگر ہمارے دن کچھ بھلے آتے تو حاتم کو کہیں ہم دیکھ پاتے اور اس کو پکڑ کر نوفل کے پاس لے جاتے تو وہ پانچ سو اشرفی دیتا اور ہم آرام سے کھاتے اس دکھ دھندے سے چھوٹ جاتے۔" بوڑھے نے کہا۔ "کیا ٹر ٹر کرتی ہے؟ ہمارے طالع میں یہی لکھا ہے کہ روز لکڑیاں توڑیں اور سر پر دھر کر بازار میں بیچیں۔ تب لون روٹی میسر آوے یا ایک روز جنگل سے باگھ لے جاوے۔ لے اپنا کام کر۔ ہمارے ہاتھ حاتم کاہے کو آوے گا اور بادشاہ اتنے روپے دلاویگا؟" عورت نے ٹھنڈی سانس بھری اور چپکی ہو رہی۔

یہ دونوں کی باتیں حاتم نے سنیں۔ مردمی اور مروت سے بعید جانا کہ اپنے تئیں چھپائے اور جان کو بچائے اور ان دونوں بے چاروں کو مطاب تک نہ پہنچائے۔ سچ ہے اگر آدمی میں رحم نہیں تو وہ انسان نہیں اور جس کے جی میں درد نہیں۔ وہ قصائی ہے :

دردِ دل کے واسطے پیدا کیا انسان کو

ورنہ طاعت کے لیے کچھ کم نہ تھے کروبیاں

غرض حاتم کی جواں مردی نے نہ قبول کیا کہ اپنے کانوں سے سن کر چپکا ہو رہے۔

وونہیں باہر نکل آیا اور اس بوڑھے سے کہا کہ "اے عزیز! حاتم میں ہی ہوں، میرے تئیں نوفل کے پاس لے چل وہ مجھے دیکھے گا اور جو کچھ روپے دینے کا اقرار کیا ہے، دیوے گا۔ پیر مرد نے کہا "سچ ہے اس صورت میں بھلائی اور بہبودی میری البتہ ہے لیکن وہ کیا جانیے تجھ سے کیا سلوک کرے؟ اگر مار ڈالے تو میں کیا کروں؟ یہ مجھ سے ہرگز نہ ہوسکے گا کہ تجھ سے انسان کو اپنی طمع کی خاطر دشمن کے حوالے کروں۔ وہ مال کے دن کھاؤں گا اور کب تلک جیوں گا؟ آخر مر جاؤں گا، تب خدا کو کیا جواب دوں گا؟" حاتم نے بہتیری منت کی کہ "مجھے لے چل میں اپنی خوشی سے کہتا ہوں اور ہمیشہ اسی آرزو میں رہتا ہوں کہ میرا جان و مال کسو کے کام آوے تو بہتر ہے۔" لیکن وہ بوڑھا کسی طرح راضی نہ ہوا کہ حاتم کو لے جاوے اور انعام پاوے۔ آخر لاچار ہو کر حاتم نے کہا۔ "اگر تو مجھے یوں نہیں لے جاتا تو میں آپ سے آپ پادشاہ پاس جا کر کہتا ہوں کہ اس بوڑھے نے مجھے جنگل میں ایک پہاڑ کی کھوہ میں چھپا رکھا تھا۔" وہ بوڑھا ہنسا اور بولا۔ "بھلائی کے بدلے برائی ملے تو یا نصیب!" اس ردوبدل کے سوال و جواب میں آدمی اور بھی آن پہنچے۔ بھیڑ لگ گئی۔ انہوں نے معلوم کیا کہ حاتم یہی ہے۔ ترت پکڑ لیا اور حاتم کو لے چلے۔ وہ بوڑھا بھی افسوس کرتا ہوا پیچھے پیچھے ساتھ ہو لیا۔ جب نوفل کے روبرو لے گئے۔ اس نے پوچھا کہ "اس کو کون پکڑ لایا؟" ایک بدذات سنگ دل بولا کہ "ایسا کام سوائے ہمارے کون کر سکتا ہے؟ یہ فتح ہمارے نام ہے، ہم نے عرش پر جھنڈا گاڑا ہے۔" ایک اور لن ترانی والا ڈینگ مارنے لگا کہ "میں کئی دن سے دوڑ دھوپ کر جنگل سے پکڑ لایا ہوں۔ میری محنت پر نظر کیجئے اور جو قرار ہے سو دیجئے۔" اسی طرح اشرفیوں کے لالچ سے ہر کوئی کہتا تھا کہ یہ کام مجھ سے ہوا۔ وہ بوڑھا چپکا ایک کونے میں لگا ہوا سب کی شیخیاں سن رہا تھا اور حاتم کی خاطر کھڑا روتا تھا۔ جب اپنی اپنی دلاوری اور مردانگی سب کہہ چکے۔ تب حاتم نے بادشاہ سے کہا۔ "اگر سچ بات پوچھو تو یہ ہے کہ وہ بوڑھا جو الگ سب سے کھڑا ہے مجھ کو لایا ہے۔ اگر قیافہ پہچان جانتے ہو تو دریافت کرو اور میرے پکڑنے کی خاطر جو قول کیا ہے۔ پورا کرو کہ سارے ڈیل میں زبان حلال ہے، مرد کو چاہیے: جو کہے سو کرے۔ نہیں تو جیبھ حیوان کو بھی خدا نے دی ہے۔ پھر حیوان اور انسان میں کیا تفاوت ہے؟"

نوفل نے اس لکڑہارے بوڑھے کو پاس بلا کر پوچھا کہ "سچ کہہ اصل کیا ہے؟ حاتم کو کون پکڑ لایا؟" اس بچلینے سر سے پاؤں تک جو گزرا تھا۔ راستہ کہہ سنایا اور کہا۔ "حاتم میری خاطر آپ سے آپ چلا آیا ہے۔" نوفل، یہ ہمت حاتم کی سن کر متعجب ہوا کہ "بل بے تیری سخاوت! "اپنی جان کا بھی خطرہ نہ کیا؟" جتنے جھوٹ دعوے حاتم کے پکڑ لانے کے کرتے تھے۔ حکم کیا کہ "ان کی ٹنڈیاں کس کر پان سو اشرفی کے بدلے۔ پان پان سے جوتیاں ان کے سر پر لگاؤ کہ ان کی بھی جان نکل پڑے۔" وونہیں، تڑ تڑ پیزاریں پڑنے لگیں کہ ایک دم میں سر ان کے گنجے ہو گئے۔ سچ ہے، جھوٹ بولنا ایسا ہی گناہ ہے کہ کوئی گناہ اس کو نہیں پہنچتا۔ خدا سب کو اس بلا سے محفوظ رکھے اور جھوٹ بولنے کا چرکا نہ دے۔ بہت آدمی جھوٹ موٹ بکے جاتے ہیں لیکن آزمائش کے وقت سزا پاتے ہیں۔

غرض ان سب کو موافق ان کے انعام دے کر نوفل نے اپنے دل میں خیال کیا کہ حاتم سے شخص سے (کہ ایک عالم کو اس سے فیض پہنچتا ہے اور محتاجوں کی خاطر جان اپنی دریغ نہیں کرتا اور خدا کی راہ میں سرتاپا حاضر ہے) دشمنی رکھنی اور اس کا مدعی ہونا، شرط آدمیت اور جواں مردی سے بعید ہے۔ وونہیں حاتم کا ہاتھ بڑی دوستی اور گرم جوشی سے پکڑ لیا اور کہا۔ "کیوں نہ ہو، جب ایسے ہو تب ایسے ہو۔" تواضع تعظیم کر کر پاس بٹھلایا اور حاتم کا ملک و املاک اور مال و اسباب جو کچھ ضبط کیا تھا، وونہیں چھوڑ دیا نئے سر سے سرداری قبیلہ طے کی اسے دی اور اس بوڑھے کو پانچ سو اشرفیاں اپنے خزانے سے دلوا دیں۔ وہ دعا دیتا ہوا چلا گیا۔"

جب یہ ماجرا حاتم کا میں نے تمام سنا۔ جی میں غیرت آئی یہ خیال گزرا کہ حاتم اپنی قوم کا فقط رئیس تھا۔ جن نے ایک سخاوت کے باعث یہ نام پیدا کیا کہ آج تلک مشہور ہے۔ میں خدا کے حکم سے بادشاہ تمام ایران کا ہوں اگر اس نعمت سے محروم رہوں تو بڑا افسوس ہے۔ فی الواقع دنیا میں کوئی کام بڑا داد و دہش

سے نہیں۔ اس واسطے کہ آدمی جو کچھ دنیا میں دیتا ہے۔ اس کا عوض عاقبت میں لیتا ہے۔ اگر کوئی ایک دانہ بوتا ہے تو اس سے کتنا کچھ پیدا ہوتا ہے! یہ بات دل میں ٹھہرا کر میر عمارت کو بلوا کر حکم کیا کہ ایک مکان عالی شان جس کے چالیس دروازے، بلند اور بہت کشادہ ہوں۔ باہر شہر کے جلد بنواؤ۔ تھوڑے عرصے میں ویسی ہی عمارت وسیع جیسا دل چاہتا تھا بن کر تیار ہوئی اور اس مکان میں ہر روز، ہر وقت فجر سے شام تک محتاجوں اور بے کسوں کے تئیں روپے اشرفیاں دیتا اور جو کوئی جس چیز کا سوال کرتا، میں اسے مالا مال کرتا۔

غرض چالیسوں دروازے سے حاجت مند آتے اور جو چاہتے، سو لے جاتے ایک روز کا یہ ذکر ہے کہ ایک فقیر سامنے کے دروازے سے آیا اور سوال کیا ۔میں نے اسے ایک اشرفی دی۔ پھر وہی دوسرے دروازے سے ہو کر آیا۔ دو اشرفیاں مانگیں، میں نے پہچان کر درگزر کی اور دیں۔ اسی طرح ان نے ہر ایک دروازے سے آنا اور ایک ایک اشرفی بڑھانا شروع کیا اور میں بھی جان بوجھ کر انجان ہوا اور اس کے سوال کے موافق دیا کیا۔ آخر چالیسوں دروازے کی راہ سے آ کر چالیس اشرفیاں مانگیں۔ وہ بھی میں نے دلوا دیں۔ اتنا کچھ لے کر وہ درویش پھر پہلے دروازے سے گھس آیا اور سوال کیا۔ مجھے بہت برا معلوم ہوا۔ میں نے کہا: "سن اے لالچی! تو کیسا فقیر ہے کہ ہرگز فقر کے تینوں حرفوں سے بھی واقف نہیں؟ فقیر کا عمل ان پر چاہیے۔" فقیر بولا۔ "بھلا داتا! تمہیں بتاؤ۔" میں نے کہا۔ "ف سے فاقہ، ق سے قناعت، ر سے ریاضت نکلتی ہے۔ جس میں یہ باتیں نہ ہوں، وہ فقیر نہیں۔ اتنا جو تجھے ملا ہے اس کو کھا پی کر پھر آئیو اور جو مانگے گا لے جائیو۔ یہ خیرات، احتیاج رفع کرنے کے واسطے ہے، نہ جمع کرنے کے لیے۔ اے حریص! چالیس دروازوں سے تو نے ایک اشرفی سے چالیس اشرفیوں تک لیں۔ اس کا حساب تو کر کہ ریوڑی کے پھیر کی طرح کتنی اشرفیاں ہوئیں اور اس پر بھی تجھے حرص پھر پہلے دروازے سے لے آئی۔ اتنا مال جمع کر کر کیا کرے گا؟ فقیر کو چاہیے کہ ایک روز کی فکر کرے۔ دوسرے دن پھر نئی روزی، رزاق دینے والا موجود ہے۔ اب حیا و شرم پکڑ اور صبر و قناعت کو کام فرما۔ یہ کیسی فقیری ہے۔ جو تجھے مرشد نے بتائی ہے؟"

یہ میری بات سن کر خفا اور بددماغ ہوا اور جتنا مجھ سے لے کر جمع کیا تھا۔ سب زمین میں ڈال دیا اور بولا۔ "بس بابا! اتنے گرم مت ہو۔ اپنی کائنات لے کر رکھ چھوڑو۔ پھر سخاوت کا نام نہ لیجو۔ سخی ہونا بہت مشکل ہے۔ تم سخاوت کا بوجھ نہیں اٹھا سکتے، اس منزل کو کب پہنچو گے؟ ابھی دلی دور ہے۔ سخی کے بھی تین حرف ہیں۔ پہلے ان پر عمل کرو، تب سخی کہلاؤ۔" تب تو میں ڈرا اور کہا۔ "بھلا داتا! اس کے معنے مجھے سمجھاؤ۔" کہنے لگا۔ "س سے سمائی، خ سے خوف الٰہی اور ی سے یاد رکھنا اپنی پیدائش اور مرنے کو۔ جب تلک اتنا نہ ہولے تو سخاوت کا نام نہ لے اور سخی کا یہ درجہ ہے کہ اگر بدکار ہو تو بھی دوست خدا کا ہے۔ اس فقیر نے بہت ملکوں کی سیر کی ہے لیکن سوائے بصرے کی بادشاہ زادی کے کوئی سخی دیکھنے میں نہ آیا۔ سخاوت کا جامہ خدا نے اس عورت پر قطع کیا ہے اور سب نام چاہتے ہیں، پر ویسا کام نہیں کرتے۔" یہ سن کر میں نے بہت منت کی اور قسمیں دیں کہ "میری تقصیر معاف کرو اور جو چاہیے سو لو۔" "میرا دیا ہرگز نہ لیا اور یہ بات کہتا ہوا چلا۔ "اب اگر اپنی ساری بادشاہت مجھے دے تو اس پر بھی نہ تھوکوں اور نہ دھر ماروں۔" وہ تو چلا گیا پر بصرے کی بادشاہ زادی کی یہ تعریف سننے سے دل بے کل ہوا، کسی طرح کل نہ تھی۔ اب یہ آرزو ہوئی کہ کسی صورت سے بصرے چل کر اس کو دیکھا چاہیے۔

اس عرصے میں بادشاہ نے وفات پائی اور تخت پر میں بیٹھا۔ سلطنت ملی پر وہ خیال نہ گیا۔ وزیر اور امیروں سے (جو پائے، تخت سلطنت کے اور ارکان مملکت کے تھے) مشورت کی کہ "سفر بصرے کا کیا چاہتا ہوں۔ تم اپنے کام میں مستعد رہو اگر زندگی ہے تو سفر کی عمر کوتاہ ہوتی ہے، جلد پھر آتا ہوں۔" کوئی میرے جانے پر راضی نہ ہوا۔ لاچار دل تو اداس ہو رہا تھا۔ ایک دن بغیر سب کے کہے سنے، چپکے وزیر باتدبیر کو بلا کر مختار اور وکیل مطلق اپنا کیا اور سلطنت کا مدار المہام بنایا۔ پھر

میں نے گیروا بستر پہن ، فقیری بھیس کر اکیلے راہ بصرے کی لی۔

قصہ بصرے کی شہزادی کا:

تھوڑے دنوں میں اس کی سرحد میں جا پہنچا۔ تب سے یہ تماشا دیکھنے لگا کہ جہاں رات کو جا کر مقام کرتا، نوکر چاکر اسی ملکہ کے استقبال کر کر ایک مکان معقول میں اتارتے اور جتنا لوازمہ ضیافت کا ہوتا ہے ۔ بخوبی موجود کرتے اور خدمت میں دست بستہ تمام رات حاضر رہتے۔ دوسرے دن، دوسری منزل میں یہی صورت پیش آئی ۔ اس آرام سے مہینوں کی راہ طے کی ۔ آخر بصرے میں داخل ہوا۔ وونہیں ایک جوان شکیل ، خوش لباس ، نیک خو، صاحب مروت (کہ دانائی اس کے قیافے سے ظاہر تھی) میرے پاس آیا اور نپٹ شیریں زبانی سے کہنے لگا کہ "میں فقیروں کا خادم ہوں۔ ہمیشہ اسی تلاش میں رہتا ہوں کہ جو کوئی مسافر، فقیر یا دنیا دار اس شہر میں آوے ، میرے گھر میں قدم رنج فرماوے۔ سوائے ایک مکان کے یہاں اور بدیسی کے رہنے کی جگہ نہیں ہے،آپ تشریف لے چلئیاور اس مقام کو زینت بخشئے اور مجھے سرفراز کیجئے۔"

فقیر نے پوچھا" صاحب کا اسم شریف کیا ہے ؟" بولا "اس گمنام کا نام بیدار بخت کہتے ہیں ۔"اس کی خوبی اور تملق دیکھ کر یہ عاجز اس کے ساتھ چلا اور اس کے مکان میں گیا۔ دیکھا تو ایک عمارت عالی، لوازم شاہانہ سے تیار ہے ۔ ایک دالان میں اس نے لے جا کر بٹھایا اور گرم پانی منگوا کر ہاتھ پاؤں دھلوائے اور دستر خوان بچھوا کر مجھ تن تنہا کے روبرو، بکاؤل نے ایک تورے کا توراچن دیا۔ چار مشقاب : ایک میں یخنی پلاؤ، دوسری میں قورمہ پلاؤ، تیسری میں متنجن پلاؤ اور چوتھی میں کوکو پلاؤ اور ایک قاب زردے کی اور کئی طرح کے قلیے : دو پیازہ ، نرگسی، بادامی ، روغن جوش اور روٹیاں کئی قسم کی : باقر خانی، تنکی ، شیر مال ، گاؤ دیدہ، گاؤزبان ، نان نعمت ، پراٹھے اور کباب: کوفتے کے، تکے کے ،مرغ کے ۔ خاگینہ ، ملغوبہ، شب دیگ دم پخت، حلیم ، ہریسہ، سموسے ، ورقی قبولی ، فرنی ، شیر برنج ، ملائی، حلوہ ، فالودہ ، پن بھتا ، نمش ،آپ شورہ ، ساق عروس ، لوزیات، مربہ، اچار دان ، دہی کی قلفیاں ...... یہ نعمتیں دیکھ کر روح بھر گئی۔ جب ایک ایک نوالا ہر ایک سے لیا،پیٹ بھی بھر گیا۔ تب ہاتھ کھانے سے کھینچا۔

وہ شخص مجوز ہوا کہ "صاحب نے کیا کھایا ؟ کھانا تو سب امانت دھرا ہے ، بے تکلف اور نوش جان فرمائیے۔" میں نے کہا۔"کھانے میں شرم کیا ہے ؟ خدا تمہارا خانہ آباد رکھے جو کچھ میرے پیٹ میں سمایا۔ سو میں نے کھایا اور ذائقے کی اس کے کیا تعریف کروں ؟ کہ اب تک زبان چاٹتا ہوں اور جو ڈکار آتی ہے سو معطر۔ لواب مزید کرو۔" جب دستر خوان اٹھا، زیر انداز، کاشانی مخمل کا مقیشی بچھا کر چلمچی آفتابہ طلائی لا کر بیسن دان میں سے خوشبو بیسن دے کر گرم پانی سے میرے ہاتھ دھلائے ۔ پھر پان دان جڑاؤ میں گلوریاں ، سونے کے پکھروٹوں میں بندھی ہوئیں اور چوگھروں میں کھلوریاں اور چکنی سپیاریاں اور لونگ الائچیاں، روپے کے درقوں میں مڑھی ہوئی لا کر رکھیں ۔ جب میں پانی پینے کو مانگتا، تب صراحی برف میں لگی ہوئی آبدار لے آتا۔ جب شام ہوئی ، فانوسوں میں کافوری شمعیں روشن ہوئیں۔ وہ عزیز بیٹھا ہوا باتیں کرتا رہا۔ جب پہر رات گئی ،بولا ۔"اب اس چھپر کھٹ میں (کہ جس کے آگے دلدا پیش گیر کھڑا ہے) آرام کیجئے۔" فقیر نے کہا۔"اے صاحب ! ہم فقیروں کو ایک بوریا یا مرگ چھالا، بستر کے لیے بہت ہے ،یہ خدا نے تم دنیا داروں کے داسطے بنایا ہے۔"

کہنے لگا۔"یہ سب اسباب درویشوں کی خاطر ہے، میرا مال نہیں ۔"اس کے بجد ہونے سیان بچھونوں پر (کہ پھولوں کی سیج سے بھی نرم تھے) جا کر لیٹا۔ دونوں پٹیوں کی طرف گلدان اور چنگیریں پھولوں کی چنی ہوئیں اور عود سوز اور لخلخے روشن تھے ۔ جیدھر کی کروٹ لیتا دماغ معطر ہو جاتا۔ اس عالم میں سو رہا۔ جب صبح ہوئی ، ناشتے کو بھی بادام، پستے ، انگور، انجیر، ناشپاتی ، انار، کشمش ، چھہارے اور میوے کا شربت لا حاضر کیا۔ اسی طور سے تین دن رات رہا۔ چوتھے روز میں نے رخصت مانگی۔ ہاتھ

جوڑکر کہنے لگا۔ "شاید اس گنہ گار سیصاحب کی خدمت گاری میں کچھ قصور ہوا کہ جس کے باعث مزاج تمہارا مکدر ہوا!" میں نے حیران ہو کر کہا۔ "برائے خدا، یہ کیا مذکور ہے! لیکن مہمانی کی شرط تین دن تلک ہے، سو میں رہا۔ زیادہ رہنا خوب نہیں اور علاوہ، یہ فقیر واسطے سیر کے نکلا ہے اگر ایک ہی جگہ رہ جاوے تو مناسب نہیں۔ اس لیے اجازت چاہتا ہے، نہیں تو تمہاری خوبیاں ایسی نہیں کہ جدا ہونے کو جی چاہے۔"

تب وہ بولا۔ "جیسی مرضی لیکن ایک ساعت توقف کیجئے کہ بادشاہ زادی کے حضور جاکر عرض کروں۔ اور تم جو جایا چاہتے ہو تو جو کچھ اسباب، اوڑھنے بچھانے کا اور کھانیکے باسن، روپے سونے کے اور جڑاؤ کے اس مہمان خانے میں ہیں، یہ سب تمہارا مال ہے۔ اس کے ساتھ لے جانے کی خاطر جو فرماؤ تدبیر کی جائے۔" میں نے کہا۔ "لاحول پڑھو۔ ہم فقیر نہ ہوئے بھاٹ ہوئے اگر یہی حرص دل میں ہوتی تو فقیر کاہے کو ہوتے، دنیا داری کیا بری تھی؟" اس عزیز نے کہا۔ "اگر یہ احوال ملکہ سنے تو خدا جانے مجھے اس خدمت سے تغیر کر کر کیا سلوک کرے! اگر تمہیں ایسی ہی بے پروائی ہے تو ان سب کو ایک کوٹھڑی میں امانت بند کر کر دروازے کو سر بہ مہر کردو۔ پھر جو چاہو سو کیجیو۔"

میں نہ قبول کرتا تھا اور وہ بھی نہ مانتا تھا۔ لاچار یہی صلاح ٹھہری کہ سب اسباب کو بند کر کر قفل کر دیا اور منتظر رخصت کا ہوا۔ اتنے میں ایک خواجہ سرا معتبر، سرپیچ اور گوشپیچ اور کمر میں بندی باندھے، ایک عصا سونے کا جڑاؤ ہاتھ میں اور ساتھ اس کے کئی خدمت گار۔ معقول عہدے لیے ہوئے اس شان وشوکت سے میرے نزدیک آیا۔ ایسی ایسی مہربانگی اور ملائمت سے گفتگو کرنے لگا کہ جس کا بیان نہیں کر سکتا۔ پھر بولا کہ "اے میاں، اگر توبہ اور کرم کر کر اس مشتاق کے غریب خانے کو اپنے قدم کی برکت سے رونق بخشو تو بندہ نوازی اور غریب پروری سے بعید نہیں۔ شاید شہزادی سنے کہ کوئی مسافر یہاں آیا تھا، اس کی تواضع مدارات کوئی نہ کی، وہ یونہیں چلا گیا۔ اس واسطے، واللہ اعلم، مجھ پر کیا آفت لاوے اور کیسی قیامت اٹھاوے بلکہ حرف زندگی پر ہے۔" میں نے ان باتوں کو نہ مانا، تب خواہ مخواہ منتیں کر کر میرے تئیں اور ایک حویلی میں (کہ پہلے مکان سے بہتر تھی) لے گیا۔ اس نے پہلے میزبان کی مانند تین دن رات دونوں وقت ویسے ہی کھانے اور صبح اور تیرے پہر شربت اور تفنن کی خاطر میوے کھلائے اور باسن، نقرئی اور طلائی اور فرش فروش اور اسباب جو کچھ وہاں تھا۔ مجھ سے کہنے لگا کہ ان سب کے تم مالک مختار ہو جو چاہو سو کرو۔

میں یہ باتیں سن کر حیران ہوا اور چاہا کہ کسی نہ کسی طرح یہاں سے رخصت ہو کر بھاگوں۔ میرے بشرے کو دیکھ کر وہ محلی بولا۔ "اے خدا کے بندے! جو تیرا مطلب یا آرزو ہو سو مجھ سے کہہ، تو حضور میں ملکہ کے جاکر عرض کروں۔" میں نے کہا۔ "میں فقیری کے لباس میں دنیا کا مال کیا مانگوں کہ تم بغیر مانگیتیے ہو اور میں انکار کرتا ہوں؟" تب وہ کہنے لگا کہ حرص دنیا کی، کسی کے جی سے نہیں گئی۔ چنانچہ کسو کب نے یہ کبت کہا ہے:

①لکھ بن کٹا دیکھے، سیس بھاری جٹا دیکھے،

جوگی کن پھٹا دیکھے، چھار لائے تن میں

---

① نکھ بن کٹا: ناخن تراشیدہ۔ سیس بھاری جٹا: سر پر بہت گھنے اور لمبے بالوں والا۔ جوگی کن پھٹا: وہ فقیر جس کے کان چھدے ہوئے ہوں۔ چھار لائے تن میں: بدن پہ خاک ملے ہوئے۔ متی ان بول: خاموش دانشمند۔ سیوڑا سر چھول: سرمنڈے فقیر (جو داڑھی مونچھ کے ساتھ سر بھی منڈاتے ہیں)۔ کرت کلول: خوشی کرتے ہوئے۔ بن کھنڈبن میں: پتھر کے جنگل میں۔ بیر: بہادر۔ سور: جواں مرد۔ سب گنی: کرتب دالے۔ کوڑھ: بے وقوف۔ مایا کے پور: دولت مند۔ بھول رہے دھن میں: اپنی دولت کے نشے میں غافل۔ ادھ انت سکھی: لڑکپن سے بڑھاپے تک عیش وآرام والے۔ جنم کے دکھی: ہمیشہ کے رنج سہنے والے۔ لوبھ ناہ من میں: جن کے دل میں لالچ نہ ہو۔

متی ان بول دیکھے، سیوڑا سر چھول دیکھے،

کرت کلول دیکھے، بن کھنڈے بن میں

بیر دیکھے، سو دیکھے، سب گنی اور کوڑھ دیکھے،

مایا کے پور دیکھے، بھول رہے دھن میں

ادی انت سکھی دیکھے، جنم ہی کے دکھی دیکھے،

پر وے نہ دیکھے، جن کے لو بھ ناہ من میں

میں نے یہ سن کر جواب دیا کہ "یہ سچ ہے، پر میں کچھ نہیں چاہتا۔ اگر فرماؤ تو ایک رقعہ سر بہ مہراپنے مطلب کا لکھ کر دوں۔ جو حضور ملکہ کے پہنچا دو تو بڑی مہربانی ہےگویا تمام دنیا کا مال مجھ کو دیا۔ بولا: "بہ سر وچشم! کیا مضائقہ؟" میں نے ایک رقعہ لکھا، پہلے شکر خدا کا پھر احوال کہ:

"یہ بندہ خدا کا کئی روز سے اس شہر میں وارد ہے اور سرکار سے سب طرح کی خبر گیری ہوتی ہے۔ جیسی خوبیاں اور نیک نامیاں ملکہ کی سن کر اشتیاق دیکھنے کا ہوا تھا، اس سے چارچند پایا۔ اب حضور کیا رکان دولت یوں کہتے ہیں کہ جو مطلب اور تمنا تیری ہو، سو ظاہر کر۔ اس واسطے بے حجابانہ جو دل کی آرزو ہے، سو عرض کرتا ہوں کہ میں دنیا کے مال کا محتاج نہیں۔ اپنے ملک کا میں بھی بادشاہ ہوں۔ فقط یہاں تلک آنا اور محنت اٹھانا، آپ کے اشتیاق کے سبب سے ہوا۔ جوتن تنہا اس صورت سے آپہنچا ہوں۔ اب امید ہے کہ حضور کی توجہ سے یہ خاک نشین مطلب دلی کو پہنچے تو لائق ہے۔ آگے جو مرضی مبارک لیکن اگر یہ التماس خاکسار کا قبول نہ ہوگا تو اسی طرح خاک چھانتا پھرے گا اور اس جان بے قرار کو آپ کے عشق میں نثار کرے گا۔ مجنوں اور فرہاد کی مانند جنگل میں یا پہاڑ پر مر رہے گا۔"

یہی مدعا لکھ کر اس خوجے کو دیا۔ اس نے بادشاہ زادی تلک پہنچایا۔ بعد ایک دم کے پھر آیا اور میرے تئیں بلا یا اور اپنے ساتھ محل کی ڈیوڑھی پر لے گیا۔ وہاں جا کر دیکھا تو ایک بوڑھی سی عورت، صاحب لیاقت، سنہری کرسی پر گہنا پہنے ہوئے بیٹھی ہے اور کئی خوجے خدمت گار، تکلف کے لباس پہنے ہوئے ہاتھ باندھے سامنے کھڑے ہیں۔ میں اسے مختار کار جان کر اور دیرینہ سمجھ کر دست بسر ہوا۔ اس ماما نے بہت مہربانی سے سلام کیا اور حکم کیا کہ "آؤ بیٹھو۔ خوب ہوا، تم آئے۔ تمہیں نے ملکہ کے اشتیاق کا رقعہ لکھا تھا؟" میں شرم کھا کر چپ ہو رہا اور سر نیچا کر کے بیٹھا۔

ایک ساعت کے بعد بولی کہ "اے جوان! بادشاہ زادی نے سلام کہا ہے اور فرمایا ہے کہ مجھ کو خاوند کرنے سے عیب نہیں۔ تم نے میری درخواست کی لیکن اپنی بادشاہت کا بیان کرنا اور اس فقیری میں اپنے تئیں بادشاہ سمجھنا اور اس کا غرور کرنا نپٹ بیجا ہے۔ اس واسطے کہ سب آدمی آپس میں فی الحقیقت ایک ہیں لیکن فضیلت دین اسلام کی البتہ ہے۔ اور میں بھی ایک مدت سے شادی کرنے کی آرزومند ہوں اور جیسے تم دولت دنیا سے بے پروا ہو۔ میرے تئیں بھی حق تعالی نے اتنا مال دیا ہے کہ جس کا کچھ حساب نہیں۔ پر ایک شرط ہے کہ پہلے مہر ادا کر لو اور مہر شاہ زادی کا ایک بات ہے جو تم سے ہو سکے۔" میں نے کہا۔ "میں سب طرح حاضر ہوں، جان و مال سے دریغ نہیں کرنے کا، وہ بات کیا ہے؟ کہو تو میں سنوں!" تب اس نے کہا۔ "آج کے دن رہ جاؤ، کل تمہیں کہہ دوں گی۔" میں نے خوشی سے قبول کیا اور رخصت ہو کر باہر آیا۔

دن تو گزرا۔ جب شام ہوئی مجھے ایک خواجہ سرا، محل میں بلا کر لیگیا۔ جا کر دیکھا تو اکابر عالم اور فاضل، صاحبِ شرع حاضر ہیں، میں بھی اسی جلسے میں جا

کر بیٹھا کہ اتنے میں دستر خوان بچھایا گیا اور کھانے ، اقسام اقسام کے شیریں اور نمکین چنے گئے ۔ ویسب کھانے لگے اور مجھے بھی تواضع کرکر شریک کیا۔ جب کھانے سے فراغت ہوئی ایک دائی اندر سے آئی اور بولی کہ "بہرہ ور کہاں ہے ؟"اسے بلاؤ۔" یساولوں نے وونہیں حاضر کیا۔ اس کی صورت بہت مرد آدمی کی سی اور بہت سی کنجیاں، روپے سونے کی کمر میں لٹکیں ہوئیں سلام علیک کرکر میرے پاس آکر بیٹھا۔ وہی دائی کہنے لگی کہ "اے بہرہ ور! تو نے جو کچھ دیکھا ہے، مفصل اس کا بیان کر۔"

بہرہ ور نے یہ داستان کہنی شروع کی اور مجھ سے مخاطب ہوکر بولا: "اے عزیز! ہماری بادشاہ زادی کی سرکار میں ہزاروں غلام ہیں کہ سوداگری کے کام میں متعین ہیں ان میں سے ایک میں بھی ادنی خانہ زاد ہوں۔ شاہ زادی ہر غلام کو ایک ملک کی طرف لاکھوں روپے کا اسباب اور جنس دے کر رخصت فرماتی ہیں۔ جب وہ وہاں سے پھر آتا ہے، تب اس سے اس دیس کا احوال اپنے حضور میں پوچھتی ہیں اور سنتی ہیں۔ ایک بار یہ اتفاق ہوا کہ یہ کم ترین تجارت کی خاطر چلا اور شہر نیم روز میں پہنچا۔ وہاں کے باشندوں کو دیکھا تو سب کا لباس سیاہ ہے اور ہر دم نالہ وآہ ہے۔ ایسا معلوم ہوتا تھا کہ ان پر کچھ بڑی مصیبت پڑی ہے۔ اس کا سبب جس سے میں پوچھتا، کوئی جواب میرا نہ دیتا۔ اسی حیرت میں کئی روز گزرے۔ ایک دن جونہیں صبح ہوئی تمام آدمی چھوٹے بڑے، لڑکے بوڑھے، غریب غنی شہر کے باہر چلے۔ ایک میدان میں جا کر جمع ہوئے اور اس ملک کا بادشاہ بھی سب امیروں کو ساتھ لے کر سوار ہوا اور وہاں گیا۔ تب سب برابر قطار باندھ کر کھڑے ہوئے۔"

میں بھی ان کے درمیان کھڑا تماشا دیکھتا تھا، پر یہ معلوم ہوتا تھا کہ وے سب کسو کا انتظار کھینچ رہے ہیں۔ ایک گھڑی کے عرصے میں دور سے ایک جوان پری زاد، صاحب جمال، پندرہ سولہ برس کا سن وسال غل اور شور کرتا ہوا اور کف منہ سے جاری، زرد بیل کی سواری، ایک ہاتھ میں کچھ لیے مقابل خلق اللہ کے آیا اور اپنے بیل پر سے اترا۔ ایک ہاتھ میں ناتھ اور ایک ہاتھ میں ننگی تلوار لے کر دوزانو بیٹھا۔ ایک گل اندام پری چہرہ غلام اس کے ہمراہ تھا۔ اس کو اس جوان نے وہ چیز جو ہاتھ میں تھی، دی۔ وہ یتیم لے کر ایک سرے سے ہر ایک کو دکھاتا جاتا تھا لیکن یہ حالت تھی کہ جو کوئی دیکھتا تھا، بے اختیار داڑھ مار کر روتا تھا۔ اسی طرح سب کو دکھاتا اور رلاتا ہوا سب کے سامنے سے ہوکر خاوند کے پاس پھر گیا۔

اس کے جاتے ہی وہ جوان اٹھا اور اس غلام کا سر شمشیر سے کاٹ کر اور سوار ہوکر جیدھر سے آیا تھا ادھر کو چلا۔ سب کھڑے دیکھا کیے۔ جب نظروں سے غائب ہوا، لوگ شہر کی طرف پھرے۔ میں ہر ایک سے اس ماجرے کی حقیقت پوچھتا تھا بلکہ روپوں کا لالچ دیتا اور خوشامد منت کرتا کہ "مجھے ذرا بتا دو کہ یہ جوان کون ہے؟ اور اس نے یہ حرکت کیا کی؟ اور کہاں سے آیا اور کہاں گیا؟" ہرگز کسی نے نہ بتلایا اور نہ کچھ میرے خیال میں آیا۔ یہ تعجب دیکھ کر جب میں یہاں آیا اور ملکہ کے روبرو اظہار کیا۔ تب سے بادشاہ زادی بھی حیران ہو رہی ہے اور اس کے تحقیق کرنے کی خاطر دو دلی ہو رہی ہے۔ لہذا مہر اپنا یہی مقرر کیا ہے کہ جو شخص اس عجوبے کی کماحقہ، خبر لاوے، اس کو پسند فرماوے اور وہی مالک سارے مال ملک کا اور ملکہ کا ہووے۔

یہ ماجرا تم نے سب سنا۔ اپنے دل میں غور کرو اگر تم اس جوان کی خبر لا سکو تو قصد ملک نیم روز کا کرو اور جلد روانہ ہو۔ نہیں تو انکار کرکے اپنے گھر کی راہ لو۔"

میں نے جواب دیا کہ "اگر خدا چاہے تو جلد اس کا احوال سر سے پاؤں تک دریافت کرکر بادشاہ زادی کے پاس آ پہنچتا ہوں اور کامیاب ہوتا ہوں اور جو میری قسمت بد ہے تو اس کا کچھ علاج نہیں۔ لیکن ملکہ اس کا قول قرار کریں کہ اپنے کہنے سے نہ پھریں۔ اور بالفعل، ایک اندیشہ مشکل میرے دل میں خلش کر رہا ہے۔ اگر ملکہ غریب نوازی اور مسافر پروری سے حضور میں بلاویں اور پردے کے باہر بٹھلاویں تو میرا التماس اپنے کانوں سنیں اور اس کا جواب اپنی زبان سے

فرماویں تو میری خاطر جمع ہو اور مجھ سے سب کچھ ہوسکے۔" یہ میرے مطلب کی بات اس ماما نے روبرو اس پری پیکر کے عرض کی۔ بارے قدر دانی راہ سے حکم کیا کہ انہیں بلا لو۔

دائی پھر باہر آئی اور مجھے اپنے ساتھ جس محل میں بادشاہ زادی تھی، لیگئی۔ کیا دیکھتا ہوں کہ دو رویہ صف باندھے، دست بستہ سہیلیاں اور خواصیں اور اردا بیگنیاں، قلماقنیاں، ترکنیاں، حبشنیاں، ازبکنیاں، کشمیرنیاں، جواہر میں جڑی، عہدیلے کھڑی ہیں۔ اندر کا اکھاڑا کہوں یا پریوں کا اتارا؟ بے اختیار ایک آہ، بے خودی سے زبان تک آئی اور کلیجہ تھلکنے لگا، پر بہ زور اپنے تئیں تھانبا۔ ان کو دیکھتا بھالتا اور سیر کرتا ہوا آگے چلا لیکن پاؤں سو سو من کے ہوگئے۔ جس کو دیکھوں، پھر یہ نہ جی چاہے کہ آگے جاؤں۔ ایک طرف چلون پڑی تھی اور مونڈھا جڑاؤ بچھوا رکھا تھا اور ایک چوکی بھی صندل کی بچھی ہوئی تھی۔ دائی نے مجھے بیٹھنے کی اشارت کی۔ میں مونڈھے پر بیٹھ گیا اور وہ چوکی پر۔ کہنے لگی۔ "لواب جو کہنا ہے، سو جی بھر کر کہو۔"

میں نے ملکہ کی خوبیوں کی اور عدل وانصاف، داد و دہش کی پہلے تعریف کی۔ پھر کہنے لگا: "جب سے میں اس ملک کی سرحد میں آیا۔ ہر ایک منزل میں یہی دیکھا کہ جا بہ جا مسافر خانے اور عمارتیں عالی بنی ہوئی ہیں اور آدمی ہر ایک عہدے کے تعینات ہیں کہ خبرگیری، مسافروں اور محتاجوں کی کرتے ہیں۔ مجھے بھی تین تین دن ہر ایک مقام میں گزرے۔ چوتھے روز جب رخصت ہونے لگا تب بھی کسو نے خوشی سے نہ کہا کہ جاؤ اور جتنا اسباب اس مکان میں تھا...... شطرنجی، چاندنی، قالینیں، سیتل پاٹی، منگل کوٹی، دیوار گیری، چھت پردے، چلونیں، سائبان، نم گیرے، چھپر کھٹ مع غلاف اوقچہ، توشک، بالا پوش، سیج بند، چادر، تکیے، تکیینی، گل بیے، مسند، گاؤتکیے، دیگ، دیگچے، پتیلے، طباق، رکابی، بادیے، تشتری چمچے، بکاؤلی، کف گیر، طعام بخش، سرپوش، سینی، خوان پوش، تورا پوش، آب خورے، بجھرے، صراحی، لگن، پان دان، چوگھڑے، چنگیر، گلاب پاش، عودسوز، آفتابہ، چلمچی ...... سب میرے حوالے کیے کہ "یہ تمہارا مال ہے، چاہو اب لے جاؤ، نہیں تو ایک کوٹھڑی میں بند کر کر اپنی مہر کرو۔ جب تمہاری خوشی ہوگی پھرتے ہوئے لیے جائیو۔" میں نے یونہیں کیا۔ پر یہ حیرت ہے کہ جب مجھ سے فقیر تن تنہا سے یہ سلوک ہوا تو ایسے غریبت ہزاروں تمہارے ملکوں میں آنکلتے ہوں گے۔ پس اگر ہر ایک سے یہی مہمان داری کا طور رہتا ہوگا، تو مبلغ بے حساب خرچ ہوتے ہوں گے۔ پس اتنی دولت کہ جس کا یہ صرف ہے، کہاں سے آئی اور کیسی ہے؟ اگر گنج قارون ہو تو بھی دفانہ کرے۔ اور ظاہر میں اگر ملکہ کی سلطنت پر نگاہ کیجئے تو اس کی آمد فقط باورچی خانے کے خرچ کو بھی کفایت نہ کرتی ہوگی اور خرچوں کا تو کیا ذکر ہے! اگر اس کا بیان ملکہ کی زبان سے سنوں تو خاطر جمع ہو، قصد ملک نیم روز کا کروں اور جوں توں وہاں جا پہنچوں۔ پھر سب احوال دریافت کر کے ملکہ کی خدمت میں بہ شرط زندگی، بار دگر حاضر ہو، اپنے دل کی مراد پاؤں۔"

یہ سن کر ملکہ نے اپنی زبان سے کہا کہ "اے جوان! اگر تجھے آرزو کمال ہے کہ یہ ماہیت دریافت کرے تو آج کے دن بھی مقام کر شام کو تجھے حضور میں طلب کر کر جو کچھ احوال اس دولت بے زوال کا ہے، بے کم و کاست کہا جائے گا۔" میں یہ تسلی پا کر اپنی استقامت کے مکان پر آ کر منتظر تھا کہ کب شام ہو، جو میرا مطلب تمام ہو۔ اتنے میں خواجہ سرا، کئی چوگوشے تورا پوش پڑے، بھوئیوں کے سر پر دھرے آ کر موجود ہوا اور بولا کہ "حضور سے آش خاص عنایت ہوا ہے، اس کو تناول کرو۔" جس وقت میرے سامنے کھولے، بوباس سے دماغ معطر ہوا اور روح بھر گئی۔ جتنا کھا سکا کھا لیا، باقی ان سبھوں کو اٹھا دیا اور شکر نعمت کہہ بھجایا۔ بارے جب آفتاب، تمام دن کا مسافر تھکا ہوا، گرتا پڑتا اپنے محل میں داخل ہوا اور ماہتاب، دیوان خانے میں اپنے مصاحبوں کو ساتھ لے کر نکل بیٹھا۔ اس وقت دائی آئی اور مجھ سے کہنے لگی کہ "چلو، بادشاہ زادی نے یاد فرمایا ہے۔"

میں اس کے ہمراہ ہو لیا، خلوت خاص میں لے گئی۔ روشنی کا یہ عالم تھا کہ شب قدر کو وہاں قدر نہ تھی اور بادشاہی فرش پر مسند مغرق بچھی، مرصع کا تکیہ لگا

ہوا اور اس پر ایک شمیانہ، موتیوں کی جھالر کا جڑاؤ استادوں پر کھڑا ہوا اور سامنے مسند کے جواہر کے درخت، پھول پات لگے ہوئے (گویا عین مین قدرتی ہیں)، سونے کی کیاریوں میں جمے ہوئے اور دونوں طرف دست راست اور دست چپ، شاگرد پیشے اور مجرائی، دست بستہ، با ادب، آنکھیں نیچے کیے ہوئے حاضر تھے۔ اور طوائف اور گائنیں، سازوں کے سربنائے، منتظر۔ یہ سماں اور یہ تیاری کروفر کی، دیکھ کر عقل ٹھکانے نہ ہی۔ دائی سے پوچھا کہ "دن کو وہ زیبائش اور رات کو یہ آرائش کہ دن عید اور رات شب برات کہا چاہیے بلکہ دنیا میں بادشاہ ہفت اقلیم کو یہ عیش میسر نہ ہوگا۔ ہمیشہ یہی صورت رہتی ہے؟" دائی کہنے لگی کہ "ہماری ملکہ کا جتنا کارخانہ تم نے دیکھا، یہ سب اسی دستور سے جاری ہے۔ اس میں ہرگز خلل نہیں بلکہ افزوں ہے۔ تم یہاں بیٹھو، ملکہ دوسرے مکان میں تشریف رکھتی ہیں، جا کر خبر کروں۔"

دائی یہ کہہ کر گئی اور انہیں پاؤں پھر آئی کہ "چلو حضور میں۔" یہ مجرداس میں جاتے ہی بھچک رہ گیا۔ نہ معلوم ہوا کہ دروازہ کہاں اور دیوار کیدھر ہے۔ اس واسطے کہ حلبی آئینے قد آدم چاروں طرف لگے اور ان کی پرداذوں میں ہیرے اور موتی جڑے ہوئے تھے۔ ایک کا عکس ایک میں نظر آتا تو یہ معلوم ہوتا کہ جواہر کا سارا مکان ہے۔ ایک طرف پردہ پڑا تھا، اس کے پیچھے ملکہ بیٹھی تھیں۔ وہ دائی

پردے سے لگ کر بیٹھی اور مجھے بھی بیٹھنے کو کہا۔ تب دائی، ملکہ کے فرمانے سے اس طور بیان کرنیلگی کہ "سن اے جوان دانا! سلطان اس اقلیم کا بڑا بادشاہ تھا۔ ان کے گھر میں سات بیٹیاں پیدا ہوئیں۔ ایک روز بادشاہ نے جشن فرمایا۔ یہ ساتوں لڑکیاں سولہ سنگار، بارہ ابھرن، بال بال گج موتی پرو کر بادشاہ کیحضور کھڑی تھیں۔ سلطان کے جی میں آیا تو بیٹیوں کی طرف دیکھ کر فرمایا۔ "اگر تمہارا باپ بادشاہ نہ ہوتا اور کسی غریب کے گھر تم پیدا ہوتیں تو تمہیں بادشاہ زادی اور ملکہ کون کہتا؟ خدا کا شکر کرو کہ شہزادیاں کہلاتی ہو۔ "تمہاری یہ ساری خوبی میرے دم سے ہے!"

چھ لڑکیاں ایک زبان ہو کر بولیں کہ "جہاں پناہ جو فرماتے ہیں بجا ہے اور آپ ہی کی سلامتی سے ہماری بھلائی ہے۔" لیکن یہ ملکہ جہاں سب بہنوں سے چھوٹی تھیں، پر عقل و شعور میں اس عمر میں بھی گویا سب سے بڑی تھیں، چپکی کھڑی رہیں۔ اس گفتگو میں بہنوں کی شریک نہ ہوئیں، اس کے واسطے کہ یہ کلمہ کفر کا ہے۔ بادشاہ نے نظر غضب سے ان کی طرف دیکھا اور کہا "کیوں بی بی! تم کچھ نہ بولیں، اس کا کیا باعث ہے؟" تب ملکہ نے دونوں ہاتھاپنے رومال سے باندھ کر عرض کی کہ "اگر جان کی امان پاؤں اور تقصیر معاف ہو تو یہ لونڈی اپنے دل کی بات گزارش کرے۔" حکم ہوا کہ "کہہ! کیا کہتی ہے؟" تب ملکہ نے کہا کہ "قبلۂ عالم! آپ نے سنا ہے کہ سچی بات کڑوی لگتی ہے۔ سو اس وقت میں اپنی زندگی سے ہاتھ دھو کر عرض کرتی ہوں اور جو کچھ میری قسمت میں لکھنے والے نے لکھا ہے، اس کا مٹانے والا کوئی نہیں، کسوطرح نہیں ٹلنے کا:

خواہ تم پاؤں گھسو یا کہ رکھو سر بسجود
بات پیشانی کی جو کچھ ہے سو پیش آنی ہے

"جس بادشاہ علی الاطلاق نے آپ کو بادشاہ بنایا، انہیں نے مجھے بھی بادشاہ زادی کہوایا۔ اس قدرت کے کارخانے میں کسو کا اختیار نہیں چلتا۔ آپ کی ذات ہماری ولی نعمت اور قبلہ و کعبہ ہے۔ حضرت کے قدم مبارک کی خاک کو اگر سرمہ کروں تو بجا ہے مگر نصیب ہر ایک کے ہر ایک کے ساتھ ہیں۔" بادشاہ یہ سن کر طیش میں آئے اور یہ جواب دل پر سخت گراں معلوم ہوا، بیزار ہو کر فرمایا۔ "چھوٹا منہ بڑی بات، اب اس کی یہی سزا ہے کہ گہنا پاتا جو کچھ اس کے ہاتھ میں ہے، اتار لو اور ایک میانے میں چڑھا کر ایسے جنگل میں کہ جہاں نام ونشان آدمی آدم زاد

کا نہ ہو، پھینک آؤ۔ دیکھیں ،اس کے نصیبوں میں کیا لکھا ہے ؟"

بہ موجب حکم بادشاہ کے اس آدھی رات میں کہ (عین اندھیری تھی) ملکہ کو جو جوڑے بھوڑے میں پلی تھیں اور سوائے اپنے محل کے دوسری جگہ نہ دیکھی تھی) بھوئی لے جاکر ایک میدان میں (کہ وہاں پرندہ پر نہ مارتا، انسان کا تو کیا ذکر ہے) چھوڑ کر چلے آئے۔ملکہ کے دل پر عجب حالت گزرتی تھی کہ ایک دم میں کیا تھا اور کیا ہوگیا؟ پھر اپنے خدا کی جناب میں شکر کرتیں اور کہتیں "تو ایسا ہی بے نیاز ہے!جو چاہا سو کیا اور جو چاہتا ہے سو کرتا ہے اور جو چاہے گا سو کریگا۔ جب تلک نتھنوں میں دم ہے،تجھ سے ناامید نہیں ہوتی ۔" اسی اندیشے میں آنکھ لگ گئی۔ جس وقت صبح ہونے لگی،ملکہ کی آنکھ کھل گئی۔ پکاریں کہ وضو کو پانی لانا، پھر ایک بارگی رات کی بات چیت یاد آئی کہ تو کہاں اور یہ بات کہاں؟ یہ کہہ کر اٹھ کر تیمم کیا اور دوگانہ شکر کا پڑھا۔ اے عزیز! ملکہ کی اس حالت کے سننے سے چھاتی پھٹتی ہے ،اس بھولیبھالے جی سے پوچھا چاہیے کہ کیا کہتا ہوگا۔

"غرض اس میانے میں بیٹھی ہوئی خدا سے لو لگائے رہی تھیں اور یہ کبت اس دم پڑھتی تھی:

[1]جب دانت نہ تھے،تب دودھ دیو،
جب دات دیئے ، کا ان نہ دیئے ہے
جو جل میں، تھل میں ، پنچھی پسو
کی سدھ لیت ،سوتیری بھی لیے ہے
کاہے کو سوچ کرے ، من مورکھ ،
سوچ کرکے کچھ ہاتھ نہ آئے ہے
جان کو دیت ، آجان کو دیت ،
جہان کو دیت ،سو تو کو بھی دیئے ہے

سچ ہے جب کچھ بن نہیں آتا،تب خدا ہی یاد آتا ہے۔ نہیں تو اپنی اپنی تدبیر میں ہر ایک لقمان اور بوعلی سینا ہے۔ اب خدا کے کارخانے کا تماشا سنو اسی طرح تین دن رات صاف گزر گئے کہ ملکہ کے منہ میں ایک کھیل بھی اڑ کر نہ گئی ۔ وہ پھول سا بدن سوکھ کر کانٹا ہوگیا اور وہ رنگ جو کندن سا دمکتا تھا،ہلدی سا بن گیا۔ منہ میں پھپھڑی بندھ گئی،آنکھیں پتھرا گئیں مگر ایک دم اٹک رہا تھا کہ وہ آتا جاتا تھا۔جب تلک سانس تب تلک آس۔چوتھے روز صبح کو ایک درویش خضر کی سی صورت، نورانی چہرہ، روشن دل آ کر پیدا ہوا۔ ملکہ کو اس حالت میں دیکھ کر بولا۔"اے بیٹی! اگر چہ تیرا باپ بادشاہ ہے لیکن تیری قسمت میں یہ بھی بدا تھا۔اب اس فقیر بوڑھے کو اپنا خادم سمجھ اور اپنے پیدا کرنے والے کا رات دن دھیان رکھ،خدا خوب کرے گا۔" اور فقیر کے کچکول میں جو ٹکڑے بھیک کے موجود تھے،ملکہ کے روبرو رکھے اور پانی کی تلاس میں پھرنے لگا۔ دیکھیتو ایک کنواں تو ہے، پر ڈول رسی کہاں جس سے پانی بھرے؟ تھوڑے پتے درخت سے توڑ کر

---

[1] جب دانت نہ تھے اس عالم میں دودھ دیا اب دانت دیئے ہیں تو کیا رزق نہ دے گا؟جو پانی میں اور زمین پر اور ہوا میں اڑنے والےجانداروں کی خبر لیتا ہے سو تیری بھی خبر لیگا۔کس لیے فکر کرتا ہے اے احمق فکر کرنے سے کچھ حاصل نہ ہوگا۔عاقل کو اور نادان کو جو رزق دیتا ہے وہ تجھے بھی رزق دے گا۔

دونا بنایا اور اپنی سیلی کھول کر اس میں باندھ کر نکالا اور ملکہ کو کچھ کھلایا پلایا۔ بارےٹک ہوش آیا۔ اس مردِ خدا نے بے کس اور بے بس جان کر بہت سی تسلی دی، خاطر جمع کی اور آپ بھی رونے لگا۔ ملکہ نے جب غم خواری اور دل داری اس کی بیحد دیکھی، تب ان کے بھی مزاج کو استقلال ہوا۔ اس روز سے اس پیر مرد نے یہ مقرر کیا کہ صبح کو بھیک مانگنے کے لیے شہر میں نکل جاتا، جو ٹکڑا پارچہ پاتا، ملکہ کے پاس لے آتا اور کھلاتا۔

اس طور سے تھوڑے روز گزرے۔ ایک دن ملکہ نے تیل سر میں ڈالنے اور کنگھی چوٹی کرنے کا قصد کیا۔ جونہیں مباف کھولا، چٹلے میں سے ایک موتی کا دانہ، گول آبدار نکل پڑا۔ ملکہ نے اس درویش کو دیا اور کہا۔ "شہر میں سے اس کو بیچ لاؤ۔" وہ فقیر اس گوہر کو بیچ کر اس کی قیمت بادشاہ زادی کے پاس لے آیا۔ تب ملکہ نے حکم کیا کہ "ایک مکان موافق گزران کے اس جگہ بنواؤ۔" فقیر نے کہا۔ "اے بیٹی! نیو دیوار کی کھود کر تھوڑی سی مٹی جمع کرو۔ ایک دن میں پانی لا کر گارا کر کر گھر کی بنیاد درست کر دوں گا۔" ملکہ نے اس کے کہنے سے مٹی کھودنی شروع کی۔ جب ایک گڑھا کھودا گیا، زمین کے نیچے سے ایک دروازاہ نمود ہوا۔ ملکہ نے اس در کو صاف کیا۔ ایک بڑا گھر جواہر اور

اشرفیوں سے معمور نظر آیا۔ ملکہ نے پانچ چار لپ، اشرفیوں کی لے، پھر بند کیا اور مٹی دے کر اوپر سے ہموار کر دیا۔ اتنے میں فقیر آیا۔ ملکہ نے فرمایا کہ "راج اور معار کاریگر اور اپنے کام کے استاد اور مزدور جلد دست، بلاؤ جو اس مکان پر ایک عمارت بادشاہانہ کہ طاق کسریٰ کا جفت اور قصر نعمان سے سبقت لے جائے۔ اور شہر پناہ اور قلعہ اور باغ اور باؤلی اور ایک مسافر خانہ کہ لاثانی ہو، جلد تیار کریں۔ لیکن پہلے نقشہ ان کا ایک کاغذ پر درست کر کے حضور میں لاویں جو پسند کیا جائے۔"

فقیر نے ایسے ہی کار کن، کارکردہ، ذی ہوش لا کر حاضر کیے۔ موافق فرمانے کے تعمیر عمارت کی ہونے لگی۔ اور نوکر چاکر ہر ایک کارخانہ جات کی خاطر چن چن کر فہمیدہ اور بادیانت ملازم ہونے لگے۔ اس عمارت عالی شان کی تیاری کی خبر رفتہ رفتہ بادشاہ ظلِ سبحانی کو (جو قبلہ گاہ ملکہ کے تھے) پہنچی۔ سن کر بہت متعجب ہوئے اور ہر ایک سے پوچھا کہ "یہ کون شخص ہے جن نے یہ محلات بنانے شروع کیے ہیں؟" اس کی کیفیت سے کوئی واقف نہ تھا جو عرض کرے۔ سبھوں نے کانوں پر ہاتھ رکھے کہ "کوئی غلام نہیں جانتا کہ اس کا بانی کون ہے!" تب بادشاہ نے ایک امیر کو بھیجا اور پیغام دیا کہ "میں ان مکانوں کے دیکھنے کو آیا چاہتا ہوں اور یہ بھی معلوم نہیں کہ تم کہاں کی بادشاہ زادی ہو اور کس خاندان سے ہو۔ یہ سب کیفیت دریافت کرنی اپنے تئیں منظور ہے۔"

جونہیں ملکہ نے یہ خوشخبری سنی، دل میں بہت شاد ہو کر عرضی لکھی کہ:

جہاں پناہ، سلامت! حضور کے تشریف لانے کی خبر، طرف غریب خانے کی، سن کر نہایت خوشی حاصل ہوئی اور سبب حرمت اور عزت اس کم ترین کا ہوا۔ زہے طالع اس مکان کے! کہ جہاں قدم مبارک کا نشان پڑے اور وہاں کے رہنے والوں پر دامن دولت سایہ کرے اور نظر توجہ سیوے دونوں سر فراز ہوویں۔ یہ لونڈی امیدوار ہے کہ کل روزِ پنج شنبہ روزِ مبارک ہے اور میرے نزدیک بہتر روز نو روز سے ہے۔ آپ کی ذات مشابہہ آفتاب کے ہے۔ تشریف فرما کر اپنے نور سے اس ذرہ بے مقدار کو قدر و منزلت بخشیے اور جو کچھ اس عاجزہ سے میسر ہو سکے، نوش جان فرمایئے۔ یہ عین غریب نوازی اور مسافر پروری ہے، زیادہ حد ادب۔"

اور اس عدہ کو بھی، کچھ تواضع کر کر رخصت کیا۔

بادشاہ نے عرضی پڑھی اور کہلا بھیجا کہ ہم نے تمہاری دعوت قبول کی البتہ آویں گے۔ ملکہ نے نوکروں اور سب کاروباریوں کو حکم کیا کہ لوازمہ ضیافت کا ایسے سلیقے سے تیار ہو کہ بادشاہ دیکھ کر اور کھا کر بہت محظوظ ہوں۔ اور ادنیٰ اعلیٰ جو بادشاہ کی رکاب میں آویں، سب کھا پی کر خوش ہو کر جاویں۔ ملکہ کے فرمانے اور تاکید کرنے سے سب قسم کے کھانے...... سلونے اور میٹھے اس ذائقے کے تیار ہوئے کہ اگر باہمن کی بیٹی کھاتی تو کلمہ پڑھتی۔ جب شام ہوئی بادشاہ منڈے

تخت پر سوار ہو کر ملکہ کے مکان کی طرف تشریف لائے۔ ملکہ اپنی خان خواص سہیلیوں کے لے کر استقبال کے واسطے چلیں۔ جوں بادشاہ کے تخت پر نظر پڑی اس آداب سے مجرا شاہانہ کیا کہ یہ قاعدہ دیکھ کر بادشاہ کو اور بھی حیرت نے لیا اور اسی انداز سے جلوہ کر کر باشاہ کو تخت مرصع پر لا بٹھایا۔ ملکہ نے سوا لاکھ روپے کا چبوترہ تیار کروا رکھا تھا اور ایک سوا ایک کشتی جواہر اور اشرفی اور پشمینہ اور نوربافی اور ریشمی اور طلابافی اور زردوزی کی لگا رکھی تھی۔ اور دو زنجیر فیل اور دس راس اسپ عراقی اور یمنی مرصع کے ساز سے تیار کر رکھے تھے نذر گزرانے اور آپ دونوں ہاتھ باندھے روبرو کھڑی رہیں۔ بادشاہ نے بہت مہربانی سے فرمایا کہ تم کس ملک کی شہزادی ہو اور یہاں کس صورت سے آنا ہوا؟

ملکہ نے آداب بجالا کر التماس کیا کہ یہ لونڈی وہی گنہ گار ہے جو غضب سلطانی کے باعث اس جنگل میں پہنچی اور یہ تماشے خدا کے ہیں جو آپ دیکھتے ہیں، یہ سنتے ہی بادشاہ کے لہو نے جوش مارا اٹھ کر محبت سے گلے لگا لیا اور ہاتھ پکڑ کے اپنے تخت کے پاس کرسی بچھوا کر حکم بیٹھنے کا کیا۔ لیکن بادشاہ حیران اور متعجب بیٹھے تھے۔ فرمایا کہ بادشاہ بیگم کو کہو کہ بادشاہ زادیوں کو اپنے ساتھ لے کر جلد آویں۔ جب وے آئیں ماں بہنوں نے پہچانا اور گلے مل کر روئیں اور شکر کیا۔ ملکہ نے اپنی والدہ اور پھوں، ہمشیروں کیرو برو اتنا کچھ نقد اور جواہر رکھا کہ خزانہ تمام عالم کا اس کے پاسنگ میں نہ چڑھے۔ پھر بادشاہ نے سب کو ساتھ بٹھا کر خاصہ نوشِ جان فرمایا۔

جب تلک جہان پناہ جیتے رہے اسی طرح گزری۔ کبھو کبھو آپ آتے اور کبھی ملکہ کو بھی اپنے ساتھ محلوں میں لے جاتے۔ جب بادشاہ نے رحلت فرمائی سلطنت اس اقلیم کی ملکہ کو پہنچی کہ ان کے سوا دوسرا کوئی لائق اس کے نہ تھا۔ اے عزیز! سرگزشت یہ ہے جو تو نے سنی۔ پس دولت خداداد کو ہرگز زوال نہیں ہوتا مگر آدمی کی نیت درست چاہیے بلکہ جتنی خرچ کرو اس میں اتنی ہی برکت ہوتی ہے۔ خدا کی قدرت میں تعجب کرنا کسی مذہب میں روا نہیں!

مصنف: مرزا محمد پاوہ رسوا

میر امن کا اصل نام میر محمد امان اور تخلص امن تھا۔ آپ نے باقاعدہ شاعری کبھی نہیں کی۔ خود لکھتے ہیں:

"نہ شاعر ہوں میں اور نہ شاعر کا بھائی"

میر امن کے بزرگ ہمایوں کے عہد میں مغلیہ دربار سے وابستہ ہوئے۔ آپ دہلی میں پیدا ہوئے اور یہیں پروان چڑھے۔ مغلوں کے دور آخر میں جب دلی کو احمد شاہ ابدالی نے تاراج کیا اور سورج مل جاٹ نے لوٹا تو میر امن دلی کو خیر آباد کہہ کر عظیم آباد پہنچے۔ وہاں سے کلکتے گئے کچھ دن بیکاری میں گزرے۔ بالآخر میر بہادر علی حسینی نے ان کا تعارف فورٹ ولیم کالج کے شعبہ ہندوستانی کے سربراہ ڈاکٹر گل کرائسٹ سے کرایا۔ انہوں نے میر امن کو کالج میں ملازم رکھا لیا۔ اور قصہ چہار درویش (فارسی) سلیس نثر میں لکھنے پر مامور کیا۔ چنانچہ ان کی فرمائش پر 1081ء میں باغ و بہار لکھنی شروع کی۔ ء2.081 میں مکمل ہوئی اور 3081ء میں پہلی بار شائع ہوئی۔ میر امن کی دوسری کتاب گنج خوبی ہے جو ملا حسین واعظ کاشفی کی (اخلاق محسنی) کا ترجمہ ہے۔

میر امن کی زندگی کے حالات کسی کتاب یا تذکرہ میں نہیں ملتے لہٰذا ان کی ولادت اور وفات کے بارے میں کسی کو صحت کے ساتھ معلوم نہیں۔

使坐下，固定（及）	bithāna	بٹھانا
斑点，痕迹（阳）	dagh	داغ
巡逻，巡逻者（阴，阳）	raund	رونڈ
面纱（阳）	niqāb	نقاب
恩德，恩惠（阳）	fazl	فضل
大盘子，马（阴）	rikāb	رکاب
托钵僧（阳）	darvesh	درویش
佳音，喜讯（阴）	bishārat	بشارت
天性，硬币（阴）	tab‘	طبع
不安，无奈（阳）	ma‘qūl	معقول
历史（复数）（阴）	tvārīkh	تواریخ
洒落的（形）	rēz	ریز
布道（阴）	munāti	منادی
虎，豹（阳）	bāgh	باگھ
屠夫（转）狠心的人；暴君（阳）	qassā’i	قصائی
天花板，天空（阳）	‘arsh	عرش
男子气概（阴）	mardānagī	مردانگی
惊奇的（形）	muta‘ajjib	متعجب
好处，利益（阳）	faiz	فیض
原告，对手（阳）	mudda‘ī	مدعی
布置，装饰（阴）	sajāvaṭ	سجاوٹ
知足，满意（阴）	qanā‘at	قناعت
需要，贫困（阴）	ihtiyāj	احتیاج

雨（阳）	mēnh	مینہ
充满（阴）	purī	پری
乞讨的人；托钵僧，苦行僧（形）	faqīr	فقیر
穿上……的（形）	pōsh	پوش
意图，决心（阳）	qsad	قصد
观看，娱乐，笑话（阳）	tamāsha	تماشہ
不安，无奈（阳）	iztirār	اضطرار
严厉的，艰难的（形）	kaṭhin	کٹھن
敬爱的（形）	musharraf	مشرف
种类，样子（阴）	nau‘	نوع
教师职业，教授（阳）	atālīqī	اتالیقی
详细的（形）	mufassal	مفصل
困境，争吵（阳）	‘zāb	عذاب
上升的，幸运（形）	tāli‘	طالع
仁慈，同情（阳）	rahm	رحم
改良，福利（阴）	bihbūdi	بہبودی
吹牛（阴）	ḍīng	ڈینگ
发现，寻找（阴）	daryāfut	دریافت
肚脐，胳膊（阴）	ṭunḍī	ٹنڈی
拒绝，惋惜，吝啬（阳）	darēgh	دریغ
人性，人道（阴）	ādamīyat	آدمیت

错误，失职（阴）	taqsīr	تقصیر
宴会，酒席（阴）	ziyāfat	ضیافت
仆人，侍者（阳）	ḳḥādim	خادم
阿谀奉承，柔软（阳）	tamalluq	تملق
污秽，赃物（阳）	malgḥ‘ōbah	ملغوبہ
金丝（阴，阳）	muqaish	مقیش
香的（形）	mu‘attar	معطر
水果（阳）	mēvah	میوہ
托付物，保存（阴）	amānat	امانت
有愿望的（形）	mushtāq	مشتاق
碎块，便条（阳）	ruq‘ah	رقعہ
变化（阳）	ḍeyōṛhī	ڈیوڑھی
闲暇，满意（阴）	farāgḥat	فراغت
多的，超额的（形）	fāzil	فاضل
前思后想（阴）	tadbīr	تدبیر
思考，牵挂（阳）	anḍēshah	اندیشہ
肩膀；坐墩（阳）	mūṇḍhā	مونڈھا
被任命的（形）	ta‘ayyunāt	تعینات
善意，帮助（阴）	‘ināyat	عنایت
口才好的（形）	murassa‘	مرصع
国家，土邦国（阴）	iqlīm	اقلیم
消除（及）	mitānā	مٹانا
必需的，合适的（形）	mūjib	موجب
小净，穆斯林做礼拜前用水洗手、肘部、脸、脚到踝，最后抹头（阳）	wuzū	وضو
光辉的，灿烂的（形）	nūrānī	نورانی

早晨（阴）	fajr	فجر
劳动，苦修（阴）	riyāzat	ریاضت
给与食物的（形）	razzāq	رزاق
代理人（阳）	mukḥatār	مختار
帅气的（指男）（形）	shakīl	شکیل
装饰（及）	zīnat bkḥshnā	زینت بخشنا
柔弱的，失望的（形）	‘ājiz	عاجز
奶皮（阴）	namsh	نمش
焚香炉（阳）	‘ūd sōz	عودسوز
葡萄干（阴）	kishimish	کشمش
变化（阳）	tagḥ‘ayyur	تغیر
安排的，组织者（形）	muntazim	منتظم
大量，好运（阴）	barakat	برکت
爱好，愿望（阳）	īshtiyāq	اشتیاق
拒绝，惋惜（阳）	darēgḥ	دریغ
对你（副）	‘alaik	علیک
被任命的（形）	muta‘ayyan	متعین
满足的（形）	g‘anī	غنی
勇气，胸（阳）	kalējah	کلیجہ
赐给（阴）	dād vō dihash	دادودہش
牢固，坚持（阴）	istiqāmat	استقامت
同志（阳）	musāhib	مصاحب
舞女（阴）	tavā’if	طوائف
高台，派出所（阳）	chabūtarah	چبوترہ
生气，轻率（阳）	taish	طیش

标志，迹象，征兆，面貌(阳)	namūd	نمود
一双，偶数，小鼓槌(阳)	juft	جفت
情况，质量，兴奋感(阴)	kaifiyat	کیفیت

鼻孔，大鼻环(阳)	nathnā	نتھنا
盘算，计划(阴)	tadbīr	تدبیر
坚定，独立(阳)	istiqlāl	استقلال
平坦的，匀称的(形)	hamvār	ہموار
聪明的，明白人(形)	fahmīdah	فہمیدہ

ضمیمہ ب   ماہ

作品导读

阿瑟杜拉·汗·迦利布（1797—1869）是乌尔都语古典诗歌的最高成就者。在他所处的时代，诗歌创作深受宫廷波斯语文学的影响。由于他的诗歌有着明显的去波斯化倾向，开启了古典诗歌向现代诗歌过渡的序幕，因而他被认为是现代乌尔都语诗歌的奠基人。鉴于迦利布在乌尔都语诗歌史上有着重要地位和极大影响力，并且其诗歌被视为乌尔都语诗歌的经典作品，难度稍大于现代诗歌，因此收入附录以供学有余力者鉴赏。

迦利布也被称为“乌尔都语口语专家”、“乌尔都语的典范大师”，曾担任莫卧尔王朝的宫廷太傅并撰写《帖木儿王朝史》，其作品不仅有诗歌，还有关于文学、语言和艺术的论著。其诗歌作品则被收录于1841年出版的《迦利布诗选》中，该诗集此后多次再版发行。

迦利布所处的时代是莫卧尔王朝末期，其诗歌富有深刻的哲理和反思，表现出对世界和人性的思考与探索。本教程所选的《新月，请告诉我》是为莫卧尔王朝最后一位帝王巴哈杜尔·沙·扎菲尔所作诗歌的引子部分。诗人通过与月亮的对话，渲染了开斋节的欢乐气氛，又不着痕迹地歌颂了帝王。诗歌联想丰富，气象宏大，将布满繁星的天空喻为宿命的大网，而用月升月落告诉人们即便如月神也难逃世间的规律，并通过与月亮的问答来抒发出月光下生命平等的人文关怀，语言亲切自然，用词言简意赅。

ماہ

غالب

پانی سے سگ گزیدہ ڈرے جس طرح اسد

ڈرتا ہوں آئینے سے کہ مردم گزیدہ ہوں

زندگی اپنی جب اس شکل سے گزری غالب

ہم بھی کیا یاد کریں گے کہ خدا رکھتے تھے

کوئی دن گر زندگانی اور ہے
اپنے جی میں ہم نے ٹھانی اور ہے

نغمہ ہائے غم کو بھی اے دل غنیمت جانیے
بے صدا ہو جائے گا یہ سازِ ہستی ایک دن
قیدِ حیات و بندِ غم اصل میں دونوں ایک ہیں
موت سے پہلے آدمی غم سے نجات پائے کیوں
ایک ہنگامے پہ موقوف ہے گھر کی رونق
نوحہ غم ہی سہی نغمہ شادی نہ سہی

بہادر شاہ کی مدح میں

ہاں مہ نو سنیں ہم اس کا نام
جس کو تو جھک کے کر رہا ہے سلام
دو دن آیا ہے تو نظر دمِ صبح
یہی انداز اور یہی اندام
بارے دو دن کہاں رہا غائب؟
بندہ عاجز ہے گردشِ ایام
اڑ کے جاتا کہاں کہ تاروں کا
آسماں نے بچھا رکھا تھا دام
مرحبا اے سرورِ خاص خواص
حبذا اے نشاطِ عامِ عوام
عذر میں تین دن نہ آنے کے
لے کے آیا ہے عید کا پیغام
اس کو بھولا نہ چاہیے کہنا
صبح جو جائے اور آئے شام
ایک میں کیا کہ سب نے جان لیا
تیرا آغاز اور ترا انجام
راز کل مجھ سے کیوں چھپاتا ہے
مجھ کو سمجھا ہے کیا کہیں نمام
جانتا ہوں کہ آج دنیا میں
ایک ہی ہے امید گاہِ انام
میں نے مانا کہ تو ہے حلقہ بگوش
غالب اس کا مگر نہیں ہے غلام
جانتا ہوں کہ جانتا ہے تو
تب کہا ہے بہ طرزِ استفہام
مہرِ تاباں کو ہوں، اے ماہ
قربِ ہر روزہ بر سبیلِ دوام
ق

تجھ کو کیا پایہ روشناسی کا
جز بہ تقریبِ عیک ماہِ صیام

جانتا ہوں کہ اس کے فیض سے تو
پھر نبا چاہتا ہے ماہ تمام

ماہ بن ، ماہ تاب بن، میں کون ؟
مجھ کو کیا بانٹ دے گا تو انعام

میرا اپنا جدا معاملہ ہے
اسر کے لین دین سے کیا کام

ہے مجھے آرزوئے بخششِ خاص
گر تجھے ہے امید رحمتِ عام

جو کہ بخشے گا تجھ کو فرِ فروغ
کیا نہ دیگا مجھے مئے گلفام ؟

جب کہ چودہ منازلِ فلکی
کر چکی قطع تیری تیزیٔ گام

تیرے پر تو سے ہوں فروغ پزیر
کوے و مشکوے و صحن و منظر و بام

دیکھنا میرے ہاتھ میں لبریز
اپنی صورت کا اک بلوریں جام

پھر غزل کی روش پہ چل نکلا
توسنِ طبع چاہتا تھا لگام

مصنف : مرزا محمد پاوہ رسوا

زبانِ اردو کے بہت بڑے ماہر، آسمان ساعری کے سب سے درخشندہ تارے، اپنے زمانہ کے استاد کامل، فلسفی شاعر مرزا اسد اللہ خاں۔ غالب ۱۷۹۷ء میں بمقام آگرہ پیدا ہوئے۔ لقب مرزا نوشہ تھا اور خطاب نجم للدولہ دبیر الملک، نظام جنگ، بادشاہ دہلی سے عبا ہوا تھا۔ مرزا کو جس طرح اپنی ذاتی قابلیت پر اسی طرح اپنی اصل و نسل اور عالی خاندان ہونے پر بھی بڑا فخر و باز تھا۔ جیسا کہ ان کے اکثر اردو فارسی کلام سے ظاہر ہوتا ہے۔ مثال کےلیے یہ چند شعر کافی ہیں۔

غالب کی ذاتی بھی تلخیوں اور محرمیوں کی زنجیر ہے۔ بچپن میں باپ کی موت، چچا کی پرورش، اُن کی شفقت سے محرومی، تیرہ سال کی ناپختہ عمر میںشادی کا بندھن، بیوی کے مزاج کا شدید اختلاف، قرضوں کا بوجھ۔ ان سب نے غالب کو زمانے کی قدر شناسی کا شاکی بنا دیا۔ چنانچہ ان محرومیوں کی تصویر بھی ان کی شاعری میں نمایاں خصوصیت کی حامل ہے۔

ان تمام تر محرمیوں کے باوجود غالب کا اندازِ فکر قنوطی نہیں۔ چنانچہ قدم قدم پر ان کے ہاں یہ احساس ہوتا ہے کہ زندگی خوشی کے ساتھ گزرے یا غموں کی گود میں بہرحال قابلِ قدر ہے۔ خود زندگی کا ہونا ہی بجائے خود ایک بڑی نعمت ہے اس لیے ہر حال میں اسے غنیمت تصور کرنا چاہیے۔ اس کا اعتراف غالب نے اپنے بعض خطوط میں بھی کیا ہے۔ غم سے بچنے کی غالب نے ایک صورت یہ بھی نکالی ہے کہ آدمی رند مشربی اور آزادی اختیار کرلے اور لذت و الم دونوں سے بے نیاز ہو جائے۔

نئے الفاظ

月亮(阳)	mah	مہ
无力的；迫不得已的；力不从心的(形)	‘ājiz	عاجز
循环；变化；不幸(阴)	gardish	گردش
好啊；欢迎；赞美真主(叹)	marhabā	مرحبا
借口；原谅(阳)	‘uzr	عذر
软的东西(阳)	halvā	حلوا
方式；样式(阴，阳)	darz	طرز
道路；方式，途径(阴)	sabīl	سبیل
好处，恩惠；仁慈(阳)	faiz	فیض
منزل的复数形式(阴)	manāzil	منازل
仁慈，慈悲；怜悯；祝福；称赞(阴)	rahnat	رحمت
灯，灯座(阴)	mishkāt	مشکوۃ
赞扬；颂诗(阴)	madh	مدح
身体；肢体(阳)	aṇdām	اندام
北方，北部(阳)	shimāl	شمال
یوم的复数形式(阳)	ayyām	ایام
好啊；妙极了(叹)	habbazā	حبذا
信息；口信(阳)	paighām	پیغام
奴隶；仆人(阳)	ghulām	غلام
询问(阳)	istifhām	استفہام
永久，永恒；坚固(阳)	davām	دوام
礼物，奖励；施舍(阴)	bakhshish	بخشش
天空的；天文的(形)	falakī	فلکی
庭院，天井(阳)	sahn	صحن
屋顶；阁楼(阳)	bām	بام

حوالہ جات

۱۔ مرزا محمد ہادی رسوا، امراؤ جان ادا، لاہور: سنگِ میل پبلی کیشنز، ۲۰۰۲

۲۔ اقبال، کلیاتِ اقبال، لاہور: دی کولیکشنز۔

۳۔ کرشن چندر، جشنِ حماقت، لاہور: محمد اطہر نقوی۔ علی برادرز، ۱۹۸۴

۴۔ پریم چند، شطرنج کے کھلاڑی، لاہور: سنگ میل پبلی کیشنز، ۲۰۰۰

۵۔ سعادت حسن منٹو، منٹو کے افسانے، لاہور: سنگِ میل پبلی کیشنز، 2015

۶۔ عزیز احمد، عزیز احمد کے منتخب افسانے: زریں تاج، لاہور: لیاقت علی، ۱۹۹۲

۷۔ غلام عباس، غلام عباس کے بے مثال افسانے، لاہور: الحمد پبلی کیشنز، ۲۰۰۸

۸۔ نظیر صدیقی، دو شفر نامے، بک سنیٹر حیدر روڈ صدر راولپنڈی، ۱۹۸۸

۹۔ آغا ناصر، سات ڈرامے، کراچی: اردو اکیڈمی سندھ، ۱۹۷۵

۱۰۔ خدیجہ مستور، آنگن، لاہور: سنگ میل پبلی کیشنز، ۲۰۰۴

۱۱۔ اشفاق احمد، زاویہ، لاہور: سنگ میل پبلی کیشنز، ۲۰۰۸

۱۲۔ نائلہ سجاد، کھیل تماشا، لاہور: ادارہ الاویس، ۲۰۱۱

۱۳۔ پطرس بخاری، پطرس کے مضامین، لاہور: سنگ میل پبلی کیشنز، ۱۹۹۸

۱۴۔ علی اکبر ناطق، قائم دین، کراچی: اوکسفرڈ، ۲۰۱۲

۱۵۔ سہیل فدا، نہ قفس نہ آشیانہ، کراچی، لاہور، اسلام آباد، فیصل آباد، پشاور: پیرا ماؤنٹ پبلشنگ انٹرپرائز، ۲۰۱۱

۱۶۔ حارث خلیق، میلے میں، کراچی: مکتبہ دانیال، ۲۰۱۲

۱۷۔ میر امن دہلوی، باغ و بہار، الفیصل ناشران و تاجرانِ کتب، ۲۰۰۳

۱۸۔ رام بابو سکسینہ، اردو ترجمہ: مرزا محمد عسکری، تاریخِ ادبِ اردو، لاہور: سنگِ میل پبلی کیشنز، ۲۰۰۴

۱۹۔ ڈاکٹر رشید امجد، پاکستانی ادب: رویے اور رجحانات، املام آباد: پورب اکادمی، ۲۰۱۰

۲۰۔ کرامت بخاری، تنقیدی تاثرات، لاہور: شرکت پرنٹنگ پریس، ۲۰۰۸

۲۱۔ ڈاکٹر سنبل نگار، اردو نثر کا تنقیدی مطالعہ، لاہور: دارالنوادر، ۲۰۰۳

۲۲۔ ڈاکٹر سلیم اختر، اردو ادب کی مختصر ترین تاریخ: آغاز سے ۲۰۰۰ء تک، لاہور: سنگِ میل پبلیکیشنز، ۲۰۰۲

۲۳۔ اسد اللہ خان غالب، دیوانِ غالب، لاہور: آئینہ ادب چوک مینار انار کلی

۲۴۔ غلام رسول مہر، نوائے سروش: مکمل دیوانِ غالب معشرح، لاہور، حیدرآباد، کراچی: شیخ غلام علی اینڈ سنز پبلشرز

۲۵۔ شوکت صدیقی، خدا کی بستی، کراچی: کتاب محل مکتبہ نیا راہی پوسٹ بکس، ۱۹۶۲

26. Translated and edited Yasmeen Hameed, Pakistani Urdu Verse, Oxford University Press, 2010.